中国大智慧

胡阿祥◎著

上海文艺出版社

目录

处世智慧

为官智慧

教育智慧

军事智慧

商 业 智 慧

外 交 智 慧

科技智慧 ······

思想智慧 ······

导论：我是谁？我该怎么做？

何谓"中国大智慧"？不妨从大成至圣先师孔子说起。

《论语·为政》中有段名言："吾十有五而志于学，三十而立，四十而不惑，五十而知天命，六十而耳顺，七十而从心所欲，不逾矩。"这几句话，是孔子对他一生之经历与经验的总结，意思是说：我十五岁开始立志学习；三十岁能够自立于世；四十岁已经成为智者；五十岁懂得了什么是天命；六十岁能够听进不同的意见；七十岁可以随心所欲，但也不会打破常规。

我现在已过知天命之年了。回顾既往的岁月，虽然因为学习历史的缘故，四十来岁时就让朋友给我治了枚"耳顺"的闲章，即提前进入了"六十而耳顺"的境界；但以孔子所言，印证我的人生经历与社会经验，感觉还真的是到位，所以我也就仿照着孔子，"五十以学《易》"了，因为涵盖天地人神鬼大智慧的《易经》，不到"知天命"之年，那是难以真切地理解的，我也真切地预感到我未来的"从心所欲，不逾矩"。我想，这就是智慧的力量吧，这也就是"老生常谈"的智慧。

一

如何理解"老生常谈"的智慧？

我们知道，传统时代的中国，是以农业经济为主体的。农业经济是什么经济？是经验经济。什么是经验？老年人出门看看天，就知道会不会下雨，要不要带伞，年轻人做得到吗？清除不尽的江湖游医小招贴，总是吹嘘自己是老中医，拥有祖传秘方，朋友们没有见过宣称自己是年轻的中医，开发了创新的秘方吧？而相对于"老生常谈"，我们也总说年轻人"嘴上没毛，办事不牢"，这是因为年轻人相对缺乏经验。那什么是经验呢？"经"是经历，"验"是验证，老年人经历的时间长，验证的事情多，所以能够"常谈"。"常"就是"经"，"经"就是"常"，织布先要拉出经线，再穿梭着织纬线，所以"经"是根本，"经常"就是经过验证的"老生常谈"。换言之，"老生常谈"就是历史的经验与教训，而汲取历史的经验，接受历史的教训，也就化为现实的"智慧"了。所以中国传统文化中，提倡并且践行"尊老爱幼"，"爱幼"是为了我们种族的延续，"尊老"其实就是敬重历史、敬畏历史，因为"真历史"中充满着"大智慧"。

懂得了"真历史"中的"大智慧"，我们就会明白"不听老人言，吃苦在眼前"这句箴言，比如我指导的博士生、硕士生们，听我话的，工作与事业、购房与家庭等等，发展得基本上都不错，而不听话的，大多因为折腾，往往平添了许多的蹉跎。

推而广之，那些懂得从悠久历史中获取丰富智慧的人，自然也不例外，这就是"老生常谈"的"读史明智"的道理，这也本是最浅显也最深刻的道理。然而让我心生感慨的是，在课堂上，在社会上，竟然常常有人问我，时代已经进入了 21 世纪，经济全球化，科技一体化，信息爆炸，股市涨跌难以捉摸，房价冷热无法把握……在这样的时代，我们更多关注的是现在与未来，过去的历史，对于现代人还有直接的意义吗？我的回答是：这真是浅视到极点的无厘头问题。

读者朋友们想想，古往今来，人的衣食住行甚至诗书礼乐，是不是实质上都差不多？放大些说，对于我们的民族、我们的国家而言，是不是同样如此？历史就像一条河，从上游流到下游，从支流汇到干流，所以下游的水里、干流的水里，总有上游的水、支流的水；同样，没有历史的传承，哪来的现实？没有现实的存留，又哪来的历史？现实中有活着的历史，历史传承至今也就成了现实。想清楚了这个道理，我们就会油然而生种种的认知：比如看过了中国上下五千年的历史，难道不能推测以后 50 年的历史？比如吸纳了士农工商、渔樵耕读、经史子集、诸子百家的智慧，难道不能提升我们自己的智慧？毕竟，历史是最真实的过去，经过历史验证的智慧，当然也是最真实的智慧。

二

在中国历史与中华文化的语境中，"真历史"中的"大智慧"，会让我们真正明白我是谁，我该怎么做。如何理解这个问题呢？

诸位静下心来想想，人活在世上，会跟哪些方面发生关系？人和自然，人和社会，人和家族，人和自身（即你和你自己），是不是就这几对关系？还能想出其他的关系吗？似乎想不出来了。而中国大智慧，规定了我们每个人在这四种关系中的行为、心态、做法以及价值观。我们不妨按照这个线索，展开说说。

第一层关系，人和自然的关系，这是最根本的关系。

上面说了，传统时代的中国，是以农业经济为主体的。华夏民族或汉族的农业经济有一些基本逻辑。比方说农业是靠天吃饭的，靠天吃饭某种意义上就是靠水吃饭。谁管水啊？天管水，所以中国人敬天、畏天，慢慢发展下去就是天命观念。天命观念决定了人和自然的关系。

在这种天命观念中，中国人讲究人和自然的和谐。什么叫人和自然的和谐？人是大自然的一部分，大自然可以不需要人，人却需要大自然。所以再强的人，强不过时间，再狠的人，狠不过大地。

比如东北的狩猎民族跑到黄河流域来了，蒙古的游牧民族跑到黄河流域来了，这些征服民族强到后来、狠到最后，还是得按照黄河流域农耕社会的路子来玩，这就是"一方水土养一方人"，也养一方制度的道理。推而广之，我们也就理解了中华文化和西方文化是两回事，比如西方的民主政治很好，中国的民心政治也很好，但是彼此置换一下就都不好了，这就叫各走各的路，各有各的道，这是自然环境决定的经济形态、经济形态决定的社会制度所决定的，这也就是2013年3月习近平总书记在莫斯科说的"大白话"："'鞋子合不合脚，自己穿着才知道'。一个国家的发展道路合不合适，只有这个国家的人民才最有发言权。"

第二层关系，人和社会的关系，这是最广泛的关系。

在正常情况下，我们不会像鲁滨逊那样，在无人的荒岛上与世隔绝地生活了28年，我们总是处在各种社会关系中。那么在中国传统时代，人和社会都有哪些关系呢？君臣关系、父子关系、夫妻关系、兄弟关系、朋友关系。中国这个血缘社会，最基础的关系是父子关系。父子关系怎么来的？从夫妻关系来的。父子关系抬升一步，就是君臣关系，所以有了君父、臣子的说法；父子关系延伸一下，就是兄弟关系，所以有了"兄弟如手足"的说法；兄弟关系扩大一步，就是朋友关系，所谓"四海之内皆兄弟也"。

那么这种种的关系，究竟呈现出怎样的面貌呢？这在中国历史上有着比较复杂的变迁过程。简而言之，先秦时代，双方之间是平等的关系，就是双方都有共同遵守的准则，比如《孟子》中说的，"父子有亲，君臣有义，夫妇有别，长幼有序，朋友有信"。及至秦汉以降，双方之间的关系逐渐趋向不平等，所谓"君为阳、臣为阴，父为阳、子为阴，夫为阳、妻为阴"，我们知道，在大自然中，阳为主，阴为从，可见这已是不平等的主从关系了；又所谓"君为臣纲，父为子纲，夫为妻纲"，这里的"纲"是统领的意思，"纲举目张"的意思，从此，君、父、夫稳居主导地位，臣、子、妇总处服从地位，"三纲"成了臣、子、妇的精神枷锁。再到宋明以来，又变成了君对臣、父对子、夫对妇的绝对控制，于是有了君叫臣死、臣不得不死的极端情况。而时至今日，中华传统文化中所秉承的许多原则，比如"天地君亲师"不可亵渎，"为尊者讳，为亲者讳"，"天下无不是的父母"等等，也正是这种伦理观念的形象写照吧。

第三层关系，人和家族的关系，这是最现实的关系。

在中国农业社会，孩子多尤其是男孩多，劳动力就多，势力就大，地位就高，这就是家大业大的道理，所以中国人喜欢大家族，追求四世同堂乃至五世同堂；中国人又认为"不孝有三，无后为大"，因为你的身体里流淌着父母乃至祖先的血液，你在延续着父母、祖先的生命，你如果不生养孩子，等你去世了，就等于你亲手杀死了父母、祖先，所以这是最不孝的逆子。

但是另一方面，从国家统治的层面来说，为了方便社会的治理，为了多派赋税劳役，还是希望有更多的小家庭，于是国家与家族之间就有了矛盾。这个矛盾怎么解决呢？一个重要的弥补手段就是设立宗祠。在传统时代的中国，宗祠遍布神州大地，各姓的宗祠，就是对应家族的历史凝聚、精神象征、地位表达，是维系家族纽带的公共活动空间。最近几年央视以及不少地方的电视频道，喜欢制作、播放《乡愁》《远方的家》一类的节目，这类节目拍来拍去，就是拍的宗祠、老街、家族的记忆、地方的乡情，这就是难以逆转的传统的力量吧。同样显示传统力量的，还有家族记忆的书面呈现形式，就是家谱，家谱维持着小家庭与大家族之间的联系，家谱是同宗同姓的中国人总说"五百年前是一家"的血缘根据。

由人和家族的关系放大一步，我们又能理解中国人的"家国天下"情怀、"家国同构"意识。国家国家，国就是家，家就是国。家大业大，具体到国家层面，就要追求大一统，不仅是政治上的大一统，而且是文化上的大一统。按照中国古代的逻辑，家长是唯一的，族长是唯一的，所以国家的君主也应该是唯一的，这叫天无二日，地无二主；家长、族长要有权威，国家的领袖当然也要有权威。

第四层关系，人和自身的关系，这是最深层的关系。

我们经常讲内心和外在，某种意义上说，内心是人格，外在是行为。内心与外在、人格与行为如果不相协调，甚至两者分离，那你的生活、你的日常就是有问题的，你就会陷入矛盾、痛苦甚至精神分裂中。中国人追求的是人格外化为行为，行为内化为人格。中国人的内心与外在、人格与行为讲究的是中庸之道。

《论语》中说："中庸之为德也，其至矣乎！""中"就是无过无不及，"庸"就是守常不变，"中庸"就是一切言行要不偏不倚、守常不变。其实归根结底，中庸之道就是自然之道，自然之道就是天命，孔子说"五十而知天命"，所以到了我这个年纪，真的理解了什么是天命，什么是自然。比如就个人来说，三十而立，四十而不惑，五十而知天命，六十而耳顺，你不能反着来，也无法反着来；就种田来说，什么时候播种，什么时候插秧，什么时候薅草，什么时候收割，这也是大自然规定好的，你不按照岁时节令就不行。

这样的中庸之道，又使得中国人的行为，整体而言，不同于英国人的绅士风度冷静老成、德国人的准确高效严肃、美国人的自由开放幼稚、日本人的善采异邦与实用主义，中国传统文化的精华与中国人的典型行为，是"中"，是中庸，是调和，是折中。所以林语堂先生在他的传世名著《吾国与吾民》中说："中庸之道在中国人心中居极重要之位置，盖他们自名其国号曰'中国'，有以见之。中国两字所包含之意义，不止于地文上的印象，也显示出一种生活的轨范……中者天下之正道，庸者天下之定理。"而以此对照我们自己，读者朋友们也可以想想，你是不是名副其实的"中国人"呢？

三

以上，我从人和自然、人和社会、人和家族、人和自身四个方面，说了作为"中国人"，如何格致诚正、安身立命、奉献社会、完善人生。今天的我们是这样，过去的我们、未来的我们也不得不这样，这就是历史的规律、历史的智慧，而把握这样的规律，汲取这样的智慧，我们就会获得自然、社会、家族、自身的大道，我们就会明白我是谁，我该怎么做，我们就会更加平和、冷静、通达、有趣地活出更加精彩的我。所以我常说，知古才能知今，知此才能知彼，追问过去，是为了理解现在，规划未来，亲近历史，不仅使人明德，而且使人明智……

帝王智慧

在中国古代历史长河中，帝王始终是一个特殊的存在。

首先，帝王处身于天—天子—子民的政治结构中，这里的天子就是我们习称的帝王。按照中国古代传统的天命观念，天具有意志，天子是代表天统治与管理子民的，天子又要受到天的统治和约束。天喜欢天子、认可天子，就天降祥瑞、风调雨顺、五谷丰登、六畜兴旺，以示鼓励；天讨厌天子甚至否定天子，就天降灾异、彗星日食、川溃地裂、蝗虫成灾，以此警示天子，督促天子改革；如果天子仍然执迷不悟、冥顽不化，天就可以改换其他姓氏的天子试试了，这就是改朝换代。那么，天依据什么判断天子的好坏、决定对天子的奖惩呢？很大程度上依据天子对立国之本的"子民"的态度。天子勤政爱民，就是享有天命的好天子，反之，就是失去天命的坏天子。这样看来，在缺乏民权、不是民主的中国古代，天心天意、民心民意对于天子还是起着一定的威慑作用的，它使得帝王们在正常的情况下，还在追求着，起码在名义上追求着"得民心者得天下"，这就是《孟子》中说的"得天下有道，得其民，斯得天下矣；得其民有道，得其心，斯得民矣"，也就是《孔子家语》中所说的"君者舟也，人者水也。水可载舟，亦可覆舟。君以此思危，则可知也"。如此，怎样体察天的意志，如何理解民的诉求，就考验着每一位帝王的人生智慧。

　　其次，就人间的帝王年年月月的日常来说，一方面，作为国家的最高统治者，他们身居庙堂之高，握有无上的权威，上统文武百官，下驭亿万民众，承担着治国理政的重任；另一方面，他们毕竟也是有着血肉之躯的普通人，也会经历生老病死，也会有喜怒哀乐，也会遇到大大小小的各种难题。所以终其一生，每位帝王又都面临着两大问题，一个是"治国"，一个是"谋身"。这两大问题又往往纠缠在一起，并强力渗透或者广泛影响着国家的兴衰成败、社会的祥和灾异、皇族的安宁动乱，这就好比是一道道宏大而又现实的问答题，考验着每一位帝王的执政智慧。

　　回顾帝王们的历史，从来创业不易，如何获取人心的支持？据说守成更难，怎样确保江山的永固？治国需要人才，能不能人尽其用？臣民瞩目仰视，要不要自律其身？眼前民意如潮，是要迂回疏导，还是直面堵截？当下身处逆境，能否忍辱负重，最后绝处逢生？忠言逆耳，可否放下身段，坚持从善如流？难题在手，可有奇策良谋，转眼化解无忧？面对形势的变化，能否审时度势，与时俱进？谋求国家的发展，如何毅然奋进，厉行改革？如此等等，往往取决于每一位帝王在面对这些问答题时的态度与抉择，而帝王们每一次的解答，往往关系着甚至决定了国祚能否延续、帝运能否昌隆、皇位能否稳固，留给我们后人的，则是一张张写满智慧或者写满愚蠢的答卷。

大禹与周厉王：疏与堵的对立选择

　　历代帝王在治国理政时，免不了会遇到各种各样的难题。解决这些难题的方法虽然多种多样，但说到底，却都是基于两种思路：是堵，还是疏？千百年来，曾有无数帝王面临过这两种思路的考验，其中的聪明者会将目光投放到远古时代，在一则治理洪水的故事中，探寻自己想要的答案，并将其转化为最宝贵的政治智慧。

　　很多人可能都听过大禹治水的故事。据说上古时期，当尧帝在位的时候，黄河流域一带洪水泛滥，而且水势十分凶猛。水灾严重到什么程度呢？《尚书》中用了一个词，叫作"怀山襄陵"，就是说有些高山都被洪水包围了，一些地势更低的丘陵甚至都被淹没了。如此严重的水灾，让天下百姓流离失所，苦不堪言。

　　为根除水患，尧帝决心访求能够治水的人。这时有人向他推荐了鲧，也就是大禹的父亲。鲧花了九年时间治水，但没有成功。后来舜接替尧治理天下，就把鲧治罪流放，而让大禹接替其父，承担起治水重任。大禹用了十三年时间，最终洪水消退，天下得以恢复生产，百姓重新安居乐业。

　　鲧、禹父子两代，先后治理洪水，却一个失败，一个成功，问题出在哪里呢？关键就在于他们面对洪水时，所采取的不同的治理措施。鲧治理洪水，简单来说主要就是一个"堵"字。《山海经》中曾提到鲧用"息壤"来堙塞洪水，那么什么是"息壤"呢？传说这是一种能够自我生长并且永不减耗的土壤，但也有人认为，其实就是寻常的桑土稻田，因为农作物赖以生息繁殖，所以称为"息壤"。其实无论哪种说法，都说明鲧采取的是用土来筑造堤坝的办法治理洪水，也就是堵塞水道，不使水势继续漫延。

"堵"的办法有没有效果？应该说是有效果的，所谓"兵来将挡，水来土掩"，直接面对面交锋，见效还很快。但是，这种办法应付一般的水流可以，水势如果很大呢？应付一时的水流可以，水势如果持久呢？当水流积少成多，并且旷日持久、连绵不绝地涌过来时，堤坝难免会不胜其力而坍塌，而决堤之水也必将造成更大的灾害。所以鲧治理洪水，九年没有成功。

大禹治理洪水，采取的是与鲧完全相反的措施，同样简单来说就是一个"疏"字，即依循水势，易堵为疏，因势利导，最终将奔腾的洪水引流向大海。这种治水思路理解起来很容易，具体做起来却远比"堵"的办法难得多。总体而言，"堵"可以简单粗暴地去做，"疏"却要依循一定的规律。水道的流向怎样？山脉的走势如何？天下的土地又是什么情况？这些都需要通盘来考虑。

为了完成疏导洪水的任务，大禹和他的助手发动诸侯百姓，一起跋山涉水、风餐露宿，"陆行乘车，水行乘船，泥行乘橇，山行乘檋"，每到一处，都认真地勘察地理形势，谋划治水方案。传说大禹为了集中全部精力治理水患，曾经三次路过家门而不入，平时也起居从简，节衣缩食，将更多的钱物投入到治水工作中。历经十三年的辛苦，大禹带领百姓"开九州，通九道，陂九泽，度九山"，终于理定山路，疏通河道，成功地将洪水引向了大海，滔滔洪水得以平息，天下复归于太平。

大禹采取疏导的方法治理洪水，体现了人们在面对问题、解决问题时的智慧之道。是"堵"还是"疏"，更成为后世君主在治理国家时必须做出的一道选择题，而不同的选项，往往会导致很不同的结果。我国有一则成语，说"防民之口，甚于防川"，就是将治国与治水相类比。这则成语源自西周时期的一段历史故事，与这段故事有关的一个人物，是西周的第十代国君——周厉王。

史称周厉王"好利"，也就是十分贪财，而且为人暴虐。他重用同样贪财好利的荣夷公，并听从其建议，强行下令将天下山林川泽所产出的各种物产都收归自己所有，禁止平民百姓采用。这项政令一出，等于是断了很多平民百姓的生路，他们纷纷谴责周厉王贪婪残暴，一时民怨沸腾，议论纷纷。这时周朝的卿士，这一代的召公穆公虎向周厉王汇报了外面的民情，希望他能重视平民百姓们的意见，改革政令，否则百姓不堪其苦，将不利于国家的安定。

谁知周厉王听了之后勃然大怒，不但不肯做出改变，竟然还找了一名巫师，前去监视那些议论他的人，一旦发现有人议论他，就下令处死。在这样残酷的杀戮手段下，敢于公开议论的人越来越少，最后人们连说话都不敢了，有时在路上相遇，也只是互相看看对方，用眼神做一些简单的交流而已。事情发展到这一步，实际上问题已经很严重了，但周厉王非但不以为意，反倒还高兴起来。他对先前劝谏他的穆公虎说："我自己就能消除这些人的议论，你看谁还敢再口出怨言！"

现在人们常常会用到一个词——"无语"，来表达一种无奈的情绪。对于周厉王这种荒唐的处理办法以及态度，穆公虎估计就很是"无语"。但身为卿士，他负有辅佐国君的任务，所以还是忍不住继续劝谏周厉王。他说："这只不过是堵住了想说话的人的嘴巴而已。这甚至比堵塞洪水的危害还要大。受到封堵的洪水一旦溃泻，将会伤害到更多的人，民情言路被封堵，也会有同样的后果。善于治理洪水的人，应该想办法疏通河道，让水流得到宣泄，善于统治百姓的人，也应该想办法，让他们言路畅通。如果连话都不让他们说，又有谁会心甘情愿地接受您的治理呢？"

穆公虎苦口婆心地还说了很多话。但可惜的是，周厉王一句都没有听进去。就这样又过了三年，人们的愤怒终于爆发，他们相约反叛，袭击周厉王。周厉王被迫逃出国都，逃亡到了彘地，大约是在今天山西霍县一带，而且到死都没能再回来。这次叛乱事件，也就是历史上有名的"国人暴动"。

天下万事万物，都有其运行规律。是"堵"还是"疏"，说到底就是要不要基于事物的规律，做出适当的选择。事物的规律最好不要去违背，唯有遵其规，循其律，然后在这个基础上易堵为疏，因势利导，才能够真正做到趋利避害，化险为夷。

历史上，任何一个王朝的缔造者，总免不了要面对两大问题：创业与守成。唐太宗曾经问他身边的大臣："创业与守成，哪一个更难？"对此，房玄龄和魏徵表达了不同的看法。房玄龄说："国家创立基业时，需要与天下群雄争战，所以说创业难。"魏徵则说："自古以来的帝王，往往在艰难的环境下取得成功，而在安逸的环境下走向失败，所以说守成难。"

那么，到底哪一个更难呢？唐太宗觉得自己的这两位大臣说得都挺有道理，但他又说，"创业虽难，但已然是过去的事情；守成的难处，却是现在所要慎重对待的问题。"如此看来，唐太宗似乎倾向于守成更难的说法。但实际上，在唐太宗的观点里，单纯地讨论哪一个更难，意义并不大。他之所以说守成更难，更主要的是体现了一种深思远虑的政治智慧。毕竟，对于一位已经成功创业的帝王而言，接下来如何做到保持既有的业绩，才是最为现实而且重要的事情。

关于守成的难处，魏徵讲得非常到位。先秦时代的孟子也有类似的论述，即所谓"生于忧患，死于安乐"。他们都有一个共识，就是人往往能够应对并解决来自外部的困难，但当外部环境变得好转时，却很容易因为贪图安逸而让自己陷入困境。当然，这不是说人不应该寻求安逸，而是说如果一味地追求安逸、贪图享乐，将会对自身以及有关的事物产生不利影响。对于身负天下重任的一代帝王而言，这种影响尤其严重，可以说轻则庸庸碌碌、无所成就，重则有可能灭国覆家，让一世基业付诸流水。在这个方面，五代时期的后唐庄宗李存勖就是一个典型的例子。

在群雄混战的五代时期，李存勖是位难得的军事天才。他早先跟随父亲李克用，同朱温争天下，李克用死后接掌军队，当时年仅24岁。据说李克用临死之际，曾亲手交给他三支箭，叮嘱他要完成三件大事：第一件是讨伐占据幽州的刘仁恭、刘守光父子，因为这两人反复无常，曾经多次背叛李克用；第二件是征讨契丹，因为契丹曾与李克用建立联盟，后来却违背盟约，转而帮助李克用的敌人朱温；第三件便是消灭世仇朱温。李存勖将这三支箭供奉在家庙里，每次出征，就取来带在身上，打完胜仗再送回家庙，并告慰父亲的亡灵。征战十余年后，李存勖不但把这三件大事全部完成，而且统一北方，开国称帝，建号为唐，史称后唐，一时之间武功赫赫，威风凛凛，可以说风头无两。

征战天下时，李存勖经常亲临战场，而且喜欢冲锋陷阵。有人劝他不要这么做，说这样太危险了，但他却说："定天下者，非百战何由得之，安可深居帷房以自肥乎？"意思是说，大丈夫当身经百战来夺取天下，哪能躲在屋子里面空长一身肉呢！从这句话可以看出，李存勖豪气干云，颇具英雄气概。但就是这样一位慷慨豪迈的英雄，在当了几年皇帝后，好像完全变了一个人。

后唐同光三年，也就是公元925年，这年夏天，大雨连绵不止。已经做了三年皇帝的李存勖觉得暑热难耐，想盖一座高楼避暑。他派人去问大臣郭崇韬："当年在黄河之畔，我披铠跨马，与梁军作战，即便严寒酷暑，也从没觉得辛苦。如今住在这深广多荫的宫殿里，却仍感到难以忍受。这是为什么呢？"李存勖提出这个问题，说明他也认识到了自己的变化，只不过不清楚这种变化的原因。

郭崇韬回答得明白透彻："当年陛下心里想的是天下，如今想的是自己，艰难、安逸的环境不同，考虑问题时也就会不一样，这是很自然的事。但还是希望陛下不要忘了创业时的艰难，保持当年黄河作战时的心态，自然就不会觉得天气炎热了。"李存勖听罢，默默无语。

那么，郭崇韬的劝告，李存勖究竟有没有听进去呢？答案是没有！因为不久之后，那座避暑用的高楼就建起来了。对于李存勖来说，暑热难耐的问题得到了解决，但建造高楼要花费很多的人力和物力，而在大雨下个不停的这个夏天，民间的情况是怎样的呢？《新五代史》说，"大水害民田，民多流死"，可见有着很严重的灾情。此时此刻，抗灾救民显然是比建楼避暑更重要的问题，但李存勖并不关心，就像郭崇韬说的那样，现在的他，想的只是自己。非但如此，因为有宦官趁机说坏话，说郭崇韬自己的府第跟皇宫没什么区别，哪能体会到陛下的热！李存勖为此还对郭崇韬起了猜忌之心。

创业成功后的李存勖，对于安逸享乐的追求变得越发难以节制，无法忍受暑热，只是这种变化的一种表现。比如李存勖非常喜欢戏剧表演活动，而且不只看戏，还要演戏，还给自己取了个艺名叫"李天下"，常常涂脂抹粉，登台表演。由喜爱演戏，进而宠爱演戏的伶人，李存勖给予这些伶人以及亲近的宦官很多权力，同时疏远了曾经与自己打拼天下的朝廷重臣，使得内朝与外朝出现了争权的情况，朝政变得不稳定起来。那位曾经劝说李存勖不忘"初心"的郭崇韬，最终也没能逃掉被谗杀的命运。

郭崇韬的死，让另一位从战功到资历都不逊于他的大臣受到很大刺激。这个人就是后来的后唐明帝李嗣源。同光四年，即公元 926 年，魏州发生兵变，李嗣源受命前往平叛，但走到半路便反叛了，回过头来攻打李存勖。李存勖正忙于应付，手下一支亲军又反叛了，而且颇有讽刺意味的是，这支亲军的首领叫郭从谦，原本是他十分宠信的一名伶人。

李存勖与叛军进行了一番搏斗，终因寡不敌众而失败。他中了一支箭，最后因伤重而死。一名叫"善友"的伶人找了些乐器，堆在他的尸体上，点把火烧了。一代英雄，落了个如此凄惨的下场。李存勖征战多年，只做了四年皇帝，他喜爱伶人，结果死在伶人手里，连尸体都是用乐器来焚化的。欧阳修在《新五代史·伶官传》中说"君以此始，必以此终"，这样的结果很有些耐人寻味。

　　如何耐人寻味呢？国家的创建一般都是从艰难中起步。初时环境艰难，反倒有可能激发创业者的勇气，让他们以百折不挠的精神努力拼搏，最终走出困境，收获成果。然而创业成功之后，却往往因为环境的好转而耽于安逸享乐，并由此产生失败的隐患。《诗经·大雅》里说"靡不有初，鲜克有终"，这话是说人们为人做事、从政做官，容易善始，难以善终，虎头不难，蛇尾常见。历史的事实也反复证明，这是一个循环怪圈。所以我们只有时刻警醒自己，牢记初心，不忘使命，才能走出这个怪圈，让辛辛苦苦开创的事业获得更加长久的发展。

古代帝王常常称自己为"寡人"。"寡人"就是寡德之人，意思是觉得自己在道德方面做得不足。这是一种很谦虚的说法，不过在历史上，道德以及其他很多方面做得不够的帝王确实不在少数。这是因为他们有着独一无二的地位，以及生杀予夺的威权，所以很容易让自己陷入一意孤行的境地，最后就真的成了一个只是高高在上的"寡人"。而为了避免成为真正的"寡人"，帝王们有时候需要放低身段，多倾听些来自别人的声音。

《战国策》中讲了一个"邹忌讽齐王纳谏"的故事。这位邹忌身高八尺有余，容貌十分美丽。他大概对自己的颜值也颇为自信，所以时不时揽镜自照，自我欣赏一番。有一天早上，他穿戴好衣帽，拿起镜子照了照，忽然想到了当时以颜值闻名齐国的徐公，就问妻子："我与住在城北的徐公相比，谁更美？"妻子说："当然夫君更美，徐公哪能比得上您？"尽管自负美貌，但与有倾国美名的徐公相比，邹忌还是有些不自信，于是转而问他的小妾，结果小妾同样回答："徐公哪能比得上您呢？"第二天，有客人来访，两人坐着闲聊之际，邹忌问以同样的问题，客人回答也是一样："徐公比不上您美。"

听三个人这么一说，邹忌有点飘飘然了。又过了一天，城北徐公本尊前来拜访他。邹忌盯着徐公仔细地看了又看，觉得自己比不上人家，再拿起镜子照照，更觉得比人家差得远呢。这一来他晚上睡不着觉了，思量了半天，得出一个结论："妻子说我美，是因为偏爱我；小妾说我美，是因为怕我；客人说我美，是因为有求于我。"

邹忌是齐威王田因齐的相国。齐国原本是"春秋五霸"之一，但齐威王继位以来，不理朝政、耽于酒色，国势已经越来越弱。邹忌想重振齐国，于是入朝进见，向齐威王讲述了这段故事，并把宫中妃嫔比作自己的妻子，把朝堂臣子比作自己的小妾，把举国民众比作来访的客人，认为这些人或偏爱、或畏惧、或有求于齐威王，所以齐威王不可能听到他们的真心话，言路既然堵塞不通，国政自然每况愈下。

齐威王并不是个糊涂的国君，他立刻明白了邹忌的意思，决定痛改前非。他颁下命令，让齐国所有的官吏、百姓都向自己提意见，并设置了三种赏格：对他的错误当面提出批评的，给予上赏；敢于上书进言劝谏自己过失的，给予中赏；即便只是在公众场所对他发表些批评意见，只要能够让他听到，便给予下赏。

齐威王既然如此要求，大臣们也就敢于说话了。命令下达没多久，大臣们纷纷提起了意见，朝堂之上热闹得就像集市一样；几个月之后，还有人时不时来进谏；一年之后，即便还有人想提意见，已然没有什么可以说的了。这个消息传播出去，燕国、赵国、韩国、魏国纷纷派人来朝。可以想象，在这纷纷扬扬、热闹非凡的进谏现象背后，齐威王必然是虚心接受了很多有益的意见，并据此推进改革，从前的过失得以纠正，齐国国政步入了正轨，重新变得强大起来。

在古代社会，帝王放低身段，虚心纳谏，乃是保证言路畅通的关键。只有言路畅通了，君臣之间能够正常讲话，能够讲真话，才可以做到集思广益，兴利除弊，国家也才能获得更好的发展。齐威王由最初的贪逸懒政，到后来大开言路，重振齐国，可谓知过能改的一代名君。而另一位古代帝王，则对此有着更为清醒的认识，从一开始就很注重要虚心纳谏。他就是唐太宗李世民。

在帝王与臣子的关系问题上，李世民曾说："惟君臣相遇，有同鱼水，则海内可安。"又说："朕今志在君臣上下，各尽至公，共相切磋，以成治道。"什么意思呢？就是说他希望自己和臣子之间建立起一种像"鱼"和"水"和谐共处的关系，在处理问题时能够互相商量探讨，共同把国家治理好。

贞观初年的时候，李世民发现一些臣子在自己面前战战兢兢，常常举止失措。他明白这是因为臣子们惧怕自己，所以每次与他们见面，都特意放下威严的架子，向他们请教政治得失。他还一再说：一个人若想照见自己，必须要有明亮的镜子；皇帝若想知道自己的过错，必须要靠忠臣进谏。如果皇帝自我感觉很贤能，而臣子也不来匡正皇帝的过错，那么国家想不灭亡又怎么可能呢？国家灭亡了，做臣子的也不能得到保全。所以，他要求大家如果发现他有什么事做得不合理，就一定要直言进谏。

这番话可谓推心置腹，明确表示了李世民对臣子谏言的渴望。这并不是他一时心血来潮或者故作姿态才说的话。他当政期间曾一而再、再而三地鼓励臣子进谏。贞观十八年，他当着长孙无忌等大臣的面强调："臣子对于皇帝的心意大多顺从而不敢违逆，习惯于用甜美的话来博取皇帝的欢心而不是进谏。你们要记得，我无论问什么，你们都要照直说，不要隐瞒我的过错。"

李世民一方面鼓励臣子进谏，同时也努力让自己放低身段，虚心接纳来自臣子的谏言。有两件小事很能说明他的态度。大臣魏徵以敢于进谏闻名，他经常当面指出李世民的错误，毫不留情，让李世民对他是又爱又怕。有一次李世民得到一只很不错的鹞鸟，这天正拿在手上把玩，忽然远远看见魏徵来了，赶紧把鹞鸟藏进了怀里，因为他担心魏徵会因此进谏，说他玩鸟丧志，荒废政务。魏徵其实早已看到，在向李世民陈述政事时故意拖延时间，李世民也始终不敢把鹞鸟从怀里取出来，后来这只鹞鸟就这样被活活闷死了。还有一次，李世民打算去终南山游玩一番，车驾护从都已经准备好，但最后他忽然决定不去了。为什么呢？因为他想到魏徵一定会反对这次出游计划。其实当时魏徵正好请假回家上坟去了，并不在朝廷里，但李世民担心事后魏徵仍然会揪住这个事情跟他啰嗦，索性就不去了。

从这两件小事可以看出，来自臣子的谏言已经对李世民有了一种无形的约束。他以帝王之尊，某种程度上竟甘于把自己放在被监督的位置上，自觉甚至主动地接受臣子的谏言。李世民广开言路，积极纳谏，促进了国家的政治清明和经济发展。大唐"贞观之治"的出现，以及整个大唐王朝的繁荣兴盛，可以说都与此有着很重要的关系。

一个人的见识毕竟是有局限的，拥有大智慧的帝王总是善于集思广益；一群人的见识，比如高高在上的帝王将相们也是有局限的，拥有大智慧的帝王将相们应该倾听民众的声音。中国历史上诸多王朝的兴衰成败，无数次地证明了这一点。

创业需要人才，治国需要人才，历史上但凡有雄心壮志的帝王，几乎没有不想收揽天下人才以为己用的。但有了人才后，天下大事就可以高枕无忧了吗？当年楚汉争霸时，韩信原本是项羽的部下，他曾多次向项羽献计，但项羽却没有认识到他的能力。韩信由此知道项羽徒具匹夫之勇，于是弃楚归汉，最终辅佐刘邦取得了天下。可见，天下从来就不缺人才，缺的是发现人才的眼睛，缺的是善待人才的气度，缺的是用好人才的能力。相比于项羽的不能任贤用能，南朝的齐高帝萧道成可以说是做到了知人善任。

公元479年萧道成开国称帝后，曾经下过一道颇为有趣的诏书，给一名叫张融的臣子。诏书是这样写的："见卿衣服粗故，诚乃素怀有本；交尔蓝缕，亦亏朝望。今送一通故衣，意谓虽故，乃胜新也。是吾所著，已令裁减，称卿之体。并履一量。"诏书字数不多，内容也简单明了，就是萧道成送给张融一件衣服，以及一双鞋。

那么，这道诏书有趣在什么地方呢？首先，为什么要送？萧道成说，是因为看到你现在穿的衣服过于粗陋陈旧。但同时他又说，我知道之所以衣服这么旧了你还穿着，是因为你本身清廉，喜欢过简朴的生活。不过，让你穿得这么简朴，也实在是有损你在朝廷上的人望，所以要送你衣服。其次，送的是什么衣服呢？萧道成说，也就是一件我穿过的旧衣服，但是已经让人按照你的身材裁剪过了。

张融此人，平常喜欢特立独行，举止怪诞，并不怎么受人待见。但萧道成却很欣赏他，也很了解他，知道送新衣服他未必喜欢，于是就送了一件旧衣服，还很贴心地为他量体裁衣。这样一来，萧道成既表达了对张融个人习惯的尊重，也表达了一位帝王对臣子的关心照顾。

从这道短短的诏书中，我们可以看出萧道成颇能知人待人。作为一代开国君主，萧道成在行军作战、经画天下时，对于那些有着文韬武略的才干之士，常常表现出知人善任的一面。他独具慧眼，任用名将垣崇祖击退北魏入侵即为一例。

南朝刘宋末年，萧道成、垣崇祖相识于淮阴军中。垣崇祖勇猛善战，而且十分自负，把自己比作韩信、白起。大家都知道，韩信曾经在楚汉争霸中辅佐刘邦战胜项羽，白起因长平之战击败四十万赵军名震天下，两人都是不可多得的名将。所以当时很多人都对垣崇祖的话不以为然，认为他大言不惭，言过其实。但萧道成却很相信他，并倾心结纳。垣崇祖感念知遇之恩，对萧道成也是密输诚款，认为自己遇到了千载难逢的明君。

萧道成取代刘宋建立萧齐政权后，知道北方的魏国必定会趁着南方改朝换代前来侵犯，于是让垣崇祖领军御敌，并说"能制此寇，非卿莫可"，对他表示了充分的信任。不久，北魏果然派军前来，首犯之地是寿春。

北魏军号称有二十万之众，垣崇祖认为敌众我寡，只有使用奇谋才能取胜，于是设计了水攻战术。他让人在寿春城西北方筑造堤堰，屯积淝水，并在堰边建了一座护堰小城，周围挖了一道很深的壕沟，派兵数千防守，做出一副打算积蓄淝水防护寿春的样子，但真实用意却是吸引魏军来攻城夺堰。魏军果然上当，分兵前来攻打小城，垣崇祖亲自指挥战斗，魏军攻城正酣之际，他突然下令决开堤堰，积聚的淝水冲决而出，把正在攻城的魏军都冲到了所挖的深沟之中。这一仗，魏军损失了数千人马，败退而去。

经此一战，垣崇祖证明了自己不但作战勇猛，而且谋略过人。消息传到建康城中，萧道成很高兴，对朝臣们说："垣崇祖经常说自己是韩信、白起，现在看来，他果然没说错。"后来，垣崇祖上表请求为部队增加军乐队，萧道成毫不吝惜，当即给了他一支鼓吹乐队。当垣崇祖功业未显之时，萧道成能够认识到他的军事能力，信任并放手让他去抵抗来犯魏军，待其取得战功之后，又能做到不吝赏赐，可谓古代帝王中知人识人并善于用人的典范。

知人善任是相当考验人的一项技能。有时候，选拔出来的人明明很有才干，却可能因为使用不当而导致工作做不好。战国时期，韩非子就批评过一种"斩首者令为医匠"的法令。这条法令规定：作战能斩获敌人首级者，可以做医生或者工匠。而韩非子认为，能成为工匠，是因为手巧；能成为医生，是因为擅长调理药物；让作战有功的人做工匠或者医生，明显是用人不当，其结果必然是房子盖不好或者病人治不好。要做好工作，需要理顺整个用人体系，让每个有才能的人各适其位，充分发挥其聪明才智。在这个方面，唐太宗李世民是其中的佼佼者，贞观年间，他任用房玄龄、杜如晦为相，让国家获得了长足的发展。

房玄龄和杜如晦，都是李世民秦王府的旧人，在辅助李世民征战天下以及策划"玄武门事变"中，都立下了很多功劳。李世民对他们的能力也都非常了解和赏识，后来就任命房玄龄为尚书左仆射，杜如晦为尚书右仆射，辅助自己处理国政。当时天下初定，很多典章制度都是在李世民带领下，由二人共同商量裁定的。两人各有不同的处事特点，房玄龄擅长出谋划策，而杜如晦擅长分析决断，两人共商协作，很多工作都处理得非常好。有时房玄龄与李世民商量某事，方案虽然想出来了，但房玄龄表示要等杜如晦来了再商量下，而杜如晦来到之后，往往采用的还是房玄龄想出来的方案。后人称赞二人的合作是"笙磬同音，惟房与杜"，也总结二人处事的特点，称之为"房谋杜断"。

　　房、杜二人能在治国理政上大展手脚，背后离不开李世民的了解与支持。比如两人任职期间，有一名叫陈师合的监察御史曾经上书弹劾，说不应该让一个人职权过多，实际上就是暗指不要让他们事权过重。李世民知其所指，干脆把话挑明："房玄龄、杜如晦身兼重任，并非因为他们是功臣勋旧，而是因为他们本身的治国才能。"他甚至认为这名监察御史有离间他们君臣关系的嫌疑，将其斥责一番后贬到岭南去了。由此可见，李世民对房、杜二人的为人及能力都非常信任，很放心让他们身居要职并开展工作。

　　李世民也很注意根据事务轻重调整工作分工。他听说房玄龄每天在一些文牍细物上花费不少时间，就下令把这些细务工作分派给尚书左、右丞，而让房玄龄主要做好为国家访寻、拔擢人才的重要工作，充分发挥其职能长处。

　　古往今来，国家社会的发展，从来都离不开人才。所以自古以来的名君，都很重视多方延揽人才。但有了人才之后，接下来更要考虑如何用好人才，给予招到的人才以适当的位置，让他们有发挥才智的空间。当政者唯有知人善任，才能做到人尽其用，各展所长，推动国家社会的不断发展。而《战国策》里的名言"国亡者，非无贤人，不能用也"，又是为多少历史事实所证明的经验教训啊！

公元 318 年，司马睿即皇帝位。司马睿能做成皇帝，大臣王导出了不少力，所以在即位那天，司马睿邀请王导也坐到御床上来，跟自己一起接受百官的朝贺。王导辞让不肯，并说了一句话："若太阳下同万物，苍生何由仰照？"在这里，王导把皇帝比作太阳，意思是皇帝应该像太阳一样高高在上，接受来自天下苍生的仰望。

按照这种思路，我们接下来可以想一下，既然高高在上，接受天下苍生景仰，那么皇帝的一言一行，是不是都被天下苍生瞧在眼里呢？会不会成为人们争相模仿的对象呢？答案是肯定的。我国有一个成语，叫"上行下效"，说的就是这个意思。

韩非子曾讲过一个寓言故事：齐桓公喜欢穿紫色衣服，结果引得全国百姓争相效仿，也都纷纷穿紫色衣服。这一来导致紫色布匹的价格飞涨，后来严重到连五匹无色的布都换不了一匹紫色的布。这不是正常的经济现象，所以齐桓公很苦恼，问大臣管仲怎么办。管仲很聪明，认为这件事是由齐桓公喜爱紫色衣服引起的，所以也应该由齐桓公放弃紫色衣服来结束。他建议齐桓公，先是对身边的人说："我很讨厌紫色衣服发出的气味。"然后等有穿紫色衣服的人来觐见时说："离我远点！我讨厌紫色衣服的气味。"这样一来，齐桓公身边的人都不再穿紫色衣服了。第二天，齐桓公不爱紫色衣服的说法传开去，国都里再没人穿紫色衣服了。再过几天，举国上下都没人穿紫色衣服了。

齐桓公个人的一项喜好，竟然引导了整个齐国的服色潮流，体现了他作为一国之君，有着强大的示范作用。正所谓"上为之，下效之"，帝王是天下之主，万民领袖，其位既高，其权也重，所以在治理国家时的行为表现，往往会对国家、人民产生很大的影响，严重时甚至会导致国家不同的发展走向。我国大唐盛世之前，有过一个如同昙花一现的短暂隋朝。在某种程度上说，隋朝一度的兴盛和最终的灭亡，和两位执政风格很不同的皇帝有着重要的关系。这两位皇帝，一位是隋文帝杨坚，一位是隋炀帝杨广。

公元581年，杨坚取代北周静帝宇文阐，自己做了皇帝，建国号为"隋"，是为隋文帝。589年，隋朝灭了南方的陈朝，最终结束了天下自西晋"永嘉之乱"以来近三百年的分裂割据局面，而隋文帝杨坚也颇能励精图治，在他的治理之下，特别是在开皇年间，经济、政治、文化等都有了很大发展，史称"开皇之治"。

杨坚治国，有一个很大的特点，就是提倡节俭。《隋书》上说他"居处服玩，务存节俭，令行禁止，上下化之"。要让举国上下节俭成风，首先就要严格要求自己，所以杨坚平常穿的衣服大多是布帛制成，而且还要求后宫妃嫔也习惯穿旧衣服，外出乘坐的车轿等物，如果破旧了就修补再用，尽量不做新的。他对太子杨勇的要求也很严格，有一次见到太子在铠甲上雕饰花纹，非常不高兴，警告他说："自古帝王未有好奢侈而能久长者。汝为储后，当以俭约为先，乃能奉承宗庙。"并把自己以前的旧衣物、一把旧刀以及一盒酱菜赐给太子，让其睹物思旧，时时记得要保持节俭。

对于朝廷大臣乃至王孙公子的骄奢淫逸行为，杨坚也大力制止，甚至严厉惩办。某次他去寺中进香，见到有些官吏竟然用毡袋盛装香料，很是生气，就用竹板打了送香料的官吏一顿。又有一次，相州刺史豆卢通进贡了一些绫文细布，结果杨坚下令在朝堂上一把火烧掉，以此警告朝臣不要奢侈。杨坚的第三个儿子杨俊，受封秦王，起初颇受杨坚赏识，但后来自恃皇子身份，生活越来越奢侈放荡。他修建豪华宫室，用香料涂抹墙壁，用黄金、美玉装饰台阶，还在梁柱之间镶嵌明镜、宝珠等。杨坚听说并调查证实后，毅然免去了杨俊所有的官职。

杨坚带头厉行节俭，收到了很好的效果。在他统治的开皇、仁寿年间，朝廷士大夫们也大多穿用布帛，衣服上的装饰物也只用铜铁骨角一类，一般不用黄金、珠玉。国家也因而获得很大发展，仓廪充盈，人口滋长，生活安定。但大隋王朝强盛的国势并没有维持多久。杨坚在其统治后期，也不免有滥用民力、大造行宫的奢侈行为。而在其死后，其子隋炀帝杨广更是一反他力求节俭的执政风格，大肆追逐奢华，不恤民力物力，终于耗尽积蓄，并引发大乱，导致隋朝灭亡。

杨广的奢侈行为，即便放到整个中国历史来看，也是很少见的。他为人好大喜功，特别好面子。刚刚即位，他就开始营建东都洛阳，动用的人工达到百余万；他还开凿大运河，修造直道以及长城等，每项工程都是动辄花费数十上百万的人力；他还征伐西域，远征辽东，使得军民疲敝，苦不堪言。

皇帝的喜好，有时就像一面旗帜，引导臣子按照这种喜好来做事。大臣裴矩知道杨广好大喜功，于是用心为他招揽外族使臣，营造出四夷来朝的气氛。有一次，他劝说杨广征集四海之内的奇巧技艺，为前来朝贺的外族人安排了一场盛大的百戏表演。演出现场遍烧烛火，照彻天地，随处可见各种珍玩器具、华裳丽服，场面十分壮观，而花费则不下亿万。当时洛阳的丰都、大同、通远三市内，各处酒店架设帷帐，陈列美酒佳肴，让前来做贸易的外族商人随意饮食，并且不收取任何费用，甚至还说："我们国家很富裕，饮酒吃饭向来不用花钱。"但实际上，有些外族人对隋朝国情是比较了解的，所以对一些粉饰太平的做法很不以为然。当他们看到很多树上都缠满华贵的绸缎时，忍不住反问："贵国也有穷得穿不起衣服的人，为什么不把这些绸缎给他们，却要用来缠树呢？"

杨广屡屡外出巡幸，每到一处，都要求地方官进献美食，隆重接待。接待工作做得让他满意的，就提拔升迁，不满意的就加以惩处，有一位叫乞伏慧的天水太守就曾经因为"为道不整，献食疏薄"而被削职为民。杨广这种奢侈作派，引得各地官员纷纷大搞豪华接待，浪费了大量民间财富。

杨广穷奢极欲的行为，在短短的十几年时间里，就耗尽了"开皇之治"所积蓄的国力，大隋王朝迅速由盛转衰，并最终灭亡。当初隋文帝杨坚警告太子杨勇的那句话——"自古帝王未有好奢侈而能久长者"，到底还是在隋炀帝杨广身上得到了快速验证。杨坚以厉行节俭而强国，杨广以骄奢淫逸而亡国，其国运转折过程中，因为上行下效而导致的风气变化，是很值得今人引以为鉴的。唐朝诗人李商隐的《咏史》诗云"历览前贤国与家，成由勤俭破由奢"，这是古今中外的历史所揭示的既浅显又深刻的道理，而拥有大智慧的帝王，也都对此有着深刻的体悟吧。

汉宣帝：戒急用忍，步步为营

当我们说起"皇帝"时，往往会把他们和高高在上、大权在握、金口玉言一类的词汇联系在一起。这是我们根据"皇帝"这个独一无二的政治存在，所形成的一种普遍思维。然而历史上的皇帝都是这个样子么？当然不会！实际上，我国历史上的数百名帝王中，固然有像秦皇、汉武、唐宗、宋祖这样的雄才霸主，但也有不少皇帝因为身世、年龄、人脉等种种原因，而受制于当时的朝廷权臣，甚至随时还有生命危险。处在这样的朝堂环境下，根基薄弱的皇帝究竟该怎样做？能不能最后柳暗花明、绝处逢生？

公元前 74 年，汉武帝的曾孙刘病已（后来改名叫刘询）即皇帝位，是为汉宣帝。皇帝即位，接下来就该立个皇后了。大臣们聚在一起讨论人选，想到大将军霍光正好有个小女儿还没出嫁，都觉得挺合适。但就在他们准备向皇帝提议时，汉宣帝忽然下了一道诏书，说自己以前在民间生活的时候，曾有过一把心爱的宝剑，现在很想找到它。

这份诏书下得有些莫名其妙，但大臣们很聪明，很快领会了皇帝的意思。汉宣帝做皇帝前，在民间生活过一段时间，娶过一位妻子名叫许平君，现在是宫中的一位婕妤。汉宣帝表面上说想找一把旧剑，实际上表达的却是关于皇后人选的意见。于是在大臣们的提议下，最终许平君被立为皇后。

这则故事被后世广为传诵，人们都称赞汉宣帝"故剑情深"，能在显达之后不忘贫贱夫妻。但实际上，汉宣帝夫妻情深固然是真的，但这件事却并不只是重情重义这么简单。"故剑情深"的背后，牵连着汉宣帝同大将军霍光之间极为微妙的关系。

在所有的西汉皇帝中，汉宣帝的经历颇有些与众不同。他是汉武帝刘彻的曾孙，但出生才几个月的时候，就赶上了残酷的"巫蛊之祸"。他的祖父，也就是当时的皇太子刘据，被怀疑以巫术谋害汉武帝，在汉武帝下旨严查之际，因为惊惧而起兵反抗，结果遭到镇压，最后拒捕自杀。经此一事，太子一家几乎被诛杀殆尽。当时的汉宣帝因为还只是个襁褓中的婴儿，这才躲过一劫，后来他流落民间，辗转成年，十分不易。

也正是这样一番人生遭遇，导致汉宣帝即位之初，在朝廷里并没有什么根基，手中的权力自然也就十分有限。然而他所面对的霍光以及霍氏一族，却是在朝中经营了十多年的权力集团。霍光的权力有多大？由另一位皇帝的遭遇就可知道。在汉宣帝之前，还有过一位被后世称为汉废帝的刘贺。这位刘贺由霍光迎立，也由霍光废掉，前后只当了二十七天皇帝。且不管这位刘贺到底是因为什么原因被废，只以他轻而易举就能被废立的悲剧命运来看，便可知当时霍光权倾朝野，无人可及，这与汉宣帝的几乎毫无根基恰恰形成鲜明对比。

据说，汉宣帝登基那天，要去祭拜汉高祖的陵庙。最初，霍光陪他一同前往，这让他一路上心惊胆战，如有芒刺在背，后来换了别人陪着同去，他才感到安全，内心也从容了很多。可以说，霍光的存在，让初登大位的汉宣帝感受到了巨大的压力。

但汉宣帝在民间的生活经历，对于他当这个皇帝而言，并不是一点好处都没有。早年的日子里，他喜好交游，几乎走遍了长安各地，对于地方上的人情百态都十分熟悉，所以承受压力的能力很强，不但能承受，而且还懂得如何承受。

从当上皇帝的这一天起，汉宣帝就对霍光表现得格外尊重。新皇帝即位，霍光作为辅政大臣理当还政于君。但当霍光提出要归还政权时，汉宣帝却不肯答应，反而自我谦让一番，请求霍光继续主持朝政，还表示凡是朝廷有事都要先让霍光知道，然后才报知自己。霍光每次入朝觐见时，汉宣帝也都恭恭敬敬，十分谦卑。

汉宣帝这么做，是因为惧怕霍光权势而就此俯首低头么？其实不是，后来的历史证明他并非一位庸庸碌碌的君主，在"故剑情深"的故事中，他就曾经用委婉的方式坚持了自己的主见，不让霍光的权势进一步向内宫发展。但是他心里也很清楚，现在的自己是绝对没有能力同霍光抗衡的，他所能做的，只有尽力克制自己，哪怕委曲求全，也要先保住皇位，不让自己成为第二个废帝刘贺，然后再慢慢寻求发展。

汉宣帝的一系列表现，消除了霍光的猜忌，两人前后相处六年，基本上相安无事。而在这六年里，汉宣帝通过为汉武帝立庙，强调了自己的正统地位；趁庆祝立庙为全国成年男子增进爵位，收揽了大量民心；还出击匈奴，扬威西域。他步步为营，稳扎稳打，逐步树立起自己的威信。

汉宣帝在位第六年，霍光因病去世。这位让自己心惊胆战的权臣死了，汉宣帝的内心应该是很高兴的，但他的头脑始终保持着清醒，他知道霍光虽死，霍氏一族的权力却并没有随之而去。霍家的子弟、姻亲、党羽早已渗透进朝廷的各处要害部门，要想夺回所有的权力，还需要一步一步地慢慢来。汉宣帝首先做的，就是稳住霍家人，于是他以最高规格对霍光进行了厚葬，并亲临葬礼，还对霍山、霍禹、霍云等霍家的主要人物加官晋爵，表面上继续对霍氏一族尊崇有加。但暗地里，他却采取釜底抽薪之策，不动声色地开始着手剥夺霍家人的权力。

比如，汉宣帝让霍光的侄孙霍山领尚书事，却同时又改革了上书制度，百官可以绕过尚书直接向皇帝报告。这样既保证了皇帝可以随时了解下情，无形中也架空了霍山领尚书事的职权。汉宣帝又以霍光之子霍禹为大司马，名义上升了职，同时却又罢免了其右将军屯兵官属，实际上是剥夺了霍禹手中的军权。这几项举措一出，相当于在霍家人与朝廷最高权力之间设置了一条隔离带，从根本上解除了霍家行使最高权力的威胁。霍家无论是谁，都不可能再像霍光一样独揽大权了。在隐忍多年后，汉宣帝终于展示了他的心机与手段。霍家主要人物的权力被剥夺后，分处朝廷各要害部门的霍氏党羽就容易对付了。汉宣帝采取改任外派的办法，将那些掌握兵权的霍家人陆陆续续地都赶出了朝廷，并全部换成了自己的外戚、亲信。就这样，经过大约两年时间，霍家的权力已被剥夺殆尽。

公元前66年，眼见家族危急，霍家人惊惧不已，幻想借助皇太后的力量诛杀汉宣帝身边近臣，甚至打算废掉汉宣帝，由霍家人来做皇帝。但一切为时已晚，汉宣帝的权势已然稳固，岂是可以轻易撼动的。不久之后，密谋被人告发，霍家人或者自杀，或者被捕获后诛杀，霍氏一族彻底覆灭，汉宣帝也最终得到了他想要的全部权力。

《周易》中有一句话："尺蠖之屈，以求信也；龙蛇之蛰，以存身也。"尺蠖，是我们大概都见过的一种昆虫，平常依靠身体的一屈一伸来运动。"尺蠖之屈，以求信也"，意思是说尺蠖这种小昆虫，为了让自己不断向前运动，需要先让身体弯曲起来。"龙蛇之蛰，以存身也"的意思也差不多，是说龙、蛇为了让自己活下去，适当的时候会选择蛰伏冬眠。

汉宣帝刘询就是这样一位能屈能伸、懂得蛰伏待变的皇帝。他起于卑微，根基浅薄，在朝中权臣的巨大压力下，深知除了韬光养晦之外别无良策。但他在忍辱负重的同时，也善于谋划经营，最终在时机到来时积聚了足够的力量，收回了想要的权力。汉宣帝戒急用忍、步步为营的夺权策略，展示了身处逆境时的帝王智慧。

关于"人心"这个话题，先讲一则寓言故事。春秋时期，楚庄王有一次宴请群臣，大家喝酒喝到天黑，每个人都有些醉了。这时不知什么缘故，蜡烛突然熄灭，大殿上一片漆黑。黑暗之中，有人开始不守规矩，竟然去扯一位王妃的衣服，但没想到的是，反而被这位王妃扯断了帽缨。王妃向楚庄王告状，请求赶快点起蜡烛，把那个帽缨断了的人找出来。但楚庄王了解情况后，非但没有听从王妃的建议，反而下令说："今日大家一起喝酒，谁的帽缨没有断，就说明喝得没尽兴。"于是大臣们纷纷把帽缨扯断，然后点起蜡烛来继续喝酒。当晚，君臣尽兴而散。

这件事情就这么过去了。三年后，晋、楚两国交战。在战场上，楚庄王发现有个人十分勇敢，接连五次战斗都冲锋在前，并首先取得胜利。楚庄王感到不解，问这个人："我好像并没有特别优待过你，你为什么如此奋不顾身呢？"这个人回答说："我就是宴会上那个帽缨断了的人。当初大王没有治我的罪，所以我要报答大王的恩德。"

由这则寓言故事，我们可以看出楚庄王的两个特点：一个是为人器量宽宏，一个是善于收揽人心。戏弄王妃的罪名大不大？按理说是比较大的，但是并没有大到很严重的程度，而且还是在醉酒的情境下发生的，那么对这件事情的处理就完全可以灵活些。楚庄王若是心胸狭窄，可能就直接点灯查人，然后严加惩办，整件事情估计也到此为止，不会有后面晋、楚战场上的故事；但楚庄王的心胸却宽大得多，他觉得这件事并不严重，而为一件不严重的事惩治一个人也就很没有必要，所以用群臣全都扯断帽缨的办法，不动声色地把事情遮掩过去了。这对于楚庄王来说不过是一件小事，对于那位醉酒失礼的人来说却是大事。楚庄王的处置措施，挽救了这个人的名誉、生命。这个人感恩戴德，自然也就甘于为其所用。从这件事情的结果来看，可以说楚庄王很善于收揽人心。

善于收揽人心的人，往往也需要有较为宽大的心胸。其中的道理很简单，一个人心胸狭窄，往往也正是他自私的体现。一个自私的人，又如何能做到为别人考虑，进而得到别人的信任以及拥护呢？所以说，要想收获人心，需要心胸宽大。哪怕心胸宽大并不是你的本性，也一定要表现出来。

楚庄王绝缨救人的故事，主要讲的是私人之间的恩义关系，某一两个人的人心向背，所能产生的影响总体来说不大。但如果把这种关系放到更为宏大的时空里去看，则天下人的人心向背，足以影响到一个王朝的兴废。当初汉高祖刘邦就把这种关系处理得很好，并最终在秦末战争中脱颖而出，赢得了天下。

秦始皇帝平灭六国，建立秦朝，因为施政暴虐，法令严苛，招致民怨沸腾。秦始皇帝死后，秦二世胡亥即位，就在这年七月，陈胜、吴广等人起兵反秦，随后各地豪杰纷纷响应。刘邦就是在这个时候加入了反抗暴秦的队伍。陈胜、吴广死后，各地义军在楚怀王熊心的名义下继续抗秦。后来怀王分兵两路，一路由项羽率军北上，救援被秦军包围的赵国；一路则由刘邦率领，西进灭秦。

楚怀王之所以派刘邦西征，一个主要原因就是考虑到他为人宽厚，不像项羽一样残忍嗜杀。秦地百姓在秦朝暴政的统治下，同样也是怨望颇深，义军只要不以暴易暴，他们也就比较容易归附。秦地是秦朝政权的根基所在，如果能够顺利平定，则天下大势基本上也就定了。

后来发生的事情，跟楚怀王预想的差不多。刘邦一路西进，势如破竹，很快攻破武关，兵临城下。这时候秦相赵高已然杀了秦二世，立子婴为秦王。子婴又杀了赵高，见义军势大，于是主动献城投降。秦朝至此灭亡。

军事上获得胜利之后，就该考虑如何安定人心了。刘邦果然不负楚怀王的重托，接下来的几项举措，充分展现了他为人宽厚的一面。首先，刘邦没有做任何杀降举动。在古代战争中，有时因为担心对方反复，胜利的一方会杀害战败投降的一方。著名的长平之战中，秦将白起坑杀四十万赵军降卒就是一个典型事例。在进入咸阳之前，有人劝说杀掉秦王子婴，但刘邦认为子婴既然已经投降，所谓"杀降不祥"，就不应该再痛下杀手，只是将子婴看管起来，同时也没有杀害任何秦军将士。这样一来，刘邦无疑稳住了秦军的军心。

此外，刘邦面向秦地百姓，推出了"约法三章"。刘邦本性是比较"贪财好色"的，作为战争的胜利者，也很难面对丰厚的战利品而毫不动心。他初进咸阳时，见到宫室繁华，就想直接入住，先享受一番。后经部下樊哙、张良劝说，才意识到现在绝不是该享受的时候，于是下令将所有的府库财物封存起来，并率军退出了咸阳城。随后他召集关中父老豪杰，废除了秦朝所有的法令，只与之约法三章："杀人者死，伤人及盗抵罪。"然后他派人与原来的秦朝官吏一同巡行各处县、乡、城邑，对这三条约法进行广泛宣传。秦地百姓早已被秦朝的苛酷法令折腾得苦不堪言，见这三条约法处置公平而且简单明了，无不欢呼雀跃，纷纷带着牛、羊及各种酒食来慰劳军队。而刘邦对这些一概不接受，表示军中补给充足，不愿劳民费财。秦地的百姓听他这样说，自然更加拥护，都盼望刘邦能够留下来做王。这样一来，刘邦无疑又赢得了秦地的民心。

后来，项羽不满刘邦先行入关，在解除赵国威胁后，率军来争。刘邦自知军力不及，赴鸿门宴主动请罪，让出了关中之地。项羽进入咸阳后，不但杀了秦王子婴，而且引兵屠城，还放火烧了秦朝宫室，然后带着掠夺来的财物美女返回了东方。又在此前不久，在北方同秦军主力作战时，据说项羽还曾坑杀已经投降的二十万秦军。俗话说："得人心者得天下。"在类似的军事形势下，项羽的所作所为，几乎与刘邦截然相反，而他们两人谁能收获人心，可以说再也清楚不过了。

秦朝灭亡后，楚汉之间的争霸战争随即开始。项羽虽然多次战胜刘邦，但刘邦总能重新积聚起力量，并最终在垓下之战中彻底击败了项羽。刘邦赢得天下的原因固然是多方面的，但其所拥有的民心基础，应该是其中很重要的一个方面。

　　战国时期，百家争鸣，其中的"法家"有三种主要的思想流派，分别在主张"法治"的基础上而有所侧重。其一重"法"，强调建立法制，以约束臣民；其二重"术"，强调运用谋略，来驾驭臣下；其三重"势"，强调确立权威，以震慑群臣。三者之中，"法"与"势"基本上都具有外显属性，是明白可见的，而"术"则具有一定的隐蔽属性，特别是某些暗藏于心、不动声色的权谋之术，更是难以形之于外。所以，如何做到有效地运用"术"，往往也最考验帝王的执政能力。

　　重"术"思想以郑国人申不害为宗。申不害曾担任韩国的相国，辅助韩昭王推行"法"治、"术"治，在他的治理下，韩国一度十分强盛，诸侯各国都不敢来侵犯。申不害为政，主张君主对于"术"的运用，要懂得顺势而为，化解矛盾，以此收获"以柔克刚"的奇妙效果。《战国策》中有一则故事，就讲了齐襄王通过对"术"的灵活运用，来达到收获民心的目的。

　　齐襄王即位后，任用田单为相国。在此之前，由乐毅率领的燕国军队曾接连攻破齐国七十余城，只有莒和即墨两个城没有攻下。田单坚守即墨数年，最后以火牛阵大败燕军，并乘胜追击，尽数收复齐国失地，还迎立了齐襄王。因为这些功劳，田单在齐国的威望很高，齐襄王对他颇为顾忌。

有一天，田单乘车外出，在经过一条河时，见到有位老人徒步涉水，可能是因为河水太冷，老人冻得坐在地上走不了路。田单一时找不到多余的衣服，就解下自己的大衣送给老人穿。齐襄王听说这件事后，对田单就更加讨厌了，认为田单是故意向百姓施恩，借此博取更大的威望，然后找时机来取代自己成为齐王。他心里这么想，嘴上不自觉地就说了出来，并且被不远处一位穿珠人听到了。

齐襄王索性就问这位穿珠人怎么看待这件事。穿珠人回答说"王不如因以为己善"，劝齐襄王把田单做的这件善事转化成自己做的。齐襄王采纳了这个建议，下令说："寡人忧民之饥也，单收而食之；寡人忧民之寒也，单解裘而衣之；寡人忧劳百姓，而单亦忧之，称寡人之意。"这段话说得很漂亮，简单来说，就是你田单所做的一切善事，无论是给百姓饮食还是衣服，都是按照我齐襄王的意思做的。不但如此，几天之后，齐襄王还特地召见田单，在大庭广众之下慰劳了一番，同时又下令表示要收留那些受困于饥饿和寒冷的百姓。这样一来，齐国的百姓都认为，田单所有的善政，都是在齐襄王授意之下实施的，于是纷纷颂扬起齐襄王的功德来。

在处理这件事情的过程中，齐襄王借力使力，几乎没费多少力气，轻轻巧巧地就把田单的功劳转化成了自己的功劳，既收揽民心以为己用，也消除了君臣之间潜在的对抗危险，其对权谋之"术"的运用，可谓十分高明。而在北宋年间，宋太祖赵匡胤"杯酒释兵权"的做法，同样显示了帝王之"术"的灵活与高效。

宋朝建立之初，除了致力统一天下，不使卧榻之侧有他人鼾睡之外，宋太祖赵匡胤还一直担心某种可能来自身边的潜在威胁。他的担心不是没有道理的。从历史上看，因为地方藩镇势力太强，所以自唐朝末年以来，短短几十年间，天下分裂，到了五代十国更是出现了一堆"皇帝"，这可谓前车之鉴；从赵匡胤当时的处境来看，经过多年征战，天下固然渐趋平定，但也锻炼出了一批能征善战的将领，这些人握有重兵，而且功勋卓著，一旦生出反叛之心，后果将不堪设想，这是眼前之忧。更何况，当初赵匡胤自己也是因为仗着手里的兵权，才夺取了后周的天下。

赵匡胤思来想去，最后决定"开诚布公"地和这些将领谈一谈。不过，虽说要"开诚布公"，但是具体如何谈，却是需要一定谋略的。于是，某天下了晚朝，赵匡胤召集石守信等将领留下来喝酒。喝到酒酣耳热之际，赵匡胤向几位将领倒起了苦水，说如果不是靠着大家的力量，自己是做不了皇帝的。但现在感觉做皇帝太难了，几乎每天都睡不好觉，吃不下饭，远远不如当初做节度使的时候快乐。经他这么一说，石守信等人自然就要问个为什么。赵匡胤接着说，原因其实很简单，皇帝这个位子，天下有几个人不想坐呢！话说到这里，几位将领大概都吓了一跳，连忙跪下叩头，说皇帝您多虑了，现在天下已定，谁还敢生反叛之心！

双方的对话进行到这里，赵匡胤表达了自己的担心，而将领们也表达了自己的忠心，可以说第一个环节已经完成。但赵匡胤接下来话锋一转，又进入了对话的第二个环节。他说，我知道你们不会这么做。但是，谁能保证你们的手下没有贪图富贵之人？一旦他们硬把黄袍披到你们身上，你们就算不想做皇帝，估计也不得不做了。赵匡胤的这番话，首先表达了对几位将领的信任，接着又表示只是信任并不能解决实际问题，甚至直接以自己陈桥兵变、黄袍加身的故事为例，把困扰自己的难题又抛给了几位将领。这样一说，石守信等人总算明白了皇帝真正的意思，但这个难题又不是仅仅靠着空口表达几句忠心就可以解决的，不禁心下惶恐，继续叩头表示自己也不知道怎么处理，还请皇帝拿出个妥善的解决方案。

这正是赵匡胤想要的结果。在对话的第三个环节，他先是跳过问题不谈，而从侧面提醒诸将，人生苦短，所谓富贵不过是多多积财享乐，保持后代足用而已。然后他又转回到原来的话题，劝说诸将不如放弃兵权，受封到地方上去，择买好田好宅，为子孙后世置办家业，然后以歌舞美酒相伴，让自己尽享天年。同时他还保证，要同诸将结为姻亲关系，君臣之间上下相安，永无猜疑。

言尽于此，赵匡胤已充分表达了他打算要解除诸将兵权的真实想法。赵匡胤的这一番话，摆事实，讲道理，而且逻辑清晰，条理分明，既暗含皇帝权威，又兼顾君臣情分，最后还把方案当面提出。这样一来，几位将领就避无可避，只得连声称谢了。第二天，诸将纷纷以生病为由，请求皇帝罢去军职。赵匡胤依其所请，并信守诺言，将诸将分置各州，轻轻松松地将兵权收回到了自己手中。唐末以来，曾给诸多帝王造成无数困扰的君弱臣强的现象，就因为这一场宴会上的几杯热酒，从此烟消云散。

齐襄王"因以为己善"，宋太祖"杯酒释兵权"，这就是高明的帝王之术。我们可以看出，"术"虽无形，但是有力，关键在于讲求谋略，找到解决问题的最佳方案，以化解矛盾，消除对抗，平衡各方力量。我们不妨设想一下，如果齐襄王不把田单的善政归为自己的善政，而是与田单进行对抗，可能会有什么结果？如果宋太祖没有把解除兵权这件事的方方面面都考虑到，并且对后事做好妥善处理，而是直接要求诸将交出兵权，后果又会怎样？如此看来，战国时"法家"提出"术"的概念，并将之与"法""势"并列，共同看作帝王治国理政的三大要素，的确是很有道理的。

北魏孝文帝：
师法先进，厉行改革

人类文明的发展，往往并不是整体向前推进的。在我们的历史进程中，总会有先进的民族、国家与落后的民族、国家并存或者相继更替的局面。比如我国历史上的汉朝与匈奴，西晋灭亡后南方的汉人政权与北方的五胡国家，以及北宋、南宋与辽、金、元诸朝等。落后并不可怕，真正可怕的是认识不到自身的落后，因为既然认识不到，那就没有了改变的可能。这样的事例，在历史的长河中有很多，对于人类文明造成的破坏也很深重。那么有没有认识到自身落后而力求改变的事例呢？答案当然是肯定的。北魏时期的孝文帝就是一位极富变革精神的皇帝。他勇于面对自身民族文化的落后，并主动学习先进的汉族文化，不但对于当时的北魏政权影响深远，更为后世留下了可以反复咀嚼的政治智慧。

北魏太和十三年，即公元 489 年，孝文帝拓跋宏派了一支使团出使南方的萧齐王朝。此行除了通使问好，改善魏、齐两国的关系之外，还肩负着一个有点特殊的使命：向南朝借书。北魏使者向当时的齐武帝萧赜出示了一份书单，希望南朝按照书单借给魏国一批书。这个请求引发了南朝君臣的一番议论，但他们商量来商量去，最后的决定却是不借。

南朝不肯借书，北魏孝文帝也没有办法，只能转而通过其他渠道搜寻书籍。后来他甚至为此专门下了一道诏书，在全国范围内广泛征求各种书籍，并且表示："秘阁所无、有裨益时用者加以优赏。"孝文帝为什么要借书？从这道诏书中可以看出一些端倪，就是他希望这些书籍能够有益于时用。那么这里所谓的"时用"是指什么呢？是指孝文帝推行的一系列"汉化"改革。

孝文帝虽是鲜卑人，但从小由祖母冯太后抚养长大，而冯太后是汉人，所以他的"汉化"程度也比较深。这样的生活环境，以及身份地位，都让孝文帝对鲜卑族、汉族两种不同的文化有着深刻的认识，也使他在亲政之后面临着一个执政走向的问题。一种选择是像之前的北魏皇帝一样，保留鲜卑本色，主要以武力征伐天下；另一种选择则是改弦更张，接纳汉族先进的文化制度，在文治、武功上寻求更大的建树。历史证明，孝文帝选择了后者。

在推进"汉化"改革的过程中，孝文帝充分展示了他对于汉族先进文化的学习热情。当时北魏统治的北方地区，在经历了一百多年的战乱之后，文教荒废，典籍缺失，很多书只存其名而无其实，所以孝文帝就想到了向南朝借书的办法。除了书籍之外，他还倾慕南方汉族王朝先进的建筑技艺。在另一次派遣使团出访南朝时，他特意让建筑师蒋少游随行，令其借出使之便观摩南朝首都建康城中宫殿房屋的建筑法式。蒋少游不负重托，暗中观察学习，回国后凭借记忆画出了图形。后来北魏修建新都洛阳城时，就对建康城的建筑风格多有借鉴。

对于从南朝投奔过来的人，孝文帝也是倾心接纳，多方优待。北魏太和十七年，王肃因为父兄被齐武帝萧赜所杀而前来投奔。孝文帝多次会见王肃，有时还单独召见，共同探讨治国之道。两人一个虚心相待，一个知无不言，谈得十分投契，往往谈至深夜也不觉疲倦。王肃是东晋丞相、一流大族王导的后代，家中世代仕宦，熟知汉族王朝的礼仪制度。据说王肃的到来，在孝文帝推进北魏制度改革中发挥了重要作用。

与努力学习南朝的先进文化同步，孝文帝也着手推出了一系列"移风易俗"的举措。他首先将国都从偏远的平城也就是今天的山西大同，迁到了汉族文明的"天下之中"洛阳。关于这次迁都过程中孝文帝的巧施计策、力排众议，我在《中国通史大师课》（岳麓书社 2019 年版）第二册"孝文迁都与太子之死"一节中，有详细的交代，有兴趣的朋友不妨参阅。接下来孝文帝又颁布诏书，禁止鲜卑人穿本民族服装，改穿汉人的服装；禁止 30 岁以下的大臣们在朝堂说鲜卑语，改说汉话；改南迁的鲜卑人籍贯为洛阳，并且规定死后不得再归葬平城；变更鲜卑姓氏为汉族姓氏，并且自己带头将皇族姓氏由"拓跋"改为"元"；号召鲜卑贵族与汉族的高门大姓互通婚姻等等。这些措施，都体现了孝文帝全面接受汉族文化、积极促进民族融合的决心。

当然，学习先进文化，改革落后制度，从来都不会是件容易的事。当年建康城中，南朝君臣在议论要不要借书给北朝时，大臣王融专门写了一道奏章，劝齐武帝萧赜同意借书。不过，他答应借书的理由却带着深深的恶意。王融认为，南朝书籍传到北朝后，如果北朝推行书中教化，势必会让朝中出现对立的两股势力，即一心守旧的鲜卑贵族与希望改革的汉人士大夫。两股势力相互争斗，将使北朝元气大伤，到时南朝乘机攻伐，说不定就能统一天下。

王融所言并无任何玄奥之处，几乎人人都可以想到，孝文帝当然也不例外。但孝文帝依然坚持推行改革，由此更可见他那份难得的勇气。后人评说孝文帝的改革，有一种观点认为这场改革导致了后来北魏政权的瓦解。这种说法不无道理，因为孝文帝死后不过 30 多年，北魏就分解成了东魏和西魏，而东魏和西魏后来又分别被北齐和北周取代，似乎这场"汉化"改革确实没带来什么好的结果。但是，纯粹以王朝更替来评判一个人或一个事件，本身就有些狭隘。对于孝文帝及其主持的"汉化"改革，我们如果将它放到更久远、更广阔的时空里去考量，可能更容易看清楚它的意义所在。

公元 529 年，南朝名将陈庆之因护送投靠南朝的北魏北海王元颢北上称帝，曾经在洛阳住过一段时间。陈庆之回到南朝后，对别人说过这样一段话："自晋、宋以来，号洛阳为荒土，此中谓长江以北，尽是夷狄。昨至洛阳，始知衣冠士族并在中原。礼仪富盛，人物殷阜，目所不识，口不能传。所谓帝京翼翼，四方之则，如登泰山者卑培塿，涉江海者小湘沅。"陈庆之亲眼所见的洛阳城，非但不再是很多南朝人认为的蛮荒之地，其繁华壮丽文明的面貌，甚至还超过了南朝，而此时距离孝文帝的"汉化"改革，不过才数十年光景。另外，如果摆脱王朝更替的认识局限，那么无论是东魏、西魏，还是后来的北齐、北周，乃至于再后来的隋、唐，在某种程度上，都可以说是基于孝文帝"汉化"改革的历史演进。而以这样通达的历史观来回看孝文帝改革，其作为鲜卑族皇帝而致力于吸纳汉族先进文化并勇于推行"汉化"改革的做法，可以说体现了一种更为宏大而且深远的政治智慧。

进一步来说，我们如果比较一下北魏孝文帝与后世的清朝诸帝，就更能清楚孝文帝这种政治智慧的非凡之处。虽然同为非汉民族入主中原，但清朝建立以来，对内要求汉人剃发、改易衣冠，这与孝文帝主动改变鲜卑旧俗的做法正好相反；对外则以天朝上国自居，基本上无视处在飞速发展中的西方文明，这与孝文帝向南朝求借书籍、善待南朝归来人士的开放姿态也是相去甚远。举个例子，公元 1793 年，为了同当时的清政府建立外交关系并扩大通商贸易，英国乔治·马嘎尔尼使团抵达京师（今北京市）。英国使团带来了各式各样的礼物，包括天体运行仪、地球仪、望远镜以及蒸汽机、织布机、棉纺机等机械设备，还有最新式的步枪以及战舰模型等，差不多展示了当时世界上最先进的科技发展状况。但包括乾隆皇帝在内的清朝官方，当时更关心的是英国使团采用何种礼仪觐见皇帝，而对这些礼物并没有表示出真正的兴趣，更不用说发现蕴含在其中的科技意义了。

历史的经验与教训已经反复证明，是固步自封、因循守旧，还是师法先进、厉行改革，这是渗透于古代王朝轮替中的一个永恒命题。这个命题道理明晰，无须多辩，但做起来却从来都不容易。它需要推进改革的决心与勇气，以及与决心与勇气相伴而生的政治智慧。

乾隆皇帝：开编《贰臣传》的『创意』之举

时间永远是流动的，万事万物也在时间的流动中不断发生着变化，天下从来没有一成不变的事物。我国古代"刻舟求剑"的成语故事，讽刺的就是那些认识不到事物的发展变化，也不根据变化做出相应调整的做法。如果凡事都拘泥于既往的成法，那么所做的一切非但往往徒劳无功，甚至有时就连自身也将为时代所抛弃。而与此相对照，清朝中叶乾隆皇帝曾有过的一次"创意"之举，就显示了他在有些方面知形势、识变通的政治智慧。

公元 1776 年，乾隆皇帝下了一道诏令给国史馆，要求专门开立一个传记门类，名称就叫作《贰臣传》。这道诏令一出，立时引起了轰动。所谓"贰臣"，就是有过变节历史的人，为变节者立传，以往从来没有过，在史书编纂上属于创新之举。另外，按照乾隆皇帝制定的要求，将被列入这类传记中的，还是那些在明清易代之际投降清朝的人，其中不少人还为清朝立过大功。这些人是明朝的变节者不假，但现在以清朝官方的名义，将他们集体归为"贰臣"，不免让人觉得有些莫名其妙。

乾隆皇帝还直接点名道姓地列举了一些人，作为传记编纂者选人入传的标准。第一个被点名的就是洪承畴。洪承畴是清军入关之前归降的明朝高官，曾经以大明蓟辽总督的身份主持松锦战役，因为战败被俘而降清，后来在清军定鼎中原以及安抚各地人心方面出了很多力。《贰臣传》所收录的人物，不乏像洪承畴这样有大功于清朝的人。这些人原本颇受清廷优待，比如洪承畴入清后也是官居高位，没想到现在却被挑选出来，还被打上了"贰臣"的羞耻烙印。

在写给国史馆的那道诏令中，乾隆皇帝对于编纂《贰臣传》的原因，很耐心地做了一番解释，甚至对将被列入其中的投降者进行了严厉批评。首先，他表示对于这些明朝降臣，当初朝廷是出于安定人心以及申明顺逆之道的需要，才不得不予以接纳并录用的。其次，抛开功绩不谈，只讲人情事理，这些人身为明朝臣子，在国事艰难之际非但不能尽忠报国，反而还腆颜求生，无疑都没有气节。乾隆皇帝认为这样的人即便有才能，也无法弥补其在气节上的缺失；至于另外那些降而复叛，或者投降后继续说清朝坏话的人，甚至都不配称为人。

所以，乾隆皇帝认为，朝廷要为后世臣子树立纲常典范，提倡坚守气节，就不能因为这些人曾经有过功绩，或者现在尚有后人为朝廷做事，就忽略其气节上的污点。编纂《贰臣传》就是要据实直书，以这些人作为反面教材，让后人引以为鉴。

那么，乾隆皇帝为什么想到要通过编纂这样一部传记的办法来倡导气节？为什么是现在来编而不是之前？这就需要结合清朝在不同时期的统治需求来看。

清朝发展到乾隆时期，已经存在了一百多年，统治地位也已经相当稳固。这时候的形势，同清朝初年相比有了很大不同。比如清军刚刚入关时，作为一名立足未稳的"外来者"，迫切需要来自各方面势力的支持，以求扫灭明朝残余力量，巩固自己的政权，所以对于大批明朝投降者的加入，是持欢迎态度的，很多投降者也因而深受礼遇。历史也证明了清朝采取这一策略的重要作用。但在政权相对稳固的乾隆时期，大清王朝实际上已经完成了从

"外来者"到"当家人"的角色转换，这时候它所面临的主要问题，是如何进一步消除满、汉之间的民族对抗，争取更多汉族知识分子的支持，以保证政权更加稳定而长久的发展。

在这种形势下，由清政府组织编纂《贰臣传》，推崇忠臣对于气节的坚守，对于投清的降官加以贬抑，就具有了重要的现实意义：一方面，很多崇尚气节的汉族知识分子对明清易代之际的这批投降者是很鄙视的，现在清政府明确将这些人打入另册，定为"贰臣"，无疑可以得到他们的认同，甚至与他们在崇尚气节方面取得共识，从而减弱甚至消解彼此之间的对抗；另一方面，清政府通过对明清易代之际投降者的"无情"处置，明白地昭告了朝廷对于臣子气节的重视，也是对当朝臣子的一个警示，有利于培养更多忠于朝廷的人，加强政权统治力量。

值得注意的是，乾隆皇帝所做的还不止于编纂《贰臣传》。就在下诏提出编纂《贰臣传》的同一年，他又让大学士、九卿、京堂、翰林院、詹事府、科道衙门等共同参阅史书并研究核定，编印了《钦定胜朝殉节诸臣录》一书，表彰众多的明朝忠臣义士，其中就包括那些曾经坚持抵抗清军而殉节的明朝英烈之士，像孤军奋战、力竭而亡的卢象升，明朝灭亡后绝食而死的刘宗周，被清军俘虏后从容赴义的黄道周等人，清政府都给予了他们很高的评价，并分别追赐褒义谥号。与此相对，清朝对某些列入《贰臣传》的投降者的谥号进行了剥夺，这进一步表明了朝廷对于这批人的贬抑立场。比如清军入关后归降的原明朝户部尚书冯铨，死后曾被康熙皇帝赐予谥号"文敏"，但乾隆皇帝下诏夺回。一方面褒奖明朝忠臣，另一方面贬斥明朝叛臣，乾隆皇帝从正反两方面传达了朝廷对于臣子名节的重视。

乾隆皇帝下诏编纂《贰臣传》，对投清降官的贬抑可谓极重。尽管如此，他对某些投降者还是留了一定的余地。乾隆四十三年，即公元1778年，乾隆皇帝颁旨要求把所有列入《贰臣传》的人分为甲、乙二编，予以区别对待。其中，甲编中收录的主要是那些投降后有功于清朝的人，乙编中收录的则是那些投降之后功业乏善可陈，以及虽然投降但也做不到对清朝忠心相待的人。

甲、乙二编的分设，没有改变《贰臣传》的编纂主旨，但同时也体现了乾隆皇帝对待历史能够就事论事的态度，而且按人定编，持论公允，对于洪承畴一类的有功降臣也算是一种安慰。此举既可收到激励臣节之效，也可稍减某些降臣后人的抵触情绪。

回想当初，汉高祖刘邦在夺取天下后，大臣陆贾在同刘邦谈论时，经常会引用《诗经》《尚书》等儒家经典中的说法。刘邦很不喜欢听，说自己由马上取得天下，不需要《诗经》《尚书》。但陆贾反驳说，马上可得天下，却未必可以马上治天下。陆贾所言，实际上就是提醒刘邦，在不同的时代形势下，应该采取不同的应对策略，而不能固守成法。乾隆皇帝下诏编纂《贰臣传》，其实也是同一个道理。古之帝王要维护政权的长远发展，就需要有长远的眼光，要随着"时移势易"，做到"与时更新"。

人居智慧

　　《人，诗意地栖居》，是德国 19 世纪浪漫派诗人荷尔德林的一首诗，后来经过德国 20 世纪存在主义哲学家海德格尔的哲学阐发，"诗意地栖居在大地之上"，就几乎成为所有人的共同向往。

　　"诗意地栖居"，是工业文明时代到来之前，人居的写实，也是工业文明时代到来以后，人居的追求。

　　"诗意地栖居"，在西方，那是荷尔德林《远景》诗中的描述："当人的栖居生活通向远方，在那里，在那遥远的地方，葡萄季节闪闪发光。那也是夏日空旷的田野，森林显现，带着幽深的形象。自然充满着时光的形象，自然栖留，而时光飞速滑行。这一切都来自完美。于是，高空的光芒照耀人类，如同树旁花朵锦绣。"

　　"诗意地栖居"，在中国，那是明朝归有光在《项脊轩志》中的白描："借书满架，偃仰啸歌。冥然兀坐，万籁有声，而庭阶寂寂，小鸟时来啄食，人至不去。三五之夜，明月半墙，桂影斑驳，风移影动，珊珊可爱。"那是林语堂在《来台后二十四快事》中的感慨："宅中有园，园中有屋，屋中有院，院中有树，树上见天，天中有月，不亦快哉。"那是现代社会红尘十丈、人声鼎沸中已经缺失了许久的"一花一世界，一叶一菩提，一水一心法，一石一禅心"的境界……

"诗意地栖居",仿佛一帘本真的幽梦,一缕理想的光辉,一首悟透了人文与自然的和谐之歌。

古往今来懂得诗意栖居的人们,在大地上留下了各种体量、各种类别的人居。然而,正如西方诗歌重视叙事、形式严谨、风格热情奔放,而中国诗歌重视抒情、形式灵活、风格委婉淡远,两者之间颇多不同一样,同样是"诗意地栖居",中国的传统人居与欧洲的传统人居就形成了鲜明的对照。比如同样是在山区,中国人的小山村是掩映在山谷中的,山村成了山谷的一部分,我们往往是先见山谷,再见"柳暗花明又一村";欧洲的城堡是坐落在山丘上的,山丘成了城堡的一部分,我们常常是先见城堡,再见衬托了城堡的山丘。推而广之,中国人的理想山村风水,是使人文隐迹、依恋、融汇于自然之中,重防守,性格内向,欧洲人的典型城堡景观,是使人文突出、凌驾、区判于自然之上,重进攻,性格外向;中国人居风水是人文的自然化,人是自然的组成部分,西方人居景观是自然的人文化,自然是人的组成部分。其实,这就是一方水土养一方人、一方水土也养一方人居的逻辑,在这样的逻辑中,蕴含着值得我们体味、需要我们琢磨的中国智慧与西方智慧。

"中国大智慧·人居智慧"的各讲,立足于中国传统的风水理念与住居实践,围绕阳宅(即活人所住的城市、园林、村落、房屋)与阴宅(即逝者所住的陵墓)两大方面的若干代表案例,从基址选择、地形改造、朝向定位、房屋装修等操作细节入手,探讨中国传统人居所体现的哲学观念、社会伦理、文化心态,以求多角度地展示中国人的"诗意栖居",揭秘蕴涵在人居深处的中国大智慧。

说起中国的"人居"，实在无法回避"风水"这个概念，而说起中国的"风水"概念，又实在无法回避"迷信"这个社会习惯的认知。以我亲身经历的事情为例，2004年，我为南京江宁的一个开发区命名道路，因为那个开发区的山水环境堪称风水宝地，又有个值得保留的老地名"牧龙"，于是我便从风水词汇出发，命名了瑞风、丽水、天成、地秀、牧龙、翔凤、润寿、颐年等十几条路名，并且做了一些解释，比如"风水之法，讲究藏风得水，即藏瑞风、得丽水。瑞风大道藏南山之风，丽水大道得长江之水"；天成路、地秀路，"天风旺则事必成，有花木茂盛、事业成功之意，地气吉则形必秀，有土田润泽、水流畅通之意"等等。不久之后，南京的《金陵晚报》得到了我的这份命名方案，并且在报纸上公布了出来，报道的题目是"南京地名专家给道路取风水名，称这是环境科学"。注意题目，"称这是环境科学"，那意思很明显，其实不是"环境科学"。记得当时我看到这样的题目，感觉到这样"一字褒贬"的"春秋大义"，也就一笑了之。但是没有想到的是，就在当天，2004年10月6日，事情迅速"发酵"了起来，江苏城市频道的名牌栏目《南京零距离》，在《孟非读报》这个板块，专门对此做了严厉的批评性讨论，说在科学昌明的今天，竟然还有人，而且还是南大的教授，用风水来取地名；

接着，10月24日，江苏卫视的《江南论坛》栏目，专门约我做了个访谈，访谈的题目是"地名、风水与科学"，访谈一开始，主持人问我的问题就是"胡教授，你觉得风水这个迷信……"，面对如此不友好的提问，我马上怼了回去："小杜啊，你懂风水吗？"主持人说"我不懂"，于是我半开玩笑半认真地告诉她："既然不懂，凭什么就说是迷信？这才叫迷信呢！迷信迷信，就是迷迷糊糊地相信。"

诸位朋友，你觉得风水是迷信吗？你买房子的时候，会不会考虑到房子的位置、朝向、楼层、结构？有些更加讲究的朋友，可能还会考虑到楼层的上下水、电梯间的位置、车库减速带发出的声音大小、小区出入口是安全些的上坡还是危险些的下坡吧。其实如此等等的考虑，都属于今天生活风水的基本选项。如果你一边做着这些，一边人云亦云地诟病风水是迷信，是不是有些滑稽甚至有些可笑啊？

从今天说到过去，风水更是客观的存在，无法抹去的事实。回望中国传统时代，那些我们的祖先加在大地上的符号，从都邑、村镇、陵墓的选址到宫宅、园囿、寺观的定点，从门户、天井、厅堂的格局到道路、桥梁、亭塔的布置，如此等等，哪一样不受到风水广泛而且深刻的影响呢？甚至某种意义上我们可以说，建筑是物是体是形而下的器，风水是魂是美是形而上的道，这个形而上的道，就是我们中国人诗意的栖居。换句话说，如果不懂得风水，就看不懂中国的传统建筑，我们逛古城古镇，游老村老宅，就只是看热闹，而看不出起码的门道。

再放大些说，据我所知，从2003年起，韩国启动了由国立中央博物院主持、由数十位不同领域的专家作为学术支持的"整体风水地理"项目，风水不仅列入了韩国国家遗产名录，而且正在申报世界遗产项目。据说日本也在做着类似的申遗工作。我们不妨设想一下，如果韩国或者日本真的拿下了风水这个世界遗产项目，我们会不会很尴尬、很失落？另外，值得注意的是，在具体实践的层面，2002 年时任韩国总统卢武铉提出了迁都公州市的构想，迁都到公州市的地理依据，其实就是风水依据，认为那个地方具备了"仙鹤展翅"的风水形势，代表着韩国中部地区的腾飞。到了 2012 年，韩国新行政首都、由公州市改名的世宗市开始运行。

面对这样的文化传统与国际形势，"风水"在中国大陆的现状又是怎样的呢？说起来令人揪心。就以学习过、也实践过风水的本人的感觉来说，学界的主流声音是把风水认作迷信的，媒体则把风水视为敏感话题。至于民间的情况、社会的情况，大多是"人信，我也信"以致有"走火入魔"的人。那么风水到底是什么呢？按照我的体会，风水是一种文化现象，风水的实质是经验，是学问。当然另一方面，我也能理解，为什么在大多数人看来，风水是迷信，或许，正是因为风水的语境、风水的复杂、风水的神秘，客观的"风水"学问，才变成了主观的"风水"迷信。

比如风水语境，或者说风水的关键词，所谓阴阳、四象、五行、八卦、十天干、十二地支、二十四山、二十八宿，堪舆、青乌、形法、理气、阳宅、阴宅，气、龙、砂、水、向、穴、补、化、镇、煞，这样的语境，这样的关键词，这样的"一篮子工具"，距离今天太远了，于是不明白其中奥秘的人，就会简单地"一言以蔽之"：迷信……

再如风水的复杂，城里的风水师、乡村的阴阳先生，为了开拓市场、为了接些业务、为了多赚点钱，当然在中国大陆，也为了取得弱势学术地位与政治地位中的心理强势补偿，总是把风水说得很复杂，甚至故弄玄虚，比如在把土地当肉一样剁着卖、气场已经混乱不堪的城里，拿着个罗盘装模作样，我真不知道他能测出什么。其实诸位朋友，有个区别风水学者与风水先生最直截了当的办法：风水学者习惯把复杂的事情说简单，因为我们不靠风水吃饭；风水先生习惯把简单的事情说复杂，因为他们得靠这个养家糊口……

再如风水的神秘，以风水中的理气宗为例，注重时间序列的天地人合一，的确比注重空间形象的形法宗更加神秘，年月日时如何与人生命运、阴阳宅地甚至姓氏五音发生联系，解释系统以及应用程序都非常神秘。也是因为这样的神秘，江湖骗子、风水先生难以掌握，风水大师有时也难免犯糊涂，所以就发明了风水的操作工具，也就是罗盘。起初，罗盘只是二十四方位配合五行八卦，而到了明清时代，罗盘竟然发展到了40多个圈层，这就好比学生们考试作弊，小小的一张纸片上，希望写下所有的内容。罗盘也是这样的道理，它把天地生人合一、阴阳平衡、五行生克等风水原则，集中、系统、全面、明确、动态、和谐地和盘推出，那每一个圈层，都代表着中国古人对于大宇宙、大自然、大人生中某一个层次的理解，所有的圈层组合成宏大的系统；而位于罗盘中央天池里的磁针和最重要的二十四山圈层，意在找到使天地生人协调和谐的空间、地址、方位、距离、间隔、高度。

我们可以给风水下个定义了：风水，是植根于中国传统农耕文化土壤里，以古地理学、古天文学、古人体学为三大支柱，选择与处理包括阳宅与阴宅的居住环境的一种方法、经验、学问。方法的积累就是经验，经验的积累就是学问，不是有"千年经验成学问"的说法吗？风水不是迷信，而是学问！

其实，与人居密切联系的风水是学问，与人体密切联系的中医不也是学问吗？诸位朋友如果认可中医是有疗效的，那么就应该认可风水是有意义的。质而言之，风水的核心是自然、和谐。阳宅讲究风水，意在营造良好环境；阴宅讲究风水，意在表达慎终追远，如此都有利于我们的身体健康、心情舒畅。所以，调整风水，的确能够影响到身体与心情。进一步来说，所谓一命二运三风水，联系着先天的命相是静态的，联系着社会的运程是在不断变化甚至难以捉摸的，而我们自身能够安排、能够调整的风水，是可以发挥主观能动性的。

那么，如何发挥我们的主观能动性，选择适宜的大环境，改善自主的小环境？我们的祖先给我们留下了丰富的风水案例，展现了卓越的风水智慧。

理想家园：
寻求自然的庇护

人，诗意地栖居。栖居在哪里？栖居在理想的家园。怎样的家园是理想的？受到自然庇护的家园是理想的。这样的家园在哪里？需要人们去寻找，甚至需要人们去改造。

早在远古时代，人类完全依赖大自然生存，对日月星辰、高山原野、江河湖海充满了敬畏。由于科学还处于蒙昧时期，刮风下雨、电闪雷鸣、山崩地陷等自然现象更让人心生恐惧。但随着人类世世代代的艰辛努力，适应自然和驾驭自然的能力逐渐增长。可以说，风水学便是古人在向自然寻求庇护的过程中，依据经验的积累而逐步建立起来的一门学问。

《诗经·大雅·公刘》中有这样一段记载："笃公刘，既溥既长，既景乃冈，相其阴阳，观其流泉。"这里的公刘，是周人的祖先，"周"就是我们常说的夏商周三代中的周。公刘率领民众到达豳地，也就是今天陕西境内的彬县、旬邑县西南一带后，进行了一番考察。而按照《诗经》的记载，公刘做了这么几件事：第一，测量土地；第二，根据日影辨明阴阳方位；第三，登上高岗观察山形地貌；第四，勘察泉流水源。经过这样的一番考察后，公刘最终决定在这里开垦荒地、修筑城郭，栖居下来。

那时候，当然还没有风水的说法，但是公刘的这一系列行为，其实就是根据风水的好坏，来判断豳地是否适宜作为栖居地。

适宜人居的风水是怎样的呢？不同的风水流派有不同的观点，但总体上来说，所谓的风水宝地应当位于山丘与流水环抱之中，基址背后有山作为屏障，左右有低岭岗阜围护，也就是我们常说的"青龙""白虎"，前有池塘或者河流经过，水前有远山近丘。

对照《诗经》中对豳地地貌的描述来看，这里有山有水有开阔的平地，的确是风水宝地。风水宝地，宝在哪里？宝在这样的地形，可以聚气，也可以避免气的流失。气是中国传统文化中特有的概念，古人认为，气是构成宇宙万物的本源或本体，它存在于宇宙之中，运行不息，但又无形可见，气的运动变化推动着宇宙万物的产生、发展、变化。

听上去很玄，对不对？其实，在风水学中，看不见摸不着的气，完全可以用现代科学来解释。

从环境生态学的角度看，一个山水环抱的较为封闭的空间，有利于形成良好的生态和舒适的局部小气候：比如背山可以屏蔽冬季从北方吹来的寒流；朝阳可以争取到更多的日照；近水可以取得方便的水运交通条件以及生活与灌溉用水，而且有利于开展养殖；缓坡可以避免淹涝之灾；和谐的自然条件造就的植被，可以保持水土、调整小气候，形成良性的生态循环。

进一步来说，现代的栖息地理论则认为，人类对某种环境的偏好，并不是无缘无故的，而是暗示着这种环境更适合人类的生存与繁衍。比如，人们偏好于可以满足瞭望或是藏匿特性，或是两者兼具的地方，也就是"能看到而不被看到"的居所。这样的地方不但方便获取食物，也能及早感知危险，避免被敌人发现，而这对于生物演化的生存竞争，具有实质性的优势。

一个不仅满足基本生存条件，而且满足可预见的中长期发展条件的地方，自然就聚住了所谓的气，是理想的风水宝地。纵观中国古代的城址选择，几乎都是建立在聚气的"风水宝地"之上的。

以中国历史上第一个大一统王朝秦朝的都城咸阳为例，初建于渭水北岸与九嵕山之南。按照古人的阴阳观念，山之南、水之北为"阳"，是宜居之地。咸阳具有"山水俱阳"的区位特点，这也是咸阳得名的由来。

咸阳都城的核心区，是统治者日常生活起居和进行政治活动的主要区域，也是普通居民的生活场所。后来，随着城市范围的扩大，咸阳渐渐扩展到了渭水南岸。到了汉代，都城长安的空间谋划与功能布局，实际上是以整个关中平原为依凭的，这山水环抱着的一千多平方公里的"风水宝地"，都属于京畿之地。

如果用天眼俯视秦汉时期的长安，我们看到的景象是这样的：巨大的黄土高原雄踞城市以北，长安，就处在高原南部的缓坡之上，宽阔的缓坡上，是渭河、泾河、洛河以及它们的支流所冲积出来的平原，也就是关中平原；长安向西延伸，范围直抵陇山，陇山与秦岭西段群峰夹渭对峙，闭合了八百里秦川的平原旷野，成为中原通向西域的第一道天然屏障；长安向南，有秦岭横亘，这是相当险峻的一条山脉，多处海拔超过2 000米，秦岭向东北方向延伸，海拔渐低，奇绝壮美的华山也是秦岭的一支，也与黄河一起，成为长安城东边的门户。

四围合抱的关中，自然环境极其优越，加上人为的开发，早在秦朝，这里就已经沃野千里、人烟稠密。所以，才有了秦末项羽和刘邦等人"先入定关中者王之"的盟约。因为，谁得到关中这块风水宝地，谁就得到了问鼎天下的雄厚资本。

自然造就的风水宝地，是古人择地而栖的首选，但古人并不完全臣服于自然。当大自然的赐予并不尽如人意时，古人展示了他们惊人的智慧。

东晋的郭璞被认为是风水师的鼻祖。据说温州城的选址，便是由他确定的。温州临瓯江，江水自西向东流入大海。按照传统的风水理念，温州城应该建在江北，这样就会形成既坐北朝南又背山面水的宜居状态。但在温州建城之初，郭璞经过实地勘测，对两岸的土壤进行了取样比较。他发现同样体积的土方，江北的土方比较轻，而江南的土方相对比较重，这意味着江南的土质更加夯实，更适合建造城市。于是，就像我们今天所看到的那样，温州最核心的主城区建在了瓯江南岸。

历史上，很多著名的人居地带，都是合理的环境选择与适宜的人为改造相互结合的典范，都是天造一半、人造一半的杰作。这种人造的一半，既包括因地制宜对基址的改动，也包括对自然环境的改造。对自然环境的改造，在中国这样的农业社会，最常见的是水利工程的修建。著名的都江堰，便是其中影响力巨大的千岁工程。

成都平原在古代本是一个水旱灾害十分严重的地方，这主要是由于岷江和成都平原天然的地理条件造成的。岷江海拔落差大，水流涨落迅猛，水势湍急。岷江出岷山山脉后，从成都平原西侧向南流去，成为一条突兀的地上悬江。每当雨季，岷江洪水泛滥，成都平原就是一片汪洋。遇到旱灾，成都平原赤地千里，往往颗粒无收。

战国末期，秦昭王委任李冰为蜀郡太守。李冰上任后，在前人治水的基础上，依靠当地人民群众，在岷江出山流入平原的灌县，建成了都江堰。都江堰的整体规划是将岷江水流分成两条，其中一条水流引入成都平原，这样既可以分洪减灾，又可以引水灌田、变害为利。经过千年的不断发展，都江堰的各个渠道，就像人体的毛细血管一样，遍布了整个成都平原。天府之国美名的得米，都江堰功不可没。

可以说，大到一国一城，小到一县一村，都有自己天然的风水。我们的祖先，在广袤的大自然中，找到了适宜人居的土地，并用自己的智慧建设它、改造它，使它成为一代又一代人理想的栖居地。勤劳聪慧的古人，给我们留下了最好的风水。这样的风水，庇护着我们民族的成长与壮大，孕育着我们文化的丰富与演进。

安居乐俗：
摆布装饰有道道

最近这些年，古老的风水学搭上楼市的繁荣，驰进了快车道。传统社会中，风水先生堪舆重在勘察建筑的外部环境，建筑内部尤其房屋内部，是勘察的次重点；现代社会，城市民居以公寓楼居多，风水先生关注的范围，也就两方面并重了。具体到各家各户，更多的是关注居室的内部装修。

一些风水先生在看房时，往往引经据典，还要询问主人的生辰八字、工作性质、兴趣爱好等等，并在此基础上进行神秘的推导、验算，进而指导新房的厨房、客厅、卧室、卫生间以及阳台要怎么布置，家具要如何摆放，色彩要如何搭配等等。

你若敢说，我就敢信。很多房主对那些貌似学问高深的风水先生完全没有抵抗力，一不小心就按照风水先生的设计，把家里装得奇奇怪怪，让人感到很不舒服。那么，问题来了，这些貌似通晓天文地理人事又精于谋划的风水先生，在为居室规划装修时，究竟是以什么为依据的呢？怎样判断他给出的方案是否值得信赖呢？

我们先从传统风水先生仰仗的天文知识——九星术说起。九星术是由洛书九宫图演化而来的。据说大禹时代，有神龟跃出洛水，背上有一套图文，就是洛书，上面有九个数。大禹据此把天下划分为九州，加以治理。

洛书数字可以排列成一个横三竖三的方阵，称为九宫格。在九宫格中，单数为阳数，双数为阴数，并且无论横向、竖向，或者对角向，三个数字相加的结果都是15。具体来说是这样的：左边第一列的数字，从上到下是4、3、8，中间第二列的数字，从上到下是9、5、1，右边第三列的数字，从上到下是2、7、6。由于不同的数字居于图形的不同方位，因此九个数字又可以与东南西北中各个方向形成对应。再进一步，九个数字还可以与木、火、金、水、土五行对应起来，利用五行相生相克的原理，形成彼此之间复杂的关系。

4 9 2

3 5 7

8 1 6

古代的风水家将九宫格进一步演化，以九宫配九色，再与天上的星辰进行对应，附以吉凶的涵义，并随着时间的变化改变各星所在的位置，这就是九星术了。堪舆家利用九星术占卜运势，并宣称这是来自上天的旨意。

风水家还将九宫格与八卦结合起来，更进一步将堪舆术神秘化，创立了八宅格局。所谓八宅格局，就是根据八卦，把住宅分成"坎离震巽"东四宅，"乾坤艮兑"西四宅。这种划分，使得房屋具有了所谓的"宅卦"。"宅卦"和人的"命卦"搭配，就出现了某处房屋对于某人是否宜居的吉凶属性。这里的"命卦"，也是根据人的出生年份配合八卦以及九宫图推算出来的。

举个例子吧。出生于1963年癸卯年的男生，命卦属于坎卦。坎命的四个吉方分别是：主事业、财运、子嗣一类家运的生气在东南方；掌管疾病之事的星神天医在东方；掌管感情运和婚姻运的延年在南方；代表气，往往决定着大门方位的伏位在北方，这是四个吉方。坎命的四个凶方分别是：导致阴阳失衡、影响居者生理与心理的祸害在西方；破坏人的感情与人际关系的六煞在西北方；疾病位、吵架位的五鬼在东北方；不利于生命体进出经过的绝命在西南方。以这样的命卦与宅卦相互对照，便能得出各类空间的布局。

八宅格局同样适用于一套公寓的内部，就是用八卦方位把公寓住宅的平面划分为八个方位，再用宅主的命卦与方位相配，推定吉凶。在这个基础上，再来确定大门、卧室、厨房、卫生间等等的最佳位置，以及化解镇煞的方法与物件。

诸位朋友，在九宫格与八卦基础上推演出来，又层层叠加了自然的五行观念与人为的吉凶观念的八宅格局，是不是显得高深莫测？站在今天的立场看来，我们也可以把这些理解为是一种心理诱导，所谓"信则灵，不信则不灵"，作为一种外在暗示，对于自信力一般甚至较差的人，它会成为你的精神支撑和心理安慰，而对于自信力强的人，大概用处就不大了。

不过，在八宅格局，某种意义上也就是居室摆布装饰方面，我还是有两点建议。首先，宁可信其有，避免信其无，毕竟，今天的人们还没有完全参透自然的奥秘，居家风水作为"千年经验成学问"的东西，值得我们敬重、遵从，这也应该是我们对待传统文化的基本态度；其次，要从自然和谐、空间布局、美学原理等等生物层面与文化层面出发，做出一些自己的独立判断，既不被"玄而又玄"的说辞给忽悠了，也不必把自家的居室弄得奇奇怪怪。

比如就我所接触到的情况来说，从主流的方面看，随着时代的进步，现代的大多数风水家，知识储备远胜从前，在做装修规划时，不仅会考虑到风水的理念与技术，也会兼顾现代居家的方便性与实用性。当然，也有所谓的风水师，既没有理清传统的八宅格局的路数，又不具备足够的建筑知识、地理知识、美学感悟、空间感悟，他只能按照自己的一套来胡乱规划，而这样摆布装饰后的房子，怎么住着都让人觉得别扭。我就见过有的别墅、公寓，为了阻挡所谓的不利、煞气，按照所谓"高人"的指点，在自家大门下方增设了几厘米高的门槛。这个高门槛，常让来访的客人跌倒，闹得客人恼火，主人尴尬。我真不明白这样的设计者用心何在。

回到传统时代或者传统路数中，在过去长期的风水实践中，一个常见的现象是，房屋落成之后，当发生宅卦与命卦冲突的情况时，或者房屋有其他"凶兆"时，房主更倾向于采取摆布装饰"厌胜""辟邪"的简单易行的措施，这也就是我们常说的软装修，几乎所有的房屋"凶兆"，也都可以通过软装修来化解。这是聪明人的变通之法，它既不对房屋大动干戈，又求得了心理上的安慰。

比如镜子，就是一种运用广泛的软装修。

镜子本是一种常见的生活用品，洁面刷牙、整理衣冠，都需要镜子来照一照，看看效果如何。但是，如果我们稍加留意，就会发现，有些人家会在大门上方悬挂一面镜子，挂得离地两三米，这显然不是用来照人的，那是用来做什么的呢？这样的镜子，其实是一种传统的风水镇煞补救物，称为"照妖镜"或者"八卦镜"。当有对面房屋的屋脊或者尖锐凶险之物冲向自家大门时，被认为是犯煞不吉，就会在大门上方悬挂一面镜子，据说有了这面镜子，就能镇住妖魔鬼怪，化解凶险。

那么，对于镜子的这种认识是如何产生的？东晋道家代表人物葛洪在其著作《抱朴子》里说："万物之老者，其精悉能假托人形，以眩惑人目而常试人，唯不能于镜中易其真形耳。"这段话的意思是：世间万物通过长期的修行可以成精，而且能假托人形来骗人，但用镜子一照，就原形毕露了。这样的观念落到现实中，就有了我们非常熟悉的"土产"神仙二郎神和托塔李天王，这两位就各有一面神奇的"照妖镜"，就有了"八卦镜"这种运用广泛的风水镇煞补救物。

当然，按照今天的科学认识，镜子就是镜子，它只能照出客观存在的事物，靠它来驱凶辟邪，只是一种心理安慰，甚至我们可以把它归入迷信的范畴。不过，在我们的居家设计时，如果镜子安放得不好，也确实会造成心理和身体的不快，比如在玄关的天顶设置镜子，让人入室抬头就见自己的倒影，也就是头冲下、脚朝天，这当然不好，而在餐厅里放面镜子，反映就餐的情景，会让家中充满旺气，这就是很好的装饰。

在传统时代，人们为了驱凶辟邪，除了使用镜子，还使用诸如石敢当、水晶球、桃木剑、弥勒佛、五帝钱、符咒、麒麟、葫芦等等的风水物件，这些物件安放的位置甚至安放的时间也都各有讲究。这里就不一一细说了，诸位朋友可以自己琢磨琢磨。

在进行居室软装修时，古人还热衷于使用祈福装饰，这多见于家具、壁挂、屏风等等上面，题材则是民间喜闻乐见的内容和图案。比如纹样图案有动物纹、植物纹、几何纹、文字纹等，动物纹有龙、凤、狮、麟、龟、象等，植物纹有松、竹、梅、兰等，几何纹有六角、八角、卐字、回纹等。这些纹样图案又多具有象征意义，比如蝙蝠、鹿、仙鹤、金鱼、鲶鱼、鸳鸯等，分别有福、禄、寿、金玉满堂、年年有余、恩恩爱爱等吉祥喜庆的寓意。而时代发展到今天，类似这样的吉祥装饰仍为人们所喜爱，它们不仅满足了人们祈福的心理追求，还带给人们一种愉悦的视觉享受，进而产生积极乐观的情绪。

中国传统的居家风水，就是这样充满着最接地气的智慧。它启示今天的人们，摆布装饰有道道，奇奇怪怪不足取，无论是环境、户型、楼层、朝向、庭院、阳台，还是大门、玄关、客厅、书房、卧室，无论是财位、餐厅、厨房、卫生间，还是鱼缸、植物、颜色、灯光，感觉自然、和谐、秀美，令人身心愉悦舒适，才是现代居家风水追求的终极效果，也是万变不离其宗的道理。

中和刚健：北京城中轴线的奥秘

北京的故宫，近年来一直是网红打卡地。凡是去过的朋友，伫立在金碧辉煌的宫殿建筑前，都会强烈地感受到故宫的高贵、华丽与壮美。

除了建筑本身，故宫独有的壮美秩序、严整格局，更源于那条贯穿南北的中轴线。这条中轴线不仅是故宫的，也是整座北京城的，它一贯到底，长近八公里，被建筑大师林徽因女士称为"全世界最长，也最伟大的南北中轴线"。

沿着这条中轴线行走，我们都能看到些什么呢？让时光倒回一百年，我们从北京外城最南面的永定门出发，这里是中轴线最南端的起点，直通明清紫禁城，也就是现在的故宫。

穿过永定门，中轴线左右是先农坛和天坛两组大致对称的建筑群。北行经过天桥，走过一条长长的商肆林立的大街，到达珠市口的十字街，眼前便是内城第一重门——中轴线上最高大雄伟的正阳门楼。

进了正阳门，经过一座牌楼和石桥，是今天毛主席纪念堂所在，也就是1958年因为扩建天安门广场而被拆除的中华门。中华门在明代称大明门，清代称大清门，1912年改名为中华门。中华门作为明清皇城南面的正门，是皇城与市井的分界，街市的繁华热闹敛去，庄严肃穆的御道隆重登场。继续北行，便到达我们熟悉的天安门了。天安门内，左右是社稷坛与太庙，天安门前，就是紫禁城的南门午门。

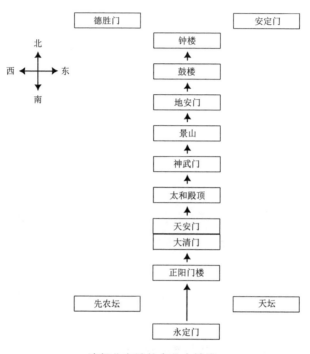

清朝北京城的南北中轴线

从午门进入紫禁城，瞻望前方，顾盼左右，但见一系列的宫门、宫殿和庭院，既向北延展，又左右铺陈，那金色的琉璃瓦，在蓝天碧云的映衬中，在阳光月色的照耀下，参差起伏。而顺着那条笔直的中轴线，所有重要的门楼殿堂，都稳稳地跨坐其上，这样一路导引，至于太和殿，便达到了巅峰。

起自太和殿的前三殿和后三宫，仍旧沿着中轴线，继续用琉璃瓦在天空对称地勾画曲线，并由南向北地和缓退削，至紫禁城的北门神武门，才做了一个暂时的收尾。

出了神武门，中轴线还在延续着，景山中峰的万春亭，便端踞其上。由此再向北，地安门、鼓楼、钟楼，继续沿中轴线排布。到达钟楼，终于形象化地为这将近八公里长的中轴线，点上了最北端的句号。在这句号附近，则是各种市民休闲娱乐的好去处，充满浓郁的市井味。

走完这条中轴线，朋友们是否能够感受到北京城布局的规整、紫禁城皇家的气派？真是一条中轴线统起了一座城，而那中轴线中心位置上的太和殿，既是宫城的中心、皇城的中心，也是北京城的中心。在明清两代五百多年的岁月里，北京城正是围绕着这根中轴线，有条不紊、井然有序地生长着、蔓延着、铺展着。那些围绕中轴线生长、蔓延、铺展开来的各类建筑，又同穿插在建筑之间的河道、湖泊、园林、山台一起，结合成为人文景观与自然环境和谐共处的风水图景，从而使得北京城既拥有中和刚健之美，又饱含生命的鲜活力，在华北平原的最北端持续释放着特殊的美感和无穷的魅力。

那么，我们在行走中所领略到的这样的图景、美感与魅力，又体现了怎样的传统文化与风水原则呢？最值得提出的四点是：中和的布局、颜色的象征、名称的表达、数字的寓意。

第一点，先说中和的布局。

北京城中轴线的庄重和谐之美，蕴含着中国传统文化精神的重要特质——中和。儒家经典《礼记·中庸》有云："喜怒哀乐之未发，谓之中；发而皆中节，谓之和。中也者，天下之大本也；和也者，天下之达道也。致中和，天地位焉，万物育焉。"从字面意思来看，所谓"中"，是有喜怒哀乐却不表现出来；所谓"和"，是喜怒哀乐表现出来却能够有所节制。中是天下万事万物的根本，和是天下共行的大道。如果达到中和的境界，天地就能各安其所，万物就能各遂其生。

"中和"精神落实到中国尤其华夏民族的传统建筑上，无论是小的单体建筑，还是大的建筑群，又都有着丰富的体现，其中的核心则在平衡与和谐。就以城市来说，那往往贯穿始终的中轴线与那中轴线两侧平衡和谐的建筑布局，就是城市建筑的音乐旋律与神理华章。这样的旋律与华章又尤其体现在中国历代王朝的京城规划方面，特别是定都中原与北方的王朝，更加重视中轴线，而明清的北京城，就是这方面的杰出代表与完美呈现。

明清时代的北京城，整体上左右平衡，方位上阴阳和谐，这又特别体现在宫城也就是紫禁城的布局上。关于宫城布局的南北中轴线，上文已经说过，这里再说说宫城布局的东西中轴线。这条由景运门、乾清门、隆宗门组成的东西中轴线，将宫城分为南北两部分，南向为阳，是外朝，北向为阴，是内廷。外朝前三殿，太和殿在南，是阳中之阳，保和殿在北，是阳中之阴，两者之间的中和殿，是中阳，于是整个外朝的布局，寓意阴阳和谐、万物有序。内廷后三宫，乾清宫在南，是阴中之阳，坤宁宫在北，是阴中之阴，两者之间的交泰殿，是中阴，于是整个内廷的布局，寓意天地交泰、阴阳和合。进一步来看，从宫城放大到京城，也就是从紫禁城放大到北京城，就像我们上面说过的那样，南起永定门，北至钟楼，那八公里长的南北中轴线，总体中和着城市的格局，而端坐中轴线上的皇家主体建筑，每一座都堪称是中和审美观念与文化内涵的绝佳代言者。

第二点，再说颜色的象征。

行走故宫，最抢眼也最多见的色彩是黄与红。红墙庄严，黄瓦亮丽，二者相得益彰。故宫建筑为什么偏好这两种颜色？一种比较可信的解释是，出于五行的考虑。

古代中国人以黄河中下游一带为地中，中原、中国的说法，都与此有关。地中以东，气候温暖，有些地方低洼积水，土壤里亚铁离子偏多，呈青蓝色，因此以木配东方、春季、青色。地中以南，炎热多雨，土壤中富含铁、钴等含水氧化物，呈红色，于是以火配南方、夏季、红色。地中以西，气候寒凉干燥，土色发白，于是以金配西方、秋季、白色。地中以北，气候寒冷，土壤发黑，因此以水配北方、冬季、黑色。至于地中，气候温和，土色发黄，于是以土配中央、四季和黄色。

在中国漫长的农业社会里，人们的吃穿住用都来自土地，对代表土地的黄色，有着一种本能的崇敬之情。南宋大儒朱熹说："黄，中央土之正色。"早期的中国人认为土地是黄色的，黄色象征着丰收。在文化与民族上，东汉重要的政治文献《白虎通》说："黄者，中和之色，自然之性，万世不易。黄帝始作制度，得其中和，万世常存，故称黄帝也。"进一步发展到政治上，中国帝王以黄色显示其一统四方的尊贵地位，黄色只用在皇宫、社稷、坛庙等礼制建筑上，除了僧人不禁黄以外，中国历史上的大多数朝代禁止百姓服黄。另外，"黄河"是中华民族的"母亲河"，"黄土高原"是中华文明最重要的发源地，"黄海"是中华先民最早认识的海域等等的观念与史实，又揭示了高贵神秘的黄色与习称"炎黄子孙"的黄种汉族之间那解不开的因缘。

由黄色说到红色，其实更加准确的说法应该是赤色，因为红是间色，也就是有点杂的颜色，而赤是正色，所以我们说"赤胆忠心"，这里姑且还是按照习惯的说法叫红色吧。在华夏民族或者汉族的眼里，红色被认作是象征庄严、美满、富贵、喜庆、驱邪的颜色。而从五行的角度看，火生土，浓厚的红色也就寓意着帝王统治的稳固与基础的坚实。

诸位朋友，如果我们了解了这样的颜色象征，那么我们在北京老城里找处地方登高俯瞰，将那恢弘规整、红墙黄瓦的皇家建筑与低矮灰暗的大片民居做番对比，就会对天子与庶民之间的天壤之别，产生强烈的心灵震撼。

接着"中和的布局""颜色的象征"两点往下讲，我们继续分析第三点，名称的表达。

在中国，尤其是在汉语言文字中，各种名称往往不是简单的符号，这与特殊的方块汉字有关。汉字音、形、义纷繁复杂、变化不定，不仅可以望文生义、产生联想，若以细密的功夫进行分析，有时简直就是莫穷究极。于是殚精竭虑地取名定号，包括国家层面的国号、名号、称谓、年号，民族层面的自称、他称，人生层面的名、字、号，社会层面的各类地名，成为华夏传统文化的一大特色。中国人有意识无意识地都具有浓厚的名号情结。这样，名称学就成了传统中国一门包罗万象、富有趣味的学问。比如取人名，涉及四柱、五行、生肖、五格，音、形、义、位、类，象形、指事、会意、形声，繁简、民俗、心理、忌讳等等。

这样的名称情结，在北京城的建筑中也有着明确、集中的表达。

以太和殿为例，太和殿俗称金銮殿，它雄踞宫城核心位置，明清两代的皇帝都在此举行盛大典礼，如皇帝登基、大婚、册命皇后、命将出征，每年的万寿节、元旦、冬至三大节，皇帝也在这里接受文武官员的朝贺，并向王公大臣赐宴。太和殿的名称，得自《易经·乾卦》的卦辞："乾道变化，各正性命。保合大和，乃利贞。首出庶物，万国咸宁。"这里的"大和"就是"太和"，"太和"指和谐的原始境界，即四时之气和谐，如此就无疾风暴雨、旱涝灾害，如此就能万物生长、万国安宁。

再以紫禁城的靠山也就是景山为例，这座山明朝初年称为"镇山"，起着"镇王气"或"煞王气"的作用，相传元朝的宫殿就被埋在它的下面。后来改称"万岁山"，清朝初年又改称"景山"。"景"字为上下结构，上为"日"，下为"京"，寓意日在京，也就是天子在京，而且日在京上，京在日下，代表了天无二日、地无二主、天子至高无上的意思。至于建在景山中峰的"万春亭"，既在南北中轴线上，又是北京城的制高点，可谓妥妥地象征着天子尊位的得中、得正，天子的江山永固、万代流传。

第四点，我们再说说数字的寓意。

不知诸位朋友注意到没有，北京城的皇家建筑，开间与进深往往都是奇数，也就是我们习称的单数。比如天安门城楼和午门城台上的建筑，都采用了九开间、五进深的规格，至于故宫内体量最大、高度最胜、等级最高的建筑太和殿，更是面阔十一间，进深五间。开间是单数，从实用效果看，是为了便于整栋建筑在正中开门，而从深层的内涵来看，这里的五、九、十一，又都有着特殊的象征意味。

我们知道，中国古代把数字分为奇数和偶数、阳数和阴数，奇数为阳数，偶数为阴数，奇数、阳数是主动的，偶数、阴数是被动的。在个位的阳数中，九最大，五居中，所以"九"和"五"成为帝王权威的象征，帝王为"九五之尊"的说法正是来源于此。如果再追溯一步，"九五之尊"又来源于《易经》第一卦乾卦。乾卦六爻皆阳，代表着无限的生命力，所谓"天行健，君子以自强不息"就是这个意思。再看乾卦六爻的爻辞，描述的都是龙象的变化，如初九为"潜龙勿用"，意为"像龙一样潜伏着，不要有所作为"；九二为"见龙在田，利见大人"，意为"龙出现在田野里，见贵人有利"；上九为"亢龙有悔"，意为"处在极高处的龙，已经有所悔恨"。如此一来，最好的龙象还是九五的"飞龙在天，利见大人"，就是"龙飞翔在天空中，见贵人有利"，所以五代十国时南汉的皇帝刘陟即帝位后先改名岩，又改名龚，再改名䶮，䶮是他造出的新字，上为龙、下为天，就是"飞龙在天"的意思；又于是"真龙天子"所住的地方或与"真龙天子"有关的建筑，也就往往九开间、五进深了。所以我们在故宫紫禁城里，随处可见对九和五的应用，至于紫禁城中心的太和殿，更是绝无仅有的十一开间、五进深，在这里，五仍然是居中的意思，十一则是仅次于天的象征数字，先秦文献《左传》里说："周之王也，制礼上物，不过十二，以为天之大数也"。换言之，十二是代表天的数字，这样人间的天子所用的仅次于十二的数字十一，就强调了帝王们至高无上的地位。

关于华夏文化以及传统风水中的数字，诸如"道生一，一生二，二生三，三生万物"，四象、五行、八卦、九星、十天干、十二地支、二十四山、二十八宿等等，乃至有些雄才大略的帝王们敢用的比天还大的十三，实在是个很神秘很 high 很复杂的话题。回到这一讲的北京城风水主题，我们可以说，从绵延纵贯的中轴线，到大红大黄的主色调，从表达帝王之尊的建筑名称，到寓含深意的九五数字，这些建筑语言的使用，既弥漫流动着风水的灵魂，又系统传达着北京城中和刚健的气质。这样的北京城，当然值得我们敬重、敬畏、珍视、珍爱。

然而到了今天，我们敬重、敬畏、珍视、珍爱了这样的北京城吗？举个颇受非议的例子。20 世纪 90 年代，北京城中新建了一座标志性的建筑北京西站，在西站高大的门洞上面，顶着一个几百吨重的钢架结构的亭子，这个亭子的造型，虽然模仿的是景山上的万春亭，但并无万春亭那样坐镇都城的"风水楼"作用，显得华而不实。不仅如此，在火车站这样来往旅客匆匆忙忙的集散之地，建个巨大的亭子，是不是有些滑稽？如此的庞然大物安放在比它更大的空空的门洞上面，是不是会让人产生一种心理上的不安全感？所以很多学者指出：北京西站的这个亭子，在建筑美学、建筑经济学、维护古都风貌等多方面，都是一个遗憾！

出于对过去的伟大古都与今天的神圣都城的热爱，我们不必讳言的是，北京城的过去、现在以及可以想见的未来三者之间，距离似乎越来越远。我们是不是应该静下心来，想想老北京人为什么常常叹息"风水走了"？是不是应该冷静思考，为什么社会上会有那么多围绕央视总部大楼建筑样式的批评乃至批判？推而广之，我们如何在"世界著名古都"的传统与"现代国际大都市"的新貌之间取得协调？这是摆在今天的规划师、设计师、建筑师面前的严峻问题。毕竟，势不可挡的现代城市建设，如果是以牺牲传统风水形势为代价的，那么当事者是不是就成了割断历史文脉、损毁古都风貌的罪人？

　　说过北京说南京。因为北京是首都，是我们中华人民共和国的神圣首都，南京是古都，按照过去的说法，还是"国民党反动派黑暗统治的老巢"，所以我先说了北京，以表达对现实的尊重。其实从学理上说，是应该先说南京的，因为明清的北京城，受到朱棣迁都以前的大明南京城太多的影响。比如北京的故宫也就是紫禁城，就是以南京的紫禁城也就是明故宫为蓝本建造的。

　　相对于充满奥秘的北京城的中轴线，南京城的大布局，同样充满着玄机，尤其当这样的玄机又联系着半人半神的刘基刘伯温时，更是强力吸引着我们去一探究竟。

　　大明的南京城是怎样的一座都城？明朝万历二十三年（1595）的春天，意大利传教士利玛窦抵达了长江下游的一座城市。他很喜欢这里，在晚年的札记中，他回忆自己当时的所见所闻所感写道：

　　　　在中国人看来，论秀丽和雄伟，这座城市超过世上所有其他的城市；而且在这方面，确实或许很少有其他城市可以与它匹敌或胜过它。它真正到处都是殿、庙、塔、桥，欧洲简直没有能超过它们的类似建筑。在某些方面，它超过我们的欧洲城市。这里气候温和，土地肥沃。百姓精神愉快，他们彬彬有礼，谈吐文雅，稠密的人口中包括各个阶层，有黎庶，有懂文化的贵族和官吏，后一类在人数上和尊贵上可以与北京比美……

利玛窦笔下的这座城市，就是大明的南京城，今天的南京市。虽然今天的南京市，已经不再"到处都是殿、庙、塔、桥"，这主要缘于后来的太平天国与湘军的毁城，但是南京的"秀丽和雄伟"依然如故，南京东有钟山龙蟠、西有石头虎踞、南有朱雀桥、北有玄武湖的风水四象俱全，也依然如故。

利玛窦来到这座城市的时候，这里既叫南京，也叫应天府。这是怎么回事呢？原来，1356 年，朱元璋攻克元朝的集庆路，改为应天府。"应天"取义"顺天应人"，《易经·革卦》的卦辞里说："天地革而四时成，汤武革命，顺乎天而应乎人。"这话的意思是："天地变革而四季完成，商汤、周武王革命，上顺天命，下应人心。""应天"之名，也表达了当时的吴王朱元璋的雄才大志。1368 年正月，朱元璋在应天府称帝，开创大明王朝，随后定应天府为南京。1378 年南京改称京师，正式定为首都。1421 年，永乐帝朱棣迁都北京，改原来的北平、当时的北京为京师，南京的这处"京师"就又改回"南京"之称了。但是此后终明一代，都以南京作为陪都，也称南都、留都、陪京，这里设有六部、九卿、都察院等一套中央官。1645 年，南京应天府被清兵攻陷，清朝改应天府为江宁府，废除了南京称号，但是民间仍然习称南京不改。

明清两朝，许多西方传教士都到过南京，他们用西方人的眼光打量着南京，并记录下这座城市的真实面貌。在他们的描述中，南京是一座充满中国韵味的宜居之城。然而有意思的是，按照中国传统的建城礼制来看，南京似乎并不是一座合乎规矩的都城。

那么怎样的都城才是合乎规矩的呢？儒家经典《周礼·考工记》中记载了中国早期的城邑建设体制、规划制度以及具体的营建措施，其中王城也就是都城的营造标准是："匠人营国，方九里，旁三门。国中九经九纬，经涂九轨，左祖右社，面朝后市，市朝一夫。"这是一座什么样的都城呢？都城整体的形状是正方形的，每边长九里，各开三门，总共十二座城门。城内纵横各有九条道路，每条道路宽九轨，就是可容九辆车并行。王宫位于都城的中心位置或都城的中轴线上，取坐北面南的方位，王宫的左侧是宗庙，用来祭祀祖先，右侧是社坛，用来祭祀土地神，前面是朝堂，后面是市场。朝堂和市场的大小也有规定，面积相当于"一夫之地"，就是一个农夫所领的一百亩耕地。

《周礼·考工记》记载的都城规划制度，对于后世的影响极大，长期被奉为圭臬。其实，不仅是《周礼·冬官司空》中的《考工记》影响极大，被认为是代表了周朝典制的《周礼》，历来是中国后世王朝"托古改制"甚至"复古改制"的对象，比如王莽的"复古改制"，比如南北朝时期北朝的西魏北周、夹在唐朝前期的武照周朝的"托古改制"。我们看电影《狄仁杰之通天帝国》《狄仁杰之神都龙王》，那里面的天、地、春、夏、秋、冬六官，其实就是《周礼》官制。《周礼》六官象征天地四方六合，六官各辖六十官，六六三百六，又象征周天三百六十度。

那为什么周制成为"托古"甚至"复古"改制的对象呢？因为周朝的国运长久、封建诸侯、制礼作乐、农业文明。就以国运长久来说，周朝800年，那么它的制度也一定是尽善尽美的吧，况且孔子也说过："周监于二代，郁郁乎文哉！吾从周。"所以在农业经济与经验思维占优势的古代中国，托古甚至复古改制是有道理的，它寄寓了回归"黄金时代"的梦想，成为盛世圣君的追求。

既然如此，那麻烦的大问题就来了，大明王朝的首都南京，为什么不按照《周礼·考工记》的规矩来建设呢？不仅城门的数量不对，不是12座而是13座，而且形状也不对，不是方正或者矩形的，而是非常奇怪的形状。

需要说明一下，这里说的13座城门和其奇怪的形状，指的是南京的京城，也就是大明南京长达35.267公里的第三重城墙所围起来的京城。这第三重城墙，据利玛窦听到的南京人讲的故事，那是两个人从相反的方向骑马而行，花了一整天时间才遇到了一起，这当然是夸张的说法，也许是一路看景、看南京的山水城林，耽误了时间吧。说起来，大明都城南京其实有四重城墙，在这第三重城墙之内，还有略呈长方形、周长约3.45公里的宫城，呈现"凸"字形、周长约10.3公里的皇城；在这第三重城墙之外，则有近似菱形、长约60公里的外郭城。南京城这样的四重城墙构造及其规模与体量，被学者们推为中国都城发展史上的巅峰之作。

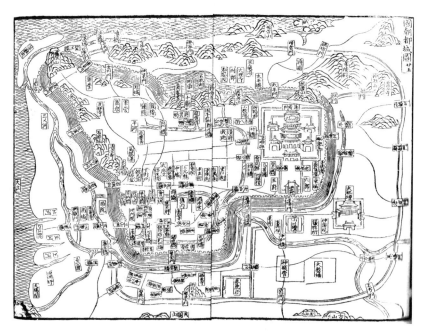

国朝（明朝）都城图（明陈沂《金陵古今图考》）

然而令人感到非常奇怪的是，尽管南京的宫城与皇城大体符合《考工记》中形状规整，为正方形或矩形，坐北朝南的规矩，那35.267公里的城墙围起来的南京京城的形状，却是说不清楚也写不明白的不规则形。为了方便下面的交流，建议朋友们先仔细看看这里所附的明朝都城图以及当时的大明皇帝朱元璋的画像。

朱元璋画像

　　面对大明京城南京这样不规则的独特形状，长期以来，学界有着各种各样的观点，民间也有着五花八门的推测。

　　学界的观点，有"粽子形""宫扇形""壶形"等多种。我觉得，粽子形、宫扇形缺乏学理依据，难道是因为朱元璋喜欢吃粽子（我还真不知道这位洪武帝是不是喜欢吃粽子），或者号称长江流域"三大火炉"的南京太热、需要扇子降降温，就把京城做成了粽子形、宫扇形？这显然有望形生义的嫌疑；至于壶形的说法，是说在道家思想中，视壶天为仙境胜地、神仙世界，而大明宫城就相当于这把壶的腹部。可是在我看来，大明京城的形状并不像壶啊，所以这种说法也很勉强。

　　至于民间的推测，近些年来，最为热闹有趣的说法，是说南京京城的形状和大明开国皇帝朱元璋的脸型是一样的，甚至有人经过仔细比对，还找出了与朱元璋的眼睛、鼻子、下巴、发髻、脖子一一对应的地方。据上文所附的这幅流传较广、至今仍供奉于明孝陵享殿的朱元璋画像来看，大明太祖朱元璋真的是奇人异相，这就是中国民间所说的"凡圣有别"吧。朱元璋的下巴特别雄奇长大，按照面相之说，下巴饱满稍长就是官相，那么下巴奇长的朱元璋，就是妙不可言、贵不可测，当为帝王的长相了。顺带说一下，按照中国民间的说法，皇帝如果长成这样，就叫龙颜，中国古代定型了的龙的脸型，还真是这样的。当然，如果平民百姓长成这样，就叫驴子脸、鞋拔子脸、猪腰子脸了。

南京京城的形状，真是按照朱元璋的脸型规划的吗？应该不会。我们不仅找不到这种说法的文献依据，而且我们知道，元朝时攻城的火器已经相当厉害，朱元璋小时候又患过天花，留下了一副麻脸，把南京京城筑成他的脸形，难道是想着在他满脸的麻点上再添上许多的麻点？

那么，大明南京京城形状的奥秘到底在哪里呢？我在这里提出最关键的两点，就是随顺自然、象天法地。

先说第一点，随顺自然。

我们不妨顺着全长35.267公里，虽然在过去的特殊时代里拆掉了大概1/3，但是今天已经基本贯通的南京城墙走一遭。这样走下来，我们就会直接地感受到，南京京城的轮廓，与它固有的自然形势高度吻合。

历时大约40年，"高坚甲于海内"的南京京城城墙，主要修建于大明洪武年间。它东抵紫金山，北滨玄武湖，西边和南边则沿着秦淮河而筑，整个京城城墙的走向，充分利用了自然形势，形成一道坚固的山水屏障，易守难攻。

因地制宜地建造城市，既能减少成本的投入，又能发挥地形的优势，当然这并非大明南京京城的首创。《管子·乘马》中说："凡立国都，非于太山之下，必于广川之上，高毋近旱，而用水足，下毋近水，而沟防省。因天材，就地利。故城郭不必中规矩，道路不必中准绳。"这段话的意思是：凡是营建国都，不建在大山下，就建在大河边。选择在高处时，不要靠近缺水的地方，这样就能水用充足；选择在低处时，不要紧靠水边，这样就能节省开挖沟渠、修筑堤防的费用。应该尽量利用自然资源，依靠地势之利，所以城郭的修筑不一定非要符合方圆的规矩，道路的开辟也不必拘泥于平直的准绳。

以《管子》的这段话来对照大明京城，正是贯彻了这样尊重自然的原则。我甚至常常觉得，这样的南京城可谓"世界遗产"那个 LOGO 的形象写照。世界遗产的 LOGO，外面是圆形，这是自然的形状，里面是菱形，这是人文的形状，菱形与圆形之间又是贯通的，这就是自然与人文合一的理念。而大明的南京城，东有钟山龙蟠，西有石头虎踞，北有幕府山为坐，南有聚宝山（雨花台）为案、牛首山为朝，是为山环；大明的南京城，西、南为秦淮河，东北为金川河，北面为玄武湖，外围为长江，是为水绕。在这样的山环水绕之间，那宽平洪衍之区，就是大明京城以及环绕在京城里的宫城与皇城。所以说，南京是一座随顺自然的城市，随顺自然就是随顺风水，所以地理的南京是"风水宝地"，人文的南京是"六朝古都""十朝都会"，这也就是相传诸葛亮所说的"钟阜龙蟠，石头虎踞，真帝王之宅也"，南齐谢朓所吟咏的"江南佳丽地，金陵帝王州"。

再说第二点，象天法地。

上一点说到，南京京城城墙的走向是随顺自然、利用山水，然而在此过程中，仍然有着复杂的考量，这就是"象天法地"，即观天象、看风水，或者叫"仰以观于天文，俯以察于地理"。按照"象天法地"、天文与地理对应的理念解读南京城，就会破解南京城的诸多奥秘。

比如按照中国古代的天文学认识，是把星空划分为三垣、二十八宿的。三垣即紫微垣、太微垣、天市垣，其中紫微垣代表天帝宫殿，太微垣代表政府官邸，天市垣代表街市民居；二十八宿又分四组，即东苍龙、西白虎、南朱雀、北玄武，它们分别可大可小地对应地上的不同地区。于是，人间的都城也就大局底定。比如南京的宫城为紫微垣布局，宫城又称紫禁城，就是紫微垣加上大内禁地的意思，宫城的四方风水守护神，分别以午门五凤楼象征朱雀，以东华门象征青龙，以西华门象征白虎，以玄武门象征玄武。南京的皇城为太微垣布局，许多的中央机关设置于此。即便是呈现菱形的南京的外郭城，也寓意着"天圆地方"的大地，象征首都南京位于政治意义上的大地之中。

进一步来看，南京京城的形状也来自天文，并且决定了南京宫城、皇城不是居中，而是偏东的布局。按照南京明城垣史博物馆杨国庆研究员等学者的研究，南京京城既是天市垣布局，又是南斗、北斗的聚合状。天市垣位于北极的东南角，这与南京位于中国东南的自然地理位置相似。南京京城南斗、北斗聚合状的特征，则表现在两个方面：

第一个方面，从南京城墙西北角的狮子山到东南角的通济门划出一条直线，可以把南京京城一分为二，此线以西有六座城门，对应南斗六星，此线以东有七座城门，隐喻北斗七星，南斗与北斗聚合，即把整个的京城包裹在内，而六星加七星，等于13，南京京城城门就是13座，这也许正是设置13座城门的真正由来吧。

第二个方面，这样的南斗与北斗的组合，又把京城自然地分成三大区块，通济门、聚宝门、三山门围起来的南斗斗勺市井区，通济门、正阳门、朝阳门、太平门围起来的北斗斗勺皇宫区，以及南斗斗柄、北斗斗柄之间的军事区与学校区。

理解了这样的南斗、北斗聚合状，我们又能破解南京城的许多奥秘。这里不妨举三个例子。

第一个例子，鼓楼的朝向。中国古代城市尤其是都城中的鼓楼，无论是多数的北南向，还是少数的东西向，在方位上基本是正的，然而南京的鼓楼却是坐西北朝东南，大约北偏西42度，方位上是斜的。为什么会如此？其实这正与上面说的狮子山到通济门的斜线吻合，而且这样倾斜的南京鼓楼，又大致位于京城的城市中心位置，这体现了南京京城不规整中的"规整"布局。

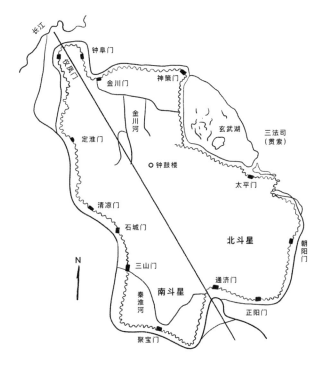

南京京城城墙与南斗、北斗聚合状示意图（杨国庆，2008 年）

　　第二个例子，皇宫的位置。按照中国古代的礼制传统，宫城、皇城应该居中，但大明南京的宫城、皇城偏在东南。为什么会如此？这决定于象天法地的原则，皇宫必须设在北斗斗勺位置。能够证明这一点的，是风水相中的这个皇宫位置，当初是个地势低洼的湖泊——燕雀湖，又称前湖，前湖是相对于后湖玄武湖而言的，由此也可看出前湖也就是燕雀湖的面积不小。为了尊重这样的风水选择，朱元璋开始了浩大的填湖工程。传说，燕雀湖久填不平，后来，由刘基占卜，找到了一位名叫田德满（谐音"填得满"）的老人，将他扔进湖里，这才将湖填掉，并在上面建造了皇宫。大概朱元璋、刘基也觉得对不起这位无辜的老人，所以据说玄武湖里建的湖神庙，供奉的湖神就是田德满。这当然是传说，但据史料记载与考古证明，这项填湖工程确实费时费料，以至于今天的南京还留下了"移三山填燕雀"的说法，说是铲平了三座山，才填满了燕雀湖。

第三个例子，通济门的形状。通济门是南京京城13座城门中占地面积最大的城门，位于南斗与北斗结合部的南端，它的内瓮城是十分罕见且对于军事防御并无多少价值的"船形"。为什么会如此？还得联系京城南斗、北斗的聚合状来解释。在天文与人文的对应中，南斗象征百姓，北斗象征皇权，南京的老城南是南斗的斗勺，南京的明故宫也就是明朝的紫禁城是北斗的斗勺，老城南住着子民，紫禁城住着天子，于是按照中国传统的政治理念，"君者舟也，人者水也，水可载舟，亦可覆舟，君以此思危，则可知也"，连接着紫禁城与老城南、位于天子居所与子民住地结合处、秦淮河在这里一分为二的通济门，就被做成了船的形状，寓意着大明王朝与人间社会，真龙天子朱元璋与天下子民的"同舟共济"，这样的"同舟共济"，就会"龙凤呈祥"，所以在南斗与北斗结合部的北端狮子山的两侧，设置了直线距离不足一公里的钟阜门与仪凤门，钟阜门的名称来源于"钟阜龙蟠"，于是龙凤配合，寄寓了对大明王朝的祈福。

通济门及内瓮城（1929年摄）

诸位朋友，这样的南京城，包括宫城、皇城、京城、外郭城，是不是充满着玄机？这样的玄机，若以象天法地、堪天舆地的风水理念进行解读，又能得到涣然冰释的理解，这就是风水的智慧、风水的力量吧。而赋予南京城这诸多玄机的规划师，又是风水大师刘基。刘基，1311年出生，1375年去世，浙江青田人，字伯温。朱元璋身边的刘伯温，好比刘邦身边运筹帷幄的张良，忽必烈身边规划了元大都城的刘秉忠。明朝的开国功臣，武将第一推徐达，文臣第一推刘基。刘伯温博通经史，精于天文星象、风水地理之学，是与诸葛亮齐名的半人半神式的人物，而这两位中国历史上一前一后的半人半神式的人物，又都和南京有关。南京号称拥有"龙蟠虎踞"的地理形势，虽然历史学家考证诸葛亮没有到过南京，南京民间还是喜欢把"龙蟠虎踞"的版权归到诸葛亮的身上，以至于诸葛亮成了南京的地理之神。至于刘伯温，就是南京的规划之神了，刘伯温规划的大明南京城，包括京城的布局、城墙的走向、城门的设置、皇宫的位置等等，可以说管了南京六百年，直到1929年民国政府出台了《首都计划》。美国人墨菲主持的《首都计划》，管了南京60年，直到20世纪80年代。由此，我也常常半开玩笑半认真地对南京的一些规划部门说，希望你们做的规划可以管6年，其实真的往往管不到6年，因为我们一届政府的任期是5年，后任往往不愿意接着前任的路子往下走，于是就留下了许多对不起城市，对不起市民，也对不起中国传统风水的遗憾！

　　一南一北，两座伟大的都城，南京与北京的风水就说到这里。如果高度概括一下，我们是否可以说，明清北京城的儒家礼制色彩更重，大明南京城的道家自然意味更浓，其中又都贯穿着中国传统的风水灵魂。

桃源何处：神州处处有福地

这一讲，我将由都城转到乡村，从神州处处桃花源的争论说起，与朋友们欣赏中国传统乡村的风水之美。

先说我的两次个人经历。

2015 年 6 月下旬，我应邀到宣城做"当代名家品宣城"之"六朝宣城"讲座。讲座之前，我第一次来到宣城下辖的绩溪县，考察了两处名人故里。记得当我远远地看见一处有秀峰如翅、北有靠山、南有丽水的地方时，我对同行的当地朋友说，龙川到了吧。朋友感到奇怪，说胡教授你不是没来过绩溪吗，如何知道到了龙川。我说，你看这山水形势，格局清晰、气度平和、性情温润，所以能养育出人生轨迹清晰、为政平和、谈吐温润的伟人啊，朋友们纷纷赞叹。我在得意之中，又到了一处地方，仍然远远瞻望，我就说前面是胡适故里上庄吧，朋友于是请教为何如此肯定，我说你看那山形与走势，叠合复杂，难以理清，这与胡适"乱七八糟"的一生，为家事忙，为情事忙，也为国事忙，做北大校长、做驻美大使、做总统候选人、做中央研究院院长，等等等等，相当吻合。朋友们于是又纷纷翘起了大拇指。其实说起来，这没有多少的奥秘，自然的山水与家族的传统、个人的性情之间，本就有着自然的联系，推而广之，以农业文明为底色的华夏民族，安土重迁、和平保守、融入自然等等的特性，也是如此，所以中国人有了"桃花源"式的人居理想，"桃花源"式的风水，也成了打开中国传统乡村人居的钥匙。

2013年10月上旬，我远赴贵州铜仁，参加"地域文化与中国古代文学学术研讨会"。会议安排我担任铜仁学院院长侯长林先生《桃源在武陵，深处是铜仁——关于"桃花源"原型新说》报告的点评。侯院长的大作，从开发情况、历史事实、地理方位、水系分布、自然生态、文化传承、社会生活图景、语系分布等多个方面，论证陶渊明《桃花源记》的创作原型是贵州铜仁。我在点评中，一方面肯定了论文对历史文献与地理环境的细密比对，另一方面着重指出：按照这样的比对方法，神州大地可以找到很多的"桃花源"，因为所谓"桃花源"，本是中国传统乡村社会风水理念下，古村落自然环境与人文面貌的常规写实，所以铜仁是"桃花源"式的地方。争夺"桃花源"之名的湖南常德、湖北竹山、重庆酉阳、河南南阳、安徽黄山、河北盘山、江西庐山、云南坝美村、江西康王谷、安徽黟县赤岭村，以及史学大师陈寅恪先生认为的河南洛水上游等等，也都有"桃花源"式的地方，或者都是"桃花源"式的地方。

那么，"桃花源"式的地方究竟是怎样的呢？我们还是得结合它的"祖本"，晋宋之间陶渊明的千古名篇《桃花源记》来说。《桃花源记》开篇写道：

> 晋太元中，武陵人捕鱼为业。缘溪行，忘路之远近。忽逢桃花林，夹岸数百步，中无杂树，芳草鲜美，落英缤纷，渔人甚异之。复前行，欲穷其林……

这是说有一位渔夫，在捕鱼途中迷路，误入一方与世隔绝的神秘世界。这里有清新自然的田园风光，有勤劳淳朴的居民，他们的日子过得安乐祥和而又自由自在。

这是陶渊明缔造的纸上桃花源，一千多年的岁月沉淀，也让它成为世世代代中国人魂牵梦绕的理想人居和精神家园。

桃花源的美，美在自然，更美在人对自然环境的利用与改造。陶渊明笔下的"土地平旷，屋舍俨然，有良田美池桑竹之属。阡陌交通，鸡犬相闻"，便是人利用和改造自然的成果。

实际上，随着自然观念与经济生活的进步，工具与技术的发展，我们的古人在改造自然、建设家园方面的能力，一直在提升。著名的皖南宏村，便是这方面的成功实例，值得我们用心体会，用脚验证。

宏村位于安徽省黟县东北 10 公里，根据地方志和当地村民族谱记载，村子的历史至少可以追溯到南宋时期。

12 世纪初，宏村汪氏始迁祖路过这里，观测这里的地形，背有山岗耸峙，旁有溪水环绕，是一处非常适宜居住的好地方，汪氏始迁祖于是就在这里定居下来，繁衍生息。

300 来年过去了，宏村汪氏开枝散叶，但是随着人口的增多，既有的自然条件渐渐不能满足村民的生活需要。汪氏族人于是达成共识：应当对村子的环境进行改造，以求得到更好的生活条件。

当时，在离宏村不远的休宁海阳镇，有一位叫何可达的风水先生。他应汪氏之邀，数次来到宏村考察，并在精心思考之后，提出了自己的规划方案。

古时候，牛与农业生产有着极为密切的关系。何可达提出，按照卧牛的形状对宏村进行整体改造，而关键又是对水的改造。他按照民间"花开则落，月满则亏"的传统认知，将村中原有的一处天然泉水扩大，挖成形如半月的水塘，这就是牛胃；牛胃两端有弯弯曲曲的水渠，即为连通村里各户人家的牛肠，牛肠又向西连通了村外的西溪。西溪从西边入村后，借着自然的山势坡度形成落差，环绕村舍，经过牛胃月塘，南转东出。

改造后的宏村水系，泉水与溪水合流，而且一年四季处于流动状态，村民由此过上了"浣汲未妨溪路远，家家门巷有清渠"的生活。清洁用水带来的不仅是浣洗的方便，更是卫生条件的极大改善与整体生活质量的持续提升。

从风水的角度讲，月塘位于村子里面，是"内阳水"，所以还需要"外阳水"的配合，村子才能真正发达。于是，后来村民又在村南开掘了百亩见方的南湖，并引西溪入湖。南湖呈弓形，好比牛肚，实际上起到了护村、灌溉、消防的作用，并与村内的月塘、弯弯曲曲的沟渠以及村外的自然溪流，共同形成了集自然与人工于一体的生态循环水系。而在这样的生态循环水系的滋养下，宏村形成了"山为牛头树为角，桥为四蹄屋为身"的风水格局和景色如画、田肥鱼壮、花木繁盛的人文景象，至于清代，宏村已是"烟火千家，栋宇鳞次，森然一大都会矣"。

宏村的环境设计，出自风水先生之手，也缘于宏村村民的风水感悟。当然这样的设计与感悟，不是凭空得来的，而是师出有名。风水有着自己的"行业宝典"，比如著名的《宅经》便是其中的一类。

古代有很多"宅经"类的书籍，按作者分，有《黄帝宅经》《文王宅经》《孔子宅经》等；按内容分，有《地典宅经》《三元宅经》《天老宅经》等；按地区分，还有《敦煌宅经》等。

综观各种《宅经》，侧重点和旨趣各不相同，但总体来说，它是有关人与建筑、人与环境的经典，其内容无外乎房屋的选址、布局、方位、禁忌、镇邪等方面。

在传世的各种《宅经》中，有些内容具有较为明显的神秘色彩，起着心理暗示或者精神诱导的作用。比如托名黄帝所作的《黄帝宅经》中，采用姓氏五音说明房宅的吉凶。五音，指宫商角徵羽五声音阶，先民把各种姓氏用五音来归类，然后把五音与土金木火水五行联系起来，于是不同姓氏之间的宜忌就成了定理。例如，由于木克土，所以角属的姓就对宫属的姓不利，需要回避；再如，水生木，于是羽属的姓就对角属的姓有利。

当然，《宅经》中更多的是古人在长期实践后总结出来的经验和学问，在今天也依然值得借鉴取法。就以宏村为例，它的建造与改造，在古代的《宅经》中，都能找到直接对应的理论依据。

《黄帝宅经》认为，宅的五种优点会带来富贵，其中一个优点和水有关，叫作"宅水沟，东南流"，意思是，住宅旁的水，应该向东南方向流。明代王君荣纂集的《阳宅十书》，也认为住宅东面有水、南面有湖，是大吉。

在地理信息发达的今天，我们知道，中国的整体地形是西高东低，大部分的河流都从西向东流，各个支流汇入黄河、长江、珠江几大水系，然后入海。而就一个地方的具体地势来讲，也往往是西部、北部较高，东部、南部相对低矮，因此，"宅水沟，东南流"，本是一种顺其自然的选择。南宋时期宏村的汪氏始迁祖，正是看中了这一点。

《黄帝宅经》中还提到，"宅以形势为身体，以泉水为血脉"，在适宜人居的地方，水流就像人的血脉一样，通达各处。改造前的宏村，因为人口渐多，"血脉"难以通达每家每户。"其宅虽善，修移乃昌"，既有的居住条件虽然不错，但根据实际情况的变化对它加以修理改造，才会更加昌盛。因此，宏村人就通过扩大"牛胃"，开通"牛肠"，并将自然水系和人工水系联通，从而使整个村子的水活了起来，并世世代代造福子孙。

2000 年，宏村被联合国教科文组织列入世界文化遗产名录。而早在那之前，宏村就被许多慕名而来的人认作是现实版的桃花源。

《桃花源记》中有这样的描写："林尽水源，便得一山，山有小口，仿佛若有光。"通往桃花源的小口，在风水学中有一个特定的称谓，叫水口。顾名思义，水口就是水流入或流出的地方。明代缪希雍的《葬经翼》对水口有明确的解释："夫水口者，一方众水所总出处也。"

宏村的南湖水口，和陶渊明笔下的桃花源水口颇有几分相似。古人认为水主财，因此上水口要开敞，下水口则要相对锁闭，以便聚住财气。南湖水口是下水口，由于水坝和桥梁的约束，水面平稳，自成气候。通过狭窄的桥面进入村子，眼前渐渐开阔，道路井然有序，房屋鳞次栉比。《桃花源记》里的水口，刚进去时很狭窄，走过一小段后豁然开朗，显然是一处天然的下水口。桃花盛开的三月，渔人追着鱼逆流而上，不知不觉就到了这里。

　　宏村的确和桃花源很像，但它并非唯一和桃花源相似的古村落。一千多年来，对照着陶渊明留下的美文，好事之人一直在寻找着身边或心里的桃花源，于是，全国各地前前后后出现了几十个"桃花源"，并且都在"据理力争"自己是真正的桃花源。而在我看来，这样争来争去的结果，已经失去了陶渊明笔下"黄发垂髫，并怡然自乐"的人际和谐，已经失去了陶渊明笔下"乃不知有汉，无论魏晋"的心理境界。真正的"桃花源"，那是中国人追寻的"天人合一"的人居理想，是中国人强调的人与自然、人与社会、人与人之间的融合，是我在"人居智慧·引言"中所说的，"往往是先见山谷，再见柳暗花明又一村"，是和宏村一样的自然之美和人力之美结合的典范。

　　神州何处是桃源？这不是个单选题！神州处处有桃源，这是我们身心的福地。

古典园林：
『虽由人作，宛自天开』

　　说到中国的古典园林，很多朋友马上就会想到苏州。沧浪亭、狮子林、拙政园、留园、网师园等等，现存苏州的这些古典园林，的确完美展示了中国古人巧夺天工的营造能力。

　　这些园林的共同特点是：取法自然，但又超越自然。明人文震亨曾经精辟地总结园林之妙："一峰则太华千寻，一勺则江湖万里。"在他看来，一座园林的气质之胜，在于它的山石和水景。山石古雅嵯峨，让人仿佛看到华山的奇绝雄姿，而一泓清水，则令人仿佛置身于烟波浩渺的江湖。

　　文震亨是文徵明的曾孙，作为一位家世显赫的富贵闲人，他的审美品味可谓一流，而他在《长物志》中的这句话，高度凝练了中国古典园林的美学特征。

　　一座园林，实际占有的空间是有限的，但涵蕴的意象却能无限。为了追求这种无限的意象，古人在造园时可谓苦心孤诣，大到山石水景，小到砖瓦草木，无不用心。

　　以奇石而著名的古典园林，当属北宋徽宗时期在都城汴梁，也就是今天开封修建的艮岳。整个艮岳，实际就是人工营造的峰、峦、岩、谷各种景观，其间设雕阑曲槛，茸亭台楼阁。艮岳山分南北，两山都向东西伸展，并折而相向环拱，构成了众山环列、中间平芜的形势。

为了修建艮岳，北宋政府在设立杭州造作局后，又设立了苏州应奉局，广泛搜罗东南各地的奇花异石、名木佳果，由水陆运至汴京，这就是我们熟悉的"花石纲"。纲在这里是一个运输编队的意思，小说《水浒传》里，青面兽杨志在入伙梁山之前，就曾押送过"花石纲"。虽然杨志其人是虚构的，但花石纲确有其实。

南宋词人周密的笔记《癸辛杂识》中记载"前世叠石为山，未见显著者，至宣和艮岳，始兴大役。连舻辇致，不遗余力。其大峰特秀者，不特候封，或赐金带，且各图为谱"，说的就是修建艮岳的这段历史。宋徽宗不仅穷尽人力物力搜罗奇石，还把搜罗来的奇石人格化，赋予其特殊的含义。比如有一块五丈高的太湖石，就被徽宗封为"盘固侯"，竖立在通往华阳宫的路上。

可惜艮岳尚未完工，金人就攻陷了汴梁，艮岳也随之被毁。其中的奇石，或被炮火炸碎，或被金兵运至金都燕京也就是今天的北京，或者流落各处。而金兵南下时，部分正向汴京发运的太湖石则被遗弃途中，后来入居江南各处园林，成为其中的珍奇景观。比如上海豫园的"玉玲珑"，高约 4 米，细巧秀润，石身上下都是天然孔穴，据说在石底放置香炉，就会孔孔出烟。苏州留园的"冠云峰"，高 5 米多，以秀挺剔透见长。另外，苏州环秀山庄、网师园，南京瞻园，都有"花石纲"遗物。

"花石纲"遗物，见证了中国古典园林山石造景之胜。而在现存的许多江南古典园林中，又可见古人造景用水之妙。

比如苏州拙政园有处听雨轩，它与周围建筑用曲廊相接，是自成格局的一个小院。雨是大自然的馈赠，为何偏偏要到这里来听雨呢？如果用心观察，你就会发现，这里通过人为的设计，赋予了雨声以灵动的色彩。听雨轩前，开掘有一泓清水，种植着荷花，听雨轩后，又有芭蕉、翠竹。荷花缀珠，雨打芭蕉，竹露清响，四季之中，雨点落在不同的植物上，有着不同的声响和各异的情趣。再比如苏州耦园东南角的听橹楼，两面临河，与园外的内城河仅一墙之隔，于是园中的宁静与园外的橹声相映成趣，这既扩展了园林的感觉空间，又令人领略到江湖的野趣。

除了山石与水景，园林的砖瓦草木，也都讲究与自然的融合。尤其到了宋代以降，在文人趣味的深刻影响之下，造园艺术更是追求天人合一的境界，明末园林大家计成在他的著作《园冶》中，就将这种境界总结为"虽由人作，宛自天开"。

如何"虽由人作，宛自天开"呢？不妨举几个例子。

先看小说《红楼梦》里的大观园。曹雪芹写大观园，有着这样的文字："只见正门五间，上面桶瓦泥鳅脊，那门栏窗槅，皆是细雕新鲜花样，并无朱粉涂饰。一色水磨群墙，下面白石台矶，凿成西番草花样。左右一望，皆雪白粉墙，下面虎皮石，随势砌去，果然不落富丽俗套，自是喜欢"；再看它的内部，"只见佳木笼葱，奇花烂灼，一带清流，从花木深处曲折泻于石隙之下。再进数步，渐向北边，平坦宽豁，两边飞楼插空，雕甍绣槛，皆隐于山坳树杪之间。俯而视之，则青溪泻雪，石磴穿云，白石为栏，环抱池沿，石桥三港，兽面衔吐"。

单看曹雪芹的这些文字，我们大概就已经醉了吧。而"不落富丽俗套"，可谓明清文人心目中理想的园林宅邸的重要标准之一。实际上，《红楼梦》里的这座大观园，后世的许多学者考证认为，它的原型就是清代南京的随园。随园位于南京小仓山，曾经一度为号称"清代第一大才子"的袁枚所有。袁枚写有《随园记》，其中谈到他重修随园时的建筑思想，所谓"随其高，为置江楼；随其下，为置溪亭；随其夹涧，为之桥；随其湍流，为之舟……或扶而起之，或挤而止之，皆随其丰杀繁瘠，就势取景"。

袁枚的就势取景、随势造景，就是最大限度地让人造景观与自然环境融为一体，这种园林理念，与计成的"虽由人作，宛自天开"，真的是一脉相承。

其实，无论是"虽由人作，宛自天开"，还是"不落富丽俗套"与"就势取景"，对于许多私家园林的主人来说，那恍若自然的园林，正是抚慰他们被世俗羁绊的身体的空间，更是他们精神生活的寄托。

这样的空间与寄托，比如宋人司马光的"独乐园"，园中有见山台、钓鱼庵、弄水轩、读书堂、浇花亭，分别取义于陶渊明、严光、杜牧、王徽之、白居易的相关事迹，寓意着隐逸之乐。宋人晁补之的"归去来园"，园子的名称更是直接来自陶渊明的《归去来辞》。所谓池鱼思渊，羁鸟恋林，山水园林由此成了人们往返入世与出世之间的通道。

"独乐园"与"归去来园"今已无存。但从现存的沧浪亭等古典私家园林实景中，我们仍旧可以清晰地感受到园林主人的追求与情怀。比如北宋沧浪翁苏舜钦在《沧浪亭记》中描写自己畅游沧浪亭的文字，正是这种追求与情怀的直观写照：

> 予时榜小舟，幅巾以往，至则洒然忘其归。觞而浩歌，踞而仰啸，野老不至，鱼鸟共乐。形骸既适则神不烦，观听无邪则道以明；返思向之汩汩荣辱之场，日与锱铢利害相磨戛，隔此真趣，不亦鄙哉！

这段话的意思是这样的：我常常乘着小船，穿着轻便的衣服，来到亭上。到了亭上，我就率性玩乐，或把酒赋诗，或仰天长啸。这里啊，即使是隐士也不来，只有我与鱼儿、鸟儿同乐。形体已然安适，神思中也就没有了烦恼；所听所闻都是至纯至善，如此人生的道理得以明了。回过头来，我反思从前在那名利场上，每天计较着细小无聊的利害得失，真是太过庸俗、非常浅薄啊！

仕途颇为坎坷的苏舜钦有着这样的感悟，当然不足为奇，而即使贵为天子的乾隆皇帝，在他所写的《烟雨楼对荷作》一诗中也承认，他很乐意在承德避暑山庄临时做一个懒散的性情中人，看看荷花，谈谈诗与人生。

鱼、鸟、荷花，这是自然的诗，也是诗意的人生。所谓"非必丝与竹，山水有清音"，所谓"清风明月，不须一钱买"，中国古典园林与人的关系，正是这样的自然升华为人格，人格外化为自然，于是中国的古典园林，与住在其中的人、游走其间的人，产生了由画境而意境、由意境而情境、由情境而心境的互动互融，于是中国园林追求人文的自然化，追求人与自然的和谐，追求物我两忘的境界。而相比于这样的中国古典园林，西方造园技术是为了将自然人文化，是按照人的规矩来改造自然。进而言之，中西方园林这种种的差别，其实又缘于中国风水与西方景观的差别。

我们还是以苏州园林为例，那山环水抱的环境生态、静观自得的心理建构、文气氤氲的艺术氛围，共同构成了中国风水佳穴的实践标本。怎么理解这个问题呢？不妨从大层次的选址、中层次的布局、小层次的点缀三方面来说。

先说大层次的选址。苏州园林的主人，大多以隐逸或者宣称以隐逸为旨趣，于是选址上追求"地僻为胜"，借此获得一份避开尘嚣、隔开凡俗的清幽，所以我们看到，苏州园林往往建在小巷深处，这与风水学上讲究的"不宜居大城门口及狱门、百川口去处"非常吻合。因为这样的地方，人声杂沓，车马声、吆喝声、呻吟声，容易使人烦躁不安。

再说中层次的布局。苏州园林的布局，往往显性或者隐形地运用了风水的四象或四灵模式，即前为朱雀为池，后为玄武为山，左为青龙为河，右为白虎为路，这样的自然地形或人造形势，能够使生气凝聚而不散泄，有利于主人或者来客获得丰富的视觉体验与良好的心理感受。

再说小层次的点缀。在这方面，苏州园林值得品味的风水元素随处可见。以言植物，所谓槐荫当庭、插柳沿堤、栽梅绕屋、结茅竹里，于是植物的色、香、姿、声，与建筑相互掩映，与风月彼此适宜；以言色彩，苏州私家园林不同于北方皇家园林，它讲究的是淡泊、平和、不求奢华、不事张扬，所以色彩淡雅，很少见到大红、金黄一类的强刺激色；以言陈设，古书、名画、苍石、雅玩等等，点缀在轩窗边，放置在几案上，象征着也滋养着园林主人的外在生活与内在人格。

总之，被西方人称为体现了"东方文化生态"的苏州古典园林，既是中国传统风水美学的集中表达，也是中国精英文化的艺术养生模式。这样的风水美学与养生模式，正如许多学者所指出的：它体现了中国人的自然哲学与诗意人生……

庭院深深：体现伦理、适应自然的四合院

说过园林说庭院。如果说园林体现了中国人的自然哲学与诗意人生，那么，庭院就体现了中国人的和合伦理与适应自然。

说到庭院，我们常会想起"庭院深深深几许"这句词。北宋欧阳修的《蝶恋花》词吟咏道：

> 庭院深深深几许，杨柳堆烟，帘幕无重数。玉勒雕鞍游冶处，楼高不见章台路。雨横风狂三月暮，门掩黄昏，无计留春住。泪眼问花花不语，乱红飞过秋千去。

这首词，写的是闺阁女子的伤春、惜春。首句"庭院深深深几许"，叠用了三个深字，那种幽深、锁闭、绝望的感觉，可谓扑面而来。

庭院式住宅是中国传统民居最为常见的形式，而最为现代人熟悉的庭院式住宅，当属四合院。我们以北京的四合院为例，来看看庭院究竟深几许。

首先，庭院深深，是实实在在的空间上的深。

北京的四合院是封闭性的院落，四面围墙高高围起，只有东南角的大门对外界敞开，即便开窗，也只在南房离地面很高的地方开个小窗。南房，是

临着南墙外面胡同或马路的一排房，墙既是院墙，也是南房的墙。

从大门进入四合院，迎面是一个照壁，将院落含蓄地半遮半露。照壁是一道墙，但更像一座压扁了的房屋。讲究的照壁，基座做成须弥座，壁顶则像房屋的屋顶，檐、脊、斗拱、梁枋一应俱全。照壁的墙面，或者雕刻图案，或者绘画写字，装饰得十分漂亮。

转过照壁，就是前院正中的垂花门。垂花门的外观很有特点，上檐柱不落地，而是悬于中柱穿枋上，柱上刻有花瓣莲叶等。垂花门坐落在整座宅院的中轴线上，是前院与内院的分界线和唯一通道。垂花门以外，用来接待外人，外人可以引到南房的会客室。进了垂花门，则是自家人生活起居的地方，外人一般不得随便出入。旧时人们常说的"大门不出，二门不迈"，"二门"指的就是垂花门。

垂花门示意图

垂花门内，是四合院的中心位置，也是家人生活起居的场所。迎着垂花门的正房，是整个内院的主心建筑，东西两侧则是级别稍低的厢房，所有的房门都朝院子中间开，形成一个对外封闭、向内开放的格局。

这样的轴线清晰、房屋主次分明、空间内外分隔的四合院，大门一关，里面就是一个独立于外的小世界。以前，一个大家族往往人口众多，大家庭内部又有很多小家庭，一个院子不够住，于是四合院式建筑也就顺着主轴线，以水平状态向着纵深发展，从而形成多进深的格局。进深越多，就意味着这家主人的地位和级别越高。

过去，小户人家单进的四合院，院墙阻隔，不管是由内向外窥探，还是由外向内窥探，都难以看清。若是大户人家，那真是墙外有墙，院外有院，帘幕无重数，深不可测了。

其次，庭院深深，是看不见也摸不着的心理上的深。

中国传统的父系家庭伦理，在四合院的内部设计上，有着充分的体现。内院的正房，是一家男主人的房间，以此为基础，循着长幼尊卑的顺序，安排一家人的居住。长幼，指的是辈分的高低。尊卑，则指地位的高低。长辈的地位高，晚辈的地位低，年龄大的地位高，年龄小的地位低，男子的地位高，女子的地位低。大家相对独立地住在各自的房间，院子则是共同活动的场所。

此外，在一个家庭内部，由于男女分工的不同，女性日常的活动范围往往拘泥于内院，所谓"大门不出，二门不迈"，女性不能像男性那样，可以自由地出入深宅大院。欧阳修《蝶恋花》词中这位泪眼问花的女子，便是生活在幽闭的庭院深处，她的青春和热情也被深深地锁住。而比欧阳修晚生近80年的闺阁词人李清照，对于庭院的禁锢自有更深的体会，她也模仿欧阳修，填了一首《临江仙》词，首句即套用了欧词的"庭院深深深几许"，末句更叹息"谁怜憔悴更凋零。试灯无意思，踏雪没心情"。

庭院之深，催生出了妙词，也催生出了美文。1924年，适逢人生低潮期的鲁迅，搬进了北京阜成门内的一座小四合院内。庭院虽小，由于院墙阻隔，也与外界两不相望，正适宜安放作家深不见底的孤寂。那句著名的"在我的后园，可以看见墙外有两株树，一株是枣树，还有一株也是枣树"，就诞生在这个小院子里。

再次，庭院深深，还是内涵丰富、寓意深刻的文化上的深。

比如四合院的雕饰、彩绘、陈设、装点，处处体现着民风民俗和传统文化。那以蝙蝠、寿字组成的图案，寓意"福寿双全"，花瓶内安插月季花的图案，寓意"四季平安"，嵌于门头上的吉祥辞语、附在抱柱上的楹联、挂在室内的书画，更是集贤哲之古训，采古今之名句，充满浓郁的文化气息；再如四合院的尊卑上下等级秩序，即讲严整，讲气派，外观规矩，中线对称，往大了扩展，就是皇宫、王府，往小了收缩，就是平民百姓的住宅，这体现了国与家、社会与个人诸多理念的协调一致；又如四合院的适应自然，敞亮的院子里植树栽花，树则枣树、柿树、石榴，花则牡丹、芍药、玉兰、丁香、紫藤，养鱼喂鸟，大缸养金鱼，小笼喂鸟雀，大的院子里还可以叠石造景，于是居住者尽享自然的美好、四季的实在。而出于禁忌的原因，比如桑树的桑与"丧"同音，松、柏多见于墓地，梨树的梨谐音分离的"离"，槐树上常会掉下一种俗称"吊死鬼"的虫子，所以又有了"桑松柏梨槐，不进府王宅"的民谚。

四合院的内涵丰富、寓意深刻，当然也体现在讲究风水方面，即从选址到布局，都有一套阴阳五行的说法。比如大门不开在中轴线上，而是开在整座四合院的"巽"位或"乾"位，所以路北的四合院，大门开在东南角，路南的四合院，大门开在西北角；又如四合院内如果设有厕所，一般都会安排在下风口的角落里，这样可以防止异味在院内扩散。另外，院子里的地面还忌讳比外面的地面低，否则从胡同、大街一进大门，就得"跳蛤蟆坑"，这也寓意着不吉利。诸如此类的四合院风水，其实都是颇有讲究的做法。

庭院深深的北京四合院的历史，至少可以追溯到元代，而所以能够传承下来，主要是因为它与北京的地域环境和气候特点十分吻合。元朝建都北京，当时称为大都，自此以后，大都的城市规模不断发展，其地人口富集、五方杂处，而四合院坚固的院墙，在安全防卫上有着明显的优势。另外，北京冬春两季风沙多，四合院的外墙可以有效地抵御风沙的侵扰，外墙窗户既少且高，也有这方面的考虑。当然，时至今日，北京传统的四合院也在某种程度上陷入了尴尬的境地。一方面，随着小家庭的越来越多，家庭成员平等意识的增强，四合院强调尊卑上下主次的布局特性，受到了新的社会伦理的挑战；另一方面，随着土地资源的越来越稀缺，拥有这平面铺展、占地颇多的四合院，又成了现代社会里有钱有权有势的尊贵地位的象征，于是又导致了四合院价格的猛涨。这样的情况，孰是孰非，真是难以评说。

说过了大家熟悉的北京四合院，再说说其他地方的四合院吧。比如陕北神木的高家堡老城，保存着不少明清传统的四合院建筑，并因此而有"小北京"的雅称。其实高家堡的四合院，不仅吸收了京式四合院的优点，更值得我们注意的，是它适应当地的地形地貌、气候环境和人们的生活习惯，而形成的陕北地区特有的四合院形式。

高家堡四合院以闭合的四方独院居多，院墙高出外面的巷道数尺，院内的房屋又高出院墙数尺，这样既可以保持室内的通风干燥，又能减少湿气对木质主材房屋的损害。相比于北京四合院民居往往朴素的大门，高家堡四合院的大门很是讲究，常常显得富丽堂皇，这可能是因为此处远离北京，较少受到依照等级制度修建房屋的规矩约束，所以大门往往修建得比较"任性"吧。高家堡四合院的院落也呈中轴对称，住房一般以三个房间为一个单元，其中两个房间还是连通的。卧室都有火炕，而且都在房屋朝阳的位置，以便于在寒冷的冬季取暖。

由北京四合院与陕北四合院的比较说开去，我们还能就北方各地的四合院进一步进行比较。比如北京的四合院庭院方正，这是为了冬季多纳阳光；山西、陕西等地夏季西晒严重，院子变成东西窄、南北长的设计，以求有效减少暴晒的面积；西北甘肃、青海的风沙很大，于是院墙加高；东北土地辽阔而气候寒冷，为了接纳更多的阳光，院子常常十分宽大，乃至院墙之内空地甚多。如此等等的差异，既是各地民居适应自然环境与日常生活的需要，也体现了最原始的风水原则。

四合院又不是北方的专利，也不是汉族特有的民居样式。比如云南丽江、大理等地非汉民族的四合院，有三坊一照壁、四合五天井、前后院、一进两院等等形式。其中，三坊一照壁式的四合院在丽江纳西族和大理白族的民居中都很常见。所谓三坊一照壁，是指三围的房屋和一面的照壁，在结构上，正房一坊较高，方向朝南，面对照壁，主要供老人居住，东、西厢房二坊略低，由下辈居住；天井供生活之用，多用砖石铺成，常以花草美化。至于四合五天井式，则是去掉正房面对的照壁，代之以一坊，从而围成一个封闭的四合院，同时在下房的两侧，又增加两个漏角小天井。

三坊一照壁式四合院示意图

其实细说起来，大理白族与丽江纳西族的四合院还有差别。比如大理白族的四合院，针对当地风大的特点，外墙多不开窗，以营造出"风不进屋"的舒适环境，院内则为木构架的大出檐，以适应多雨的气候。丽江纳西族的四合院，厦子是一道独特亮丽的风景。厦子又叫外廊，是房屋靠门一侧宽宽的外部走廊，这是半公开的场所。丽江的气候是出了名的好，当地人喜欢在厦子里吃饭、喝茶，甚至休息、会客，好不惬意。

总之，所谓的四合院者，既是院落形态的四面之合，也是家族细胞之间的亲缘聚合。四合院的居住实践表明，住在这里，人与人之间能产生一种凝聚力，同时有一种安全稳定感和归属亲切感，这与现代公寓住宅紧闭大门的冷漠，形成了鲜明的对照。四合院追求的自然感觉与人文境界，说到底，就是一个词：和合。四合院蕴涵的精髓，贯到头，就是一个字：合。合、和合，这是中国传统人居智慧与道德智慧的集中体现。

丹凤朝阳：坐享自然的馈赠

我们这一讲的题目是"丹凤朝阳：坐享自然的馈赠"。"丹凤朝阳"是大家熟悉的一个成语，出自《诗经·大雅·卷阿》："凤凰鸣矣，于彼高冈。梧桐生矣，于彼朝阳。"译成今天的话语，就是：凤凰鸣叫示吉祥，栖息那边高山岗；高岗上面生梧桐，面向东方迎朝阳。栖息高岗的凤凰，才能展翅飞翔；迎接朝阳的梧桐，才能郁郁苍苍。所以无论动物还是植物，都离不开自然。

动物、植物是这样，人以及人居当然也不例外。人居是什么？是人住的地方。这样的地方，不是空中楼阁，它必须落实到大地上。大地是什么？是自然。于是，人以及人居，就成了自然的一部分，人以及人居，就必须顺从自然的大道。自然的大道，在动植物那里，是生物的本能；在中国传统社会，是风水的选择。聪明智慧的人与人居，和"物竞天择"的动植物及其栖息地的选择之间，在某种意义上遵循着共通的原则。

理解这样的原则，是我们理解人居智慧的关键。在这里，我不妨先说个动物的例子。1983 年，美国景观设计师西蒙在《猎人与哲人》中，讲了个土拨鼠的故事：

早上，猎人带着猎狗和小男孩来到草原深处，他们凝视着出现在眼前的一块高地，上面是一个土拨鼠的聚落。

"多聪明的土拨鼠，"猎人说，"它们如此精心安排它们的聚落环境，每到一个土拨鼠聚落，你总会发观它近旁有一片谷子地，因而有取食的便利；总是临近溪流或沼泽，因而有饮水的方便。它们决不在柳树或赤杨林附近安家，因为那里常常栖息着可怕的天敌——猫头鹰和鹰隼，它们也不在乱石堆中作窝，因为那里经常埋伏着另一个天敌——蛇。它们把家建立在土丘的东南坡上，每天有充足的阳光，使它们的洞穴保持温暖和舒适，冬天，西北坡的土壤在凛冽的寒风中变得干硬，而在东南坡却有一层厚厚的松软的积雪，覆盖着土拨鼠的家宅。当它们打洞时，它们先向下打一个二三英尺的陡坡通道，然后折回，在靠近草根的土层中作窝。冬天可以避开寒风而沐浴温暖的阳光，不必远行寻找食物和水，又有同伴相依为伍，它们确有一番精心的规划。"

于是小男孩感慨："土拨鼠在规划自己的家园时，似乎比人做得更好。"

这是西蒙对于现代人居往往违背自然之道的批判。而顺着这样富有哲理的批判，我们回望中国传统时代的人居，不难发现古代的中国人对于自然之道的顺从与敬畏。比如我们这一讲讨论的建筑朝向的选择，就是如此。

建筑朝向的选择，与阳光、与风直接相关。说起风，古代的中国人对南来的风有着特殊的感情。比如流传已久的《南风歌》，给予南风以高度的礼赞："南风之熏兮，可以解吾民之愠兮；南风之时兮，可以阜吾民之财兮。"据说这首歌是舜帝创作的，就是三皇五帝当中的舜帝，算起来，距今已有四千年历史了。把它翻译成今天的语言，意思是：南风多么温暖和煦啊，可以吹散百姓心头的怨怒和忧愁；南风多么调和及时啊，可以使百姓财产殷富丰衣足食。

由《南风歌》往下，中国历代歌咏南风的诗歌可谓数不胜数，比如南朝民歌唱道"南风知我意，吹梦到西洲"，盛唐王昌龄写道"南风开长廊，夏夜如凉秋"，中唐白居易写道"夜来南风起，小麦覆陇黄"，宋朝黄庭坚写道"何以报嘉德，取琴作南风"，明朝杨基写道"细雨茸茸湿楝花，南风树树熟枇杷"。从这些诗歌中可见，在人们的观念里，南风是与丰收、吉祥、和美相关联的。而为了亲近南风，古人在营造房屋时，也乐于选择南向。无论是雄伟的皇家建筑，还是神圣的寺庙道观，或者普通人家的民居，其主体建筑大都朝南。

古人建房为何乐于选择朝南方向呢？道理很简单，这取决于中国的自然地理位置。

中国的领土位于北半球的中纬度和低纬度地区，尤其中国古代的中原王朝，疆域大多位于北回归线以北，由于太阳光是自南方照射而来的，所以房屋朝南，就便于冬季采暖采光。另外，中国主要受到季风气候的影响，冬季来自北方大陆的干冷气流南下，北风呼号，气候寒冷干燥，于是房屋朝南，就可以背风保温，而夏季来自海洋的暖湿气流北上，南风徐徐，房屋朝南，就可以迎风纳凉。

宋代王安石的《元日》诗写道："爆竹声中一岁除，春风送暖入屠苏。千门万户瞳瞳日，总把新桃换旧符。"冬春交接之际，南风送来湿意，干燥渐渐消退。清晨的朝阳从南边照进家家户户，驱走夜晚的寒气，送来舒适的暖意。王安石的自然地理知识，也许还不如今天的中学生丰富，但他笔下的"春风"和"瞳瞳日"，却是古人利用房屋朝向、坐享自然馈赠的真实而诗意的写照。

找准了南北，确定好了房屋的朝向，便可以开工建设了。不过，对于古人来说，"辨方正位"、找准南北却并不是件容易的事情。有句俗话叫"分不清东南西北"，引申出来的意思是搞不清状况、做事情没有头绪，但从它的字面意思也可以看出，辨别方向的困难。

方法总比困难多。问天、问地、问人，古人做事有"套路"。

在早期的建筑实践中，古人是利用天体来确定方向的。《诗经·鄘风》中有"定之方中，作于楚宫。揆之以日，作于楚室"的记载。

"定之方中"，这里的"定"指的是定星，又叫营室星，它由四颗恒星组成，形状近似梯形，包括了中国古代天文二十八星宿中玄武宫的"室""壁"两宿。春秋战国时期，在中原一带，每当秋冬之交的季节，营室星便于黄昏时分出现在正南天空，与北极星相对应，于是观察营室星就可以准确地测定南北方位。这个季节，农事结束，天气未寒，恰是兴作土木、营建房屋的大好时机，"营室星"也因此得名。

那么"揆之以日"又是什么意思呢？"揆"指测量方位，"日"指太阳，"揆之以日"就是通过测量太阳的影子来确定方位。古人在平地上竖立表竿，观测记录一天当中最短的日影，表影的方向就是南北方向。当然东西方向也可以通过这种方法确定，即先得到日出时与日落时的表影，然后以表竿为圆心画圆，得到圆与两个表影的交点，连接两个交点的直线，便是东西方向。

古人利用天体来确定方向。除了这种方法外，中国古人还利用地球磁场的原理来测定方向。先秦文献《韩非子》中记载，"先王立司南以端朝夕"，这里的司南，被认为是后世罗盘的雏形。发展到了宋代，利用磁针指南，已经得到了广泛应用。北宋科学家沈括在他的名著《梦溪笔谈》中，就详细记载了使用磁针指南的四种方法。

第一种方法是水浮法，即在磁针上穿几根灯芯草，然后放在有水的碗里，浮在水面上的磁针上就可以指示方向了。第二种方法是指甲旋定法，即把磁针放在手指甲盖上，使它轻轻转动，停下来时，磁针向南。第三种方法是碗唇旋定法，即把磁针放在光滑的碗边上旋转，以此确定南方。第四种方法是缕悬法，就是取一根细丝线，用蜡粘在磁针的中部，然后把细丝线挂在没有风的地方，磁针则指向南方。

沈括还比较了这四种方法的优劣，认为前三种方法都会因为外力的影响而引起磁针的摆动，也就是不够稳定，所以比较而言，以第四种方法最为可靠。实际上，这四种方法，直到今天我们仍在使用，比如现代磁变仪、磁力仪的基本结构原理，就是用的缕悬法，至于航空和航海中使用的罗盘，则多以水浮磁针作为基本装置。

有趣的是，虽然宋代人已经能够自如地使用磁针，但并不明白磁针的原理，就连睿智的沈括也说"莫可原其理"。

在研究磁针的过程中，沈括还发现了磁偏角现象，他说："方家以磁石磨针锋，则能指南，然常微偏东，不全南也。"而在欧洲，直到公元1492年哥伦布横渡大西洋时，才发现了磁偏角，这比沈括要晚了四百多年。

有了磁针，风水罗盘也就随之出现了。早期的罗盘，就是简单地标注方位。而由于磁偏角的存在，古人在利用罗盘测定方位时，又常常会有偏差。比如留存至今的许多古代公共建筑，如果进行准确测量，我们往往会发现它的朝向略微偏离四正方向，有些就是出于这个原因。当然也有一些建筑的朝向倾斜，是出于文化方面的原因。就以寺庙道观为例，如果供奉的神灵地位尊贵，比如玉皇大帝、释迦牟尼、观世音菩萨、孔子等，就坐朝四正的方向；如果供奉的神灵地位相对较低，那么朝向常会稍微倾斜。另外，相对于大型公共建筑而言，民居在选择朝向时，也往往会谨慎地避开正南方向，而刻意地选择偏南方向，这是因为在古人看来，普通百姓的德行无法与圣贤或者神灵相媲美，所以要避开正南，以免德不配位。

上面所谈的内容，即在选择建筑朝向时，无论是出于实用功利的考虑，还是出于文化适宜的考虑，其实又都属于风水的范畴。就以建筑朝向为例，按照风水的解释，正南属离卦，阳气最旺，只有帝王与大神消受得起，一般人则不避反伤，所以早先的民居很少有朝正南开大门的；不朝正南开大门，那朝哪个方向开呢？如果不考虑其他因素，那么大门的朝向以南位的离卦、东南位的巽卦、东位的震卦为三个吉方，其中又以东南为最佳，因为东南处于属木的巽位，巽为风卦，水木相生，而且向阳、通风。由此我们也可以看出，风水理论的重要一环就是方位理论，"辨方正位"乃是中国传统建筑在基址选择与规划布局上的一个重要原则。进而言之，当风水理论将多种考虑叠加融合在一起时，本来简单的朝向选择，就逐渐走向了复杂化、神秘化以至于迷信化。

比如风水学中的"论各命坐向"说，就颠覆了合乎生物本能的朝南方位，它主张根据生肖属相来确定方位朝向，具体来说，就是亥、卯、未年出生的人，坐北向南是大吉，坐西向东犯坐煞大凶；寅、午、戌年出生的人，坐东向西是大吉，坐北向南犯坐煞大凶；巳、酉、丑年出生的人，坐南向北是大吉，坐东向西犯坐煞大凶；申、子、辰年出生的人，坐西向东是大吉，坐南向北犯坐煞大凶。

那么，生肖属相又是如何与方位吉凶对应起来的呢？依据就是五行学说与三合之理。

我们知道，五行学说源于中国古代朴素的唯物主义哲学思想，这种学说认为世界是由金、木、水、火、土五种物质组成的，它们彼此之间存在相生相克的关系，并且处于不停的运动变化之中。至于三合之理，是指万事万物都有生、旺、暮也就是开始、壮大、消亡三个过程，落实到风水罗盘上，比如木位于春季位东方，对应寅、卯、辰三个月，但是春天的初来和消失并不是在寅、卯、辰三个月内完成的，春天在亥月已经悄悄来临，在卯月达到最盛，到了未月才销声匿迹，因此，木的三合就是亥、卯、未。

"论各命坐向"说，就是这样地通过五行把方位、季节、月份、年份对应起来，进而以五行相生相克的原理，判明推定方位吉凶。还是以木为例，亥、卯、未都属木行，水生木，北方属水，所以房屋坐北向南是大吉，而当房屋坐西向东时，西方属于金行，金克木，因此就是大凶。

平心而论，"论各命坐向"说看似严谨，实则陷入了机械对照模式，我们视为一种心理诱导就可以了，因为这有违更根本的生物本性。违背生物本性会怎样呢？我们还是回到这一讲的开头，西蒙《猎人与哲人》故事里的小男孩为什么会感慨"土拨鼠在规划自己的家园时，似乎比人做得更好"呢？因为猎人皱着眉头说了这样一段话："我们的村镇是建在北坡的，任凭冬天寒风的肆虐，即使在夏天，凉风也并不施惠于我们。我们新建的那个亚麻厂，是方圆 40 英里中唯一的一个，可它所占的地点恰恰是夏天每次来风的必经之地，工厂的黑烟吹遍全镇，吹进我们敞开的窗口。"猎人又说道："每年春天，草原上的雪融化，河水暴涨，村镇每家的地下室都浸泡在水中……"

反思我们今天的城市规划，这样的愚蠢其实并不少见，比如将空气污染严重的化工区建在城市的上风口，将水体污染严重的造纸厂建在河流的上游，如此等等，不一而足。而如果我们致敬历史，回望我们的古人在建造房屋时，更乐于"丹凤朝阳"，也就是选择更实用的方位朝向，那么，我们就会坐享自然的馈赠，收获风水的启示，就会少犯些低级错误，多一些人居智慧。

我们这个系列的主题是人居，讲的是人如何选择居住环境，选定居住环境后又如何布局城市、规划聚落、建造房屋、营建墓地。在这些过程中，传统文化、科技工艺、风水理念，都在发挥着作用。传统文化、风水理念，在以上各讲中，已经说了不少；这里要说的人居智慧"榫卯斗拱"，则重点说说中国传统建筑中的科技工艺。

在美国波士顿市塞勒姆镇的迪美博物馆里，安放着一座地地道道的中国古建筑——荫余堂。

荫余堂原本位于安徽省黄山市休宁县黄村，占地 400 多平方米，始建于200 多年前的清朝嘉庆年间，是当地一位黄姓富商的私人住宅，先后生活过黄姓八代人。1996 年，正面临废弃拆除命运的荫余堂，被迪美博物馆中国艺术文化部主任白铃安看中，而黄山市相关政府部门也想借着美国文教机构的影响力，推广国际人士对徽州传统建筑的认识，于是经过三方协商，1997 年春天，美方购买的荫余堂漂洋过海，落户迪美博物馆，并于 2003 年 6 月正式对观众开放，大受欢迎。

古建筑搬家并非易事。拆除、搬运、修复、组装，每个环节都耗时费力。荫余堂仅拆除就进行了 4 个月，拆下来的部件包括 2 700 多个木构件、近千块石片，甚至连鱼池、天井、院墙、地基、门口铺设的石路板和小院子也都拆了下来。随后，它们被装进19个国际集装箱运往美国，再经过中美专业人员的通力合作，最终实现了异地复建。整个过程，历时7年。

其实中国古建筑搬家，这并不是头一回。

早在1933年，美国芝加哥世界博览会上，就曾经出现过一座来自中国的古建筑——承德避暑山庄普陀宗乘之庙的主殿万法归一殿。普陀宗乘之庙建于清乾隆三十六年（1771），是乾隆皇帝为了庆祝他本人60寿辰和皇太后80寿辰，仿照西藏布达拉宫而建的，"普陀宗乘"就是藏语"布达拉"的汉译。万法归一殿是一座四角攒尖的建筑，因其饰以镏金铜瓦、头等金叶，金碧辉煌，所以俗称金庙，又因其来自当时的热河省，而被称为热河金庙。

出现在芝加哥的这座金庙，其实并非原物，而是按照等比例大小复建的复制品。不过，整个的复制过程，基本是在中国完成的。工程师们先对热河金庙进行了全方位的拍照和绘图，制作出模型，随后又在北平也就是今天的北京购买和定做相关建筑构件28 000件。1931年春，这些建筑构件被装入173个货箱，运往芝加哥。1932年9月，金庙被复建在芝加哥世博会会场中央，并引发了东方文化热。

然而热河金庙的神奇旅行并未就此结束。1938年，它被拆解后运往纽约，参加了纽约世界博览会。纽约世博会结束后，热河金庙的构件被哈佛大学和奥柏林学院收藏，后又几经易手。如今，热河金庙的大部分材料已经转移到瑞典斯德哥尔摩民族学博物馆，也许有一天，饱经沧桑的它会再次迎来新生。

说过了皖南荫余堂和热河金庙复制品的故事，不知道朋友们是否产生了疑问，如此大体量的古建筑如何能够搬迁呢？这固然有赖于发达的现代交通，而最根本的前提条件却并不在此，因为在交通落后的古代，中国的古人就无数次成功实现了建筑的搬迁和复建。比如著名建筑学家梁思成先生在

《从"燕用"——不祥的谶语说起》一文中，就曾经讲过一个有些悲伤的古代建筑搬家的故事。

传说宋朝都城汴梁（今河南开封市）有位巧匠，汴梁宫苑重点屏扆、窗牖，凡是由他制作的，都刻上自己的姓名"燕用"。后来金人攻陷汴京，把这些门窗、隔扇、屏风都搬到了燕京（今北京市），用于新建的宫殿中。因此后人说道："用之于燕，名已先兆。"匠师在自己的作品上所签的姓名"燕用"，竟然应验成了不祥的谶语。

传说归传说，一个不争的事实是，中国的古建筑确实经常被搬来搬去，以完全相同的面目出现在另一个地方。为什么可以这样呢？这与中国传统房屋的材质和结构有关。

中国传统房屋多用木质材料，盖房子的时候，先用木质的柱、梁搭成框架，然后在需要的位置上灵活地砌墙，或者开门开窗，或者空敞着。盖成的房子，可以是密封性能极好的仓库，可以是门窗俱全、内部合理分割的民居，也可以是四面敞开的凉亭。而无论是哪种，上层楼板或者屋顶的重量，全部是由柱、梁负荷的，墙壁只起间隔的作用。这种结构，按照今天的建筑术语，称作框架结构。中国民间有句话叫"墙倒屋不塌"，说的正是这种结构的房屋。传统建筑术语的"落架大修"，也是针对这种框架结构房屋的。

框架结构的建筑方法，在中国至少已有三千多年的历史。无论是帝王宫殿还是庙宇楼阁，或者是寻常百姓的住宅，都采用了这种结构。更为神奇的是，凡在中国范围内，无论是寒冷的东北，还是炎热的华南，或者是湿润的东部、干燥的西部，框架结构的房屋都普遍存在，也都能够适应各种气候条件。而在中华文化辐射范围内的日本、朝鲜、越南等国家，其传统建筑也大多采用这种框架结构。

按照框架结构建造的房屋，只要把框架——木质的柱、梁、枋、檩，以及门、窗、隔扇等构件——拆卸，就可以轻松地搬到另一个地方，这是个化整为零的过程。而将各种构件循着一定的规矩重新进行组装，化零为整，就能再现房屋原本的样子。

建造一所房子，林林总总的大小构件成百上千，甚至上万个，而且越是级别高的房屋，构件就越多。前面提到的热河金庙，是清朝极为重要的国家级宗教建筑，有 28 000 个构件；作为皖南传统民居的荫余堂，也有 2 735 个木构件。

那么问题又来了，这么多的构件，在安装时会不会出错呢？答案是会的。不过，为了避免出错，聪明的古人想出了一个行之有效的笨办法，即对所有的构件进行标注，所以我们能看到一些流传至今的古建筑构件上，往往有数字和文字的标注。比如荫余堂的构件，就先后经历了四次标注。第一次是在清代建筑时由中国工匠标注，第二次是在 20 世纪 90 年代拆卸过程中做了标注，第三次是当这些构件被运到美国后，又用线和纸对它们进行了标注，第四次则是把中文标注翻译成英文，并录入数据库。

总之，在中国传统建筑中，那不同的构件，在各自的位置上发挥着自己的功用，它们之间彼此借力，从而建构出结实美观的建筑。而不同建筑的等级，又是通过构件的尺寸大小和样式繁简来确认的，于是构件和建筑之间，形成了一种通过内容确认形式，通过形式确认伦理的因果循环关系。这就是中国建筑的智慧。

特别值得提出的是，中国古代建筑的框架结构，之所以能够有条不紊地化零为整，又能轻松自如地化整为零，榫卯起到了关键的作用。榫卯是连接两个木质单元的凹凸结构，凸出为榫，凹入为卯。它们利用木材自身的活性应力，无需凭借其他材料的帮助，便可以使各个木质组件牢固地接合在一起，从而实现"以木制木"的效果。榫卯结构融合了中国传统力学、数学、美学和哲学的智慧，被誉为中国传统建筑技艺与古典木工技艺的灵魂。

比如中国现存最高也是最为古老的木塔——山西应县辽代木塔，就是榫卯结构的经典作品，它巍然屹立，千年不倒。同样仰赖榫卯力量留存至今的，还有山西五台山佛光寺大殿，这座大殿修建于唐代晚期，梁柱之间的榫卯结构依然严丝合缝，没有丝毫松动。

与榫卯结构有着相似功用的，还有梁柱之间的斗拱结构，斗拱不仅具有连接作用，更具有承重功能。而之所以需要斗拱承重，也和中国传统建筑使用木料为核心材质有关。相比于欧洲传统的以石料为核心材质的建筑，木质结构建筑轻巧灵活，适应性极强，但是木质构件的脆弱，也使得框架结构的建筑从它诞生之日起，坚固性和稳固性就面临巨大的挑战。比如作为框架结构最重要的承重构件之一，梁是极容易受损的，即在水平的梁枋将重量转移到垂直的立柱时，交接的地方会产生强大的剪力，梁在这里容易断裂。而为了防止断裂，古人制造出了一种神奇的构件——斗拱。

拱是从柱头上加的一层又一层探出呈弓形的木块，斗是拱与拱之间所垫的方形木块，二者合称斗拱。斗拱托住梁枋，把它们的重量一层又一层递减地传递到柱头上。由于剪力变小，横梁折断的危机也就降低了。斗拱不仅可以托住梁枋，也能起到托举屋檐的作用。我们看到的古建筑或仿古建筑，大多有高高翘起的美丽飞檐，这都离不开斗拱的支撑。

这样的中国传统建筑的美丽飞檐，让我想起了古老《诗经》当中的诗句。《诗经》歌颂周王落成的华丽宫殿，"如鸟斯革，如翚斯飞"，也就是仿佛鸟儿展开双翅，如同锦鸡振羽飞翔。这样的中国传统建筑，基础牢牢扎在大地之上，屋顶、飞檐又像鸟儿一样上承苍穹、自在舒展，这就是中国古人"顶天立地"的居住梦想，接地承天的诗意栖居吧……

万年吉地：节俭的道光皇帝在这事上不抠门

清朝道光八年（1828），发生了一起牵涉众多朝廷高官的大案。案件由道光皇帝爱新觉罗·旻宁亲自过问，他连发十三道上谕，严厉斥责涉案官员"丧尽天良""居心可恶"，将他们抄家的抄家，革职的革职，发配的发配。

道光皇帝为什么如此震怒呢？原来是他的陵寝出了问题。

在古人看来，人在逝世后灵魂仍然存在。也因为此，逝者所居的"阴宅"，和活人所居的"阳宅"同样重要。比如按照我对南京的理解，明朝的南京城，实际包括了35.267公里长的京城城墙围起来的，象天法地的"阳城"和大约22公里长的红墙围起来的，布局象征北斗七星的，安葬着朱元璋与马皇后的孝陵"阴城"。大明孝陵这座"阴城"为什么占地如此巨大，布局如此讲究呢？因为这实在事关国家的前途与命运。按照风水的说法，一家之主坟墓的风水，会影响到一家人的前途与命运。至于贵为天子的皇帝，他的"阴宅"就不仅是他个人的灵魂栖居之所，更关系到皇朝的盛衰更迭和社稷的安危成败。于是为了追求皇权永固，历代的皇家陵寝都十分重视位置的选择，把风水堪舆之术发挥到了极致；又于是在古代的乱世，"挖人祖坟"成了上到朝廷、下及民间的强有力的斗争手段，比如明朝末年，在那风雨飘摇的时代里，就发生过多起大规模的毁坏皇陵的事件。

一是明熹宗天启初年，为了遏制东北爱新觉罗氏金国的侵略，明朝挖了位于今北京市房山区、被认作金国祖先的金朝皇陵，如把金太祖完颜阿骨打睿陵主陵脉的龙头砍掉了一半，在咽喉部位挖了一个深洞，里面填满鹅卵石，以期断其"王气"，还把金陵地面上的建筑全部砸毁，甚至扒开墓道，掘开地宫，并且在金陵原址上修建了许多关帝庙，希望起到震慑的作用。

二是明毅宗崇祯年间，张献忠焚毁了位于今安徽凤阳的明皇陵大殿，还把陵庙内外的松柏砍伐一空。

三同样是在崇祯年间，李自成又把号称朱家龙脉之祖、位于今江苏省盱眙县的明祖陵毁坏得一塌糊涂。而为了报复，怒不可遏的崇祯皇帝朱由检派人找到了位于今陕西米脂县的李自成家祖坟，不仅挖坟，并且开壕堆骨，聚火焚烧，并且砍尽了周围 1 300 余株大小树木。

被人挖了祖坟，那是奇耻大辱，而挖人祖坟的目的，从社会信仰的层面来说，就是断绝敌人的"龙脉"，破坏对手的"风水"。如此一来，大到朝廷的国运与王气，小到家族的运气，也就断绝消散了。

当然，在中国古代乃至现代，更加普遍的情况，还是出于取财的目的而盗挖陵墓。比如据说为东汉末年曹操所置、南朝时代确实设置的发丘中郎将、摸金校尉，主要干的事情就是发掘陵墓、搜刮金银财宝。至于作为一个古老职业的盗墓，直到今天仍然难以禁绝。与此相关联，厚葬还是薄葬，也一直是中国传统社会非常纠结的一个现实难题，因为厚葬意味着被盗的可能性增大，而薄葬又有违"慎终追远"，即慎重地办理父母丧事、虔诚地祭祀远代祖先的孝道，有违"事死如事生"的理念。

交代了以上的背景，我们再说回清朝皇帝的"阴宅"。

清朝皇帝的"阴宅"，也称"万年吉地"。按照清制，皇帝即位之初，即可为自己寻觅驾崩后的"万年吉地"，等到驾崩入葬，这"万年吉地"就称为"山陵"或"陵"。入关以后的大清"万年吉地"或"山陵"，具体来说有两处。

一处位于今河北省遵化市马兰峪，这是以合葬了清世祖顺治皇帝福临及其皇后的孝陵为中心的东陵。另一处位于今河北省易县太平峪，称为西陵，西陵的主陵是泰陵，这是清世宗雍正皇帝胤禛及其皇后的合葬陵墓。

与历代的帝王陵寝一样，清东西陵的选址和营建，深受风水学说的影响。以清东陵为例，《清朝文献通考》是这样记载其风水的："山脉自太行来，重冈叠阜，凤翥龙蟠，嵯峨数百仞。前有金星峰，后有分水岭，诸山耸峙环抱。左有鲶鱼关、马兰峪，右有宽佃峪、黄花山。千岩万壑，朝宗回拱。左右两水分流夹绕，俱汇于龙虎峪，崇龙巩固，为国家亿万年钟祥福地。"又《清朝文献通考》记载清西陵的风水道："山势自太行来，巍峨耸拔，脉秀力丰，峻岭崇山，远拱于外，灵岩翠岫，环卫其间，前则白涧河旋绕，而清、滱、沙、滋诸水会之，后则巨马河潆流，而胡良、琉璃、大峪诸水会之，信天设之吉地也。"总之，清东西陵都是背山面水，坐北朝南，风水极好。比如清西陵为"天设之吉地"，我们不妨具体描述一下：永宁山像一道天然的围屏，矗立在整个陵区的北面，成为各个陵的总祖山；陵区西侧是被称为"西陵八景"之一的云蒙山；东面，金龙峪等山峦盘旋远去；元宝山作为泰陵的朝山，端峙陵区之南。在元宝山的东西两翼，东、西华盖山巍峨对峙，成为陵前气势雄伟的天然屏障，形成一个自然的陵口；陵口东有九龙山，西有九凤山，大红门巧妙地布置在两山天然豁口中间，前后地势在聚敛中又呈宏廊。西面有拒马河，南面有易水河。整个陵区群山拱卫，众水环流，确为风水佳境，万年吉壤。

当然，能够选到这样风水极佳的万年吉地并不容易，除了需要跋山涉水、不辞辛劳地踏勘，更要有高超的相地水平。比如为雍正皇帝相度西陵陵址的主要有两位大臣，一位是怡亲王允祥，另一位是时任福建总督的高其倬，尤其是高其倬，他不仅是当时的封疆大吏、著名诗人，还精通风水之术，曾为风水名著《疑龙经》《撼龙经》作过批注，因而雍正特地将他从任所召到京师，命他协助怡亲王允祥相卜吉地。高其倬最后相中的万年吉地，"实乾坤聚秀之区，为阴阳和会之所。龙、穴、砂、水无美不收，形势、理气诸吉咸备"，雍正皇帝大为满意，特旨表扬他的"筹度万全""忠爱至诚"。高其倬也因此被时人称为"红顶风水大师"。

然而相对于怡亲王允祥、福建总督高其倬因为选定了上佳吉壤，得到雍正皇帝的宠幸，为道光皇帝相度万年吉地的一班臣僚，不仅没有那么幸运，而且后来的遭际还可以说很惨，比如英和等七家官员的家产被查抄，英和等九人被发配黑龙江、伊犁、乌鲁木齐等地，英和的两个儿子以及其他十几位官员被革职；年逾八旬、为官清廉的戴均元虽然免其发配，仍被逐回原籍，而且子孙免职；绵课等八人被罚白银 256 000 两；风水师宋泗等人也一度被关押审讯。这又是怎么回事呢？

道光元年（1821），旻宁即位不久，便和前代帝王一样，开始选择自己的"万年吉地"。道光的陵寝，首先大范围既定在东西陵区内，而依照古代宗法制度，帝陵位置的次序，父子迭为昭穆，左为昭，右为穆，道光的父亲嘉庆皇帝颙琰葬在西陵，那么道光就应该葬在东陵。

依照这样的祖制，道光皇帝下旨，在东陵内的宝华峪为自己营建陵寝。

历时七年，陵寝工程终于完成。陵寝竣工后，道光亲自护送已故的原配妻子、追封孝穆成皇后的钮祜禄氏梓宫，由暂厝地王佐村园寝奉安宝华峪地宫。看到陵寝坚固整齐，道光非常高兴，于是传谕嘉奖相关人员：免了原工程大臣庄亲王绵课应缴的前借俸银四万两；参与此事的大学士戴均元，晋加太子太师衔；戴均元之子、户部员外郎戴诗享以郎中补用；此前因为犯事被拔去花翎并降级的热河都统英和，也因为修陵有功，被归还一品顶戴及花翎。

看来一切都很顺利，就等道光皇帝百年之后奉安了。

然而，就在陵寝建好的第二年，却出现了大问题——地宫渗水了，积水高达一尺六七寸，孝穆成皇后的梓宫已有两寸霉湿。

面对这样的情形，道光怎能不生气？这些奉旨营建陵寝的大臣，都是他极为信任的人。花费巨额银两，耗时七年之久，不料却造出了这样一座有着不祥征兆的豆腐渣陵寝！

那么陵寝地宫为什么会渗水呢？原来是营建之前的点穴环节出了问题。

在风水学上，将自然的要素归纳为"龙、砂、水、穴"四大类，根据这些条件和它们之间的相互关系，选择基址的方位朝向，力求达到自然与人文的统一。而以现代科学来看，"龙、砂、水"其实就是综合考虑地质条件、地形状况、土壤结构、水文气候等因素，确定最适宜建筑阳宅与阴宅的区域；至于"穴"，则是营建住宅和墓葬的具体地点，也是风水家劳动的最终成果。

所谓"三年寻龙，十年点穴"，这话的意思是，学会寻找龙脉需要很长的时间，但要懂得点穴，并且点得准，则是难上加难，甚至需要花费"十年"的时间。但是，如果没有正确的方法指导，哪怕就是花费了"十年"，也常会点错点偏，而这样一来，寻龙的功夫也就白费了。那么怎样的穴才算点准了呢？著名的湖南长沙马王堆一号汉墓，就是一个非常成功的例子。

记得1985年盛夏，为了找到那已空无一物却以出土女尸而著名的马王堆一号汉墓，当时还在读复旦大学历史地理研究所研究生的我，颇费了一番周折。因为当时当地的农民习称马王坟，并不称马王堆。马王堆是浏阳河下游冲积平原中的一个小台地，高出浏阳河水位约15米，土壤由网纹红土和沙砾层组成。棺椁坐落在厚约1.1米、层压较紧的沙质黏土层上，下面为透水的砾石层，四周则为网纹红土所包围。又除了这些自然赋予的条件外，马王堆一号汉墓的棺椁之上，有人为的厚达16米的杂色夯土，棺椁四周，又用木炭、白膏泥填充，所有这些技术措施，防止了地表水渗入墓室，也保证了墓室的防腐性能。因此，历经2000余年的沧桑岁月，1972年发掘时，该墓的随葬物品保存完好，墓主尸体的肌肤甚至仍然富有弹性。

说回道光皇帝的宝华峪陵寝，其实它的墓穴渗水问题，早在风水家的预料之中。当时，有位叫宋泗的风水家提出，点定的穴位太靠后了，担心穴中有石，有石则意味着可能会渗水。宋泗还提出了他的解决方案，就是将穴位前移十丈，但是督办点穴的戴均元拘泥于规制，仅将穴位前移了五丈。

这里提到了规制的概念。所谓陵寝规制，是指陵寝建筑的规模、风格、技法等方方面面。清朝的典章制度承袭明朝，有关帝王陵寝的规制，也主要仿照明朝。另外，陵寝的规模大小、规制高低、风格特色，也受到国家政治、经济、文化等方面的制约，以及皇帝本人趣味的影响。

戴均元是嘉庆朝的汉族高官，因为学问渊博，深得嘉庆皇帝器重，同时，他也是传统典章制度的坚决捍卫者。因此，在为道光陵寝点穴时，当风水与规制出现矛盾时，戴均元毫不犹豫地选择了遵从规制。而风水家宋泗的担忧，在地宫土盘开挖后，变成了难堪的现实，在地宫内果然挖到了石母，就是一种像石头而不是石头、像土而不是土的块状物，大概有些类似于今天的假山石，上面有水珠浸出，而且每逢阴雨就滴渗不止。

其实事情发展到这一步，还是有挽回余地的。因为以古代的工程技术和建筑材料而言，地宫内出现了渗水并不奇怪，况且有问题就有对策。对于渗水问题，古人早就有了解决的方法。其中最为可行的方法，就是预先在地宫内设计安置排水孔，也就是我们常说的龙须沟、漏眼，把渗水排泄出去就可以了。但遗憾的是，负责工程的英和等人急于赶工，并没有做出这样的安排，于是天灾加上人祸，终于造成了道光皇帝宝华峪陵寝明显的渗漏积水，而且皇后梓宫已经被积水浸泡，发霉变质，道光皇帝怎能不龙颜震怒、圣心痛惜？

震怒、痛惜之下，道光皇帝严惩了一大批涉事官员，同时下旨，尽数拆除宝华峪陵寝的地面建筑和地下工程，不久又委任宠极一时的大臣穆彰阿主持，在西陵高平之地龙泉峪再建陵寝。历经四年，道光十五年（1835）新的陵寝建成，皇后梓宫再度奉安，咸丰二年（1852）道光皇帝入葬，这就是我们今天能看到的慕陵。

新建的慕陵，地宫之下设有排水用的地漏和龙须沟，这是在汲取宝华峪陵寝地宫渗水的教训后做出的改进措施，慕陵也是清帝陵中第一个明确记载设有龙须沟的陵寝，后来清朝帝后如咸丰、同治、慈禧、光绪的陵寝，就都设有龙须沟了。

值得一说的是，从表面上看，移址新建的慕陵，在清东西陵的诸座帝陵之中，是规模最小的一座。慕陵裁撤了大碑楼、石像生、方城、明楼、二柱门等建筑，清帝陵寝地面建筑中规模最大的隆恩殿，面阔也由五间改为三间。但实际上，慕陵虽然规模缩小了许多，却以细节取胜，在各方面做足了精致功夫，特别是隆恩殿和东、西配殿，全部木结构用的都是金丝楠木，于是殿门一开，楠木的香气扑鼻而来。这三殿的天花、隔扇、雀替、藻井等处，雕有木龙数千条，这些龙张口鼓腮，喷云吐雾，据说如此一来，群龙就不会在地宫里吐水了。

那么，设计刻意求简、外观保持"节俭"、占地不足 50 亩、建筑仅有 20 多座，但又用材珍贵、细节精致的慕陵，造价究竟多少呢？说出来也许吓人一跳，慕陵的工程造价为白银 240 多万两，这比乾隆皇帝的裕陵花费还要巨大，如果再把两建一拆的费用算在一起，道光皇帝修建慕陵的合计费用，竟然多达 440 万两白银，这就堪称清朝帝陵之最了。

有意思的是，对于修建自身陵寝如此不抠门的道光皇帝旻宁，同时又是位以崇尚节俭而著名的皇帝。在当皇帝之前，他的生活就相当俭朴，粗茶淡饭，碗里难得见到肉片，有时派个太监到宫外买几个烧饼回来，就着茶水啃完烧饼，就算用过餐了。当了皇帝以后，他仍然不改节俭的初心与本色，比如每餐不过四样菜肴，除了龙袍外，常年穿旧衣裳，手肘、膝盖处磨破了，就打上补丁。既然皇帝如此，于是上行下效，臣子们也都争先恐后地假装俭朴，上朝时穿着破衣烂衫，散朝后互相哭穷，整得当时的朝廷好像丐帮大会一样。道光皇帝倒好，还以为是自己的勤俭节约起到了示范作用，于是更加起劲地节俭，不仅在个人生活上节俭，而且在诸如海防、边政、治河等大事上，只要大臣们一提到拨款，道光皇帝就面露不悦之色。诸位想想，这样不切实际地过分节俭，怎么能够维持大清盛世的长久局面呢？

令人深思的是，节俭持身、节俭治国、节俭养军、节俭理政的道光皇帝，却对自身陵寝的两建一拆毫不节俭。这是为什么呢？也许，在道光皇帝的内心深处，他是真的坚信唯有完美无憾的天子陵寝，才能保佑大清皇朝的江山永固、国运不绝吧，而今天的我们，对于中国传统时代这样的风水执着，是不是也该有些理解的同情呢？

风水初程：理论与实践

在"人居智慧"这个系列中，我以风水为灵魂，讲了环境选择、家居摆饰、南北二京、乡村聚落、古典园林、四合庭院、建筑朝向、榫卯斗拱、帝王陵寝等等中国传统人居体现的智慧。我的态度很明确，风水是学问，不是迷信，我在南京大学、复旦大学的国学班上，在许多的社会讲座中，甚至说出了这样的狠话：关于身体调养的中医学，关于住居环境的风水学，关于名实关系的名称学，是理解甚至体验国学以及国学、西学差异的最佳途径；否认中医学、风水学、名称学，就是否认我们的国学！而国学者，是我们的民族之魂、文化之源、学术之根、立国之本。其实外国人也并不认为风水是迷信，比如《牛津英语词典》对"风水"的解释是："中国人关于空间布局的系统定律，是以风水能量为导向的。此外，在建造和设计建筑时，也会把风水的喜好和厌恶影响考虑在内。"

当然另一方面，我也想借此机会强调，所谓调风水能让人直接升官发财、消灾弭祸，只是一些别有用心、另有图谋的人的坑蒙拐骗手段罢了。那么何谓风水学问，何谓坑蒙拐骗呢？我在这一讲中，就与诸位朋友聊聊中国传统风水学问中最基础，也最直接的原则、术语与实践。

在"人居智慧"的"引言"中，我说到"中国人居风水是人文的自然化，人是自然的组成部分"。而中国风水的这个核心，就表现在风水的原则与术语中。

从风水原则的源流看，"葬者乘生气也。气乘风则散，界水则止。古人聚之使不散，行之使有止，故谓之风水。风水之法，得水为上，藏风次之"。这段话出自据传是晋人郭璞（276—324 年，今山西闻喜人）所著的《葬书》，也是今天所见文献中"风水"一词的首次出现。在今天南京玄武湖环洲的西北部，还有郭璞的衣冠冢，称为"郭璞墩"。在《葬书》中，郭璞简明扼要地说明了"风水"经验的根本，就是以"生气"为核心，以"得水""藏风"为条件。能够得水藏风、具有生气的地方，就是安葬先人或者修建住宅的吉地，这是对悠久的经验的总结。

发展到了唐宋时期，以唐人杨筠松为代表的形法宗、以宋人王伋为代表的理气宗两大流派最终形成。形法宗又称江西派，"其为说主于形势……专指龙、穴、砂、水之相配"；理气宗又称福建派，"其为说主于星卦……纯取五星八卦，以定生克之理。"按照今天的理解，形法宗注重山川形势空间，理气宗注重时间序列配合；形法主要用于村镇城市的择址选形，理气偏重宅室内外的方位格局；旷野、山谷之地，因为与周围自然地理环境关系密切，多重形法，城市、井邑之宅，因为受到外部环境的较多限制，常常形法、理气并用。发展到了明清时期，也许是因为山川形势空间较之时间序列配合，更加容易被人理解，所以形法宗对于理气宗取得了压倒性的优势地位，比如阳宅的南京城、北京城，阴宅的明十三陵、清东西陵，选址与布局，都是形法宗风水师确定的，乃至有了形法为阳春白雪、理气为下里巴人的说法。但是无论形法宗还是理气宗，其实遵循的都是天地生人合一、阴阳平衡、五行生克三大基本原则，而这三大原则的出发点都是自然的原理，于是阳宅、阴宅都成了自然的组成部分。

再从风水术语的内涵看，最常见的风水术语，有生气、觅龙、察砂、观水、点穴、取向六个。我们逐个解释一下。

其一，生气。生气是指生发的、流动的、兴旺的、有希望的气。在自然界中，天圆地方，天变多于地变，而不变意味着断裂、死亡，所以直与方的生气，比不上曲与圆的生气。或者说，直与方是人为的形状，曲与圆是自然的形状。引申下来，天体的运行、动植物的生长、人的生命，都需要生气，都更适合于曲与圆的空间，相应地，风水上就有了"山环水抱必有气"的认知，"山环水抱"之地就是"吉地"，就是能够聚集或生发"气"的风水宝地。

其二，觅龙。大地中的生气沿着山脉的走向流动，在流动过程中随着地形的高低而变化，遇到丘陵和山冈则高起，遇到洼地则下降，而"吉地"就是生气出露于地表并被藏蓄起来的地方。因此，考察山脉的走向、形态、结构等，就成为寻找"吉地"最重要的一步。由于山脉在形态上与龙相似，所以把山脉比作龙，把山脉的延绵走向称作"龙脉"，把寻找能够传递"生气"的山脉称作"觅龙"。当然，平地也有龙脉，其标志虽然不如山地龙脉那么明显，但仍然有迹可寻，那就是微地形和水流，所谓"高一寸为山，低一寸为水"。总之，"觅龙"就是捉脉望势，在来龙深远、去脉奔腾的山脉中，寻找到最好的吉地。

其三，察砂。龙指高大的、主要的山体，砂则指龙旁边的小山丘，尤其是龙脉中吉地周围的群山。砂对龙起到呼应和拱卫作用，使龙更好地聚纳生气。察砂就是对吉地周围群山的考察，而最重要的当属"四神砂"，即左青龙、右白虎、前朱雀、后玄武，它们不仅要周旋围护着中央后土，而且外观要秀丽端庄。可以想象，具备了这样"四神砂"的地方，在各种尺度空间下，都会是仿佛"桃花源"一般的景色怡人的山间盆地。

其四，观水。龙可以迎气生气，砂可以聚气藏气，而水能够载气纳气，大地的生气只有遇到水面，才能被拽住流动的脚步。不仅如此，在没有山脉的平原地带，河流也往往被看作是传递生气的通道。观水就是对水的来源、走势和质量三个方面的考察，水应该与龙、砂一起，对吉地形成内敛向心的围合态势。

其五，点穴。吉地往往是一块区域，而穴就是这块区域中最吉祥的那个点，生气就是从这里冒出来的。点穴就是准确地找到气、龙、砂、水种种景观意象最完美的那个点。穴被点中之后，将成为阳宅、阴宅中核心建筑的基址，比如城镇主街道的十字交叉处、都城的朝殿、州郡的公厅、宅舍的中堂以及阴宅的墓穴。

其六，取向。取向就是决定建筑的方向、朝向，一般指与建筑基址走向垂直的方向。早期建筑物的朝向多与自然因素有关，比如采光、背风。后来取向的过程渐渐复杂起来，引入了建筑与人五行相生相克的原则，并逐渐变成了将四方、五行、八卦、干支等因素综合起来的推算，而这种推算的进一步演变，就形成了独立的风水体系"理气宗"。

以上是理论层面的风水学与实践层面的风水术中，最常见的六个术语，而其核心的要求，一言以概之，即气要旺、龙要真、砂要秀、水要抱、穴要准、向要吉。这些术语的核心，又不外乎天地生人合一、阴阳平衡、五行生克三大原则，而这三大原则的核心又在自然。天地、生物、阴阳、五行是自然；人，包括阳宅与阴宅里的人，也是自然。阴阳两界的人，还通过精神、记忆、心理发生着联系。郭璞《葬书》里说："人受体于父母，本骸得气，遗体受荫。"家族社会的中国传统文化中，因此而有"事死如事生，事亡如事存"的孝道，这也成为活着的阳界之人，追求逝世的阴界之人理想葬地的原动力之一。

总之，只要真正理解了天地生人合一、阴阳平衡、五行生克三大原则，理解了我们身边的自然，理解了人生与社会本是自然的组成部分，那么，笼罩在风水上的神秘云雾，就能逐渐散开。

说过了风水的原则与术语，我们再落实到风水实践的层面，即传统时代的中国人所认为的理想风水宝地是怎样的。总体来说，应该是这样的：负阴抱阳，依山面水，附临平原，左右有护山环抱，前有案山、朝山拱揖相迎，圆润秀美的山上覆盖着茂盛的植被。这样的理想，在不同的尺度空间里，又被不同程度地贯彻着、追求着。无论是小到屋宅、村落，还是大到城镇、都市，也无论是阳宅，还是阴宅，它们最佳选址的最大特点，就是山水围护起来的相对封闭的环境单元。

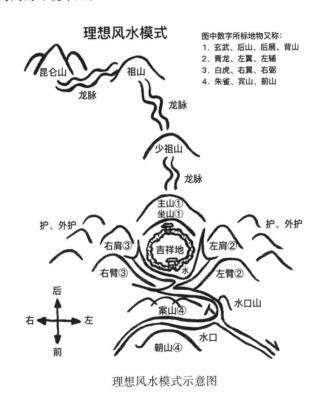

理想风水模式

图中数字所标地物又称：
1. 玄武、后山、后展、背山
2. 青龙、左翼、左辅
3. 白虎、右翼、右弼
4. 朱雀、宾山、前山

昆仑山　　　　祖山
　龙脉　　　　　龙脉

少祖山
龙脉

主山①
坐山①

护、外护　　　　　　　　　护、外护

右肩③　　吉祥地　　左肩②
　　　　　　水
右臂③　　　　　　左臂②

后　　　　　　　　　水口山
右　　左　　案山④
前　　　　　水口
　　朝山④

理想风水模式示意图

当然，对于具体的屋宅、村落、城镇、都市、阳宅、阴宅来说，完全符合理想的风水宝地往往并不易得，于是又有了风水实践中的补救与镇煞。就以村落为例，常见的补救与镇煞措施，包括引水聚财、植树补基、建筑关锁。比如引水聚财，因为水常被看作是财源的象征，所以缺水的村落就要引水入村，以便"荫地脉，养真气"，达到聚财兴运的目的。引水的方法一般有开沟挖塘、修筑堤坝、造桥设渡等。植树补基则指在特定地带，比如村落的背后，种植树木、培高土层，以起到挡风聚气的功效。至于建筑关锁，与天门（即入水口）要开敞，财源滚滚来，地户（即出水口）要锁闭，财源不流去的理念有关。如果地户没有砂山关锁，其势不是迂回曲折，就要进行人为改造。比如在出水口的地方，架桥、种树、立亭、筑堤、挖塘，并建文昌阁、奎星楼、文峰塔、祠堂等，以起到锁住风水、把守气口的作用。

由村落的这些补救与镇煞措施，我们也可以看出，面对不理想的自然，中国传统风水既不一味放弃，也不完全顺从，而是对自然进行一些积极的补救与心理的镇煞，使之接近于风水的理想模式。这样的补救与镇煞，广泛表现在民居、城市、墓地中，可谓措施丰富、形式多样、效果明显。它体现了中国风水使人文融入自然，使自然更加圆润秀美的终极追求。

概括来说，中国传统风水，意在追求天地生人之间的和谐系统，其基本原则就是自然。而和谐的系统、自然的原则，因为广泛影响了甚至深层决定了各种体量的阳宅与阴宅的选址与布局，所以风水成为反映中国传统文化中独特的哲学思维的重要符号。这种风水哲学思维，形象、鲜活、真切地告诉我们：中国人不凌驾于自然，而是投入自然的怀抱，融入自然，成为自然的组成部分；真正的理想风水，是天时、地利、人和三者皆备；真正的和谐，是自然的和谐，人与人的和谐，以及自然与人之间的和谐。这是中国历史留给我们今人的大智慧，也是中华文化关于理想居住模式的大智慧。

处世智慧

人活在世上，不外乎活在人与自然、人与社会、人与家族、人与自身四种关系中。"人居智慧"主要体现了人与自然关系的方方面面；"处世智慧"则包括了人与社会、人与家族、人与自身三种关系，简而言之，就是人与人的关系。

人与自然的关系，人与人的关系，其中有没有，或者说有怎样的"大道"？由"人居智慧"的讨论，我的"老生常谈"是，归根结底，人是自然的组成部分，人必须遵循自然之道。不可掌控的神佛保佑，慰藉着心灵；可以掌控的风水安排，平和着身体与心情。在人与自然的关系中，我们应该具备一些基本的素质，比如对于空间与物体之间的相互影响，敏感而具有观察力；熟悉地理学知识，掌握各地的山文、水文、气候、气象、地质、地貌状况；具备建筑学知识，掌握各类建筑的空间布局、美学原理；懂得中医、儒释道等传统国学。做到了这些，我们就能选择适宜的大环境，知道自己的命相、运程、性情、能力、五行的主与缺，从而知道自己适合生活在南方还是北方，东部还是西部，城市还是乡村；就能完善自主的小环境，比如住家的周围环境，像自然山水、周边建筑、道路形势、居住人群、小区格局、楼幢形状、楼盘名称，总要感觉舒服，楼层位置、住宅结构、房间安排、室内布置、书桌摆放、六面颜色、墙体质地，总要感觉合适；就会真正明白身土轻易不分离的"大道"，诸如所谓一方水土养一方人，一方水土也不养他方人，或者他方人必须适应新的一方水土，而水土不服，包括饮食衣服、语言文字、岁时节令、诗书礼乐、本草医术诸方面的不服，是讲究天地人合一的传统文化的大忌。了解了以上这些，那就真正地感悟了风水，深层理解了人居的智慧。

那么，人与人的关系，又是怎样的关系呢？两人为从，三人为众，我们每个人都不可能脱离社会，都是家族的成员，都处在自我与他我、旧我与今我的协调一致或者矛盾分裂之中。而随着时代的变迁，人与人的关系变得越来越复杂，比如在传统社会，纵向的关系也就是上对父母、祖先、长辈，下对儿女、孙辈、晚辈，是人们处世的日常。而到了现代社会，纵向的关系依然存在，又叠加了各种各样日常的乃至于随时随地都在的横向关系，比如与朋友、同事、同学的日常相处，与网络空间里五花八门、不明究竟之人的交流、沟通、打交道。所以，随着"处世"的"世"越来越复杂，"处世"的这个"处"，也就越来越不容易，越来越考验着我们的智慧。

然而无论时代怎样变迁，有些"处世"的"大道"是不变的，前人"处世"的得与失、经验与教训是摆在那里的，关键就看我们如何领悟、如何实践。以言"处世"的"大道"，号称"半部《论语》打天下，半部《论语》治天下"的《论语》，就是我们的"处世宝典"，所谓"有朋自远方来，不亦乐乎""四海之内皆兄弟也""己所不欲，勿施于人""德不孤，必有邻""礼之用，和为贵"，这一以贯之的五句话，小到个人，大到国家，都可推为不随时代而变的"处世箴言"；而那部极富智慧的《道德经》，提出所谓的"七善"原则，即"居善地"就是找准适合自己的位置，"心善渊"就是达到心胸博大的境界，"与善仁"就是友善地与人交往，"言善信"就是言出必行、讲求信用，"正善治"就是拥有治国治家的本领，"事善能"就是做好力所能及的事情，"动善时"就是把握时机、顺时而动，又可谓亘古不变的"处世法则"。

《论语》作为"处世宝典"，《道德经》提出的"七善"原则，落实到丰富而鲜活的中国历史事实上，更能给予我们以直接而真切的启示。就以我们这个"处世"系列中集中关注的历史政治人物为例，相对而言，他们的出处依违往往更加难以自主，他们的接人待物、应付世情往往更不容易，天下的分分合合，朝代的兴替改换，王朝的治乱盛衰，政局的波谲云诡，帝王、世道、人心的难以捉摸，总是左右着每一位参与者的命运。那么，为什么有的人能够如鱼得水，既能"了却君王天下事"，又能"赢得生前身后名"？为什么也有一些人，时运不济，命途多舛，人生坎坷？虽然说人生的际遇、处世的顺逆，与时势、运数有很大关系，但历史给出的启示是：恰当的处世之道，更为关键，更可把握。

从历史回到现实，身处时代洪流之中，我们应该如何立足？面对社会环境变化，我们怎样调整身心？当怀才不遇时，如何自处？当机遇到来时，怎样抉择？面对利益的诱惑，是坚持初心、实现理想抱负，还是随波逐流、放弃人格气节？面对各样的束缚，是自怨自艾，还是积极主动？在太平安康的时代里，如何选择人生道路？在人事纠纷的单位里，怎样摆平各方关系？年轻时，我们往往外方内也方，到了中年时，我们或许外圆内也圆，而等到老年时，我们最好外圆而内方，为什么会有这样的"处世"演变的轨迹？如此等等，这不仅是古人所实践的过去，也是今人所面对的现实。古人的处世智慧，总能给今人以启示，而今人的处世实践，也会留给未来，从而进一步丰富中国处世智慧的成与败、经验与教训。

中国有句古话，叫"伴君如伴虎"，字面意思是陪伴君王就像陪伴老虎，随时都有杀身之祸，所以大臣们在君王的面前，自然是谨小慎微的。推而广之，在官场、职场，喜怒无常的上司，也会带给下属横生的祸端，所以真正聪明的下属，懂得与上司保持一定的距离。

不过话虽如此，在中国历史上，却也并不缺少敢于犯颜直谏的大臣和下属。比如魏徵，就对唐太宗提出了很多逆耳的意见，因而名垂青史。但即便英明如唐太宗，也会因为大臣的进谏而大发雷霆，甚至扬言要杀了魏徵，幸好有皇后劝说才能消火。那如果遇上一位像汉武帝一样暴躁的皇帝，又该如何劝谏呢？

我们知道，《史记》的作者太史公司马迁，就是因为仗义执言地为战败投降匈奴的李陵说话，而被汉武帝处以奇耻大辱宫刑的。我们敬重司马迁的骨气和勇气，但司马迁的教训也不可谓不惨痛。换言之，当面对像汉武帝这样孤傲自信、喜怒无常的皇帝时，有没有什么方式，既可以保住自己的安全，又可以尽可能地提出一些合理建议，为天下谋些好处呢？还是有的，比如与司马迁同处汉武帝一朝的东方朔，就找到了这么一种方式。

提起东方朔，不妨先说个故事，以见其人的味道与风格。

有一年的三伏天，汉武帝吩咐赏些肉给臣下。可是大家等来等去，主持分肉的大官还没来，于是东方朔就自己割了块肉，揣在怀里回家了。第二天上朝，汉武帝怪罪起东方朔，东方朔伏地一拜，然后信口开河道："你啊你，等不及皇帝的诏令下来，就先接受了赏赐，怎么这样无礼！你竟然自己拔剑割肉，这又是多么地勇敢！你只割了很小的一块肉，真是何等的廉洁啊！这肉是割回去给自己的妻子吃的，可见夫妻是多么的恩爱！"汉武帝听到这里，忍俊不禁地笑道："我让你当众认错，你倒好，还自我表扬起来了！"接着，汉武帝又赏了东方朔一石酒、一百斤肉，让他拿回去与夫人好好享用……

东方朔的言行举止、为人处世，由此可见一斑。其实提起东方朔，可谓家喻户晓，他既以博学多才、诙谐幽默而留名史册，又以他的行为怪诞而为人津津乐道。比如他一年一次离婚再娶，娶的还都是长安城中的美貌女子，所以时人都称他为"狂生"。所谓"狂生"，有的人行为怪诞是出于天性，而有的人放浪形骸则是一种掩饰，东方朔应当属于后者。

东方朔少年时便怀有远大理想，立志要成为"天子大臣"，以酬知己，以慰平生。但这个理想对这位幼年父母双亡，由兄嫂抚养长大的寒门子弟来说，似乎太过遥远。学，为贫者之资，东方朔自幼便懂得这个道理。为了达成理想、实现抱负，他13岁开始学书，15岁学剑，16岁通读《诗》《书》，19岁钻研孙子、吴起兵法，待到20岁弱冠之时，已经能诵四十四万言，可谓能文能武。这时的东方朔怀瑾握瑜，只待一个展示自己的机会。

人生际遇的浮沉不仅是自己努力的结果，还与天下大势密切相关。汉初朝廷被刘邦的功臣集团把持，为官者不是功勋卓著的元老宿将，便是受父、祖荫庇的功臣之后，布衣子弟想要脱颖而出可谓难于上青天。但这一切随着汉武帝的即位，发生了改变。汉武帝雄才大略，思得明辅，一即位便改弦更张，向天下发布诏书，从各个阶层中选拔人才。诏书一出，便得到积极响应，上疏自荐者数以千计，东方朔当然也在其中。

为了打动皇帝，东方朔特意写了一封不同寻常的信作为敲门砖。这封信有什么特点呢？第一是特别长，篇幅大概相当于《史记》的四分之一。在纸还没有被发明、应用的西汉，一般来说，一封很长的信就意味着它一定很重。因为当时的信主要是写在竹简或木牍上的。我们来算一算。汉代上书一般用一尺长的简牍，汉代的一尺约合现在的23厘米。竹简一般每支重3.5—4克，木牍每枚13克左右。东方朔的这封信，应该是用了三千多枚木牍，就以三千枚木牍来算，就重达39公斤，所以据说要两个人合力才能抬得动。这封信的第二个特点是写得非常有趣，有趣到能让汉武帝流连忘返，在公务之余将之作为消遣，连着读了两个月。第三个特点是东方朔在信中非常不谦虚，他不仅夸耀自己有齐国勇士孟贲之勇敢，有吴王之子庆忌之敏捷，有齐国大夫鲍叔牙之廉洁，有传说人物尾生之守信，还说自己容貌堂堂，身高九尺三寸，眼睛像明珠那样清澈有神，牙齿似编贝那样整齐洁白。正是这一番大大的自我表扬，深深地打动了汉武帝，因为汉武帝不仅喜欢才子，还特别喜欢美男子。

凭借着这封特别的自荐信，东方朔迈出了实现人生理想的第一步，被汉武帝选为待诏公车，从此有了接近皇帝的机会。此后，东方朔凭借自己的机智与博学，一步步赢得汉武帝的赏识，逐渐由待诏公车升为待诏金马门，由待诏金马门升为郎中，由郎中升为太中大夫。无论是待诏、郎中还是太中大夫，都是皇帝身边的侍从、顾问，职责无非是拾遗补缺、答疑解惑、执戟护卫、出充车骑。对于胸怀大志的东方朔来说，充当汉武帝的侍从，通过规谏汉武帝以达到政治清明，也不失为一种"为政"的方式。因此，东方朔在任职期间，便对汉武帝颇多规谏，比如反对汉武帝"奢侈越轨"，侵占农田、山林以扩大上林苑；反对汉武帝"喜则滥赏"，亲近、提拔馆陶公主的男宠董偃；反对汉武帝"怒则任刑"，诛杀无辜百姓等等。

然而，现实与理想之间总是有很大差距的。东方朔以"天子大臣"自居，而汉武帝则视东方朔为"弄臣"，所垂问的净是些奇闻异事。比如有一次，建章宫外出现了一只怪兽，长得很像麋鹿。在询问群臣无果的情况下，汉武帝想起了东方朔。面对这种问题，东方朔往往能通过博学与机智巧妙化解。他看这只怪兽牙齿整齐，就胡诌其名为驺牙，并依据当时的政治、军事形势，说驺牙出现代表将有远人来降。果然，一年后就有匈奴十万部众归附。

东方朔不仅能够巧妙应对汉武帝无关宏旨的询问，而且还能见缝插针地进行劝导。一日，汉武帝出游函谷关，见到一只怪兽。这只怪兽身长数丈，形状像牛，腿在泥中，无足而行。汉武帝便问东方朔这是什么东西，东方朔说："我虽然不知道它叫什么，但我知道它因何而生，如何化解。"说完之后，便叫人用酒浇灌怪兽，顷刻之间，怪兽便消失得无影无踪。汉武帝感到好奇，便询问其缘由。东方朔看皇帝好奇心起，便借机进行劝导，说："这个地方原来是秦朝的监狱，被囚禁者多有冤屈、忧愁，这些怨气无法化解，便形成了怪兽。而酒能解千愁，所以它遇酒之后，便消失无踪。"汉武帝听完后，连连感叹，一叹东方朔的博学，再叹秦政的残暴。

由于汉武帝总是"不问苍生问鬼神"，东方朔已经隐约地感到自己并没有真正被皇帝看作治国辅政的人才。但东方朔真正确定这一点，是在他多次向汉武帝陈述农战强国之道无果又多次要求出任朝官被拒之时。这种打击无异于理想的破灭，而面对这种打击，一般人或是苟且度日、浑浑噩噩，从此成为一具行尸走肉；或是心灰意懒，辞官归隐，从此匿迹深山，往而不返。东方朔则与众不同，他选择了"朝隐"。如果说东方朔早年勤学苦读、锐意仕进、博学多识、机智圆融是一种聪明，那么此刻他选择"朝隐"，就是一种更大的智慧了。东方朔朝隐之后，便放浪形骸，很快便有了"狂生"之名。有了狂生之名，所行就是狂人之事。既是狂人，又怎能以常理要求？如此一来，东方朔便顶着"狂生"之名，屡行直言极谏之事，而直言极谏既然出于狂生、发于天性，汉武帝也就往往不以为侮，而且时常听从了。

东方朔虽以放浪形骸为掩饰，但非常可贵的是，他终其一生都没有忘记初心。临终之前，东方朔脱去了伪装，借用《诗经·小雅·青蝇》对汉武帝进行了最后一次劝谏，希望汉武帝能够"远巧佞，退谗言"。由于东方朔一改平时模样，劝谏得太过正式，汉武帝竟然感到很不适应。其实，在东方朔每次诙谐语言的背后，恐怕都隐藏着这样严肃的内核。东方朔去世两年后，汉武帝听信谗言，引发巫蛊之祸，导致长安喋血、太子自尽。可见汉武帝并没有真正听取东方朔的临终善言。

东方朔的一生，是充满智慧的一生。年少时，东方朔便有了明确的目标，并能脚踏实地地艰苦奋斗，以求实现目标。中年时，东方朔体会到人生的沉浮并不完全取决于自身的努力，面对这样的无可奈何，东方朔没有灰心丧气，而是通过放浪形骸以实现初心，通过规劝皇帝以完成理想。东方朔的这份执着与坚韧，得到了太史公司马迁的高度赏识，于是在《史记》中，有了东方朔的一席之地，而东方朔处世的这种圆融与智慧，也值得我们今人细细品味。

马援：
任劳任怨的伏波将军

"靡不有初，鲜克有终"，说的是为人处世往往有好的开头，却很少有好的结尾。在中国历史上，这样的例子太多太多了，如越王勾践能与范蠡、文种共苦，最终却不能与之同甘；如韩信在协助刘邦打天下时，能建功立业、屡立奇功，却不能在刘邦得天下后，审时度势、功成身退，最终落得个"鸟尽弓藏"、惨死钟室、夷灭三族的结局。"善始善终"之所以困难，是因为自身条件、外部环境都处于随时变化之中。如果不能对局势有准确的判断，不能对初心有十分的坚持，便难以在日新月异的环境中立足。不过，"善始善终"虽然很困难，但也并非难以企及。在两汉之际的乾撼坤岌中，有一人就做到了善始善终、不忘初心，这个人便是马援。

马援，扶风郡茂陵县（今陕西兴平市境）人。"马革裹尸""穷且益坚""老当益壮"，这些耳熟能详的成语，都出自马援之口。"男儿要当死于边野，以马革裹尸还葬耳"，既是马援少年时立下的志向，也是他晚年的真实写照。东汉建武二十五年，即公元 49 年，在武陵郡的崇山峻岭中，64 岁的马援结束了他壮烈的一生。一年前，马援以花甲之年受命征讨南方的五溪蛮；四年前，马援驱驰于朔北大漠，以敌匈奴、乌桓；六年前，马援在岭南椎牛飨士，慰劳作战的官兵，庆祝平定征侧、征贰之乱；九年前，马援以平定西羌的功勋，被征为虎贲中郎将。由此可见，在这数年之间，从陇西到岭南，从岭南到朔北，从朔北到武陵，马援征战于大江南北、黄河内外，不断为东汉王朝抚平内忧与外患。这既是时势使然，也是马援一次又一次人生抉择的结果，更是他处世智慧的表现。

马援生于西汉哀平之际，长于官宦之家。马援的父亲早逝，三位兄长都很有才能，做到两千石的高官。按照正常的人生路径，马援应当与兄长一样，习经读书，或由任子或由察举入仕，然后按部就班地仕进，走完相对轻松安逸的一生。但这并不是马援的选择。十几岁时，马援就敏锐地察觉到了外部形势的变化，他勇敢地抓住时机，做出了一个影响其一生的选择：放弃读书求官的人生道路。

时代的变化左右着马援的人生走向，那么这个变化究竟是什么呢？马援13时，年仅25岁的汉哀帝便因纵情声色而早早离世。继立的汉平帝，当时年仅9岁，不能主政，西汉朝廷从此便被外戚王莽所操纵。王莽外似忠厚，内藏奸诈，名为摄政，实谋篡位。不到数年，王莽便篡汉建新，随之开启了一系列形式主义的改革。这些不切实际的改革，搞得天下汹汹，人心思乱。而在这样一个时代成长起来的人，多少会对白首穷经、墨守章句的人生道路产生厌倦，会对平流进取、安享太平的人生轨迹产生怀疑。马援就是这样的人。他起初追随颍川大儒满昌学习《齐诗》。在看到天下局势不稳、人心思变之后，他毅然辞别满昌，回到西北放牧，并且招引徒众。他的兄长、河南太守马况也很支持他的选择，并且勉励他"汝大才，当晚成。良工不示人以朴，且从所好"，意思是老弟自是大器晚成之才，高明的木匠不把非成品拿给人看，你就按照自己的志向发展吧。就这样，马援根据自己对于时势的判断，放弃了通经仕进的正常人生轨迹，选择了积蓄力量、静观时变的人生道路，从而完成了他人生中的第一个重要抉择。而像这样重大的人生选择，马援在他的一生中，还要经历许多次。

不久之后，王莽的各项所谓改革都以失败告终，天下也在他的倒行逆施中陷入了无尽的混乱。各地豪族揭竿而起，马援与他的兄长为了躲避战乱，也被迫西走凉州。在途中，马援遇到了当时割据陇西的隗嚣，并且一见如故。当时的隗嚣虽为一方之主，但也处于忧患之中，四面皆为强敌，东有刘秀，南有公孙述，西有诸羌，北有卢芳。隗嚣为了改变尴尬的政治、军事处境，便派遣马援造访南方的公孙述、东方的刘秀，以观察哪方可以作为依靠。此时的马援，便面临着人生的第二个重大选择，就是究竟跟从谁。两汉之际，建旗立号者不下百数，但可以凭藉者则寥寥无几。隗嚣虽以国士待马援，但他自己尚且自顾不暇，徘徊于公孙述、刘秀之间，自然不足以托附，可以托附者，唯有公孙述与刘秀。正巧隗嚣想着试探这二人，于是马援便欣然应命，出访二人。

按照隗嚣的嘱托，马援先行造访了在巴蜀称帝的成家皇帝公孙述。马援本来十分期待这次会面。原来，公孙述与马援不仅是同乡，还是从小一起长大的朋友。他乡遇故知，把手言欢，本是人生快事。在前往成都的路上，马援一想到两位多年不见的老朋友，将在异乡重聚、把酒言欢的场面，就激动不已。而当马援到达成都，见到公孙述后，却是大失所望！公孙述在见到马援时，不仅没有与他把酒言欢，畅叙生平之事，反而盛陈皇帝威仪，一举一动显得刻板之至。这虽然符合礼制，但却不近人情。见到如此场景，马援便知公孙述不足与谋。但是，马援的从属却对公孙述许诺给马援的高官厚禄十分动心，于是马援私下对其从属说："当今天下交争，雌雄未定，正是用人之时。公孙述见到国士，非但不能如周公那样握发吐哺，反而只知修饰边幅、事此不急之务。这样的提线木偶，不是能够托付性命之人。"很快，马援就辞别了公孙述，回到陇西，并对隗嚣道："公孙述井底之蛙，妄自尊大，您不如专意经营东方，与刘秀联络联络吧。"

过了三年，隗嚣又派遣马援前往洛阳，谒见光武帝刘秀。马援到达洛阳后，由中黄门引入宫中宣德殿南面的廊屋，与光武帝会面。光武帝接见马援时，仅以巾帕裹头，不着礼服，从者也仅数人而已。这与马援见公孙述时的观感大为不同，马援便开玩笑说："我之前见公孙述，他盛陈威仪，防卫严密，而您却如此随意，就不怕我是刺客吗？"光武帝也开玩笑说："你不是刺客，而是说客。"马援于是由衷感叹道："今见陛下，恢廓大度，同符高祖，乃知帝王自有真也。"经过这次会面，马援对光武帝刘秀一见倾心。在后来的交往中，马援又反复确认，最终，马援做出了影响其人生的第二个重要抉择：追随光武帝刘秀！

这样的抉择一旦做出以后，从此马援便对光武帝倾心以待，光武帝也没有让马援失望，不过数年间，便讨平了隗嚣、公孙述、张步、董宪等各方势力，最终平定海内，再造统一的大汉。只是海内虽然平定，却并不意味着就可以安享太平了，羌人、匈奴仍然威胁着东汉帝国的西部边疆与北部边疆。而面对着这样的边患，马援也没有选择功成身退，而是立志为国效力，宁可马革裹尸，也不愿老死病榻之上。马援的这一选择，正是对早年"丈夫为志，穷当益坚，老当益壮"的践行。

马援的后半生，不是在征讨四夷，便是在征讨四夷的路上，他先后平定了西羌的叛乱，岭南交趾郡征侧征贰的变乱，以及侵扰三辅的北方的匈奴与乌桓，最终病逝于征讨南方五溪蛮的军营之中，以生命践行了"马革裹尸"的志愿。当然，在践行志愿、完成选择的过程中，马援并非没有动摇、没有徘徊。比如在讨平二征之乱后，马援因功被拜为伏波将军、封为新息侯，食邑三千户。在庆功宴上，马援回想起征讨过程中的种种艰辛，对部下吐露心声道："当我驻军在浪泊、西里之间，叛乱尚未被讨平时，每当看到浓雾弥漫，瘴毒蒸腾，连飞鸟都中毒落在水中，就想起我从弟少游的话。少游常说，人的一生应当只求衣食无忧，当个郡县里的小官，在乡里有个好名声，守着父母祖先的坟茔，安安生生地终老。在此之外，多求一分，都是折腾，都是自己苦了自己啊。"可见，即便英雄如马援者，也难免会有灰心丧气的时候。但英雄不同于常人之处，在于英雄能够坚持不懈、矢志不渝地克服困难，直至实现理想。

纵观马援辉煌的一生，可谓处处密切联系着他的处世智慧。无论是少年时选择"从其所好"，还是中年时选择光武帝刘秀，亦或晚年时选择马革裹尸、奋斗终生，他总是能在紧要的关头，做出正确的选择，这既取决于他敏锐的洞察力，对时局的准确判断，也取决于他不忘初心、不失本志，穷且益坚、老当益壮。这就是伏波将军马援留给后人的处世智慧。

最后有必要提及的是，这位忠诚于朝廷、尽力于国事的马援，也有着处世方面的低级失误，这样的失误，甚至导致了他在为国捐躯后，一度不能堂堂正正地入土为安。事情的经过是这样的：马援曾经卧病在家，光武帝刘秀的女婿、黄门郎梁松前来问候，马援大大咧咧地接受了梁松的跪拜礼，而不是一般对待贵客的作答拜。在马援看来，这是认朋友梁统的儿子梁松为小辈，所以需要保持长者的尊严。而在小人梁松看来，这是轻慢了自己，于是怀恨在心，时时想着报复，最后竟然在马援病逝于前线之时，编造马援贪腐罪状，诬告马援当年远征交趾时，带了整整一车的"明珠文犀"，即明亮的珍珠、有文彩的犀牛角回家，这引发了光武帝大怒，结果吓得马援的妻儿不敢把马援送回家乡安葬，就在洛阳城外买了几亩荒地，草草掩埋了事。其实马援当初带回的，只是自己服用的一车子的薏实米，是去风痹、除邪气的药物。诸位朋友，马援得罪小人而导致的身后凄凉，是不是让人感慨系之？我们常说"宁可得罪君子，不可得罪小人"，马援得罪梁松，算是一个典型的教训吧？当然，正确的处世之道，还是既不得罪君子，也不得罪小人。

司马懿：在蛰伏中等待时机

　　我们这一讲的主角是司马懿。说到司马懿，就会想到诸葛亮。诸葛亮曾经自述："臣本布衣，躬耕于南阳，苟全性命于乱世，不求闻达于诸侯。"诸葛亮早年隐居隆中，面对多方礼聘都不为所动，直到遇见刘备方才出山。不是不愿意出山治国平天下，而是要遇到对的人，这便是诸葛亮的出处之道。无独有偶，诸葛亮后半生的劲敌司马懿，在年轻时也是不肯轻易委质于人。诸葛亮与司马懿，诸葛孔明与司马仲达，一居南阳，一处河内，但却做出了同样的选择，真可谓"智者意同"。那么，在这二位智者出处依违的背后，究竟有着怎样的玄机呢？

　　东汉建安初年，在河内温县孝敬里的一处院落内，发生了一件奇事。一天，司马懿的夫人张春华见天气大好，便想晒一晒家中快要发霉的藏书，于是指挥着仆人将书搬到院中。而这时，久病卧床的司马懿也想晒晒太阳，张春华也就一并将司马懿安置在了院中。安排完这一切，张春华便亲自去给司马懿熬药了。谁知天有不测风云，正在张春华熬药之际，天空突然乌云密布，顷刻之间，大雨倾盆而下。张春华见天降大雨，赶忙放下手中的活计，往院子里跑。她一来担心大雨淋着司马懿，二来担心淋坏了藏书。而当张春华赶到院子里时，却看到了惊人的一幕：半身不遂的司马懿，竟然一个鲤鱼打挺跳了起来，手忙脚乱地收拾院中的藏书。看到这里，大家不免生疑，这到底下的是什么雨，竟然还能医治司马懿的半身不遂？

其实，司马懿的半身不遂是装的，而他整日里这么装假，又与一段"因福得祸"的经历有关。司马懿世居河内温县（今河南温县），河内温县的司马氏可不一般，属于名门望族，祖上就很辉煌。当年项羽分封十八诸侯王，殷王司马卬就是司马氏的先人；两汉的时候，"伏膺儒教"的司马氏出了多位高官。而凭借着显赫的家世与出众的才学，司马懿少年时便被大名士南阳太守杨俊、尚书崔琰青睐有加。在亲友故旧、大姓名士的大力提携下，司马懿很快便名闻乡里、蜚声朝堂了。俗话说"人怕出名猪怕壮"，司马懿的大名很快就传到了当时的首都许昌，传入了司空曹操的耳中。曹操听说司马懿如此有才，便下书征辟其为属吏。受到三公之一的司空的赏识，这本是美事一件，但此时的司马懿并不愿意踏上仕途，于是乎便以身染重病、半身不遂回绝了曹操的礼聘。也正因为回绝了曹操，司马懿还差点给自己惹来了杀身灭族之祸。

曹操何许人也？按照汝南许劭的"月旦评"，那是"清平之奸贼，乱世之英雄"，不仅聪明绝顶，而且生性多疑，加之曹操早年也曾有过一段短暂的隐居经历，所谓"于谯东五十里筑精舍，欲秋夏读书，冬春射猎，求底下之地，欲以泥水自蔽，绝宾客往来之望"，所以他对士人称病隐居的伎俩可谓洞若观火，他根本就不相信司马懿真的有病。当曹操听闻司马懿半身不遂后，冷笑一声，便派刺客前去刺杀司马懿。与以往不同的是，这次在派遣刺客时，曹操在刺客耳边叮嘱了几句，才让刺客出发。夜黑风高，刺客悄悄潜入司马懿房中。刺客环视房中，找到卧床不起的司马懿后，挺刀便刺。面对刺客的利刃，司马懿虽然感到恐惧，却仍坚卧不动，只是两只眼睛直勾勾地盯着刺客。就在利刃将要刺入司马懿胸膛之际，刺客突然收手，然后转身离去。原来，在刺客临行前，曹操叮嘱刺客道：如果司马懿真的有病，你便不要杀他；如果他是装病，你便回来报我，我自有处分。如此这番，司马懿才保住了一条性命。

其实对于曹操的这等伎俩，司马懿早已料到，并且打定了主意：即便被刺客杀死，也不能露馅。因为被刺客杀死，顶多丢了自己的性命，但如果让曹操知道自己装病，就要赔上全家的性命了。那么，既然拒绝曹操有如此大的风险，司马懿为何不从了曹操呢？这是因为，即便接受了曹操的征辟，也可能给自己的家族带来灭顶之灾。曹操征辟司马懿是在建安六年（201），这年司马懿23岁，虽然前一年曹操刚刚在官渡打败了袁绍，但是，百足之虫，死而不僵。四世三公、门生弟子遍天下的袁氏家族，依然盘踞在河北，对着曹操虎视眈眈，极欲除之而后快。不仅如此，曹操往日的劲敌刘备，此时正在荆州牧刘表的帐下，日夜劝说刘表联合袁绍夹击曹操。所以此时的曹操，处境其实十分艰难，天下大事究竟如何，也还是个未知数。正因如此，司马懿才不愿轻易就上了曹操这条船，以防走错踏空，给家族带来劫难。

面对如此复杂的局势，司马懿选择蛰伏起来，静待时机，打算"河清"之后，再做决断。这一等待观察就是七年。到了建安十三年（208），曹操又派人征辟司马懿为丞相文学掾（主管文化教育的官员），并且还放出了狠话："若复盘桓，便收之"，就是再要周旋逗留，就拘押起来。面对曹操的这次征辟，司马懿不再犹豫，立刻答应出仕，何以如此呢？与其说司马懿是怕曹操怪罪，不如说是司马懿已经看清了局势，这时的曹操，已经平定河北、荡平乌桓，对南方也已形成摧枯拉朽之势。在司马懿眼中，曹操混一宇内只是时间早晚的问题。一念及此，司马懿也就不再矜持，选择了接受征辟，进入曹操霸府，为其效力。

司马懿自出仕之日起，便表现出超人的才能。居守则精勤吏事、纤毫不失，随军则屡出奇谋、变化万端。至魏文帝、魏明帝时，司马懿更被倚为股肱之臣，建立了擒孟达、拒孔明、北破公孙、南击孙吴的奇勋。及至景初三年（239），司马懿更被魏明帝指派为辅政大臣，与大将军曹爽一同辅佐年幼的齐王曹芳。在曹芳即位之初，曹爽尚能与司马懿齐心协力，共同辅政。但时间一久，宗室曹爽便生出大权独揽之心，开始排挤司马懿。曹爽一方面给司马懿加官晋爵，一方面加紧剥夺司马懿手中的实权。面对这样的局势，司马懿选择在正始八年（247）再次称病隐退。

司马懿的再次称病隐退，看似急流勇退，实是以退为进。因为若与曹爽正面冲突，司马懿毫无胜算。自辅政之日起，曹爽便以宗室之尊，在朝堂中安插亲信，以其弟曹羲、曹训统领禁军，以其党何晏、邓飏、丁谧把持尚书，于是整个朝堂都处在曹爽势力的控制之中。对此，司马懿无能为力，只能积蓄力量，伺机而动。而称病隐退，正是掩人耳目、暗中积蓄力量的绝佳手段。司马懿称病之后，便以半身不遂的形象示人，使得满朝皆知司马太傅命不久矣。曹爽一党起初虽然有所怀疑，但是屡次试探下来，均未能看出破绽。比如有一回，曹爽心腹之一的李胜由河南尹改任荆州刺史，行前去向司马懿告辞，但见司马懿在两个婢女的扶持下，抖抖索索的样子，又见他用手指指嘴，意思是想要喝粥，婢女送上粥，他竟喝得粥从嘴边流下，沾了胸前一片。司马懿还把荆州听成了并州，而且言辞错乱。在这样的情况下，年轻骄横、目空一切的曹爽也就逐渐相信了司马懿死在旦夕、不足为惧的传闻。而在麻痹曹爽一党之后，司马懿开始暗中集结力量，他一方面阴养死士作为武装，另一方面则串联对曹爽不满的曹魏老臣，作为政治力量。

一切准备就绪后，司马懿迎来了一个绝佳的机会。正始十年（249）正月，曹爽率领兄弟、党羽一起，陪同皇帝曹芳，到洛阳城南的高平陵祭拜魏明帝曹叡。已经装病将近两年的71岁的司马懿得知消息后，突然抖擞精神，披挂上阵，纠集党羽，分遣死士，关闭城门，占领武库，控制宫城，发动政变。最后，以郭太后懿旨的名义，免掉曹爽等人的兵权与要职。对于此次政变，曹爽毫无心理准备，完全不知如何应对。在司马懿持续不断的军事与心理攻势下，曹爽最终放弃抵抗、束手就擒。《晋书·宣帝纪》记载的政变结果是："诛曹爽之际，支党皆夷及三族，男女无少长，姑姊妹女子之适人者皆杀之。"至此，司马懿再次登上权力的中心，魏国的军政大权落入司马家族手中，这为司马氏日后的成功篡魏奠定了基础。

通观司马懿的一生，我们不难发现，其出处进退之道颇存智慧。青年时，面对出仕的诱惑，司马懿没有选择盲目冒进，而是选择冷静观察。直到看清天下大势后，司马懿才选择了权臣强主，委质于曹操。在那样一个波谲云诡的时代，这不能不说是"保全性命于乱世"的高超智慧。晚年时，司马懿面对曹爽的咄咄逼人，没有冲动地选择鱼死网破，而是明智地选择以退为进。在暗中，司马懿不断积蓄力量，静待时变，只待对手露出破绽，然后猛虎出爪，一击毙命。较之青年时的冷静观察，晚年的司马懿又高明老辣了许多。

司马懿的处世，自然有许多需要批判的负能量的东西。但是，他的蛰伏待变、极善忍耐、"装疯卖傻"等等，作为特殊境况之下的特殊处世智慧，还是值得后人反复思索。

阮籍：乱世中的保命秘诀

天下大势，治乱兴衰，循环往复。如何在乱世自处，是古人不得不面对的难题。即便超凡脱俗如庄周者，处身战国时代，也不得不认真思考这一问题，并写下《人间世》一篇，以言"处人间之宜，居乱世之理"。庄子殁后数百年，天下又遭大乱，先是黄巾民变，再是军阀混战，然后三国鼎峙，各国内部也是纷争不已，士人们处此乱世，犹如水中之浮萍、风中之转蓬。所以魏晋名士，也就往往祖述庄生，以求处乱之法。然而世人虽同读一书，共参一理，选择却有不同，结局也或有异。就以著名的"竹林七贤"为例，向秀"在朝不任职，容迹而已"，就是只做官，不做事，消极无为；山涛、王戎依附了司马氏，坐致通显；刘伶、阮咸与政治保持疏远，而心绪接近阮籍；阮籍保命全生，获得天下至慎之名；嵇康龙性难驯，最后落得身首异处，于是《广陵散》绝矣。由此可见，虽然同习老庄，"七贤"归宿其实多异，尤其最负盛名的嵇康、阮籍。嵇康最富儒者之刚，他在《与山巨源绝交书》中，列举自己有"七不堪""二不可"，借此嘲讽奚落当时官场的龌龊腐臭，公开宣告与司马氏政权的决裂，结果付出了生命的代价。相对来说，嵇康常称"吾每师之而未能及"的阮籍，则较之嵇康有着更为高妙的处世智慧。那么，阮籍的处世智慧又是什么呢？一词以蔽之，就是谨慎。

话说曹魏权臣司马昭曾向他的僚属发问："清正、谨慎、勤勉，哪一项是官员最应该具备的品质？"僚属们的回答各有不同，而唯有李秉的回答最得司马昭之心。李秉说道："清正与谨慎，二者互为根本。如果非要论个短长，我觉得还是谨慎最为重要！"听完李秉的回答，司马昭又问道："那你认为近代以来，谁最谨慎？"李秉接连举出荀景倩、董仲达、王公仲三人，司马昭沉吟片刻，然后说道："然天下之至慎，其惟阮嗣宗乎！每与之言，言及玄远，而未曾评论时事，臧否人物，真可谓至慎矣。"司马昭的意思是："我认为，最为谨慎的人，还是当数阮嗣宗。他与人交谈，总是讲些模棱两可的话，从不评论时事，也不臧否人物。这才是慎之又慎啊。"

　　司马昭所说的阮嗣宗，就是阮籍。阮籍字嗣宗，出生于公元210年，逝世于公元263年，陈留尉氏（今河南尉氏县）人。父亲阮瑀为著名的文学家，"建安七子"之一。年轻时的阮籍，本非"至慎"的性格，比如他曾登上广武山，观看楚汉相争时的古战场，发出"时无英雄，使竖子成名"的感叹，都没把项羽、刘邦放在眼里，可见他的宏图壮志。那么，后来的阮籍怎么变成"发言玄妙，口不臧否人物"了呢？这与时势、世事的变化有关，具体来说，这又联系着我在上一讲中所说的司马懿。

　　公元239年，当时阮籍30岁，这年魏明帝曹叡驾崩，遗诏中令司马懿与曹爽一起辅佐8岁的齐王曹芳，也由此开始了宗室曹爽和重臣司马懿两党之间的互相攻伐、争斗不断。士人们夹在中间，则是左右为难，因为一旦选错了主子、上错了船，就有可能招致杀身灭族之祸。而面对着这样难以把握的政治局势，希望远祸全身的阮籍，选择了看似简单、实则不易的做法，就是既不与司马氏走得太近，也不与曹爽之流为伍。他开始谢绝各方的任官邀请，先后拒绝了蒋济、曹爽等人伸过来的橄榄枝，尤其是正始八年（247）曹爽的征辟。当时，司马懿已被排挤出朝堂，曹爽的权势正是如日中天，追随曹爽，意味着可以飞黄腾达、平步青云。然而面对如此巨大的诱惑，阮籍最终还是决定称病不仕。果然,不到两年,局势就陡然逆转。正始十年（249）正月,司马懿凭借高平陵之变,将曹爽一党一网打尽,牵连的族人、门生故吏也是不计其数,一时之间,天下名士减半。至于阮籍,却凭着他的谨慎判断,逃过了这场政坛浩劫。

高平陵之变后,曹魏朝廷虽然还是姓曹,但实际上已经是由司马氏来掌控了,而且司马氏父子开始"自作家门"。251年,司马懿去世,长子司马师继续掌握大权,他废曹芳,立曹髦,皇帝在他手里如同傀儡;255年,司马师去世,弟弟司马昭当政,比他哥哥更厉害,司马昭不仅飞扬跋扈,凌驾于皇帝之上,而且开始谋划篡魏自立,乃至于弑杀了起而反抗的曹髦,又立了15岁的曹奂。在此过程中,司马氏残酷地打击异己、清除政敌,比如阮籍的好友嵇康,既是曹魏的宗室姻亲,又性格刚直,反抗司马氏专权乃至篡权,最终付出了生命的代价。而这一时期内的名士,也就少有能够保全性命与坚守品格的。

大势如此,此前还能称病不仕、徘徊观望的阮籍,也不得不答应出仕,以求自保。他先后出任了司马懿、司马师公府的从事中郎,成了司马氏的属吏。嘉平六年（254）,司马师废黜皇帝曹芳为齐王,另立曹髦为帝。为了收买人心,堵住悠悠众口,司马师对百官大肆封赏,阮籍也随例升迁为散骑常侍,封关内侯。加官晋爵本是人之所望,但是对于这次升迁,谨慎的阮籍不仅没感到高兴,反而嗅到了一丝危险的味道。因为从事中郎官位虽低,却是司马氏的属吏,能够获得司马氏的信任;至于散骑常侍,作为皇帝的亲近之臣,出任此职,很容易引起司马氏的怀疑,甚至招来杀身之祸。

正当忧虑的阮籍如坐针毡之时,发生了一件大事:大将军、录尚书事司马师病死于征讨淮南反叛的前线军营中。司马师的突然去世,引得对司马氏专权篡政不满的曹魏老臣们开始蠢蠢欲动,想要趁此机会夺取政权。政局的暗流涌动,更加剧了阮籍的不安。面对如此诡谲的形势,阮籍决定远离洛阳，离开这是非之地。于是在司马昭继任大将军、录尚书事后不久，阮籍主动提出，想要外放出任东平相，并获得了司马昭的允准。当时的东平国，治所在今山东东平县境，距离洛阳近千里之遥。

不久之后，随着政局恢复稳定，司马昭又将阮籍调入了自己的幕府，任大将军府从事中郎。但阮籍从内心排拒与司马氏同流合污，于是又向司马昭请求，想要调任步兵校尉这一闲职。阮籍对外宣称，想要出任此职，是因为步兵校尉府的厨师善于酿酒，府中存有令他垂涎三尺的佳酿。但真实的用意是，阮籍想着借此疏远与司马氏的关系，以求人格的保全。就这样，阮籍最终得以逃离政治漩涡，在步兵校尉任上一干就是七年，并且因此得了"阮步兵"的习称。在这七年中，这位阮籍阮步兵大体上是"纵酒昏酣，遗落世事"，直至54岁去世。

通观阮籍的一生，前半程与后半程有着明显的区别。前半程的阮籍，自幼饱读诗书，对于名器礼教十分认同，比如他在《咏怀》诗中曾回忆道："昔年十四五，志尚好诗书。被褐怀珠玉，颜闵相与期。"可见，阮籍曾以孔子弟子颜回的德行、闵子骞的孝悌为榜样，以名教自持；青年阮籍其实也不乏宏图壮志，还想着叱咤风云。在他眼里，刘邦、项羽竟然都是"竖子"，都不在话下。然而到了人生的后半程，正如他在《咏怀》诗中的哀叹，"一日复一夕，一夕复一朝。颜色改平常，精神自损消。胸中怀汤火，变化故相招。万事无穷极，知谋苦不饶。但恐须臾间，魂气随风飘。终身履薄冰，谁知我心焦"，那种极端苦闷压抑的情绪，远祸全身的企望，可谓溢于言表。阮籍这样的人生转变，当然不是自愿的主动，而完全是无奈的被动，是生活在危机四伏的险恶环境中的智慧选择。诸位朋友也可以换位思考一下，如同阮籍这样身处乱世，面对模糊敏感的政治形势而又手无缚鸡之力的士人，一旦站错了队、靠错了边，结果会是怎样？轻则罢官免职，重则粉身碎骨吧。所以阮籍只能出处谨慎，小心游走，实际游离于司马氏和曹氏两方之间。

然而阮籍留给我们今人更高明的智慧、更珍贵的品格，还是他在疏离于政治斗争、以求保全性命的同时，心中守着人格，眼里有着是非。阮籍有他自己的理想抱负、道德标准，落实到他的处世智慧上，在政治方面，阮籍厌恶司马氏父子无君无父的倒行逆施、屠戮名士的发指暴行，既然他无力改变现实，他就想着法子地进行抵抗，虽然这种抵抗往往是消极的。比如司马昭为儿子司马炎求婚于阮籍的女儿，阮籍不愿答应，又不能断然拒绝，于是就连续醉酒60天，不给对方开口提亲的机会，最后只好作罢。在为人方面，为了发泄自己心中对司马氏虚伪礼教的轻视，阮籍故意做出种种蔑弃礼教的怪诞行为。比如他对瓜田李下，全不避嫌，每次在邻家酒垆饮酒之后，便倚着美貌的老板娘酣睡，全然不顾旁人异样的眼光；他见到自己欣赏、认可的人，便以青眼相见，遇到厌烦、虚伪的所谓"礼俗之士"，则以白眼相加。我们知道，"青眼"是眼珠在中间，正视时的目光，"白眼"是眼珠偏向一侧，斜视时的目光，以青眼也就是以黑眼珠对人，表现出的是对人的尊重，以白眼也就是把黑眼珠翻上去，只以白眼珠对人，则表示不屑一顾的态度，所以阮籍著名的"青白眼"，反映了阮籍的爱憎分明。也正是因为这样的爱憎分明，阮籍被当时的所谓"礼法之士"视为眼中钉、肉中刺，诸如何曾、钟会等人都想除之而后快。但是最终，这些危险又都因为阮籍的谨言慎行而得以化解，诸多的攻击都因阮籍的大节无亏而不了了之。

说到阮籍的谨言慎行，那又是乱世中其实痛苦的处世智慧。比如"谨言"，当时甚至有人写了一篇《不用舌论》，说一则道理玄妙，难以言传，二则祸从口出，只好卷舌不用、闭口不说。阮籍就是这样的"口不论人过"，即便开口，也是"言及玄远"，扯些没有答案的哲学问题；又如"慎行"，当时名士们比较突出的一个表现是纵酒，阮籍也不例外，他常常"嗜酒荒放，露头散发，裸袒箕踞"，"裸袒"就是赤身露体，"箕踞"就是两腿舒展而坐，形如畚箕，这是一种不拘礼节的坐法。朋友们注意，行为荒放、披头散发、赤身露体、伸腿而坐，这一系列毁形废礼的举动，是以嗜酒酗饮为前提的。这就反映出酒的"妙用"了，在某些特殊的时代与特别的场合，借酒可以远祸，借酒能够装糊涂，因为酒后说错话、做错事，毕竟还有回旋的余地，所以阮籍的纵酒、醉酒乃至久醉不醒，成了他逃避政治斗争、远离人事纠纷的有效手段。只是这样的酒，真的是闷酒、苦酒、含泪带血的酒，这样喝酒，真是一种巨大的、深刻的乃至绝望的悲哀。

诸位朋友，这就是阮籍的保命秘诀，我们也只有这样透过现象看本质，知世论人，知人论智，才能真正理解乱世中的处世智慧。就以阮籍来说，处在那样的昏乱之世，面对着那样做着窃国弑君的丑事、唱着礼教道德的高调的司马氏，他的壮志不遂，他的仕途如履薄冰，他的心情焦虑苦痛，这些都可说是正直而聪明的知识分子阮籍的人生悲剧；但是另一方面，面对政治上的种种危机，阮籍每次都能敏锐地察觉到，他的一言一行，也都是权衡判断的结果，他谨言、慎行，他纵酒、废礼，因此而在刀光剑影中保全了性命，在污浊的世道里坚守了人格，这又是何等难得的人生大智慧。

诸位朋友，这样的阮籍，是不是值得我们致敬？这样的处世智慧，是不是值得我们琢磨？今天的我们，处身盛世，但我们处身的小环境，难保没有领导层的争权夺利，难保没有宵小之徒的造谣中伤，那么，我们是否也可以从阮籍的处世智慧中，获得一些有益的借鉴呢？比如按照已过"知天命"之年的我的感觉，适当的时候，慎言甚至少言、不言，就是一种有效的处世智慧。怎么理解这个问题呢？不妨比照一段林语堂先生的美文，诸位朋友或许就能获得更深的体会。林语堂在《论树与石》这篇文章中说：

> 人们对于松树的欣赏也许是最显著的，而且是最有诗意的。松树比其他的树木更能表现出清高的性格……中国人在欣赏松树的时候，总要选择古老的松树，越古越好，因为越古老是越雄伟的……我说松树的欣

赏在艺术上是最有意义的，因为松树代表沉默、雄伟和超尘脱俗，跟隐士的态度十分相同……它跟有智慧的老人一样，是理解万物的，可是它不言，它的神秘和伟大就在这里。

"理解万物"的"有智慧的老人"，往往是"不言"的老人。诸位朋友品出其中的味道与智慧了吗？

谢安：年过四十，为何还要出山？

有味中药，名叫远志，具有安神益智、祛痰消肿的功效。一日，东晋权臣桓温收到一筐礼物，其中便有这味草药。桓温拿起远志，问谢安道："我听说这味草药，有两个名字，一个名字叫远志，另一个名字叫小草。何以同一事物，却有两个名字？"谢安听后，正打算作答。这时，一旁的郝隆却应声答道："隐居不仕，叫作远志；出仕朝廷，便为小草。"此论一出，满座皆笑，唯有一人听后，脸上的神情稍稍有些不自然，此人便是谢安。原来，郝隆此论，看似是在回答桓温的提问，实则是在讽刺谢安。

谢安（320—385），字安石，出身世家大族。四岁时，他便得到名士桓彝的品评，赞赏他"风神秀彻"；二十来岁的时候，更是受到江左名相王导的器重，要他出仕。在东晋门阀社会中，拥有良好家世与社会名望的谢安，本来可以"平流进取，坐至公卿"。但怎奈谢安性爱丘山，不乐仕进。面对朝廷的屡次征召，谢安不是栖迟不往，便是称病拒绝。对此，朝中大臣十分光火，吏部尚书范汪更是上表弹劾谢安，要求对他处以禁锢终身、永不叙用的处罚。面对朝堂上的种种非议，以及可能的禁锢终身，谢安完全不以为意，觉得从此倒是省了麻烦，索性回到故居会稽，从心所欲地享受着悠闲的隐居生活，每日不是与王羲之、许询、支遁等好友游弋山水、吟咏诗文，便是探石室、临浚泉，做神仙之游。于是，在当时的士林中便流传起了一句口头语："安石不肯出，将如苍生何。"其实，谢安越是不出，在士林中的名望就越高。及至后来，人们竟然处处模拟他的言行举止。比如谢安有位同乡，原为县令，罢官后囊中羞涩，只有五万把派不上啥用场的蒲葵扇，谢安从中随意取了一把拿着，于是人们竞相购买，一时价增数倍，不仅解了这位老乡的燃眉之急，还发了一笔大财。甚至，谢安生理上的毛病也成了令人羡慕的优点。谢安患有鼻炎，说话吟诗的时候，声音比较重浊，许多士人为了模仿他的声音，只好捂着鼻子吟诵。

然而，无论如何，升平四年，公元360年，41岁的谢安终究还是出山了，他应征西大将军桓温之召，出任司马。这又是怎么回事呢？原来在此前一年，即公元359年，谢安的弟弟、豫州刺史谢万受命率军北伐前燕。谢万此人，风流有余，将才不足，王羲之曾在写给桓温的信中评论谢万道："谢万才流经通，处廊庙，参讽议，故是后来一器。而今屈其迈往之气，以俯顺荒余，近是违才易务矣。"这话的意思是：谢万才智横溢、通晓经典，让他在朝廷任职，参与讽谏议论，自是将来的一位大才。而现在派他领兵北伐，这是有违他的才能长处，太过草率啊。果然就如王羲之的评论，谢万在军营中，不以安抚将士、经理军务为事，反而整日倨傲吟咏，一副清高的模样，结果军队士气低落，将帅离心。谢安听闻这个情况后，十分担忧，便劝谢万亲近将士，收拾人心。迫于兄长的压力，谢万不得不设宴款待诸将。但在席间，谢万竟然没有话说，只是拿着手中的如意，指着众将道："诸位都是劲卒。"谢万的本意，大概是要勉励诸将，但在东晋时期，武人地位低落，所以称人为劲卒，无异于骂人。听到谢万这话，众将更加心生怨恨。不久之后，战场之上，军队溃散，许昌、颍川、谯、沛等城相继陷落，谢万单骑狼狈逃还，因此而被贬为庶人。谢万被贬一事，不仅是对谢万本人的打击，更是对整个陈郡谢氏的打击。因为在魏晋时期，世家大族的地位主要依靠婚姻、仕宦维系。一旦某个家族长期在朝中无人，这个家族的声望便会大打折扣。而这时的谢万，正是陈郡谢氏在政坛上唯一有分量的人物。

面对谢万被贬后，陈郡谢氏在朝中无人的尴尬局面，谢安思量再三，决定为了家族的利益，放弃逍遥名士的生活。正巧此时，桓温征召谢安为司马，谢安于是一反常态，欣然应命。谢安出仕的消息传出，舆论一片哗然，先有高崧挖苦在前："原来大家都说，谢安不肯出山，天下苍生要怎么办呀！现在谢安违背了隐居的志向，天下百姓又要怎么看待谢安你呢？"后有郝隆嘲讽在后，这便是本讲开头说到的"远志"与"小草"的那一幕。其实，对于谢安来说，为了家族的利益，世人的讽刺、同僚的挖苦根本不值一提。而自从出仕桓温之后，谢安便表现出了过人的才能，很快就晋升为吴郡太守，数年后又迁为吏部尚书、中护军，官位远过于谢万，从而全面稳定了谢氏家族的地位。

更加可贵的是，相较于当时"殉国之感无因，保家之念宜切"的一般世族官僚，谢安不仅看重自己家族的利益，而且还具有强烈的家国天下情怀。面对政治上的种种艰难，谢安总能挺身而出，为国分忧，不以自身安危为计。咸安二年（372），权臣桓温趁着简文帝司马昱驾崩之机，想着要取晋室而代之。当此危急时刻，群臣束手无策，唯有作为辅命大臣的谢安挺身而出。373年，桓温入京，拜谒山陵，朝见新帝，谢安与王坦之到京城郊外的新亭迎接，共赴桓温摆下的鸿门宴。席间，王坦之惊恐万状、风流不再，竟至倒持手板、流汗沾衣。而谢安则镇定自若，处之泰然。入座之后，谢安对桓温从容言道："诸侯有道，邻国不敢来犯，明公何须在墙后安排刀斧手以为护卫呢？"面对谢安的质问，桓温尴尬地笑道："怕有猝变，不得不如此呀。"席间，谢安潇洒应对，谈笑多时，使得桓温奸谋难展，不得不暂缓其篡位的野心，不久之后就退回了姑孰。

桓温虽然暂缓篡位之谋，却时有不臣之举，在其病危之时，更是屡次上书朝廷，求加九锡。所谓九锡，是皇帝赐给大臣的九种器物，即车马、衣服、乐器、朱户（朱红色的大门）、纳陛（殿前屋檐下专门凿出来的台阶）、虎贲、斧钺、弓矢、秬鬯（以黑黍和郁金香草酿造的酒），这代表着一种最高礼遇，也是自从王莽以来，权臣篡位的一个习惯程序。面对桓温的无理要求，皇帝、朝臣那是敢怒不敢言，无人敢于出面阻止。唯有谢安巧妙周旋，一面答应给桓温加九锡，以求稳住桓温；另一方面则不断拖延时间，仅仅是给桓温加九锡的诏书，便被谢安以各种理由改了无数稿。最终，谢安通过拖延战术，将病重的桓温活活熬死。桓温至死，也未能等来加九锡的那一天。

熬死桓温，可谓体现了谢安为政的大智慧。而桓温死后，谢安对待桓氏的做法，同样体现了他处世的周全。谢安以大局为重，不纠缠于小事，他并未趁着桓温之死而剪除桓氏集团，反以桓温的弟弟桓冲为中军将军，都督扬江豫三州军事、扬豫二州刺史。桓冲也深明大义，自知德望不及谢安，于是拥戴谢安为内相。这样，东晋就出现了"将相和"的良好局面，并且保证了后来淝水之战的大捷。

淝水之战又是怎么回事呢？原来，正当谢安与桓温周旋之际，北方已经逐渐统一于氐族的前秦政权。前秦君主苻坚在统一北方、扫平劲敌之后，便将目光转向了南方的东晋。东晋太元八年（383），苻坚亲率百万大军，兵分数路扑向东晋，意欲统一天下。当此之际，东晋社稷有累卵之危，作为当轴重臣，谢安不负众望、挺身而出。面对前秦的百万大军，谢安对内镇之以静，安抚人心，稳定局势；对外则令其弟谢石、其侄谢玄、其子谢琰等统帅北府兵严阵以待。最终在谢安的统筹安排、精心策划下，谢玄抓住时机，先败前秦五万前锋于洛涧，再败苻坚大军于淝水，从而彻底粉碎了苻坚灭亡东晋的野心，此战便是大名鼎鼎的淝水之战。

现在看来，淝水之战似乎赢得轻松惬意。但在当时，谢安却承受着无比的压力。而且，更加要命的是，在面对巨大的压力与未卜的前途时，谢安还不能流露出一丝的慌忙与犹疑。据说，在淝水之战大捷传来的当日，谢安正与客人下棋。正巧在那对弈的紧要关头，前线送来了战报。谢安从容地接过战报，读过之后，表情平静，没有流露出一丝的情绪，继续与客人对弈。但是这时，与他对弈的客人却憋不住了，赶忙询问谢安前线战况如何。谢安徐徐答道："小儿辈遂已破贼。"客人闻此消息，欣喜若狂，而谢安却了无喜色、平静如常。谢安如此平静，难道是对淝水之战的胜负毫不关心？抑或是早已料到了战争的结果？其实并非如此。对弈结束，谢安送走客人，当身边没有旁人时，谢安再也难以抑制心中的喜悦，因为太过高兴，谢安在迈过门槛时，竟然将木屐的屐齿折断而不自知。史书对此事评论道："其矫情镇物如此。"谢安主政东晋，面对如此危机，岂能毫不经心！但正因为他是当轴重臣、总帅全局，所以不得不表现得镇静如常、成竹在胸，否则又何以安定人心？

纵观谢安的一生，可谓波澜壮阔、精彩异常。从谢安不凡的一生中，我们可以看到真正的大丈夫应该如何处世。从本性上来说，谢安是不乐仕进的，若非迫不得已，他宁肯散带衡门，过着隐居不仕或退官闲居的生活。但是，当性爱丘山的本性与家族、国家的责任相冲突时，谢安便毫不犹豫地选择了挺身而出，承担起家族与社会的责任。这种勇于承担责任，面对危难而毫不畏缩的精神，不仅是一位大丈夫应有的品格，更是一种至高的处世智慧，值得我们后人学习与揣摩。

陶弘景：
和皇帝做笔友的山中宰相

唐人王勃的《滕王阁序》中有言："冯唐易老，李广难封。屈贾谊于长沙，非无圣主；窜梁鸿于海曲，岂乏明时？"每每读到这里，思及此意，人们都不免会感慨人生际遇系于时运，而不系于自己。每当人们自认为受到时代的限制而怀才不遇时，也都不免会发出像王勃那样"嗟乎！时运不济，命途多舛"的叹息。然而，自怨自艾并不能改变现实，调整自身往往比起埋怨时代更加有用。比如在南朝时期，就有这么一位高人，硬是凭借着调整人生道路，化腐朽为神奇，最终突破时代的局限，实现了逆天改命。那么他究竟是谁，又是如何做到的呢？

南朝萧齐末年，小皇帝萧宝卷不修德行，骄奢淫逸，任用奸佞，滥杀大臣。501年，雍州刺史萧衍起兵襄阳，奉南康王萧宝融为帝，围困京城建康，城中内变，萧宝卷被杀。萧衍进入建康，把控朝政，并于次年四月取代齐朝，萧衍就是著名的梁朝开国皇帝梁武帝。在这次齐梁禅代过程中，有位人物起到了特殊的作用。我们知道，在禅让中，受封建国是重要的一步。建国必须有国号。中兴二年（502）正月，萧衍由建安郡公改封梁公，二月晋爵梁王，四月称帝，建立梁朝。梁这个国号是怎么来的呢？当初，萧衍主仆并无主意，而正在大家一筹莫展之际，一位道士带着"华阳陶隐居"的书信前来求见。萧衍一听到"华阳陶隐居"的名号，登时大喜，随即召见。果然，这封书信正为国号而来。在信中，陶隐居说："听闻将有禅代之事，我便依据图谶，反复推演国号，结果每次都是'梁'字，这应该是天意吧！"萧衍于是当即拍板，确定国号为"梁"！这华阳陶隐居究竟是何人物，竟然能让雄才大略的萧衍如此言听计从？他便是鼎鼎大名的"山中宰相"陶弘景。

"山中宰相"陶弘景，原本也是朝中之人。而他之所以隐居句容句曲山即今日之茅山，又与一段伤心往事有关。陶弘景虽出身寒门，但其父、祖都曾为官，祖父陶隆曾任王府参军，父亲陶贞也官至县令，而且他的父亲与祖父都好学好读书，通晓医学，母亲郝氏则颇精通佛家法术。生在这样的家庭中，陶弘景虽不能"平流进取，坐至公卿"，却也有机会得到良好的教育。加之自幼好学、聪颖过人，陶弘景弱冠时便已读书万卷，通晓经史百家。

"学而优则仕"，23岁时，陶弘景按照惯例，出任王国侍郎。之所以说按照惯例，是因为南朝时期，士庶天隔，一个人能当到多大官，很大程度上与其家世有关。根据父、祖的官职，陶弘景应该以什么官起家，最终能做到什么官，其实早就已经确定了。面对时代的限制，陶弘景没有太多的怨言，觉得自己能在40岁做到尚书郎这个高门子弟仕途的起点，就已经很满足了。

但现实并没有因为陶弘景认命而放过他。自从陶弘景踏上仕途之后，他的升迁便不顺遂，往往数年之间，职位都得不到一点提升。其间，陶弘景又因为给父母服丧，不得不中断仕途数年，这就使得陶弘景的仕途更加雪上加霜。到36岁时，宦海沉浮多年的陶弘景，已经备受打击，眼看离自己40岁当上尚书郎的目标越来越远，他便想着从求官转为求禄。俗话说"三年清知府，十万雪花银"，明清如此，南朝亦然。陶弘景打定主意后，便上书齐武帝，希望能够出任县官。但是这一请求也遭到了齐武帝的拒绝。

孔子曰："富而可求也，虽执鞭之士，吾亦为之。如不可求，从吾所好。"陶弘景虽腹内万卷，却求官不得、求禄不成。思量再三，下定决心上

165

表辞官。永明十年（492），37岁的陶弘景挂冠离朝，赴茅山修道。消息一出，士大夫仰慕其才学者，纷纷在建康城郊的征虏亭为他送行，《梁书·陶弘景传》记载当时情形，"及发，公卿祖之于征虏亭，供帐甚盛，车马填咽，咸云宋、齐以来，未有斯事。朝野荣之"。来到茅山的陶弘景，自号"华阳隐居"，"遍历名山，寻访仙药。每经涧谷，必坐卧其间，吟咏盘桓，不能已已"。其实，陶弘景放弃仕途，只是因为对做官感到失望，并不是对"为政"失去兴趣。陶弘景隐居修道，不过是调整路线，以退为进。可以说，他的隐居修道之途，便是山中宰相之路。当然，陶弘景选择隐居、修道，并非一时兴起，而是渊源有自。陶弘景自幼便对求道、升仙心向往之。10岁时，他偶然得到了葛洪的《神仙传》，从此便刻苦钻研，一段时间后竟小有所成，尝言"仰青云，睹白日，不觉为远矣"，大有白日飞升、羽化登仙之势。成年后，陶弘景虽入朝为官，但并未放弃寻仙修道。任官期间，他曾多次告假，访名山、探岩穴，作神仙之游，还专门拜访娄惠明、杜京产、钟义山等有道之人。最终，仕途的不顺，使得陶弘景下定决心，选择隐居茅山。

陶弘景虽然人在茅山，但却心系朝堂。自从永明十年陶弘景隐居之后，萧齐局势便急转直下，十年之间叛乱四起、干戈日寻。面对如此混乱的局势，陶弘景一直在冷静地观察。最终，他认为萧衍能够结束乱局，为天下带来太平。在做出这样的判断后，陶弘景便对萧衍倾心以待、鼎力支持。当陶弘景听闻萧衍率军攻下石头城后，便派遣弟子给萧衍送去了一封书信。而这封书信的到来，对于萧衍来说，无异于雪中送炭。那究竟是什么书信，竟能有如此大的作用？原来，萧衍的义军虽然一路凯旋，现在却顿兵于台城之下。久攻台城不下，给萧衍带来了巨大的打击，不仅使得萧衍的军队士气低落，而且还使得原先已经归顺的官员首鼠两端，打算随时反戈一击，投靠萧宝卷。如果情况一直这样持续下去，萧衍便很可能会像一年前举兵叛乱的崔慧景一样，落得个功败垂成、身首异处的下场。

正在萧衍进不能胜又无路可退的时候，陶弘景派弟子送来了书信。在信中，陶弘景向萧衍说：自己仰观天象，俯察图谶，萧衍此举必破昏君萧宝卷。陶弘景书信的内容，很快便在萧衍的军营中传开，而将士们听到陶弘景的预言，无不精神振奋。那么，何以陶弘景的书信能有如此大的作用呢？原来此时的陶弘景，不仅以学识渊博出名，而且还是道教上清茅山派宗师，被百姓视为神仙，所以他的预言能够极大地提振士气。在陶弘景的这番助力下，萧衍最终击败萧宝卷，奠定了齐梁鼎革的根基。随后，陶弘景又依靠其才能与影响力，向萧衍献上了国号。从此萧衍便对陶弘景言听计从，如《南史·陶弘景传》中记载："国家每有吉凶征讨大事，无不前以谘询。月中常有数信，时人谓为山中宰相。"梁武帝如此仰赖陶弘景，不仅因为陶弘景长于占卜、明晓图谶，还在于陶弘景长于炼丹，能助梁武帝求得长生。"吴王好剑客，百姓多疮瘢。楚王好细腰，宫中多饿死"，在梁武帝的引领下，梁朝的士大夫无论修道与否，都对陶弘景顶礼膜拜、推崇备至，探访不绝、时有馈赠。就这样，陶弘景凭借着出众的才能与巨大的宗教影响力，取得了梁武帝与梁朝士大夫的信任与尊崇。他可以居于山中，而有宰相之名，他可以不出茅山，便能影响朝堂，他终于遂了少年时为政的宏愿。

陶弘景的一生，带给我们后人许多的思考。首先，陶弘景能对局势有明确的判断。如在仕宦问题上，陶弘景一开始便有明确的计划，而一旦局势脱离了他的把握，他便立刻止损，另寻他辙。又如在齐末乱局中，陶弘景能在众多枭雄中选择萧衍，这也与他对局势的准确判断有关。其次，陶弘景能在把握大局的情况下，及时调整策略。当他看到仕进无望时，他没有自怨自艾、独自沉沦，而是改变策略，选择隐居修道。再次，陶弘景善于另辟蹊径，通过对大势的准确判断及其宗教影响力，达到为政的目标。而诸如此类的准确判断大势的能力，及时调整策略的智慧，难道不值得我们不断地思考并借鉴性地学习吗？

在中华大地数千年的浩瀚文明中，有无数人在史书中留下了自己的足迹。他们或是帝王将相，或是文人墨客，但其中女性的身影却是少之又少。中华民族从来就不缺少聪明灵秀、能力超群的女子，然而在漫长的传统社会中，她们被"三从四德"的要求束缚着，被"女子无才便是德"的观念愚弄着，绝大多数都因此黯然消逝在漫漫的历史长河中。而在这样的情况下，能够"有幸"青史留名的女性，大多拥有极为非凡的才智与情操。比如唐太宗李世民的皇后长孙氏，就是一位典型的后宫良佐，享有千古第一贤后的美誉。唐太宗的"贞观之治"流芳千载，长孙皇后在其中也立下了不可忽视的功劳。她用自己的善良、明理、大气，一步步地帮助唐太宗缔造了那前无古人的一代盛世。

长孙家族有着鲜卑族的血统，先世出自北魏皇族。长孙皇后的父亲，是隋朝右骁卫将军、著名的军事家与外交家长孙晟。还在长孙皇后 9 岁时，父亲去世，她由舅舅高士廉抚养。高士廉为北齐宗室，隋朝时举文才甲科，补治礼郎。这样的出身与环境，使得长孙皇后从小就具备了良好的修养。她尤其爱好读书，年幼时就对古往今来的许多历史事件有着深刻的理解，行为举止也都遵照礼仪的要求。613 年，她 13 岁时嫁给 15 岁的李世民，夫妻恩爱。有一次，长孙氏回娘家省亲，她舅舅的侍妾张氏在长孙氏的住处外见到了一幅奇怪的景象：不知从哪里出现了一匹大马，有两丈多高，身上马具齐全。舅舅命人占卜此事，卜人推演之后说道："龙是'乾'的卦象，马是'坤'的卦象。顺承上天，万物由此而生，而应在人身上，就是辅助上天、左右人民。这女子将来一定贵不可言。"后来，李渊带领李世民等人推翻了隋朝的统治，建立了李唐王朝，李世民被封为秦王，长孙氏也被册为秦王妃。李世民的存在，对太子李建成是一个严重的威胁。兄弟俩谁也不服谁，都眼睁睁地盯着皇帝的宝座。李渊的内心偏向李建成，李建成更是联合弟弟李元吉，不断在宫廷内外散布不利于李世民的言论。眼看李渊对李世民越来越疏远，这时，长孙氏毫不犹豫地对丈夫伸出了援手。她在后宫尽心侍奉公公李渊及诸位嫔妃，用自己的孝心来化解他们对李世民的猜疑，从而为李世民争取了更大的政治空间，也为他发动玄武门之变争取了更多的时间。

李世民登基后，励精图治，勤于政事。与此同时，长孙皇后在后宫也主持着大局。她崇尚质朴，不喜奢靡，身体力行着唐太宗勤俭治国的思想。一次，太子李承乾的乳母上奏说，东宫里器物用具太少了，希望能够增加一些。长孙皇后不但不允许，还训诫说："当太子，怕的是德行不立，名声不扬，操心什么器物用具不够的事啊！"但是也有例外的时候，比如长孙皇后的长女长乐公主，姣美可爱又善解人意，深得唐太宗、长孙皇后的喜爱。贞观六年，公主要出嫁了，长孙皇后给公主准备了丰厚的嫁妆，超过她的姑姑永嘉公主当年的排场。然而魏徵得知此事后，认为这样于情于理都不妥当，不但坏了规矩，也乱了长幼秩序。唐太宗对此事本来不以为然，长孙皇后却坚定地站在了魏徵的一边。她恳切地对唐太宗说："常常听闻您器重魏徵，现在听到他这样合情合理的一番劝谏，才明白他真是社稷重臣。我和陛下是结发夫妻，情深义重，可我还每每察言观色，不敢轻易冒犯您。魏徵和您只是君臣关系，却敢于直接反对您的意见。这样难得的谏言，陛下不可不听从啊。"说得唐太宗心服口服，采纳了魏徵的意见，最后没有赐予长乐公主奢华的嫁妆。而长孙皇后还派人给魏徵送去四百缗钱、四百匹绢，奖励他的忠心。

唐太宗始终十分敬重长孙皇后，常常与她讨论政事。长孙皇后对唐太宗提出了"居安思危，任贤纳谏"这样高瞻远瞩的建议，并在日常生活中时刻提醒着皇帝。有一次，唐太宗因为打猎的事情，被魏徵的直言进谏气得说不出话，他怒气冲冲地回到后宫，边走边愤愤不平地说："我迟早要杀了这个乡巴佬！"长孙皇后问明事情的缘由后，什么也没说，而是悄悄退了出去，过了一会儿，她身穿朝服来见唐太宗。皇后的朝服是只在举行大典时才穿的，唐太宗见此情形，十分惊讶，只见长孙皇后在唐太宗面前恭恭敬敬地下拜，然后认认真真地说道："我听说，只有君主圣明，臣子才能正直。如今魏徵敢于屡次冒犯龙颜，直言进谏，正说明您是一位贤明的君主啊！国有明君，君有良臣，这是黎民百姓的福气。我因此恭喜祝贺陛下呢！"长孙皇后的这一席话，犹如一阵春风，不但瞬间化解了唐太宗对魏徵的一腔怒火，还委婉地激励了唐太宗继续敞开心胸，虚怀纳谏。事后，唐太宗对人说："皇后乃我后宫之良佐也。"

贞观八年，长孙皇后陪伴唐太宗巡行九成宫，途中感染风寒，又引发旧疾，病势日趋严重，用尽医药也不见好转。为了替皇后消灾祈福，太子李承乾带头上书，请求大赦天下，并多多度人出家。百官感念皇后盛德，都十分赞同这样的做法。但长孙皇后却坚决不同意，她在病榻之上对太子说："生死有命，不是人力所能改变的。如果说做善事就能积福，那么我这辈子也没有做过恶事。如若不然，那这样做又有什么好处呢！大赦天下是国家的大事，怎么能随便下达这样的命令。如果你一定要这样，那我还不如早点死去好了。"说得太子再也不敢坚持自己的意见。等到长孙皇后病危的时候，她挣扎着对唐太宗说："房玄龄是国家的股肱之臣，陛下不要轻易地抛弃他。也不要因为我的缘故，将我的娘家亲戚放在太重要的职位上，这样才能保证他们的安稳。我走之后，陛下千万不要为了我而大兴土木，依山开采坟墓，就用泥瓦木头器具随葬就好。希望陛下能够一直亲近贤臣，虚心纳谏，减少人民的劳役，也减少自己的游玩。儿女们就不用来了，他们的悲哀只会更加扰乱人的心思。"说着，长孙皇后拿出了自己的衣带，上面赫然系着一包毒药。她用最后的力气对相伴一生的唐太宗说："当年陛下患病的时候，我曾发誓以死相随，决不让自己落入吕后一样的处境。"说罢，便溘然长逝，终年36岁。唐太宗哀恸不能自已，看着皇后生前编纂的《女则》一书，忍不住痛哭说："我这一生，再也听不到这样的规劝了啊！"

长孙皇后因为她的特殊身份，可以说起到了一般大臣不能起到的作用，使唐太宗避免了许多错误，所谓一位成功的男人背后，总有一位优秀的女人的支持，"贤内助"长孙皇后之于唐太宗，就是最好的例子。长孙皇后的一生，虽然没有完全跳出传统女德的时代局限，但她仍然有太多值得我们学习的地方。她为人宽厚，孝顺长辈，帮助丈夫。她始终坚持正确的人生态度，身居高位而勤俭持家，面对君主也勇于指出错误，时刻将社稷安危放在心上。这样过人的见识与优秀的品质，也是我们新时代的女性不可缺少的处世智慧吧。

说过了唐太宗长孙皇后，不妨也顺便说说唐高宗皇后武照武则天。如果说长孙皇后是以柔顺宽厚处世，那么武照就是以刚烈残忍处世。武照性格刚烈，她相信铁鞭、铁锤和匕首的力量。还在做唐太宗李世民才人的时候，面对一匹难以驯服的烈马，武照说这有何难，我先用铁鞭抽它，它要不服，我再用铁锤砸它脑袋，再要不服，我就拿匕首割断它的喉咙。这样的话语从一个幼弱女子的口中吐出，只听得唐太宗心里一阵阵地发麻。武照的手腕残忍冷酷。她以铁鞭、铁锤和匕首对付烈马，也以这样的方式清除她攀升道路上的各种障碍。她断去已经打入冷宫的王皇后、萧淑妃的手足，置于酒甑之中，要把她们浸泡得骨肉消融，她毒杀亲姐姐韩国夫人、亲外甥女魏国夫人甚至太子李弘，又逼太子李贤自杀；她广开"告密"之门，大肆任用酷吏，清除异己，诛杀、贬斥反对她的贵戚重臣和李唐宗室。虽然武照掌理朝政、临朝称制以及称帝的将近半个世纪中，社会稳定，经济发展，甚至文化繁荣，可谓上承"贞观之治"，下启"开元盛世"，但武照其人在传统道德评价上，古往今来还是颇多负面的议论，武照自己大概也意识到了这些，今天陕西乾陵前面那高耸的无字碑，据说就是遵从武照的遗言所立的。无字有时胜过有字，这就仿佛中国传统绘画，留白的空间有时胜过渲染的画面。武照的无字碑，究竟表达了什么用意，至今众说纷纭。唯可以肯定的是，这无字之碑，留给我们后人无尽的关于为人处世的思考。

司马光：诚正刚直的『迁叟』先生

"直如弦，死道边；曲如钩，反封侯"是东汉时的一句谚语，说的是为人刚正不阿往往难得善终，而为人曲意逢迎、溜须拍马却往往能仕途顺遂、步步高升。这句谚语虽然是东汉士人对当时政局的辛辣讽刺，但不幸的是，却在中国历史上多次应验。比如盛唐的杨国忠、南宋的秦桧、明朝的严嵩，哪一个不是善于拍马逢迎，哪一个不是步步高升？但在看到这些阴暗面的同时，我们更应该看到的是这些人往往没有善终：杨国忠曝尸荒野，严嵩晚年流落街头，秦桧更是在死后被万人唾弃。而真正能够留名青史、千古传扬者，往往是正直之人。也许在短期看来，他们的正直、忠信，可能愚不可及，但从长远来看，这却是一种至高的处世智慧。

公元 1085 年，北宋神宗皇帝赵顼驾崩，天下缟素，举国尽哀。继位的小皇帝赵煦只有十岁，由太皇太后临朝听政，一时间，官民们都沉浸在对社稷前途的深深忧虑之中。这时，一位来奔国丧的老者，却成了大家的希望。他所到之处，无不受到人们的拥戴；在朝堂之上，大臣们也纷纷举荐他出山辅政。而这位在国家变局之时，承载着从上到下全部希望的国之重臣，就是司马光。

司马光（1019—1086），今山西夏县人，字君实，晚年自号"迁叟"，就是迂腐的老头子之意，这真是他的自我写照。其实司马光小时候就不同凡响，比如《宋史·司马光传》中记载："光生七岁，凛然如成人，闻讲《左氏春秋》，爱之，退为家人讲，即了其大指。自是手不释书，至不知饥渴寒暑。"这是说他好读书、理解力强、聪明。如何聪明呢？《宋史·司马光传》又举了个例子："群儿戏于庭，一儿登瓮，足跌没水中，众皆弃去，光持石击瓮破之，水迸，儿得活。"这就是著名的"司马光砸缸"的故事，这个故事的具体情节是这样的：司马光小时与一群孩子在庭院里玩耍，一个孩子失足掉进一个装满水的大缸里，孩子们吓得惊慌失措，纷纷逃离现场，唯有司马光冷静异常，他从地上搬起一块大石头，硬把水缸砸破，水流了出来，里面的孩子也得救了。看来司马光不仅自小聪明，而且幼时便沉着冷静。

"司马光砸缸"的故事闻名遐迩，流传至今，小学老师们常以此教育小朋友们。但是，我们更不应当忘记的是，司马光一生为国为民、坦荡无私的品格。这种品格突出地表现在三个方面：诚、正、刚。

首先来说司马光的"诚"。司马光的一生，都在要求自己无愧于人、无欺于心。在年幼的时候，他就牢牢树立了讲求诚实的品性。晚年时，他曾回忆起一件陈年旧事：司马光五岁时，和自己的姐姐一同在院里剥胡桃皮。姐姐怎么也剥不掉胡桃皮，便跑开了。之后，一个婢女用开水烫了烫，就剥掉了胡桃皮。姐姐回来问司马光："谁把皮剥掉了？"司马光说："是我自己做的。"他们的父亲司马池恰好目睹了这一幕的前后经过，于是训斥司马光道："你这孩子，怎么敢随便说假话呢！"这件事虽然微小，但它对司马光的一生影响深远。《宋史》中记载司马光道："从年少到年老，他没有说过虚妄不实的话。"司马光也自我评价说："我这一生，没有超过旁人的地方，但是我从来没有不能告诉别人的事情。"司马光老年退居洛阳时，曾经吩咐下人卖掉自己的一匹老马。他专门叮嘱下人说："我的这匹马有个毛病，一到夏天肺炎就发作，你一定要向买家说明这个情况。"下人暗暗笑话司马光缺心眼，却没有领悟到"不诚之事，不可为之"，正是司马光恪守了一生的崇高品质。还有一位士子刘安世，得中了新科进士之后，没有就任朝廷安排的职位，而是专程来到洛阳，向司马光请教为人处世的真谛。司马光告诉他，一切精要奥义都在于一个"诚"字。刘安世又问，这学问从何入门？司马光答道："从不说谎话入门。"刘安世跟随司马光尽心学习，也成了一代名臣。

司马光为人处世的第二个特点是"正"。他在漫长的政治生涯中，做到了公私分明，正直不阿，时刻饱含着为国家尽责的激情。早在未及弱冠之时，司马光就曾以"铁界方"为题，写下一篇铭文："质重精刚，端平直方。进退无私，法度攸资。燥湿不渝，寒暑不殊。立身践道，是则是效。"铁界方就是铁质的镇纸，司马光以此为喻，表达了自己力求一生端方无私、矢志不渝的坚定志向。在他走入仕途后，更是一直不忘身上修齐治平的重担。司马光初为官员时，常常从梦中翻身而起，将官服穿戴整齐后，手持笏板，端端正正地面南而坐，陷入长久的沉思中。一开始，家里人都不知道他在干吗，时间久了，也就见怪不怪。数十年后，司马光的助手范祖禹向他问起这件轶事，司马光告诉他说："我在时时刻刻惦记着天下之事啊。"范祖禹由此感慨："您以天下的安危为己任，怎能让人不尊敬您呢！"

相对而言，最能体现司马光"端方正直"品格的，当属他和政敌王安石数十年的交锋与交往。司马光与王安石年纪相仿，长期以来又是同僚。在仁宗赵祯嘉祐年间，司马光、王安石还同时担任皇帝的文学侍从，并且常常和另外两位同僚韩维、吕公著一起游乐宴饮，多有诗文唱和，时人称他们为"嘉祐四友"。在这期间，司马光和王安石互相敬重，结下了深厚的君子之谊。神宗赵顼即位后，为了解决愈演愈烈的社会矛盾，起用王安石主持改革。王安石上台后，大刀阔斧地推行一系列新法，意图从制度根源上解决社会危机。而司马光则强烈反对如此激进的改革方式，他数次向王安石写信，言辞激切地指出他在改革中存在的各种根源性错误，又屡次向神宗皇帝上书，表达他对王安石变法政策的强烈反对。此时，司马光、王安石二人在朝堂上已经成了势同水火、针锋相对的政敌。司马光眼看无法阻止一意改革的神宗皇帝与王安石，一气之下，竟然辞官离京，退居洛阳。在退居洛阳的十几年间，司马光潜心书斋，主持完成了一部中国历史学上的鸿篇巨制——《资治通鉴》。后来，王安石变法失败，保守派官员借此对王安石口诛笔伐，司马光却说："王安石的文章和气节，都超出旁人太多，只是他生性不懂官场险恶，才会被小人离间，疏远忠良，以至于造成现在的局面。"司马光充分肯定了王安石的才能与品质，王安石也同样赞赏司马光是"君子人也"。

司马光没有将政见的不同，演化为个人的恩怨。同样，他也没有因为私下的交谊，而改变自己的政治立场。神宗皇帝驾崩后，司马光受命为副宰相。他将王安石新法逐条废除，甚至比王安石更加执拗。比如苏轼曾与司马光讨论政事，看到司马光毫不退让的势头，便开玩笑说："您当年做谏官的时候，曾与上级据理力争，丝毫不让。今日情形互换，难道您就不能让我把话说完吗？"司马光这才有所缓和。苏轼因此私下里戏称司马光为"司马牛"。其实司马光这种执拗的背后，正体现了他公私分明、正直不阿的品质。

此外，"刚"也是司马光的一个品格特质。在他的政治生涯中，不曾做过畏惧权势、阿谀奉承等折损气节的事情。宋仁宗时，张贵妃极受宠爱。仁宗曾经一天之内连续授予张贵妃的伯父张尧佐三个官职。此事一出，那是满朝哗然。司马光当时并不是谏官，但也愤而上书，激烈地表达反对意见，最终使得仁宗皇帝收回了成议。还有一次，越南李朝向仁宗皇帝进献了一只异兽，说是麒麟。我们知道，在中国传统文化中，麒麟享有"瑞兽"的美誉，只有天下太平、政通人和、王者德化、旁流四裔，麒麟才会出现，所以历代帝王都视麒麟的出现为"嘉瑞祯祥"的象征、国泰民安的吉兆。这次越南进献麒麟，于是百官纷纷上表，恭贺皇帝喜得祥瑞。司马光却上表说，谁也没有见过麒麟长啥样子，难以辨别真假。即使是真的，这样被捉来进贡，也算不得祥瑞；如果是假的，只会惹得周边国家笑话。有时间在这里赞美祥瑞，还不如多做点治国安邦的实事，不要再做这些莫名其妙的蠢事了。司马光敢于这样触皇帝的霉头，他的气节刚直可见一斑。当然，有宋一朝，敢于这样做的文人士大夫不止司马光一人，这与宋朝不杀文人士大夫、不杀谏官的传统有关。而有趣的是，家居生活中的司马光，也常表现出这种态度，这就显出有些不近人情的可爱或者迂腐了。比如司马光的夫人张氏曾想在元宵节出门看灯，司马光却说："家里不是点着灯吗？何必到外面去凑热闹。"张氏说道："不光看灯，还想看看外面的人呢！"司马光竟然生气地说："难道我在家里是鬼吗？"这样的司马光，按照今天的流行语来讲，可算得上是标准的"钢铁直男"了。

司马光的一生，为国殚精竭虑，为人诚实质朴，做事刚正无私，生活不喜奢华，兢兢业业地担负着经世济民的社会责任。司马光不但在政治上卓有建树，在文学上成就斐然，更为中国史学留下了《资治通鉴》这样宝贵的思想文化遗产。司马光的一生，是值得我们敬仰的一生，司马光之为人处世，更是值得我们鞭策自己、努力学习的榜样。

朱元璋在十数年的戎马生涯中，身边逐渐聚拢起一批才智无双的文臣武将，这些人为大明帝国的开创立下了汗马功劳。而其中有位儒生，他既没有带领将士冲杀在战斗的第一线，也没有运筹帷幄、决胜于千里之外，但是却让朱元璋在登基之初，就面对着文武百官加以夸赞："他在我身边十九年，从来没有改变过至诚之心，这就是君子。不止是君子，更可以说是贤人了。"这位荣宠居于满朝文臣之首的臣子，就是一代大儒，明朝著名的理学家、史学家、文学家宋濂。

宋濂（1310—1381），字景濂，号潜溪，祖籍金华潜溪（今浙江义乌市），后来迁居金华浦江（今浙江浦江县）。他的家族虽不显赫，但世代强调诗礼传家。在宋濂很小的时候，他的父亲就认真教导他，一定要做一个有道德、有学问、有气节的读书人，即使因此贫穷一生也不要紧。宋濂没有辜负全家的希望，很早就表现出了极高的聪明才智。他六岁开蒙，九岁就可以写出具有相当水平的诗文，被当时的人看作"神童"。从少年时起，宋濂就遍求名师，金华附近的知名学者都曾与他有师生之谊。宋濂不仅天资过人，对待学习的态度也十分认真。他后来在脍炙人口的《送东阳马生序》一文中，记述了自己年轻时刻苦学习的经历：因为家贫难以购书，只得抄录借来的书籍。寒冬时节，滴水成冰，常常抄完后手指已经难以活动，只为按时归还书籍。靠着这样的毅力，他才得以博览群书。后来外出求学时，在深冬的烈风与积雪中独自跋涉数百里，身体甚至冻得失去知觉。通过这样不知疲倦的学习，宋濂逐渐声名鹊起，成了当时首屈一指的大学者。

随着宋濂的名声远扬，他逐渐引起了元朝政府的注意，朝廷有意让他出任翰林院及国史馆的编修官。面对这样的擢升，宋濂以不想远离年老亲人的理由执意回绝了。他曾在文章中含蓄地表达自己这样做的理由：出任官职，不是为了追逐虚名，也不是为了换取富贵，而是为了实现匡扶社会的理想。而在天下无道的大环境下，连君子的道德品格都难以坚守，又如何能达到经世济民的目标呢？因此，面对元朝末年腐败黑暗的社会现状，宋濂坚决地表明了自己的态度，拒绝出仕，而且隐居在山中，当了道士，这一躲就是十年。在这期间，宋濂不断著书立说，却也没有彻底断绝与尘世的联系。他密切关注着天下局势的变化，暗暗等待着出山的时机。

随着朱元璋实力的不断增强，他发现，自己手下还缺少一位张良一样的人物。有人向他推荐了宋濂，他便加以征召。这一次，宋濂应声而至。在他看来，朱元璋建立的政权是"有道之朝"，日后势必取得天下。作为一名儒者，面对这样的邀请时，自然责无旁贷，理所当然地想着借此机会，一展修齐治平的抱负。

从此，宋濂一直跟随在朱元璋左右，凭借自己渊博的学识，成了朱元璋的顾问。同时，他也在不断地潜移默化，试图将朱元璋辅佐成符合儒家之道的君主。有一次，朱元璋召宋濂讲授《春秋左氏传》，宋濂便进言说："孔子在《春秋》一书中辨明是非、褒贬善恶，如果统治者能够遵照书里的教导，那么就可以施行适度的赏罚，从而安定天下。"朱元璋也十分倚重宋濂，常常与他通宵达旦地进行讨论。比如有一年露水非常多，朱元璋问宋濂这样是吉是凶，宋濂回答道："成为君主，靠的不是上天的任命，而是个人的能力；

吉祥的征兆，也并非源于自然，而是源于君主的仁德。这就是为什么《春秋》只记载异象，却并不将其看作祥瑞。"朱元璋还曾问宋濂，做皇帝最应该看的是什么书，宋濂推荐了《大学衍义》。这部书是南宋理学家真德秀所写的政治哲学类著作，专为皇帝而作，书中借《大学》之义，援引儒家典籍和史事，讲述修身、齐家、治国、平天下之道，意在倡明君主治国安民之理。宋濂在讲解其中司马迁论黄老之学的部分时，对朱元璋说："汉武帝后期，沉溺于荒谬的方技之学，一改文景之治时恭谨节俭的风气。百姓的人力、物力逐渐凋敝后，又用严刑峻法来监督他们。君主应该用礼义之学培养百姓的思想，以学校为单位管理他们，不能把刑罚放在靠前的位置啊。"朱元璋又问他关于夏商周三代的事情，宋濂回复道："三代依靠仁义治理天下，因此他们的政权才能长久。那时候书籍还没有形成，没有专门负责讲授知识的人。君主同时负担着教化的职责。他只要时时刻刻严格要求自己，民众就自然跟着照做了。"这些话看似是对历史故事的讲解，实际上都蕴藏着宋濂对朱元璋治国方法的规劝。

在宋濂的规劝中，他往往重点强调了儒家的"民本思想"，反复讲授民为邦本、得民心者得天下等等道理。有一次，朱元璋对群臣加以赏赐，宋濂借机上奏说："得天下要以得人心为本，如果人心不稳固，再多的金银财帛，又有什么用处呢？"在这样的教导下，朱元璋懂得了"人安国固"的道理。此外，宋濂还在明朝礼乐、典章制度的设计与制定中发挥了重要的作用，并参与编订《元史》以及其他重要的典籍，努力践行着一位儒家学者与官员应当肩负的社会责任。宋濂又多次在文章中教导太子朱标，国家要以百姓为本，而百姓中最辛劳的人就是农民，因此统治者一定要体恤农民，对他们加以安抚。

宋濂为人质朴诚实，身居高位之后，他的一言一行更是十分谨慎。朱元璋要他评价朝中官员，他只说有哪些人好，绝口不提谁有什么不好，并且解释说："我与好的大臣交朋友，所以我了解他们；至于那些不好的，因为我不与他们交往，也就不能了解，所以无法评价。"宋濂从不传播朝中之事，并且在自己住室的墙壁上题写"温树"二字，这取的是"温室之树不可对"之意。我们知道，"温室树"的典故出自《汉书·孔光传》，说是西汉成帝时，孔光领尚书事，掌管着朝廷机密，他有一个习惯，即经常销毁发言草稿，这样可以防止机密外泄。同时，如果孔光推荐某人做官，他也不会让被推荐人知道是自己推荐了他，这样可以避免别人猜忌他在结党营私。更加令人敬佩的是，孔光回到家后，对自己的兄弟、妻子和孩子，只字不提朝中政事，家人们也知道孔光的嘴巴非常严，也就不去找那个无趣。但他们都没去过皇宫，为了长长见识，问问别的新鲜事总可以吧？于是家人向孔光提出了一个问题："宫中温室殿前种的都是些什么树啊？"孔光听罢，先是沉默不语，继而顾左右而言他，完全答非所问。家人们万万没有想到，孔光的保密工作竟然做到了这样滴水不漏的地步。这就是孔光"温室之树不可对"的典故。具体说到明朝初年，在生性多疑的朱元璋的高压政策下，官员们无不噤若寒蝉，至于本来就以"慎言"为做官要诀的宋濂，更是深知官场险恶，祸从口出，所以每当客人来访，如果提及禁中之事，宋濂就指着"温树"两个字给客人看，借此表明自己慎言守默的态度。

朱元璋执政后期，大肆清扫开国功臣。为了远离政治漩涡，宋濂选择了告老还乡，当其时也，朱元璋亲自饯行，宋濂叩首辞谢，并与朱元璋约定："臣没死之前，请允许臣每年来宫觐见陛下一次。"说到做到，宋濂回乡后，每年都在帝庆节进京觐见，朱元璋也是恋恋颇见深情。回到家乡的宋濂，为了打消朱元璋的疑虑，那是终日闭门不出，静心读书，而且从不与人谈论国事，甚至告诫子孙不要去往城市。所以，如果不是后来因为他的长孙宋慎被牵连进胡惟庸案，宋濂也遭到流放，最终白发苍苍于途中病逝在夔州（今重庆奉节县），那么宋濂的一生，真可谓是孔子所谓"用行舍藏"，即获得任用就出来做事，不得任用就退隐闲居的完美写照。至于宋濂无道而隐、有道而出的选择，即将儒家经邦济世的为政理想，转化为肩负一生的社会责任，又可谓是一种至高的处世境界吧。

王阳明：立德、立功、立言的『逆天』之人

　　"太上有立德，其次有立功，其次有立言"，立德、立功、立言合称"三不朽"，这是中国人一生的至高追求。能够做到其一，便足以留名青史，若要将三者全部做到，那么难度无异于登天。但是，在中国历史上，就有这么一位"逆天"的人，他通过自己的努力，最终达成立德、立功、立言的目标，并为后人留下了一条成为圣贤的康庄大道，这个人便是王阳明。

　　王阳明即王守仁，阳明是他的别号。1472年，王阳明出生于浙江余姚一个官宦之家，父亲王华是成化年间的状元。王阳明到五岁时还不会说话，但是却能默记读过的书。王阳明成为圣贤的道路颇具传奇色彩，而为他开启这一段不平凡旅程的人，竟然是位算命先生。1482年的一天，11岁的王阳明正走在街上，突然被一位算命老人拉住。老人对他说："我为你相个面，你以后可要记得我说过的话。"随即将几句谜语似的话送给了他："须拂领，其时入圣境；须至上丹台，其时结圣胎；须至下丹田，其时圣果圆。"这段话虽然没头没尾、似通非通，但却引起了王阳明的思考。回家之后，王阳明便常常对着书本静坐沉思，终于有一天，他向老师问道："您觉得天下第一等的事情是什么呢？"老师道："当然是读书科举，考取功名。"王阳明听后，心生疑惑：难道读书只是为了求得一个功名么？一念至此，王阳明当即说出："我

认为读书明理，成为圣贤，方为第一等事。"

成为圣贤，说着容易，做起来却很难。为了找到成为圣贤的道路，王阳明曾拜访、请教大儒娄谅，娄谅以宋儒朱熹"格物致知"的道理开示王阳明，告诉他说：世间的万事万物之中，都蕴含着至理。认真钻研生活中的事物，逐一探明其中的奥秘，最终就可以参透天地间的至理，成为圣贤。王阳明听后，立即身体力行，不仅遍读朱熹的著作，而且开始"格"身边的万物，以求致知。但是不久，他便遭遇了重大挫折。有一次，他对着庭院中的竹子，苦思冥想了七天七夜，到最后非但未能参透竹子中蕴含的至理，反而得了一场大病。这次失败的经历，使得王阳明开始对朱熹的学说产生了极大的怀疑，这就是中国哲学史上著名的"守仁格竹"。

所谓"穷则变，变则通"，王阳明在自我反思中，发现"格物致知"的方法存在问题。他觉得，通过格物致知，人们仅能获得对于外部世界的认识，而这种认识究竟又能帮助自己几分呢？想到这里，王阳明决定从佛教、道教中寻求成为圣贤的途径，他开始出入佛道，既听道士谈养生之法，又与佛家僧侣交往，请教禅机。然而经过一段时间的修行，王阳明又发现参禅、修道不仅不能使自己成为圣贤，反倒会使自己徒耗精神，乃至走上背弃社会责任、遗弃人伦亲情的不归之路，所以在佛道中求圣贤，无异于缘木求鱼，只会使自己越走越远。于是，王阳明重新选择，回归儒者的身份，以追寻世间的道理。

就在王阳明努力探求成圣之路的时候，大明皇朝发生了一件大事。1505年，明孝宗朱祐樘驾崩，15岁的朱厚照即位，是为明武宗。明武宗荒淫无道，宠信宦官刘瑾，引起朝臣不满。于是，群臣纷纷上疏，要求皇帝铲除宦官、整肃朝纲。但是此时，朝政被刘瑾把持，群臣的上疏，非但没有伤到刘瑾分毫，反而招来了刘瑾的打击报复。刘瑾假借皇帝之命，以上疏忤旨为名，将为首上疏的戴铣等人全部逮捕。听闻此事，时任兵部武选司主事的王阳明激于义愤，也向皇帝上疏，要求赦免戴铣等人、严惩刘瑾。刘瑾看到王阳明的上疏后，大为光火，一怒之下打了王阳明四十廷杖，并将之贬为贵州龙场驿驿丞。即便如此，刘瑾还不解气，欲置王阳明于死地，他不断派人追杀赴任龙场驿的王阳明。历经千辛万苦之后，王阳明才终于摆脱了刘瑾的追杀，逃到龙场驿（今贵州修文县）。当时的这里，深处群山万壑之中，毒虫遍布，瘴气弥漫，而且当地土著与中原语言不通，难以与之交流。此时的王阳明，可谓处于人生的最低谷。

然而正所谓"天将降大任于斯人也，必先苦其心志，劳其筋骨，饿其体肤，空乏其身，行拂乱其所为，所以动心忍性，增益其所不能"。处身在这种极端恶劣的环境下，王阳明并未放弃成圣的执念与经世的责任，他常常想："如果圣人处在这样的环境里，又会如何做呢？"真是福祸相依，正是在龙场驿这个偏远的地方，王阳明得到了人生中最重要的领悟。一天夜晚，王阳明在睡梦之中，似乎听到有人对他说话，突然之间，他从床上跳起，大声欢呼，所有人都被他吓了一跳，唯有他自己知道，他终于参透了格物致知的终极含义。原来，圣人之道并不能从外界事物上求得，那些崇高的道德修养，早已蕴含在每个人的心中，只要时时探究自己的本心，努力将后天染上的各种私欲去除，就能体悟最本真的天理。这就是著名的"心即理也"与"知行合一"。而在这一理论的指导下，王阳明主动承担起了教化当地土著的职责。他教给当地人中原的语言、文化，带领他们耕作土地、建造房屋，被百姓敬若神明。他还在当地开设龙冈书院，收徒讲学，将"知行合一"之论传播开来，使得当地的民风大为改观，文明程度大为进步。

数年之后的1519年，宁王朱宸濠在江西举兵叛乱。王阳明时任南赣巡抚，与吉安知府伍文定合作，临危不惧，屡出奇兵，仅仅用了一个多月就平定了这场叛乱，将朱宸濠等人一并捉拿殆尽。在上奏朝廷时，王阳明着重指出了来自兵部尚书王琼的支持与器重。然而，当时的内阁大学士杨廷和与王琼素有恩怨，在杨廷和的阻挠下，王阳明应得的所有奖赏都不了了之，甚至不能进京接受诰封。与此同时，武宗在平叛的过程中御驾亲征，自称威武大将军，得知朱宸濠已被抓获后，竟命令王阳明将其放归鄱阳湖，企图亲自捉拿朱宸濠，以满足皇帝的虚荣心。对于这样不可理喻的旨意，王阳明根本不予理会，而是径直将一众战犯押往杭州。趁此机会，太监张忠、许泰以及许许多多嫉恨王阳明功劳的大臣，都在武宗面前颠倒是非、进献谗言，对王阳明加以诋毁，甚至诬陷他与朱宸濠早已里通外合、意图不轨。这一系列的遭遇使得王阳明认识到，即使贵为天子，也并不值得时时相信，在这样不公正的环境之下，能够相信的只有自己那颗明辨是非的心。他提出，"心即理"与"知行合一"之说还有继续延伸的可能，"致良知"三字才是真正的"圣门正法眼藏"，就是不论出身、不论贤愚，人人心中都天然地存在良知，只要通过不懈的努力，唤醒心中的良知，并且时刻遵照良知而行，那么人人都可以成为圣贤。秉持着这样的思想，王阳明不断地对周围的百姓施以教化，开坛讲学，推行乡约，身体力行着儒家倡导的"修齐治平"的经世理想。

纵观王阳明的一生事迹，于国堪称功臣，文治武功皆负有盛名；于民堪称圣贤，无论在何种境遇下，他都没有停止追求"天理"的脚步，最终为"阳明心学"开宗立派，为后世和今人留下了宝贵的思想财富。王阳明临终之际，弟子问他有何遗言，他说："此心光明，亦复何言！"这是何等辉煌雄伟的一生。王阳明的一生，给予我们今人的启迪在于：无论面对怎样的人生，都不能磨灭思考人生真谛的意志，都不能放弃修齐治平的责任感。如此，我们终将收获一个充实、崇高的人生。

为官智慧

　　"处世智慧"的十讲结束后，我在考虑接着是讲"为官智慧"，还是讲"教育智慧"。从逻辑关联性来说，处世智慧颇多得益于来自各方的教育，但是转念一想，"处世智慧"的十讲，又是以各色各样的"官人"为对象的，即便"山中宰相"陶弘景、唐太宗长孙皇后，也还是广义的"官人"。如此，为了让内容更加衔接，就接着"处世智慧"讲"为官智慧"吧。

　　谈谈中国传统社会的为官智慧，对于当今中国社会也有着广泛的现实意义。为官之道，最重要的有四点：一是为官之本，就是为官一场，造福一方；二是为官之理，就是讲求奉献；三是为官之德，就是廉洁奉公；四是为官之义，就是维护公正、伸张道义。这样的"为官四要"，正是中国传统社会为官智慧中积极成分的继承与创新。

　　其实追根溯源，说起"官"这个字，按照《说文解字》的解释，下面为"㠯"，有"众"的意思，上面为"宀"，有覆盖的意思，合起来，"官"就是"治理众人"的意思。那么何谓"治理众人"呢？《周礼》中说："惟王建国，辨方正位，体国经野，设官分职，以为民极。"因此，"官"的本义，大致可以理解为是辅助君主治理人民大众的人，而为官就是指做好辅助君主治理人民大众的事。

"官"本身没有好坏之分，但做官却有好与坏的区别。评价做官好坏的标准又是什么呢？西汉刘安主编的《淮南子》中说："治国有常，而利民为本。"这是将人民大众的利益看作治国理政的根本目的，而各级各类的"官"是直接治理人民大众的人，判断他们做官的好与坏，当然就应以是否体现人民大众的根本利益作为最基本的标准。东汉荀悦的《申鉴》中又说："名必有实，事必有功。"这是将做官好坏的标准要求，又作了进一步的强调与限定，就是不能只看为官之名，更要看为官之实，要根据一个人做官做事的真实情况以及产生的实际效果来进行评判，以此检验其做官的好与坏或者善与恶。

　　做官就要做事。做官之人的做事，往往受到两方面因素的影响，一是外部的生存环境，二是个人的智慧才识。就前者而言，不同的外部环境下，做官者所面临的情况可谓千差万别，幸运者可能生逢太平盛世，并且得遇英明君主，不幸者可能遭遇兵火战乱，还要与昏君庸主相周旋。就后者而言，不同的个人所拥有的才智当然不尽相同，有的人思虑周全，也有的人行为偏激，有的人灵活机智，也有的人秉性迂直。进而言之，受到外部环境和个人智识的影响，不同的人做官做事，面对不同问题、不同情况时，所采取的应对举措既会有所不同，所导致的事态发展、成效结果也往往会有很大差异。于是，古之为官者，有的人建功立业，也有的人一事无成；有的人功成名就，也有的人声名狼藉；有的人身名得以俱全，也有的人身死而名传……在历史的"现在进行时"，这些"官人"可能是成功者、勤政者，也可能是混世者、失败者。但是随着历史的风烟飘散，在后人的眼里心中，他们为官做事的思维脉络、言行举止，以及由此导致的事功结果、善恶评价，却又都是可资思考、可供借鉴的智慧样本。

　　做官也是做人。古之为官者，处身宦海浮沉之际，他们面对问题、解决问题的过程，往往也是他们为人的心性与品格经历检验与考验的时刻。究竟是积极进取、建功立业，还是消极避世、明哲保身？是直面困境、勇担重任，还是畏惧退缩、优游度日？是事权在握、飞扬跋扈，还是和合万物、谦退冲虚？是斤斤计较、只顾眼前，还是不拘小节、大局为重？这些做官者丰富多彩、五花八门的做事与做人的抉择，对于后人来说，不仅可以作为日常处人处事的警醒与训诫，也可涤荡、涵养我们的心灵与品格。这就是我们可以从古代为官者那里学到的另一种智慧吧。

周公旦：孔子为何总梦见他？

平常我们说起中华文化，往往会用到"博大精深"这个词。中华文化的"博大精深"体现在很多方面，姑且从一个小的方面来看一下。我们平时写文章，或者日常说话，当要表达某种含意时，固然可以直陈其意，但也可以用某些约定俗成的成语类的字词、句子来代替。后一种做法的好处，是既能把意思表达清楚，还能使文字或语言变得丰富，并且多出许多趣味来。比如，我们要表达"睡眠"的意思，有时会用"梦周公"或者"赴周公之约"来代替，人们理解起来基本不会有什么问题。

不过，这就有一个问题出现了。"梦周公"与"睡眠"之间的替代关系是怎么产生的呢？实际上，这来源于孔子曾经说过的一句话。《论语·述而》中记录的孔子原话是："甚矣，吾衰也！久矣，吾不复梦见周公！"这话的意思是，孔子说："我衰老得多么厉害啊！我已经好久没有梦到周公了！"做梦乃是人类睡眠时的一种常见现象，于是久而久之，孔子"梦周公"的相应替代意义也就形成了。但接下来又有了新的问题，孔子既然说好久没梦见周公了，那就是说他以前经常梦见周公。那么周公是谁？孔子又为什么总是梦见他呢？

周公姓姬，名旦，是追封的周文王姬昌的第四个儿子，灭商的周武王姬发的四弟。身为同姓宗室，姬旦受封的采邑在当时岐山之南的周地，这里是周室祖先周太王古公亶父的居住地，所以姬旦又被称为"周公"。

公元前1046年初，周公辅佐哥哥姬发讨伐商纣王，经过著名的"牧野之战"，纣王战败自焚，随之商朝灭亡，周朝建立。周公也因功被赐封鲁地，称为鲁公，但他并没有前往封地，而是留在国都镐京，继续辅佐兄长。在这期间，发生过一桩事情，颇可见周公以国家利益为重、舍生忘死的崇高精神。话说武王突然生了病，于是周公悄悄设立祭坛，向着太王、王季、文王三位祖先祷告："国王姬发因为勤劳国事，为疾病所缠。若是三位先王对上天负有保护子孙的责任，就用我的生命代替国王的生命吧。我多才多艺，能事鬼神。而国王才艺不如我，不能事鬼神。"接着周公向着三位先王占卜，结果都是吉利的，周公很是高兴，于是觐见武王，并祝贺道："大王不会有什么灾祸了，我刚接受了三位先王的命令，要您为王室作长久的打算呢。"周公又将先前祈祷用的简策藏于匣子中，并且特别告诫保管人不得泄露此事。周公肯以自己的生命作为交换条件以救武王，可见他的一片赤胆忠心。

然而没过多久，周武王还是驾崩了，其子姬诵即位，是为周成王。这时的成王还只是个小孩子，无法处理国政，于是周公暂行摄政，所以在此后大约七年的时间内，周公是周朝的实际治理者，而周朝从最初的建立到实现稳定的统治，其间一系列的军事行动、制度建设，也基本是在周公的带领下完成的。至于生活在春秋时代也就是东周前期的孔子，则是终其一生，都对西周的典章制度十分推崇，比如孔子曾说："周监于二代，郁郁乎文哉！吾从周。"这话的意思是，西周的典章制度、礼仪规范，是汲取与借鉴了夏朝和商朝的经验与教训而制定的，堪称既丰富又完备，所以我遵从周朝的制度。由此也可见到，孔子对于西周制度的实际建设者周公，那是心向往之。人们常说，"日有所思，夜有所梦"，这就难怪一天到晚痛心疾首于"礼崩乐坏"，心心念念着"克己复礼"的孔子，会经常梦见周公了。

那么，能让后世享有"大成至圣先师"之誉的孔子如此推崇备至的周公，在西周的稳定与建设方面，究竟取得了哪些突出的成就？这些成就中又体现出周公怎样的为官智慧呢？我们不妨梳理一下。

其一，平定叛乱。先是"牧野之战"后，商朝虽因国都被攻破而亡国，但其外围势力仍然存在。比如周朝建立之初，周武王出于怀柔和安抚商朝后裔的目的，以及遵从既往的传统，分封了纣王的儿子武庚，以延续商朝的祭祀，但是派了自己的弟弟管叔、蔡叔、霍叔驻扎在周围，起着监视的作用。而及至周武王驾崩，武王的弟弟周公摄政，这引起了同为武王弟弟的管叔、蔡叔、霍叔等人的不满，于是他们趁机联合武庚等一些商朝的旧势力，竟然发动了叛乱，史称"三监之乱"。面对这样的乱局，周公毅然率军亲征，并且顺利讨平叛乱，诛杀武庚、管叔，流放蔡叔，霍叔则被废为庶民。在此之后，周公更是采取了一系列措施，对原来的殷商旧族进行抑制，从而巩固了新生的周朝政权。

其二，营建新都。周朝初建时，国都在镐京，即今陕西省西安市一带。就当时的形势来看，镐京位置偏西，以此为国都，很难对商朝旧族广泛分布的东部地区形成有效的控制。于是，周公决定营建东都，经过一番风水勘察，最终选定地址，主持建造了洛邑作为新都，位置在今河南省洛阳市一带。此后，原来的国都镐京被称为"宗周"，洛邑则被称为"成周"。

其三，分封诸侯。平定"三监之乱"后，周公继续率军东征，灭掉了东方地区许多原来商朝的属国，实现了周朝真正意义上的统一。而鉴于此前的叛乱事件，周公意识到周武王原来分封商朝遗民的做法有着明显的弊病，于是采取了新的分封策略，除了把商丘即今河南省商丘市一带的土地及一部分殷商遗民赠给纣王的庶兄微子启，设立宋国以存商朝祭祀外，更大举分封姬姓宗室及异姓功臣来设立诸侯国。据《荀子·儒效》篇的记载，这个时期设立的诸侯国有70多个，其中姬姓国家就达到了50多个。这些诸侯国的设立，目的在于拱卫周朝王室，即所谓"封建亲戚，以藩屏周"。虽然众所周知，分封制度在后来出现了诸侯势力坐大、天子权威式微等等的问题，但在西周当时，分封诸侯以及营建新都，是周公根据统一之初的形势所进行的重大战略调整，确是巩固周朝统治的有效而且有力的措施，它显示了周公因时、因势、因地制宜的高超政治智慧，从而解决了自周武王灭商以来，商朝遗民随时可能叛乱的潜在危险，加强了周朝对东方的控制以及对天下的统治。

其四，制礼作乐。西周之前，比如说殷商时代，在王位传承方面，很长一段时间内是"传子"和"传弟"两种制度并存，于是两种制度的矛盾时不时地发生；至于各级贵族，在选谁做继承人这件事上也是纷争不断，甚至流血冲突频发。针对这样的情况，周公在西周政权建设上的另一个重要建树，是"制礼作乐"。所谓礼、乐，属于制度建设方面的内容，是维护政权有效统治的需要。西周礼乐制度涉及很多方面，而基础则在于体现尊卑有序，使上上下下各安其位。例如西周的宗法制度，规定贵族的家族传承采取嫡长子继承制，嫡长子又称为"大宗"，其余诸弟则为"小宗"，两者间的地位区别很明显，也不可逾越。天子以嫡长子为太子继承王位，太子的诸弟则被封为诸侯；诸侯也以嫡长子继位，其在诸侯国内属于"大宗"，其余诸子则被封为大夫；大夫也用相同的继承法，由于到了这个层级已无地可封，余子就被列为一般贵族。各阶层的贵族都享有与其身份相对应的礼仪、乐舞等仪式，同时面向上级阶层负有一定的责任和义务，例如朝觐、纳贡、出兵助战等等，如此就形成了严格的等级秩序，建立了仿佛金字塔一样稳定的社会结构。在这样的等级秩序与社会结构中，人们各安其位，各做符合自己身份的事，各说符合自己地位的话，如此当然就政治统治稳固、社会秩序井然了。西周制度之所以为孔子津津乐道，根本原因正在于此。反观孔子所处的春秋时代，已经"礼崩乐坏"，《论语》中记载了孔子与子路的一段对话，就很可以反映问题：

子路曰："卫君待子而为政，子将奚先？"子曰："必也正名乎！"子路曰："有是哉，子之迂也！奚其正？"子曰："野哉，由也！君子于其所不知，盖阙如也。名不正则言不顺，言不顺则事不成，事不成则礼乐不兴，礼乐不兴则刑罚不中，刑罚不中则民无所措手足。故君子名之必可言也，言之必可行也。君子于其言，无所苟而已矣。"

这段话译成白话文，是这样的。子路说："卫国的国君等着您去治理政事，您打算先做什么？"孔子说："一定是先正名啊！"子路说："有这样做的吗？您太迂腐了。为什么要正名呢？"孔子说："你真粗野啊！君子对于他所不知道的事情，大都采取存疑的态度。名分不正，说话就不顺当合理，说话不顺当合理，事情就办不成。事情办不成，礼乐就不能兴盛。礼乐不能兴盛，刑罚就不能得当。刑罚不能得当，老百姓就会坐立不安，甚至连手脚都不知道怎么摆放才好。所以，君子确定一个名分，必定可以说得成理；说得成理，必定可以实行。君子对于自己的言行，不能有一点的随随便便、马马虎虎。"具体到孔子的"梦中情人"周公，则是终其一生，始终遵礼而行，不肯逾越制度。换言之，周公既是周礼的制订者，也是周礼的践行者。我们不妨举两个例子。

第一个例子。当初周武王驾崩，天下疑惧，流言四起，都说周公将不利于成王。周公为此会见太公姜尚、召公姬奭，表达了自己害怕天下离心、诸侯反叛而要暂摄国政的初衷。后来，成王长大，能够单独处理政务了，周公果然将政权交还给成王，用事实证明了自己的初心未改，也使当初的流言不攻自破。

第二个例子。史载周公摄政时，会见诸侯都是南向而立，而还政给成王后，周公立即回归到北向而立的臣子之位，恭谨执礼，毫无僭越。这自然是周公以身作则、遵循礼乐制度的表现，同时也是周公妥善自处的聪明之举。

在我国历史上，处身官场、能进而不能退以致亡身灭族的"权臣"非常多，而如周公这般不贪恋权位，实属难能可贵。能进能退，而且进退自如，这是周公处身官场而能明哲保身的智慧体现。

周公一生的功绩，《尚书大传》概括为："一年救乱，二年克殷，三年践奄，四年建侯卫，五年营成周，六年制礼乐，七年致政成王。"这些功绩，在上述的四点中基本都涵盖了，尤其是第四点制礼作乐，对于后世中国政治制度的发展走向，影响可谓非常深远。那么如何理解这个问题呢？

我们知道，东周也就是春秋战国时期，周王室式微，天下出现了"礼崩乐坏"的局面，但孔子既是周礼的推崇者，也是周礼的继承者。孔子开创的儒家学说，部分理论思想就是受到周公所创典章制度的启发而形成的。孔子曾在鲁国担任司空，尝试以西周制度推行改革，孔子也曾周游列国，到处呼吁恢复周礼。虽然孔子的这些现实努力没有获得成功，但也产生了很大的影响。自西汉以降，儒家学说逐渐成为历代王朝的主流学说，浸润其中的一些周礼思想，也就随之绵延不绝。后世的有些朝代，比如王莽建立的新朝、宇文泰奠基的北周、武照建立的周朝等等，还曾或多或少地做过恢复周礼，即复古改制或者托古改制的尝试。这样一来，主持周礼制订的周公，就受到了历朝历代的普遍推崇。比如西汉时期，政论家、文学家贾谊评价周公说："文王有大德而功未就，武王有大功而治未成，周公集大德大功大治于一身。"近代历史学家夏曾佑先生也曾说："孔子之前，黄帝之后，于中国大有关系者，周公一人而已。"周公在中国政治史上地位之尊崇可见一斑。

进而言之，如果我们把上下五千年的中国文化史分成前后两个阶段，那么某种意义上可以说，周公是前一个两千多年间礼乐文化的集大成人物，孔子是后一个两千多年间儒家文化的开创性人物，周公的礼乐文化，又直接孕育了孔子的儒家文化。这样看来，孔子对周公心心念念，甚至常常梦见周公，也就不足为怪了。

最后再说一则周公的小故事，以表达对周公为官勤政、礼贤下士的敬意。司马迁的《史记》中记载，周公派长子伯禽去管理自己的封国鲁国，临行时告诫伯禽说："我是文王之子、武王之弟、成王之叔父，我的地位不算低了。但我却洗一次头要三次握起头发，吃一顿饭要三次吐出正在咀嚼的食物，起来接待贤士，即便这样，我还怕失掉天下的贤人。你到鲁国之后，千万不要因为有国土而骄慢于人啊。"周公礼贤下士，求才心切，洗头、进食时往往多次停下来，忙于接待客人。后世于是以"周公吐哺"这个典故，表达在高位者的礼贤下士。在高位者，唯有如此，才能天下归心吧！

商鞅：惨遭『车裂』的大改革家

我国有一个成语，叫作"萧规曹随"，说的是西汉初年，萧何做相国时，针对战乱之后百业凋敝的现实，主张与民休息，实施无为而治，于是天下百姓赖以安宁。萧何逝世后，曹参接替做相国，对萧何所制定的法令政策照旧施行，毫无更改，自己则日夜饮酒，无所事事，却也在百姓之中赢得了良好的口碑。

"萧规曹随"是曹参为官智慧的一种体现。但这种情况的出现，是基于整体的大环境并未改变。如果大环境变了，那么顺应时代的变化而推进改革，就会成为治国理政的应有之义，如果这时再优哉游哉地因循守旧，那就不合时宜了。当然，自古以来，改革都不是件讨好的事情，相对"萧规曹随"，改革者往往需要更多的担当、勇气和智慧。

比如回望春秋战国时期，各诸侯国之间彼此争霸、相互兼并，生存环境日趋恶劣。春秋时期的秦国虽然一度强盛，位列"五霸"之一，但至战国初期，国势却渐渐衰落，整体实力落后于当时的齐、楚、赵、魏、韩等国。在这种形势下，秦国为求不被别国吞并，变法图强已是迫在眉睫。

公元前 361 年，秦孝公嬴渠梁即位。即位之初，秦孝公便下令求贤，称

"有能出奇计强秦者，吾且尊官，与之分土"，开出如此优厚的求贤条件，显示出秦国变法图强的迫切愿望。也就在随后不久，商鞅来到秦国，并在秦孝公的支持下，实行了闻名于世的"商鞅变法"。

需要说明的是，商鞅本是卫国人，公孙氏，名鞅，所以称为"公孙鞅"或"卫鞅"。后来秦孝公因为他变法有功，赐他包括十五邑的商地（今陕西商洛市一带），号为"商君"，因此人们又称他"商鞅"。

商鞅变法，是中国历史上最著名、效果也最显著的变法之一，而商鞅其人为官的成与败、命运的顺与逆，也留给我们今人诸多的经验与教训，值得反复咀嚼。

第一点，审时度势，因势利导。

商鞅自小喜爱刑名之学，学成以后，他感到卫国太小，难以施展自己的才华，于是来到当时的中原第一强国魏国，投到魏国相国公叔痤的门下。公叔痤对商鞅的才能非常赏识，在自己病重时把他推荐给魏惠王，希望魏惠王能任他为相国，并叮嘱说，如果不能以他为相，那就杀掉他，总之不能让他离开魏国，为别国所用。公叔痤这个人比较纠结，对魏惠王说完这番话后，想想又觉得对不起商鞅，结果回过头来，又对商鞅说："大王不见得会用你。我是先君而后臣。该对大王说的，我都说了；该对你说的，我也说吧。你赶紧逃走，否则会被逮捕。"然而对于这件事，商鞅远比公叔痤看得清楚，他知道自己声名未显，魏惠王根本不会把他当回事，既然不能重用他，自然也不会想到杀他。正如商鞅所料，魏惠王既没有用他，也没有杀他，而且还对左右说："看来相国病糊涂了，竟然既要寡人重用一个无名小卒，又要寡人杀了他，真是荒唐啊。"而后来的历史证明，魏国不仅因此失去了一次强国的机会，并且还把这个机会让给了秦国。这又是怎么回事呢？

公叔痤去世后，身在魏国的商鞅无用武之地，当他听说秦孝公在国内张榜求贤，就西行来到了秦国，并且很聪明地找到秦孝公的宠臣景监，央求他帮忙引荐，去见秦孝公。秦孝公正在一心求贤的兴头上，于是很快召见了商鞅，商鞅对着秦孝公滔滔不绝地谈了许久，但孝公听得乏味，竟然打起了瞌睡，显然他对商鞅所讲的东西不感兴趣。这次谈话结束后，孝公责怪景监，说你推荐的客人就是个书呆子，夸夸其谈，景监也随后责骂了商鞅，商鞅则对景监解释说："初次见面，我还不知大王的性情与志向，所以我对大王谈论了一般的为帝之道。既然大王对此不感兴趣，那我可以讲些别的啊。"过了几天，趁着孝公高兴，景监再次请求孝公召见商鞅，这次商鞅谈了更多，然而还是不合孝公的胃口，于是孝公再次责怪景监，说你的这位客人，尽说些古远的旧事，全然不顾当前的情况，这有啥用啊！于是景监再次责骂商鞅，商鞅又再次解释说："我以王道进言，大王还是没听进去。请大王再召见我一次吧，我一定会让大王满意。"如此过了一段时间，在景监的周旋与安排下，商鞅得以第三次觐见孝公，这次两人竟然谈了数日，孝公听得是如痴如醉。事后，景监问商鞅说了什么，竟让大王如此开心、满意？商鞅说："前两次，我与大王讲述三皇五帝、三代先王的道理，但是大王说：'这些都太遥远了，我无法等待啊。贤能的君主，都希望自身在当世就显名天下，我怎么能无声无息地等待数十百年，才去成就帝王之业呢？'所以我这一次改变了谈话的内容，与大王讲述能够迅速富国强兵的霸术，大王听后非常高兴。"

诸位朋友，这就是商鞅的智慧吧。商鞅三次觐见秦孝公，第一次谈论"帝道"，不行，第二次谈论"王道"，还是不行，于是第三次谈论"霸术"。所谓"帝道""王道"，大致是提倡道德、推行仁政一类的治国方略，这些东西听起来固然不错，但并不符合当时列国争战的紧迫形势。至于"霸道"，则是直接见效、迅速强国的策略，所以得到了秦孝公的高度认可。所谓审时度势、因势利导，就是这个道理。

第二点，趁热打铁，力排众议。

通过三次觐见，商鞅获得了秦国最高统治者秦孝公的信任，这为他的变法打下了坚实的基础。然而，自古以来，变法都非易事，秦国也不例外。即便是已经决意起用商鞅、实施变法的秦孝公，起初也很担心自己遭受非议。面对这样的状况，商鞅既对秦孝公趁热打铁、坚定支持者的信心，又与守旧派唇枪舌剑、力排反对者的众议。

商鞅开解秦孝公说："犹豫不决的人，最终无法成事，况且超出常人智慧的人，本就容易遭受诋毁和攻击，所以无需考虑太多。谋划大事，不能与老百姓商讨，只能让他们分享事后的成果。所谓至德者不和于俗，成大功者不谋于众。只要能够使国家强盛，就不用因循陈规。只要对老百姓有利，就不必遵守古制。"对于商鞅的这番论说，秦孝公连连称善。

朝中守旧派大臣甘龙反对变法，他认为商鞅的这番论说不对："圣人不改变民俗，而使百姓得到教化。智者不更易典章制度，而使国家得到治理。因民而教，不劳而成功；缘法而治，吏习而民安。"商鞅反驳说："三代的典章制度各不相同，却都成就了王业。五霸采用不同的法度，也都成就了霸业。智者创立制度，愚者却被制度所限制。"

朝中另一位守旧派大臣杜挚也反对变法，他认为："没有百倍的利益，就不轻易变更法度。法古无过，循礼无邪！"商鞅反驳说："治国的方式有很多种，只要于国有利，就可以不遵循古制。当初商汤、周武王都是不循古而称王，夏、商两朝都是因为不肯改革而致灭亡。"

经过这样的反复辩论，公元前356年，秦孝公终于下定决心，拜商鞅为左庶长，为全国最高军政长官，主持推行变法。

第三点，取信于民，执法如山。

新上任的左庶长商鞅开始了他的全面变法。变法的内容很多，比如编造户籍，百姓每五家为一伍，每十家为一什，实行相互监督，彼此检举，附带连坐责任的连坐法；奖励军功，严禁私斗，定二十等爵位，杀敌一名赐爵一级，私斗者严惩不贷；提倡生产，积极者免除徭役，懒惰者没官为奴；废除贵族世袭特权，宗室没有军功者，不得列入谱牒，如此等等。

诸多的变法条款虽然制定了，但是如何推行呢？商鞅知道，要让新法顺利推行，首先就要做到取信于民，要让百姓相信政府。于是商鞅导演了一场"移木立信"的预热好戏。

在秦国国都的南门口，商鞅命人竖起一根三丈长的木头，旁边贴一告示，说谁能将这根木头扛到北门口，就赏赐十金。对于一般百姓来说，这可是一笔巨大的财富啊，所以围观的百姓都不敢相信这是真的，一时之间，指指点点、议论纷纷，但就是没人应召。于是商鞅又出了个告示，将赏金提高到了五十金。如此重赏之下，终于有人熬不住了，应召而出，将木头从南门扛到了北门，围观的百姓也是一路簇拥着看热闹。商鞅得知情况，到场表扬扛木人遵令守法，立马赏赐他五十金。真是一场好戏啊！此戏一演，官府令出必行、决不食言的形象，迅速建立了起来。在此基础之上，商鞅推出了一系列的变革法令。

然而，全面、深入的变法谈何容易！新法施行了一年，就出现了很多反对的声音，不少百姓也跑到国都，反映新法施行起来的诸多不便，列举的事例竟有上千条之多。而商鞅认为，新法之所以不能便利地施行，是因为有地位高的人不依新法行事，违法之后也没有遭到相应的制裁。恰在此时，太子嬴驷触犯了新法，商鞅决心借此机会对太子做出惩罚，以此建立威信。由于太子是储君，不能施用刑罚，所以商鞅最后严厉处罚了太子的两位老师，太傅公子虔被处以刑罚，太师公孙贾被处以黥面，就是在脸上刺字。商鞅此举，可谓执法如山，从此以后，秦国自上而下，人人都不敢不乖乖地遵守新法了。过了几年，商鞅又实施了第二次变法，比如推行县制，废除井田，统一度量衡，等等。

商鞅变法，取得了显著的成效，史书上说"行之十年，秦民大悦，道不拾遗，山无盗贼，家给人足。民勇于公战，怯于私斗，乡邑大治"，秦国迅速富强了起来。

第四点，建功立业，功成身败。

趁着这股秦国富强的势头，商鞅适时把握住了秦孝公梦寐以求的愿望，即向东开疆拓土。秦孝公任命商鞅为统帅，率领大军向东进攻魏国，志在收复被魏国侵占的河西领土。魏国则派出公子卬迎敌。公子卬曾是商鞅在魏国不得意时的知己，公子卬器重商鞅的才学，常常请商鞅喝酒叙谈，商鞅也对公子卬十分感激。然而这时的商鞅，为了建功立业，竟然利用这层关系，以双方会盟罢兵、各自保境安民为诱饵，将公子卬骗到秦军的军营，生擒活捉了公子卬。魏军失去了主帅，不战自乱，如狼似虎的秦军直杀得魏军尸横遍野，全军覆没。魏惠王惊恐万状，急忙派遣使者向秦国求和，割让了黄河以西的土地。事已至此，魏惠王在无限懊悔之中对大臣们说："寡人恨不用公叔痤之言也！"至于获得大利的秦孝公，为了奖赏商鞅变法强国、伐魏立功，兑现了当初"求贤令"中的承诺，对商鞅尊官分土，可谓荣宠备至。

然而正所谓"成也萧何，败也萧何"，为官者若将一切系于一人之身，那是极度危险的。就以商鞅来说，他在秦国的成功经历、尊崇地位，皆因秦孝公的支持而得来，最后也因秦孝公的离世而失去。公元前 338 年，秦孝公离世，太子嬴驷继位，是为秦惠文王。不久，曾被商鞅严惩过的太子老师公子虔、公孙贾等人串通一帮守旧大臣，诬告商鞅谋反，正愁没有把柄的秦惠文王于是马上下令缉捕商鞅。走投无路的商鞅无奈之中只得逃亡，逃亡途中，他打算入住一家客舍时，却被严守新法规定的客舍主人拒绝，因为如果投宿者没有凭证，客舍就不能安排入住，否则客舍主人会被处罚。这条新法，原本也是商鞅制定的，没想到自己竟会因此受困，商鞅对此唯有感叹而已。商鞅想着逃回魏国，但魏国人因为商鞅曾经使诈，诱捕了公子印的无义之举，以及大败魏军的血海深仇，所以不予接纳。商鞅只好再回到秦国自己的封地商邑，率领部下抵抗，结果战败被杀。而令人心生恐怖的是，当商鞅的尸身被带回秦都咸阳后，竟然还被处以五马分尸的车裂之刑，同时秦惠文王还下令诛灭了商鞅全家。

说到这里，真是让人感慨系之。从为官智慧来说，商鞅审时度势、因势利导，趁热打铁、力排众议，取信于民、执法如山，这都是他成功的方面，也值得今人借鉴。正如西汉刘向在《新序》中的评论，商鞅"极身无二虑，尽公不顾私"，商鞅变法，"法令必行，内不阿贵宠，外不偏疏远，是以令行而禁止，法出而奸息……此所以并诸侯也"。这是刘向对商鞅推行新法的公正态度、担当精神以及智慧谋略的极高评价，然而另一方面，刘向的《新序》也对商鞅执法过于严苛、树敌太多的做法进行了严厉的批判，所谓"内刻刀锯之刑，外深斧钺之诛，步过六尺者有罚，弃灰于道者被刑。一日临渭而论囚七百余人，渭水尽赤，号哭之声动于天地，畜怨积仇比于丘山"，这应该就是商鞅为官智慧的短板所在吧，这样的为官短板，或许与后期的商鞅权迷心窍、不知谦退有关。

这样的商鞅，是耶非耶，难以评说。肯定商鞅者，如后来的秦国客卿、秦朝丞相李斯说"孝公用商鞅之法，移风易俗，民以殷盛，国以富强，百姓乐用，诸侯亲服，获楚、魏之师，举地千里，至今治强"，北宋政治家、改革家王安石也有诗道"自古驱民在信诚，一言为重百金轻。今人未可非商鞅，商鞅能令政必行"；否定商鞅者，如西汉贾谊直指商鞅"违礼义，弃伦理，并心于进取"，稍后的司马迁则在《史记·商君列传》中定性商鞅为"天资刻薄人也"。然而无论如何，正如毛泽东主席所指出的："商鞅可以称为中国历史上第一个真正彻底的改革家，他的改革不仅限于当时，更影响了中国数千年。"毛主席的这话是什么意思呢？就当时的秦国来说，商鞅虽因变法而惨死，但他所推行的新法，却并未废除，秦国终究因变法而日益强盛，成为战国七雄中的头号强国，及至秦王嬴政时，更是取得了扫灭六国、统一天下的辉煌业绩。而就"影响了中国数千年"来说，商鞅变法的诸多精神，直到今天仍然未变。商鞅变法成功却自身覆灭，这样的覆灭与成功相伴而生的商鞅，真是引人无限深思！

张良：功成身退的大汉留侯

战国晚期，燕国人蔡泽来到秦国，曾与当时秦国的执政者范雎有过一番论辩。蔡泽说了这么一段话："夫人之立功，岂不期于成全邪？身与名俱全者，上也。名可法而身死者，其次也。名在僇辱而身全者，下也。"这段话的意思是，人们要建功立业，难道不希望功成名就而人身安全吗？所以生命与功名都能保全的，这是上等；功名可以让后世效法而自身性命不保的，这是中等；声名污秽而生命保全的，这是下等。当然，这里的上等境界，自是一种很理想的人生状态，既能建功立业，又能保全自身，可以说十分完美。

但这种人生理想实现起来并不容易。自古以来成就宏大功业的人不在少数，而同时护得自身周全的人却并不很多，原因何在？俗话说"人怕出名猪怕壮""树大招风""木秀于林风必摧之"，你功成名就了，皇帝就可能觉得你"功高震主"了，会对他产生威胁。同时，身边的同僚也可能会嫉妒你，进而想尽办法排挤你。即便抛开这些外在的不利因素，人一旦成就大了、身份高了，也不免会得意忘形，忘乎所以，以致做出危害自身的事情来。

如此看来，"身"与"名"二者之间，实际上存在着某种对立性，要想做到二者俱全，实在需要具备相当的智慧。这种智慧的核心所在，就是思虑深远，防患于未然，要能透过眼前平静的表象，看到未来潜在的危险，并据之做出正确的抉择。落实到具体的历史人物身上，西汉初年著名的开国功臣——留侯张良，就是具备这种人生大智慧、为官大智慧的一位"智者"。

张良，生年不详，逝于公元前186年。张良出身韩国"相门"，父祖连续五世为韩国国相。张良在历史上的首次亮相，颇具传奇色彩。秦始皇帝平灭六国、建立秦朝后，国破家亡的张良立志复仇，他散尽家财，招募刺客，终于觅得一位能挥舞一百二十斤铁椎（槌）的大力士，然后趁着秦始皇帝外出巡游，一起埋伏在博浪沙（今河南原阳县东南）实施刺杀行动。但是最终，飞出的铁椎（槌）只是击中了秦始皇帝的副车，行刺失败。而为了躲避秦始皇帝的追捕，张良被迫逃亡，隐姓埋名于下邳（今江苏睢宁县北）。十年后，随着陈胜、吴广在大泽乡揭竿而起，秦末农民起义风起云涌。张良也聚集了一帮青年，应时而出，投身起义的洪流，并很快在留县（今江苏沛县东南）遇到了刘邦。张良感觉与刘邦颇是投缘，比如他与别人说起自己的意见时，别人往往听不懂，唯有刘邦很听得进，于是张良认为刘邦是天命所属，这样就开始了他辅佐刘邦推翻暴秦、平定天下的功业之路。

如果说张良早年的刺秦行为展示了他热血刚勇的一面，那么其后他在灭秦战争、楚汉战争以及天下平定后的一系列作为，则更多地展示了他的智慧和谋略。他曾经多次在关键时刻进言献策，帮助刘邦做出正确选择，从而在复杂的政治及军事环境里赢得主动。我们不妨举四个例子。

第一个例子，在取得灭秦胜利后，张良力劝刘邦不要急于享乐。公元前206年初，刘邦攻到秦都咸阳，秦王子婴无力抵抗，主动献城投降，秦朝灭亡。刘邦本性既贪财又好色，骤然间取得如此大的胜利，又见到秦宫中财宝美女众多，还有狗马玩好，就想着直接入住秦宫，好好享受一番。大将樊哙觉得此事不妥，力劝刘邦出去住，但可能是樊哙不知道怎么劝说，或者说不到点子上，结果刘邦没有听他的。张良见状，接着进言相劝："正是因为秦朝暴虐无道，失去民心，您今天才会出现在这里。替天下除掉暴政，应当以俭朴为本。您现在刚刚进入秦宫，便想着享乐，这种行为并不合适啊。所谓'忠言逆耳利于行，良药苦口利于病'，希望您能听进樊哙的话！"刘邦是个聪明人，也有远大的志向，听了张良的劝说，他立刻明白了其中的利害关系，于是命人将秦宫财宝都封存于府库之中，自己则带领部众离开咸阳宫，进驻到附近的灞上。

第二个例子，面对项羽的"问罪"之师，张良劝说刘邦主动缓和双方关系。刘邦灭秦后，受人蛊惑，派兵防守函谷关。后来发生的事情证明，这非但毫无意义，还带来了更大的危险。同为义军一方的项羽随后率军赶到，发现函谷关门已闭，怒而进军，很快破关而入，并准备一举击败刘邦。当时，刘邦部下仅有十万人，项羽则拥兵四十万，显然并不是硬碰硬进行正面对抗的时候。这时，项羽的部下项伯前来会见张良。项伯是项羽的叔父，早年曾因杀人，被官府追捕，张良帮着他躲藏。项伯劝说好友张良随他一起逃走，张良觉得这样太不仁义，反劝项伯去见了刘邦。按照张良的建议，刘邦先与项伯约为亲家，拉近关系，又通过项伯向项羽传达，自己封存府库，是为了等项羽来验收，派兵守关，是为了防备强盗出入，我日夜都在盼着项将军快点来，哪里会背叛呢！项伯答应了刘邦的请求，并叫刘邦赶快去见项羽，以求解除双方的误会。于是第二天一早，刘邦带着百余人马去见项羽，经过鸿门宴上一番明里暗里的较量，项羽打消了攻灭刘邦的念头，一场巨大的危机消弭于无形。特别值得一说的是，在鸿门宴上，张良先是安排樊哙护卫在"项庄舞剑"之真意所在的沛公刘邦身边，而当刘邦借口上厕所先溜了后，也是张良冒着杀身之险，留下来与项羽、范增周旋。等到项羽分封十八诸侯王时，又是张良出谋划策，让刘邦在就任汉王的路上，烧掉了所过的秦岭栈道，这样既能防备诸侯兵进犯汉中，又使得项羽相信刘邦没有重回关中、夺取天下的野心，从而放松了警惕。

第三个例子，楚汉相争中，张良打消了刘邦分封六国之后的主意。秦朝灭亡后不久，楚汉之战就拉开了序幕。刘邦的汉军较之项羽的楚军为弱，对此刘邦颇为忧心。谋士郦食其于是向刘邦献了一条分封六国诸侯后代的计策。按照郦食其的计策，六国后代获得分封后，一定会感激并拥戴刘邦，从而在战争中帮助汉军牵制楚军。刘邦觉得有道理，就让人刻了六国印信，准备照此施行。刘邦随后又征询张良的意见，张良却认为如果依此行事，只怕大事就坏了。他从多个方面分析了不可分封六国后代的原因，认为天下豪杰之所以抛弃一切跟随刘邦争战天下，就是希望将来能获得自己的封地，如果现在分封原来六国的后代，那这些人的希望就难以实现了。而且分封六国诸侯后代，各路豪杰极有可能会回到各自所属的故国，去辅佐他们的诸侯，这样一来也就没人再跟随刘邦了。另外，分封六国容易，但要他们臣服却难，在楚军强大的现实形势下，说不定他们还会跟随项羽，反过来跟刘邦为难。张良的一席话，让刘邦醒悟了过来，急忙下令销毁已经刻好的六国印信。

第四个例子，建议分封雍齿为侯，以求平定局面。刘邦战胜项羽得到天下后，开始大封功臣。但是因为一些人竞相争功，封赏活动进展缓慢，那些迟迟得不到封赏的人渐渐有了怨言。有一天，刘邦远远看到一些将领在交头接耳地说话，就问张良这些人在说些什么。张良回答："皇上不知道吗？他们正在商量谋反的事呢。"刘邦大吃一惊："天下刚刚安定下来，他们为什么又要谋反？"张良说："皇上是靠着这些人赢得天下的，而现在受到封赏的，只是像萧何、曹参这些平常与皇上比较亲近的人，诛杀的是那些与皇上有仇怨的人。封赏令迟迟不下达，这些人既担心天下不够封，又害怕自己可能会因为平时的过失而受到诛杀，所以才聚到一起策划谋反。"刘邦这才意识到问题的严重性，于是赶紧向张良寻求应对之策。张良心里其实早已有了主意，他问刘邦："皇上平生最憎恨而且为大家所共知的人是谁？"刘邦回答是雍齿，只是因为他功劳大，有些不忍心杀掉他。张良说："那就请立刻封赏雍齿吧。这些人看到连雍齿都能得到封赏，就不会再担心了。"刘邦于是立刻封雍齿为侯，同时督促丞相、御史加快封赏进程，事态果然就此平息了下来。

通过上面的四个例子，诸位朋友应该可以感觉到，张良在刘邦打天下、安天下过程中所做出的巨大贡献。刘邦对张良的功劳曾有一句评价："运筹策帷帐中，决胜千里外，子房功也。"子房是张良的字。的确，张良虽因体弱多病，不曾亲自带兵打仗、立下战功，但张良每一次的进言献策，都体现出一种深谋远虑的大智慧，刘邦对他的如此评价，可以说是十分恰当。也因为此，在汉初大规模的封赏中，刘邦给予张良"自择齐三万户"就是自己在齐地挑选三万封户的赏赐。然而，就在很多人为自己的功劳应该得到何种封赏而争吵不休时，张良却开始在考虑退隐的问题了。他不肯接受"自择齐三万户"的封赏，并对刘邦表示："臣于下邳起义，与陛下在留县相识，这是上天把我送给陛下的。臣的计策，陛下经常能够采纳，这是臣的幸运。把留县封给臣就足够了，臣可不敢要三万封户。"刘邦答应了张良的请求，封他为"留侯"。请封留县，正是张良决定退身归隐的前奏。此后不久，刘邦定长安为国都，张良随行来到长安，随即闭门不出，逐渐淡出朝政，过起了隐居生活。

张良对于自己的一生，做过一番总结。他说："我祖上世代做韩国的相国。韩国灭亡后，我散尽万金，买来刺客，为韩国报仇。如今凭借三寸之舌，辅佐帝王成就功业，位居列侯，这是普通人所能达到的人生极限，对于我来说，这已然足够了。"本着这样的为官智慧，张良既功成名就，又功成身退，并且最后得以善终。而反观与张良同为汉初功臣的韩信、彭越、英布等人，因为不懂得"狡兔死，走狗烹"的道理，不明白刘邦是那种可以与人同患难却无法共富贵的君主，最终都落得身死族灭的悲惨下场。由此可见，张良的功成身退、身名得以两全，实在体现了他卓越的为官智慧、杰出的政治远见。

西汉初年担任丞相的陈平，曾对丞相，有时也称宰相这个职务有过一番论述："宰相者，上佐天子理阴阳，顺四时，下育万物之宜，外镇抚四夷诸侯，内亲附百姓，使卿大夫各得任其职焉。"这番论述，主要强调的是作为丞相的协调能力。在我国历史上，特别是明、清两代之前，相权相对较重，很多时候丞相处于一人之下、万人之上的地位，其协调能力就显得尤为重要。但"协调"二字，说起来容易，做起来颇难，回首历史，登堂拜相者虽众，堪称名相者却少。这里，我们就来聊聊一位古代名相，看看他是如何协调各方力量、维护政权平稳的。这个人就是东晋丞相王导。

王导，公元 276 年出生，琅琊临沂（今山东费县东）人。王导 14 岁时，已被看相者评价为"此儿容貌志气，将相之器也"。后来王导果然官至丞相。然而丞相一职，虽然位高权重，但即便在太平时期，要做个称职的丞相已属不易，倘若生逢乱世，那就更加难上加难。很不幸的是，王导就遇上了一个超级乱世，先是西晋的后宫与外戚争权，引发了旷日持久的"八王之乱"，"八王之乱"又引发了"五胡乱华"，内迁的匈奴等族趁机纷纷起兵，建立政权，于是中国北方陷入了胡马纵横、彼此混战的局面之中，建都洛阳的西晋王朝也已大厦将倾，无可救药。

王导出身于当时的名门望族琅琊王氏，与受封为琅琊王的晋朝宗室司马睿素来关系很好。"八王之乱"期间，司马睿也被裹挟其中。王导洞悉时事，知道中原已经事无可为，就劝同龄的司马睿尽早远离乱局。后来司马睿被任命为安东将军、都督扬州诸军事，王导遂力劝司马睿移镇建邺（今江苏南京市），去往江东，开辟一片新天地。

江东远离北方战乱，自然是个安身的好地方，但要说到开辟一片新天地，却也并非易事。比如307年九月司马睿进驻建邺后，"士庶莫有至者"，就是说当地竟然没有一个人前来觐见司马睿这位朝廷任命的江东地区最高军政长官，这样的局面可谓十分尴尬。其实，这是有原因的。首先，不过20多年前，建都建业，拥有南方半壁江山的吴国，正是被西晋王朝灭国的，而且接受吴国末主孙皓投降的琅琊王司马伷，又正是司马睿的祖父，换言之，来到吴国故都的西晋皇族司马睿，对于吴国旧人来说，竟是灭国仇人的后代；其次，西晋灭吴后，作为"亡国之余"的江东士族一直颇受排挤，不被待见，他们对于统一的晋朝既没有好感，也缺乏认同；再次，当时的司马睿不过三十出头，虽然凭借着出身，也封王做官了，其实既无什么功业，也无什么声望。综合这些因素，司马睿要想在江东地区立足，可以说是困难重重，而首先要面对的一个现实难题，就是如何被江东士族接受。

王导深知，如果这个难题不解决，那将后患无穷。北方已乱，肯定回不去了，若是连南方也人心离散，则晋室江山势必万劫不复。他很快替司马睿想到了一个好办法，就是联合自己的堂兄，开国皇帝司马炎的驸马爷，掌管兵马、威名卓著的王敦，在永嘉二年（308）三月三上巳节这一天，精心导演了一台好戏。

上巳节是中国古代的一个重要节日，人们在这一天来到水边，洗濯去垢，消除不祥，这被称为"被禊"。魏晋以降，上巳节更是增添了饮宴、郊游等许多丰富的游乐内容。于是王导安排司马睿外出观览建邺的"被禊"活动，让他乘坐在颇具威仪的轿子上，自己则和王敦等人骑马跟随在后。江东名士纪瞻、顾荣等人见到这等盛大的排场，内心十分震动，连忙拜伏于道路两侧，司马睿也是下轿答礼，一副亲善模样，双方的关系一下子显得和睦了起来，司马睿也在江东士族面前树立了一定的权威。

当然，王导心里清楚，要想真正立足江东，仅仅依靠展示威仪还是不够的，更重要的是要获得江东人士的真心拥戴。他建议司马睿："古代的君王，无不敬礼故老，尊重风俗，谦虚谨慎，招纳豪杰。何况现在天下丧乱，国土分裂，大业草创，正是急于用人的时候呢！顾荣、贺循是江东地区的领袖人物，如果能够请出这两位，其他人就会跟着来了。"于是王导带着司马睿的使命造访顾荣、贺循，这两位都应召出仕，表示愿意拥戴司马睿。此举又很快产生了连锁效应，江东士族望风归附，吴地百姓也是尽皆归心。

当司马睿渐渐在江东立定脚跟的时候，北方地区的形势却越来越糟。西晋永嘉五年（311），先是羯族石勒围歼晋军十余万人，再是匈奴刘曜攻陷洛阳，俘虏晋怀帝，杀害王公官吏、士民百姓三万余人，接着又是长安被破，白骨蔽野。为了躲避纷起的战乱，北方的士族百姓大量南迁。面对这样的形势，王导一方面劝司马睿收揽北方南迁的贤人君子，扩大力量，以求共图大事。司马睿采纳了王导的建议，这样一来，不仅南下的北方士族得以安心，也进一步巩固了司马睿政权的统治基础。另一方面，王导又施行了侨寄之法，就是在江东士族势力相对较弱的地区，按照北方原籍的州郡县名称，设置相应的侨州、侨郡、侨县，安置来自北方的士族和民众，归入侨州郡县的"侨人"暂不负担国家的赋税徭役。此举既让南迁的北方官民得到了妥善安置，也避免了南北士族之间的许多利益冲突。

笼络江东士族，接纳南下的北方士族，以及缓和南北士族之间的矛盾，王导以其强大的协调能力，辅助司马睿在江东创立了复兴晋室的基业。而在这个过程中，王导不但深受司马睿的器重，也收获了崇高的个人威望。说到这里，不妨说三个故事。

有关江东士族的故事。位高权重的王导，曾经放低姿态，请求与江东士族陆玩结为亲家，陆玩酸不溜秋地拒绝道："小土坡上长不了松柏这样的大树，香草与臭草也不能放在同一个篮子里，我陆玩虽然不才，却不能乱开此例。"王导宽宏大量地不以为意。

有关南迁的北方士族的故事。《世说新语》里记载："过江诸人，每至美日，辄相邀新亭，藉卉饮宴。周侯中坐而叹曰：'风景不殊，正自有山河之异！'皆相视流泪。唯王丞相愀然变色曰：'当共戮力王室，克复神州，何至作楚囚相对！'"王导这样的"愀然变色"，是在激励南迁的北方士族振作精神，共同抵御外侮，恢复故国河山。

有关王导个人魅力的故事。原西晋骑都尉桓彝初到江东时，看到司马睿势力单薄，很是担心，为此闷闷不乐。后来桓彝去拜访王导，经过一番长谈，焦虑一下子全没了，回去后还高兴地对别人说："我刚刚见到了管夷吾，已经没有忧虑了！"管夷吾就是春秋时期辅佐齐桓公称霸的名相管仲，孔子曾经称赞管仲："微管仲，吾其被发左衽矣。"桓彝把王导比作管仲，可见他对王导安定江东的推崇、抵抗外侮的信赖。

王导不但擅长协调各种力量、调和各方矛盾，尤为可贵的是，他也深谙自身作为臣子，如何平衡与皇权之间的关系之道。东晋建立之初，王导在朝中为相，堂兄王敦则拥重兵于外，琅琊王氏一族权势极盛，与司马氏形成了"王与马，共天下"的格局。据说王敦忌惮司马睿贤明，曾经有意选立更好控制的人来做皇帝，最终因为王导的坚决反对而作罢。司马睿即皇帝位的当天，邀请王导同坐御床，一起接受百官的朝贺，王导坚决不肯，他说："皇上好比太阳，如果太阳和天下万物一样，怎能普照万物呢？"司马睿这才没有坚持。王导始终以谦退为礼，坚守君臣之道，全力维护司马氏政权，王导与司马睿之间也是情好日隆，一时传为朝野佳话。

不过，王氏一族的权势，最终还是引起了司马睿的不安，后来司马睿重用刘隗、刁协，有意削弱琅琊王氏的影响力，并暗中调整军事部署，以防范手握重兵的王敦，甚至也疏远了王导。王导对此听其自然，依旧安守本分，对个人荣辱淡然处之。当时一些有识之士都称赞王导在顺境和逆境中都善于自处。然而王敦却对司马睿的做法十分不满，双方矛盾日益激化。永昌元年（322），王敦以讨伐刘隗、刁协为名，起兵武昌（今湖北鄂州市），进军京城。在此期间，刘隗劝说司马睿将在京城的王氏族人尽数诛杀，许多人都替王导感到担忧，王导则每天一大早领着家族子弟二十余人，到宫殿前待罪。司马睿毕竟相信王导的忠诚节义，最终没有杀害他以及王氏族人。

对于王敦起兵一事，王导的心态其实是很微妙的。王敦的做法，在某种意义上是有利于王导以及王氏一族的，但如果事情做过了头，比如说王敦对皇帝擅行废立，甚至取代司马氏做皇帝，则不是王导希望看到的结果。因为这与他辅佐司马睿复兴晋室的初衷相违背，而且会让王氏一族成为众矢之的，一不小心就可能有全族覆灭的危险。所以自王敦起兵起，王导一直在努力协调王敦与司马氏之间的矛盾，而当知道双方矛盾难于调和时，王导选择了"大义灭亲"。

王敦攻入京城后不久，司马睿忧愤而崩，王敦则专擅朝政，甚至一度打算废掉新即位的皇帝司马绍。司马绍决定讨伐王敦，并以王导为大都督，总领征讨军队。这时的王敦已经重病在身，王导便率领子弟为王敦举行哀悼仪式，让众人都以为王敦已死，一时士气振奋。王敦闻讯大怒，再度兴兵，但很快就真的病死了，随后王敦所率军队也被朝廷击败，战乱随之平息。

王导逝于公元339年，享年64岁。他一生经历了元帝司马睿、明帝司马绍、成帝司马衍三朝，一直居于庙堂高位。每当危急时刻，王导总能以他强大而且高妙的为官智慧，协调矛盾，化解危机，既使琅琊王氏一族得以保全，也奠定并维护了东晋朝廷在江东的统治。诚如陈寅恪先生之言："王导之笼络江东士族，统一内部，结合南人北人两种实力，以抵抗外侮，民族因得以独立，文化因得以续延，不谓民族之功臣，似非平情之论也。"如果说，嬴政作为"千古一帝"，是中国政治制度与广袤疆域的奠基者，那么，王导作为决定"东晋南朝三百年之世局"，延续汉族政权与传承华夏文化的大功臣，称之为"千古一相"，应该也并不过誉吧！

魏徵：成就唐太宗千古美名的『乡巴佬』

我们在学习历史的时候，会发现一种有趣的现象：当说起周文王时，往往会想到姜太公；说起齐桓公时，常常会想到管仲；说起刘备时，大概会想到诸葛亮；而说起唐太宗时，则可能会想到魏徵。换言之，在我们所形成的历史记忆里，每位名君一般都会有与其对应的一位名臣。这样的名君与名臣的并存关系，通常是建立在彼此之间的互动联系上的，这种互动联系当然是多方面的，但也有其特别突出的某个方面。比如本讲要说的魏徵，他和唐太宗李世民之间最为人熟知的互动联系，就表现在进谏与纳谏上。魏徵以敢于进谏而闻名，李世民以善于纳谏而闻名，一进谏，一纳谏，成就了这两位为人所熟知的并存关系。

其实，关于魏徵的进谏与李世民的纳谏，前文已经有所涉及。不过这个事情实在还值得细说，这一讲就主要站在进谏者魏徵的角度，看看进谏者的为官智慧。

所谓进谏，其要义在于直言劝正，就是通过提出批评意见，帮助君主纠正过失，执政从善。但由下向上地提意见，从来都不是件容易的事，更何况君臣之间，还超越了一般的上下级关系。倘若所进谏言触得"龙颜大怒"，那么非但谏言变得毫无益处，进谏者还可能会面临仕途甚至生命的危险。所以，作为臣子而敢于向君主进谏，不但需要极大的勇气，还需要具备相当的智慧。此外还要看君主是否具有接纳谏言的器量。那么，魏徵为什么敢于进谏？所进谏言为什么能被李世民采纳？魏徵的进谏行为中又蕴含着怎样的智慧？要寻求这些问题的答案，还需要从他们君臣二人真正相遇的那个时候说起。

魏徵，生于580年，逝于643年，《辞海》里说他是河南内黄人，祖籍河北晋州或河北馆陶。魏徵少时孤贫好学，早期的经历比较复杂，起先当过道士，在隋朝末年的乱局中，他跟过元宝藏、李密、窦建德，621年他42岁时，为秦王李世民生擒，随后为太子李建成赏识，任东宫官属太子洗马。

李建成是李世民的长兄，更是唐高祖李渊所立的太子，但由于秦王李世民在唐朝建立过程中的功劳很大，所以太子李建成的地位并不稳固。魏徵清楚当时的形势，于是劝李建成早做准备，以防不测。但后来还是李世民先下手为强，武德九年六月四日，即公元626年7月2日，发动"玄武门之变"，杀掉了长兄太子李建成与四弟齐王李元吉，魏徵也跟着成了阶下囚。李世民责问魏徵："你为什么要在我们兄弟之间挑拨离间？"魏徵毫不避讳地直言："如果太子早听我的话，现在就死不了了。"李世民早就听说过魏徵的才能，自己刚刚得太子之位，也需要人才辅助，他见魏徵敢于直言，心中很是赞赏，于是不仅赦免了魏徵，还任用魏徵为詹事主簿。等到李世民即位称帝，更是多所重用，历为谏议大夫、秘书监、侍中、太子太傅等等，进封郑国公，卒后还陪葬唐太宗昭陵，而且荣列凌烟阁二十四功臣第四位。

其实追溯当初，魏徵之于李世民，和春秋时期管仲与齐桓公的关系很有些相似。管仲最初辅佐齐桓公小白的哥哥公子纠，为了帮助公子纠夺得齐国王位，曾经带人追赶小白，并亲手射了小白一箭。小白最终在夺位之争中胜出，然而并没有因为管仲意图射杀自己而治他的罪，不仅没有治罪，还拜管仲为相，称管仲为"仲父"。后来，齐国在管仲的治理下，国势日益强大，成了春秋时期最早称霸的诸侯国。

与管仲倾心尽力治齐相仿，魏徵对于李世民"外举不避仇"的大度做法，自然十分感激，而通过此事以及李世民即位之初的一些表现，魏徵也了解到李世民确实是位想听并且能听真话的君主。贞观初年，李世民曾一再向群臣表示，皇帝若想知道自己的过错，必须要靠臣子进谏，甚至不惜以重金之赏，引导臣子积极进谏。某一次，有人被判决了死罪，大臣孙伏伽进谏，说按照法律，罪不当死，及时纠正了这次判罚。为了奖励孙伏伽的进谏行为，李世民竟把价值百万的一座园林赏给了他。有人认为这个赏赐太过厚重，李世民却说："我即位以来，还没有进谏的人，所以要进行厚赏。"李世民的这种态度及做法，无疑给了魏徵直言进谏的勇气和信心。魏徵将李世民视为"知己之主"，从此竭思报效，知无不言，而且言之大胆。比如贞观十二年，公卿大臣请求李世民封禅泰山，只有魏徵认为不行。李世民觉得委屈，就问魏徵："请您尽情说出看法。难道我的功业不够吗？恩德不深厚吗？国内不安定吗？边远蛮夷不仰慕我的仁义吗？祥瑞没有来到吗？五谷没有丰收吗？为什么不能封禅呢？"魏徵答道："陛下的功业非常高，但是百姓似乎没有受到实质的恩惠；国内虽然安定，仍不足以承担封禅的开支；边疆的夷人仰慕我朝的仁义，但也无法满足他们的索求；祥瑞虽然经常出现，但国家的法律仍然严密；连年丰收，粮仓尚且空虚。这些就是臣认为当下还不适合封禅泰山的缘故。臣暂时以人做比喻，如今有一个人患病十年，经过治疗后快要痊愈了，但他已经被病痛折磨得骨瘦如柴，却要让他背一石米，一天走一百里路，这样做肯定不行。隋朝的战乱，不止十年，陛下是为他治病的良医，疾病虽然已经治好，但还不够健康，现在就禀报天地大功告成，臣私下觉得不妥。"李世民无法反驳，只得采纳了魏徵的建议。

终唐太宗一朝，魏徵所进谏言极多。那么魏徵又是如何进谏的呢？不妨试举两个例子，以见一斑。

贞观初年，李世民有一次外出住在离宫里，随行的一些内官有事回京，途中路过漳川县（今陕西扶风县西漳川村），当地官吏把他们安置在官家的馆驿里。不久之后，右仆射李靖、侍中王珪也路过这里，于是当地官吏便让那些内官搬到了别处，而把馆驿腾出来给了李靖等人。内官在某种意义上相当于皇室的家人，李世民知道此事后大怒，认为地方官不尊重皇室，于是下诏追究漳川县官吏及李靖等人的过错，魏徵则对此进行劝阻。魏徵认为，李靖等人是唐太宗的股肱大臣，而那些内官只是负责宫中扫除的职役之人，若以各自的职责来论，在如何对待上理应有所区别；再者，官家的馆驿本来就应该提供给像李靖这样的大臣，用作他们会见地方官吏的地方，至于那些内官，除了需要供给饮食外，地方官吏并没有什么要与他们商谈的。如此说来，要是因为这件事而责罚漳川县的官吏，恐怕会有损于皇帝的仁德之名，而且会使天下人感到惊讶。听了魏徵的这番谏言，李世民的满腔怒火平息了下去，停止了对此事的追究。

　　对于来自臣下的进谏，君主当然不会件件都听。如果谏言没有被君主接受，魏徵又会怎么做呢？有一次，李世民在丹霄楼举行宴会，酒酣耳热之际聊到了这个敏感的话题。李世民问道："魏徵每次进谏，当我不予接受时，此后再说话他就不应声了，这是为什么呢？"魏徵回答："为臣是觉得皇帝的做法不合适，所以才进谏的。如果皇帝不肯接受，还要继续采用原来的做法，这时候我如果立即答应，恐怕不合适的做法马上就会被执行。"李世民又问道："如果你当时先答应下来，然后再另找时机进谏，难道不可以吗？"魏徵回道："以前舜帝训诫群臣，不要当面听从，背后议论。如果我这么做了，哪里像是稷、契辅佐尧、舜的做法？"我们知道，尧帝、舜帝是上古时代的名君，稷和契则分别是传说中辅佐尧、舜的名臣，所以这段对话实际上也是一次进谏，魏徵既表达了自己关于进谏的态度，同时也劝谕李世民正确对待来自臣下的当面谏言。

从上述的两个例子中，我们可以发现魏徵进谏的一个特点，就是在他所进的谏言中，常常颇有委婉之处。在前一个例子中，魏徵先是据理而谈，而后又以处罚李靖等人有损皇帝仁德结尾，语气十分平和。在后一个例子中，魏徵更是将李世民与尧、舜并提，虽然说是谏言，却也算把李世民大大称赞了一番。李世民当时听了魏徵的这番话后，就开心地大笑说："人言魏徵举动疏慢，我但觉妩媚，适为此耳。""妩媚"这个词，乍听起来，和屡进谏言的魏徵似乎有些违和，但实际上，这恰恰是魏徵委婉进谏特点的体现。

　　然而说到底，进谏毕竟是违逆君主做法的行为，即便以委婉的方式进行，有时也难免触动君主之怒。李世民有一次就被魏徵弄得下不来台，罢朝回宫后恨恨地说："总有一天，我会杀了这个乡巴佬。"对魏徵以"乡巴佬"称之，而且放言要杀了他，可见李世民这次被气得不轻。长孙皇后问李世民为谁生气，当知道是魏徵后，皇后退了下去，换上一身朝服，来向李世民表示祝贺。李世民很是惊讶，问这是什么意思啊？长孙皇后说道："我听说有明君才会有直臣，现在魏徵这样直言无忌，那是因为皇帝英明，我怎敢不表示祝贺呢？"听了皇后的话，李世民转怒为喜。李世民由于一时气愤而骂魏徵是"乡巴佬"，但他心里很清楚，这位"乡巴佬"所进的谏言，对于朝廷统治、政权建设还是很有益的。作为皇帝，李世民自然知晓这中间的利害关系，否则他就不可能在即位之初就向大臣们广求谏言了。所以，虽然有被谏言激怒的时候，但是总体而言，李世民仍是中国历史上少有的善于纳谏的君主，而有了这样的君主，魏徵也成了中国历史上典型的进谏很多的大臣。如何进谏很多呢？比如有一次李世民慰劳魏徵说："卿所陈谏，前后二百余事，非卿至诚奉国，何能若是？"这"二百余事"的陈谏，应该还不是魏徵所进谏言的全部，但即便就以此数量而论，也可知魏徵进谏之多与李世民纳谏之勤。对于李世民能够广纳谏言的器量，魏徵自己也很清楚，在一次宫中宴会上，魏徵就曾当面坦言："正是皇帝允许我直言，我才敢于进谏，倘若皇帝不能接受进谏，我哪里敢冒犯天威，直言无忌呢？"

《孔子家语》中有一句话："为人君而无谏臣则失正。"意思是说，国君如果没有敢谏的臣子，就会失去正道。其实，"敢谏"是一回事，如何进谏又是另一回事。比如在魏徵所进谏言中，就有一条谈到了"良臣"与"忠臣"的区别。魏徵认为，所谓的"良臣"，是像辅佐尧帝的稷、辅佐舜帝的契以及同样辅佐舜帝的皋陶那样的名臣，他们不但以其自身的出色业绩而享有美名，也使受其辅佐的君主名垂青史、福祚绵长；至于所谓的"忠臣"，则是像夏桀时期的龙逢、商纣时期的比干那样的名臣，他们虽然也忠心耿耿，但结果不但自己受诛身死，所辅佐的君主也恶名昭彰、家国并丧。魏徵说我所希望的，是自己做"良臣"而非"忠臣"，皇上做"兼听则明"的有道明君而非"偏信则暗"的无道昏君。事实上，魏徵确实做到了"良臣"，他凭借着自己过人的勇气和为官的智慧，屡进谏言，终于成就了唐太宗李世民"一代明君"的千古美名。当这样的魏徵去世时，唐太宗发自肺腑地对大臣们说："以铜为镜，可正衣冠；以史为镜，可知兴亡；以人为镜，可知得失。魏徵走了，我失去了一面镜子。"说罢痛哭不止，群臣也无不为之动容。"乡巴佬"魏徵做官能够做到这等境界，其中的大智慧，实在值得我们细心体会吧！

冯道：官场『不倒翁』『狼虎丛中也立身』的

谈到做官，可能会有人感叹说"为官不易"。那么，做官究竟难不难呢？其实，严格说起来这并不是一个真正的问题，真正的问题应该是怎样做官，或者说为了什么而做官。如果能对此给出一个正确的答案，那么做官是难还是易，也就无须再多言了。下面，我就来聊聊一位历史上的传奇人物，看看他的"为官之道"以及做官经历，或许诸位朋友能够从中得到一些启发。这位传奇人物就是冯道。

冯道，公元 882 年生人，954 年去世，瀛州景城（今河北沧州市西北）人，出身农耕家庭。他不以粗糙的衣食为耻，就算积雪堵住了家门，桌上布满了一层灰，仍旧平淡自若。冯道的"传奇"之处，在于他生逢"五代"乱世，不但安然度过，而且长期身居高位，是一位名副其实的官场"不倒翁"。

所谓"五代"，是指唐朝灭亡后，在中国北方相继出现的五个王朝政权，后世称为后梁、后唐、后晋、后汉、后周。这五个王朝总共加起来才不过 50 多年，其时各个政权之间杀伐连连，政局动荡不安。而冯道辗转其中，除了后梁之外，他在其他四个王朝中都担任过官职，还曾一度任职于入侵中原的契丹政权，所谓"三入中书，在相位二十余年"。对于自己的人生经历，冯道也是颇为自得，晚年时甚至自号"长乐老"。

然而，冯道的这番经历，却也让他在身后成为一个极富争议的人物。批判他的人认为，冯道历任四朝高官，是一个不辨是非、不知廉耻之人。比如北宋政治家、文学家欧阳修就痛斥冯道"可谓无廉耻者矣"，另外在修撰《新五代史》时，欧阳修还专门新辟了一篇《杂传》，把包括冯道在内的"仕非一代，不可以国系之者"列入其中，并且强调"夫入于杂，诚君子之所羞"，也就是认为这些不能忠于一朝的人都是可耻的。但也有人对冯道持赞扬态度，持这种态度者没有拘泥于冯道在四朝为官的经历，而主要关注他为官期间的一系列具体行为，比如北宋另一位政治家、文学家王安石就认为，冯道历仕四朝，做到了"屈己利人"，并评价他身处乱世而能关心百姓疾苦，"有诸佛菩萨之行"。

　　一个人身负两种截然不同的评价，真可谓一种罕见的现象。这两种评价虽然关注的角度有所不同，但实际上都是围绕着同一个问题，即冯道的"为官之道"而产生的。那么，身处五代乱世的冯道，究竟是如何看待"做官"这件事，他的"为官之道"又是怎样的呢？

　　冯道既擅长做官，也颇能作诗。他在仕途显达之前，曾经作过一首七言律诗，诗中如此写道：

> 莫为危时便怆神，前程往往有期因。
> 须知海岳归明主，未必乾坤陷吉人。
> 道德几时曾去世，舟车何处不通津。
> 但教方寸无诸恶，狼虎丛中也立身。

　　通过这首诗，我们或许可以试着去了解冯道的"为官之道"。首先，他明确地把他所处的这段时期认定为"危时"，是一个尚未出现"明主"的乱世。既然如此，那么所谓"忠君"的观念，对他就失去了意义，所以当王朝更迭之际，他没有理由也没有必要为任何一个王朝或任何一位皇帝死守臣节。其次，他并没有因为身处危时乱世而沮丧，而是相信危时乱世终究会过去，然后出现真正的"明主"，实现天下统一，同时他更坚信最根本的"道德"也没有"去世"，只要人的心中持有善念，那么即便是在这个狼虎遍地的乱世，也能从容立身，并且有所作为。

结合冯道全部的宦海生涯来看，我们会发现他正是这样做的。

在冯道多次改换门庭、奉迎新君的官场经历中，最为后人诟病的是当后晋灭亡时，他投靠了侵入中原的契丹国。当契丹的军队打败晋军进入开封城后，冯道既没有自尽，也没有积极抵抗，而是径直前去朝见契丹国主耶律德光。耶律德光问他为什么来，他平心静气地回答："我既无兵又无城，怎敢不前来？"耶律德光嘲讽他："你是个什么样的老头子呢？"冯道仍然一点也不生气，反而跟着自嘲道："一个既无才又无德，而且还憨憨傻傻的老头子！"一番对话后，耶律德光知道冯道此人对自己没有威胁，不但没追究他任何责任，还让他做了太傅。

那在成为契丹政权的一员后，冯道又做了些什么呢？耶律德光侵入中原后，曾改国号为"辽"，梦想着做中原的皇帝。有一次他问冯道："天下百姓如何救得？"面对这位异族皇帝，冯道故意夸奖了一句："此时便是佛祖复出，也救不得天下百姓，只有皇帝您才能救得。"这句回答可谓极尽谄媚之能事，表现得十分没有骨气。但事实上也正是这句话，在一定程度上顺遂了耶律德光的心意，从而减少了契丹军对中原百姓的杀戮。另外，当看到有汉人子女在战乱中被契丹人俘虏时，冯道总是出钱把他们赎买回来，并且送还家中。可以说，是冯道利用了自己任职契丹政权的特殊身份，在当时保护了不少百姓，王安石评价冯道"有诸佛菩萨之行"，也正是指此而言的。

冯道身居相位，起码从表面上看，其执政也常以百姓为念。后唐时，庄稼连年收成很好，明宗皇帝李嗣源问冯道："天下丰收，不知百姓们过得怎样？"冯道回答说："谷贵饿农，谷贱伤农，此常理也。"还把晚唐诗人聂夷中的诗《伤田家》读给皇帝听："二月卖新丝，五月粜新谷。医得眼前疮，剜却心头肉。我愿君王心，化作光明烛。不照绮罗筵，只照逃亡屋。"他以此提醒皇帝，即便是丰年光景，也要注意民间可能遭遇的疾苦。李嗣源命令侍臣将这首诗记录下来，常自吟诵，以示不忘冯道之言。

战争是五代时期的一个重要时代特征，但与平常关心百姓疾苦正相反，冯道在担任各朝宰执期间，几乎从不涉足军事活动。有一次，后晋开国皇帝石敬瑭向冯道请教军事问题，冯道却说："皇帝经历诸多艰险而取得天下，英明神武人所共知，像起兵讨伐阴谋作乱者这种事情，您自己来决断就好了，我只是一介书生，被皇帝选拔进入中书省，理应谨守历代成规，不敢出一丝一毫的差错。"冯道的这番话，表明了他一心做好分内之事，而绝不插手国家军事活动的立场。石敬瑭觉得他说得有道理，也就没有再勉强他。再如公元 947 年，入侵中原的契丹军队撤退，耶律德光留下从弟麻荅镇守恒州。麻荅此人为政暴虐贪残，当地汉人大为不满，于是推举李荣、白再荣等首领起兵反抗。两军交战之际，汉军一度不支，于是前磁州刺史李穀请求冯道等文官前往战场慰勉士卒，汉军士气大振，村民也在城外鼓噪，结果麻荅等逃走，汉军获胜。众人认为冯道官高位显，就推举他担任节度使来主持军事。但冯道表示："我只是一介书生罢了，只负责做些向皇帝上奏的事，节度使还是应该从诸位将领中选拔。"他坚决不答应，别人也只得作罢。

所谓"兵者，凶器也"，冯道以五代为乱世，自然深知乱世正是因为战乱频仍，导致生灵涂炭，所以他总是刻意避免让自己参与军事活动。这是明哲保身之举，也是他坚守道德底线、执政以善的"为官之道"的又一种体现。

在近半个世纪的官场生涯中，冯道就是这样的处世灵活，但又有所执着。凭借前者，他立身狼虎丛中，长青不倒；凭借后者，他自问无愧而心胸豁达，这都展示了他非凡的为官智慧。如果按照"忠臣不事二主"的节操标准来衡量，冯道的确可以称得上是毫无廉耻，但如果按照冯道自己的处世标准——做官不是给哪个王朝做的，那么对他而言，又何必在乎什么节操呢？冯道所追求的，是在确保自身安全的情况下，履行为官职责，这正是他"为官之道"的核心所在。冯道曾经作过一首题名为《天道》的五言律诗，其中有两句"穷达皆由命，何劳发叹声。但知行好事，莫要问前程"，这表现了他乐天知命、与人为善的心态，而以此作为自号"长乐老"的冯道"为官之道"的注脚，似乎也颇为合适。至于冯道处身乱世的为官智慧，《资治通鉴》的总结是"为人清俭宽弘，人莫测其喜愠，滑稽多智，浮沉取容""依违两可，无所操决"，这样的保身固位之术，冯道可谓受用了一生。现代史学家范文澜则对冯道的为官手段，作了非常深入的剖析，范文澜先生指出：

> 他尤其擅长的手段是揣度胜败，估量强弱，舍弃败弱，奉迎胜强，按照时机做来，不过早也不过迟，被舍弃者来不及怨恨，被奉迎者正适合需要，他就这样避免危害，长享富贵。南朝梁刘峻作《广绝交论》，说，小人以利相交，叫做利交。利交有五种方法，其中一法是量交，观望形势，计算利害，谋而后动，丝毫不差。冯道就是使用量交法最精的一人。"德行"加量交，使冯道成为特出的官僚典型。

很显然，范文澜先生是属于否定冯道一派的。然则冯道究竟是耶非耶，推而广之，究竟如何评价中国历史上的人物，又实在是个令人纠结、让人思考的宏大命题！

韩熙载：夜宴上的他为什么不开心？

在中国古代传世名画中，《韩熙载夜宴图》可谓一幅稀有的珍品，代表着五代时期人物画创作的最高成就。但要读懂《夜宴图》，还是需要知道画中人物更多的画外故事。我这么说不是没有来由的。这些年来，我也参加过不少"高端"的夜宴，担任过一些楼盘开盘仪式的嘉宾，在这些夜宴与仪式的背景装饰中，我就常常见到这幅《夜宴图》。但我总觉得，以此作为高兴开心场合的装饰，有些不妥。为什么这么说呢？我们不妨从这幅《夜宴图》的传奇色彩说起。

《韩熙载夜宴图》的传奇之处，首先是这幅作品的由来。据北宋《宣和画谱》记载，南唐后主李煜听人说，韩熙载常常在家中夜宴欢歌、恣情放纵，为了一观究竟，便让画院待诏顾闳中夜访韩宅，暗中窥视，潜心记忆，然后作画进献。其次是这幅作品所呈现的内容。画作由"听乐""观舞""休息""清吹""送别"五段画面组成，完整地描绘了一幕宾主尽欢的夜宴场景。然而作为这场宴会主人的韩熙载，神色之间却始终不见半点欢愉，有时甚至眉峰蹙聚，显得心事重重，与"夜宴"的主题十分不搭。

南唐后主李煜为什么要去窥视韩熙载的私生活？韩熙载又为什么在自家的夜宴上表现得郁郁寡欢？事情的原委是这样的：李煜很看重韩熙载的才

能，想让他担任宰相，但又担心他私生活糜烂，不堪大任，因此犹豫不决，所以想要做些更深入的了解。而韩熙载呢，一方面，他并不愿意做宰相，所以故意以夜宴欢歌来放逐自我；另一方面，他又为南唐未来的国运而忧虑，所以虽处欢宴之中，却无欢愉之色。换言之，《韩熙载夜宴图》所展示的主角韩熙载，竟是身在欢场、心怀忧郁、充满纠结的韩熙载形象。那么问题来了，官场擢升本是好事，韩熙载为什么要故意逃避？既然已经决意逃避，又为什么还要为国事忧心不已？倘若我们进一步了解韩熙载的个性特点，以及彼时南唐政权的内外形势，再回过头来看这幅画作的话，那么我们对于这幅画作中所暗藏的玄机，对于隐藏在这场夜宴欢歌背后的诸多无奈，就会有更深一些的感悟，我们的困惑也会释然。

《韩熙载夜宴图》（局部）

韩熙载，902 年出生，970 年逝世，潍州北海（今山东潍坊市）人。后唐明宗时，他的父亲平卢节度副使韩光嗣因为兵变牵连，得罪致死，韩熙载为了避祸，不得不化装成商人，投奔南方的杨吴。他的好友李穀赶来相送，两人在淮河岸边话别。这两位都是胸怀大志之人，话别之时，韩熙载放出豪言："若江东相我，我当长驱以定中原。"李穀则对曰："若中原相我，下江南探囊中物耳。"由此可见，此时的韩熙载，虽在逃亡漂泊途中，却志向远大，抱负非凡，对未来充满着信心。

926 年，韩熙载来到南方后，向杨吴朝廷上了一篇《行止状》。这篇相当于投名状、自荐信的文章，不仅没有流露出丝毫的乞求之意，反而写得意气风发、踌躇满志。在文中，他以姜子牙、曹刿、范增、娄敬等古代名臣自拟，自诩文武双全，有经邦治乱之才，一副准备大展鸿图、建功立业的样子。然而也可能正是因此，韩熙载没有得到重用，只被授以地方官职。好在韩熙载不以为意，怡然自得之间，正好游山玩水，吟风弄月。及至937年，杨吴权臣徐知诰，也就是李昪接受杨吴禅让，建立了南唐王朝，才把韩熙载召回都城金陵，授他秘书郎之职，让他辅佐太子李璟。但韩熙载看出李昪并不是真的信任他，所以在太子宫中，韩熙载终日闲谈说笑，并不议论朝政。等到943年李璟即位后，即授韩熙载以中央官职，韩熙载乃慨然道："还是先帝知我，留我给他的儿子任用。"于是早有宰辅之志并逐步进入南唐政权中枢的韩熙载，想着尽展平生之学，既报答知遇之恩，又大展宏图，强国安民。但不幸的是，在这期间发生的一些事，却让韩熙载很受打击，甚至可以说直接动摇了他匡扶天下的志向。

比如南唐保大五年（947）前后，中原地区发生了一件大事。契丹的太宗皇帝耶律德光出兵中原，攻入后晋都城汴梁，后晋少帝石重贵被俘，随后被迁往契丹境内。耶律德光想着自己统治中原，但各处州县不满契丹人的统治，纷纷起兵反抗，中原地区一时陷入混乱。素以"平定中原"为志向的韩熙载认为，这是南唐进军中原的绝佳机会，否则一旦契丹退兵，中原地区有新皇帝即位，再想有所作为就难了，所以他建议南唐元宗李璟立即出兵北伐。

应该说，韩熙载的建议是有道理的。当时南唐国势强盛，而中原大乱，以强击乱，赢面非常之大。但是李璟并没有听从韩熙载的建议，致使良机坐失。等到几年之后，中原由后汉变成后周，在太祖郭威的统治下，后周政权日益巩固，而这时，南唐朝廷中又有人提议北伐，韩熙载感叹道："北伐，吾本意也，但今已不可耳。郭氏奸雄，曹、马之流，虽有国日浅，守境已固。我兵妄动，岂止无功耶！"话中透着深深的遗憾。

实际上，保大五年时，李璟未能出兵北伐，多少也有些无奈。此前，南唐正向割据福建的闽国用兵，战事本来进展不错，已经灭了闽国。但将领贪功冒进，竟然擅自以李璟的名义，出兵追剿闽国残兵，不料遭遇了大败，损失惨重。李璟盛怒之下，将负主要责任的将领陈觉、冯延鲁锁到金陵，当时朝廷内外都认为，李璟必定会严加惩处。哪知经过冯延鲁的同父异母哥哥冯延已以及宋齐丘的说情，李璟竟然对陈觉、冯延鲁只是做了流放处理。韩熙载为此上书，请求将此两位将领正法，更进谏李璟，冯氏兄弟、宋齐丘、陈觉等人结党，必为祸乱，却仍未得到李璟的支持，反而遭到宋齐丘等人的报复。明明不擅饮酒的韩熙载，竟被诬以嗜酒猖狂，落了个贬官外放的下场。在地方数年后，韩熙载才得以调回金陵，重任李璟最初任他的虞部员外郎，也就是说，为官多年，韩熙载又回到了原点。

韩熙载屡次建言却不被采纳，所提主张多被搁置，甚至还遭遇政敌诬陷，贬斥外放。凡此种种，对于他的打击究竟有多大呢？或许我们可以从韩熙载的好友史虚白的归隐经历中，得到一些体会。史虚白当初与韩熙载一起渡淮南下，同样也是一腔抱负。史虚白曾向南唐烈祖李昪建议，趁着中原战乱之际出兵北伐，李昪虽然很认可他的建议，但最终也没能采纳。史虚白的个性非常刚硬，因此深以为耻，从此绝意仕途，只以诗酒自娱。后来李璟向他讨问治国之道，他也一言不发，甚至佯装醉酒，在宫殿上肆意小便，以此表明坚决归隐的志向。

史虚白的做法，是典型的"道不同，不相为谋"。韩熙载与史虚白相友善，其个性虽不像史虚白那般刚硬，却也素来不拘细行、放荡不羁。比如韩熙载喜欢穿着自己设计的时髦衣服，与朋友们外出冶游，他设计的一种轻纱帽，南唐人人效仿，称之为"韩君帽"。他讨厌宋齐丘，有一次，宋齐丘求他书写自己起草的碑碣，他竟用东西塞住鼻子说："这文章臭不可闻！"而面对屡次建言不用又遭政敌攻击的境况，韩熙载逐渐认识到，南唐朝廷既没有统一天下的格局，也不具备统一天下的能力。韩熙载做不到史虚白那样的毅然归隐，但日常行事却也更加肆意妄为起来。

韩熙载的文章写得好，各地求他写作碑铭传记的人很多，甚至还有其他国家的人，不远千里带着金帛来求他写作，再加上多次获得皇家赏赐，因此韩熙载的家境非常富有。然而非常富有的韩熙载，竟然常与朋友舒雅一起，穿着打补丁的衣服，背个破筐，到歌姬舞女们的院中乞讨，以此为乐。韩熙载多才多艺，又喜欢交游，蓄养了四十多名能吹拉弹唱的女伎，经常在家中广纳宾客，宴饮欢歌。宴会前后，宾客与女伎混杂一处，调笑戏谑，他也从来不以为意。只是韩熙载自己不以为意，别人却很以为意，许多人对他的行为甚是不满，这也包括了961年即位的南唐后主李煜。

后主李煜一直想着任用韩熙载做宰相，但韩熙载如此沉迷于夜宴欢歌之中，李煜觉得他不像个当宰相的样子，于是就想着借助画师顾闳中的丹青妙手，来考察韩熙载究竟适不适合做宰相；也有另外一种说法，说是李煜想让画师作《夜宴图》，然后转赐给韩熙载，希望他能观画自省，就此改过自新。

其实不管哪种说法是真的，韩熙载的这种作派并没有改变，不仅没有改变，后来还变本加厉，变得更加荒唐起来。大约就在《夜宴图》创作前后，可能因为夜宴频繁，睡眠不足，韩熙载索性连朝会也不参加了。有人借此进行弹劾，于是李煜又对他做出了贬官外放的处理，把他派到当时的南都（今江西南昌市）去做官。面对这种情况，韩熙载怎么做的呢？他先是上了一道表章，内容写得十分凄惨，说自己"羸形愈惫，壮志全消"，还说"老妻伏枕以呻吟，稚子环床而号泣"，然后他把所有的女伎全都遣散了，备好车马准备上路。李煜见状，以为他决心要改过自新了，十分高兴，就把他留了下来，不久还官复原职，准备重用。但没想到，等再度安定下来后，韩熙载竟把原来的女伎尽数召了回来，于是，一切就又回到了最初的样子，李煜也没奈何地苦笑道："吾无如之何矣！"

那么，韩熙载这样做的目的，究竟何在呢？简而言之，这是要以夜宴欢歌的形式，断了李煜想用他做宰相的念头。韩熙载曾对亲近的德明和尚密语："吾为此以自污，避入相尔。"至于为什么不想当宰相，他又说道："中原尝虎视于此，一旦真主出，江南弃甲不暇，吾不能为千古笑端。"当初，韩熙载进兵中原的建议未被采纳，他已然为了错失良机而痛心不已；后来他出使过北方，了解到中原政权的情况后，已预感到南唐非但再无机会统一中原，而且还极有可能会被中原统一。他本来的志向，是成为宰相后"长驱以定中原"。现在这个目标肯定实现不了，已经够惭愧的了，如果再要他以南唐宰相的身份，向中原王朝投降，那岂不是更大的笑话！所以，正是基于对南唐政权的极度失望，韩熙载选择了用"夜宴欢歌"来逃避现实，避免让自己陷入无法接受的难堪困境。

说到这里，我想起了"战国四君子"之一的信陵君魏无忌"醇酒美妇"的故事，这个故事与韩熙载的"夜宴欢歌"颇为类似。战国时期，信陵君因为功勋卓著，受到兄长魏安釐王的猜忌，被解除了兵权，无奈之下，信陵君只能称病不朝，日夜纵酒，亲近妇人，以此躲避祸患，最后因此病逝。或许，对于处身恶劣环境下的古代臣子而言，当面临着事无可为的困局时，躲开困局、寻求自保，乃是一种自然而然的选择吧。就以韩熙载来说，从后续的事态发展来看，他无疑是成功的，他逝世于公元 970 年，而公元 975 年北宋灭了南唐，后主李煜被虏北方，后遭毒杀，也就是说，韩熙载提前五年，避开了国灭身辱的境地。

然而无论如何，韩熙载的内心始终是矛盾的，即便他选择了退出困局，也依然关心着南唐的国运，仍然时不时地向李煜上书，讨论时事政治，陈说古今得失，不过也就仅限于此了。"夜宴欢歌"，虽然让韩熙载躲开了或者险恶或者难堪的政治漩涡，却终究难以平复他胸中郁结的块垒，淡化他忧心家国的情怀。于是，出现在《夜宴图》每一幅画面上的他，看起来总是那么不开心。

吕端：『小事糊涂，大事不糊涂』

很多朋友大概都听说过"难得糊涂"这句成语，据说这是清代"扬州八怪"之一、著名书画家郑板桥的一句名言，表达的是他关于人生在世的一种生活态度。后世的一些官员也很喜欢这句话，并且将之作为为官智慧的箴言警句。那么问题来了，"难得糊涂"是要提醒人们做个糊涂官吗？这当然不可能！然则"糊涂"与做官有着怎样的关系呢？下面，我们就尝试着从一位北宋官员的身上来解答一下这个问题。这位官员姓吕名端，北宋太宗、真宗两位皇帝在位期间，他做过宰相。

吕端，幽州安次（今河北廊坊市安次区）人，生于935年，逝于1000年。作为世代官宦人家，靠着父辈的恩荫，后周时他就累迁著作佐郎、直史馆。入宋以后，他升迁很慢，还因受到宫廷斗争的连累，几次被降级，然而他不以为意，并对太宗皇帝赵光义表示，自己事情没有办好，没被严厉惩罚，还能继续当官，已经觉得非常幸运，很是满意了，于是太宗皇帝点点头，道"我知道你了"，不久就越级提拔他为参知政事，这可是相当于副宰相的高官。后来又任命他为宰相。

宋太宗任命吕端担任宰相之前，有一次于皇宫后苑举行宴会，席间以"钓鱼"为题作了首诗送给吕端，其中有两句道："欲饵金钩深未达，磻溪须问钓鱼人。"磻溪，是传说中姜太公钓鱼的地方，就是在这里，姜太公遇到了周文王，开启了他辅佐周室取得天下的功名之路。宋太宗把吕端比作姜太公，可见他对吕端的器重，而这种器重，正是来自对吕端为人的了解。据说，当宋太宗打算提拔吕端的消息传开后，有人进言劝谏，理由是"吕端为人糊涂"，宋太宗当即回了一句"吕端小事糊涂，大事不糊涂"，最终还是坚决任命吕端做了宰相。

当然，由宋太宗的这句评语，我们可知吕端的确有些"糊涂"，不过他的"糊涂"却也因事而异。那么，吕端的"小事糊涂"体现在哪些方面？"大事不糊涂"又体现在哪些方面呢？

先从一些所谓的"糊涂"事说起。《宋史·吕端传》中记载了吕端两度谦让同僚的事迹。一次发生在他任参知政事期间。吕端原本与寇准官位相等，后来他先被提拔做了参知政事，一年后寇准也做了参知政事，他便主动提出请求，让自己位居寇准之下。须知当时的寇准不过30多岁，他却已经年过60了。再一次发生在他任宰相之后。吕端做了宰相，位置更高，权力也更大了，但他却又提出，让身为副宰相的寇准与他轮流执掌印信，这相当于把本来属于自己的权力，主动与寇准进行分享，而且寇准年轻气盛，他却很少与人争论，许多事情都让寇准出风头。我们知道，历来官场之上，对于权力和位次都是极为看重的，吕端却反其道而行之，以此看来，吕端是有些不同寻常的"糊涂"。

对于平常官场上的一些是是非非，吕端也大多不在意。有一位名叫李惟清的大臣，曾担任主管军事的枢密使，后来改任御史中丞。他对这种职位的变化很不满意，认为是吕端在暗中压制自己，于是借着吕端生病不上朝的机会，找了些事由，上章弹劾以为报复。官场倾轧是很严重的问题，但吕端得知后，只是简单地说了一句："我正直行事，无愧无畏，一些风言风语不值得担心。"这种面对中伤而不闻不问的淡然态度，让吕端看起来也显得有些

"糊涂"。

官场之外，在个人产业积蓄方面，吕端也表现得有些"糊涂"。《宋史》中有一句评语，说吕端"善与人交，轻财好施，未尝问家事"，意思是说他没有什么理财观念，而且为人慷慨，常常周济他人。这样做的后果，就是吕端虽身居高位，家里却没多少资产。吕端逝世后，其子吕蔚、吕藩甚至贫困到需要典当房子才能结婚的地步，幸亏宋真宗感念吕端的功劳，予以特别照顾，赎回房子，代还欠债，才不致家道没落。

接着往下说，吕端的"不糊涂"又有哪些表现呢？我举两个例子。

第一个例子，是有关处理边疆事务的。

宋太宗时，党项族首领李继迁反叛宋朝，自立为夏国王，并多次领兵侵扰大宋的西北边疆。某次两军交战，宋朝军队俘获了李继迁的母亲。宋太宗与当时掌管军事的寇准商议，决定处死李母，以示对反叛者的惩戒。吕端没参与讨论这件事，却感觉到可能会出大事，于是主动向寇准询问。他首先问宋太宗有没有叮嘱过寇准不要跟他讲这件事，当得到否定的回答后，他说："如果是边疆的一般性事务，我可以不过问；但如果涉及军国大事，我身为宰相，是应该要了解的。"听吕端这样说，寇准就把要处决李母的事情讲了，吕端当即觉得这样做不合适，就让寇准先不要着急实施，由他再向太宗皇帝进言劝谏。

吕端进宫，向宋太宗讲了发生在刘邦和项羽之间的一则故事。楚汉战争中，项羽俘获了刘邦的父亲，扬言要烹杀之，以此逼迫刘邦投降。但刘邦却毫不在乎地说了一句："愿分我一杯羹。"意思是你要烹就烹，如果愿意的话，烹完之后，可以分碗羹汤给我品尝。吕端认为："凡做大事的人，往往不会顾及自己的亲人，更何况像李继迁这样的悖逆之人呢。你今天杀了李母，明天也不会捉到李继迁本人。所以这样做不过是徒结怨仇罢了，只会进一步坚定李继迁的叛逆之心。"宋太宗问吕端该如何处理。吕端建议，不如把李母妥善安置起来，用来招降李继迁，即便招降不成，也多少会有些牵制作用。宋太宗认为吕端讲得很有道理，就把李母好好供养在了延州，并且感叹："要不是你，我几乎误了大事。"后来到了宋真宗朝，李继迁在同吐蕃的一次战斗中伤重而亡，其子李德明继位，不久便进奉誓表，请求归附宋朝，而且明确说是奉了李继迁的遗命。

李德明归附宋朝，原因自然是多方面的，但不能否认妥善处置李母在其中所具有的作用。毕竟，通过这件事，宋朝表达了一种善意，预留了一条后路，这样当合适的时机到来时，反叛者的再度归附就少了一重阻碍。而从对这件事的处置举措来看，吕端非但不糊涂，甚至还可以说相当聪明，显示了他谨慎谋事的智慧。

第二个例子，是扶助赵恒顺利登上皇位。

历史上，每逢皇位更替，往往风云变幻，甚至血雨腥风。宋真宗赵恒即位之际，也颇经历了一番惊险。宋太宗晚年，因为长子赵元佐患有精神病，次子赵元僖早逝，所以选立了第三子赵恒为皇太子。但内侍王继恩与李皇后忌惮赵恒的英明，担心今后难以控制，于是私下里联系了参知政事李昌龄、殿前都指挥使李继勋、知制诰胡旦等人，打算废掉赵恒，改立赵元佐为帝。从图谋政变的这些人员组合来看，内有皇权戚属，外有握兵重臣，可见当时形势十分危急，但在吕端的精心安排下，这场政变最终还是宣告失败。那么吕端是如何做到的呢？

当宋太宗病重期间，吕端坚持每天陪着太子赵恒前去探望，如此一来，就保证了他们可以随时了解宋太宗的病情发展，不至于在关键时刻因为情报信息的落后而处于被动。宋太宗驾崩后，李皇后命令王继恩去召见吕端。吕端感觉其中有蹊跷，不但没有听命，还当机立断地把王继恩锁进了屋子，并派人看守，这就阻断了王继恩与宫中的联系，同时他本人立即赶赴皇宫，面见李皇后。失去外部联系的李皇后抢先说："皇上已经驾崩，长子继位才符合道理。"吕端则不卑不亢地予以拒绝:"先帝预先设立太子,就是为了等待今天这个时候,如今遗体未寒,怎么能够违背先帝的遗命,另起他议呢?"李皇后默默无言。可见正是由于吕端的果断决策,才使一场宫廷政变悄没声息地化于无形。

吕端的"不糊涂",还表现在赵恒即位的那个时刻。话说那个时刻,新君赵恒是在垂帘之后引见群臣的,而隔着垂帘,吕端只能隐隐约约地看到一个人影,他不放心,也不肯立即跪拜,而是坚持要求卷起帘幕,待到确认坐在帘子后面的人确是赵恒本人后,吕端这才率领群臣拜伏于地,高呼万岁。

通过上面的这几个事例,诸位朋友应该可以大致了解吕端为人及为官的特点了。在面对个人权位、荣辱以及经营个人资产一类的"小事"时,吕端的确显得有些"糊涂";而在面对涉及军事策略、皇位继承等一系列"大事"时,吕端不但不"糊涂",甚至分析、判断、处理起问题来,十分清醒,非常果断。换言之,"小事糊涂",其实是吕端为人处世不拘小节、不计得失的品德体现;"大事不糊涂",则表现了吕端作为官员识大体、知轻重而且处事谨慎的为政特点。就是在这种"糊涂"与"不糊涂"之间,吕端官场生涯四十余载,既位极人臣,又留名青史。而从这个结果来看,所谓"小事糊涂""大事不糊涂",非但都与"糊涂"无关,相反还正是吕端为官大智慧的体现呢。

宋太宗称吕端"小事糊涂,大事不糊涂",可谓看人很准;而到了现代,毛泽东主席也曾以此评价叶剑英元帅。话说 1935 年 9 月,叶剑英将张国焘企图分裂党和红军的阴谋向党中央做了汇报,挽救了党,挽救了红军。在长征路上,毛泽东高度赞扬叶剑英的机智、勇敢,并书赠叶剑英一副对联:"诸葛一生惟谨慎,吕端大事不糊涂。"1967 年,毛泽东主席在南巡途中,再次称赞叶帅"诸葛一生惟谨慎,吕端大事不糊涂",用典可谓非常准确,十分巧妙。

寇准：敢说敢做的直臣

上一讲说了吕端，说吕端时还提到了寇准，宰相寇准又是与宰相吕端反差很大的人物，如此就来说说寇准吧。

寇准，961年出生，1023年逝世，华州下邽（今陕西渭南市）人。寇准小时候十分浪荡，终日玩狗斗鸡，和一帮市井浪子鬼混。有一天，寇准的母亲极度生气之中，随手抓起一个秤砣砸向儿子，谁知正中儿子脚背，当场就血流满地。却也好，这一砸，把寇准砸得从此痛改恶习，发愤读书，十九岁就中了进士，并且很快显名于世。

寇准为人诚实刚直。比如就在这次进士考试中，有人让寇准虚报年龄，因为宋太宗选取进士，常到殿前的平台上亲自看望提问，年纪太轻的考生往往不予录用，寇准则回答道："我正在努力进取，岂可欺君？"至于寇准的刚直，比如有一次，寇准正在殿中奏事，不料与太宗皇帝言语不合，太宗恼怒之中，当即拂袖而去，寇准则上前拉住太宗衣服，不让他离开，请他议事完再退朝。事后，太宗想了想，认为寇准做得对，特地下诏嘉奖了他一番，还说："我得到寇准，就与唐太宗得到魏徵一样。"

淳化二年（991）春，发生大旱，众臣都说旱灾纯粹是上天注定而已，只有寇准毫无忌讳地指出，这是因为刑法不公，才引得老天爷降下灾变。宋太宗闻言大怒，转身就回宫去了。过了一会，太宗气消了，又把寇准召来，问他刑法如何不公，寇准答道："请陛下把二府的高官都叫来，我再告诉您。"太宗召来二府大臣，然后寇准说道："不久之前，祖吉、王淮都贪赃枉法，祖吉贪污得少，被处以死刑，王淮因为是参知政事王沔的弟弟，贪污多至千万，却只判了杖刑，而且之后还官复原职了，这难道不是刑法不公吗？"太宗随即斥责了王沔，王沔连连顿首谢罪。

　　宋太宗在位日久，身体日渐衰弱，悬而未决的皇储问题令他颇为头疼。我们知道，宋太祖赵匡胤驾崩后，其子赵德昭未能继位，赵光义是以皇弟的身份继位的，而且赵匡胤之死，还有"烛影斧声"的传说，也就是说宋太宗有杀兄夺位之嫌。因此宋太宗烦恼是立自己的儿子，还是立太祖的儿子，况且老人最忌说后事，所以当时一般大臣都讳言立储之事，有的大臣甚至因此得罪太宗而被流放。当太宗赐问寇准这个问题的时候，寇准也没有明确回答，而是非常得体地说道："陛下为天下选择储君，不可与后妃、宦官商量，也不能与近臣谋划，选择众望所归者立为太子就是了。"太宗低头沉思了许久，然后屏退左右的人，小声问道："那襄王行不行？"寇准顺水推舟地说："知子莫若父，陛下既然认为襄王可以，那就请决断吧！"不久，襄王赵恒便被任为开封尹，改封寿王，立为皇太子。而当太子拜谒祖庙回来时，京城的人们都簇拥在道路两旁，目睹太子的威仪，纷纷赞叹道："好一位少年天子！"这下子宋太宗又不高兴了，他问寇准："人心都向着太子，把我置于何地啊？"寇准则连连拜贺道："陛下选择的皇储深得人心，这是社稷之福啊！"宋太宗的脸色这才转阴为晴，并与寇准一起，喝得一醉方休。

　　当然，性格刚直的寇准，因为常与宋太宗闹出不快，又常与同僚争吵，也曾多次被赶出京城，贬到地方。但有趣的是，寇准走后，太宗皇帝又想着他，甚至因此闷闷不乐。看来，爱认死理、不肯服输、喜欢争辩而又治事敏捷、能力出众的寇准，对于太宗皇帝而言，自有其特别的魅力呢！

等到寿王赵恒也就是宋真宗即位后，很想让寇准担任宰相，但就是担心他性格过于刚直而难以胜任。景德元年（1004），真宗终于任命寇准为同中书门下平章事，这是相当于宰相的职位。不久，北方的契丹入侵宋朝，大军直趋黄河边上的澶州（今河南濮阳市），威胁到了首都东京（今河南开封市），告急的文书一夜到了五次。寇准暂时隐瞒此事，饮酒谈笑自如。第二天，有大臣把消息禀报给真宗，真宗惊恐不已，询问寇准应对之道，寇准回答："陛下要想解决此事，不过五天就可以了。"随后，寇准恭请真宗御驾亲征，真宗感觉为难，就想退朝回宫，寇准大叫起来："陛下入，则臣不得见，大事去矣，请毋还而行。"正是在寇准的坚持下，真宗终于同意了御驾亲征；又正是在寇准的坚持下，真宗身犯险境，渡过黄河，进入了为契丹军队围困的澶州北城，守城将士那是军威大振，欢呼声传到数十里外，契丹军则惊慌不已，阵容开始出现混乱。当然，真宗住在这围城之中，还是难免心惊肉跳，晚上怎么也睡不着，于是他派内侍去看看在前敌指挥的寇准在干什么，内侍回来报告说，寇准在与人喝酒、赌博、唱歌呢，真宗这才放下心了，说道："寇准如此，吾复何忧！"

这场澶州之战的具体经过与"澶渊之盟"的签约情况，我以后在讲"军事智慧"与"外交智慧"时还会说到，所以这里只说一件很让寇准纠结的事情。当时契丹见势不妙，建议双方议和，想着从谈判桌上获得一些从战场上得不到的利益，然后体面地撤退。真宗也是急欲休战，答应只要不割地，赔点钱财不在话下。寇准则不但不肯赔钱，还想趁机逼契丹称臣，并且归还燕云故地。为此，寇准制定了详细的计策，并对真宗说："这样能保百年太平，否则，几十年后，契丹还会卷土重来。"没有想到的是，真宗却不耐烦地说："几十年以后的事情，我不管，我只管眼前。"寇准的牛脾气又上来了，还要争论，却有人对真宗说：寇准主战，是意在兵权吧，其中恐有阴谋。这话卡到了寇准的咽喉，因为自从大宋开国以来，抓兵权是最忌讳的事情，这下子寇准只好不作声了。看来，我们的这位主人公寇准，在性命攸关的大事上，还是很有数的。

寇准的结局，并不是太完美。"澶渊之盟"后，他屡次遭人谗毁，两次罢相，几次被贬外放，最后病故于今广东雷州市的雷州司户参军任上。《宋史·寇准传》评论寇准道："虽有直言之风，而少包荒之量……勋业如是而不令厥终，所谓'臣不密则失身'，岂不信哉！"也就是说，寇准虽然勋业卓著，有敢说敢做的直臣之风，但也存在任性使气、过于较真、谋事欠密、处事不慎一类的缺憾。这样的寇准，又如《论语》中孔子弟子子贡的那段名言："君子之过也，如日月之食焉。过也，人皆见之；更也，人皆仰之。"这话的意思是："君子的过错，好比日蚀和月蚀。他有过错，人人都看得见；他改正了错误，人人都仰望他。"或许，这就是仕途有些坎坷的寇准，给予我们今人的深刻启示吧！

耶律楚材：『楚材晋用』的『大胡子』

　　春秋时期，蔡国大夫声子出使晋国归来，讲到过一个现象：因为当时的楚国赏罚不明、滥用刑罚，不少贤明的楚国人跑去了晋国，在受到晋国重用后，反过来给楚国制造了不少麻烦。声子因此感叹道："虽楚有材，晋实用之。"这就是成语"楚材晋用"的由来。自古以来，这种此国人才为彼国所用的现象其实很普遍，本讲的主人公，则可以说是"楚材晋用"的一个典范，他就是曾辅佐成吉思汗与窝阔台父子两代的蒙古帝国名相耶律楚材。

　　耶律楚材，1190 年出生，1244 年去世，契丹人，是辽太祖耶律阿保机的九世孙。他的祖父和父亲都在金朝做官，父亲耶律履还曾担任过相当于宰相副手的尚书右丞。耶律楚材出生时，耶律履已经 60 岁，老来得子的他很高兴，认为儿子将来"必成伟器，且当为异国用"，于是取名"楚材"。耶律履当然不可能具有未卜先知的能力，所以有学者考证，这个取名的故事，很可能是耶律楚材的后人刻意附会而编造的。但不管怎样，耶律楚材后来以金国人身份投身蒙古帝国，倒的确是"楚材"而"晋用"了。

　　"楚材"而能"晋用"，并不是件容易做到的事情。首要的一点，是必须得到新统治者的信任，如此才能进入政权核心，发挥作用，实现价值。那在这个方面，耶律楚材又是如何做到的呢？

公元 1215 年，蒙古军攻破金国的中都燕京（今北京市），成吉思汗风闻耶律楚材的声名学行，下诏召见。初次见面，成吉思汗对耶律楚材印象不错，有心收用，于是对他说道："辽、金世仇，朕为汝雪之。"这是表示友好态度的一句开场白。但耶律楚材却表示："我的父祖都曾做过金朝的臣子，臣子是不应该仇恨君主的。"这是个极其聪明的回答，有什么能比向失败者表示忠诚，更能展示忠诚的呢？所以成吉思汗很欣赏耶律楚材，就将他留在了身边。其时，有一位西夏人常八斤，因为擅长制造弓箭而被成吉思汗器重，他见耶律楚材这样的儒生也受到礼遇，心里不以为然，就在人前扬言："国家现在正在大用武力，耶律楚才这样的儒生有啥用啊！"耶律楚材反驳他说："制造弓箭尚且需要工匠，有志天下者，难道不需要治理天下的匠人吗？"这句话体现了很大的格局，说得也很在理。成吉思汗听说后，更加看重并任用耶律楚材。

耶律楚材最初入仕蒙古帝国，主要是凭借得天独厚的一些外在条件，比如他的契丹皇族身份，以及不俗的谈吐、过人的相貌等。史载他身材高大，声音洪亮，器宇轩昂，还是位"美髯公"，成吉思汗因此亲热地称呼他为"吾图撒合里"，这是蒙古语"长髯人"的意思，通俗些说，就是"大胡子"。

成吉思汗驾崩后，遗命第三子窝阔台继承大汗之位。这时发生的一件事，让耶律楚材的地位得到了进一步的提升。当时窝阔台将要即位，但蒙古宗亲贵族聚集一处，还在商量不定。耶律楚材知道这种事不宜久拖，于是先去见四王子拖雷，说大汗即位乃是大事，应该尽早决定。拖雷本来还在犹豫，在他催促下就确定了日子。然后他又去见二王子察合台，劝其在窝阔台即位那天，率先行跪拜礼。察合台的哥哥术赤已经过世，所以这时的察合台是兄长，只要他带头跪拜，其他人就不敢不拜了。最终，窝阔台顺利登上了蒙古大汗之位。也因为这件事，耶律楚材得到了蒙古统治阶层的高度信任，这为他以后施展政治抱负打下了坚实的基础。

《新元史》中评价耶律楚材道："蒙古初入中原，政无纪纲，遗民慄慄，不保旦夕。耶律楚材以仁民爱物之心，为直寻枉尺之计，委贽仇邦，行其所学，卒使中原百姓不至践刈于戎狄。"这个评价很高，意思是说耶律楚材虽然投靠了蒙古帝国，但是凭借其出色的个人才能，拯救了很多中原百姓。事实的确如此，耶律楚材不仅在战乱中直接挽救了很多百姓的生命，而且通过辅助蒙古当权者建章立制，维护了中原百姓的生活秩序。

比如蒙古军有屠城的习惯，军事活动中如遇抵抗，战胜后会将抵抗军民全部杀死。蒙古军攻打金国都城汴梁时，因为金国人抵抗了很长时间，造成蒙古军大量伤亡，领军的将领请求窝阔台准许攻下汴梁后屠杀全城。这时，耶律楚材提醒窝阔台，作战的目的在于得到土地和人民，而且汴梁城中聚集了金国的能工巧匠、富户人家，不宜进行屠杀。最终窝阔台接受建议，只处置了完颜氏一族，这样城中的 140 多万人保全了性命。

又如窝阔台初即位时，曾有蒙古大臣提议："汉人无补于国，可悉空其人以为牧地。"这是要杀尽汉人，变田地成牧场，这种方案如果施行，那么悲惨的后果无法想象。针对于此，耶律楚材提议建立赋税制度，窝阔台就让他试行，后来，窝阔台亲眼看到登记着收缴粮食数量的簿籍，以及大量的金银绢帛，不禁对耶律楚材大加赞赏，任命他为中书令，负责中原的民事。耶律楚材此举，虽说帮助蒙古统治者聚敛了财富，但也制止了蒙古人对中原地区的大肆杀戮与经济破坏，真可谓一言兴邦。

耶律楚材能够建立这些功业，固然与他得到蒙古统治者的信任有关，但更与他为官做事的智慧和远见卓识的才能分不开。就以建立赋税制度来说，他奏请设立了燕京等十路征收课税使，而所任用的课税使正、副长官，都是一些品性宽厚之人，课税使属官则用的都是以前金朝尚书省六部之人。我们知道，赋税是财富之源，如果所用非人，出现贪污一类的事情是难免的，所以必须选用品性宽厚的人来主持；赋税工作又是繁琐细致的，除非擅长此项工作的能吏，否则很难把事情做好，所以要选用常操此业的六部旧人。从这件事来看，耶律楚材非常擅长选人用人，这也是他为官做事的一个重要特点。

既然确立了制度，就要严格执行。比如曾经燕京城市治安混乱，有人竟然在光天化日之下，驾着马车到富户家里索取财物，不给就杀人，一时闹得人心惶惶。耶律楚材受命和一位宫中使臣共同查案，他很快发现，这伙强盗要么是重要官员的亲属，要么是权贵之家的后代。虽然事情很是棘手，但楚材没有犹豫，迅速抓捕，尽数投进了监狱。这些人的家属四下活动，甚至贿赂了共同查案的宫中使臣，使臣企图拖延处理，但耶律楚材不为所动，反而向其讲明其中的利害关系，使臣不敢再拖，听从楚材的意见定了案，最后处死了为首的十六人，从此燕京秩序井然。

耶律楚材不仅敢于严惩违法乱纪的"官二代""富二代"，他还敢于和大汗较真。当时有两个道士争当道长，各自聚集了一批党羽，其中一个道士诬陷对手的党羽中有两个人是逃兵，并勾结宫中太监和一位通事官，将那两个人抓起来杀了。耶律楚材拘留审问通事官，而那位太监则上诉说，耶律楚材违反了朝廷制度。窝阔台一时发怒，逮捕了耶律楚材，但很快认识到错误，又下令予以释放。耶律楚材却坚决不让松绑，他说："陛下下令逮捕我，自然是因为我有罪，理应在百官面前公开宣布我的罪行，并予以惩罚。如果现在释放我，就说明我没罪。哪能这样翻来覆去，如同儿戏一般呢？若像这样子，那当国家有大事时，又该怎么做呢？"见到耶律楚材如此执着，周围的人吓得脸色都变了，但他说得有理有节，窝阔台自知理亏，只好承认做得有些过分。耶律楚材趁机提了十条与时事政务有关的措施建议，窝阔台尽数答应了他，此事才算作罢。

诸如此类，耶律楚材之所以能够做到这些，一个很重要的原因，就在于他的所作所为，都是从国家利益出发的，从不徇私枉法，即所谓的"行得正，坐得端"。比如曾有权贵向窝阔台告状，说耶律楚材为官期间任用亲旧，这大概是针对他在推行赋税制度等工作中的用人举措而言的。但耶律楚材任用这些人，是为了保证制度的有效推行，并不涉及任何私人利益关系。相反，耶律楚材还有一个原则，就是俸禄可以分给亲族，但是官职绝不私授，因为他向来执法不徇私情，为了避免有亲族犯法受到制裁，所以他坚决不向亲族授官。还曾有过关于他贪污的传言，说他居官期间，私吞了天下税收的一半，但是经过调查却发现，他的家里只有古琴、书画、金石、文集等物品。所谓"清者自清"，耶律楚材立身以正、清廉自守，让所有的谣言、诬陷最后都遁于无形，也更给予了他为官做事时一往无前的勇气。

"以吾夫子之道治天下，以吾佛之教治一心，天下之能事毕矣。"这是耶律楚材所著《西游录》中的一句话，也是他一生从政为官所坚守的重要信条。耶律楚材受儒家思想影响很深，所以当他跻身蒙古政权之后，便积极倡导文治，在政治、经济、文化等多方面，辅助蒙古当权者树立纲纪，推进了蒙古帝国的文明化进程；同时他信奉佛教，又以一位佛教徒的悲悯情怀，在战乱之际拯救了无数苍生；他还是一位官场仕途的智者和勇者，从容实现着自己的抱负。

在上海文艺出版社出版的《话说中国·金戈铁马》一书中，我见到一段我非常欣赏的文字，值得与诸位朋友分享：

中国传统的士大夫大致可分为三类，有的人读书就是为了做官当老爷，满口的仁义道德，一肚子男盗女娼，为了一己私利，什么坏事都干得出，此类人最为可恶。有的书生虽洁身自好，嫉恶如仇，但至多只是使酒骂座，逍遥山林而已，对国计民生并无大补。最难能可贵是像耶律楚材这类士大夫，他们能学以致用，在非常时期挺身而出，周旋于凶险莫测宠辱无常的官场，多少干出了几件利国利民的事情。

诅咒地狱的黑暗，歌颂天堂的美满，这都不难，要架起一座从地狱通往天堂的桥梁才是最难的。

承担着这样最难使命的耶律楚材，当他去世时，"蒙古诸人哭之如丧亲戚，和林为之罢市，绝音乐者数日，天下士大夫莫不涕泣相吊"，这样的举国齐哀，就是对耶律楚材及其为官智慧的最好褒奖吧！

海
瑞
：
不
合
时
宜
的
『
模
范
』
官
员

　　海瑞，1514 年出生，1587 年逝世，琼山（今海南海口市）人。黄仁宇在他的《万历十五年》一书中，把海瑞称为"古怪的模范官僚"。"模范"是个明显的褒义词，"古怪"则含有较重的贬义，这样违和感很强烈的两个词，组合在一起，而且还冠在同一个人身上，实在是颇有些戏剧性的事情。然则为什么会出现这种情况呢？海瑞的"模范"特点体现在哪些方面？"古怪"特点又体现在哪些方面？海瑞聚合了这两种特点的为官生涯，又能给予我们今人怎样的启示呢？

　　中国古代的官员，能称得上"模范"的，一般是以"忠臣"作为底色，并且在忠于君主、忠于职守等方面表现得更为出类拔萃的官员。海瑞正是这类人，他为官期间的一些做法，显示出他的确称得上是大明时代的官员模范。

　　首先，海瑞是一位"清廉自守"的官员。

　　他做浙江淳安知县时，虽然已是七品官的身份，生活却仍旧十分俭朴。他平时穿着布衣，主食是仅仅脱壳而未加精制的米，至于菜蔬一类，则由一位老仆耕种自给。据说有一次因为给母亲祝寿，他去市集上买了两斤肉回来，这本来是件小事，但直浙总督胡宗宪知道以后，却当作一件"奇闻"讲给别人听。由此可知，在同时代的官僚群体中，海瑞的清廉行为可谓极为罕见。海瑞从福建南平县学教谕做起，最后做到正二品的南京右都御史，但最后去世时，却是由同僚王用汲为他集资入敛的。当时王用汲去他家里看视，发现屋子里还保留着连穷人都不用的普通帷帐和旧竹箱等一类物品。这种情形，实在与海瑞的高官身份十分不相称。

其次，海瑞是一位恪尽职守、敢于抗上的官员。

早年在淳安知县任上，他做过的两件事，便充分说明了这一点。一次是严惩总督胡宗宪的儿子。这位胡公子路过淳安，因为不满县里的接待安排，与管理驿站的驿吏产生了纠纷，竟把驿吏吊起来凌辱。海瑞知道后，说以前胡总督巡视时，就曾下令不让各地官员提供接待、铺张浪费，这个人行囊甚饱、骄横跋扈，肯定是假冒的，于是当即拘押法办，没收他随身带着的数千金银，尽数纳入县库，并且驰马急告胡宗宪。总督大人获悉，只能哑巴吃黄连——有苦说不出，无法问罪海瑞。

再有一次是抵制接待左副都御史鄢懋卿。这位鄢大人率队出巡，行前颁告各地，接待一切从俭，不许过度供应。这其实只是表面文章而已，鄢大人没有当真，很多地方官员也不会当真，唯有海瑞却顺杆而上，真的"当真"了。海瑞不但表示淳安"邑小不足容车马"，还上帖把其他地方的奢华供应之举大大批评了一番，甚至要求鄢大人自我收敛，为杜绝奢华供应作出表率，并说如此方可顺利完成皇帝交给的任务。被一位位卑职低的下级官员如此训诫一番，鄢大人当然十分恼怒，虽然当时拿海瑞没办法，只能避而远之，后来却逮着机会报复，海瑞因此从嘉兴通判贬为兴国州判官。

海瑞最让人咋舌的一次抗上表现，是在户部主事任上，直接向嘉靖皇帝冒死进谏。此时的嘉靖皇帝已经在位40多年，却多年不视朝政，主要心思都花在了拜神求仙、寻求长生不死之药方面。对于皇帝的这种行为，大臣们曲意逢迎者多，敢于进谏劝阻者却几乎没有。但别人不敢，海瑞敢，他独自上了一道奏章，对嘉靖皇帝的错误直言不讳。

在这篇洋洋洒洒千余言的奏章中,海瑞批评嘉靖的修真求长生之举为"心惑",只会终无所成;他批评嘉靖苛刻武断的为政表现为"情偏",结果导致法纪废弛、吏治败坏、民不聊生、水旱接踵、盗贼猖狂;他希望嘉靖重新振作起来,洗清数十年来的积误,成为像尧、舜、大禹、商汤、周文王、周武王那样的帝王,而大臣们也就会成为像皋陶、夔、伊尹、傅说那样的臣子。他认为只有这样,才能实现天下大治。

这确实是一篇震烁古今的奏章。自古以来,试问有几位臣子胆敢这样批评皇帝,竟然敢骂皇帝"心惑""情偏"?嘉靖读罢奏章,那是勃然大怒,把奏章扔到地上,对着左右高喊:"赶快把他抓了,不要让这个肆言无忌的家伙跑了。"一旁的宦官黄锦连忙说道:"此人素有痴名。闻其上疏时,自知触忤当死,市一棺,诀妻子,待罪于朝,僮仆亦奔散无留者,是不遁也。"也就是说,海瑞知道这道奏章一上,自己很可能性命不保,于是遣散了仆人,买好了棺材,诀别了妻子,正在静候处置,根本就没想着要逃跑。嘉靖默然许久,待到情绪平静了些,重又拾起奏章,看了又看,不禁为之感叹。其实嘉靖也知道,海瑞奏章中所说的都是实情,只是朝政积弊已久,他也人到暮年,并且疾病缠身,要想做到海瑞所希望的那样,几乎已不可能。而对于究竟如何处置海瑞,嘉靖也是犹豫不决。他曾对人说,海瑞很像比干,但我不是商纣王。我们知道,比干向商纣王屡次进谏,后来被剖心而死。嘉靖说自己不是商纣王,就是说他并不想杀掉海瑞,但对海瑞如此冒犯君威,他也不能宽恕,结果他把海瑞投入诏狱,刑部做出了死刑判决,嘉靖则对判决之议留中不发,也就是既不说同意,也不说不同意,即对海瑞采取了不闻不问的态度。

海瑞在狱中待了差不多一年,没能等来执行死刑的命令,却等来了嘉靖皇帝的驾崩。皇帝驾崩的消息尚未对外公布,诏狱中的提牢主事却已得知,主事认为海瑞会被重用,于是摆下酒食招待他。海瑞以为这是临刑前的最后一餐,他毫不惧怕,闷头吃得很是畅快。主事知道海瑞误会了,于是附着他的耳朵说皇帝已经驾崩，先生可以出去接受大用了。海瑞不敢相信，待到确认后，他放声大哭，连带着把刚吃下去的东西全都吐了出来，最后晕倒在地。

通过以上几个事例来看，海瑞为官清廉、恪尽职守、坚持原则、敢作敢为，称他为大明的"模范官僚"确实毫不为过。那又如何理解海瑞的"古怪"呢？其实，仅就当时明朝的社会形势而言，海瑞这些堪称"模范"的做法，绝大多数人实在难以做到。"模范"本来意为引导众人效仿的榜样，而当绝大多数人都无法照样做到时，这个"榜样"就会显得很"古怪"了。这是人之常情，具体说到海瑞，也就成了当时很多人眼里心中一位古怪的模范官僚。

嘉靖皇帝驾崩，隆庆皇帝即位，海瑞被赦出狱。隆庆三年（1569），海瑞以右佥都御史的身份，巡抚应天十府。此时的海瑞，"古怪"的政声早已闻名遐迩，应天十府境内的官员都很忌惮他。有些贪官污吏听说海瑞要来，畏于其"清廉"之名，竟至自动辞官避祸。至于那些富豪之家，原本府中大门漆成红色，赶紧改漆成了黑色。还有些被派驻江南监督织造的太监，也立刻着手削减车马舆从的规模。因为按照规定，只有皇家和官府的大门才能是红漆门，富豪之家只能是黑漆门，各级官员的车马舆从数量也都各有定制。以海瑞对于制度原则的执着态度，这类违制之举一旦被他发现，一定会遭到严厉的惩处。

当时的应天十府，包括今天的南京、苏州、常州、镇江等在内的江南富庶之地，这些地方奢靡之风由来已久。海瑞到任之后，就对种种奢靡行为进行抑制，比如裁减驿站多余费用，对出入应天各府辖境的官员不予接待供应。他还着力打压富室豪门，限制他们过多占有田地，努力缩小贫富差距。这些为政举措，引发了一些官员及富户的极大不满，双方矛盾日益激化。不久，海瑞先后遭到两位官员的弹劾，一位说他"迂滞不达政体"，一位说他"鱼肉缙绅，沽名乱政"，就是说海瑞为人迂腐，不懂如何行政，损害了官员士大夫的利益。结果，海瑞巡抚应天不过半年，即被调作他任，而他在此期间推行的一系列措施，也基本遭到废弃。不久之后他称病辞职，直到十多年后才被再次起用。

海瑞再度为官，已是70多岁的老人，但他堪称"模范"的为政风格依旧没变。针对日益败坏的吏治，他甚至向当时的万历皇帝上疏，提议恢复明太祖朱元璋时期"剥皮囊草"一类酷刑，对贪官污吏实施严厉打压。所谓"剥皮囊草"，顾名思义，就是剥下人皮，然后用草来填充。时代早已不同了，这种残酷的刑罚手段一经提出，立时引发广泛议论，有人上章弹劾，说他"一言一论无不为士论所笑"，就连万历皇帝也认为海瑞所论"有乖政体"，并给了他一个"迂戆"的评语。

其实，早在十多年前，针对海瑞在应天巡抚任上的行为表现，首辅张居正就曾有过类似"迂戆"的委婉评价。张居正说："三尺之法不行于吴久矣。公骤而矫以绳墨，宜其不堪也。"意思是说，应天十府的问题由来已久，不是轻易就能解决的，你想迅速匡正时弊，必然不会取得成效。张居正说得很有道理。为政处事，只有好的意向是不够的，还应针对现实情况，采取切实可行的策略方法，不能只以自己的标准，去强制做出改变。但不幸的是，海瑞正是这样的人，所以他是"模范"官员不假，但在世风颓靡的明朝中后期，当他不管不顾，硬把自己的"模范"属性向外界强行推广时，就显得非常不合时宜了，他也不可避免地成了官场上别人看起来特别"古怪"的人。当然另一方面，这样的海瑞，当他去世时，"小民罢市。丧出江上，白衣冠送者夹岸，酹而哭者百里不绝"。及至后世，海瑞更以"南包公""海青天"的美名，为人民大众称道与缅怀。

海瑞字汝贤，自号刚峰，谥号忠介。对于人民大众，海瑞当得起"瑞""贤"二字；对于贪官污吏、豪强恶霸，海瑞是名副其实的一座"刚峰"；对于国家天下，海瑞确实既忠诚也介直。

曾国藩：『比贼笨』的晚清中兴名臣

清朝同治十一年（1872），曾国藩病逝于两江总督任上，享年62岁。当时，他曾经的门生、著名朴学大师俞樾送了一副挽联，其上联是："是名宰相，是真将军，当代郭汾阳，到此顿惊梁木坏。"郭汾阳指的是唐朝名将郭子仪。俞樾把曾国藩比作郭子仪，是很有道理的。当年，郭子仪率军平定安史之乱，有再造唐朝的大功，受封汾阳郡王，官拜中书令、太尉等军政要职。而曾国藩则组建湘军，镇压太平天国，开创了晚清"中兴"局面，受封一等毅勇侯，官至直隶总督、两江总督。此两人军功既大，又位高权重，都是名副其实的"名宰相""真将军"，而且两人还有一个很重要的相似之处，就是都做到了善始善终，终其一生，荣宠未减，这在中国历史上尤为罕见。

在中国历代王朝中，君臣之间的关系有时很是微妙。本来，两者是互相成就的关系，君主一般都会欣赏有才干的臣子，来辅佐自己平定天下，或者治国安邦；而有才干的臣子，也都希望自己能辅助君主成就一番功业，既荣耀生前，又垂名后世。但是，当做臣子的功劳大到一定程度，比如让君主觉得"功高震主"时，君臣关系又往往会走向互相成就的反面，转变成互相伤害。所以，历史上君臣反目的事例很多，而作为功臣，在不退隐的情况下，还能做到善始善终者，更是少之又少。所以，郭子仪和曾国藩能做到这一点，可谓非常难能可贵。

曾国藩本人对郭子仪也很推崇，他曾说："古来成大功大名者，除千载一郭汾阳外，恒有多少风波，多少灾难，谈何容易！"诚如所言，要做到像郭子仪一样功名俱全，实在很不容易，而他曾国藩算是做到了。那么他是怎么做到的呢？可能有人会说曾国藩很聪明，很懂得为官之道。这么说也不错，只不过曾国藩的"聪明"，不是我们惯常认为的机智灵活、左右逢源的那种，而是看上去显得有些"笨"的"聪明"。

此话怎讲？说一则流传颇广的"曾国藩比贼笨"的故事吧。据说曾国藩小时候读书学习非常吃力，一篇文章往往背诵好久也记不住。有天晚上，有个贼溜到他家里，躲在屋檐下，准备等夜深人静了，再进屋去偷东西。这时曾国藩正在背诵一篇文章，却背了很多遍也没背下来，不过他颇有毅力，仍然坚持着一遍接一遍地背诵。时间越拖越久，后来这个贼实在忍不住了，就跑进屋子里，对着曾国藩说道："你这么笨，还读什么书啊！我才听你读了几遍，就会背了。"说完，这个贼把整篇文章从头到尾背诵了一遍，然后转身，潇洒地离去。

这个故事的真实性有待考证。但与曾国藩同时代的陈其元，在他所作的《庸闲斋笔记》中，记载了一段曾国藩受人欺骗的旧事，故事里的曾国藩似乎确有些"笨"。当初，曾国藩的湘军刚刚收复被太平天国占据的天京城，有个自称是校官的人去见他，席间高谈阔论，议论风生，一些见解很投曾国藩的胃口。比如谈到关于"欺骗"的话题，此人认为像曾国藩这样的"至诚盛德"之人，人们是不忍心欺骗的，这让曾国藩很高兴。曾国藩又让他品评自己军中所用之人，结果他也说得头头是道。曾国藩感觉这是个人才，于是任用他负责督造战舰。但令曾国藩没有想到的是，没过多久，此人居然拿着一笔钱跑了。很显然，这人是个骗子，曾国藩则上了个不大不小的当。据说曾国藩得到其人携款潜逃的消息后，并没有派人去追，只是反复念叨着此人评说自己"人不忍骗"的那句话，引得身边的人都忍不住偷偷笑话他。

曾国藩真的是因为"笨"才被骗吗？其实不是。当时曾国藩军威正盛，此人敢于身犯险地行骗，可以说胆识过人，而且其言行举止以及品评人物等一系列作为，也并非普通的骗子可比。所以此人是骗子没错，但也是颇具才能的骗子。曾国藩之所以上当受骗，正是因为他对于人才的渴求。至于曾国藩最后并没有再计较这件事，而是甘心受欺，更显示出他非同一般的气量与格局。

曾国藩向来重视用人，也素以知人善任而闻名。早在太平天国刚起事的时候，他在京城为官，便上书咸丰皇帝，强调当务之急，首在用人，并提出关于人才的"转移之道""培养之方""考察之法"，受到咸丰皇帝的认同和表扬。后来他回到家乡湖南组建湘军，为了避免满洲贵族和朝廷猜忌，他始终称这支部队为"湘勇"。这支"湘勇"，从征兵到任将，他都注重条件，宁缺毋滥。他征兵以土生土长、朴实憨厚的农民为上选，这与他本人就出身农家有关，那些沾染市井习气的二流子、兵痞子，他是一概不要。他任将的标准，包括能治兵、不怕死、不急于见利、不善于说话、能够吃苦耐劳等等。他与人交接时，无论对方身份尊卑，都能做到以礼相待，以至"山野材智之士感其诚，莫不往见，人人皆以曾公可与言事"，这为后来湘军的崛起，打下了深厚的人才基础。他还特别擅长评判人才之优劣，每次待客时，他常常盯着来人看，却又不说话，来人被看得毛骨悚然或者浑身不自在，而他已把对方的优点、缺点看了个通透。湘军名将胡林翼曾经评价曾国藩的用人之能说："曾公素有知人之鉴，所识拔多贤将。"即便是对手一方，也对曾国藩的用人之能深感钦佩，太平天国翼王石达开就曾评价他："虽不以善战名，而能识拔贤将，规划精严，无间可寻，大帅如此，实起事以来所未见也。"

石达开对曾国藩的评价，除了用人方面的"识拔贤将"外，还有一条是"规划精严"，这是指其行军作战方面。曾国藩指挥湘军与太平军作战，在战法上有一个主要特点，就是"结硬寨，打呆仗"。简单来说，就是采用开掘濠沟、修建营垒等办法，对太平军进行重重围困，用踏踏实实的笨办法，一点一点地消耗对手的力量。湘军与太平军之间的一些著名战事，比如安庆之战、天京之战等，都是类似的打法，并且最终都赢得了胜利。以此来看，所谓"呆仗"其实并不"呆"，而是一种恒心与毅力的体现。

曾国荃是曾国藩的九弟，起初用兵"尚急"，对于大哥的这种战法很看不上。曾国藩对他进行劝诫，有一次在信中论及带兵之事，叮嘱他"凡人作一事，便须全副精神注在此一事，首尾不懈。不可见异思迁，做这样想那样，坐这山望那山。人而无恒，终身一无所成"。后来曾国荃果然有所改进，在围困天京时，他正是凭借着硬寨坚垒，打退了太平天国忠王李秀成的优势援军，并最终攻克了天京城。知人善任，再辅之以强大的恒心、毅力，这就是曾国藩凭以"中兴"清室、成就功名的为官智慧乃至人生智慧的精华所在。

太平天国失败后，曾国藩的权势达到了顶点。换句话说，这时的曾国藩，也就差不多到了"功高震主"的危险境地了。那么他又是怎么做的呢？《清史稿》中说他"朝野称贺，而国藩功成不居，粥粥如畏"，就是说曾国藩没有一点居功自傲的样子，相反还表现得更为谦卑。此时在位的同治皇帝向他咨询总督、巡抚的人选问题，他也从不发言推荐，并表示自己作为带兵的外臣，不应参与此类官员升迁之事，还建议朝廷要防止出现"外重内轻"，即地方权大、中央权小的局面。曾国藩对于权力进行自我约束乃至强力约束的这些做法，在一定程度上减轻了朝廷对他的怀疑。

曾国藩所做的还远不止此。当南方战事平定后，他立即着手裁撤湘军。湘军是由曾国藩一手创办的，又是他赖以建功立业的根本，如果没有极大的魄力，如何能够做到果断裁撤？而湘军既然裁撤，曾国藩对于大清王朝就不存在真正的威胁了，所谓的"功高震主"也同样不复存在。通过这样决绝的举措，曾国藩彻底打消了清廷对他的疑虑。

曾国藩能在声名与权势如日中天之际，选择急流勇退，根本原因在于他对君臣关系看得太过透彻。他推崇唐朝名将郭子仪，也自然知道要做到像郭子仪那样善终，就要懂得如何消除作为功臣所可能面临的无数风波和飞来横祸。所以，早在与太平天国的战事尚在进行期间，随着曾氏一门权力、地位、声望的日渐上升，他就已经屡次严求切责自己和家人务必保持头脑清醒。

有一次，曾国藩在给弟弟曾国荃（字沅甫）、曾国葆（字季洪）的信中说："余家目下鼎盛之际，余忝窃将相。沅所统近二万人，季所统四五千人，近世似此者，曾有几家？沅弟半年以来，七拜君恩，近世似弟者，曾有几人？日中则昃，月盈则亏，吾家亦盈时矣。"他还在信中引用了西汉霍光、孙吴诸葛恪的故事来进行劝诫。霍光一族在汉宣帝时权倾一时，但最终却被汉宣帝灭族；诸葛恪是诸葛亮的侄子，诸葛亮一生谨慎，而他的这位侄子却独断专权，最终被孙吴少帝孙亮诛杀。曾国藩以此提醒两位弟弟，要谨防家族盛极而衰，而最佳的防范策略，就是在家族鼎盛之时进行自我平抑。至于具体的平抑办法，曾国藩归结为三个字，即无论为官还是处世，都要做到清、慎、勤。后来，他又进一步将这三个字修改为廉、谦、劳。

廉，就是清廉；谦，就是谦虚；劳，就是勤劳。这三字"要诀"，正是曾国藩为官处世的大智慧。生活上廉洁自律，态度上谦虚低调，做事上勤勉任劳，以此三条，再加上勇毅果敢的魄力和急流勇退的勇气，曾国藩最终成了有清一代的"郭汾阳"，晚清时代的"第一中兴名臣"。终其一生，不仅功名俱全，而且善始善终，并且作为官场榜样，被后世为官者争相效仿。

教育智慧

在 2019 年 6 月 26 日首映、我也参演的南京大学招生微电影《向南》（意为"心向南兮"）中，有句我很欣赏也很有切身体会的台词："好的教育像一束光，他能照亮你前进的道路。"

自从 7 岁入小学，到 33 岁博士生毕业，我以学生的身份，经历了 20 多年的教育。桐城中学胡玉堂、吴祚宁、吴德文三位老师，引导出我对历史、地理、文学的兴趣。复旦大学 7 年，吴应寿、张修桂、谭其骧、邹逸麟、朱维铮、周振鹤、葛剑雄诸位先生，使我感受到了学术的魅力。随侍卞孝萱先生多年，先生践行的"专通坚虚"，指引着我的努力方向。我私淑景慕桐城乡贤严耕望先生的考据、严耕望先生的老师钱穆先生的通博。至于乡邑传统或深或浅的浸润，如桐城学术主张的"义理""考据""辞章""经济"并重，桐城文章标举的格、律、声、色与神、理、气、味，浙东学派倡导的"经世致用"，海派文化体现的兼容并蓄，也都或显或隐地成为我治学、习文、处世的归向。

从 24 岁开始，我一直任教于南京大学，至今 30 多年了。在这半个多甲子里，我以教师的身份，勤勉地奉行着韩愈先生定义的传道、授业、解惑，实践着姚鼐先生倡导的授人以鱼，不如授人以渔。作为教师，我是有些成就感的，我教过的本科生无法计数，指导的硕士生 50 多位，博士生 30 多位，加上接受过的进修生、博士后、访问学者，按照中国传统的说法，我的入门弟子，合计约在"百柱大成"之数了。我之于大学生，重在激发其求知兴趣；于硕士生，重在培养其读书方法；于博士生，重在开拓其研究视野。

我也颇有感慨，我的儿子虽然大学读的是汉语言文学系，大概因为耳濡目染，终究还是选择了中国历史作为硕博士专业。我常常回想起孩子四五岁时，有回我带着他在南京石头城下散步，我忽发奇想地开玩笑说：儿子，把耳朵贴到城墙上，看看能听见什么，儿子装模作样地听了会，回头来了一句：老爸，我听见了历史的回声！那一瞬间，我感到这就是孩子值得尊重的天性。我的侄子 2019 年考大学，文科成绩蛮好，大概又是受到我与哥哥的影响，非历史不学，我也尊重了他的选择。也许在我这个家族中，我这个教师，真的好像一束光，照亮了孩子们前进的道路吧！

我是这样做的，但像我这样做的家长，似乎并不多。比如前不久，我注意到一个颇有意思的《00 后高考志愿兴趣报告》，参加测评的高考考生共有 77.2 万人，覆盖了全国 31 个省、市、自治区的 362 个市、县，最后得出的结果，历史学、心理学竟然分别排名文科、理科第一。理科的情况，我不太了解，就以文科来说，现实的情况是，真以历史学作为大学专业的 00 后实在不多，甚至可以说很少。这就显出了问题：在大多数的父母看来，历史学专业就业不好、收入不高、用处不大，于是孩子的自主兴趣与父母安排的专业填报之间发生了矛盾。而在作为教书匠的我看来，兴趣是最好的老师，带着兴趣主动学习，愉快，缺乏兴趣被动学习，痛苦。学好了，哪个专业都好，都是热门，学不好，哪个专业都不好，都是冷门。我就不明白，为什么现在的许多父母，连这个最浅显也最深刻的道理都不懂呢？

那么，我不懂、现在的许多父母都很"懂"的又是什么呢？一日，我在上海工作的一对弟子夫妻，带着正上小学四年级的孩子来访，这对弟子聊到现在孩子的教育说："小学高年级孩子，都是一个又一个的培训班，一对一的许多家教，常规的套餐，是作文、奥数、英语、才艺，才艺班就多了，乐器、唱歌、跳舞、书法、围棋，总得选一两样，还要再加上体育，体育有网球、高尔夫、乒乓球，当然学游泳的最多。这样排下来，假期都是满满的，学期里每周能有半天没班就很难得了。"我问每年费用多少，弟子说反正是不敢养二胎了，负担不起。我又问孩子们配合吗？弟子说那不是我们考虑的问题。升学压力不大的上海都是如此，其他地方可想而知。当然，这样的疯狂已经多少年下来了，结果怎么样呢？以我更加了解的大学来看，大学生中沉迷游戏不能自拔、无法融入集体生活、精致的利己主义者为数颇多，心理阴暗、行为龌龊、日常焦虑乃至神经病也不少见，而且好像越到高学位，这些情况越严重。我为此常常感到迷惑，因为按照我的理解，按照我的"老生常谈"，培养健康的人格、心理阳光、行为坦荡的君子，还是教育更加重要的方向吧！

虽然古往今来，教育的手段、方式、途径因时而变，但毕竟万变不离其宗，那么不变的宗旨是什么呢？是传世的俗语，所谓"道德传家，十代以上，耕读传家次之，诗书传家又次之，富贵传家，不过三代"；是郑板桥的家训，"夫读书中举中进士作官，此是小事，第一要明理作个好人"；是《增广贤文》里的民谚，"养子不教如养驴，养女不教如养猪"；是《吕氏春秋》的说法，"善教者，不以赏罚而教成"；是"十年树木，百年树人"的箴言；是习近平总书记所说的，"百年大计，教育为本。教育是人类传承文明和知识、培养年轻一代、创造美好生活的根本途径"；是中国传统社会的认知，即无论留什么给子女，都不如给子女以良好的教育。

平心而论，当今中国社会的教育，无论变来变去的小升初与高考"指挥棒"，还是不切实际的所谓"素质教育"，无论施教的老师、父母乃至某些教育部门，还是受教的各类学生，存在的问题乃至存在的严重的负面问题，都是不必讳言的。那么，处身当下，回望中国历史，我们又能获得怎样的启示与智慧呢？诸如怎样教育，才能培养出品学兼优的人才，"蟾宫折桂""金榜题名"的学子？为人父母者，如何或苦口婆心、谆谆告诫，或因势利导、循循善诱，从而实现子成龙、女成凤的理想？为人师者，如何或因材施教、诲人不倦，或启发诱导、教学相长，或立足生活、面向未来，或高屋建瓴、指点迷津，从而培养出满天下的弟子门生？中国古代的统治者，又是如何将"天下英才，尽收囊中"，以打天下、治天下、安天下的？诸如此类，其实我们的先人为我们留下了丰富的教育智慧、宝贵的精神财富，值得我们今人借鉴、汲取、继承、弘扬。

孔子与韩愈：因材施教，教学相长

　　千古文圣孔子，是世界级别的大教育家。1978 年，美国物理学家麦克·哈特出版了他的名著《影响世界历史的 100 位名人》，在世界 100 位名人排行榜上，孔子名列第 5 位，前 4 位是三大宗教创始人穆罕默德、耶稣基督、释迦牟尼和近代科学巨匠牛顿。在我看到的该书 1992 年第二版中，哈特这位老外是这样评说孔子的："中国伟大的哲学家孔子，是中国思想文化的集大成者，儒家学说的创始人。他的哲学思想提倡'仁义''礼乐''德治教化'，以及'君以民为体'。儒家思想渗入中国人的生活、文化领域中，同时也影响了世界上其他地区的一大部分人近两千年。"哈特还指出，因为孔子的学说，"总体说来，在近两千年的时间里，中国是世界上统治最好的地区"。这就是孔子学说的力量，也是孔子教育的影响吧。

　　说起孔子的教育思想与教育方法，他以"六经"为教材，实行"有教无类"的教育方针，讲究"温故而知新"的学习方法，带着弟子们周游列国，如此等等，内容真是丰富多彩。这里我仅说说《论语》所见的孔子"因材施教"吧。我们知道，孔子设立杏坛，收徒讲学，有所谓"弟子三千""贤人七十二"的说法，其实，经常跟在孔子身边的学生并不多。孔子每天和身边的学生谈话，谈话内容后来由学生们整理成《论语》，这部书从此广泛而且深刻地影响着中国社会，有着"半部《论语》治天下"的说法。那么，在《论语》中，体现了怎样的"因材施教"的教育智慧呢？

孔子特别善于"因材施教"。比如同样是一个"仁"字，孔子就因人而异，有多种解释。

颜回问孔子什么是仁，孔子说"克己复礼为仁"，意为"克制自己的欲望，一切都按照礼的要求去做，就是仁"。颜回一听便心领神会了，又问仁的具体条目，孔子便兴致勃勃地讲了仁的"四目"，说是"非礼勿视，非礼勿听，非礼勿言，非礼勿动"。朱熹评论《论语》中的这一章道："乃传授心法切要之言。非至明不能察其几，非至健不能致其决，故惟颜子得闻之，而凡学者亦不可以不勉也。"孔子数次称赞"贤哉回也"，表现出对颜回的高度嘉许，也能看出孔子十分满意自己对颜回的成功教育。

轮到子贡问仁，孔子却说："己欲立而立人，己欲达而达人。"子贡利口巧辩，善做生意，家境富裕。他有志于仁，每天想着要博施济众，但也显得眼高手低，不知从何做起，所以孔子教导子贡应该从自身做起，这可以说是传授了子贡一个"仁"的方子。

及至司马牛问仁，孔子又说道："仁者，其言也讱。"意思是说，有仁德的人，说话缓慢谨慎。司马牛问的是"仁"，孔子答的却是"仁者"，这是因为司马牛多言而浮躁，孔子是想通过解释"仁"，来告诫、促使司马牛今后注意改正缺点。

《论语》中还有记载，有一次子路问孔子道："闻斯行诸？"意思是"听到了就行动起来吗"，这个问题可以理解为知与行的关系。孔子回答："你有父亲兄长在，怎么能听到了就行动起来呢！"过了一会儿，冉有也问了同样的问题，孔子却说："听到了，就行动起来。"这时，站在一边的公西华被弄糊涂了，不由得问孔子缘故。孔子解释说："冉有总是退缩，所以我要激励他的勇气；子路武勇过人，所以我要约束他。"这是孔子把中庸思想贯穿于教育实践中的一个具体事例，在这里，他希望自己的学生既不要退缩不前，也不要过头冒进，而是要进退适中。

对于什么是"仁"，对于如何处理知与行的关系，孔子针对学生的不同情况，给出了不同的建议，这就是"因材施教"。孔子根据学生已有的知识、经验，引导学生通过独立思考，获取新知识、新经验，这就是殊途同归。这种"因材施教"、殊途同归的教育方式，效果良好，充满智慧，至今仍有重要的借鉴意义。《礼记·学记》中说"记问之学，不足以为人师"，这话的意思是，那些仅靠记忆前人的东西而缺乏自己的见解、只管闷头教书而不管学生具体情况的人，是没有资格当老师的，这样的教法也是教育的大忌。回到我们今天的教育，博士生、硕士生的数量相对较少，老师应该做到"因材施教"。至于从小学到大学本科的课堂教学，每个班级的学生人数一般都在大几十位，一位老师往往还要带几个班的课，在这种情况下，老师就很难做到"因材施教"，但退而求其次，老师不求每堂课对每位学生都有启发，但求一学期的课程或者一学年的课程对每位学生都有一些启发，还是应该做到的吧！

其实说起师生之间的关系，老师追求做到"因材施教"，以求成就弟子，弟子对于老师，同样也是不乏助益，这就是"教学相长"的道理。孔子就曾感慨："三人行，必有我师焉，择其善者而从之，其不善者而改之。"比如孔子"入太庙，每事问"，就表现出"知之为知之，不知为不知，是知也"的积极态度；又如孔子与子夏讨论着《诗经》，孔子听了子夏的解释后，称赞"起予者商也"，就是肯定子夏是能启发与帮助自己的弟子。这些属于"教学相长"的思想与故事，在孔子的言行中还有很多。

大成至圣先师孔子的教育思想与教育实践，为中国的教育树起了一座丰碑，诚如麦克·哈特所指出的，"一代代中国最有天赋和抱负的年轻人，用很多年研习孔子礼教"，这当然也包括了孔子的教育智慧。比如中唐时代伟大的文学家、著名的思想家、杰出的政治家、卓越的教育家韩愈，就是典型代表人物，韩愈写于公元 802 年的《师说》，就与记录孔子及其弟子的言行的《论语》，同为中国教育智慧的经典之作。

韩愈在《师说》的开篇，就揭示出教师的神圣职责："师者，所以传道、受业、解惑也。"又说："孔子曰：'三人行，则必有我师。'弟子不必不如师，师不必贤于弟子，闻道有先后，术业有专攻，如是而已。"可见韩愈"因材施教""教学相长"的认知，既与孔子一脉相承，又在"传道""闻道"的"道"上，还颇有所发挥。那么，韩愈心目中的"道"是怎样的"道"呢？这从韩愈的《原道》一文中可以找到明确的答案："吾所谓道也，非向所谓老与佛之道也。尧以是传之舜，舜以是传之禹，禹以是传之汤，汤以是传之文、武、周公，文、武、周公传之孔子，孔子传之孟轲，轲之死，不得其传焉。"换言之，韩愈韩文公立志要接着孟轲传承的那个"道"，就是"圣人"之道、儒家之"道"。为了这个"道"，韩愈认定"无贵无贱，无长无少，道之所存，师之所存也"，即虚心学习闻"道"在先者的长处，以求弥补自己的短处，然后才可以为人师，才能尽到为师者"传道、受业、解惑"的职责。所谓"传道、受业、解惑"，按照曾国藩的说法，"传道，谓修己治人之道；授业，谓古文六艺之业；解惑，谓解此二者之惑"。

作为为师者，韩愈的特别成功之处，在于他的"文以载道"，即通过"受业"而"传道"，而非强行以说教的方式"传道"。韩愈善于把自己的思想、立场、观点、文法等等，沁透在有形无形之间，春风化雨、潜移默化，从而使他的弟子们业其所业、道其所道、衣钵相传，于是既成就了他"文起八代之衰，而道济天下之溺"的超凡地位，也培养出一大批各方面的人才。

复原一堂韩愈的讲课情形吧。韩愈在长安担任国子监博士，也就是国家最高学府的高级教授时，有一天，他的家里聚集了不少的朋友和太学生。大家谈论历史，评说文章，十分热闹。这时，一位太学生请教韩愈："先生，您主张写文章要以古圣贤人为师，反对骈体文。难道骈体文就无丝毫可取之处吗？乞求先生教导。"韩愈微微一笑道："六朝以来的骈体文，当然也有写得比较好的，像王勃的《滕王阁序》就是。但是作为一种文体，它过分追求形式的完美，忽视内容的生动，句子必定要四字、六字一句，要对偶押韵，还要用典故，这样太束缚思想了。而古文呢，形式就不这样严格，可以任意抒发自己的感受和见解。所以我要大家学习古文。"另一位太学生又问："好文章的具体要求是什么呢？"韩愈答道："第一要去掉陈词滥调，众人说滥的老话、生僻不用的死词不要用；第二要文字通顺流畅；第三文章要有气势。总之，要言之有物，文字要能有力地表达内容。"接着，韩愈一连举了不少的例子进行耐心的讲解，太学生们也都听得津津有味，很受启发。可以说，正是在韩愈等人倡导"古文运动"的推动下，在"教学相长"的方法中，结晶了一批传之不朽的优秀文学作品。

在距今一千多年前，韩愈就提出了"弟子不必不如师，师不必贤于弟子"的思想，这是有见地有魄力的，而以这种思想为指导，韩愈推崇"教学相长"的精神，并把师生的关系归结为更加明确、更加富于理论性的"闻道有先后，术业有专攻"，鼓舞与激励着大家相互学习、彼此相长的良好风气。这样的风气，当然值得我们这些教师继承与弘扬。比如我所工作的南京大学历史学院、天水师范学院历史文化学院，就有一批"好为人师"的教授，他们讲求"学术传承"，喜欢在教学中与学生展开讨论，因为教学的第一好处就是可以"教学相长"，在教学过程中，知识点多是横向扩展的，同时，年轻人思维活跃，老师与学生之间，往往还能碰撞出思想的火花。所以，我常常对我的弟子们说，不仅我的职业与你们联系在一起，没有你们，我就失业了，而且我的志业，也就是著书立说，也与你们联系在一起，正是你们，使我的心态保持着年轻，使我的思维不至于僵化。

今天，教育界的一些有识人士在大声疾呼，许多教师不缺知识，不缺方法，缺的是宽容，缺的是爱心，缺的是责任。如果没有"宰相肚里能撑船"的"宽容心"，没有"立德树人"的"仁心"，没有"诲人不倦"的"耐心"，没有"有教无类"的"公心"，那么这样的教育是没有温度、缺乏感情的。"仁者爱人"是儒家思想的核心，也是中华正统文化精神的根基。樊迟问"仁"，孔子曰"爱人"，《说文解字》中说："仁，亲也，从人从二。"也就是说，"仁"是人与人之间相互亲爱的一种关系，社会、家庭、教育都需要"仁爱"之心。孔子认为，如果社会上的每个人都能做到仁，具有仁爱之心，那么，上下、长幼、尊卑有序的礼治社会便不难实现。联系到教育，中国古代的读书人深受儒家思想的影响，在这方面也身体力行地实践着"仁爱"思想。我的这一讲，就说两个小故事，希望能给今天的师生关系升升温度，加加感情。

第一个故事的主人公，是东汉的王烈。

《后汉书》中记载："王烈字彦方，太原人也。少师事陈寔，以义行称。"王烈少年时拜陈寔为师，品学兼优。毕业之后，他返回家乡，开办学校，广收学生，专心从事教书育人。他教学循循善诱，既教学生读经学史，又教学生做人处世，从善疾恶。学生不管在校或者上街，都能做到彬彬有礼，与众不同，人们一看，就知道这些学生是王烈先生教育出来的。

《后汉书》中记载："乡里有盗牛者，主得之，盗请罪曰：'刑戮是甘，乞不使王彦方知也。'烈闻而使人谢之，遗布一端。或问其故，烈曰：'盗惧吾闻其过，是有耻恶之心。既怀耻恶，必能改善，故以此激之。'"这段记载的大概意思是，有人偷盗了一头耕牛，被牛的主人捉住，这个小偷对牛主人说："是打是杀，无论你怎么处置我，我都心甘情愿，只求你不要把这事告诉王烈王先生。"王烈后来还是知道了这件事，他很同情这个盗牛的小偷，就送了一匹布给他，意在帮助他解决生活上的实际困难。有人问王烈为什么要这样对待小偷，结合其他的相关记载，王烈是这样解释的："你听过秦穆公赏赐盗贼的故事吗？秦穆公的一匹骏马被人盗去了，当他发现时，那些盗马人已把骏马杀掉，正在煮肉吃哩。侍卫要把盗马人抓住杀掉，秦穆公制止说：不能这样，他们是因为饥饿才盗马的。于是命令侍卫拿酒来，赐给盗马者，让他们饮用。后来秦穆公有难，盗马者以死相救。如今，盗牛人怕我知道，说明他已有羞耻之心，知道羞耻，就会生出善心，他一定会改恶从善的。何况他盗牛，也是出于无奈，属于一时之误。我赐布给他，就是为了劝他从善。"问话者听了王烈的这番话，频频点头，连连称善。

过了一段时间，有位老人来找王烈，说是遇到了一件稀罕事。原来啊，这位老人行路途中休息，结果再动身时，把宝剑忘记拿了，老人走了好长一段路，才发现丢了宝剑，于是急忙循着原路去找，却见暮色之中，有个人正守着宝剑，在等失主。老人问清了他的姓名，这又赶来告诉了王烈。王烈一番推求，发现此人正是先前的盗牛者，于是感慨之余，对站在一旁的学生们说："人不是一成不变的！只要善于教育，坏人是可以变好的。"我们看，这位曾经的盗牛者，正是在王烈的帮助、感化下，变得拾金不昧，高尚了起来。也正是在王烈的垂范作用下，乡里社会遇有争讼曲直的事情，都来找王烈先生断以究竟，而到了后来，来找王烈的人也感觉不好意思了，往往半途而返，或者望见王烈的屋舍就感到惭愧，自己友好协商或者彼此相让解决，《后汉书》由此感慨："其以德感人若此。"

及至东汉末年，因为朝政腐败，黄巾民变，董卓作乱，加上自然灾害，很多百姓都因饥饿而亡，王烈虽把家中积蓄都拿出来分给附近村民，但也解决不了问题。最后，连王烈自己也只能逃到辽东避乱。在辽东，王烈仍然从事着教育，而在王烈和他的学生们的影响下，地方百姓相率争做好人，兴起了一股从善之风，所谓"强不凌弱，众不暴寡，商贾之人，市不二价"是也。看到这样的情况，辽东太守公孙度极想以王烈为长史，曹操也屡次征辟王烈为官，王烈却都想方设法地推辞了，他一直留在辽东，直到病逝，享年78岁。

王烈的故事，告诉了我们许多的教育智慧，比如感化熏陶的柔性力量，往往远胜严刑峻法的强制力量；再如人犯错误并不可怕，可怕的是犯了错误不能改正。衡之古往今来的历史，有多少人曾经误入歧途，却通过被帮助、被感化、被熏陶，最终走上了正途。

说起被感化、被熏陶而走上正途的人物，朋友们尤其是小学生们，应该会想到中国历史上一位典型的"改过自新"的人物——西晋的周处吧！那我就来说说第二个故事，故事的主人公，就是这位周处。

周处，吴兴郡阳羡县（今江苏宜兴市）人，是三国孙吴鄱阳太守周鲂的儿子。他出身将门，体力超人，武艺高强，而又幼年丧父，缺乏管教，于是轻狂放荡，纵情恣肆，横行乡里，成了恶名昭彰的小混混，乡邻们对他都是唯恐避之不及，并且把他与南山的猛虎、长桥的孽蛟看作是地方的"三害"。有一次，有人忽悠周处，你这么厉害，敢去杀虎斩蛟吗？这是意在借此害除彼害。没有想到，四肢发达、头脑简单的周处，竟然立马就豪情万丈、勇气冲天了。他先是进山射杀了猛虎，又入水与孽蛟缠斗。没有想到，猛虎易杀，孽蛟难斗。周处与孽蛟浮沉了数十里，然后三天三夜没了消息。这下子乡邻们以为周处死了，甚至周处与蛮蛟都死了，于是欢聚在一起，热烈庆贺。

没有想到的是，最终周处还是斩杀了蛮蛟，活着回来了，而当他得知自己竟然被乡邻们如此厌恶，终于在悔恨之中，幡然醒悟。幡然醒悟之后的周处，前去拜访吴地大名士陆机、陆云兄弟。陆机不在，周处把他的情况一五一十地告诉了陆云，并且表达了改过自新的想法，只是感慨自己已经浪费了青春岁月，将来恐怕会一无所成。陆云则勉励周处说："古人贵朝闻夕死，况君前途尚可，且人患志之不立，何忧令名不彰邪！"这话的意思是："古人先贤所看重的，是'朝闻道，夕死可矣'。况且你的前途还是有希望的。再说，人就怕立不下志向，如果有了志向，何必担忧好名声不能远扬呢？"受到鼓舞的周处，果然从此励志好学，不仅苦练成才，写得一手好文章，而且"志存义烈，言必忠信克己"，成为著名的孝子、良吏、忠臣。

作为良吏的周处，先是担任西晋王朝的新平太守、广汉太守，所在都有政绩，百姓口碑都非常好。后来因为母亲年迈，孝顺的他辞官归里。不久，周处再被征为楚国内史，尚未到任，又被征为散骑常侍。周处说"古人辞大官不辞小职"，于是他先到楚国，把地方上治理得井井有条了，再入京担任散骑常侍，并升任为御史中丞。在御史中丞任上，他为官正直，纠弹不避权贵，并因此得罪了梁王司马肜。公元 296 年，西北部族氐人反叛，首领齐万年称帝，朝廷任命梁王司马肜为征西大将军、都督关中诸军事，周处为建威将军，隶属安西将军夏侯骏指挥。其时，吴大帝孙权的侄孙、伏波将军孙秀知道司马肜、夏侯骏对周处抱有宿怨，必会借机陷害，于是苦苦劝说周处："卿有老母，可以此辞也。"周处则凛然正气地回答："忠孝之道，安得两全！既辞亲事君，父母复安得而子乎？今日是我死所也。"果然，司马肜、夏侯骏逼迫周处以五千之兵进击七万之众，而且断绝后援。周处力战终日，斩首万计，弦绝箭尽之际，左右都劝他撤退，周处则按剑而道："古者良将受命，凿凶门以出，盖有进无退也……我为大臣，以身殉国，不亦可乎！"最终为国尽忠。

诸位朋友，周处的故事说完了，你有怎样的感慨呢？周处从"为乡里所患"，到"有自改意"，再到"自吴寻二陆"，陆云开导他学习古人"朝闻道，夕死可矣"的精神。于是他浪子回头，砥砺奋进，终为孝子、良吏、忠臣，其变化之大，前后真是判若两人。人非圣贤，孰能无过？周处改过自新的故事告诉我们，作为人，不怕有缺点，也不怕犯错误，只要认识缺点，改正错误，仍然能够成为造福地方与社会、奉献民众与国家的人。

这样改过自新的周处，又是德泽后世、流芳千古的周处。不妨再说一个可能有些佛教因果报应观念的事情。朋友们应该知道，南京有个著名的地方，叫雨花台，按照通常的说法，雨花台得名于梁朝佛教高僧云光法师说法，感动得天雨散花，落到地上，就成了五彩缤纷的雨花石。而依据我若干年前的考证，云光法师本来于史无考，或者说云光的原型其实是周处的七世孙法云。在唐释道宣所编撰的《续高僧传》中就记载道：法云讲经，"忽感天华，状如飞雪，满空而下"，那么这又意味着什么呢？可不得了！我们知道，讲经雨花的出典，本来是佛祖讲经，天雨赐花。《法华经》中说："佛说大乘经……是时，天雨曼陀罗华、摩诃曼陀罗华、曼殊沙华、摩诃曼殊沙华，而散佛上，及诸大众。"曼陀罗华为佛教天界白色之花，花语"心悦"，曼殊沙华为佛教天界红色之花，花语"忧伤"。而在中国本土僧人中，竟是法云讲经，天雨赐花，这就意味着周处的七世孙法云，升格成了亚佛祖，或者说中国的佛祖。我想，如果真是这样的话，九泉之下的周处，应该很是欣慰吧。

回过头来，再说我们今天的教育。前苏联教育家苏霍姆林斯基在《怎样培养真正的人》一书中，谈到对学生的爱，才是最高的教育艺术，试着从学生的角度考虑问题，为学生的发展着想，从心底里关心爱护学生，才是真正的教育从业者。我国著名教育家陶行知先生也曾告诫教育工作者："你的教鞭下有瓦特，你的冷眼里有牛顿，你的讥笑里有爱迪生。"一个冷漠的眼神、一句刻薄的话语、一次不公平的对待，可能就会影响孩子、影响学生的一生。而心中有了"爱"，就是燃灯者、举火者，燃灯举火发出的光亮，就足以照耀孩子们、学生们的前程，足以照亮我们国家、民族的未来。所以，饱含着"爱"的感化与熏陶，是教育的"大道"，"能走多远，关键看你有多爱"也是为师者不应忘记的教育的原则。

杨震与湛氏：
身正为范，言传身教

《三字经》里说"养不教，父之过"，又说，"昔孟母，择邻处。子不学，断机杼"。从古至今，父母在孩子的教育中都扮演着重要的角色。《资治通鉴》的主编司马光在《家范》中也说"为人母者，不患不慈，患于知爱而不知教也"，就是说"作为母亲，不担心她不慈祥，担心的是她过于溺爱而不知教育孩子"。中国古代父母对子女的教育，更多偏重于对子女道德品质的培养，其中很多的道理和智慧，都是值得今天的我们学习的。

话说东汉有位杨震，字伯起，弘农华阴（今陕西华阴市境）人，是追杀项羽有功的西汉赤泉侯杨喜的后代。范晔《后汉书》记载，"震少好学……明经博览，无不穷究。诸儒为之语曰：'关西孔子杨伯起。'"，就是说他自幼好学，通晓儒经，博览群书，深入研究，故有"关西孔子"的雅誉。他先执教讲学 20 余载，到了 50 岁时才出仕做官。当他就任东莱太守途经昌邑县时，从前受过他举荐之恩的昌邑县令王密前来拜见恩公，并且送上了十斤黄金的重礼。杨震见状说道："故人知君，君不知故人，何也？"这话的意思是"我是因为了解你的才能，才举荐了你，你为什么就不了解我的为人呢？"王密悄悄地说"暮夜无知者"，就是深更半夜的，没人会知道我给你送金子啊。杨震正颜回答："天知，神知，我知，子知。何谓无知！"就是说天知道，神知道，我知道，你知道，做啥事，都有人知道，我们要做到无愧于心啊！王密只好羞愧地作罢。

杨震历任地方与朝廷高官，如荆州刺史、涿郡太守、司徒、太尉。他为官清正廉明，从不接受私人请托，也从不阿谀权贵。在他担任太尉时，因为汉安帝刘祜的乳母王圣及中常侍宦官樊丰等人贪残骄横，他多次上疏切谏，结果为樊丰等人造谣中伤，被罢官遣返原籍。当杨震行至洛阳城西几阳亭时，他以死明志，慷慨地对子侄和门人们说："我受皇上的圣恩，官居上位，痛恨奸臣狡猾而不能诛杀清除，厌恶宠女捣乱而不能禁止杜绝，这样我有何面目再活下去！我死之后，用杂木打副棺材，用被单盖住形体，就足可以了，不要归葬祖坟掩埋，也不要设立祭祠。"说罢，即喝毒酒自杀，终年七十有余。

这样的杨震，可谓生亦无私，死亦慷慨，堪称世之楷模。杨震为人们所称道的事迹，还有他对子孙的教育。他本人生活俭朴，除了应得的薪饷之外，所有的收入一律归公。他谆谆告诫子孙们要节衣缩食，省吃俭用，绝不可以占公家的便宜。他的一些老朋友劝他为子孙置些产业，杨震却说："使后世称为清白吏子孙，以此遗之，不亦厚乎！"在他看来，"清白吏子孙"这个名誉，"清白传家"这个家训，才是留给儿孙们最好的遗产。

杨震以"清白"遗子孙，又产生了怎样的影响呢？可以说，杨震的人格、品德、学识、感情等等，都在他的儿孙后辈们身上打上了深深的"烙印"。如杨震的三子杨秉官至太尉，以"不惑于酒、不惑于女色、不惑于钱财"的"三不惑"著称；杨秉之子杨赐"少传家学，笃志博闻。常退居隐约，教授门徒"，杨赐之子杨彪也是"少传家学"，以"博习旧闻"著称，杨赐、杨彪又都官至太尉，而且同样具有杨震慷慨激昂、刚直守正的气概。再有杨震的长门曾孙杨奇，敢于直言，从不献媚求荣，汉灵帝刘宏曾说杨奇"脖项硬直，真是杨震的子孙"。这样的杨氏，《后汉书》中赞叹其"累叶载德，继踵宰相。信哉，'积善之家，必有余庆'"，又说"自震至彪，四世太尉，德业相继，与袁氏俱为东京名族云"。这里的"东京"，是东汉的代称。这里的"袁氏"，指的是袁绍所属的汝南袁氏，其实汝南袁氏的德业，并不能与弘农杨氏相比，西晋史学家华峤就指出："袁氏车马衣服极为奢僭。能守家风，为世所贵，不及杨氏也。"于是弘农杨氏名扬天下，及至后世，甚至姓杨的都喜欢说是出自弘农杨氏，比如隋朝的开国皇帝杨坚，就自称是杨震的十四世孙，其实按照陈寅恪等先生的考证，这属于攀附，并不可信。

杨震及其子孙的故事，也留给我们今人丰富的启示与深刻的智慧。贪官敛财，祸及子孙；廉官清白，泽荫后代。唐朝诗人罗隐有诗说"国计已推肝胆许，家财不为子孙谋"；毛泽东也常教育他的子女要"夹着尾巴做人"，高洁自重，谨言慎行。作为党员领导干部，应该把自己清正廉洁的高尚人品留给子孙后代，这才是无价之宝，才是一份比钱财更为珍贵的遗产啊。

说过作为父亲的东汉杨震的故事，再来说个作为母亲的晋朝湛氏的故事。湛氏是新淦（今江西新干县）人，是东晋名将陶侃的母亲。陶侃，鄱阳（今江西鄱阳县）人，曾任东晋八州都督，征西大将军，荆州刺史，太尉，封长沙郡公。陶侃忠顺勤劳，匡主宁民，善于决断，政绩卓著，讨厌浮华，不喜清谈，珍惜光阴，自强不息，被推为晋朝乃至中国历史上的第一流人物。而如此成功的陶侃的成长历程，又离不开他那非常贤惠而又深明大义的母亲湛氏。

陶侃的父亲陶丹，是三国孙吴时期地位不高的扬武将军。西晋灭孙吴后，中原人称江南人为"亡国之余"，即便江南大族，在政治上都受到排抑，至于像陶侃这样"望非世族"、少年丧父、家境清贫之人，处境当然更为艰难。湛氏是位坚强的女性，她立志要使儿子出人头地，所以对于相依为命的陶侃自小就管教甚严，并通过自己的辛勤纺织，资助儿子结交朋友。

陶侃做官，是从县里的小吏起步的。《世说新语·贤媛》记载了发生在这时的一则故事。陶侃做"渔梁吏"，也就是县里负责捕鱼事务的小吏时，念起贫寒中的母亲，就派人送了一坛咸鱼给母亲。不料母亲非但不受，还将坛子封了起来，交付来人退回，并且附信一封，责备儿子说："汝为吏，以官物见饷，非惟不益，乃增吾忧矣！"这话的意思是"你身为小吏，就拿公家的东西送给我，这样做不仅没有好处，反而增添了为娘的忧虑啊"。可见湛氏家教甚严，她不允许儿子沾染官场上的不良习气，要求儿子养成严格自律的好习惯，她借着一坛咸鱼这件小事，"上纲上线"，教育陶侃克己奉公，不要贪图分外之财。陶侃读了信后，深感惭愧，把母亲的教诲深深地记在了心中。陶侃在以后的仕途中，为人正直，廉洁奉公，在很多细节上都能谨慎对待，上到朝廷，下到百姓，都对他称道有加。

对待朋友、同僚、上司，陶侃出自真诚，这也有他的母亲湛氏的功劳。有一次，鄱阳郡孝廉范逵途经县里小吏陶侃家。陶侃因为家贫，担心没有东西招待而怠慢了朋友，内心十分焦急。湛氏看在眼里，安慰他说，"你只管留客吧，我会想办法的。"那么，湛氏想了啥办法呢？原来，湛氏剪下了秀美的长发，卖给别人做假发，以换来的钱，置办了还算丰盛的酒菜；陶侃则卷起铺床的干草切细，喂饱了范逵的马。范逵事后得知，感慨地说："非此母不生此子！"即使是跟随范逵同来的奴仆，也觉得惊讶。等到范逵一行离开时，陶侃又追送了百余里，临别之时，深受感动的范逵问陶侃"卿欲仕郡乎"，就是你想到郡里当官吗。陶侃赶忙回答"欲之，困于无津耳"，就是想啊，但苦于没有途径。范逵于是在庐江太守张夔的面前，大大称美了一番陶侃，张夔遂召陶侃为督邮，领枞阳县令，因为县令做得很好，陶侃随后又升任了郡主簿。陶侃也没有忘记张夔的知遇之恩。有一回，张夔的妻子生病了，需要到几百里之外去接医生。当时大雪天寒，张夔的下属们都感到为难，唯有陶侃说："侍君侍父是为臣为子之义，郡守夫人，就同我们的母亲一样，哪有父母有病，子女不尽心的呢？"于是主动要求前往。大家都佩服陶侃的礼义。长沙太守万嗣来到庐江，见到陶侃，诚心敬悦地对他说，"你一定会获致大名的"，并让自己的儿子与陶侃结为好友才离去。

　　当然，与湛氏教育陶侃廉洁奉公、待人以诚的故事相反，历史上也不乏教唆晚辈贪污腐败的事例。比如元杂剧《陈州粜米》的剧情，讲到宋代"陈州"连着三年大旱，庄稼颗粒无收，老百姓们纷纷离家出走，到处乞讨要饭。为了赈济灾民，朝廷决定派刘衙内的儿子刘得中和女婿杨金吾前往陈州开仓放粮，救济百姓。临行前，刘衙内竟然嘱咐此二人道："你们去到陈州放粮，这是有油水的好差事，要趁机捞它一把，把五两白银一石细米，改为十两白银一石细米，再往米里掺些沙子。你们就放心大胆地干吧，出了事由我担着。"刘、杨二人心领神会，到了陈州，果然依照刘衙内的坏主意，营私舞弊，而且还变本加厉，收买了管理仓库的小吏，在秤杆上做了手脚，卖出的粮食都不够斤数。有个灾民来买米，见到这些贪官假公肥私，便同他们吵了起来，刘得中、杨金吾则仗势欺人，打死了这名灾民，于是百姓们联合起来，上告申冤，一直告到了开封府尹包拯包大人那里。包拯得知后，微服私访陈州，查清了刘得中、杨金吾的罪行，并将他们处死。虽然真实人物的刘衙内、刘得中、杨金吾并不见于正史的记载，但我们常说"小说里除了人名是假的以外，其他都是真的"。陈独秀在《论戏曲》一文中也明确指出："戏园者，实普天下之大学堂也。"所以《陈州粜米》这样的剧情，确实反映了中国古代某些真实的社会现象。

　　说回到现代社会，现在方方面面的物质诱惑，较之古代更加巨大，这就更要求为人父母者既要提高自己的道德修养，也要把孩子往积极正派的道路上引导。父母是孩子最好的老师，所谓身正为范、言传身教，就是这方面的习惯说法与传世成语。比如杨震的身正为范，感染与熏陶出了至今为人传扬的弘农杨氏；陶侃的母亲湛氏，也与择邻三迁的孟轲之母、画荻教子的欧阳修之母、"岳母刺字、精忠报国"的岳飞之母并列，被推尊为中国古代的"四大贤母"之一。

到底如何教育人，是一个由来已久的争论话题，不管是老师，还是家长，提到教育时，都是努力要把孩子培养成才。但我们常常忽略了一个基本事实，那就是接受教育的大多数人，只能成为一个普通人。这不是泄气，也不是悲观，而是古往今来的事实。为什么会出现这样的情况呢？可能与教育的方式、方法有关，也或者是人才没放对地方，就成了庸才。

王安石的《伤仲永》这篇文章，大家都熟悉吧？它是北宋政治家与文学家王安石创作的一篇散文。文中讲述了江西金溪一位名叫"方仲永"的神童，因为父亲把他当作"造钱工具"，而沦落为一个庸才的故事。方仲永虽然禀赋优异，堪称神童，但是单纯依靠天资而不去学习新知识，最后也才资平平，"泯然众人矣"。可见优良的非智力因素，对于成才往往起着更大的作用，这就告诫我们，必须注重后天的教育和学习，强调后天的教育和学习对成才的重要性。古人说"是不为也，非不能也"，意思是说许多的事情，是你不想去做，而不是你的能力不够做不到，即是态度问题，而非能力问题。"能"即智力因素，而"为"就是非智力因素了，"不为"则无以成才。其实，在智慧活动中，人的智力因素如果要发挥到最大效能，必须有优良的非智力因素积极参与其中。太史公司马迁在《史记·孙子列传》中又讲到，"善战者，因其势而利导之"，就是善于作战的人，要顺着事情发展的趋势，向着有利于实现目标的方向加以引导。"善战"者是这样，"善教"者其实也是如此。下面还是按照这个系列的惯例，通过具体的故事来说抽象的道理吧。

"生当作人杰，死亦为鬼雄。至今思项羽，不肯过江东。"这是南宋女词人李清照对项羽的高度评价。项羽出身于楚国贵族世家，是名将项燕的孙子，项羽的父亲则生平不详。秦始皇帝平灭六国后，六国贵族无时不在想着复国，复兴楚国也是项羽的理想。承担着抚养项羽职责的叔父项梁，很是重视项羽的教育。还在项羽小时候，项梁就给他请了教书识字的老师，可是项羽在这些老师的教导下，没过多久，就失去了耐心和兴趣，不肯再学习下去。于是项梁又请了教习剑术的老师，项羽在这些老师的教习下，学习了没多久，又不肯学习下去。这个时候，项梁很生气地批评了项羽，项羽却说："书足以记名姓而已。剑一人敌，不足学，学万人敌。"这话的意思是"学习写字，能够写出自己的姓名就行了；学习剑术，只能学到单挑一个人的本事，所以不值得我去学习。我想要学习一个人能敌万人、能够对付千军万马的大本事"。项梁于是亲自教授侄儿项羽治兵作战的法则，项羽也是因此大喜。

我们现在思考一下，项羽为什么不学"书"，不学"剑"，而学"兵法"？其实他对"文化"不感兴趣，一板一眼地读书认字，对他来说就是折磨，他根本无法坐得住、静得下、忍得了；项羽学过剑术，单兵作战能力也很强，比如在乌江自刎前，项羽竟然一个人就斩杀了汉军数百人。尽管如此，学剑并不是他的理想，他不是荆轲，他不甘于做一位刺客。他的远大抱负，是做一位指挥千军万马、驰骋疆场之上、恢复故国河山的大将军，于是项羽跟着叔父项梁学习兵法，但据《史记·项羽本纪》的记载，项羽学习兵法时，还是"略知其意，又不肯竟学"，就是稍知大概以后，就不肯深入研究了。这就暴露出了项羽性格的致命弱点，就是他做事习惯于浅尝辄止，缺乏坚韧的毅力与持久的恒心。至于项梁，虽然顺着侄儿的兴趣，教他兵法，却也没有能够纠正项羽浅尝辄止的毛病。于是，学过兵法的项羽，能够率领着勇猛的江东子弟兵，大破秦军主力，威震天下；而兵法不精的项羽，又在与刘邦的楚汉之争中，最终四面楚歌，乌江自刎，悲惨地失败了。这样先成后败的项羽，其实很大的一部分责任，可以归之于项梁的教育吧。项梁没有能够逼着项羽文武兼修，成为统军和治国的大才，而只是教导项羽学了些半半拉拉的兵法。如果说项梁培养出了一位成功的将军，那是没有疑问的，然而当时的形势，需要的是能够承担起恢复楚国、荡灭秦朝大任的项羽。在这一点上，项梁的教育应该说是失败的。

说过了学习兵法，但是因为缺乏毅力与恒心而失败的项羽，再来看看学习书法，因为拥有毅力与恒心而成功的王献之。王献之是王羲之的第七个儿子，出身书香门第。他自幼便聪明好学，七八岁时，开始跟随父亲学习书法。

有一次，王羲之看到小献之正在聚精会神地练习书法，于是，他悄悄地走到献之的背后，突然伸手，用力去抽献之手中的毛笔，献之习字十分认真，握笔很牢，没有被抽走。见到献之这样的表现，父亲很高兴地夸赞道："此儿后当复有大名。"献之听后，不禁有些沾沾自喜起来。

后来又有一次，东晋大臣桓温让小献之在扇子上写字，献之正要挥笔题字时，不料一不小心，毛笔落在了扇子上，把扇面给污染了。可是小献之灵机一动，就着墨迹，稍事渲染，一只栩栩如生的母牛竟然就呈现在扇面之上，引得众人赞不绝口。

然而，这样的事情多了以后，小献之的骄傲情绪也在渐渐滋长，对于书法与绘画的日常练习也就渐渐有些懈怠。王羲之夫妇见此情景，若有所思……

王献之十来岁时，自我感觉字写得蛮好了，于是有一天在练习结束后，他问母亲："我只要再写上三年，就行了吧？"母亲摇摇头。"那五年，五年总行了吧？"母亲又摇摇头，献之有些急了，对着母亲说道："那您说，我究竟还要练习多长时间呢？"这时，一个声音从背后传来："孩子啊，你要记住，练完院子里的这十八缸水，你的字才会有筋有骨、有血有肉，才能站得直、立得稳。"献之一回头，这才发现，原来父亲站在了他的背后。献之心中暗暗不服，但他什么也没说，一咬牙，又练了五年。五年过去了，王献之再一次把他的"心血"之作拿给父亲看，希望能得到几句赞许。谁知，王羲之一张又一张地掀过，却一直抿嘴不语，直到掀到一个"大"字，才露出了比较满意的表情，并随手在那个"大"字下填了一个点，成了个"太"字，然后就把字稿全部还给了献之。

王献之的心中愈发地感到不服气，于是他又将全部习字抱给母亲看，并说："我又练了五年，而且完全是按照父亲的字样练的。您仔细看看，我和父亲的字还有什么不同？"母亲认真地看了又看，最后，她指着王羲之在"大"字下面加的那个点，长叹一声说道："吾儿磨尽三缸水，惟有一点似羲之。"

王献之听了母亲这样的评价，简直不可置信，又感到有些失落，不由得垂头丧气起来，他那脸上一直存在的倨傲与自得，也彻底消失了。母亲见到少年献之的骄气已经消尽，于是鼓励他说："孩子，只要功夫深，就没有过不去的河、翻不过的山。你只要像这几年一样，坚持不懈地练下去，就一定会达到成功的目标！"献之这才如梦初醒，并对自己此前的洋洋自得深感惭愧，他从此戒骄戒躁，每天研墨挥毫，刻苦临习。功夫不负有心人，最终，王献之的书法达到了力透纸背、炉火纯青的程度，王献之"龙跳天门，虎卧凤阙"的字也得以与王羲之"飘若浮云，矫若惊龙"的字并列，被人们尊称为"二王"，以及"小圣"与"书圣"。

说到这里，我想诸位朋友从上面的三个例子可以看出，方仲永虽然天资过人，却因父亲引导不当，自己也不努力学习，终于成了庸人；项羽先学读书认字，不成，再学剑法，又不成，最终在叔父项梁的教导下学得"万人敌"，成了一位成功的将军，然而也因为缺乏毅力与恒心，兵法学得不精，结果走向了失败；至于王献之，书法天资虽高，但成功的道路也不是一帆风顺的，他的书法成就，既离不开父母的教诲，更离不开他本人的勤学苦练。古语有云："玉不琢，不成器。"无论是多么精美的原石，不经过雕琢，也难当大用。按照今天的话说，一个人的成功，需要持之以恒的学习与努力，最后才有可能超越平庸。

推而广之，教育应该顺势而为，世界上的万事万物都是凭其特长生存的，而人的特长就是"智慧"。当然，不同的人有不同的特长和智慧，教育的本质，就是发掘人的禀赋，发挥人的特长，增长人的知识，启迪人的智慧。我们做父母和老师的，如果不了解孩子与学生的特长、禀赋，只是从自己的主观愿望出发，硬要把孩子与学生塑造成自己所希望的模样，那不仅往往事与愿违，还极有可能会埋没了孩子和学生的优势。换言之，不管是老师，还是家长，在教书育人中，需要像项羽的叔父项梁那样，支持孩子的兴趣爱好，像王献之的父母那样，对于孩子循循善诱、因势利导。如果我们能够这样做，又善于这样做，那就会产生甚至超出自己希望的教育效果。

子路与谭其骧：
我爱我师，也爱真理

"教育智慧"前面的四讲，涉及了八位主人公，其中孔子、韩愈、王烈、杨震、湛氏，都属于施教者，项羽、周处、王献之，则属于受教者，而且属于总体上顺着听话的受教者。本讲我说说两位有时不那么听话却也很有出息的学生，看看其中所蕴含的教育智慧。

先说孔子的弟子子路。子路就是仲由，仲由字子路，他只比孔子小九岁。《史记》中记载，子路性情粗野，好勇逞强，他常常头戴雄鸡式样的帽子耍威风，佩着猪皮装饰的宝剑显示自己的无敌，还曾屡次冒犯欺负孔子。为此，孔子用礼节仪式慢慢加以诱导，后来，子路穿着儒服，带着拜师的礼物，通过孔子弟子的引荐，也成了孔子的弟子。在孔子弟子中，子路是极富个性的一位，也是孔子最心爱的弟子之一。

作为孔子弟子的子路，是如何极富个性的呢？

在学习方面，子路喜欢穷根究底，不满足于一知半解。先言穷根究底，子路初入孔门时，孔子问子路有什么爱好，子路说我喜欢长剑。孔子则说："凭你的能力，再加上学习，应该可以取得常人难及的成就。"子路不以为然地质疑道："学习有啥用处啊？"孔子说："驾驭狂奔的野马，不能丢掉马鞭；操纵强劲的良弓，不能没有瞄准的器具。木材经过墨线的设计、斧头的

285

加工，才能变直；人要能听得进规劝，才能品格高尚。只有接受教育，勤学好问，才能顺利成长啊。"不过，子路并没有被孔子的这段话说服，他又表示疑问道："南山的竹子，本来就很直，用不着矫正，砍来削尖了当箭，射出去就可以穿透犀牛的厚皮。由此看来，只要天赋禀异，本质好就可以了，何必经过辛辛苦苦的学习的过程呢？"孔子于是进一步启发子路说："你讲的也不错，竹子砍来，是可以当箭用的，但是如果在竹子的一端安上一束羽毛，在另一端装上磨得锋利的箭头，不是可以射得更远更深吗？"子路听到这里，才恭恭敬敬地向孔子拜谢说："我诚恳地接受老师的教导！"再言不满足于一知半解，有一回子路问孔子应该如何从政，孔子回答："应该先以道德引导，取得人们的信任，然后再劳烦他们。"子路请孔子再增加些内容，孔子又答道："从政应该勤勤恳恳，不知疲倦。"子路又曾问孔子怎样才能成为君子，他不满足于孔子的回答，接连问了几次"如斯而已乎"，就是"像这样就够了吗"，由此可见子路"打破砂锅问到底"的性格。

在师生相处方面，子路率真正直，敢于表达不同的见解，甚至对老师直接提出批评意见。有一回，身为鲁国卿大夫季氏家臣的子路，推荐师弟子羔担任季氏封邑费地的地方长官。或许因为子羔还年轻，学业也未了结，孔子便说子路这是误人子弟。子路则说，那里有民众，有社稷，为什么一定要读书才算是学习呢？这回轮到孔子不以为然了，而且对子路说了一句很重的话"是故恶夫佞者"，就是说我很讨厌花言巧语的人。其实子路的看法是有一定道理的，因为社会实践也是一种学习，甚至还是更加重要的学习途径。孔子既片面强调了书本学习的重要性，相对轻视了在实践中学习的作用，又对无法反驳的不同声音，以"花言巧语"来定性，这是不可取的。又有一回，孔子周游列国、访问卫国时，因为担心得罪不起，就与生性淫乱、名声很差的卫灵公夫人南子隔着纱帐见了一面。孔子进门时，致礼叩见，而南子还礼时，身上的佩饰发出清脆的声响。对于这次孔子见南子的事情，子路颇是不以为然，而且清清楚楚地表明自己很不高兴。孔子则对子路解释说："我本来是不想见她的，但既然人家邀请了我，我只能以礼答谢啊。"孔子随后还连连发誓："予所否者，天厌之，天厌之！"这话的意思是："我如果做了啥不正当的事情，就让老天爷厌弃我吧，就让老天爷厌弃我吧。"孔老夫子的可爱，也由此可见一斑。

这样的子路，又是真爱老师的子路，他总想着让孔子"兼听则明"。子路因为身体强壮，又会武艺，所以经常担任孔子的贴身护卫。但这只是问题的一个方面，更加可贵的另一方面是，对于民间有关孔子的非议与嘲弄，子路也是毫无顾忌地转达给老师。比如有一次，子路与孔子走散了，就问路边的老人："您看见我的老师了吗？"老人说："四体不勤，五谷不分，孰为夫子？"意为"四肢不劳动，五谷分不清，这哪里算得上是老师呢"。又有一次，子路为孔子询问渡口所在，他先问了耕田的长沮，长沮酸酸地说："孔子应该知道渡口在哪里啊，他不是什么都知道吗？"子路接着又问也在耕田的桀溺，桀溺借机对子路说："你与其跟着孔子这样无力改变现实的人，还不如跟着我们这些逃避现实的人呢！"说罢继续耕田，就是不说渡口在哪里。就孔子而言，这是"知其不可为而为之"，反映了孔子追求理想政治的执着，而就子路而言，能把这些不好听的话告诉孔子，也反映了子路的为人正派，性格耿直。

俗话说"知子莫如父"，这话放到师生关系上，也是差不多吧。公元前480年，卫国发生了动乱，当时子路与子羔都在卫国，子路担任卫国执政大夫孔悝的采邑总管，子羔担任卫国的大夫。孔子在鲁国家中非常担心地对弟子们说："子羔与子路遇上这场灾难，子羔也许能回来，子路必死无疑。"弟子们问为什么，孔子说："子羔取大义不拘小节，他知道权衡利弊，规避危险，而子路以道义自任，不惧危难，所以十有八九会遇难。"果然，孔子评价为"勇士"的子路，为了救助东家孔悝而英勇就义。面对传来的噩耗，孔子那是痛哭不已，伤心无限，自己的健康也大受影响，熬到第二年，孔子也便逝世了，享年 73 岁。

2 000 多年前的春秋时代，孔子与子路这对师生的故事，真是感人至深。而 80 多年前，我的老师谭其骧先生与谭其骧先生的老师顾颉刚先生之间的一场学术争论，也留给今天的老师学生们许多的启示。

依据葛剑雄先生《悠悠长水：谭其骧前传》的记载，1931 年 9 月，燕京大学研究院二年级研究生，21 岁的谭其骧，旁听了顾颉刚先生新开的"《尚书》研究"课程。那时的顾颉刚虽然 40 岁不到，却已是声望很高的名教授，乃至于可称学术领袖。顾颉刚先生说话有些结巴，上课的口才很差，但他经常与学生个别交流，无论学生成绩优劣、水平高低，他都能循循善诱，指出努力的方向；对于程度较好的学生，他更是热情鼓励学生大胆探索、深入研究，所以学生们既佩服顾先生的学问，也感激顾先生的知遇。

就在"《尚书》研究"这门课上，谭其骧在读了顾先生印发的讲义与资料后，对其中《尚书·尧典》所载十二州应是西汉武帝制度的观点产生了质疑。一天课后，谭其骧就向顾先生提出了自己的不同意见，顾先生非常高兴，鼓励谭同学写出来，这样，谭同学又查阅了许多资料，在 10 月 2 日写成了一封信。就在收到来信的当天，顾先生就回复了一封 5000 多字的长信，赞成谭同学的有三点意见，反对谭同学的也有三点意见，同时认为经过讨论，取得了三点收获，还有两个问题表示存疑。顾先生的回信激发了谭同学的钻研兴趣与辩论勇气，几天以后谭同学又写了第二封信，对顾先生反对的三点提出异议。在认真研究后，顾先生在 10 月 24 日再次回信，既表示对谭同学的来信"佩甚"，就是非常佩服，又就具体问题表达了仍然存在的不同意见。

事情到了这一步，应该说很好了，因为师生之间的切磋交流已经非常充分，十分深入而且彼此平等。然而尤其令人感动的是，顾先生不仅虚心接受了谭同学的许多意见，还把他们之间往返讨论的这四封信加上附说，作为课程讲义的一部分印发给了全班同学。顾先生在附说中还特别写道：

> 临了，敬致感谢于谭其骧先生。要不是他提出质问，我们一定循着传统的见解，习用班固在《汉书·地理志》注文中的说法。现在经过这样的辩论之后，不但汉武帝的十三州弄清楚，就是王莽的十二州也弄清楚，连带把虞舜的十二州也弄清楚了……庄子说，"知出乎争"，这是极确切的一句话。希望诸位同学更能在他处提出问题，让我们永远地争下去，让我们常常地得到新知，无愧于这一个"研究"的课目！

关于这场讨论所涉及的先秦九州、十二州以及两汉州制问题，因为太过学术化，我在这里就不展开了。而值得好好说说的是，顾颉刚、谭其骧这对师生之间的这场学术讨论，近40年来已经成为学术界流传极广的佳话，并且还具有了超越事件本身的、一种特殊的文化含义。顾颉刚先生的谦谦君子之风，谭其骧同学"初生牛犊"的勇气和穷究事实的态度，都为人们交口称赞。而对于谭同学来说，这场讨论竟然决定了谭同学此后60余年的学术方向，成为谭先生进入历史地理研究领域的开端，也给谭先生留下了终生难忘的印象。1980年，谭先生将他珍藏的这四封信发表在《复旦学报》上，又写了一篇后记，深情地回忆往事道：

> 这是一场展开于师生之间的学术讨论。这师生不是过去的师承关系，而是正在课堂上发生授受学业关系的师生。这位老师还不是一位普通的教师，而是一位誉满宇内的名教授，举世钦仰的史学界权威！而我这个学生，一个二十岁刚出头的毛头小伙子，竟然敢于对这样一位老师所写的讲义提出不同意见，直言不讳地说您那一点讲错了，胆量真是不小。

谭先生在感慨了自己的老师顾颉刚先生谦虚诚恳的措辞、真挚动人的气度、宽宏博大的胸襟后，又联系自己的从教经历，有感而发地说道：

> （我）至今当老师当了将近半个世纪了，可是我和我的学生之间却从来没有展开过像这一次那样热烈的学术讨论，不论是书面的还是口头的。难道是学生对我的讲授完全同意，一点意见都没有吗？这是不可能的。看来讨论之展不开，原因该是由于我这个老师诱导无方，而当学生的也不够大胆。这种情况也不单是我的课堂上如此，其他教师的班上基本情况大致也都是如此。师生之间的关系只限于一方讲课一方听课而没有讨论，这不是一种理想中的最高学府的应有现象……师生之间开展学术讨论，既对学术本身有利，又对培养人才有利……这需要形成一种风气。而要造成这种风气，光靠领导号召是办不到的，还得需要我们当老师的当学生的共同努力！

作为谭门弟子，作为教书匠，我每每想到老师与师爷之间的这场学术争论，就期望着在我的课堂上，起码是在小规模的博士生课堂上，也努力实践这样既有利于学术进步又有利于人才培养的讨论。我在南京大学的"中国历史地理专题研究"博士课上，就的确是这么做的，这门课的上法，就是我与博士生们一起预先读书，然后围绕设定的主题，开展师生之间、同学之间的广泛讨论，应该说，这门课多年上下来，取得了一些我还算欣慰的教学效果。

推而言之，在中国传统文化中，讲究"天地君亲师"不可亵渎，不过，许多的世人往往不明白何谓"亵渎"。就以师生关系来说，我们这些做教师的，当然期盼着弟子更有成就，期盼着"青出于蓝而胜于蓝"，所谓"长江后浪推前浪"，一代有一代之学术，不然，学术如何能够发展呢？而学术不能发展，我们这些教师的努力乃至生命岂非浪费了？诸位朋友都知道苏格拉底、柏拉图、亚里士多德这"古希腊三贤"吧？据说苏格拉底有句名言，"我爱我师，我更爱智慧"，亚里士多德也有句名言，"我爱我师，我尤爱真理"，这话的意思很清楚，就是作为学生，尊师重教是理所当然的品德，而追求真理与智慧，也是成就人生的大道。放到中国传统文化的语境中，也许我们可以不说"更爱""尤爱"，但"我爱我师，我也爱真理""我爱我师，我也爱智慧"，应该是既无问题，还应提倡，师生双方都应该践行的教育智慧吧！子路之于孔子，谭其骧之于顾颉刚，就是这样的教育智慧成就的，令老师自豪的优异杰出的学生！

陶行知：生活教育，知行合一

在中国乃至世界现代教育史上，陶行知先生都是一座令人敬仰的丰碑。先生 1891 年出生，1946 年逝世，安徽歙县人。他既是伟大的教育家、思想家，也是忠诚的爱国者，坚定的民主主义战士，是中国人民救国会与中国民主同盟的主要领导人之一。南京有所高校，与陶先生有着密切的联系，今天的南京晓庄学院的前身，就是陶先生 1927 年创办的南京试验乡村师范，也称晓庄师范。当年的校址位于老山小庄村，陶先生创校后，老山改名劳山，小庄改名晓庄。陶先生逝世后，灵枢由上海运抵南京，也安葬在劳山脚下的晓庄村。而说起我对南京晓庄学院的感情，一则感于陶行知先生的人格魅力，二则因为工作关系，自从 2004 年至今，我一直主持着《南京晓庄学院学报》"六朝研究"专栏，今年 6 月，晓庄学院还把我的"六朝研究"专栏主持人语结集出版，因为我姓胡，所以书名《"胡"说六朝》。

陶先生的教育生涯丰富多彩，办学活动星罗棋布，教育理论亲切独到。以言教育生涯，他主持南京高师、东南大学教育科，主持中华教育改进会，组织中华平民教育促进总会，发起乡村教育同志会，创办中国普及教育助成会，成立国难教育社和生活教育社，主持民盟中央教育委员会，在教育革新、平民教育、乡村教育、普及教育、战时教育、民主教育、科学教育、创造教育等方面，都卓有建树；以言办学活动，南京的晓庄师范，上海的山海工学团，重庆的育才学校与社会大学，都是其中的佼佼者；以言教育理论，陶先生倡导并践行的生活即教育、社会即学校、教学做合一，最具时代、社会、国家的广泛影响与深远意义。然则这样的陶先生及其教育，实在不是短短的一讲可以说的，我姑且结合陶先生的生活教育理论，说两个接地气的小故事，以见一斑吧。

陶先生的"生活即教育"，具体是什么意思呢？他指出："给生活以教育，用生活来教育，为生活向前向上的需要而教育。"他认为："没有生活做中心的教育是死教育，没有生活做中心的学校是死学校，没有生活做中心的书本是死书本。在死教育、死学校、死书本里鬼混的人是死人 —— 先生是先死，学生是学死！先死与学死所造成的国是死国，所造成的世界是死世界。"那么陶先生又是如何实践这样的"生活教育"理论的呢？

先说个陶先生教育小朋友的故事。

有一天，一位朋友的夫人来看陶先生，陶先生热情地让她坐下，又倒了一杯茶给她，然后问道："怎么没带儿子一起来玩啊？"这位夫人说："别提了，一提就叫我生气。今天我把他结结实实打了一顿。"陶先生惊异地问："这是为什么？你儿子很聪明，蛮可爱的哩！"朋友的夫人取出一个纸包，里面是被拆得乱七八糟的一块手表。这表的成色还很新，镀金的表壳打开了，玻璃破碎，连秒针也掉了下来。她生气地说："陶先生，这表是刚买的，竟被我儿子拆成这样，您说可气不可气！他才五岁，就敢拆表，将来长大了，恐怕连房子都敢拆呢！所以我打了他一顿。"陶先生听了后笑笑说："坏了，恐怕中国的爱迪生被你枪毙了！"夫人有点愕然："为什么呢？难道我这样做不对吗？"陶先生摇摇头。夫人又接着问："陶先生，您说对这样的孩子该怎么办呢？"至此，陶先生才明白，朋友的夫人是为请教教育孩子的方法而来。于是陶先生把拆坏的表拿过来，对夫人说："走，上你家去，见见这个小'爱迪生'。"

到了朋友家，陶先生见到那个孩子正蹲在院子里的大树下，聚精会神地看蚂蚁搬家。夫人一见又来了气，正要骂他，陶先生立即劝住了。陶先生把孩子搂起来，搂在怀里，笑嘻嘻地问："你为什么要把新表拆开来？能告诉我吗？"孩子怯生生地望了妈妈一眼，低声说："我听见表里嘀嗒嘀嗒的声音，想拆开来看看是什么东西在响。我错了，不该把手表拆坏，惹妈妈生气。"陶先生说："想拆开来看看是什么东西在响，这没有错。但你要跟大人说一声，不能自作主张。来，你跟我一起到钟表店去好吗？"孩子又望望妈妈，说："去店里干什么？"陶先生说："去看师傅修表啊，看他怎么拆，怎么修，怎么装配，你不喜欢吗？"孩子高兴得跳起来："我去！我去！"

陶先生拿着那只坏表，带着孩子一起，到了一家钟表店，修表师傅看了看坏表，说要一元六角修理费。陶先生说："价钱依你，但我要带着孩子看你修，让他长长知识。"修表师傅同意了。于是陶先生和孩子满怀兴趣地看着师傅修表，看他怎样拆开，把零件一个个浸在药水里，又看他加油后，把一个个零件再装配起来，从头到尾，整整看了一个多小时。全部装好后，师傅上了发条，表重新发出清脆的嘀嗒声。孩子高兴地叫起来："响了，响了，表修好了！"临走时，陶先生又花一元钱买了一只旧钟，送给孩子带回去拆装。孩子非常懂事地连声说："谢谢伯伯！伯伯真好！"

陶先生把孩子送到家后，孩子蹦蹦跳跳地跟妈妈说："妈妈，伯伯买了一只钟，让我学习拆装呢！"这位朋友的夫人迷惑不解地问："还让他拆啊？"陶先生笑笑说："你不是问我对这样的孩子该怎么办吗？我的办法就是，把孩子和表一起送到钟表铺，请钟表师傅修理。这样修表铺成了课堂，修表师傅成了先生，令郎成了速成学生，修理费成了学费，孩子的好奇心就可以得到满足，或者他还可以学会修理钟表呢。"

停顿了一下，陶先生又对朋友的夫人讲道："孩子拆表是因为好奇心，孩子的好奇心其实就是一种求知欲，这原是有出息的表现。你打了他，不是把他的求知欲打掉了吗？与其不分青红皂白地打一顿，还不如引导他去把事情做好，培养他的兴趣。我们的家长对于小孩子，一直是不许动手，动手就要打手心，因此往往摧残了儿童的创造力。我们应该学习爱迪生的母亲，理解、宽容孩子，鼓励孩子动手动脑。这样，更多的'爱迪生'就不会被打跑、被赶走了。"夫人听了恍然大悟，非常感谢地说："陶先生，您说得对，太谢谢您了，我今后一定照您的办法去做。"看看，这就是陶先生教育小孩子的办法，陶先生善于从生活中挖掘教育素材，善于在生活中教育学生，他用行动实践着他"生活即教育"的理念。

再说个陶先生教育大学生的故事。

有一次，陶先生应邀到武汉大学演讲。他不紧不慢地走向讲台，然后不慌不忙地从箱子里取出一只大公鸡。台下的师生们全都愣住了，不知陶先生这是唱的哪一出戏。只见陶先生从容不迫地掏出一把米放在桌子上，然后按住公鸡的头，强迫它吃米，可是大公鸡怎么也不吃。陶先生又掰开公鸡的嘴，硬把米往鸡嘴里塞，大公鸡拼命挣扎，还是不肯吃。陶先生这才轻轻地松开手，把鸡放在桌子上，自己后退了几步，于是大公鸡自己就开始啄起米来。

这时候，陶先生才开始了演讲："我认为，教育就像喂鸡一样，先生强迫学生学习，把知识硬灌给他，他是不情愿学的。即使学，也是食而不化，过不了多久，他还是会把知识还给先生。如果让他自由学习，充分发挥他的主观能动性，那效果一定好得多！"台下一时间掌声雷动，大家都为陶先生极富启发意义的开场白叫好。看看，面对大学生，陶先生用生动的情境表达，把深刻的教育原理演绎得淋漓尽致，非常形象地说明了一个很抽象的道理，就是教育要善于发挥出学生的主观能动性，要发挥出学生的主观能动性，就必须充分尊重学生的人格自由，让学生拥有自主选择的学习。而在这个过程中，教师重在起着引导作用，即轻轻地引导学生游到知识的海洋里，然后教师要退后几步，让学生自己去汲取知识。

所谓"知是行之始，行是知之成"，陶先生信奉王阳明《传习录》中的这句话，这句话的意思是，认知是实践的开始，实践又是认知的升华，知行合一，只有实践才能出真知。也是因为这句话，本名陶文濬的陶先生，先改名陶知行，再改名陶行知。而通过我在上面所讲的两个小故事，我们可以看到陶先生在希望学生学会用脑去思考的同时，更要懂得用手去实验，他希望学生们在活动中去体会，在活动中去寻找知识，并把知识转化为技能，使自己的素质得到全面发展，成为具有创新精神和创造能力的有用人才，这样的人才，正如他写的《手脑相长歌》的有趣总结："人生两个宝，双手与大脑。用脑不用手，快要被打倒。用手不用脑，饭也吃不饱。手脑都会用，才算是开天辟地的大好佬。"

说不尽的陶行知先生！我在这里仅仅蜻蜓点水罢了！郭沫若曾经评价陶行知"两千年前孔仲尼，两千年后陶行知"，宋庆龄则评价为"万世师表"，这都是把陶行知与孔子相提并论。梁漱溟先生曾说："想到我亲切结识的盖世人物而衷心折服者不外三人，而陶先生居其一，其他二人便是毛泽东主席和周恩来总理……须知三位先生大有相同之处，这就是他们的襟怀气概都卓然地向着全人类，然没有局限。"梁先生的这种"怪论"其实蛮有道理。1984 年，联合国教科文组织授予陶行知先生"世界四大文化教育名人"称号，2009 年又授予陶行知先生"世界十大教育巨人"称号，由此可见陶行知先生教育思想、教育理论、教育方法的普遍意义与重大价值。"捧着一颗心来，不带半根草去"的陶行知先生，他那爱满天下的博大胸襟、乐于奉献的伟大情操、炽热真诚的教育激情、不屈不挠的刚毅品质、求真务实的思想作风、开拓求新的创造精神，值得我们永远敬仰，而陶先生的教育智慧，也值得我们时时温习。在这一讲的最后，我再与诸位朋友温习几句陶先生的教育名言：

社会一切事业皆胎息于教育。

教人者先教己。

千教万教教人求真，千学万学学做真人。

蔡元培：思想自由，兼容并包

金冲及在《蔡元培与近代中国》一书的序言中讲到："蔡元培在他七十多年的人生经历中，确实做出了许多令世人为之吃惊的大事来：他 26 岁中进士，两年后被授翰林院编修，这在常人看来正处在春风得意的时刻，但他在严重民族危机的刺激下，却视功名利禄如敝屣，投身反清革命，甚至准备从事暗杀活动，以后又远赴海外，像一个穷学生那样，从头攻读新的学问；他向来被人看成温和敦厚的长者，但在北洋军阀统治的恶浊环境中担任北京大学校长后，却能以凌厉无前的姿态，大刀阔斧地推行中国历史上从未有过的教育改革，开创一代新风，使北京大学成为'五四运动'的重要摇篮。"

说起蔡元培在北京大学取得的成就，不妨再引用美国著名教育家、实用主义大师杜威的一段评价："拿世界各国的大学校长来比较，牛津、剑桥、巴黎、柏林、哈佛、哥伦比亚等，这些校长中，在某些学科上有卓越贡献的，固不乏其人；但是，以一个校长身份，而能领导那所大学对一个民族、一个时代起到转折作用的，除蔡元培而外，恐怕找不出第二个。"

看了这些评价，诸位朋友是不是想了解了解，作为北京大学校长的蔡元培，到底都做了些什么？

蔡元培，1868 年出生，1940 年逝世，浙江绍兴人。1917 年至 1927 年，蔡元培担任北大校长十年半，而实际主事的时间为五年半。1927年后，蔡元培任中央研究院院长。蔡元培到任北大校长前，北大是一所怎样的大学呢？蔡元培曾经回忆道："至民五冬，我在法国，接教育部电，促回国，任北大校长。我回来，初到上海，有人劝我不必就职，说北大腐败极了，进去若不能整顿，反于自己的声名有碍。这当然出于爱我的意思。但也有少数人就说，既然知道北大腐败，更应进去整顿，就是失败，也算尽了心。这也是我不入地狱谁入地狱的意思。"

那么当时的北大如何腐败呢？比如仍然类似旧式书院，专招进士、举人出身的京官入学，而且课堂上的许多学生，带着服务人员，边上课边有人端茶倒水，甚至还有学生边上课边抽大烟。最可怕的是校内官僚习气浓厚，思想保守，随着袁世凯复辟帝制活动的猖獗，在北大出现了复古倒退的逆流，有识之士得不到重用，正气不能发扬，缺乏学术研究的空气。

面对这样的状况，蔡元培知难而上，毅然出任北大校长。他到任后，首先从整顿腐败校风、改革陈旧观念入手，特别是他提出了"思想自由，兼容并包"的著名办学方针，这对当时的教育界和文化界产生了重要的影响。而无论是在聘请教员方面，还是在教育学生方面，蔡元培都始终践行着"思想自由，兼容并包"的方针。

我们先来看看他在聘请教员方面是怎样"思想自由，兼容并包"的。他聘用曾经赞助袁世凯称帝的刘师培和曾经主张清室复辟的辜鸿铭任教。这件事情在当时引起了北大一批新潮派学生的极度不满，于是这批学生不遗余力地攻击刘师培、辜鸿铭，并展开了对蔡元培的批评。蔡元培则开导他们说："我希望你们学辜先生的英文和刘先生的国学，并不要你们也去拥护复辟或君主立宪。"刘师培在课堂上讲《三礼》《尚书》和训诂学，绝未宣讲过帝制；辜鸿铭教英文诗，也从未讲过复辟。蔡元培聘任的是学问可为人师者，尊重的是讲学和正当学术讨论的自由。

如果说刘师培和辜鸿铭在当时很有名气，也很有才学，蔡元培聘请他们是尊重人才，那么蔡元培又是怎样慧眼识才的呢？当司法部的小秘书梁漱溟拿着自己的论文《穷元决疑论》登门求教时，蔡元培告知："我在上海时已在《东方杂志》上看过了，很好。"让梁漱溟没有想到的是，蔡元培接着提出请他到北大任教，并担任"印度哲学"一门课程。这让梁漱溟大吃一惊，梁担心地表示自己何曾懂得什么印度哲学，印度宗派那么多，只是领会了一点佛家思想而已。于是梁对蔡说："要我教，我是没得教呀！"蔡元培则回答说："你说你不懂印度哲学，但又有哪个人真懂呢？谁也不过知道一星半点，横竖都差不多。我们寻不到人，就是你来吧！"请问今天哪位大学校长敢这么聘请教授？然而梁漱溟还是不敢冒昧承当，蔡元培又说："你不是喜好哲学吗？我也喜好哲学，我们还有一些喜好的朋友，我此番到北大，就想把这些朋友乃至未知中的朋友，都引来一起共同研究，彼此切磋。你怎可不来呢？你不要认为是当老师来教学生，就当是来共同学习好了。"这几句话深深打动了梁漱溟，他便应承下来。后来梁漱溟成为一代宗师，被誉为"中国最后一位大儒"。

　　如果说梁漱溟是主动求职，蔡元培是慧眼识才，那么我们再看蔡元培是怎样礼贤下士的。蔡元培出任北大校长时，陈独秀仅仅是新文化运动中崭露头角的进步青年而已。他亲自登门去请，没想到还被陈独秀拒绝了。但蔡元培仍然天天去陈独秀的住所去请，最终以"三顾茅庐"的诚意，请得陈独秀担任北京大学文科学长。

　　正是在蔡元培这样的治校风格影响下，当时的北大，新旧学派共处一校，各讲其学，有时甚至出现两位教师唱对台戏的情况。比如同时开两个哲学讲座，胡适讲西方文化，梁漱溟讲传统儒家，时间都排在星期六下午。蔡元培这样安排，意在让学生自由选听，引导学生独立思考。而在这样的氛围下，教授们之间也是对峙争鸣，比如有一次，坚持文言文的黄侃调侃提倡白话文的胡适说："你口口声声要推广白话文，未必出于真心。"胡适不解其意，黄侃说："如果你身体力行的话，名字就不应叫胡适，应称'往哪里去'才对。"胡适一时无语。又有一次，黄侃讲课兴起之际，又说起胡适与白话文，他说："白话文与文言文孰优孰劣，毋费过多笔墨。比如胡适的妻子死了，家人发电报通知胡适本人，若用文言文，'妻丧速归'即可；若用白话文，就要写'你的太太死了，赶快回来啊'11个字，其电报费要比用文言文贵两倍。"学生们捧腹大笑。

我们再看蔡元培在学术方面是怎样"思想自由，兼容并包"的。比如对待白话文与文言文，蔡元培的态度是"变更文体，兼用白话，但不攻击文言……为应用起见，白话文必要盛行，我也常常做白话文，替白话文鼓吹；然而，我曾声明，作美术文，用文言未尝不好"，因为在他看来，"学术上的派别也和政治上的派别一样，是相对的，不是永远不相容的"，而且学术派别的不同以及思想见解的分歧，不能用行政命令手段进行干预，只有让它们互相争鸣，才能促进学术的发展。当然，学术的追求自由，并不意味着没有限定，而且行为还是要有准则，蔡元培说："主张学术研究自由，可是并不主张假借学术的名义，作任何违背真理的宣传，不但不主张，而且反对。"又说："入境问禁，入国问俗，不能不有所迁就。此行为之不能极端自由也。"然则蔡元培的"思想自由，兼容并包"、追求真理，支持和保护了当时的"自由思想"——马克思主义，使马克思主义能在北洋政府严密控制的北京大学，作为一种学说得到研究，马克思主义也从此而在中国由小到大、由弱到强地传播。1919年"五四运动"首先在北京大学爆发，就与北大的马克思主义研究与传播有很大关系。我们甚至可以说，没有蔡元培的"思想自由，兼容并包"，"五四运动"就不会在北京大学爆发。

这样的蔡元培，在培养学生时，同样坚持革新进步，而不因循守旧。他不仅在男生之外包容了女生，而且在正式生之外包容了旁听生。他鼓励学生自由选择，明辨是非，打破偶像崇拜。有一次，他在教学中突然问学生："5加5是多少？"学生以为校长所问必有奥妙，都不敢作答。好一会，才有一位学生直率地说："5加5等于10。"蔡笑着说："对！对！"并鼓励道："青年们切不要崇拜偶像。"蔡元培非常重视读书方法，他提倡"授人以鱼，不如授人以渔"。在给学生讲课的时候，为了说明读书方法的重要，他举了一个例子，说："吕洞宾用手指点石成金，把金子送给穷人，但这穷人不要。问他为什么不要，他说要吕洞宾的手指，因为这个手指可以点出无数的金子。这种想法，从道德上来说，固然要不得，但就求学而言，却是最不可少的。"他反复强调要以世界观教育为根本，德、智、体、美、劳五育并举，认为"教育者，养成人格之事业也。使仅仅为灌注知识、练习技能之作用，而不贯之以理想，则是机械之教育，非所以施于人类也"。

蔡元培长期在德、法等国留学，一身兼有东西文化之长，成为"学贯中西"的"学界泰斗"。他的文化修养与思想水准，既为北大改革准备了极好的条件，他所倡导并践行的"思想自由，兼容并包"的办学思想，也充满着民主与科学的精神，奠定了北京大学的校风。蔡元培认为教育应该是独立的、超然的，提倡"大学者，研究高深学问者也"，实施教授治校、民主管理，蔡元培鼓励学生们具有"狮子样的体力，猴子样的敏捷，骆驼样的精神"……诸如此类，蔡元培的教育思想、教育实践、教育智慧，不仅在当时起到了很好的引领作用，而且值得我们今天认真体会、系统借鉴。

梅贻琦：通识之用，不止博雅

　　今天，只要提起"清华园"三个字，朋友们首先想到的是什么？可能是一篇文章——《荷塘月色》，也可能是一位校长——梅贻琦，还可能是"四大导师"梁启超、王国维、陈寅恪、赵元任。今天的清华大学和北京大学齐名，但民国时期的清华大学，直到1931年梅贻琦先生担任校长后，方才名声鹊起，而1917年蔡元培就任北京大学校长后，北京大学就已名声大噪。清华大学在1931年以后，能够迅速崛起，与梅贻琦的治校理念关系非常密切。

　　梅贻琦先生，1889年出生，1962年逝世，祖籍江苏武进，出生天津。1931年到1948年间，任清华大学校长。梅贻琦在就任清华大学校长的演讲中，讲到希望清华今后仍然保持它的"特殊地位"。梅贻琦所讲的"特殊地位"，不是说清华要享受什么特殊的权利，而是清华在学术研究上，应有特殊的成就。梅先生希望清华大学在学术方面，向高深专精的方面去做。他认为办学校，特别是办大学，应有两种目的：一是研究学术，二是造就人才。梅先生讲到："学术的造诣，是不能以数量计较的。我们要向高深研究的方向去做，必须有两个必备的条件，其一是设备，其二是教授。设备这一层比较容易办到，我们只要有钱，而且肯把钱用在这方面，就不难办到。可是教授就难了。"梅先生进而讲到:"一个大学之所以为大学,全在于有没有好教授。"于是,就有了他的那句名言:"所谓大学者,非谓有大楼之谓也,有大师之谓也。"

梅先生为了践行他"大学要有大师"的理念,第一步是"招贤纳士"。当时的清华,人才济济,有著名的"四大导师",还有"三孙"叶企孙、陈岱孙、金龙孙(金岳霖),"二清"朱自清、浦江清等一大批名家。正是因为拥有这些学贯中西、多才多艺、富有文化气息和人文关怀的大师和名师,清华大学的地位在民国时期迅速上升。

梅先生践行"大学要有大师"的第二步,是坚持教授治校原则。他说:"校长的任务就是给教授搬搬椅子,端端茶水的,校长的职责是率领职员,为教授服务。"这表现出一位杰出教育家的胸襟。

作为教育家,梅先生善于造就人才。比如只有初中学历的华罗庚,先做小学教员,再做店员,却被破格招进清华大学加以培养,又破格从系资料员转升为助教,而且被允许修习大学课程,还被破格送到英国剑桥大学"访问研究",最后又未经讲师、副教授阶段,破格聘为教授。这些,大多是在梅先生的亲自过问下实现的。

清华大学有了"大师",那么应该开展怎样的教育呢?时值抗日战争爆发,清华大学南迁昆明,与北京大学、南开大学组成西南联合大学。在主持西南联大常务工作期间,1941年4月,梅先生发表了《大学一解》,文中指出:"通识之用,不止润身而已,亦所以自通于人也。信如此论,则通识为本,而专识为末。社会所需要者,通才为大,而专家次之,以无通才为基础之专家临民,其结果不为新民,而为扰民。"梅先生倡导的"通识教育",一个重要特点是各学科纵横交叉,高度融合,要求学生具备自然、社会、人文三方面的知识。这种教育理念,最早可以追溯到古希腊的"博雅教育",它源于亚里士多德的自由教育思想,其指导宗旨是"解放思想和精神,避免专门化和'准备生存'的教育"，其目的不是技术教育，而是人文素质的培养和科学精神的追求。

梅贻琦"通识之用"的教育教学理念，与蔡元培领导北京大学时反对"专才"可谓异曲同工，蔡元培当时就主张"沟通文理"的"通才"教育。遗憾的是，从20世纪50年代起，我国的高等教育就走上了以培养专门化人才代替通识化人才的路径。这个问题很重要，我在这里不妨多发几句议论。关于"通才"与"专才"之争，已经过了一个甲子，几起几落，孰是孰非，难有定说，但可以确定的是，越分越细的大学专业，培养出来的人才在某一方面是很精深，但是总体知识面却相对狭窄，尤其对于人文学科而言，我就认为其实并无所谓的"只知其一，不知其二"。因为如果"不知其二"，那么"只知其一"也很可能是错误的，这就好比金字塔与旗杆的情况，金字塔因为基础广大坚实，所以立得稳，而旗杆因为上下基本一样粗，所以遇风易倒。在这个问题上，我非常认可钱穆先生在《现代中国学术论衡》中表达的看法，即"民国以来，中国学术界分门别类，务为专家，与中国传统通人通儒之学大相违异……此其影响将来学术之发展实大"。所谓"卓识方大器，浩博乃兼容"，真正的学者应该追求会通，而过分的"专家"是有弊端的。就以我本人来说，我学过历史、地理与文学，现在的工作又涉及一些文物考古，我能写文章、出书、拿项目、参与社会，大概颇多得益于此吧。具体到梅贻琦先生的"通识之用"，他认为，大学阶段的直接培养目标应该是"通才"，不应该也不可能负担起直接为社会各行各业培养"专才"的任务，这种任务应该由其他教育机构来承担，至于大学，还是应该着眼于为学生们通向高深的境界而做基本的训练。

梅贻琦先生倡导"通识之用"，追求"博雅"，但又不止于"博雅"。他以中国古代儒家的《大学》，即"四书五经"中的《大学》教育思想为基础，博采近代中外大学教育思想的精粹，融合而成具有独立性的教育思想体系。

他针对当时"只重专才，不重通才"、只重"实科"不重"文理"的教育方针，提出大学应该着眼于对学生"人格"的全面培养，这样的培养至少应该包括知、情、志，即知识、情感、意志力三个方面。

为了对学生进行"人格"的全面培养，在《大学一解》中，梅先生用了足够的篇幅论述教师在高等教育中的作用，他认为，"做教师的真能于自己所专长的具体学科知识，有充分的准备，作明晰的讲授，作尽心与负责的考核，就已算得上好教师了"；但若仅限于此，那还属于对"大学之道"的"体认尚有未尽，实践尚有不力"，由此，他提出了著名的"从游说"，认为"在古代，学生从师受业，称为'从游'，孟子说，'游于圣人之门者难为言'，我曾想过，'游'字大有学问。学校就像是水，师生就像是鱼，他们的行动就像是游泳，大鱼前导，小鱼尾随，就是'从游'，从游时间长了，日日观摩，即使不刻意追求，自然而然就会收到耳濡目染之效。反过来看今天的师生关系，简直就是台上演员与台下看客的关系，与'从游'的意义相去何止千里！"

有趣的是，在教育上颇多真知灼见的梅贻琦，其实是位不爱说话、勤俭节约的知识分子，以至于被人称为"寡言君子"。梅先生的座右铭之一是"为政不在多言，顾力行何如耳"。每当开会的时候，他总是安静地听教授们各抒己见，即便他有想法，也总是先征求对方的意见："你看怎么样？"当得到同意的回答，他就会说："我看就这样办吧！"如果对方不同意，他也会语气和缓地说"我看还是怎样办稍微好一些"或者"我看我们再考虑考虑"。等大家讨论完了，轮到他做总结时，他也通常给人留下模棱两可的印象，以至于有人作了首"顺口溜"，开他玩笑说"大概也许可能是，不过仿佛不见得；可是学校总以为，但是我们不敢说"。而言及梅先生的勤俭节约，1931年他就职清华大学校长时讲到："清华向来有一种俭朴好学的风气，这种良好的校风，我希望今后仍然保持着。"他不仅这样讲，也是这样做的。作为西南联大校务委员会常委兼主席也就是实际总负责人，梅先生的地位很高，学校给他配了一辆车，但他从没用过，去哪都是步行。学校每一笔基金的用处，他都记得明明白白，从未有一处疏漏，也没有一分钱落入私囊。他常挂在嘴边的一句话，就是"让我管这个家，就得精打细算"。

梅贻琦先生无论人格魅力，还是治校理念，都备受学界推崇。抗日战争时期，梅先生不主张学生们通过示威游行这种方式来表达爱国热情，他说："我们现在，只要紧记住国家这种危急的情势，刻刻不忘了救国的重责，各人在自己的地位上，尽自己的力，则若干时期之后，自能达到救国的目的了。我们做教师、做学生的，最好最切实的救国方法，就是致力学术，造成有用人才，将来为国家服务。"1962 年，梅贻琦先生在台湾逝世，北京大学前校长蒋梦麟在给他写的碑文中盛赞道："一生尽瘁学术，垂五十年，对于国家服务之久，贡献之多，于此可见。其学养毅力，尤足为后生学子楷模。"

回顾过去的历史，是为了给今天以借鉴。说起今天，自从改革开放以来，我国的高等教育确实取得了长足的发展，成就当然是主要的。然而不必讳言的是，很多的大学管理者并未真正理解何谓"大学"，我们的多少大学致力于建设豪华的办公楼、教学楼、实验楼，一心追求着地广、楼高、派头足。这不仅有违先进的办学治学经验，更与教育规律背道而驰。虽然基本的办学条件是必需的，但毫无疑问的是，唯有"大师"才是"大学"成其为"大学"的根本所在，只有先进的办学理念，才能培养出优秀的人才。又如长期以来为人诟病的高校行政权力严重削弱学术权力，高校行政化导致大学官场化，特别是现在各种学术甚至非学术或者伪学术的评价、审批、指标、项目，都是以相关管理部门的"政绩工程"或者"花样文章"为准则的，结果把高校、教师、学生折腾得整日里"鸡飞狗跳"，无心学术研究，难得安心学习。我在这里姑且作个"书生之想"，做个"中国梦"，若是我们五花八门的教育管理部门、叠床架屋的大学行政系统，真的能够静下心来，面对诸如此类的问题，认真思考思考被誉为"清华终身校长""一个时代的斯文"的梅贻琦先生的教育理念、教育实践，比如从"通识之用"的培养方式，到"从游说"的理论，再到不止"博雅"的"人格"培养理念，以及"修身、齐家、治国、平天下"的人文关怀，还是应该能够从中汲取许多的教育智慧，从而取得如何办"世界一流大学"的真经吧！

借物点拨是指为了达到某种教育目的，借助于某物对人们进行教育的一种方式。这种方式的核心，是只有教育者借用的"物"与欲表达的"意"之间有着内在的联系，并能得到被教育者的正确理解，才能奏效。所以其中充满着教育的智慧。

《增广贤文》是一部极有影响的蒙学读本，成书于明代，又经过明清文人的不断增补，乃成现在这个模样。《增广贤文》中有句名言："两人一般心，有钱堪买金；一人一般心，无钱难买针。"这话的意思是：如果两个人是一条心，就能够挣来购买黄金的钱；假如一个人一个心眼，那就连买一根针的钱也赚不到。由此可见"团结"的重要。那么如何说透这个道理呢？中国古人"寓理于物"，借着"折箭"的现象，说明"团结"的重要。

在中国，"折箭教子"的故事源远流长，我在这里说两个叙事文本，一个见于《魏书·吐谷浑传》，一个见于《蒙古秘史》。

《魏书·吐谷浑传》记载：吐谷浑国王阿豺有 20 个儿子，纬代是长子。阿豺不幸，突然得了重病，临终之时，他担心子侄们会为了争权夺利而自相残杀，就把他们召集到一起，先是告诉他们，他不能忘记兄长树洛干放弃自己的儿子虔，而把大业无私地交付给他的恩德，现在又怎能偏袒自己的长子纬代呢？所以我决定让叔父乌纥提的儿子、同母的弟弟慕璂做我的继承人。随后他又对子侄们说："你们每个人都拿起一支箭，把它折断。"过了一会，阿豺又命令慕璂的弟弟慕利延说："你也拿起一支箭，把它折断吧！"慕利延也折断了一支箭。阿豺又说："你再拿起十九支箭，把它们一起折断吧。"慕利延不能同时折断十九支箭。于是阿豺对子侄们说："你们知道吗？单支的箭容易折断，许多支箭捆在一起，就很难折断了。你们只有同心合力，紧密团结，才有力量巩固国家社稷。"子侄们都心领神会。

《蒙古秘史》在记载成吉思汗所属氏族孛儿只斤的祖先孛端察儿一家的奇闻轶事时说到，阿阑豁阿的丈夫朵奔篾儿干去世前，生下的两个儿子是别勒古讷台和不古讷台，朵奔篾儿干去世后，阿阑豁阿又莫名其妙地生下了三个儿子，于是别勒古讷台和不古讷台在背地里议论道："咱俩的母亲没有亲族男子，也没有丈夫，却又生下了三个儿子。家里只有马阿里黑·伯牙兀歹的人，莫非这三个儿子是他的吧？"也因为这个原因，兄弟之间产生了不少的摩擦，而且闹得越来越厉害。阿阑豁阿觉察到了这个情况，于是春季中的一天，她煮了腊羊肉，把五个儿子召集在一起，并给他们每人一支箭，令他们折断。他们都不费吹灰之力就把箭折断了。阿阑豁阿又把五支箭捆绑起来，让他们折断。结果他们谁也没能把五支箭折断。见此情形，阿阑豁阿开始说道："别勒古讷合、不古讷台，我的儿子啊！你们疑惑我生的这三个儿子是谁的，你们的疑心是对的。他们是'感光生子'，是天的儿子，不可比作凡人，将来做了全汗国的君主，那时百姓们才会明白。"然后她又教训五个儿子说："我的五个儿子啊，你们都是从我的肚皮里生出来的。如果你们像刚才五支箭那样，一支一支地分散开来，任何人都容易把你们折断。如果你们能像捆在一起的五支箭，相互友爱，同心协力，那么谁能把你们折断呢！"孩子们听了以后，都深受感悟。

我们可以看到，以折箭作比喻，来教训诸子团结一致的故事，在中国北方游牧民族中似乎颇为常见，这不奇怪。因为箭是游牧民族最常见的物件，以此进行比喻，容易理解，而且往往效果很好。比如阿豺去世后，他的子侄们团结一心，在慕璝的统领下，吐谷浑王国渐渐强大起来，"南通蜀汉，北交凉州、赫连，部众转盛"，又与南朝刘宋王朝通好，得封陇西王。至于孛儿只斤氏族，也是在内部团结中，逐渐壮大，最后建立了威震亚欧的大蒙古国。而与此相反的事例，在中国历史上也是不胜枚举。就以吐谷浑阿豺折箭故事的前后时代为例，前有西晋的"八王之乱"，后有梁武帝的子侄相残，都令人唏嘘感慨。

　　说起"八王之乱"，先是西晋开国皇帝司马炎为了保障司马氏的江山永固，恢复了古代的分封制度，分封宗室 27 人为王，王国的文武官员都由诸侯王自己选用，而且每个王国都拥有自己的军队，后来又让诸王都督各州军事，坐镇一方。而等到司马炎驾崩以后，司马诸王为了争夺皇位，爆发了旷日持久的"八王之乱"。说起"八王之乱"残酷的程度，那些彼此杀戮的司马氏王公，都是骨肉相连的亲戚，甚至是很近的兄弟叔侄关系。何等的深仇大恨，使得失败者及其亲党大多被夷灭三族？司马乂更是被放在火堆上，活活烤死的，其时司马乂的惨叫声响彻四方，士兵们目睹耳闻，都流下了眼泪。这样的内乱又引起了外患，统一的西晋王朝也因此崩溃。

　　再说梁武帝的子侄相残。当梁朝遭遇侯景之乱、梁武帝被困台城之际，萧梁宗室与宠臣们率领的各路勤王军队，基本都在首都建康城外作壁上观，他们更像是在"坐等"台城陷落、皇帝驾崩。而当台城陷落、皇帝驾崩以后，梁武帝曾经厚爱乃至溺爱甚至无原则地纵容的这些子侄们，就开始了殊死的皇位争夺，比如梁武帝第七子湘东王萧绎讨平侄子河东王萧誉，败灭弟弟武陵王萧纪。在萧绎走向帝位的路上，洒满了同宗的鲜血，而萧绎的侄子岳阳王萧詧又投靠鲜卑族的西魏政权，灭了萧绎，萧詧也成了依附西魏的傀儡。正所谓兄弟阋墙、骨肉相残，终于给了外人以可乘之机，梁朝也因此灭亡。

有关西晋"八王之乱"、梁武帝纵容子侄的详细情况，我在《中国通史大师课》（岳麓书社 2019 年版）第二册中，有过专门的讨论，这里就不重复了。而联系到教育智慧，可以说，西晋的开国皇帝司马炎、梁朝的开国皇帝萧衍，都是教育子侄方面的失败者，其间的教训，不可谓不深刻。

回到这一讲的主题"寓理于物，借物点拨"，不妨再说个磨针的故事。我们知道，唐朝的李白是位前无古人后无来者、才华横溢的"诗仙"，而李白的成功，同样离不开刻苦的学习。在南宋祝穆编纂的《方舆胜览》中，记载了这样一个故事："磨针溪，在象耳山下。世传李太白读书山中，未成弃去，过是溪，逢老媪方磨铁杵，问之，曰：'欲作针。'太白感其意，还卒业。"这个故事是说，世人相传，当年李白在眉州象耳山中读书，书还没有读完，就放弃离去了。当他过条小溪时，看见一位老婆婆正在溪边石头上磨一根铁棒，就问老婆婆在干吗，老婆婆回答："我在磨针呢。"李白吃惊地问："铁棒这么粗，怎么能磨成针呢？"老婆婆说："只要天天磨，总能越磨越细，还怕磨不成针吗？"聪明的李白听后，觉得老婆婆说的很有道理，于是惭愧之中，回到山上的学馆，继续学习，终于完成了学业。

这是个很有趣的故事。按照现代人的思维，将一根铁棒磨成一根绣花针，这不明显是浪费吗？既浪费了一根铁棒，又浪费了宝贵的时间，何况对于老婆婆来说，做事也得讲究一个"效率"啊。所以这个故事，以及连带产生的"铁杵磨成针"成语，竟然成了某些现代人调侃挖苦的对象。其实，这个故事或者寓言所表达的，和"愚公移山"差不多，是"只要功夫深，铁杵磨成针"的道理，是比喻只要有恒心，有毅力，做任何事情都能成功。反之，如果工作、学习、做事情"一曝十寒"，晒一天，冻十天，或者"三天打鱼，两天晒网"，努力得少，荒废得多，就很难见效，难以成功。所以，世间万事都贵在坚持，贵在持之以恒。

"借物点拨"的教育方法，如果运用得当，就能让受教者既知其然，也知其所以然，从而发自内心地接受，并转化为自觉的行动，所以效果堪称明显。"折箭"与"磨针"的故事是这样，类似的故事或者说法还有很多。比如在没有电灯的时代，人们晚上用蜡烛照明，于是李商隐的千古名句"春蚕到死丝方尽，蜡炬成灰泪始干"就诞生了，后来人们用"蜡烛"燃烧自我、送来光明的精神，教育人们学会奉献，也用来形容教师站在三尺讲台之上，不遗余力、倾其所有地培养学生的奉献精神。又如清代"扬州八怪"之一的郑板桥，曾给孩子们写了这样一副对联，上联是"咬完几句有用书，可充饮食"，下联是"养成数竿新生竹，直似儿孙"。郑板桥通过比喻，教育孩子们做人要像竹子一样，虚心向上，刚直不阿。清代启蒙思想家魏源也曾写诗："君不见，华时少，实时多，花实时少叶时多，由来草木重干柯……人言松柏黛参天，谁知铁根霜干蟠九泉。"这诗的意思是："你看看，开花的时间少，结果的时间多，开花结果的时间少，长叶长枝的时间多，从来草木最重要的是枝干……人们都说松柏青青，高耸天空，谁知它傲霜斗寒的树枝，本有像铁一样的树根，深深扎在地下。"在这里，魏源以"花木"的"盛衰荣枯"做比喻，教育孩子们要想取得成功，必须长期艰苦地磨炼自己，积累学识和经验，打下扎实的基础。

其实推而广之，以农耕经济为基础和底色的中华文化，"寓理于物，借物点拨"可谓特色之一。以言植物，"岁寒三友"梅花、松树、竹子，"四君子"梅、兰、竹、菊，多被用来比喻君子的道德品行；以言一些虚虚实实的飞禽走兽，也多具有特别的象征意义，比如龙广泛寓意着中华民族的阳刚之美与进取精神，凤全面代言着中华文化的向往光明、祥瑞品质，麒麟凝聚了中华民族含仁怀义的高尚品格，狮子显示着中华文化坚韧不屈的尊严与永远奋进的力量。有关这些内容，我在《读史入戏：说不尽的中国史》（人民出版社，2015 年版）中，有着详尽的讨论，这里就不展开了，有兴趣的朋友可以看看，真的蛮有趣也蛮有启发的。

科举作弊：是魔高一尺，还是道高一丈？

"教育智慧"的前面九讲，说教育人物、教育方法，这最后一讲，我再说说被有些学者赞誉为中国古代"第五大发明"的科举制度，特别是科举制度中的作弊与反作弊及其体现出的"智慧"。

不妨先说个影响深远的科举故事。明朝洪武三十年（1397）春天的会试，也就是三年一次的全国性考试中，取中的52人全部是南方人，这引起了全数落选的北方士子的极度不满，他们纷纷指责南方籍的主考官刘三吾、白信蹈包庇南人、压抑北人。事情闹得很凶，朱元璋于是组成了12人的复查组，结果经过认真复查，发现刘三吾等人并无舞弊行为，原榜维持不变。然而，北方士子还是不服，说复查组张信等人与刘三吾、白信蹈等人相互勾结，故意把北方士子的陋卷也就是很差的卷子进呈，以此欺骗圣上。朱元璋不明真相，下令处死了主考官白信蹈、复查官张信以及廷试状元陈䢿等人。当时刘三吾已经85岁了，以年老而幸免一死，革职充军。朱元璋又考虑到稳定北方社会与政局的需要，他亲自阅卷后，钦定了全部为北方人的62人为进士，并于当年夏天发榜。这就是科举史上著名的"南北榜之争"，也称"春夏榜之争"。

其实严格说来，如果按照全国统一的标准衡量，这次朱元璋钦定的"北榜"或者"夏榜"，因为有失公正公平，可谓科举史上最大的一次"作弊"。然而问题的复杂之处在于，唐宋以来，因为中国南方的经济文化比较发达，所以南方人在科考中总是占据着优势，北方人则考中者很少。这样的南北差异，显然不利于国家的长治久安。为了解决这样的难题，到了明宣宗的时候，先是出台了南北分省取士的会试改革，再是会试分为南、北、中三卷，若以百人为计，南取 55 名，北取 35 名，中取 10 名。南卷包括应天及苏松诸府、浙江、江西、福建、湖广、广东等地，北卷包括顺天、山东、山西、河南、陕西等省，中卷包括四川、广西、云南、贵州等省以及凤阳、庐州二府，滁州、徐州、和州三州。后来虽然南、北、中卷的地域划分、录取比例，时有调整，但是分省取士的原则未变。而直到今天，我们的高考制度，仍然按照地区分配录取名额，当然也由此导致了不少的问题，比如高考难度的确存在着地区差异，以及"应运而生"的"高考移民"。所以我说，绝对的公平公正是不存在的，完全没有弊病的制度也只能是美好的理想。

　　说起中国古代的科举制度，大概无人不知，据说英国的文官考试制度还是学习借鉴了中国的科举制度呢。其实我不欣赏这样的说法，有必要啥事都挟洋自重吗？

　　中国的科举制度，是指官府经过定期举行的分科考试，根据成绩的优劣，选举人才、分别任官的一种制度。科举制度与以前的选举制度，比如先秦的"世卿世禄"、汉代的"察举征辟"、魏晋南北朝的"九品中正"等等比较，其最根本的区别，在于天下的读书人皆有参加官府考试而被选拔做官的机会。一般认为，隋炀帝大业年间置进士科，允许普通士人应考，标志着科举制度的初步形成；科举制度废除的时间则很清楚，是在清末的 1906 年。如此，科举制度在中国历史上延续了大约 1300 年，时间不可谓不长，影响不可谓不大，作用不可谓不显著。

　　就以科举制度的作用不可谓不显著来说，对于官府而言，能在更大的范围内选拔官员，比如唐太宗"尝私幸端门，见新进士缀行而出，喜曰：'天下英雄入吾彀中矣'"；对于天下子民来说，"朝为田舍郎，暮登天子堂，将相本无种，男儿当自强"，这改变了多少贫寒子弟的人生命运，留下了多少寒窗苦读的励志故事；对于社会来说，所谓"万般皆下品，惟有读书高"，又引导了重文轻武的风气。当然，任何制度都是有利有弊的，科举也不例外，比如正是科举制度，结束了讲究婚、宦、学的中国中古时代的贵族社会，而到了明清时代，专取《四书》《五经》命题，答题又有所谓"八股"的固定程式，这都严重束缚了考生的思想，如此等等。

历时 1300 年的科举制度，当然是个很大很大的话题，我的这本书，主题是"中国大智慧"，而从某种意义上说，通过科举考试，逐级筛选人才，也体现了中国古代与教育相关的制度方面的智慧，这就有些仿佛今天的高考制度，其实体现了设计者与执行者的智慧。比如多年以前，我曾经担任高考江苏历史卷命题组组长，如何合理命题、如何设置陷阱、如何测试难度系数、如何兼顾不同背景的考生，如此等等，都是考验智商的活计。当然，科举与高考也有许多不同，比如今天的高中教学，基本是围绕高考指挥棒转的，过去的科举制度，则只管考试选拔，而不管考生的培养过程；今天高考的成功，只是意味着你可以继续深造，而科举考试的成功，就基本相当于今天考上了公务员。由此看来，作为过程的高考，比起作为结果的科举，重要意义还是有所不及。而诸位朋友知道了这一点，就能明白我这一讲的内容"科举作弊"的特别有趣与充满智慧了吧！

有考试就有作弊，有作弊就有反作弊，仅就这种社会现象而言，作弊与反作弊可以说都充满着智慧，科举考试当然也不例外。那么，科举考生都有哪些作弊手段？科举考试的组织者又有哪些反作弊的手段呢？究竟是道高一尺、魔高一丈，还是魔高一尺、道高一丈呢？下面我就说说其中主要的一些情形。

最常见的作弊手段是所谓的"夹带"，这是平民和富家子弟都能玩得起的作弊方式。据媒体报道，2005年在天津发现了一套完整的清朝科举考试作弊工具，仅火柴盒大小，共9卷本，均长4.5厘米，宽3.8厘米，厚0.5厘米，每卷本内约有10余篇文章，共10多万字。让人称奇的是，卷本内的文字约为1毫米见方，通过牛角刻版印刷而成，由此可见当时印刷术的高超。

为了防止考生携带"夹带"，考生进入考场前，要经过严格的搜身检查，比如打开发结，脱光衣服，如此这番，就算夹带上面所说的微型书，也能被搜查出来。只是这样的搜查，还是有些伤损读书人的尊严，也显得不文明。

那么，既显得文明又很有智慧的防止"夹带"的方法有吗？据说，金朝的时候，世宗皇帝觉得对考生进行搜身很不礼貌，因此想出了另外的一记妙招，就是让考生脱去衣服，先行沐浴，待到沐浴完毕，再让考生换上统一的考生礼服，然后由贡院的差役带领着进入考场，参加考试。这样一来，既防止了考生将预先准备的"夹带"带进考场作弊，又显得颇是文明。

另外一种作弊的方式是所谓的"枪手"，就是有钱有势的考生请他人来代考。古代当然没有高科技的人脸识别技术，所以这样的代考很多。通常的情形是，代考人有才但无钱无势，被代考人有钱有势但无才，代考者和被代考者都入场考试，答题的时候，则在试卷上分别写上对方的姓名。比如在《宋会要辑稿·选举》中，就有许多这方面的描述，所谓"近日科举之弊……不可胜数，而代笔一事，其弊尤甚"，又说"代笔最失本意……今贿赂公行，代笔中选，十常二三"。南宋初年曾任川陕宣谕使的王之望指出："代笔之价至万余，引轻薄子多以致富，风俗大坏。"而为了防止科举考试中的"冒名顶替""移花接木"，考试机构也制定了一系列的防止措施，如要求考生必须提供包括体貌特征在内的详细履历，进场之前，考官会根据履历，验明考生身份，并且在考试结束后，或者安排复试，或者核对考卷的笔迹；出台了许多的惩戒手段，如一旦查获代笔，所涉各方以及考官都会受到各种严厉的惩罚，而举报者则会受到重赏。

相对于上文中所说的"夹带"、代考，更高端的作弊方式还是"飞鸽传书"。这种作弊方式，需要有钱且有时间训练鸽子。如何训练鸽子呢？我少年时曾经养过信鸽，不妨说说相关的知识。信鸽分为单程信鸽、往返信鸽。单程信鸽不必多说，往返信鸽的训练方法是：先在 A 地留宿与喂食，但不给水喝，然后在 B 地喝水，训练完成以后，每次 A 地放飞，信鸽便会直飞 B 地喝水，喝完水，又饿得直飞 A 地觅食，如此就达到了速往速返的目的。只是说到这里，也勾起了我本来已经淡忘的伤心往事，记得有过几回，我放出的信鸽一去不回，那时县城郊野自然环境好，飞禽也多，甚至不乏鸽子的天敌老鹰，想必我那未回的几羽信鸽，是葬身于老鹰之口了吧。

说回科举。我们知道，中国古代的科举考试，考场多采用分间式，即用《千字文》编号，一字排开，每人一间。考试时间往往长达两三天，在这期间，考生是不允许出考试间的。这样，考生在考试间里展开一个布条摇晃，就会引来经过训练的鸽子，考生将试题卷成筒子，让鸽子带出考场，这个时候考生家里已经请好了答题高手，待在外面答完，再由鸽子带着答案飞回来，交给考生誊抄。这种作弊方式在宋辽金时颇为泛滥，也许这与宋高宗赵构酷爱养鸽子有关吧。针对"飞鸽传书"的作弊方式，每逢科考，朝廷就会选来射箭高手，守在考场四周，见到有鸽子进出，一律射杀，结果是截获"抄文无计"。其实要是我做考官，可以建议朝廷借此机会考考"武科举"中的"骑射科目"，看谁射中的鸽子最多，射中的概率最高，这岂不一举两得？到了清末，为了防止"飞鸽传书"，还用火枪手守在考场周围，鸽子听到枪声，吓得四散逃窜而又反复盘桓，那个场面，应该相当壮观吧。

还有一种作弊方法，是可以想象到的串通考官，当然这既要有钱有势，还要有关系有门路，而为了防止考官和考生串通，"糊名制度"也就应运而生。所谓"糊名制度"，就是把试卷上的考生姓名等个人信息，用纸和浆糊隐没起来，使阅卷官不知道试卷的作者，以防徇私舞弊。《隋唐嘉话》中记载："武后以吏部选人多不实，乃令试日自糊其名，暗考，以定等第判之。糊名，自此始也。"不过武照所创的糊名之法，只是用于吏部升迁官吏的考试。到了北宋初年，糊名之法又在科举考试中得以推广实行，即规定所有的试卷，都要经过糊名以后，再行批阅。后来更在糊名之外，继续"升级"保密措施，实行"誊录"，就是让专人用红墨水誊抄一个副本，交给考官批阅，这称为"朱卷"，考生的原始考卷则称为"墨卷"，这样，阅卷的考官便无法知道考卷的考生是谁了，如此可以防止考生在试卷上书写标记。

然而作弊与反作弊之间，真是缠斗不休。就在北宋真宗时，朝廷刚刚制定了糊名（雅称叫封弥）以及誊录等一套防范舞弊的措施后，做"暗号"的事情又"应运而生"。著名的被曝光者是翰林学士杨亿。开考前，一些打算应科考的福建同乡来拜访杨亿，希望杨亿给予一些"考前辅导"，杨亿听罢，顿时大怒，一边说"丕休哉"，一边往屋里走。"丕休哉"三个字出自《尚书》，据说是句骂人的话，但就是有人听出了话外之音，结果凡是答卷中用了"丕休哉"一语的，都被录取了。

当然，对于疏通考官的这种作弊行为，朝廷是严厉打击的。如唐高宗龙朔三年（663），主考官董思恭接受考生的贿赂后，泄露了考试题目。后来东窗事发，三司会审，初判朝堂斩决，后因董思恭临刑前告发别人谋反，得以免了死罪，但仍被流放岭南。又如清朝嘉庆时的湖南乡试案，官员与考生勾结作弊，事情败露后，作弊的官员樊顺成被处斩，考生傅晋贤等人被判绞刑。如此看来，鲁迅也就是周树人的爷爷周福清就显得幸运了许多。当年，周福清光天化日之下，委派仆人，当着副主考的面，把通关节的银票塞到主考官的手里，意在求取主考官对自家儿子周伯宜与自己几位弟子的关照，结果因为"关节未成，赃未与人"以及"投案自首"，先判了个"斩监候，秋后处决"的死缓之刑，再则秋后遇到大赦，结果也未处决，这只能说是他前世的造化吧。当然,周福清的儿子、鲁迅的父亲周伯宜却也因此被剥夺了应试的权利,最后 36 岁忧郁而终,家道也从此破落。

还有一种情况,我说不清楚算不算作弊,就是研究出题人和考题。在科举时代,出题人也就是考官是不对外公布的,但不排除一些人能够打探到消息。而一旦考生知道了出题人是谁,便可以通过他的为人、兴趣特别是学问的专长,琢磨可能会出的考题,如果这位出题人曾经出过题,就更可以研究以往的题目了。其实,这种方法在今天大概不算作弊,而是一种有效的备考方法。比如现在市面上就有很多《十年高考试题精讲》《十年考研真题》之类的复习资料,我们对此已经习以为常了。联系到我个人的经历,我还曾经很是感动了一回。多年以前,我去出江苏高考历史卷子,因为事先不知,结果临时停课,而且告诉学生 40 多天里无法与我联系,聪明的南大学生就知道我去干什么了。后来我了解到的情况是,一些江苏苏北地区的高中历史老师,竟然找到我的许多著作,与高考大纲对照,出了不少的题目让高三考生去做,真是敬业的好老师啊!只是我还觉得有趣的是,不少的老师在网上大发感慨,说这位胡某人,不知是研究啥专业的,历史、地理、文学方面的书都有,看来是位难缠的出题人。

其实古往今来,在各种考试中,作弊与反作弊的较量,一直没有中断。谁高一尺,谁高一丈,还真不容易说明白。时至今日,考生的作弊,既有继承"传统"的夹带、冒名顶替、调换试卷,也有升级版的"飞鸽传书",也就是高科技的无线通信作弊。至于考官的作弊,除了承袭古代的泄题、约定暗号之外,又有了在批改试卷中暗中给分乃至错题算对等等的现象。对于从古到今的这些社会现象,我们一方面要明确,严密的考试程序有利于人才的选拔,只有严厉打击作弊,才能创造公平公正的竞争环境,另一方面,如果不谈价值取向,那么,无论作弊还是反作弊,岂非都充满着"智慧"呢?这样的"智慧",某种意义上,就好比对战的双方,都想着法子要打败对方呢!

军事智慧

提到"军事"这个词，从字面上可以解释为军队之事，或者是与战争有关的事。我虽然是个典型的书生，没有扛过枪、打过仗，但还是比较熟悉军事历史的，也习惯从战争中感悟智慧。这话怎么说呢？

首先，军事是历史的重要组成部分。《左传》有云："国之大事，在祀与戎。"祀者，祭祀祖先，祭祀天地，这样的仪式，是向过去与自然致敬，祈求祖先的指引、天地的护佑，这会让天子与子民充满信心、振奋进取；戎字，或说是"干""戈"二字的合体，干指防守的盾牌，戈是进攻的横刃，干戈就是武器，"能执干戈，以卫社稷"，社者土地，稷者粮食，拿着武器保卫土地与粮食，其实所谓"国家"，就是人民、土地与粮食吧。所以《孙子兵法》中说："兵者，国之大事。"《左传》中又说："夫武，禁暴、戢兵、保大、定功、安民、和众、丰财者也，故使子孙无忘其章。"《左传》的这段话，把军事亦即军队、战争、武器的意义说得很全面，就是军事的目的，在于禁止强暴、消弭战争、保持强大、巩固功业、安定百姓、团结人民、增长财富，所以子孙后代在军事方面应该"不忘初心，牢记使命"。

其次，就我个人的研究经历说，还是蛮关注军事的。早在1995年，我才30岁出头，那年，我与江苏省委党校的彭安玉老师、江苏省社科院历史所的郭黎安先生合作，主编主撰了一部近 50 万字的《兵家必争之地——中国历史军事地理要览》，扉页上的献词是："谨以此书，献给伟大的中国人民抗日战争胜利五十周年！献给守疆卫土的中国人民解放军全军将士！献给热爱祖国关心国防的全体人民！"记得当时写这部书时，正值盛夏时节，筒子楼里装不了空调，电风扇里扇出来的都是热风，为了避免汗水浸湿稿纸，我用两块毛巾垫着手臂，一块毛巾随时擦汗，房间里则挂满了全国与分省的地形图、政区图以及一些重要战役的形势图，我常常沉迷其中，甚至不由自主地想象着，我如果是孙武子、诸葛亮、戚继光、粟裕，要如何运筹帷幄、谋篇布局、冲锋陷阵、围城打援？那是一段难以忘怀的经历！之所以难以忘怀，一则老是在追忆着那精力充沛、思维活跃的青春岁月；二则此书竟然得到了社会与学界两方面的高度肯定，社会的肯定，表现在此书成了"地摊书"，收到了几十封读者来信，几位东北抗联老战士多番约我到东北访古；学界的肯定，表现在此书竟被推为中国历史军事地理的两部代表作之一，另一部是著名历史地理学家史念海先生的《河山集》第四集；三则 1996 年河海大学出版社出版此书后，2007 年海南出版社主动联系，出版了修订版，最近上海文艺出版社又要出版图文版，大概每隔十来年，此书就修订重版一次，看来此书的学术价值与社会意义，还是显而易见的。

然则顺着这样的意思说下去，今天的我们谈兵论智，也绝非"无病呻吟"或"无的放矢"吧！世界尚未大同，战争的威胁仍然存在，并将长期存在下去，某些国家那些最高科技或最强恐怖的武器，决不是为了放烟花而制造出来的，我们对此不能不保持高度的警惕、做足实战的准备。中华民族是爱好和平的民族，毛泽东主席就说过："人不犯我，我不犯人。"中华民族也是不畏强暴的民族，这就如西汉名将陈汤之言："明犯强汉者，虽远必诛。"主旋律电影《战狼》里的关键词亦是："犯我中华者，虽远必诛。"

那么，中国历史之军事智慧，对于今天有何等意义呢？

从直接的方面说，有益于指导现今的国防与战争。

举个例子。20 世纪 70 年代初，兰州军区司令员皮定钧中将发出指示，要对陕西、甘肃两省的历史军事地理进行研究。如何研究？预期要达到什么样的目的？承担此项任务的史念海等人曾向皮将军请教，得到的答复是："假定现在就要进行一场战争，我作为司令员，进入阵地，部队布置，粮草运输，作战计划，大致都已就绪，我要再听取一下：以前在这个地区曾经发生过什么战争？战争的两方各是由什么地方进军的？又是分别由哪些道路退却的？粮秣是怎样运输的？战地的用水又是怎样取得的？其中获胜者是怎样取得胜利的？而败北者又是怎样招致失败的？"这许多的问题与重点，为久经战阵的将军所关心，并不奇怪，盖"料敌制胜，计险阸远近，上将之道也"；同时，它也说明了中国历史军事的研究，不仅有着重要的学术价值，还有着确切的现实意义，从历史中借鉴智慧，实在是亘古迄今、无所更易的一贯原理！

从间接的方面说，有益于启发我们的人生智慧。

翻开中国的历史长卷，历朝历代的兴亡成败，大多联系着将士们的抛头颅、洒热血。战争通常意味着伤残死亡，所谓"凭君莫话封侯事，一将功成万骨枯"，提到战争，人们脑海中浮现的多是角力斗狠、血流成河的场面。但抛开战争过程的残酷、胜利一方的自得、失败一方的哀戚，重新拾起历代战争中的点点滴滴，其间波谲云诡的用兵奇谋、运筹帷幄的战略部署、借助自然力量的巧妙攻防等实战案例，使人不由自主地回想、品味、琢磨、推演，而这便是古人展现的军事智慧。也许战争或用兵距离我们的现实生活并不是太近，但是军事智慧还是会对我们的人生有所启发。就以商业为例，有句大家耳熟能详的话，叫"商场如战场"，许多商家往往会学习《孙子兵法》中的谋略，比如在企业管理中做到"知彼知己"，即在充分了解其他企业信息的情况下，制定自身的经营策略，又如在商业竞争中，"能而示之不能，用而示之不用，近而示之远，远而示之近。利而诱之，乱而取之，实而备之，强而避之"，如此等等，使得其他商家难以判断自己的真实情况，从而"攻其无备，出其不意"地展开营销。诸如此类，还有太多太多，这些军事智慧在现实中的诸多方面都可加以运用。总而言之，我讲中国历史上的军事智慧，是想着诸位读者朋友从中得到一些人生启发、处世感悟，从而在生活、学习、事业上更加游刃有余，而不是去学勾心斗角、玩阴谋诡计。

回到军事特别是作为军事集中体现的战争本身，正所谓"高考还能复读，战争不能重来"，一旦战争失败，其结果就是无法挽回的生命、土地、财富、尊严甚至国家的失去，所以我们常说"兵者，诡道也"，就是用兵打仗，以诡诈为原则，千变万化、欺骗迷惑、出其不意、攻其无备，如此等等，回到历史的语境，其中既充满着丰富多彩的智慧，我们也应该给予理解的同情。

19世纪30年代出版的普鲁士军事理论家克劳塞维茨的《战争论》指出："文明民族的战争，总是在某种政治形势下产生，而且只能是由某种政治动机引起的。因此，战争是一种政治行为。"

如何理解"战争是一种政治行为"？可以认为，战争是政治的组成部分，战争是政治的延续，战争的重要性还毫不输给政治。具体到中国历史，在特别讲究政治正确性、讲究"得民心者得天下"的中国，在习惯找说法、找理由的中国人这里，最能体现这一点的，大概就是"师出有名"吧。

所谓"师出有名"，简而言之，就是出兵打仗要有正当的理由。比如元朝末年的1367年，反元起义的吴王朱元璋在应天府（今江苏南京市）发布的《奉天北伐讨元檄文》中义正词严地指出：

> 元之臣子，不遵祖训，废坏纲常，有如大德废长立幼，泰定以臣弑君，天历以弟酖兄，至于弟收兄妻，子烝父妾，上下相习，恬不为怪，其于父子、君臣、夫妇、长幼之伦，渎乱甚矣……及其后嗣沉荒，失君臣之道，又加以宰相专权，宪台报怨，有司毒虐，于是人心离叛，天下兵起，使我中国之民，死者肝脑涂地，生者骨肉不相保，虽因人事所

致，实天厌其德而弃之之时也……予恭天承命，罔敢自安，方欲遣兵北逐群虏，拯生民于涂炭，复汉官之威仪。

以上这些话，只是《讨元檄文》中很小的一部分，这些话的意思是：元朝的臣子，不遵从祖先的训导，毁坏了伦理纲常，比如大德年间废长立幼，泰定年间臣子弑杀君主，天历年间弟弟毒杀兄长，至于弟弟抢夺兄长的妻子，儿子霸占父亲的妾室，更是上下相沿成习，恬不知耻，不以为怪。如此这般，亵渎扰乱父子、君臣、夫妻、长幼之间的伦理纲常，做得也太过分了。至于他们的后嗣，沉沦荒淫，君臣无道，再加上宰相专权，宪台仇怨，有司狠毒，于是人心丧失，天下纷乱，死者肝脑涂地，生者不能互保，这些虽因人事所致，实为上天在厌恶、抛弃他们啊。我恭敬地顺承天命，不敢独自安定，所以我要发兵北伐，驱逐胡虏，拯救水深火热中的亿兆斯民，恢复汉家天下的威严礼仪。

其实类似这样的"檄文"，在中国历史上可谓不胜枚举，于是付出了无数生命的战争，就有了"师出有名"的光明正大的理由。而在这方面，较早而且较成功地实践了"师出有名"的帝王，齐桓公应该算是具有代表意义的一位。

相信诸位读者朋友们都对管仲辅佐齐桓公、称霸诸侯、一匡天下的故事有所了解。齐桓公所处的春秋时代，已经"礼崩乐坏"，那时节，许多的诸侯国逐渐强大，已经很少有人甘愿尊奉周天子了，于是诸侯国不入贡、不听命，在王霸野心的驱使下互相攻伐，这样的攻伐，竟致先后有两位周天子，在与诸侯国的对阵中或死或伤，即周昭王伐楚被淹死，周桓王伐郑被射伤。同时，周边的蛮夷戎狄也在趁此机会，不断侵扰着中原各国，所谓"南夷与北狄交，中国不绝若线"，自顾尚且不暇的周天子无力采取救援行动。在这样的"内忧"与"外患"中，周王室尊严扫地、王命不兴，周天子仅仅只是理论上的"天下之主"。也正是在这种情形下，刚刚即位不久且欲有番作为的齐桓公小白启用了管仲。管仲就经济、人才、法律、外交、军事等方面提出了一整套完备周密的计划，其中至关重要的一点，便是齐国若想称霸诸侯，便一定要做到"师出有名"，也就是要拥有正确的"政治口号"。

熟悉这段故事的朋友们应该已经猜出了这个政治口号，没错，那就是"尊王攘夷"。尊王，就是尊奉周王室的权威、维护周天子天下共主的统治地位；攘夷，就是对侵扰华夏诸国的蛮夷戎狄进行有力的反击。于是，齐国在这一极其明确的政治口号的指导下，先是通过召集诸侯会盟来明确周天子的正统，要求各诸侯国尊奉周王室，积极过问、遏止乃至讨伐任何挑战周王室权威、侵犯周天子尊严之事，并且团结华夏各国以抵御蛮夷戎狄的侵扰。

公元前664年，遭到山戎入侵的燕国向齐国求援，管仲认为这正是采取军事行动的最佳时机，因为"师出有名"，既可展现实力，又可增加信义。于是次年齐国出兵，连战连捷，使燕国避免了亡国之祸。公元前661年，赤狄攻打邢国，齐桓公又派兵救援邢国。齐国援燕、救邢的一系列行动，使齐桓公名声大振，诸侯纷纷盟好归附。公元前656年，齐桓公又以正自居，以王之名组建了齐、鲁、宋、陈、卫、郑、许、曹"八国联军"讨伐楚国，尽管双方最终以和平方式收场，但楚国答应遵守诸侯的本分，恢复向周天子纳贡。

齐国这一系列"师出有名"的军事行动，都是借助了"尊王攘夷"口号的影响力，即不管是讨伐违命的诸侯，还是抵御蛮夷戎狄，齐国都站在了正确的、正义的一方。这里所谓的"正确""正义"，便是尊奉周天子，毕竟周天子是华夏诸侯国的合法领导人，便是秉持着"戎狄豺狼，不可厌也，诸夏亲昵，不可弃也"的理念，即蛮夷戎狄贪婪成性、不知道满足，诸侯之间相互亲近、不可以抛弃。也正是这一次又一次"师出有名"的军事行动，使齐桓公的威望达到了顶点，从而当之无愧地成为春秋时期的第一位霸主，"尊王攘夷"的合法性也不断得到了强化。虽然后来"尊王攘夷"的口号逐渐失去了其最初的本意，沦为诸侯互相征伐兼并时披着的伪善外衣，但无论怎样变形，诸侯们的用兵主旨，仍然离不开"师出有名"，打着"王师"旗号的军事行动，也是屡试不爽，颇具效果。

"前事不忘，后事之师"，后世将"尊王攘夷"变形以达到"师出有名"并最终取得成功者，最典型的大概莫过于曹操的"挟天子以令诸侯"。

东汉末年，群雄割据混战，终成曹、孙、刘三家天下。而曹操势力之所以能够脱颖而出并最终统一北方，除去其本人的非凡能力外，最关键的还是曹操在兴兵早期就确定下的大政方针——挟天子以令诸侯。

董卓死后，全国各地的州牧豪强们拥兵自重，互相攻伐而不服从朝廷管束，东汉王朝已是名存实亡。而被董卓拥立的东汉皇帝刘协，也就是后来所称的汉献帝，此时正身受董卓残部李傕、郭汜等辈的欺凌，政令不出长安，甚至出不了皇宫。王道陵迟，皇家尊严几尽扫地。

东汉兴平二年（195），汉献帝趁着李傕、郭汜二人内讧之机，率着一班大臣逃出长安东行，次年流亡到洛阳。不少远见之士发现了这一绝佳良机，如河北名士沮授即曾提出"挟天子而令诸侯，畜士马以讨不庭"的建议，希望袁绍奉迎献帝，光复宗庙，继而以天子之命号令天下，王师所指必将无人争锋。然而，兵精粮足、坐拥一方的袁绍未能采纳。曹操则没有错过这个机会，他采纳了荀彧、毛玠等人的进言，当机立断兵发洛阳，迎接献帝。由于洛阳经董卓之乱后早已残破不堪，同时也为了将天子牢牢掌控在自己的势力范围内，曹操便将献帝迁到许（今河南许昌市），并以许为都，东汉宗庙社稷制度至此得以复立。献帝则任曹操为大将军，封武平侯，曹操从此便拥有了"挟天子以令诸侯"，向各州郡发号施令的政治优势。袁绍在得知曹操当上大将军后，那是又恨又悔，恨的是曹操官阶在自己之上，悔的是自己当初没有出兵迎接天子。当然，尽管此时的曹操实力已经逐渐强大起来，又有天子这张王牌在手，但就整体力量而言，曹操与袁绍还有很大的差距，与袁绍决战的时机尚未到来。于是，为了缓和矛盾，曹操又借天子之口，把大将军这个空头衔让给了袁绍，自为司空，继而以王师的名义东征西讨，在"正确""正义"的旗帜下，先后平定了张绣、吕布、袁术等割据势力，为将来与袁绍的对阵，解决了后顾之忧。

随着东汉朝廷逐渐为曹操所控制，皇帝也就沦为曹操的掌中玩物，傀儡献帝多次想要摆脱曹操的控制却始终不能得手。曹操最终能够崛起于北方，其关键便是"挟天子以令诸侯"这步高手妙棋。尽管献帝对于地方州郡并没有实际控制力，但作为天子，献帝在名义上仍是全国最高统治者，"人心向汉"也使献帝对天下还有一定的号召力。也因为此，曹操终其一生也没有废掉献帝，他要让献帝在自己手中发挥最大的利用价值，在政治口号上压倒对手。借天子之口，言自己之意，一切政令名正言顺，一切征战师出有名，让献帝给自己的所有言行披上"合法""正义"的外衣，而其达到的效果，诚如"卧龙"诸葛亮在隆中对策时告诫刘备的那段名言：

曹操比于袁绍，则名微而众寡，然操遂能克绍，以弱为强者，非惟天时，抑亦人谋也。今操已拥百万之众，挟天子而令诸侯，此诚不可与争锋。

孔明先生所谓的"天时"，就是有名无实的"天子"汉献帝；所谓"人谋"，就是把握住了"挟天子而令诸侯"的机会。这样的"天时"与"人谋"加在一起，就是曹操"此诚不可与争锋"，并最终统一了北方；就是曹丕取代了东汉王朝，并开创了曹家的天下。

师出有名，利在使军事行动显得名正言顺、正气浩然，每出兵、必有名；利在激起军队的斗志，获取民心的支持，这无疑都是军事战争中不可或缺的重要保证。当然，也并非每一次的"师出有名"都会成功，还是以曹操为例：东汉建安十三年（208），曹操"奉辞伐罪"，意欲扫平江南，却在赤壁被孙权、刘备联军击败，这就是著名的赤壁之战。由此可见，"师出有名"只是战争胜利的充分不必要条件，影响甚至主导一场战争是否得胜的天平，尚有经济、地理、心理、武器等等的诸多因素，也往往离不开主帅的运筹帷幄与前敌的临机而动。有关这些因素，在接下来的各讲中，我或多或少地都会讲到。

紫电青霜：扭转战局的『神兵利器』

　　紫电、青霜都是中国古代的名剑，也常用来借指精良的武器。"初唐四杰"王勃的名篇《滕王阁序》有云："腾蛟起凤，孟学士之词宗；紫电青霜，王将军之武库。"据史籍记载，汉高祖刘邦的那把斩白蛇剑，每12年加磨一次，所以锋刃光亮，如同霜雪；又，吴大帝孙权拥有六把宝剑，其中一把即名唤紫电。

　　本讲之所以借用紫电、青霜这两把宝剑之名，是因为提到战争、军队，就一定得讲讲武器。在绝大多数的正常情况下，武器还是决定战争胜负的关键因素之一，战争则直接催生了武器的改进、升级与创新。

　　说起武器，出于狩猎生产、掠夺物资以及自我保护的需要，在原始社会的人类学会使用工具后不久，武器就出现了。随着社会的不断发展，尤其是随着战争频次及其残酷程度的增加，人类对武器的数量、种类的要求便不断提高，武器的质量、功能也得以在千万年中不断改进。就拿弓弩来说吧，最原始的形态是发射石镞，人类除了通过提升打磨工艺为其增加杀伤力外，还会在石镞上面涂抹毒药。而当金属被用于铸造箭头后，春秋时期又在弓的基础上，发展出了新的远程兵器——弩，弩的命中率相比于弓大大地提高了，弩的杀伤力也因为张力更大而得以增加。战国时期，当弩成为主要的流行兵器后，韩国还发明出一种因为可以抗拒来敌而被称为"距来"的强弩，其射程可远达六百步开外。在《墨子》中，还有墨家机关"转射机"的记载，这是更进一步改造的强弩机，它"机长六尺"，装于要塞之上，使用时需要配备正、副二人，可以左右旋转发射箭矢，转射角可达120°，如此看来，这不就是战国时期的"机关炮"嘛！

武器、战具就是这样，从最原始、最质朴的石斧、石矛、兽皮衣开始，一步步发展到后世的诸葛连弩、明光铠、绣春刀等等。当然，我接下来要说的"神兵利器"，既不是宝剑紫电、青霜，也不是金庸笔下的倚天剑、屠龙刀，更不是什么刀枪不入的软猬甲，因为真正能体现出人类智慧的，还是那些在战争中起到过至关重要作用的兵器战具。

南宋绍兴十年（1140），完颜宗弼也就是我们习称的金兀术撕毁了和约，兵分数路入侵。岳飞在派兵救援各路的同时，也率部向中原挺进，大军驻扎在颍昌，他自己则率轻骑进驻郾城（今河南漯河市境）。岳飞向来被金人视作眼中钉、肉中刺，兀术认为其他宋军将帅都好对付，就是岳飞及其"岳家军"难以抵挡，所谓"撼山易，撼岳家军难"是也。得知此时岳飞所在的郾城兵力不多后，兀术便会合了几路兵马，向着郾城进逼过来，一心想要拿下岳飞。岳飞从容指挥，派出长子岳云领着骑兵冲阵，给了金军一个迎头痛击。兀术认为是时候祭出他的杀手锏"拐子马"了。这拐子马是金军的一支精锐骑兵部队，每三骑为一组，人与马都披挂着厚重的铠甲，马与马之间又以绳索相连。冲锋时，以一组拐子马居中，左、右两翼由两名骑兵掩护，当成百上千组拐子马以排山倒海之势冲来时，行动迅速，而且几乎刀枪不入，对手既无法抵挡，也很难突破。宋军将士就在拐子马身上吃过不少大亏，而此次参战的拐子马部队，竟有一万五千之多，这个阵势，简直就是移动的钢铁堡垒。但岳飞却发现，拐子马虽然有重装保护，但为了保持快速运动，马腿还是不能缠裹，需要裸露在外的，而且骑兵加上人与马的铠甲，重量很大，只要一骑无法行动，就会拖累整组的行动；反之，岳家军是以步兵为主的，虽然短于对抗骑兵，但却长于近身肉搏，所以岳飞就想着必须转变策略，即以我之长，陷彼之短，从而化劣势为优势。岳飞命令士兵们将战刀绑在木棍上，组合成为"麻札刀"，上阵时谁都不许抬头，专等拐子马冲过来时，围住其中的一匹马，只要能砍断一条马腿，便是成功。待到双方整军再战，当拐子马冲来时，岳家军手持麻札刀，只管玩儿命地砍马腿。一匹马倒下，其他两匹马就不能继续前进，一组拐子马就算废了。金军不知道岳家军干吗要低着头，还没等从诧异中反应过来，就接二连三地人仰马翻。一番激战，金军全面溃败。见此情形，兀术哀叹道："自海上起兵，皆以此胜。今已矣。"就是现在完了。岳飞以麻札刀大破拐子马，这便是在战争中通过武器的改进从而扭转战局的生动体现。

在战争中改进武器的故事还有很多。比如大家熟知的明朝抗倭英雄戚继光，在组建军队之初，他就根据江南地形多山多水以及倭寇作战经常设伏的特点，创制了一种名叫"鸳鸯阵"的阵法，供士兵反复演练，以期克敌制胜。而由于手持木杆铁尖枪的戚家军常常吃亏在倭寇锋利的武士刀上，戚继光又创制出"小三才阵"，即以手持一丈五长狼筅的狼筅手居中，两翼有长枪手夹护，外有藤牌手、短刀手前后策应的阵法。"小三才阵"弥补了戚家军在武器上不如倭寇的缺憾，倭寇还没等到近身戚家军，就会被戚家军的狼筅扎上几个透明窟窿。而且江南多山水，道路常狭窄，这种因地制宜的阵法也极其适合在如此的环境下作战。如遇宽路，还可纵队变横队，一分为二，这便是在"鸳鸯阵"基础上演化而来的"大三才阵"。一旦遭遇倭寇，无论宽路窄路，或者有无埋伏，由于阵法的变化极为灵活，戚家军的主动性与机动性自然大大提高了。

当然，除了在战时直接改进武器以外，更多的情形，还是在战前就已进行的改变，这种改变又不限于一般意义上的武器。什么意思呢？我就用赵武灵王的故事来解释吧。

赵国在战国初期相对弱小，兵力薄弱，常遭周边国家和胡人部落的欺凌。面对日趋激烈的战争形势和严峻巨大的生存压力，赵武灵王赵雍备感军队的战斗力亟待提高。如何提高呢？赵武灵王并没有发明创造出什么"神兵利器"，而是决意在全国推行"胡服骑射"。"胡服"，就是学习胡人穿衣，即改宽袍大袖为短褂紧袖，穿裤子，扎腰带，脚蹬靴。啥意思？难道汉人在那之前不穿裤子吗？原来，我们今天所穿的衣裳，其中的"裳"，本来读cháng，是古人对遮蔽下体的下衣的称谓，类似今天所穿的裙子。裳也称绔、袴，绔就类似今天所穿的裤子，但是只有两个裤筒而没有裤裆，在绔的中间加上裤裆，就变成了袴，这才更接近我们今天所穿的裤子。为什么要加上裤裆呢？其实就是为了骑马时行动方便自如，从而适应驰骋、砍杀与射箭的骑战，这就是赵武灵王"胡服"改革的内容。

"胡服"是为了"骑射"，而"骑射"又是相对于"车战"的改革。当时的中原诸国，仍然使用车战战法，即每乘战车配员三人，各自驾车、持戈、持弓，车后往往还跟着数十名步兵。交战时，车相错，人相搏。只是这样的车战，战车的进退既不灵活，个人的作战也缺乏主动性与灵活性。至于胡人的骑兵阵容，则是行动迅捷，疾如骤雨，快若飘风，或左或右，忽前忽后，其前进时我抵挡不及，其撤退时我望尘莫及，其战斗力远远高于中原传统的车战。于是两相权衡之下，赵武灵王决心舍弃传统车战，学习胡人的骑兵战术。

"胡服骑射"的诏令颁布后，赵国朝野那是一片哗然，很多大臣极力反对，比如赵武灵王的叔父公子成就劝说道：

　　臣闻之，中国者，聪明睿知之所居也，万物财用之所聚也，贤圣之所教也，仁义之所施也，诗书礼乐之所用也，异敏技艺之所试也，远方之所观赴也，蛮夷之所义行也。今王释此，而袭远方之服，变古之教，易古之道，逆人之心，畔学者，离中国，臣愿大王图之。

这段劝说的中心意思是，我们中原华夏的传统是多么美好啊，这样美好的传统，应该成为蛮夷戎狄学习的榜样，你怎么可以穿起蛮夷戎狄的衣服呢？这岂不是自弃于传统吗？然而赵武灵王还是顶住了种种压力，率领赵国自上而下穿起了胡服。胡服与骑射相辅相成，衣着胡服正是为了学习骑射战术，于是赵国又在赵武灵王的号召下学习骑射，并且很快组建训练起一支强大的骑兵部队。赵军的作战能力由此大大提高，陆续战胜与降服了周边国家以及胡人部落，开拓了大片疆土，国家实力也由弱变强了起来。由此可见，赵武灵王胡服骑射的改革，虽然不是对武器的直接改进，却也同样影响了赵国的战争进程。

说到底，战争有时就好比足球比赛，它是一项"集体运动"，它靠的不是某一位或某几位佩宝刀、跨骏马、身着无敌铠甲的大英雄，而是靠着千千万万全副武装的士兵的搏命。战争与武器，从来就有着难分难解的关系。正是战争促成了武器的发展，武器的发展又倒过头来扭转了战争的局势，甚至影响了战争的形态。武器发展的时间，涵盖了战争前、战争中以及战争后，而当武器战具的改进成为影响战争胜负的关键因素或重要环节时，这些武器战具就当得起"神兵利器"的称谓了。这样的"神兵利器"，在冷兵器时代，有不断改进的刀枪剑戟、不断创新的兵阵战具；在热兵器时代，更有地上的火炮坦克、天上的飞机导弹；而到了高科技的现代，我不懂的信息战、网络战，大概也是威力难以想象吧……

兵家巨擘：不只是『纸上谈兵』

"纸上谈兵"是我们常用的一个成语，这个成语的出典，说起来有些恐怖，据《史记·廉颇蔺相如列传》记载：战国时赵国名将赵奢的儿子赵括，从小熟读兵书，张口爱谈军事，骄傲地自认天下无敌。公元前 260 年，赵孝成王陷入秦国的反间之计，拒不听从上卿蔺相如与赵括母亲的劝谏，启用赵括代替老将廉颇驻守长平，与秘密替换了王龁的秦国大将白起对抗。赵括一改廉颇坚守不出、意欲拖垮秦军的策略，轻率出战，结果大败被围，自己受箭身亡，四十万投降的赵军则被白起坑杀，于是后来就有了"纸上谈兵"的成语，意为只会夸夸其谈兵法，照搬兵书上的条文，却无临阵指挥、随机应变的本事，延伸开来，也比喻只会空谈理论，却不能解决实际问题。

四十万将士的生命，换来了一个成语，这个代价也太大了。时至今日，在长平之战的古战场山西省高平市，烧豆腐名"白起肉"，炸豆腐名"油炸白起"，由此可见赵国子孙对白起的仇之深、恨之切。

其实如白起者，堪称一代名将，可惜他没有留下兵书；如赵括者，的确熟读兵书，可惜他没有实战本领。相对而言，那些既能写又能打的人物，才是名副其实的兵家巨擘吧。我的这一讲，就说说三位这样的兵家巨擘，他们就是太史公司马迁《史记》中合在一起记载的春秋战国时代的孙武、孙膑、吴起。

我们知道，以争霸为特征之一的春秋时代、以兼并为特征之一的战国时代，是战争极为频发的时代，频发的战争又自然促生出一批卓识异能的杰出人才，这些杰出人才熟谙战略计谋、归纳军事经验、总结制胜规律，遂被称为兵家。在中国历史上，曾涌现出诸多星光璀璨的兵家人物，他们或作为军师参赞机要，或作为将领统军攻战，或作为学者论道著述。至于本讲中要说的孙武、孙膑、吴起，其特殊之处在于，他们三位不仅能够"纸上谈兵"，也就是能讲军谋、能写兵法，而且能够"战无不胜"，也就是领兵胜战、建功立业，所以堪称真正的兵家巨擘！需要说明一下的是，有关这些兵家的"纸上谈兵"，我在以后的"思想智慧"中还会专门去说，所以本讲只说他们的"战无不胜"。

先说《孙子兵法》作者孙武的一次经典练兵与一场经典战役。

孙武是今山东人，具体是山东的哪里，东营与滨州之间存在争议。孙武虽出身于齐国贵族，但其功业却成就于吴国。

先是春秋末年，在吴国重臣伍子胥的引荐下，图谋争霸的吴王阖闾读了孙武所著的兵法，大为赞叹，于是召见孙武，并对他说："先生的十三篇兵法，我都拜读了，但我还想试试先生的统兵能力，可以吗？"孙武说："可以啊。"《史记》接着记载：

> 阖庐曰："可试以妇人乎？"曰："可。"于是许之，出宫中美女，得百八十人。孙子分为二队，以王之宠姬二人各为队长，皆令持戟。令之曰："汝知而心与左右手背乎？"妇人曰："知之。"孙子曰："前，则视心；左，视左手；右，视右手；后，即视背。"妇人曰："诺。"约束既布，乃设铁钺，即三令五申之。于是鼓之右，妇人大笑。孙子曰："约束不明，申令不熟，将之罪也。"复三令五申而鼓之左，妇人复大笑。孙子曰：

"约束不明，申令不熟，将之罪也；既已明而不如法者，吏士之罪也。"乃欲斩左右队长。吴王从台上观，见且斩爱姬，大骇。趣使使下令曰："寡人已知将军能用兵矣。寡人非此二姬，食不甘味，愿勿斩也。"孙子曰："臣既已受命为将，将在军，君命有所不受。"遂斩队长二人以徇。用其次为队长，于是复鼓之。妇人左右前后跪起皆中规矩绳墨，无敢出声。于是孙子使使报王曰："兵既整齐，王可试下观之，唯王所欲用之，虽赴水火犹可也。"吴王曰："将军罢休就舍，寡人不愿下观。"孙子曰："王徒好其言，不能用其实。"于是阖庐知孙子能用兵，卒以为将。

这段记载真是十分精彩，因为文意不难理解，我就不再狗续貂尾，译成白话文了。这段记载347字，占有共406字的《史记》孙武传的绝大部分篇幅，而接下来所述孙武的功业，就是短短的20个字："西破强楚，入郢，北威齐晋，显名诸侯，孙子与有力焉。"其中"西破强楚，入郢"6字，实为公元前506年孙武指挥的一场经典战役，值得仔细分析。

在吴王阖间拜孙武为将军后，经过一段时间的精心准备，吴国决定讨伐当时的南方霸主楚国。战前，孙武看到楚国令尹子常贪得无厌，经常向周边小国索要厚礼，觉得这正是个分化楚国力量的有利时机，遂建议先把楚国的同盟国唐国和蔡国争夺过来，以达到孤立楚国的目的。于是吴王使出重金，拉拢唐、蔡二国国君，又答应灭楚后共同瓜分楚地，这样吴国就与唐、蔡二国组成了伐楚同盟。而与孙武削弱楚国外援的同时，伍子胥又派出间谍散布谣言称："楚国若用子期为将，则吴国必胜；若以子常为将，吴国便撤兵。"听信谣言的楚昭王于是放弃了作战经验丰富的兄弟——大司马子期，任命了其实不懂军事的王族——令尹子常统军，从而埋下了失败的伏笔。

我们不妨分析一下吴国伐楚的战前准备，就可显出兵家的智慧并不仅限于战争本身。如孙武非常重视外交谋略对战争所起的作用，他说："上兵伐谋，其次伐交，其次伐兵，其下攻城。"吴国对楚国与唐国、蔡国"伐谋""伐交"的成功，说明孙武对当时的国际形势了然于胸。唐、蔡二国虽小，但战略地位重要。唐国在今湖北北部，位居楚的侧背，可为吴军的进攻起到战略掩护作用；蔡国都今河南新蔡，更是事关吴国水军由淮攻楚的通道能否畅通。至于伍子胥所使的离间计，本来就是孙子兵法中一条重要的计谋，我在以后还会讲到，这里就不展开了。

待到战争初始阶段，楚国首先发兵围攻蔡国。吴国则以救蔡为名，以伍子胥、孙武为大将，倾全国三万水陆之师，溯淮西进，绕过大别山脉，从楚国守备薄弱的东北部突入楚境。楚军统帅子常见吴军来势凶猛，不得不放弃对蔡国的围攻，回师防御本土。而当吴军与蔡军会合后，唐国军队也主动加入。于是，吴、蔡、唐三国组成联军，浩浩荡荡，当进抵今河南东南部的潢川后，孙武突然决定舍舟登陆。伍子胥不解其意，请教孙武："吴军善于水战，为何改从陆路进军？"孙武答道："用兵作战，贵在神速。应当选择敌人预判不到的道路行军，以便打他个措手不及。况且逆水行舟，速度迟缓，水军的优势无从发挥，楚军也会乘机加强防备，那就难以破敌了。"就这样，孙武挑选了 3 500 名精锐士卒为前锋，迅速穿越楚国北部的大隧、冥阨、直辕三关险隘，直插楚国腹地，不出数日，即已挺进到汉水东岸，从而顺利实施了对楚国的奇袭，取得了"出其不意，攻其无备"的战略效果，这也堪称孙武实践其"以迂为直"兵法原则的杰出典范。

吴军的突如其来，果然使楚昭王惊慌不已，于是急派令尹子常、左司马沈尹戍、大夫史皇等率领的二十余万军队赶至汉水西岸，与汉水东岸的吴军对峙。其时，沈尹戍针对吴军先锋部队孤军深入、不占地利的弱点，主张充分发挥楚军兵多将广的优势，化被动为主动，他建议由子常率领楚军主力，沿着汉水西岸正面设防，他本人则率部分兵力，迂回到吴军的侧背，毁其战船，断其归路，尔后再与子常主力实施前后夹击，一举歼灭吴军。应该说，沈尹戌的这个建议，可谓戳中了吴军的致命要害，如若成功，对吴军来说后果将不堪设想，也许历史上就没有霸主阖闾与兵圣孙武了。但是，孙武之所以敢将吴军置之死地而后生，是因为他早已摸清了楚军主帅子常的性格，也相信战前所使的离间计，会在这时发挥其功效。果然，当沈尹戌刚刚率部北上，子常就听从史皇等人的挑拨怂恿，出于贪功的心理，改变原先商定的夹击吴军计划，不待沈尹戌军完成迂回包抄，擅自率军渡过汉水攻击吴军，这正中孙武下怀。如何正中孙武下怀呢？因为汉水以西多为平原，若是吴军先行渡汉而西，其主力步兵应该抵挡不了楚军战车的冲锋；至于汉水以东，多为山地，有利于吴军步兵的集团作战，楚军战车则会失去效用。于是，孙武指挥吴军采取了后退疲敌、诱敌深入、寻机决战的方针，主动由汉水东岸后撤。子常很快中计，挥军直追，结果被以逸待劳的吴军利用有利地形迎头痛击，三战三败。

三战三败的楚军慌忙整顿队伍，斗志正旺的吴军也停止了后退，双方在大别山西麓的柏举（今湖北麻城市境内）列开了决战的阵势。阖闾的弟弟夫概率领五千精兵，先发制人，直闯楚营，士气已经涣散的楚军一触即溃，阵势大乱。随即，阖闾立率主力投入战斗，楚军很快便土崩瓦解，结果史皇战死，子常弃军出逃，失去主帅的楚军残部纷纷向西溃退，吴军乘胜追击，在清发水（今湖北安陆市境内涢水）追上楚军，乘其半渡而击之，俘虏楚军一半。渡过清发水的楚军继续仓皇逃，吴军继续加紧追，往往楚军刚刚埋锅做好了饭，吴军就已追到，吃了楚军的热饭，再欢快地追击。至于本想另线迂回、合围作战的沈尹戌，在得知子常主力溃败后，急率本部兵马赶来救援，结果也陷入了吴军的重重包围之中，沈尹戌见到大势已去，遂令部下割下自己的首级回报楚昭王。此后，吴军一路势如破竹，攻入郢都（今湖北荆州市荆州区西北纪南城），楚昭王弃国西逃，此后的很长一段时期，楚国元气大伤，一蹶不振，吴国则声威卓著，一举奠定了争霸中原的坚实基础。

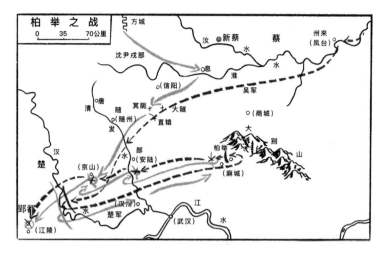

柏举之战示意图

我们可以认为，孙武谋划与指挥的、以柏举决战为中心的这一系列吴楚之战，其中体现出来的兵家智慧，实在堪称丰富而且深刻，具有着广泛的启示意义。简而言之，一是善于"伐谋""伐交"，即对唐、蔡二国化敌为友，而对楚国施行离间之计，战前做到了"知彼知己"，所以战中能够"百战不殆"；二是吴国集中全国精锐兵力，避开了楚国防备的正面，而对楚国的侧翼展开远程迂回，实施战略奇袭，从而把握了战略上的主动权；三是吴军深入楚境作战后，采取"善动敌者，形之，敌必从之"的手段，将楚军骗出原有的优势防御阵地，而把形势的发展引入了有利于吴军的方向；四是采取"后退诱敌，聚而歼之"的策略，持续地消耗楚军的兵员与战力；五是在柏举决战击败楚军后，马上发起不间断的深远追击，不给楚军以重整旗鼓的任何机会，并且一鼓作气地直捣郢都。这些谋略与行动，处处都闪烁着"纸上谈兵"的《孙子兵法》与实战运用的孙武之军事智慧的璀璨光芒，这也就难怪同为兵家巨擘的战国尉缭子发出如此的感慨："有提十万之众而天下莫当者，谁？曰桓公也；有提七万之众而天下莫当者，谁？曰吴起也；有提三万之众而天下莫当者，谁？曰武子也。"看来还是孙武最厉害！

　　有祖孙武如此，孙武的后世也不乏能人，孙膑就是孙武的后人。所谓"老子英雄儿好汉"，有时还真是如此。兵家孙武的后人孙膑也是兵家，而且也著有《孙子兵法》，只是为了与孙武所著的《孙子兵法》区分，孙膑所著兵法一般称为《孙膑兵法》，或称《齐孙子》。1972 年，山东临沂银雀山汉墓竹简的出土，让这部古老的兵法得以重见天日。《孙膑兵法》内容精彩纷呈，既继承了早前兵家的优秀成果，又进行了独特的发挥创造，而且在《孙膑兵法》中，还明确记载着孙膑驰骋疆场的风采。当然这里说的"驰骋"可能不太妥当，毕竟孙膑之得名，便是因为遭受过砍去膝盖骨的髌刑。

　　孙膑本名不详，后世的山东孙氏族谱中说他本名孙伯灵，姑且作为一说吧。孙膑曾与庞涓一起学习兵法，庞涓后来出仕魏国，因为觉得自己的才能不及孙膑，于是虚情假意地把这位老同学请到魏国，然后捏造罪名，使孙膑被处以髌刑和黥刑，就是砍去膝盖骨、脸上刺字，想使孙膑埋没于世。孙膑则自求活路，趁着齐国使者来访的机会，说动了齐国使者，于是齐国使者偷偷地把孙膑带到了齐国，并得到了齐国名将田忌的赏识。有一回，田忌与人赛马，孙膑发现比赛的马脚力都差不多，于是建议田忌加大赌注，并且向他保证必能取胜。如何取胜呢？孙膑的方法是：以下等马对付上等马，以上等马对付中等马，以中等马对付下等马，也就是以己之长，克敌之短，结果田忌一败两胜，赢得了千金赌注。于是田忌又把孙膑推荐给齐威王，齐威王任命孙膑为军师。孙膑这位军师，也没有辜负田忌、齐威王的信任，他对魏国的两次胜利，奠定了齐国的霸业。

　　先是公元前 354 年，赵国进攻卫国的举动招致魏国不满，于是魏国派庞涓率军攻赵，很快就包围了赵国都城邯郸。赵国使者来到齐国求援，齐威王兵发两路，一路进攻魏国的襄陵，一路救援赵国的邯郸。孙膑以自己身体残疾为由，拒绝了援赵主将一职，而是作为军师来辅佐主将田忌。公元前 353

年，魏军攻破邯郸。面对这样的局面，孙膑阻拦住打算直接进攻魏军的田忌，他认为庞涓率主力精锐远赴赵国，国内守军必多老弱，如果此时直扑魏国都城大梁（今河南开封市），庞涓必然撤军，赵国之围自解。于是，孙膑首先进攻重镇平陵，以此迷惑魏军，使其认为齐军主将不懂军事。然后，一边派出轻装战车奔赴大梁，以此激怒庞涓，迫其回援，一边派出小股部队，对庞涓所部展开佯攻，并且故意败逃，以使庞涓骄傲轻敌。最后，孙膑将齐军主力埋伏在庞涓回援大梁途中必会经过的桂陵（在今河南长垣县境，或说在今山东菏泽市境）。果然，一切皆如孙膑所料，庞涓中计，被齐军生擒。孙膑此次取胜，关键便是出其不意、避实击虚，直扑大梁乃是攻其所必救，伏兵桂陵乃是伏其所必经。

十多年后的公元前 342 年到公元前 341 年间，齐魏再战。先是韩国受到魏国的进攻，向齐国求救，于是齐国又以田忌为主将，孙膑为军师，发兵救韩，孙膑再次使用了"围魏救赵"的战术，大军直奔大梁。魏国见齐国又来坏自己的好事，就先放下韩国，掉转头来杀向齐军，齐军开始后撤。原来，孙膑根据魏军轻视齐军的情况，制定了诱敌深入的战术，使用"减灶法"迷惑魏军，即第一天十万灶，第二天五万灶，第三天三万灶。早被放回魏国、再度为将的庞涓发现齐军的灶坑每每减少，认为齐军是在魏军的追击下逃亡的人数越来越多，于是丢下步兵和辎重全速追击，最终在天黑时分追到了孙膑早已设好埋伏的马陵。马陵的具体位置，说法很多，姑且认为就在今山东阳谷县境吧。庞涓只见路中有棵大树被剥了皮，白白的树干上面隐约有字，于是举着火把定睛观瞧，只见上面写的是"庞涓死于此树之下"，顿时大呼中计。几乎同时，孙膑约定好的"暮见火举而俱发"的齐军弓弩手万箭齐发，一时箭雨漫天，魏军死伤惨重，庞涓不堪再度被俘受辱，痛骂"遂成竖子之名"，然后拔剑自刎，齐军则大获全胜，并乘胜追击，连破魏军，俘虏了魏军主帅太子申。《史记》由此感慨："孙膑以此名显天下，世传其兵法。"

我们知道，司马迁在写作《史记》列传时，常将事迹或成就类似的人物，合在同一传中记载，这就是所谓的类传。而与孙武、孙膑同列一传的兵家，还有吴起。作为兵家的吴起，又是何许人也？

吴起是卫国人，好用兵。论其兵法，今存《吴子兵法》尚有《图国》《料敌》《治兵》《论将》《应变》《励士》六篇，内容丰富，思想精深。

论其武功，吴起为鲁国大破齐军，为魏国击秦拔城、抵御秦国与韩国，为楚国"南平百越，北并陈蔡，却三晋，西伐秦"，以至"诸侯患楚之强"。

论其手段，《史记》中所记载的两则故事，颇见一斑。第一则故事是这样的：吴起为将，与士兵们穿一样的衣服，吃一样的伙食，同甘共苦。有个士兵生了毒疮，吴起竟然替他吸吮脓液。这个士兵的母亲听说后，马上哭了起来。有人不解地问她："你的儿子是个无名小卒，将军却亲自替他吸吮脓液，你怎么还哭呢？"这位母亲回答道："不是这样的啊。往年吴将军替他父亲吸吮毒疮，他父亲在战场上勇往直前，很快就战死了。如今吴将军又给我儿子吸吮毒疮，我不知道我儿子又会在什么时候死在什么地方，所以我才哭啊。"第二则故事说：在楚国厉行改革的吴起，得罪了许多的权贵，等到吴起的靠山楚悼王驾崩，宗室大臣趁机要杀吴起，吴起奔逃到楚悼王停尸的地方，伏在楚悼王的尸体上，于是反叛者在射杀吴起的同时，也射中了楚悼王的尸体。等到楚肃王继位后，遂把射杀吴起的同时也射中了楚悼王尸体的人，按律全部处死，受到牵连而被灭族者，竟然多达 70 多家。我们都知道关羽英魂吓死吕蒙的故事，不过那是《三国演义》的杜撰，至于吴起，却让射杀他的人付出了如此惨痛的代价，这就是他的极端手段吧。

再论吴起的为人，诚如明末清初黄道周的评价："吴子忍人，怒诛笑谤，母死不归，杀妻求将。"这几句话所涉及的事情，都见载于《史记》中，是说吴起是个残忍之人，比如未出仕时，就杀了嘲笑他的 30 多位同乡；母亲去世，他不回家奔丧；为了让鲁穆公任他为抗齐的将军，杀了身为齐人的妻子，以表忠心。

然而这样心狠手辣、品德不堪的吴起，却带兵手段高超、一生战功卓著，军事才能谁也无法否认。比如汉末曹操称赞吴起："在魏，秦人不敢东向，在楚，则三晋不敢南谋。"东晋葛洪认为："孙吴韩白，用兵之圣也。"这里的孙吴韩白，指的是孙武、孙膑、吴起、韩信、白起。至于太史公司马迁把军令如山的孙武、厚道受骗的孙膑、刻薄寡恩的吴起三位合在一起作传，并且认为这三位都是既"能言之者"，又"能行之者"，也就是既能写得兵法、"纸上谈兵"，又能领兵上阵、建功立业，的确是非常到位的评价。

说起"空城计"，想起诸葛亮，这几乎已经成为国人的思维定式。《三国演义》第九十五回"马谡拒谏失街亭，武侯弹琴退仲达"中描写，当诸葛亮得知街亭已失、大势已去时，马上开始布置退军，自己则去虽为山中小县、却为屯粮之所的西城搬运粮草。《三国演义》中接着写道：

> 忽然十余次飞马报到，说："司马懿引大军十五万，望西城蜂拥而来！"时孔明身边别无大将，只有一班文官，所引五千兵，已分一半先运粮草去了，只剩二千五百军在城中。众官听得这个消息，尽皆失色。孔明登城望之，果然尘土冲天，魏兵分两路望西城县杀来。孔明传令："将旌旗尽皆隐匿，诸军各守城铺，如有妄行出入及高言大语者斩之！大开四门，每一门用二十军士扮作百姓，洒扫街道。如魏兵到时，不可擅动，吾自有计。"孔明乃披鹤氅，戴纶巾，引二小童携琴一张，于城上敌楼前，凭栏而坐，焚香操琴。
>
> 却说司马懿前军哨到城下，见了如此模样，皆不敢进，急报与司马懿。懿笑而不信，遂止住三军，自飞马远远望之。果见孔明坐于城楼之上，笑容可掬，焚香操琴。左有一童子，手捧宝剑；右有一童子，手

执麈尾。城门内外，有二十余百姓，低头洒扫，旁若无人。懿看毕大疑，便到中军，教后军作前军，前军作后军，望北山路而退。次子司马昭曰："莫非诸葛亮无军，故作此态？父亲何故便退兵？"懿曰："亮平生谨慎，不曾弄险。今大开城门，必有埋伏。我军若进，中其计也。汝辈岂知？宜速退。"于是两路兵尽皆退去。孔明见魏军远去，抚掌而笑。众官无不骇然，乃问孔明曰："司马懿乃魏之名将，今统十五万精兵到此，见了丞相，便速退去，何也？"孔明曰："此人料吾生平谨慎，必不弄险。见如此模样，疑有伏兵，所以退去。吾非行险，盖因不得已而用之……"

如此云云，这就是小说、戏剧、年画中常常可见的诸葛亮《空城计》，乃至由此还出现了不少的歇后语，比如"诸葛亮弹琴——计上心来""孔明大摆空城计——化险为夷""空城计退敌——反败为胜""诸葛亮唱空城计——急办法"。只是让人非常扫兴的是，诸葛亮摆下空城计吓退司马懿这个精彩绝伦的故事，并非真实的历史，而让人有些兴奋的是，汉末三国时代，又的确"唱"过多出空城计，这是怎么回事呢？

汉末三国时代，摆下空城计退敌的人物，见于历史记载而且在马谡失街亭、诸葛亮还汉中的公元228年之前的，就至少有三位。

第一位，蜀汉大将赵云，也就是大名鼎鼎的常山赵子龙。东汉建安二十二年（217），刘备在据有西川后率军北上，发起了与曹操争夺汉中的战役，几次战斗，双方互有胜负。两年后情况出现转机，黄忠于定军山力斩曹军主将夏侯渊，曹操不得已亲自率军赶赴汉中。在两军对峙阶段，黄忠前去劫取曹军的粮食，逾期未归，于是赵云率数十骑前去打探，却刚好遭遇曹操大军。赵云反复突击，且战且退回到营寨。曹军重新列阵，逼近汉军大营，张翼打算紧闭营门据守，赵云却下令大开营门，全军将士偃旗息鼓，不得乱动喧哗。曹军见此情景，觉得极其诡异，以为必有伏兵，于是退去。赵云立即命将士们击鼓摇旗呐喊，并用弓弩射击曹军。这一静一动可把曹军吓得不轻，以为伏兵尽出，立即溃逃，或自相践踏而死，或坠入汉水淹死。第二天一早，刘备前来视察战况，直夸"子龙一身都是胆也"，饮宴作乐直到黄昏，军中则称赵云为虎威将军。

第二位，孙吴裨将军朱桓。公元222年，刘备在夷陵之战中被陆逊"火烧连营"大败后，曹丕欲收渔翁之利，派出三路军队进攻孙吴。其中，进攻濡须（今安徽无为县境）的数万魏军由大司马曹仁统领，孙吴这边的守将则是濡须督朱桓。曹仁抵达前线后，放出假消息说要进攻羡溪，朱桓便分兵赶赴羡溪。曹仁见朱桓中计，立马向濡须挺进，而朱桓知道自己上当后，也马上派人去追分出去的军队，但是已经来不及了，很快，曹仁大军就已兵临城下，这时留守濡须者只有五千人，将士们都很害怕。朱桓一边鼓舞士气，一边下令全军偃旗息鼓，佯装守备虚弱，以此引诱曹仁。刚刚调虎离山成功，而且自恃兵多的曹仁见到守军似乎不堪一击，想着扩大战果，于是派出曹泰进攻濡须，分出常雕进攻中洲，自己则作为后援。结果，以为城中防守空虚的曹泰缺乏准备，反被朱桓火烧营寨，朱桓再调头斩杀常雕，曹仁大败而还，朱桓晋升奋武将军。朱桓这出空城计之所以能够成功，正如他战前的分析："凡是两军对阵，胜负在于将领的能力，而不在士众的多寡。兵法有云，防守方只需半数兵力就可以抵挡数倍敌军，这还指的是平原地区没有城池作为守备的情况。现在敌方千里迢迢、长途跋涉而来，人马疲倦困乏，而我方据守着坚城高墙，又南临大江，北靠山陵，以逸待劳，这正是百战百胜的形势。即使曹丕亲自前来，尚且不用忧虑，何况只是曹仁之辈呢！"

第三位，曹魏大将文聘。公元226年，吴主孙权得知曹魏皇帝曹丕驾崩后，想着趁机攻取长江重镇江夏郡，于是亲率五万大军杀来。当时，军情万分紧急，又偏偏赶上大雨，江夏郡城石阳（今湖北武汉市黄陂区西南）的城防多已崩坏，江夏太守文聘眼见孙权军队围城，随时可能发起攻击，急中生智，决定施展空城计，于是命令城中之人都藏起来，自己也在府里躺着不起。孙权探知之后，果然满腹狐疑，他跟手下说，文聘向来以忠臣而闻名，所以魏国把江夏要地委任给他防守，现在我军压境，他却躺着不动，肯定在耍什么阴谋诡计！于是文聘卧床不起，孙权按兵不动，就这样过了二十来天，孙权竟然退兵了。

诸位读者朋友，以上汉末三国的这三出空城计，唱得都蛮精彩的，而比较言之，最像杜撰的蜀汉诸葛亮吓退曹魏司马懿的西城空城计的，正是曹魏文聘吓退孙吴孙权的石阳空城计。我之所以说是最像，既在于石阳城中之人都藏了起来，显得城中空空如也，也在于孙权说文聘是忠臣而能防守要地，这与司马懿说诸葛亮一生谨慎、不肯弄险那番话极为相似。

其实在中国历史上，类似上述的空城计可谓屡试不爽。比如在汉末三国以前，西汉著名的"飞将军"李广就曾以空城计智退匈奴。一次匈奴大举入侵时，汉景帝派出亲近的宦官跟随李广学习军事。这位宦官出去骑马时，不巧碰到了三个匈奴人，与其交战的结果是，自己带来的几十骑几乎全被杀光，自己也被射伤，仓皇逃回，于是李广就带了百名骑兵去追这三个匈奴人，亲自射死两人、活捉一人，正待回去时，却突然望见远处竟有数千的匈奴骑兵，匈奴骑兵也看到了李广的骑兵小队。当此情形，匈奴方面因为吃过汉军计策的亏，以为这个骑兵小队肯定是"疑兵"，于是赶紧上山布阵；李广方面，手下都很害怕，就想着快马加鞭地逃跑，却被李广阻止了。李广对大家分析道：我们现在距离大军太远，一旦逃跑，肯定会被匈奴骑兵追上，那就完了，而若我们留在此处不走，故布疑阵，他们就会认为这是诱饵，不敢进攻。于是，李广竟然带着这支骑兵小队，向着匈奴阵地前进，进到距离大约只有二里的时候，李广又下令所有骑兵下马解鞍，以此坚定匈奴认为自己是诱饵的想法。这时，有位匈奴将领出阵监护他的兵卒，李广立即率着十几名骑兵飞身上马，疾驰而前，射死了这位匈奴将领，然后又回到原地，下马解鞍，做出放松之状。终于天黑了下来，匈奴军队也越来越迷惑，生怕附近设有伏兵，等着夜间袭击他们，于是拖到半夜时分，还是撤退了，李广一行也在天亮时安然无恙地回到了大营。

李广的这个空城计的特别之处在于，李广本未用计，只是见到匈奴军队怀疑自己是疑兵，这才将计就计，让假疑兵成了真疑兵。而直到后世，李广空城计的故事还被屡屡提及。比如元至元二十四年（1287），铁哥跟随忽必烈出征乃颜部，行至撒儿都时，叛王塔不台忽然率领大军袭来。此时忽必烈军中人少，情况非常危急，铁哥便向忽必烈进言道，当年李广不过是名将军，尚且能用疑兵之计退敌，何况您忽必烈乃是万乘之尊，现在也应该施展疑兵之计退敌。于是忽必烈"张曲盖，据胡床"，铁哥则"从容进酒"。塔不台先来窥兵，见此情形，以为忽必烈肯定是设计好了什么陷阱，因此不敢发动进攻，领兵退去了。

通过以上所说的空城计，或者类似的空城计，甚至虚构的空城计，我们可以看到，此类计谋的核心智慧，乃是故布疑兵之阵，并且借此退敌，所以空城计就是疑兵之计。

疑兵之计，顾名思义，就是施展计谋，欺骗敌军，使其疑惑，然后可借敌人判断失误的机会，展开下一步行动。兵家是最讲求使诈用诡的，一方计谋成功的前提，必然是另一方判断的失误，因此疑兵之计这一军事谋略，在战争中也就相当常见。特别值得指出的是，所谓疑兵之机，不仅有上面所说的空城计，还有与空城计相反的"满城计"。比如在正史《三国志》中，说到曹操率五千精骑，在当阳长坂坡追上了刘备，刘备派张飞领着二十骑拒后，张飞"据水断桥，瞋目横矛曰：'身是张益德也，可来共决死！'敌皆无敢近者，故遂得免"，张飞作为"万人敌"的勇猛可见一斑。而到了《三国演义》中，又增加了莽张飞用计的细节，说他在当阳桥后面的树林里，把树枝枯藤绑在马尾巴上，让马穿梭跑动，扬起尘土，从而一时吓退了本来就生性多疑的曹操。只是莽张飞的这个疑兵之计，应该还是出自演义的虚构。而说到真实的、同样示之以强的疑兵之计，比如公元224年，曹丕率水军南征孙吴，形势危急之中，安东将军徐盛建议孙权在建业（今江苏南京市）沿江百里，筑起围栏，扎下篱笆，做出假城楼，站上稻草人，江面则布置大量的战船。许多将领认为这简直是胡闹，徐盛则坚持己见，结果孙权采纳了徐盛的计策，浩大的假长城一夜而成。当曹丕大军抵达建业对岸的广陵（今江苏扬州市）时，隔江远眺，只见连绵百里都是战船和城楼，不由惊叹孙吴守备的坚固，知道敌人已然"严阵以待"了，于是一番感叹"虽有武骑千群，无所用之，未可图也"，然后引军撤退。诸将也才明白了徐盛疑兵之计的高妙，纷纷拜服。

历史上的疑兵之计，诸如空城计、满城计，我就说到这里。只是现实中的我们，并没有面对敌兵的机会，那又谈何"疑兵之计"呢？其实只要我们稍加留意，就可以发现，在当今社会生活中，疑兵之计并不少见。比如在一场足球比赛前，一方可能会放出假消息来迷惑另一方，就像更衣室内教练与球员、球员与球员之间闹出了矛盾，或是球员在赛前纵情声色，又或是主力球员训练受伤，大概无法上场，如此等等，继而通过媒体的一番宣传，使另一方误以为对手队伍不和、纪律涣散、临时变阵，从而无论是在心理上还是在赛前训练时，都有所懈怠，直到比赛中接连丢球，才发现中计，却也为时已晚矣。所谓"能而示之不能，用而示之不用"，让对手捉摸不透自己，从而乘对手迷惑、麻痹之机取得胜利，疑兵之计，正是如此。再如在当今这个竞争的时代，无论学生族的考试还是上班族的考核，总有那么一些人，为了胜过别人而装作自己进展缓慢甚至毫无准备，直到成绩公布、业绩公开，得到老师、老板的表扬，还要装出自己乃是侥幸。看来，我们既要懂得"疑兵之计"中的智慧，也要防着中了别人的"疑兵之计"啊。

　　说起现代战争中的奇袭，最著名的战例，应该首推日军偷袭珍珠港。1941 年 12 月 7 日清晨，日本海军的 6 艘航空母舰、300 多架舰载飞机，对美国太平洋海军基地珍珠港以及美国陆军与海军在瓦胡岛上的飞机场发起突然袭击。在 90 分钟的两波攻击中，日军炸沉美军 4 艘战列舰、2 艘驱逐舰，炸毁美军 188 架飞机，美军受损的建筑、船只和飞机则更多，2 400 多名美军阵亡，1 200 多名美军受伤。日军方面，只损失了 29 架飞机、几艘袖珍潜艇和 55 名飞行员。太平洋战争由此爆发，美国最终卷入了第二次世界大战。

　　而说起中国历史上的奇袭战，不仅战例多到不胜枚举，相关的军事智慧也是精彩纷呈。如著名兵书《六韬》有言："鸷鸟将击，卑飞敛翼；猛兽将搏，弭耳俯伏；圣人将动，必有愚色。"这几句话的意思是，猛禽将要袭击猎物时，会先低空飞行，收敛双翅；猛兽将要进行搏斗时，会先垂下双耳，俯身伏地；圣贤之人将要采取军事行动时，也会先装出一副愚笨无为的样子。《孙子兵法》中则说得更加直接明白："攻其无备，出其不意。"所谓"无备"，所谓"不意"，当然指的是敌方，那在我方，如何能够做到攻其无备、出其不意呢？还是以具体的战例来说明吧。

　　公元前 269 年，秦国进攻赵国的阏与（今山西和顺县），赵奢主动请缨，率领赵军前往救援。然而，军队刚从邯郸出发西进没有多久，赵奢就下令安营扎寨，全军整日里只是吃饭睡觉，修整防备，不许言及战事。秦军主将胡伤闻知赵国派出援军，立即率军驻屯武安城西，想着引诱赵军前来，以便钳制。然而赵奢只是坚守不出，而且严禁军中谈论战事，更是斩了要求救援武安之人。赵军上下皆迷惑不解：你赵奢敢于请缨救援，却又不与秦军交手，这是怎么回事呢？原来赵奢早已成竹在胸，这一切都是他韬光养晦的计谋：他只是修整战备，决不主动出击，而且在秦军摇旗呐喊、前来挑战时，还装出懦弱怯战的样子，这都是为了达到麻痹秦军的目的，使秦军误认为自己只是意欲加强国都邯郸的防务，并不敢为了救援阏与而与秦军开战。秦、赵两军就这样相持了 28 天。眼见赵奢仍然坚守不出，胡伤于是派出间谍前往侦查，没有想到，赵奢竟然拿出好酒好肉招待秦军间谍，还把他放了回去。胡伤见状，不由大喜，认为阏与已是势在必得，赵国援军不足为虑。赵奢等的就是这个秦军懈怠的时机，趁此机会，赵奢急令全军拔营，偃旗息鼓，虽然道远路狭，还是仅用两天一夜就赶到距离阏与五十里处，扎下营垒，并且抢占了北山制高点。围困阏与的秦军万万没有想到"懦弱怯战"的赵军竟然神兵天降，赶忙发起进攻，却被居高临下的赵军杀得大败，四散溃逃，阏与之围遂解。

我们分析这场阏与之战，可以看出赵奢的成功之道，在于他能顶住重重压力，坚持韬光养晦；在于他将欲取之，必先示之以弱；在于他精巧地隐藏了己方的意图，精确地把准了敌方的想法，精妙地欺骗和引诱了敌方，最终出其不意地重挫击垮了不可一世的秦军，达到了奇袭作战的出神入化之功。

阏与之战的胜利，使出身收租小吏的赵奢因功得封马服君，地位攀升至与廉颇、蔺相如平起平坐。相对而言，那位号称"万人敌"的武圣人关羽，则因孙吴军队出其不意的奇袭，付出了无法挽回的生命代价。

先是公元 208 年赤壁之战后，随着刘备势力的日益壮大，孙、刘联盟的关系逐渐紧张起来，问题的关键则在荆州。从当时的形势看，大致以今湖北、湖南两省为主的荆州，对于孙、刘两家都至关重要。荆州交通便利，地势险固，位当冲要，人才汇聚，经济条件优越，户口繁盛。对于刘备来说，如果据有荆州，就可以实施诸葛亮在《隆中对》中所规划的两路出兵战略，即由荆州出兵中原、由益州出兵关中，如此，"则霸业可成，汉室可兴矣"；反之，对于孙权来说，据有荆州，既能屏蔽江东，解除上游的威胁，从而与北方的曹操抗衡，也可沿江西上，进一步扩展地盘。这样，荆州就成了孙、刘两家的必争之地，解不开的死结。在孙权这边，继周瑜、鲁肃之后担任荆州主帅的吕蒙，向来便主张以武力夺取荆州；在刘备这边，委派镇守荆州的大将，是情同手足、威震华夏的关羽。面对东部属孙权、西部属刘备，两家分据荆州的局面，面对镇守荆州的关羽，吕蒙始终在等待着合适的战机。公元219年，关羽亲提荆州将士北伐曹魏，占襄阳、围樊城，擒于禁、斩庞德，军势极盛，以至曹操都想着迁离许都，以避兵锋。当此之时，吕蒙觉得袭取荆州的机会来了，却也没有立即出兵。原来，关羽考虑到了吕蒙在旁虎视眈眈，为了防备后院起火，出兵北伐之前，还是留驻了部分精兵驻防，沿江也有大量斥候巡视。为了麻痹关羽、懈怠汉军，吕蒙遂与陆逊密谋，认为应该抓住关羽骄傲自大的性格弱点，先令其中计，再发动奇袭。于是吕蒙向孙权上书称病，请求返回都城建业调养，孙权自然心领神会，便公开而且高调地发布了召回吕蒙、改任陆逊暂替荆州主帅一职的命令。此时的陆逊，年方37岁，还是名不见经传的人物，而为了在更大程度上麻痹关羽，陆逊上任伊始，就以谦卑的言辞致信关羽，对其神武勇壮大加赞扬，并且表示绝不会与关羽为敌。关羽看罢此信，大为受用。此时正值樊城久攻不下，既然久经战阵的吕蒙"不在前线"，陆逊又乃"无名书生"，于是关羽便抽调留驻荆州的守军赶赴前线。吕蒙见到关羽中计，立刻"痊愈"，秘密出兵。而为了达到奇袭的最佳效果，吕蒙命人假扮商人模样摇橹划桨，而将精兵尽数藏于伪装的商船中，以此骗过了关羽沿江斥候的巡防。当吕蒙的大军如鬼魅般突然出现在南郡境内，守军猝不及防，或被俘虏，或者陷入混乱，结果吕蒙兵不血刃地夺取了公安、江陵。关羽闻讯，急撤樊城之围，回救江陵，但是为时已晚，先败走麦城，又受擒章乡，结果关羽、关平父子二人同时被害，关羽控制下的荆州，也全部落入孙权手中。关羽"大意失荆州"，不仅使得蜀汉政权从此难出三峡，国势无从振兴，而且"好勇而无谋，恃气而骄功"的关羽，也"大意失生命"，命丧在陆逊的谦卑吹捧与吕蒙的诡诈奇袭上。

再说个与依据真人真事加工改编的样板戏《智取威虎山》有些相似的古代战例。北宋皇祐四年（1052），今广西靖西市、田东县一带的广源州蛮首侬智高举兵反宋，攻破邕州（今广西南宁市），建立大南国，而先后几路平叛的宋军都无有建树，于是枢密副使狄青上书请战，并于次年正月抵达前线。侬智高听闻名将狄青亲自率军前来，立即出兵抢占了南宁东北方向的昆仑关，意图凭借天险，抗击宋军。见此情形，狄青决定设计赚取昆仑关。他借正月十五上元佳节之机，声称要张灯三夜，并在军中大排宴席，佯装全军将校都在饮酒而按兵不动。果然，侬智高侦知这一情况后，放松了对昆仑关的守备。狄青知道时机已到，遂在宴会的第二晚佯装醉酒，一边命人继续主持酒席，确保照常进行，一边暗中挑选精兵良将，乘着夜色，冒着风雨，疾驰昆仑关。关上守军毫无防备之中，见到以为还在喝酒的狄青突然出现在了眼前，顿时慌了手脚，狄青顺势拿下关隘，并列阵于今南宁北郊的归仁铺。天险已失的侬智高慌忙迎战，结果被狄青杀得大败，纵火烧城而逃。

以上，我说了战国赵奢破胡伤的阏与之战、孙吴吕蒙灭关羽的荆州之战、北宋狄青击侬智高的昆仑关之战，这三个战例的共同之处，都在败方的"无备""不意"与胜方的"攻其无备，出其不意"，这三个战例所体现出的军事智慧，也是堪称丰富而且深刻：首先，唯有出其不意，才能攻其无备，若是我方的行动已在敌方意料之中，那么敌方必然有所防备，我方也就无法出其不意了；其次，出其不意的前提，在于知敌之意，就是准确把握敌方的作战意图，若是不知敌方在想什么，也就很难做到出其不意；再次，出其不意，还要顺敌之意，就是采取各种措施与方法，让敌方坚信错误的判断，形成错误的决策，顺着错误的思路走下去；最后，出其不意，更要逆敌之意，即在敌方犯错的关键时刻，主动出击，攻其无备，取得胜利。进而言之，我们可知决定战场胜负的因素，往往不仅在于敌我双方直来直去的互相搏杀，更在于主帅的运筹帷幄，诸如假痴不癫地韬光养晦、不露声色地排兵布阵、神出鬼没地调兵遣将，最后抓准敌方麻痹大意的特别间隙，以"猛虎出爪"的千钧重力，收获一击毙命的特别成效。再推而广之，在现实生活中也往往需要"出其不意"的智慧，比如在许多的竞技比赛中，运动员们拼的不只是身体素质和运动技巧，更要头脑灵活，"出其不意"地进攻，才能更高效地得分；再如特别考验智力的围棋、象棋、军棋等等棋类游戏与比赛，"运筹帷幄之中，决胜千里之外"，审时度势，随机应变，"攻其无备，出其不意"，如此等等，也与行军打仗没有什么二致。

谍影疑云：小间谍有大作用

1959 年，希区柯克执导的一部惊悚悬疑片《西北偏北》在美国公映。我国引进时，上海电影译制厂译成《谍影疑云》，我很欣赏这个译名，姑且借用过来，表达本讲的主题，也就是间谍。

在"军事智慧"前面的几讲中，我已经多次讲到了间谍，比如吴国的伍子胥派出间谍，散布谣言，引得楚王临战换帅，招致了惨败；又如赵国赵奢放回秦军间谍，引诱胡伤上当，放松了警惕。可见间谍的作用，往往非同一般。2016 年 9 月，我在赴美与回国的漫长行程中，通看了孙红雷、姚晨主演的电视剧《潜伏》。没有想到的是，2018 年 1 月，我与内人在福州，朋友安排住宿的三坊七巷聚春园驿馆，竟然就是《潜伏》里余则成的原型吴石将军的旧居，于是古往今来的那些谍影疑云，那几天总是不由自主地浮现在我眼前。

所谓间谍，是指派遣出去或者收买过来，从事刺探机密、收集情报或者进行破坏活动的人员。我们耳熟能详的那句"探子来报"中的"探子"，除去斥候哨探，就也包括了侦查敌人情报的间谍。近年来好看的谍战剧，比如《潜伏》《风筝》《悬崖》《伪装者》《黎明之前》等等层出不穷，想必很多读者朋友都对间谍这个特殊群体有所了解。其实间谍古已有之，历史上的战争也多用到间谍，用间谍的目的，在于"以知敌之情实也"，而能预知敌情，往往就能用兵如神。因此，"兵圣"孙武非常重视间谍的作用，在他看来，"三军之事，莫亲于间，赏莫厚于间，事莫密于间"，甚至"无所不用间也"。孙武还将"用间"划分为五大类，一是"因间"，即以对方的民众为间谍；二是"内间"，即以对方的官员为间谍；三是"反间"，即把对方的间谍转为我方的间谍；四是"死间"，即间谍将假情报泄漏给对方，使对方以假为真，因其一旦败露，必死无疑，故名"死间"；五是"生间"，即我方间谍侦查到对方情报并活着返回。至于由这五大类"用间"方式所衍生出的"间谍战"，那在中国历史上，更是千变万化，因为具体如何使用间谍，联系着用间一方的因时、因地、因人制宜。

战国时代的秦国可谓用间老手，不妨举两个例子。

公元前 262 年，秦国进攻韩国，取得野王（今河南沁阳市），完全封闭了今山西沁河以东一带的上党郡与韩国的交通线，上党守军孤立无援，又不愿降秦，于是归附了赵国。眼看到手的肥肉被赵国抢了去，极为不满的秦国于是出兵攻赵，赵孝成王则命老将廉颇赶赴长平（今山西高平市西北），阻击秦军。廉颇依托险要地形，筑营固垒，任凭秦军如何挑战、赵王如何催促，就是坚守不出。廉颇的意图，是用持久战拖垮力求速战速决的秦军，于是两军相持，一下子就是三年！廉颇的战术取得了成功，赵军的长期坚守，使得秦军疲惫不堪，大军只是徒耗军粮，后方供给益发吃紧，照此下去，赵军还没进攻，秦军就得先被饿死。当然，为了支持廉颇的长期固守，赵国也消耗了大量财力，朝野上下对廉颇的三年坚守不出，也是颇有微辞。秦国看准了时机，决定使用反间计来打破僵局，丞相范雎遂派心腹，带上千斤黄金，潜入赵国，左右贿赂，上下打点，并散布流言说，秦军并不怕对付廉颇，怕就怕赵王启用名将马服君赵奢的儿子赵括为将。一时之间，邯郸城内议论纷纷，赵王也对廉颇坚守不出有所不满，早就有意转守为攻，而这些流言，最终促使赵王下定决心临阵换将，启用了向来主战却只会"纸上谈兵"的赵括替换了老将廉颇。计策告成，秦国似乎是为了"公平起见"，也在暗中换了主将，以名动天下的武安君白起替换了王龁，改命王龁为副将，同时传令军中，严守换帅秘密，敢有走漏消息者格杀勿论。赵括根本不是白起的对手，结果赵军遭到了怵目惊心的惨败，如何惨败，我在"军事智慧"第三讲"兵家巨擘"中已经说了，这里不再重复。至于秦军的辉煌大胜，范雎对赵国成功施展的反间计的确是帮了大忙。

公元前229年，秦国再派大将王翦、杨端和率军进攻赵国。赵王迁急召李牧、司马尚，倾全国之兵抵抗。由于曾经几度大败秦军，李牧的威名在秦国极其响亮，王翦、杨端和都知道如果李牧不除，这仗就没法打了，于是按兵不动，上书秦王政求助。秦国从长平之战时所使的反间计中尝到了甜头，决定再次用间。王翦依计而行，先是派使者前往李牧营中佯作和谈，使李牧按兵不动，然后派间谍潜入邯郸，以重金收买了赵王迁的宠臣郭开，让郭开散布流言，说拥兵自重的李牧想当代王，正在与秦国私下议和，准备合力灭掉赵国。流言很快传到赵王迁那里。他派人调查，果然李牧一直按兵不动，而且与秦军有使者往来。于是赵王迁立即任命宗室赵葱和投奔赵国的齐人颜聚前去替回李牧、司马尚。耿直的李牧认为两军对阵正当非常时刻，为了赵国的江山社稷，坚持"将在外，君命有所不受"，这样赵王迁就更相信李牧要谋反了。最终，李牧在司马尚的劝说下挂印出走，却被赵王斩杀，司马尚则被废弃不用。元人胡三省注《资治通鉴》时因此感慨："赵之所恃者李牧，而卒杀之，以速其亡。"事实正是如此，赵国良将冤死，秦军王翦乘势大举进攻，次年即破赵军，陷邯郸，俘赵王，赵国灭亡。

秦国对赵国所使的两次反间计，都取得了巨大成功，一次使赵军伤亡惨重，赵国从此一蹶不振，一次打垮了赵军最后的主力，次年赵国灭亡。由此看来，小小的间谍一旦运用得当，其所发挥的力量有时真是无法估量。

秦国自是用间老手，战国时代的其他国家也不乏用间的事例。比如总受欺负的韩国，就也想着做做这方面的文章。公元前246年，韩桓惠王派出水利专家郑国潜入秦国，游说秦王政在关中大兴水利工程，企图以此"疲秦"即消耗秦国的人力物力，从而无暇东顾，如此一来，韩国至少会有十几年的安稳日子可过。秦王政果然上当。谁知就在工程进行到一半时，郑国的间谍身份被识破，秦王政大怒，立刻逮捕了郑国并要处死他。郑国却辩解道，尽管韩国派他前来的动机的确不单纯，即是以损害秦国利益为目的的，可是一旦工程竣工，韩国只是能多维持十几年，秦国却能一本万利，粮食会增产，人口会增长，简直是造福子子孙孙无穷尽，所以我做间谍虽然有罪，但是兴修水利并没有错。秦王政认为郑国说得有理，就让郑国继续主持修建水利工程。数年以后，西引泾水东注洛水、长达300余里的水利工程完工，溉田四万顷，约合今280万亩，关中大片地区成为沃土，连年丰收，秦国国力由此更加强大。因为这项水利工程是由郑国主持设计与施工的，所以得名郑国渠。

韩国派郑国去为秦国兴修水利工程，是以郑国为"死间"，以期消耗秦国的内力；秦国让郑国主持这一水利工程，更让郑国成为韩国的"内间"。而当郑国的间谍身份被揭穿后，秦国却能将计就计，以郑国为秦国的"反间"，即让郑国为秦国效力，于是"假消息"带来了"真好处"，秦国的兼并步伐愈发加快了，并且最终灭了韩国。看来，韩国想对用间老手秦国用间，还真不是那么容易的。

韩国的"死间"郑国，后来的结局如何，史书上没有记载，想来没有被杀头吧。而说到被杀头的"死间"，刘邦手下的谋士郦食其可谓相当典型的一位。话说公元前203年楚汉相争时，汉王刘邦派遣郦食其劝降西楚霸王项羽所封的齐王田广，郦食其还真的说服了齐王，并且拍着胸脯保证，要是我骗了你，你就把我煮了。齐王相信了郦食其，撤除了兵守战备，而且天天和郦食其一起纵酒作乐。没有想到，大将韩信听说郦食其没费吹灰之力，仅凭三寸不烂之舌，便取得了齐国 70 余座城池，心中很不服气，就乘着夜幕的掩护，带兵袭击齐国。齐王听说汉兵已到，认为是郦食其出卖了自己，便对郦食其说："如果你能阻止汉军进攻，我就让你活着，不然，我煮了你！"郦食其却说："干大事业的人不拘小节，有大德的人也不怕别人责备。老子不会替你再去游说韩信！"齐王一气之下，真把郦食其扔到锅里给煮了。

上面，我说了四个中国古代用间的故事。秦国的两次用间是成功的，而且在战场上收获极大；郑国作为"疲秦"的间谍，对于派出国韩国来说不算成功，对于潜入国秦国来说却因此获利，这可谓颇具戏剧化的间谍事件；至于郦食其，作为刘邦派出劝降齐王的间谍，先成后败，成在郦食其的确劝降了齐王，败在韩信的嫉妒心上。而由这四个例子，我们既可以见出"谍影疑云"的波诡云谲，也可以感受到小间谍的大作用。

间谍这个话题对于今天有何启示呢？按照我国刑法的规定，从事间谍行为、危害国家安全，属于犯罪行为。那么，哪些人群容易被收买、策反为危害国家安全的间谍呢？中国古人在这方面有着丰富的智慧，值得国家安全部门借鉴。比如"最喜论兵"的唐代诗人杜牧曾为《孙子兵法》作注，指出有七类官员容易成为"内间"：其一，"贤而失职者"，即本来是贤达的，但是因为失职犯错而前程受到较大影响的官员；其二，"过而被刑者"，即因为过错而被处罚，所以怀恨在心的官员；其三，"宠嬖而贪财者"，即得到上司宠幸或者好色而又非常贪财的官员；其四，"屈在下位者"，即自我感觉能力强、本事大却得不到重用的官员；其五，"不得任使者"，即没有得到具体任命、无所事事的官员；其六，"欲因败丧以求展己之才能者"，即指望借着同僚出事、失败而自己获得崭露头角机会的官员；其七，"翻覆变诈、常持两端之心者"，即我们俗称的"墙头草"，这种官员信仰不坚定，风往哪边吹，他就往哪边倒。总而言之，所谓苍蝇不叮无缝的蛋，以上这七类官员，或多或少都有问题吧。

当然，在竞争激烈的当今社会，有些意在获取信息情报的间谍并不违法，这在商业活动中尤其明显，以至"军事间谍"以外，现在又有了"商业间谍"的说法。比如做房地产的人都知道，要去竞争对手的楼盘踩踩点，而考虑到反正彼此都要来互相看，所以干脆就不要遮遮掩掩了，这样，房地产业就慢慢形成了一个潜规则，即你过来调研，我安排介绍情况，我过去调研，你也要安排介绍情况。而若对照《孙子兵法》的用间，这样的调研人员，就属于"生间"即我方间谍侦查到对方情报并活着返回的类型了。扩而大之，企业如果想在日趋激烈的商业竞争中取胜，机智灵活地获取竞争者方方面面的信息情报，当然极为重要，如果做不到"知彼知己"，又谈何在商战中"百战不殆"呢？

斩首行动：制胜法宝便是『擒贼先擒王』

"挽弓当挽强，用箭当用长。射人先射马，擒贼先擒王。杀人亦有限，列国自有疆。苟能制侵陵，岂在多杀伤。"想必读者朋友们对杜甫的这首诗都很熟悉吧。尽管杜甫的本意是讽谏唐玄宗没有节制地对外用兵，却也道出了军事战争中克敌制胜的关键，这便是"擒贼先擒王"。在作战时运用此计，将目标瞄准敌方的最高统帅，或擒或杀，敌方就会因为失去指挥而立即溃散，战争也会以最小的损失、最快的速度结束。换言成今天的军事术语，就是"斩首行动"，比如派出特别行动队，或者动用精确制导导弹，首先快速、准确地消灭敌方的首脑或首脑机关，以彻底摧毁敌方的抵抗意志。因此，"擒贼先擒王"的"斩首行动"在古往今来的战争中被不厌其烦地使用，在中国历史上也留下了不少的经典战例。

东汉建安五年（200），袁绍率军十万从河北南下，曹操领兵万人应战。先是袁绍大将颜良攻打白马（今河南滑县境），袁绍自己则领大军从黎阳渡黄河，一时之间，形势万分危急。曹操采用荀攸之计，分出一支疑兵吸引袁军主力，自己亲率一支军队赶赴白马。颜良乃河北名将，勇冠三军，曹操命张辽和新收服的关羽一起作为先锋迎战颜良。关羽远远瞭见颜良麾盖所在后，仗着一身武勇，突然单人独骑飞驰万军丛中，直取颜良，割下首级，再冲回曹营。关羽这一迅雷不及掩耳的斩首行动，让袁军又惊又怕，曹军乘势掩杀，失去主将的袁军登时溃散，白马之围遂解，关羽也得封汉寿亭侯。注意，所谓"汉寿亭侯"，断句应该是"汉寿·亭侯"，而不是说书人口中的"汉·寿亭侯"，"汉寿"是个地名，位于今天的湖南常德市，"亭侯"是个很低的爵位。另外，这里还有个值得一说的细节。在《三国演义》、三国戏以及遍布神州大地的关公庙中，关羽的神兵利器，都是那柄重达82斤的青龙偃月刀。然而依据陈寿《三国志》的记载，关羽是"策马刺良于万众之中"。我们知道，以刀杀人应该称砍、劈、拍、割等等，以矛以戟杀人才是"刺"；现在兵器史的研究也指出，偃月刀出现的时间要晚到唐宋时代。如此看来，关羽的兵器是否为青龙偃月刀，实在大可怀疑。

同样是在东汉末年，公元219年，亲率大军北上争夺汉中的刘备，由于久攻阳平关不下，于是南渡汉水，在定军山前扎下营盘。曹军主将夏侯渊则率兵前来争夺，筑起围垒与刘备对峙，自守南围，以张郃守东围。由于夏侯渊所部皆为精锐，难以攻取，于是刘备采用法正之计，命老将黄忠在高处反复鼓噪而不出兵。黄忠鼓舞将士斗志，每每"金鼓振天，欢声动谷"，而夏侯渊见到汉军只是打雷却不下雨，几次三番下来，戒备难免出现了松懈。黄忠抓住机会，突然居高临下，率军冲击下来，夏侯渊措手不及之中，被黄忠斩于定军山下。曹军一时大乱，幸得张郃、郭淮等及时收拢残部，退守阳平关，稳定军心，才没有全面溃败。当此形势，曹操不得不亲临汉中指挥，与刘备相持，数月之后，曹军粮食短缺，士气低落，曹操乃以"鸡肋"为口令，放弃汉中，撤军而还，刘备得有汉中，巴蜀与汉中遂成唇齿相依之势，蜀汉基业从此奠定，刘备也很快自称"汉中王"。由此可见，法正献计、黄忠实施的这一临阵斩首行动，功效相当显著。

关羽斩颜良、黄忠劈夏侯渊的故事，因为《三国演义》的播于人口，朋友们应该都很熟悉。下面再说两个大家也许不太熟悉的"擒贼先擒王"的故事。

第一个故事发生在唐朝安史之乱中。安史之乱爆发的次年即756年，时为真源（今河南鹿邑县）县令的张巡在玄元皇帝庙率吏民起兵。玄元皇帝即道家创始人老子李耳，唐朝奉李耳为始祖，以道教为国教，而此地为李耳故里，故唐高宗李治改谷阳县为真源县。张巡虽是出身进士的文官，却能通晓战阵兵法，并且因为屡建战功，被唐肃宗任为河南节度副使。757年，尹子琦率十余万安史叛军进攻睢阳（今河南商丘市南）。睢阳地当汴渠冲要，经济与军事地位十分重要，睢阳太守许远告急，张巡立即率军入援。其时睢阳城中只有六千兵力，面对二十余倍于自己的叛军，张巡毫无惧色，连连击退叛军进攻。一次，张巡见叛军正在割麦子，于是计上心头，集合士兵列队，然后击鼓呐喊，做出要出击的样子。叛军立刻发出警报，示意戒备，结果张巡又让士兵解散休息，叛军见状便放松了警惕。张巡就是等待这个时机，于是派出部将南霁云突击，直扑叛军主帅尹子琦大营，斩将拔旗。当然张巡也知道，自己的这点兵马可以突袭但不可以恋战，应该趁乱斩杀尹子琦，于是张巡令士兵拿出弓箭，发现尹子琦便射死他。但问题是，军中无人能认出尹子琦。张巡便下令用蒿草作箭，这样中箭的叛军发现自己所中竟是草箭，认为肯定是张巡的箭都用完了，便纷纷跑去向尹子琦报告，这样一来，尹子琦就暴露了，结果被南霁云一箭射中了左眼，顿时鲜血淋漓，叛军仓皇逃命。

第二个故事发生在北宋澶州城下。公元1004年，辽国萧太后、辽圣宗发兵二十万入侵，辽军主将则为曾经俘获了"杨家将"故事中"杨令公"杨业的南京统军使萧挞凛。当一路颇多克捷的辽军进抵澶州（今河南濮阳市）城下、威逼北宋首都东京（今河南开封市）时，宰相寇准力排南迁避敌的众议，促成了宋真宗御驾亲征。而就在宋真宗进驻澶州前，一个小插曲的发生，竟使此战实际上提前结束了。原来，萧挞凛自恃勇武，率轻骑数十人来到澶州城附近勘察地形，结果被守城的宋军发现。宋军抓住了这一绝佳机会，威虎军头张瑰在城头悄悄张开了床子弩，对准萧挞凛就是一箭。这里不妨简单介绍一下床子弩。北宋时代，冷兵器制造达到了新的高度，而远程武器也增加了许多种类，杀伤力更是大大增加，床子弩便是其中之一。床子弩以木架作弩床，上承巨型弓，发射出去，飞箭如同标枪，铁翎仿佛利剑，力道大到可以直接钉入城墙。其中最厉害的三弓床子弩，射程竟然可达千步以上！而让 600 米开外的萧挞凛当场毙命的那支两米巨箭，正中他的额头。威名卓著的萧挞凛既死，而且死得如此之惨，辽军士气大为受挫，哪里还会有心再战？正好宋真宗也在想着休战和谈，于是宋、辽双方都借坡下驴，此战便以签订"澶渊之盟"而结束了。换言之，这次超远距离的狙击毙命，换来了宋、辽之间的百年和平。

接着往下说，所谓"擒贼先擒王"，擒杀的并不一定是"王"，而是泛指敌军的统帅或主将，就如上面所说的颜良、夏侯渊、尹子琦、萧挞凛，这样的统帅或主将一旦被擒杀，失去了指挥的敌军便如同没有了大脑的身体，胜败自然可知。

当然，"擒贼先擒王"也可能擒的确是真"王"，这样的例子在中国历史上也不鲜见，我说明朝的两个故事。

第一个是关于朱允炆的故事。大明太祖朱元璋驾崩后继位的太孙朱允炆，也就是我们习称的建文帝，眼看着长辈藩王们的权大势大，拥兵一方，便开始了削藩计划，于是朝廷与藩王的矛盾立马激化。1399 年，朱元璋的四子、坐镇北平（今北京市）的燕王朱棣以"清君侧、靖国难"为名，发起了"靖难之役"。早前的两年多时间里，虽然朱棣屡屡得胜，但因兵力不足，往往放弃了攻取的城池，战事也多在华北地区，距离攻入大明京师（今江苏南京市）的目标还非常遥远。谋士姚广孝看出了症结所在，他建议朱棣不再到处攻城略地，而是直插京师，因为一旦攻克京师，那么天下自然可以传檄而定。朱棣极为同意，因为他知道这招"擒贼先擒王"，可谓战役能否胜利的关键。于是建文三年十二月即 1402 年初，朱棣率军南下，一路避免与南军有太多的纠缠，出兵阻击者击破之，据城死守者不理会，终于历时半年多，燕军进抵京师以东约 30 公里的龙潭，结果朝廷震动，人心惶惶，城中很快生变，开门迎降，朱棣顺利进入京师，江山易主，朱棣坐上了皇位，是为大名鼎鼎的永乐帝；建文帝朱允炆则下落不明，或说建文帝已在宫中自焚而死，或说建文帝由地道出逃，落发为僧，云游天下，甚至还有建文帝逃到了东南亚，郑和下西洋的目的之一，就是为了寻找建文帝的说法。无论如何，燕王朱棣虽然没有擒住"建文帝"这个真"王"，但正是由于将战略方向对准了"王畿"，所以只用了六个多月，便兵临京师城下，至于进入京师、建文帝从此消失，则标志着"擒王"得手，南军失去了最高统帅，历时四年的靖难之役也随之结束。

第二个是关于朱祁镇的故事。真所谓"天运循环不可逃"，朱棣"擒王"、夺了自家侄子朱允炆的皇位后还没过五十年，朱棣的重孙、明英宗朱祁镇却被外人也用"擒贼先擒王"的手段给擒了去。话说公元 1449 年，蒙古瓦剌部首领也先兵分三路，大举南侵。此时把持大明朝政的大太监王振丝毫不懂军事，可能是听过宋真宗亲征澶州、宋军狙杀萧挞凛的故事吧，王振觉得只要皇帝御驾亲征就能取胜，于是极力怂恿明英宗亲征，而把王振称为"先生"、向来就对王振言听计从的英宗，也是不顾众臣反对，匆匆忙忙地集结起二十多万军队，真的出发亲征了。也先得知英宗亲征后，佯装退军，意在引诱英宗孤军深入，而英宗和王振却以为是御驾亲征吓跑了也先，于是一路追赶，来到大同。而当大同的宦官告诉王振若再往前一定会中计，前方又传来败讯的时候，王振终于害怕了，于是惊慌撤退。也先不想错过这个千载难逢的机会，立刻率军追击过来。明军且战且败且退，当退到土木堡（今河北怀来县东）时，王振拒绝兵部尚书邝埜驰入居庸关以保安全的一再要求，竟然就地扎营在地势虽高但却无泉缺水的土木堡，结果隔日就被瓦剌军包围。也先一边派人假装和谈，麻痹明军，一边设好埋伏，准备收网。待到安排得当后，也先故意后撤，让出水源，饥渴难忍的明军顿时阵容大乱，奔去抢着喝水，也先一声令下，伏兵尽出，发起总攻，明军仓促应战，死者三分之一，伤者过半，这时的明英宗，看到突围无望，倒也莫名其妙地冷静了下来，他索性跳下马，面向南方，盘膝而坐，等待被擒。也先无论如何也想不到真能活捉明朝皇帝，虽然也先的这次"擒贼先擒王"属于无意，却让明军伤亡极为惨重，护驾从征的文武官员也几乎丧尽。幸运的是，也先想以明英宗朱祁镇作为筹码的计划，随着留守京师的朱祁镇同父异母弟弟朱祁钰的即位而流产，于是也先再次率领瓦剌大军南侵，直抵京师城下，想来一次有意的"擒贼先擒王"，却遭到新任兵部尚书于谦率领的京师军民五日五夜的奋起反击，最后不得已而退兵。然而谁能想到，被瓦剌释放回来、重登帝位的明英宗，竟然轻信了奸臣的谗言，以"谋反"的罪名，杀害了于谦。于谦受刑的那天，阴霾四合，日月无光，连天地都为之鸣咽。

说了这么多中国历史上"擒贼先擒王"的故事，那么其中所蕴含的军事智慧，对于今天又有什么启示呢？成书于明末清初的《三十六计》中，第十八计即为"擒贼擒王"，具体内容是"摧其坚，夺其魁，以解其体。龙战于野，其道穷也"，这话的意思是：要想摧毁敌方的主力，就要抓获其首领，如此就可以瓦解其全军。这就好比强龙离开了大海，到田野中争斗，必然陷入绝境。说白了，"擒贼先擒王"有些类似民间俗语所说的"打蛇打七寸"。打蛇如果不能一击致命，就可能被蛇反咬一口；作战如果不先消灭敌方的主帅或指挥机关，就算一时取胜，也难保敌方不会卷土重来。所以现代战争中，强调首先"斩首"敌方的指挥当局、联合参谋部、战区总部及各级部队司令部，"瘫痪"敌方所有的信息传媒与通信系统。推广开来，我们在处理事情、解决问题时，不也应该分清主次、直击要害、抓住主要矛盾吗？以言我们经常观看的足球比赛，绿茵场上对决，防守队员重点看防的对象，一定要是对方的组织核心，一旦将其牢牢盯死，对方就像没有了指挥官的军队一般，难以组织起有效的进攻，这比只盯住对方的前锋队员，自然事半功倍。反之，若是对阵的双方，只知缺乏计谋地展开正面混战，即便得到了胜利，也是"杀敌一千，自损八百"，徒耗更多的乃至成倍的力量，从而不利于后续的比赛。

以弱胜强：
各有各的道道

《孙子兵法》有云："用兵之法，十则围之，五则攻之，倍则分之。"这话的意思是：若我军的实力十倍于敌，由于相差悬殊，可以围困敌人，以最小的代价取胜；若我军的实力五倍于敌，由于战争的主动权仍在我手，同样可以进攻敌人以取胜；而若我军的实力两倍于敌，那就要想办法分割敌人，以求取胜。由此可见，兵力多少可谓影响战阵形式乃至胜败结果的重要因素。然而，历史上屡见不鲜的以弱胜强、以少胜多的战例，又有力地证明了当一方兵力弱小于另一方时，同样也各有各的克敌制胜的道道，这其中的关键当然在于军事智慧的运用。

先说个诡异而又血腥的战例，吴、越檇李之战。

公元前496年，吴王阖闾出兵伐越，双方在吴越边境的檇李（今浙江嘉兴市西南）排开阵势。这时的越国实力甚弱，而且越王允常刚刚去世，其子勾践初立，国人士气不高；反之，吴王阖闾在伍子胥、孙武的协助下，强兵兴国，既屡败西边的楚国，也曾于公元前510年，就在檇李这个地方，大败越军，而且在越国"大掠而回"。面对称霸野心越来越大的阖闾，以及兵圣孙武一手调教出来，无论数量还是战力都远胜自己的吴军，年轻的越王勾践深知，若想取胜就必用奇计。那么勾践想到了什么奇计呢？勾践从监狱中提出一批死刑犯，组成了一支敢死队。他将这支敢死队带到两军阵前，当连续几次冲击阵势严整的吴军都败退下来后，越军的敢死队列成三排，无畏地向着吴军扑来。吴军本以为越军会继续冲阵，防备自然毫不懈怠，没有想到的是，第一排敢死队临到吴军阵前时，竟然以剑自刎，鲜血喷涌，纷纷倒地。还没等吴军回过神来，第二排敢死队继续上前，以剑自刎，如此触目惊心的场面，让吴军不明所以，于是纷纷拥上前来，看个究竟。而等到第三排敢死队又一起壮烈地自刎倒下时，吴军以为还会有第四排、第五排的自杀者，没想到，埋伏在后的越军这时一拥而上，抓住时机，发起冲锋。自杀的场景本来就让吴军看得头皮发麻、心中惊悚，结果在越军的突袭之下，吴军阵容顿时大乱，止不住地向后退却，后方将士以为前方吃了败仗，也陷入了混乱无序的后撤中。越军乘势掩杀，吴军全面溃败，吴王阖闾还在撤退途中，被越军大将灵姑浮一戈斩掉了大脚趾，大概因为失血过多或者病菌感染，竟然伤重不治，很快便死去了。好吓人的勾践奇计！靠着自杀来战胜敌军的，这越王勾践大概是前无古人、后无来者了，檇李之战也成为以弱胜强、以少胜多的经典战例。

再说个看似离奇、实则有理的战例，秦、晋淝水之战。

公元 376 年，大秦天王、氐人苻坚统一了北方，前秦也因此成为十六国时期版图最大、力量最强的帝国。志得意满的苻坚于是想着扫平南方的东晋，成就一统天下的伟业。然而除了鲜卑的慕容垂和羌族的姚苌表示支持外，包括苻坚弟弟苻融在内的几乎所有大臣都反对。比如苻融认为，大王一旦出征，太子留守的京城尽是些老弱残兵，而与我们有仇的鲜卑、羯、羌又分布在周围，这实在是心腹大患，苻融还特别提醒苻坚勿忘王猛临终之言。王猛是苻坚的丞相，375 年王猛临终之际，特别告诫一向对他言听计从的苻坚说："晋虽僻陋吴、越，乃正朔相承。亲仁善邻，国之宝也。臣没之后，愿不以晋为图。鲜卑、羌虏，我之仇也，终为人患，宜渐除之，以便社稷。"

但是这时的苻坚，已经完全听不进不同意见，他的脑海中，只有前秦大军投鞭断流、东晋君臣望风而降的宏大场面，他甚至已经预先任命了东晋孝武帝司马曜为前秦的尚书左仆射，谢安为吏部尚书，桓冲为侍中，并在长安建好了房子，只待投降的东晋君臣搬家入住。

东晋太元八年，也就是前秦建元十九年（383）八月，淝水之战开幕。苻融率军 25 万为前锋先行，苻坚亲率步卒 60 余万、骑兵 27 万随后南下。东晋方面则以谢安为总指挥，谢安以弟弟谢石率八万北府兵拒敌。换言之，双方兵力之比，竟然悬殊到 14:1。

关于淝水之战的过程，这里不作详细展开，只是简单叙述一下。

先是同年十月，苻融前锋渡过淮水，进占寿阳，又分兵五万，派梁成屯洛涧，以阻断救援寿阳不及、退保硖石的胡彬五千水军。胡彬送信向谢石紧急求援，信件却被苻融截获，苻坚得讯，龙颜大悦，认为晋军的末日已经到来，当即脱离大军，率领八千轻骑赶到寿阳，直接指挥，并派出此前在襄阳被俘的晋将朱序，前往晋营劝降谢石。没想到朱序心怀故国，反而私下建议谢石，应趁秦军主力未到之前，迅速发起攻击，以求挫其锐气。谢石于是派刘牢之率五千精兵，渡过洛涧，阵斩梁成，歼敌一万五千余人。兵力处于劣势的晋军士气大振，遂水陆并进。苻坚在寿阳城上，望见晋军阵容严整，以为八公山上的草木都是晋兵，于是露出了恐惧之色。

洛涧获胜后，晋军主力挺进至淝水（今安徽寿县东瓦埠湖至淮河的一段河流）东岸，隔水与西岸的秦军对峙。晋军前锋、谢安的侄子谢玄施放"烟幕弹"，派出使者来到苻融营中，要求秦军稍向后退，留出河边空地，以便晋军渡河，双方决战。苻坚、苻融认为晋军此举无疑自寻死路，因为《孙子兵法》就说："客绝水而来，勿迎之于水内，令半渡而击之，利。"也就是说，在正常情况下，"半渡而击之"是取胜的最佳时机，所以苻坚、苻融马上同意了，并挥军稍退。可是大出苻坚、苻融意料的是，秦兵稍一后退，便一发不可遏制，原来前面的军队既退，后面的军队不知就里，还以为是战败了，朱序又在阵后大呼"秦军败矣""秦军败矣"，于是秦军竞相奔逃。晋军乘机抢渡淝水，发起猛攻，秦军全面溃败，苻融死于乱军之中。秦军见主将阵亡，更是再无斗志，或被杀死，或自相践踏，死者蔽野，奔逃者听到风声鹤唳，都以为追兵且至，于是昼夜不敢停息，疲惫饥寒，死者又十之七八。苻坚也身中流矢，单骑逃到淮北。此战之后，东晋乘胜收复大片土地，前秦则土崩瓦解，北方地区再度陷入大分裂，至于发动淝水之战的苻坚，则在回到长安后，385 年为羌族将领姚苌绞杀，终年 48 岁。

诸位朋友，简单说过了淝水之战的过程，大家是不是觉得有些离奇？为什么苻坚一定要发动这场战争？为什么鲜卑的慕容垂、羌族的姚苌极力支持苻坚发动战争？为什么一场战争的失败，竟然导致强大的前秦帝国全面崩盘？为什么八万的东晋北府兵，竟然战胜了百余万的前秦大军？为什么淝水岸边的战略稍退，引发了秦军的全面溃逃？如此等等的问题，都是我们理解东晋战胜前秦、以弱胜强的淝水之战的关键所在。

有关东晋方面取胜的原因，我在"为官智慧"第五讲"谢安"中，已经有所交代，这里不再重复，只补充一件为研究者所忽视的事情。据《晋书·苻坚载记》记载："初，朝廷闻坚入寇，会稽王道子以威仪鼓吹求助于钟山之神，奉以相国之号。及坚之见草木状人，若有力焉。"参证其他史料，也可证明会稽王司马道子的确在首都建康拜求钟山之神了，而且钟山之神也答应了帮忙，于是消息传到前线，晋军士气为之大振，有了必胜的信心。所谓的"钟山之神"，指的是原型为东汉末年秣陵县尉的蒋子文，东晋时代，蒋子文已经演化为据说相当灵验的战神，蒋神崇拜的情形，就如同后来的关羽崇拜。我们常说"精神的力量是无穷的"，起码就蒋神在淝水之战中发挥的激励作用而言，这恐怕不是不着边际的一句空话。有关这个问题，我曾写过论文详细讨论，这里不再展开。

反观前秦方面惨败的原因，诚如史学大师陈寅恪先生所指出的：苻坚所以坚持发动战争，在于"当时中原衣冠多随东晋渡江，汉人正统似在南方……只有攻取东晋，推行汉化，方可统一胡汉"；而淝水战败、导致帝国全面崩盘的关键，则在于被前秦所灭的前燕旧部鲜卑慕容垂、被前秦征服的羌族酋长姚苌等人的心怀异志，而且战场之上，鲜卑、羌人并无损失，损失的都是苻坚本部的氐族人马，所以一朝战败，慕容垂即复国，姚苌即建国。简而言之，前秦不能一举吞并东晋的原因，在于前秦境内极为复杂的民族矛盾还远远没有解决。

当然，就淝水之战的细节来看，也有许多值得琢磨的地方。仅就兵力对比而言，首先，苻坚的百万大军，人数虽众，却是临时征发、仓促拼凑、缺乏斗志的乌合之众，即便不排除有能征惯战的胡人武装，但或者因为灭国亡族的仇恨而不愿效力，或者因为连年征战的厌恶而不想打仗；其次，大有大的难处，多有多的麻烦，苻坚的百万大军，如何组织指挥、怎样后勤补给，各部如何联络、彼此怎样协调，这在当时的交通条件、通讯手段下，无疑都是难以想象的，也因为此，战争开始的时候，许多军队还在集结，战争结束的时候，许多军队还没到达，加上不可不实施的分兵几路，这样打折下来，苻坚百万大军中的大部分军队，根本没有投入实战；再者，就实战来说，洛涧的五千精兵对五万杂牌，淝水的七万多士气高昂的晋军对二十来万种族纷杂的秦军，兵力尤其战力的差距其实并不悬殊，而临阵指挥的致命失误，即后撤指令引发的巨大混乱、自我崩溃，然后再全然解体、彼此践踏、惊慌恐惧，才是东晋军队以弱胜强的真相所在吧！

回到这一讲的开头，《孙子兵法》在"十则围之，五则攻之，倍则分之"之后又说"敌则能战之，少则能守之，不若则能避之"，这三句话的意思是，兵力和敌人差不多时，就要设法击败敌人；要是兵力没有敌人多，就要高壁坚垒，以守为主；如果兵力远远不如敌人，就要避敌锋芒，"三十六计，走为上计"。只是我在这里需要特别强调的是，兵多而力弱与兵少而力强是值得考量的关键因素，兵力多少与实战兵力多少也是两回事，本讲所说的檇李之战、淝水之战，就是这方面的证明。换言之，兵法是死的，战场是活的，把兵法变成教条，那是长平之战中的赵括，也是淝水之战中的苻坚、苻融。推而广之，我们纵观古今中外战争史上以弱胜强、以少胜多的故事，胜利的一方，大多不仅善用兵法，而且能出奇兵，不仅激发士气、化弱为强，在局部战场上，有时还能变少为多、积小胜为大胜。这些，就是军事智慧所在吧，这样的军事智慧，又何尝不是人生智慧？人的一生，总会遭遇困境或者处于劣势，富有智慧的人，自会寻求应对措施，从而走出困境，扭转局势，迎来光明。

攻心为上：刀光剑影背后的心理战

让我们先来想象一场古代战争的场面吧：擂鼓摇旗，喊声震天，刀来枪去，箭如雨下，将士们以命相搏，鲜血淋漓，尸横遍野。这些场景，都是我们能直接"看得见"的。但在这些场景的背后，又有多少我们看不见的内容呢？诸如奇谋良策、间谍往还，就是战争中往往必需却也不会直观出现在战场上的。本讲的主题，正是往往"看不见"却又关乎战场成败的一项重要内容——人心。比如上一讲中说到的淝水之战，东晋大胜、前秦惨败的关键因素之一，就是东晋军队的人心齐、前秦军队的人心散。战场之上，对于人心的把握，可以称为"攻心"，"攻心"又可以分为对自己的与对敌人的：对自己的"攻心"，可以大增士气；对敌人的"攻心"，常常可收事半功倍之效，甚至能够"不战而屈人之兵"。

先说个对自己"攻心"的战例。秦朝末年，可谓秦朝军事支柱的大将章邯，靠着赦免的大约 70 万骊山刑徒为主组成的大军，屡败反秦武装，陈胜的大将周文、项羽的叔叔项梁都死于章邯之手。公元前 208 年，章邯在击杀项梁之后，北上会合王离的部队，进攻赵国，赵军大败，赵王赵歇与相国张耳逃入巨鹿城（今河北平乡县西南平乡镇）中死守。章邯命王离、涉间包围巨鹿，自己则坐镇城南，一边负责运输粮草，一边等待前来救赵的各路义军，计划用围点打援的战术各个击破，所以赵国大将陈馀的部队与各路援军都驻扎在巨鹿城北，不敢进军。于是反秦义军名义上的统帅楚怀王熊心再以宋义为上将军，项羽为次将，范增为末将，率军北上救赵。不想宋义行进到安阳后，便安营扎寨，整整 46 日按兵不动，要待秦、赵两败俱伤后，坐收渔人之利。公元前 207 年初，急欲救赵的项羽挥剑砍杀了宋义，并声称宋义企图谋反，楚怀王则顺水推舟，以项羽为上将军，项羽遂率全军渡过漳河。而为了激发将士们的斗志，项羽竟然下令凿沉所有的渡船，打碎所有的炊具，烧毁所有的帐篷，全军上下每人只携带三日的口粮，以示不胜利毋宁死。楚军果然无不以一当十，愈战愈勇，秦军则伤亡惨重。几番激战后，王离被俘，涉间自杀，章邯败逃，项羽完胜，后来走投无路的章邯还投降了项羽。那些畏惧秦军强大，只是坚壁不出的各路诸侯援军，看到楚军将士抱着必死的信念向着秦军猛攻，惊呆之余，无不对楚军心生恐惧。待到项羽击败秦军名将王翦之孙、王贲之子王离，召见诸侯将领时，这些人竟然纷纷跪入辕门，膝行拜见项羽，甚至没有勇气抬起头来，正视项羽。从此，项羽脱颖而出，成了反秦义军事实上的统帅。

再说个对敌人"攻心"的战例，只不过这回的胜利方变成了刘邦，失败方变成了项羽。在秦军主力尽丧的巨鹿之战的次年，即公元前 206 年初，楚怀王手下的刘邦进入关中，接受秦王子婴的投降，秦朝宣告灭亡，然而很快地，西楚霸王项羽、汉王刘邦争夺天下的楚汉战争就拉开了大幕。双方打到公元前 202 年，兵少粮尽的项羽被刘邦的汉军团团包围在垓下（今安徽固镇县、灵璧县一带）。刘邦谋士张良于是献上攻心之计，安排会讲楚地方言的汉军唱起楚歌，以求瓦解楚军意志、摧毁项羽信心。一天夜里，四面八方的汉军都唱起了楚歌，奏起了楚曲，结果楚军果然军心大乱，纷纷逃散，项羽也是大惊失色，以为汉军已经全部占领了楚地。感到大势已去的项羽，于是就在帐中饮起苦酒，慷慨悲歌："力拔山兮气盖世，时不利兮骓不逝。骓不逝兮可奈何，虞兮虞兮奈若何！"这曲悲歌的意思是：我曾经是那样地英雄盖世，如今却时运不济，可是我的骏马哟，你为什么还不弃我而去？你不肯离去，我将怎么办呢？我的美人儿虞姬啊虞姬，我又把你怎么办呢？虞姬听罢，和歌唱道："汉兵已略地，四方楚歌声。大王意气尽，贱妾何聊生！"唱罢，项羽泪流满面，虞姬拔剑自刎，"左右皆泣，莫能仰视"。很快，项羽率领八百将士乘夜南奔，汉军一路追击，到得乌江（今安徽和县东北），项羽身边只剩下 26 骑，他痛感无颜再见江东父老，于是拒绝了乌江亭长渡他过江的美意，力斩汉军几百人，自己也受伤十几处，然后自刎而亡。可怜英雄一世的项羽，尸身被五人分抢，各自得到了一块，这五人竟然都因此封侯，而刘邦也终于在楚汉相争中最后胜出，开创了西汉皇朝两百余年的基业。

我们分析一下上面所说的这两个"攻心为上"的经典战例。堪称秦亡楚兴关键的巨鹿之战，离不开项羽破釜沉舟的这波神操作，而这波神操作所运用的，正是"置之死地"的心理战术。当然，项羽之所以敢于有违兵法地如此犯险，也在于有着天下苦秦暴政、各地纷起抗秦的民心基础，有着"秦灭六国，楚最无罪，自怀王入秦不反（返），楚人怜之至今"的同仇敌忾的复仇士气。关于怀王入秦不返，指的是楚怀王熊槐，公元前 299 年，楚怀王入秦会盟，结果被秦昭襄王扣押，而楚怀王为了国家利益，拒不答应割地，三年之后客死于秦。因为这层特别的仇恨，所以陈胜起义，号为"张楚"，意为张大楚国；项梁起兵，接受范增的建议，从民间找来为人牧羊的楚怀王之孙熊心，立为楚怀王，以顺民意。这就是政治正确的道理吧。至于结束楚汉相争的垓下之战，张良献计的"四面楚歌"，本就基于汉军与各路诸侯军队"十面埋伏"的极大优势，也联系着项羽方面的极大劣势，比如项羽急于登上楚帝的宝座，竟然谋害了楚怀王熊心，结果失义于天下，再如项羽主持分封十八诸侯王时，颇多处置失当、有失公平，如此等等，所以楚歌一起，饥寒交迫、久战思乡的楚军纷纷逃散。

当然，说起"攻心为上"，较之巨鹿之战、垓下之战更加典型的战例，还是应推蜀汉诸葛亮的"七擒孟获"，以至于有了"诸葛亮征孟获——攻心为上"的歇后语，而让人深感痛惜的是，建议诸葛亮实施"攻心为上"计策的人，正是我在"军事智慧"第四讲"空城计"中讲到的，后来因为失街亭而被诸葛亮斩杀的马谡。这又是怎么回事呢？

据《三国志·蜀书·马谡传》记载，马谡"才器过人，好论军计，丞相诸葛亮深加器异"。如何"深加器异"呢？比如蜀汉建兴三年（225）三月，当诸葛亮为了巩固后方，出发平定南中（今云南、贵州与四川南部）叛乱时，曾向参军马谡请教有何良计，马谡从容答道："南中各部凭借山险路远，已经不服久矣，虽今日破之，明日复反耳。现在丞相正打算倾全国之力，北伐曹魏，南中各部一旦知我内部空虚，更会加速叛乱。如果对他们尽行剿灭，既非仁义之师所为，一时之间恐怕也很难如愿。夫用兵之道，攻心为上，攻城为下，心战为上，兵战为下，希望丞相征服其心。"诸葛亮对马谡的计策深表赞同。

蜀汉建兴三年（225）五月，诸葛亮渡过泸水，七月到达南中。当时南中的主要叛乱势力是"为夷汉所服"的孟获。两军对阵，孟获失败，并被诸葛亮生擒活捉，然而诸葛亮没有斩杀孟获，反而让孟获观看自己的军营，并且问道："我军如何？"孟获答道："因为不知虚实，所以这回才会失败。如今看过了各营，我定能战而取胜。"于是诸葛亮放了孟获，让他整兵再战。这样的过程，也就是再战再擒，再擒再放，竟然前后达到了七次。等到诸葛亮第七次还要释放孟获时，孟获终于被感化了，他口服心服地说："丞相真乃天威，南人不再反叛！"于是诸葛亮任用当地豪族部帅担任郡县长吏，这样既避免了民族矛盾，有利于南中的地方安定，解除了蜀汉北伐曹魏时的后顾之忧，也从原先南中地区既要留兵又要运粮的困境，一变而成从南中地区获得源源不断的人力与物力的支持。这就是马谡建议、诸葛亮实施的"攻心为上"战略的显著效果。据说，诸葛亮平服南中后，还改革了当地土著用人头进行祭祀的陋俗，改用包着猪肉、牛肉的面团来祭祀，这种面团，就被后人称作"馒头"，"馒头"谐音"蛮头"，这个传说，反映了诸葛亮不愿滥杀无辜的仁者之心。而时至今日，在云南大理市下关的天生桥边，仍留有"汉诸葛武侯七擒孟获处"石碑，在云南嵩明县城南，也留有"诸葛武侯七擒七纵孟获与诸蛮会盟于此"的"古盟台"。

更加值得一说的是，"攻心为上"又并不一定是指激发我方的斗志、打击敌人的士气，此种心理战术运用至登峰造极的地步，便是将敌人感化，使其心悦诚服，以至于不战而降，毕竟靠战争打来的"口服"，不如靠感化得来的"心服"。

公元269年，准备着手灭吴的晋武帝司马炎任命羊祜为都督荆州诸军事，坐镇襄阳。西晋与孙吴的边界，以荆州最长，荆州可谓西晋灭吴战争中最为关键的地区。羊祜上任伊始，发现此地人心不稳、军粮不足，于是首先把精力投入到荆州的经济开发与民风教化方面。他大力兴办学校、开展教育，旨在开发民智、稳定人心；他又将军队一分为二，一半执行日常防务，一半屯田积粮。羊祜同时又对吴国展开心理攻势，他善待降人，想留下者给房给地，想回去者发放路费。及至后来，羊祜更是全面发起了分化吴国军队、瓦解吴地民心的两手攻势。他要求晋军上下都必须对吴国军队与吴地人民讲信义，凡战则必义战，就是一定要事先与吴军约好交战时间，决不搞突然袭击，若有将领坚持要搞计谋，羊祜就用酒将其灌醉，直至其醉倒说不出话来；有晋军从孙吴那边俘获了两个小孩，羊祜知道后，马上命人将小孩送回去，后来有吴将来降，那两个小孩的父亲也在其中；有吴军将领在对晋作战时被杀，羊祜便对他们的忠勇大加赞赏，不仅用上等棺材装殓，还在他们的亲属前来迎丧时，举行隆重的丧礼。有一回，吴将邓香率军进犯时，羊祜下令只许活捉，不许杀害，邓香果然兵败被俘，羊祜将其放回后，邓香极为感动，率部前来归降。晋军行至孙吴境内，如需收割稻谷作为军粮，事后一定会送回等价的绢布作为补偿。羊祜还下令打猎不许越过边界，如果有野兽被吴地之人打伤后却被晋兵捉到，就必须送还回去。诸如此类，羊祜的这些信义之举，使得晋吴边境地带的孙吴军民尽皆心悦诚服，都不再直呼羊祜的名讳，而是尊称其为"羊公"，就连吴军主帅陆抗也对羊祜钦佩不已，双方常有使者来往，以至于陆抗生病了，竟向羊祜求药，而当羊祜将药送来后，陆抗也是毫不犹豫地服下，根本不担心其中有毒。

当然，身为西晋王朝的荆州军事长官，羊祜并未忘记灭吴大局。比如他认为灭吴必定要借助上游之势，所以他推荐益州刺史王濬秘密造船；他又认为吴主孙皓十分残暴，已失民心，所以上表晋武帝，指出伐吴时机已到。羊祜虽然壮志未酬，在他 58 岁即公元 278 年去世，未能参与一年后开始的西晋灭吴之战，但羊祜多年以来在荆州前线的规划、准备，尤其是以心理战术收服孙吴军民的人心，的确为后来的西晋灭吴战争做出了无可替代的巨大贡献，这就难怪晋武帝平灭孙吴统一天下召开庆功宴时，执爵流涕道："此羊太傅之功也！"

说过中国历史上几个"攻心为上"的战役或战略，我们不妨回到现实中看看，其实也不乏这方面的事例呢。比如我们经常会看到，或者也亲身经历过，在即将踏上高考征程前，老师们会通过各种办法，来为考生加油打气、减轻压力，用这种提升士气的"心理战"来消除考生的不良情绪，事实证明，这确实会对"考场如战场"的考生发挥作用。举个更普遍一点的例子，比如我们每天可能都会遭遇的"心理战"：无论外卖点单时的"满多少减多少"，还是网购大促时的"买几送几"，其实都是商家把握住了消费者为求优惠的心理，而适时展开的营销手段，于是在"优惠"的心理攻势下，商品销量大增，商家赚得盆满钵满，消费者也从中得到了各种优惠，或自以为得到了优惠，于是双双得到了满足，这就是商业"心理战"的高明之处吧。

借力打力：水火无情却给力

在前面几讲中，我历数了许多影响战争局势的关键因素，比如政治口号、武器战具、奇谋秘计、心理战术等等。可以看出，这些因素的共同之处，是都具有主观性。需要补充说说的是，在战争中，也还存在着一些客观的、可以"借"来使用的外力，这就是本讲的主题"借力打力"，亦即借助外力，打击敌人。那么，这些外力都包括哪些方面呢？大而化之地说，既包括他人的力量，比如我们常说的"以夷制夷"，这在以后的"外交智慧"中我会专门去说；也包括自然的力量，比如《孙子兵法》中就指出："发火有时，起火有日。时者，天之燥也。日者……风之起日也……以火佐攻者明，以水佐攻者强。水可以绝，不可以夺。"

自然的力量，可以说是最具有典型意义的外力。自然的力量是无穷的，而将自然的力量，比如无情的水火运用得当，就会成为克敌制胜的战争机器。

先说火的力量。公元前 284 年，燕国上将军乐毅率军伐齐，不到半年时间，就连下包括齐都临淄在内的七十余城，齐国只剩下即墨（今山东平度市东南）、莒邑（今山东莒县）两座孤城在苦苦支撑，亡国的阴影笼罩在齐国将士们的头上。尽管乐毅围困两城三年而未攻克，燕昭王始终对其予以信任。但在公元前 279 年燕昭王驾崩后，本就与乐毅有隙的太子继位为燕惠王，又中了齐国即墨守将田单的离间计，他听信了田单所派出的潜入燕国的间谍四处散布乐毅拥兵自重、想要称王自立的流言，便改用骑劫取代了乐毅。

说起这位施用离间计的即墨守将田单，可谓一位传奇人物。田单本是齐都临淄管理市场的一名小吏。当燕军入侵时，大家四散逃难，唯有田单锯掉了露出轮外的车轴，蒙上一层铁皮，结果出城时车马争道，别的车子或者撞断了车轴，或者彼此卡住动弹不得，全做了燕军的俘虏，只有田单家族安全逃到了即墨。等到即墨大夫战死沙场，城中群龙无首，众人觉得田单既能想出锯断车轴逃跑的办法，也一定懂得军事，于是公推他为"将军"，带领大家守卫城池，这样田单就成了即墨城中的老大。田单果然不负众望，他带领着全城军民，多次击退了乐毅的进攻。而当田单听说燕惠王即位的消息后，施出的第一计就是上面说的离间计。

见到离间计成功，田单接着又连施四计。第一计是对我方的攻心计，即让一名军士装作天神附体，扬言燕军气数已尽，齐国复辟有望，而且"天神"嘱令田单完成这个使命；第二计是对敌方的攻心计，即要求城中百姓吃饭前先在庭院献食祭祖，这样就引得城内外的飞鸟纷纷前来觅食，而且盘旋不去，如此怪异的自然现象，让城外的燕军惊诧莫名；第三计可以称为间谍计加攻心计，即派出细作出城，怂恿骑劫挖了即墨城外齐人的祖坟，割了齐军俘虏的鼻子，如此一来，惹得守城军民无不咬牙切齿，都要出城去同燕军拼命；第四计是诈降计，即派出使者来到燕军大营，向骑劫约降，而且派出富豪，押着金银财宝奉上，既表示诚意，又请求燕军"即墨投降之日，唯愿保全妻小"。如此四计并施，既增强了即墨守城军民的信心与决心，也瓦解了燕军的斗志，懈怠了骑劫的警惕。

一切准备得当后，田单开始安排决定战局的火牛阵。他一面令人在城墙下端挖了几十个洞口，一面从全城挑选出千余头膘肥体壮的耕牛，给它们披上画满神秘古怪纹饰的布匹，又在牛的双角上绑缚锋利的尖刀，在牛的尾巴上捆扎浸透油脂的苇草。到了月黑风高的夜半时分，田单一声令下，牛尾巴上的苇草一齐点燃，千余头牛因为负痛而发怒狂奔，纷纷破洞而出，向着燕军大营猛冲过去。早已放松警惕、尚在睡梦之中的燕军还没来得及反应，就被牛群撞得人仰马翻，乱作一团，或被牛角顶到，肚破肠流，或被牛蹄踏上，非死即伤。牛尾巴上的火把又点燃了整座营帐，牛群愈发狂怒乱奔，火势随之蔓延，燕军大营顿时化作一片火海，哀嚎遍地。此时，即墨城中的军民一齐敲锣打鼓，呐喊助威，发出惊天动地的声响，而田单精选的五千名勇士，脸涂狰狞的泥彩，身穿神汉的异服，手持锋利的大刀，也紧跟在牛群的后面，冲入敌营，见人就砍，见物就烧，直杀得燕军魂飞魄散，骑劫也在乱中被齐军砍杀。紧接着，田单率领齐军倾城而出，乘胜追击，日夜兼程，马不停蹄，所过之处，那是望风归附，被燕军侵占的七十余城，全部收复。

真是好一位田单！他出身市场小吏，却受命于危难之际，他环环相扣，连施妙计，最后借助"火牛阵"大破燕军。所谓军事智慧，在田单的身上，可谓得到了集中的体现。就以"火牛阵"来说，既借了牛的力量，也借了火的力量，当然，能够想到借力于牛、借力于火，还是田单卓越的"人谋"起着决定性的作用。此役之后，田单因为复国之功，受封安平君，掌相国之印。

同样借助火的力量取胜的例子，还有大家耳熟能详的火烧赤壁。由于曹操的军队多为北方人，所谓"南船北马"，善于骑马的曹军颇不适应颠簸起伏的战船，于是为了解决士兵晕船的问题，曹操不得已下令，将战船首尾相连、左右相靠地锁在了一起，这样人马行走船上，也就如履平地。而窥见此番有违兵法的场景，孙吴大将黄盖遂与大都督周瑜定下了诈降之计，准备好了数十艘装满薪柴干草的艨艟斗舰，内中灌满油脂，上面覆盖着帷幕，以期火烧敌船。到了约降之日，黄盖率着船队，驶向曹军水寨，待到近前，各船一齐举火。曹军战船由于互相连结，一船沾火，诸船皆燃。风助火势，大火很快又从水寨蔓延到了陆上大营。一时之间，"烟炎张天"，曹军烧死溺死者无数，顿时溃散。

当然说起赤壁之战，还有个关键的细节需要做出说明。火烧赤壁发生的时间是东汉建安十三年十二月，即公元208年冬天。我们知道，冬天是刮西北风的，其时，隔着长江，曹军在北，孙权、刘备联军在南，也就是说，曹军在上风口，孙刘联军在下风口，所以老谋深算的曹操，根本不用担心会有火攻，若果真孙刘联军发起火攻，那无异于引火烧身。可是曹操这回的运气实在不好，寒冬腊月里居然刮起了东南风，这就根本改变了形势，即黄盖诈降的火船处在了上风口，曹军的水寨、陆寨处在了下风口，于是有了惨烈的火烧赤壁。那么大冬天里哪来的东南风呢？果真是诸葛亮的神机妙算加上奇门遁甲，借来了东风？当然不是这样的。事情的真相应该是：赤壁一带在冬天里偶尔会出现气温升高的日子，继而会刮起临时性的东南风，这种短暂的地形风，或一两天，或数小时，既极难被人把握，也很少受到外人关注，所以即便是军事天才曹操，也不明此中奥妙。然而，作为孙吴水军中最熟悉长江尤其是赤壁一带小气候的老将军黄盖，却知道这是稍纵即逝的黄金战机，周瑜对此应该也是心知肚明，于是两人合作导演了这场精彩绝伦、传诵千古的火烧赤壁。看来，真如兵圣孙武所说的："知天知地，胜乃不穷。"懂得天时、地利的运用，对于取得战争的胜利，往往起着重要作用。

及至后世，借力于火的战例仍不断出现。如元至正二十三年（1363）七月鄱阳湖水战，二十二日那天，就是火烧赤壁的翻版：陈友谅联结布阵的巨型舰队与朱元璋小舟渔船组成的船队相战，陈舰巨大如山，朱船小弱若蚁，不能仰攻，所以接连受挫。朱元璋及时采纳了部将郭兴的建议，改用火攻。黄昏时分，鄱阳湖上刮起了东北风，朱元璋派出敢死队，驾驶七艘渔船，船上装满薪柴火药，迫近敌舰，然后顺风放火，风急火烈，迅速蔓延，一时烈焰飞腾，湖水尽赤，转瞬之间，烧毁陈军数百艘巨舰，朱元璋乘势发起猛攻，斩首两千余级，烧死溺死者无算，陈友谅为之垂头丧气，斗志消散。

说过了借火，继续说说借水。借火是烧敌，借水则是淹敌。战国初期，晋国执政卿智瑶专横跋扈，索要韩、赵、魏三家的土地，韩、魏都奉上了万户大邑，赵襄子却一口回绝，于是智瑶立率智、韩、魏三家甲兵共同讨伐赵氏。寡不敌众的赵氏一败再败，最后退到了经营多年的晋阳城（今山西太原市西南古城营）。此城城墙高耸，异常坚固，三家联军围困一年多仍未破城。公元前453年，智瑶心生一计，他以执政卿的身份征调全国民役，阻断汾水上游，另挖新渠，很快便将汾水成功导向晋阳城。时逢雨季，汾水大涨，狂暴的汾水顺着新挖的河渠直冲晋阳城，没有几日，晋阳周边就变成了一片泽国，城中也是房屋倒塌，粮食渐尽，军民渐渐不安。眼见赵氏灭亡在即，智瑶趾高气扬地对韩、魏两家说："我今日才知道，水也可以灭亡别人的国家啊！"说罢哈哈大笑。

然而事情却在此时发生了关键的转机。赵襄子派出心腹，秘密出城，以唇亡齿寒的道理说服了魏桓子和韩康子，于是赵、韩、魏三家缔结了共灭智氏的盟约。紧接着，韩、魏两家派兵袭杀了智瑶驻扎在汾水大堤上的军队，并且挖开河堤的另一面，引汾水直灌智瑶的大营，同时派兵夹攻智瑶的两翼。赵襄子见到晋阳城中水势减退，也派兵从城中杀出。汾水咆哮而来，智瑶从梦中惊醒，发现周围已成汪洋，自己的军队早被洪水冲得七零八落，丧失战力，结果全军覆没，智瑶也成了瓮中之鳖，并被擒杀，韩、赵、魏三家则瓜分了智氏的土地，而且三家分晋之势遂成。这便是借水淹敌，既可以淹城池，又可以淹军营。

水淹敌军最为著名的战事，当属关羽水淹七军。赤壁之战后，刘备在据有荆州大部的基础上开始向益州进军，并让大将关羽留守荆州。东汉建安二十四年（219）七月，为了夺取曹操所占的荆州北部，以便与汉中呼应，为诸葛亮《隆中对》中谋划的两路出兵战略创造条件，关羽兵发江陵，发动北伐，樊城告急。樊城在汉水北岸，与樊城隔水相望的襄阳则是曹操所据荆州的治所，而由于樊城、襄阳距离许都（今河南许昌市）很近，故为曹操防御的重点。曹操得知关羽攻打樊城，感到情况危急，就派"五子良将"之一、素以威重闻名的于禁率军前去支援。樊城主将、曹操的堂弟曹仁安排于禁、庞德率领七军，驻扎在樊城以北的罾口川，自己则留守樊城，以成掎角之势。这年八月，连连下起大雨，樊城附近的汉水一时暴涨，平地水深五六丈，樊城已为汉水倒灌，城墙几乎为水所没，而驻扎在罾口川的曹军大营，则全部为洪水所淹。至于关羽，由于长期驻防荆州，熟知当地的地理环境、气候特点与水文状况，故当关羽看到于禁、庞德竟然驻扎在低洼地区后，便笑于禁乃是"鱼"入"罾口"，必为我擒，所谓"罾口"，从字面义看，就是张网捕鱼的意思。于是关羽调来水军，并且提前准备好了雨具船只。果不其然，当于禁、庞德军营被淹，诸将不得不寻觅高处避水，全军几乎无法展开有效防卫之际，关羽从容地率领水军，乘坐大船，猛攻樊城以北的曹营，结果曹军死伤无数，于禁被逼投降，庞德被擒，甚至樊城、襄阳也都差点失守，曹操打算迁离许都。经此一役，关羽威震华夏，而关羽的声威大震，除了"武圣"的"武"的确了得外，利用了天公作美的水的力量。

水的力量，还不止表现在可以借流动的水淹敌，固态的水同样也可以退敌。公元 999 年冬，契丹入侵北宋，转瞬便抵达包围了遂城（今河北保定市徐水区遂城）。遂城兵少城小，守边的杨延昭也就是小说戏剧里著名的杨六郎，当时正驻扎于此地。眼见形势危急，杨延昭心生一计，趁着天气寒冷，在夜间组织士兵与居民将一桶桶的水提上城墙，然后全部泼到外墙上面。刚泼出去的水立马就结成了一层冰，经过不断地泼水，冰也结得越来越厚，泼到次日天明，遂城已然成为一座冰城，而在这层冰的保护下，城墙变得又厚又滑，炮石打不进，云梯架不住，契丹攻城也就无从下手，最后只得退兵，于是遂城得了"铁遂城"的美誉，杨延昭则因功升任为莫州刺史。

当然，水火无情，如果运用不当，就可能失大于得，甚至反而遭殃。失大于得的例子，如 1128 年冬，为了阻止金兵南下，南宋镇守北京大名府的杜充在河南滑县掘开黄河大堤，结果非但没有阻住金兵，还致使百姓被淹死者达到 20 万人以上，流离失所和瘟疫造成的死亡人数更是数倍于此。这还不算，本来 1126 年金国逼迫北宋和议，双方是以东北流向渤海的黄河为界的，等到 1139 年宋金和议，则以东南流入泗水与淮河的黄河为界，及至 1141 年的最后和议，更以淮河为界，也就是说，杜充掘堤的间接后果，是南宋丧失了大片国土，这个亏可以说吃得太大。几乎同样的情景，还有 1938 年 6 月的花园口决口。为了阻止日本侵略军的西进，国民政府决定"以水代兵"，于是扒开花园口黄河南岸大堤，虽然洪水泛滥，迫使日军暂时放弃了从平汉线进攻武汉的计划，但我方的损失实在太大，受灾面积达到 54000 平方公里，死亡失踪人口达到 89 万，至于大片良田变成贫瘠的黄泛区，则间接导致了 1942 年惨绝人寰的河南大饥荒。

再说说无情的水火导致遭殃的例子。公元 514 年，北魏降将王足向梁武帝萧衍建议，在淮河上选择狭窄之处筑坝拦水，抬高水位，然后以水为兵，淹灌北魏军事重镇寿阳城。虽然水工勘察后认为，淮河内部沙土轻浮，不够坚实，无法筑坝，但萧衍仍一意孤行，任命近臣康绚组织 20 万军民，在淮河南岸的浮山与北岸的巉石山同时开工，分头筑坝。次年初夏，堤坝即将合拢之际，雨季来临，淮水暴涨，冲垮大坝。施工者在采取了沉铁、塞木、填石、夯土等措施之后，终于在南朝梁天监十五年（516）四月修成了"浮山堰"这座拦淮大坝。浮山堰下阔约合 336 米，上广约合 108 米，总高约合 48 米，坝前水深约合 47 米，总蓄水量达到 100 亿立方米以上，其规模之宏大，气势之壮观，可以想见。浮山堰修成后，的确给魏军带来了一些麻烦与不便。不过，这座耗费巨资、牺牲众多生命垒砌的水上工程，不到半年就再次溃决，并造成了"缘淮城戍村落十余万口，皆漂入海"的灭顶之灾。一次旨在打击北魏军力的行动，结果变成了一场反噬自身的悲剧。而同样惨绝人寰的悲剧，还有 1938 年 11 月 13 日凌晨的长沙大火。为了不留物资与建筑给日寇，决定弃守长沙的国民政府启用焦土政策，制定了焚烧长沙的计划。但在计划正式实施之前，一系列的偶然因素，却让这场火灾变得完全不受控制，最终导致长沙 3 万多人被烧死，全城 90% 以上的房屋被烧毁，经济损失约 10 亿元，地面文物则毁灭殆尽。

以上的诸多战例，留给我们今人的，是丰富的智慧与深刻的教训。我们常说"水火无情"，但如果能在战争中巧妙运用水火，便可借其力量，克敌制胜，即把无情的水火留给敌人来领教；而一旦违背自然的本性，或者谋划不密，也会造成无法挽回的巨大灾难。当然时至今日，更多的情形，还是无情的水火被聪明的人类用来服务于自身，这方面最明显的例子，大概莫过于水力发电与火力发电了吧。至于本讲的主题"借力打力"，推而广之，告诉我们的智慧，就是学会把握事物本身的性质与事物之间的联系，并且善于加以运用，比如了解了病毒的性质，我们就能研制出疫苗，从而"借助"病毒的力量来"打击"病毒。

为了弥补"言不尽意"的遗憾，我推荐一部成书于明末清初，被誉为"益智之荟萃，谋略之大成"的《三十六计》。所谓"三十六计"，即第一套胜战计，包括瞒天过海、围魏救赵、借刀杀人、以逸待劳、趁火打劫、声东击西；第二套敌战计，包括无中生有、暗度陈仓、隔岸观火、笑里藏刀、李代桃僵、顺手牵羊；第三套攻战计，包括打草惊蛇、借尸还魂、调虎离山、欲擒故纵、抛砖引玉、擒贼擒王；第四套混战计，包括釜底抽薪、浑水摸鱼、金蝉脱壳、关门捉贼、远交近攻、假道伐虢；第五套并战计，包括偷梁换柱、指桑骂槐、假痴不癫、上屋抽梯、树上开花、反客为主；第六套败战计，包括美人计、空城计、反间计、苦肉计、连环计、走为上计。当然，阅读《三十六计》，最好是找个注解本，要不然，内容还是太简单了些。

商业智慧

引言：『无奸不商』其实是个误解

在中国传统文化中，说起商人，社会大众的第一印象，往往便是"无奸不商"。从字面义理解，"无奸不商"意为不奸诈就不能做商人，而延伸出来的"无商不奸"，意为商人都是奸诈之人。其实追根溯源，"无奸不商"或"无商不奸"的"奸"，原本不是"奸诈"的"奸"，而是"尖锐"的"尖"，这"尖锐"的"尖"，又形象地体现了中国传统文化中商业的智慧。这话怎么说呢？

"无尖不商"或"无商不尖"，出典为旧时的米行在卖米时，会拿一把尺子削平升斗里隆起的米堆，以保证分量的准与足，而待到银货两讫成交后，卖家还会添些米，这样已经抹平的米的表面，就会冒出一个"尖头"，这体现了商家让利的一种善意。延伸开来，但凡做生意，给点添头，本是老派生意人的商业噱头，这个噱头也很让客人受用，所以有了"无尖不商""无商不尖"的说法以至习俗。比如布庄扯布，有"足尺放三"的习惯，就是客人扯两尺布，商家给两尺三寸；现在上海、苏州等地吃小笼包子，店家也会免费送上一小碗蛋皮紫菜开洋清汤。那么问题又来了，这个体现商业智慧、表达商家善意的"尖锐"的"尖"，怎么变成了带有明显贬义的"奸诈"的"奸"了呢？

我们知道，传统时代的中国是农业社会，经济模式是自给自足的小农经济。在这种经济结构下，最具决定性的生产部门当然是农业。农业经济是否平稳、农民生活是否安定，直接关系到国家兴衰和人民生计。有了稳定的农民，稳定的农业，国家就有了稳定的土地税来保证财政收入，有了稳定的劳动人口来征发徭役。而商业的特点，与农业恰恰相反。商业不直接从事生产，主要通过商品流通来赚取差价利润，并且利润很高，容易暴富，所以司马迁早就在《史记·货殖列传》中说："用贫求富，农不如工，工不如商。"对于想要致富的人，商业是个好东西，但对于中国古代王朝而言，那就未必了。如果商业氛围太过发达，就会导致劳动力从土地上脱离，土地税收减少，徭役征发困难，这既不便于统治者的管辖，也不利于传统农业社会的稳定。因此，"重农抑商"是中国古代王朝长期实行的基本政策，并且由此产生了四民分业、士农工商的社会认知。在这种社会认知中，士人，也就是文人官僚读书人是社会的上层，士人的下面为农民，农民的下面为手工业者，至于商人，则被视为社会的底层。君子应当"立德、立功、立言"，应当"修身、齐家、治国、平天下"，应当"自强不息，厚德载物"；反之，"士大夫羞言财利"，富甲天下，锦衣玉食，从来不是君子应当追求的目标，坐贾行商不是君子士大夫的正途，而是市井小民的行当。这样，在"重农抑商"的中国古代社会，"无奸不商""无商不奸"，商人乃至商业被污名化甚至妖魔化，也就不足为奇了。

那么，中国古代的商人果真如此不堪吗？当然不是这样的。在中国古代灿烂的历史长河中，商人扮演着极为重要的角色，有力推动着经济、社会、文化诸多层面的发展。比如商业是生产、消费不断增长的重要推动力量。中华地大物博，特产众多。北方产粟麦，南方多稻米，北方善畜牧，南方工纺织。因为商业的存在，物资流通起来了，北方人吃上了香甜的大米饭，南方人也吃上了热腾腾的面食，北方人能穿上蜀锦，南方人也可骑上高头骏马，古代民众的生活因此而丰富多彩。消费的丰富，造成了需求的扩大，进而刺激了生产，提高了社会的整体生产力与经济水平。生产提高了，人们的收入增加了，可以消费的物品多了，日子也就更好过了，这就形成了良性循环。生产的需求增长了，市场的竞争愈发激烈了，又促使生产者增加商品产量、提高商品质量，这就对生产技术提出了更高的要求。如此，科学技术的进步，成了现实需求，这同样得益于商业的推动。此外，商业的发展需要统一的货币、统一的市场，这又促进了统一政权的产生。更不用说，商业买卖中平等协商、重视契约的精神，也是中国古代源远流长的传统美德……诸如此类，商业、商人之于中国古代社会的重要性，可谓多矣！

再说到商人赚取利润的手段，其实也很简单，那就是低价买进、加价卖出。然而，商业的经营与维持，却又不仅这么简单。商场如战场，竞争残酷，瞬息万变。对于商业经营者来说，准确把握市场动态环境只是一个方面；另一方面，识人、用人的管理艺术，商业原则、企业文化的合理构建，经营模式的及时调整，如此等等，都是成功的商人必须拥有的基本素养。这些问题，在商业经营的过程中不断出现，演化为一道又一道现实的问答题，考验着每位商人的经营能力。展开来说，在追逐商业利润的同时，如何保持一颗初心，获得社会认同？怎样根据不同的地理环境，选择相应的经营类别与方式？低价买进、加价卖出说来简单，但具体如何把握时机，保证利润？掘到第一桶金后，是扩大经营规模，还是寻求新的经营方向，拓展新的市场？在商业经营的过程中，如何建设合理的人才梯队与管理体系？在日趋饱和的市场中，如何创新经营模式，有效展开广告营销？商业上的一时成功不难，但能否经营持久，身处不败之地，往往取决于每位商人在面对这些问答题时的态度与抉择。而他们每一次充满智慧的正确解答，都留给后人以无尽的启迪。

在"商业智慧"的"引言"中，我以"无尖不商""无商不尖"，想着为中国传统时代里的商业、商人正名。本讲继续为商业、商人正名，我以孔子弟子、千古儒商第一人子贡为例，说说中华文化中推崇的"儒商"精神。

何谓儒商精神？《孟子》有云："穷则独善其身，达则兼善天下。"在中国古代的传统价值观中，成功，不仅意味着个人身份的提升、财力的成长，更为重要的还是对家庭、社会、国家有所助益。因此，一位成功的商人，不仅要在商业领域获得利润，还要事理通达，利用拥有的财力或资源造福社会，济世救人。所以诸如仁爱、慈善、接济他人这些中国传统儒家提倡的理念与道德，也正是儒商精神的核心所在。这种儒商精神，看似有悖于商人、商业追求利益最大化的抉择原则，但实际上，它所得到的回馈远非金钱能够衡量，这其中就饱含着中国人的商业大智慧。

就以慈善为例，中国古代慈善事业的传统由来已久，其中既有政府主导的行为，如梁武帝曾在建康即今南京设置"孤独园"，接济鳏寡老人与失亲孤儿；也有一些士族、地方豪强在灾荒年份帮助乡亲免除债务。至于商人的践行慈善，各代皆有，又以宋代最为发达。

宋代商人践行慈善的方式多种多样，诸如赠物施药、收恤孤独、安置病老、济婚助丧、修桥补路等等，借此对社会弱势群体提供救助，为乡里乡亲做出贡献。吴自牧在《梦粱录》中就曾记载，在南宋临安即今杭州地区，就有不少财物富足的商人热衷于践行慈善，比如对于孤寡老人、穷困亲族，给予资助，帮助他们营立生计；有些贫民去世后无钱下葬，商人们就资助棺材等葬具；在大雪天，不少人家家徒四壁，冻饿不已，商人们就沿途观察，对确实贫困者给予各种金钱、衣物的资助；还有些商人做好事却不愿留名，在半夜三更将财物塞入贫寒之家的门缝中。

宋代商人的乐善好施，与当时整个社会上较为浓厚的儒学氛围是分不开的。《孟子》有云："老吾老，以及人之老；幼吾幼，以及人之幼。"对贫苦百姓的赈济，正是在实践着儒家"仁者爱人"的精神。那么，通过践行慈善，商人们又能获得什么呢？除了精神上的满足感以外，还有社会声望。我们知道，商人的职业特性是贱买贵卖，所以在世俗的眼光中，商人往往是"无商不奸"。然而通过践行善事，商人们能够有效提高社会声誉，优化自身形象，乃至于在乡里地方收获一定的话语权。商业买卖的成功，主要是财富的收益，至于践行慈善所带来的成就感，则在精神世界、社会层面，而这是单纯的商业成功所无法带来的回馈。当然，践行慈善，只是儒商精神的一端。儒商之大者，不仅是扶助贫苦，他们还饱读诗书、身怀学问，乃至于影响天下的格局。例如春秋战国时期的儒商子贡，就可谓其中最为出类拔萃者。

子贡，出生于公元前 520 年，逝世于公元前 456 年。子贡是卫国人，复姓端木，名赐，子贡是端木赐的字。子贡的家族世代经商，子贡本人也善于商贾，据司马迁《史记》的记载，子贡善于低价买进、高价卖出的经营手法，因而年纪轻轻便家累千金。不过，子贡的志向并不在仅仅做一位成功的商人，而是希望能够出人头地，在乱世之中施展抱负。为此，子贡来到鲁国，拜孔子为师。

在孔子的门下，子贡如鱼得水，颇受孔老夫子的青睐。我们知道，孔门弟子众多，据说有三千人，其中的佼佼者，称为七十二贤人，而在其中最受孔老夫子喜爱的顶尖者，又被称为"孔门十哲"，子贡就是其中的一员。

那么，作为一位商人，子贡为何能在孔门众多弟子中脱颖而出？又为何能够成为被后世景仰的儒商鼻祖呢？从文献所记子贡的几个故事中，我们似乎可以窥见一些端倪。

首先，子贡善于学习，尤其是颇具辩论的口才。《论语》记载，某次孔子问子贡："你认为你与颜回谁更加贤能？"颜回是孔子最喜爱的学生，一心向学。子贡能够与颜回并列，足见孔子对子贡儒学修养的认可。而此时子贡的回答也很有意思，他说："我哪能与颜回比呢！颜师兄读一篇文章，就能悟出十个道理，我最多悟到两个。"在师长面前评论前辈，分寸是难以把握的。过分地褒扬前辈或者自我谦虚，其实都不诚实。子贡却做到了不卑不亢，既对师兄颜回的才能加以肯定，也没有贬损自己的能力，足见其智慧与口才。

其次，子贡践行了儒家的"仁义"精神。作为成功的巨商，子贡除去一般的接济贫苦、扶助亲友之外，《吕氏春秋》还记载了一个"子贡赎人"的故事。春秋战国时代，战乱频繁，也由此产生了大量的战俘。作为俘虏，自然境况不佳，很多时候被作为奴隶使用。因此，当时的鲁国就曾下令，如果鲁国人在国外沦为了奴隶，只要有人出钱把他赎回来，就可以找国家领取补助金，并且获得一定的嘉奖。子贡作为商人，经常到别国做生意，就赎了很多同胞回来，但他一次都没有领取国家的补助金，可见其高风亮节。只是这样做到底好不好呢？其实效果不好，所以孔子特意提醒子贡："向国家领取补助金，并不会损伤到你的品行；但如果你不领补助金，就会显得领取补助金的人品德不高，这样的话，就没有人愿意再去赎回自己遭难的同胞了。"子贡恍然大悟，从善如流，听取了老师的意见。这事还有后续。不久之后，孔门的另一位弟子，"孔门十哲"之一的子路救起一名溺水者，那人感谢他，送了他一头牛，子路就坦然地收下了。听闻此事，孔子高兴地说："鲁国人从此以后，一定会勇于救落水者了。"

再次，子贡非常善于利用财富，以此作为他提高社会地位乃至政治影响力的资本。实际上，子贡得以成为"孔门十哲"之一，除了在学术领域有所专长外，还有另一个重要原因，就是他对孔子、对孔门在经济方面的大力支持。自从拜孔子为师后，子贡不仅认真钻研学问，更全力支持孔子奔走各地、各国传播思想，孔子出行、出国的车马费、住宿费、伙食费，很大一部分都是由子贡来负担的。孔子也曾经感慨："自吾得赐也，远方之士日至。"这话的意思是，自从端木赐也就是子贡来到我的门下，许多来自远方的向学之士，都聚集到了我的周围。当然另一方面，凭借着孔门重要弟子的身份，子贡也获得了极大的声誉，不仅生意越做越大，还具有相当的政治影响力。所以司马迁在《史记·货殖列传》中说："子贡结驷连骑，束帛之币以聘享诸侯，所至，国君无不分庭与之抗礼。"这话的意思是，子贡车马显赫，排场很大，他以财物结交诸侯，所到之处，国君都以平等之礼相待。在春秋末年的争霸格局中，子贡就充分发挥了自己的辩才、财力与政治能力，在诸国之间纵横捭阖，所谓"子贡一出，存鲁，乱齐，破吴，强晋而霸越。子贡一使，使势相破，十年之中，五国各有变"，即子贡凭借一己之力，影响到了鲁国、齐国、吴国、晋国、越国的存亡兴衰。子贡的这些作为，比起苏秦、张仪这些著名的纵横家，可谓有过之而无不及。如此一来，子贡的名声也越来越大，甚至有鲁国大夫评价"子贡贤于仲尼"，就是子贡比孔子更贤。而子贡听闻这话以后，很惭愧也很智慧地回答道："如果以围墙作比方，我不过是堵矮墙，站在墙边就能看清院内的一切；老师则是数仞高墙，内有深宫大宅，只有少数人才能进得门去，知晓其中的富丽堂皇。"子贡又说："老师的思想如日月之光明、天地之高厚、江海之深广、泰山之伟大，别人永远只能仰望。"

子贡，正是这样一位集大儒与巨商、思想家与政治家于一身的牛人，他将儒家思想与自己的经商理念完美结合，他诚信、仁义、贵和、乐施的品质为世人景仰，他践行的"君子爱财，取之有道"的处世原则为商界以及社会各界推崇，他诚信经商的作风被后世专门称为"端木遗风"。子贡经商的本领号称"善居积，意贵贱之期，数得其时"，也就是善于把握进货出货的时机，能够准确预测价升价降的走势，所以"富比陶朱"，就是富比财神爷陶朱公范蠡，而且子贡更以其商业方面的综合素质、优秀业绩与社会担当，被推为中华儒商的鼻祖、中国儒商文化的创始人。

上一讲说过了中华儒商鼻祖子贡，表彰了儒商提倡的社会担当与子贡的诚信经商。本讲我来说说财神爷范蠡与富商卓氏的经商成功之道。

什么是商业？归根结底，商业的本质，是人与人之间需求的交换。为什么会有需求的交换呢？职业、年龄、地位、性别的不同，自然环境、动植物产、社会习俗、个人喜好的不同，这种种的不同或者说差异，就造成了你无我有、你有我好、你好我独特的情况，于是互通有无、取长补短、彼此交换就成为必要。商人、商业，就是帮助人们完成交换的媒介。

商人成功与否，商业是否兴旺发达，联系着非常复杂的方面。其中，择地生财、因地制宜，也就是选择合适的地方、把握特别的地利，可谓至关重要的两大法宝。中国古代的财神爷范蠡、秦汉时代大富商卓氏的成功，就体现了他们在这方面的杰出智慧。

范蠡是春秋末期卓越的政治家、思想家和谋略家，在吴越争霸中帮助越王勾践成功复仇。因为意识到勾践是可以共患难、不能同享乐的主子，所以他功成名就之后便急流勇退，化名为鸱夷子皮，这有酒囊饭袋的幽默诙谐之意，开始下海经商。范蠡三次经商，三散家财，特别是范蠡最终迁居陶邑（今山东菏泽市定陶区）后，资产由"十万"到"千金"，再由"千金"到"巨万"，成为当时富甲天下的商人楷模，从此世上有了"富比陶朱"的说法，"陶朱公"也成了人们心目中的"财神"。

作为商人、作为财神的范蠡，他的成功之道是什么呢？最关键的一点，是他深谙"择地生财"的道理，并以此为指导，选择了陶邑作为他的商业基地。

首先，范蠡认为，在进行商业活动之前，选择一个适宜的地方，比如交通便利之处、居民集中之点、物产丰盈之地，可以使经营业务达到事半功倍的效果。当时，陶邑为"天下之中，诸侯四通，货物所交易也"，也就是位居各国人往来的必经之地，这里的商品交易活动也非常频繁。商人在此经商，可以轻易获得各种商业信息，从而能自如地掌控商品卖出买进的时机。又就政治形势来说，尽管进入春秋以后，各国之间相互攻战，彼此竞争，但它们并非仇敌，也没有相互吞并的意图，即便偶有战争，规模也不大，一般不会冲击到陶邑地区。综合这些要素后，范蠡认为，选择在陶邑经商，可以获得地利的优势，前景良好。

其次，范蠡看到，从商品来源的角度说，陶邑北面的赵地盛产牲畜，正东的齐国多产布帛和鱼盐，南面的邹、鲁又是桑麻产业发达的区域。因此，若在陶邑经商，不仅货源多样而且充足，还可以取长补短，再在各大市场间贩卖有无，自然可以盈利。

再次，范蠡明白，陶邑交通便利，与各国经商以及往来联系都非常方便。要致富，先修路，这是古今不易的道理。交通道路的便利，对于商品流转贩卖的重要性无需赘言。在范蠡那个时代，当时中原地区的重要河道鸿沟，就距离陶邑不远。鸿沟为西北、东南走向，将黄河、淮河下游地区相互连接起来，交通繁忙，商旅辐辏。我们知道，水路运输是比陆路运输更加实惠便捷的方式，也是进行大宗货物交易的最佳选择。范蠡定居陶邑，大概正是看中了这里水路以及陆路交通方面得天独厚的优势。

范蠡选定陶邑之后，据《史记·货殖列传》的记载，他"治产积居"，经营产业，展开商业活动，很快便家至千金，晚年更是家财巨万。范蠡在商业上的成功，与他充分重视商业活动中的地理位置要素、合理选择经营地点是分不开的。

当然，并非所有的商人都能如范蠡那样，可以完全自由地选择商业活动的范围、商业经营的地点。如果换种思路的话，即便是在有限的空间内，若能把握"因地制宜"的原则，充分发掘现有资源，同样能够获得商业经营的成功。在这方面，秦汉时代的蜀中富商卓氏就是典型的代表。

富商卓氏最有名的人物是卓王孙。卓王孙又是何许人也？我们都知道司马相如与卓文君的爱情故事，而卓文君的父亲，正是这位卓王孙。卓王孙出身于赵国知名的冶铁世家，产业丰厚。秦灭六国之后，为了加强对社会的控制，实行了一个重要举措，就是迁徙各地富家豪强，卓王孙的先人也在其列，被强制迁到了蜀地，也就是今天的四川地区。

由于家财被没收了，卓氏穷困不已，自己推着货车艰辛地走在路上。而在进入蜀地后，根据当时的政策，是由地方官员负责分配具体的落户地点的。当时不少与卓氏一同迁徙的富家豪强们，纷纷拿出所剩不多的钱财贿赂官员，希望得到照顾，能在邻近关中的葭萌县（今四川广元市）安置下来，这样就不必深入蜀地了，而且方便返乡。卓氏则不同，认为葭萌县一带地方狭窄，地力贫瘠，难为长久之计。反之，今四川省西部的当时汶山一带，虽然深入蜀中，但确为沃野之地，乃至于被称为"至死不饥"的佳处，并且当地人熟悉商业，方便在当地展开经营活动。于是卓氏反其道而行之，竟向官员请求远徙，结果被迁往汶山附近的临邛县，也就是今天的四川邛崃市。

后来的事实证明，卓氏的选择无疑是正确的。邻近成都的临邛之地，不仅物产丰富，商业氛围浓厚，更为重要的是，临邛周边还富有铜矿、铁矿。卓氏来自赵国，所掌握的金属冶炼技术要比蜀地先进得多。等到秦朝短命而亡，新建立的西汉政权"开关梁，驰山泽之禁"，即对民间经济活动采取了自由放任的政策。在此背景之下，卓氏之子卓王孙的机会便来到了，他以廉价食物招募贫民，开采铁矿，冶炼生铁，铸造铁制工具，不仅广泛供应当地民众和附近地区少数民族的生产生活之用，还大量远销滇地，也就是今天的云南地区，在此过程中，卓王孙获得了相当丰厚的利润。

完成原始积累后，卓王孙又进一步扩展业务。东晋常璩的《华阳国志》记载："汉文帝时，以铁、铜赐侍郎邓通。通假民卓王孙，岁取千匹。故王孙资累巨万亿，邓通钱亦尽天下。"邓通是汉文帝最为宠信的近臣，据说当时有相面者称邓通结局不佳，最终将因贫困饥饿而死，汉文帝为了破此预言，明确放出话来，说"能富通者，我也"，于是将蜀地严道的铜山赐予邓通，令其开造币厂铸钱。但是邓通作为一介内臣，并无采铜铸钱的技术，于是邓通找到冶炼专家卓王孙，双方合作，实现共赢。具体的方式是，邓通将矿山租赁给卓王孙，一年收取千匹蜀锦的租金，至于矿山的盈利，则归卓王孙所有。卓王孙凭此机遇，积累了"巨万亿"的家财，拥有家僮千人。2010年，成都市邛崃市平乐镇发现了一处西汉冶铁遗址，据专家介绍，这个冶铁遗址包括了选矿、炼铁、熔铁、铸铁等多个工区，还发现了西汉时期的铁范，这说明当时成都地区的冶铁工艺确实处于国内领先水平，而这个冶铁遗址的主人，有可能就是来自赵国、安居蜀地的卓王孙。

《孙子兵法》有云："夫地形者，兵之助也。料敌制胜，计险厄远近，上将之道也。知此而用战者必胜，不知此而用战者必败。"经商如作战，商场如战场，经商者如同指挥千军万马的将帅，拥有大智慧的将帅往往会占据有利的地形，或者择地生财，或者因地制宜，最终取得盈利。财神范蠡、富商卓氏是如此，今天那些成功的商界精英们，又何尝不是如此呢？

白圭：
人弃我取，贱买贵卖

说过儒商鼻祖子贡、财神爷范蠡和富商卓氏，本讲再来说说商人的祖师爷白圭。

北宋蔡襄有言："凡人情莫不欲富，至于农人、百工、商贾之家，莫不昼夜营度，以求其利。"追逐利润，本是商业买卖的原始驱动力。近年来，二手车市场有一个广告颇为响亮："没有中间商赚差价，车主多卖钱，买家少花钱。"据说它的反响很好。这个广告，也点出了大多数商业盈利的实质，即获取交易过程中产生的差价。具体来说，从事商品贩卖的商人处于生产者与消费者之间，一方面买进，另一方面卖出，灵活地利用价值规律，以时间、地域所带来的差额赚取利润。其实这种商业行为，在中国历史上由来已久。战国时代的商人、被奉为商人祖师爷的白圭，便是一位善于利用市场变化获得利润的商业大师。

白圭为战国时期的周人，即今河南洛阳一带人，名丹，字圭，曾经担任魏国相国，任职期间主持兴修水利，修筑堤坝，治理魏国都城大梁的黄河水患，政绩可观。后来白圭弃官，游历中山、齐、秦等国，最终以经商为业，经过多年努力，最终成为战国时期最为著名的商人。

白圭在商界的成功，离不开他的善于借鉴与丰富学识。说起善于借鉴，白圭读书，见到"夏则资皮，冬则资绨，旱则资舟，水则资车"，就是夏季购入皮货，冬季购入细葛布，旱天购买舟船，天涝购买车辆，获得了许多启发；他联想到范蠡弃官经商、子贡贩卖有无的事迹，又觉得致富其实不难。说起丰富学识，白圭广读兵家、法家、阴阳家乃至神巫占卜之书，并以书中的理论应用于他的经商实践中。司马迁在《史记·货殖列传》中评价白圭为"天下言治生祖"，用今天的话来说，就是商业盈利、赚钱生财的鼻祖。

那么，白圭致富的秘籍，或者说他的商业理论又是什么呢？可以归纳为"乐观时变"与"人弃我取，人取我与"这两点。

先来看"乐观时变"，这是白圭商业理论中的基本原则。所谓"时变"，有两重内涵。

第一重内涵指农业生产的"时变"。中国古代是农业社会，农业的展开，除去农具、耕作技术、作物和水利等可控因素外，最重要者是天气因素。过去人常说农民"靠天吃饭"，就是这个道理。在不同的天气环境中，各种作物的丰歉有其自然规律。白圭通过观察与实践，总结出岁星运行至各个位置的年份时，温度的高低、降水的多少，并以此预判该年与次年农业生产的丰歉损益。比如太阴在卯位，则五谷丰登，转年歉收；太阴行至午位，则发生旱灾，明年年景会好；太阴行至酉位，又是丰收，转年年景变坏；太阴行至子位，则天下大旱，第二年年景会很好，雨水会多；太阴复至卯位时，积累的货物可比常年增加一倍。既然白圭能够根据气候变化规律推算作物的丰歉，当然就能决定来年的经商项目，而且很少失误。

第二重内涵指商业交易的"时变"。农业生产的"时变"，必然会影响到商业交易的"时变"，即市场行情。"乐观时变"就是发挥主观能动性，预测市场行情的变化，准确判断市场走势，提前做好准备。农业上的丰收、歉收，对商品价格和供求关系有直接的影响。如果是丰年，就要提前准备好资金，大量收购低价粮食。如果是歉收的年份，就要对仓库中的存粮进行盘点，一方面为了在价格上扬时卖出，另一方面也可以为赈灾做好准备。这样，无论年份好坏，都有商业利润可以赚取，商业经营也就立于不败之地。

在"乐观时变"的基础上，白圭又提出了"人弃我取，人取我与"的商业理念。这里的"人"，不仅泛指一般平民，也包括同业商人。白圭"岁孰取谷，予之丝漆；茧出取帛絮，予之食"。这是说他在谷物成熟时，以较低的价格买进粮食，而以高价卖出丝、布匹、生漆等农副产品；在蚕茧结成时，又以低价买入生丝、绢帛，而出售粮食。

其实说起来，白圭的这种"弃取之论"，在当时并非独家秘籍。如据《战国策·赵策》的记载，有位叫希写的人，在劝说赵国建信君时称："夫良商不与人争买卖之贾，而谨司时。时贱而买，虽贵而贱矣；时贵而卖，虽贱已贵矣。"这话的大意就与白圭所论相同。然而这种经商策略，在实际执行中存在许多不确定因素，要比普通商户承担更高的风险。此中奥义，并非人人皆可把握。以白圭主打经营的农产品为例，当他大量收购之后，倘若来年依旧丰收，就有可能丧失转卖获利的机会；况且在当时的技术条件下，农产品难以长期储存，稍有不慎，就可能变质毁损，加上商品价格的波动有其周期性，所以，这个从购到销的逆势操作过程，与兵家所谓"投之亡地而后存，陷之死地然后生"十分相似，必须极具风险意识，才能突破层层考验。因此白圭总结其经验道："吾治生产，犹伊尹、吕尚之谋，孙、吴用兵，商鞅行法是也。是故其智不足与权变，勇不足以决断，仁不能以取予，强不能有所守，虽欲学吾术，终不告之矣。"转成今天的话说，就是白圭告诫世人，经商贸易，要像伊尹、姜太公那样筹划谋略，像孙子、吴起那样用兵打仗，像商鞅推行法令那样果断；成功的商人，需要具备智、勇、仁、强四种秉性，如果智不能够权变，勇不足以决断，仁不善于取舍，强不足以守业，就没有资格谈论经商之术。至于经商者个人的素质，白圭认为应该生活节俭、禁戒嗜好，要与自己的雇用者同甘共苦，这样才能积累财富，扩大经营，形成规模；而当盈利机会出现时，要反应迅速，趋之若猛兽鸷鸟。

值得一说的是，白圭还有一个让人钦佩的经商思想："欲长钱，取下谷，长石斗，取上种。"意思是说商家做买卖时，应该告诉顾客：如果为了省钱而买谷物自己吃，就买差一些的谷物，如果是为了留种子来年丰收，那就请买上等的种子。这种经商行为，显示了真诚为顾客着想的品德，我们可以设想，商家若把顾客当作上帝来对待，那顾客也会给予商家更多的回报，这才是最为长久、最为有效的商业智慧啊！

白圭之后，他的经商理念为后世所传承。比如西汉初年，不少商人通过实践白圭的经商之道获取了大量财富。《汉书·食货志》记载，汉初之际，商人不遵循法度，趁着市场上商品价低之时大量积蓄货物，引发物价腾升后，再高价抛售，结果导致米至一石万钱，马至一匹百金。到了汉武帝时代，为了弥补国家的财政收入，当时的财政大臣桑弘羊推行平准政策。所谓"平准"，就是通过在各地设置均输官来转运各地物产，统纳天下货物，根据物价变化，贱则买之，贵则卖之，以达到平衡物价、增加政府收入的目的，如此一来，富商大贾就无法投机倒把了，市场上的物价也因此相对稳定。其实从某种角度来说，这实际上是将相当一部分的私商利润，转移给了国家的官营商业，而其中最基本的理念，正与白圭的思想不谋而合。

白圭"乐观时变""人弃我取，人取我与"的商业经营思想，对后世产生了极大的影响。比如明清时代的大商帮徽商，仍然以此作为重要的盈利手段之一。及至近代，著名的民族资本家荣宗敬推重"人弃我取"的经营原则，南洋最著名的华侨企业家陈嘉庚奉行"人弃我取，人争我避"的经营思想，这都是对白圭经商理论的继承和发展。时至今日，"人弃我取""贱买贵卖"仍是商业盈利的基本规则，最为朴素的商业智慧，对于今天的商业发展，也仍然具有重要的指导意义。

吕不韦：奇货可居，巧取富贵

既儒又商的儒商鼻祖子贡、先官后商的财神范蠡、人弃我取的商圣白圭，这三位都可谓中国历史星空中璀璨的商界巨星，而且充满着正能量。本讲要与朋友们交流的主角，则是一位难以评说的人物——吕不韦。吕不韦的难以评说，不仅在他的政治作为，而且在他的"商业"投资。注意，这里的"商业"是打引号的，为什么要打引号呢？

本来，投资以逐利，就是商业经营的第一要务。在中国古代，经商者千千万，投资对象的选择也是千差万别，各有特色。今天也是一样，有人喜爱股票、期货，有人倾向教育，也有人热衷于不动产。而古往今来，堪称最特别的一类投资，还是投资政治或者投资权力，只是这类投资，风险很大，成功了自然一本万利，失败了则血本无归，甚至丧失生命。在这方面，最为人熟知，而又说不清楚是成功还是失败的例子，当属战国后期的大商人吕不韦。

吕不韦，卫国濮阳（今河南濮阳市西）人，因为他经常在阳翟（今河南禹州市）经商，所以也有人认为他是阳翟人。他颇善经营，往来各地贩运，靠着低价买进、高价卖出的策略，几年之间，便积累起千金家产。不过，他的野心却不止于此。某次，吕不韦到赵国都城邯郸做生意，无意中见到秦国人质——落魄街头的王孙异人，他大喜过望，突发一个念头，觉得异人就像一件奇货，可以囤积居奇，等待高价售出。我们知道，囤积居奇本是商人谋财的常用手段，但把人作为囤积居奇的对象，还是显得异常特别。回到家中，吕不韦请教他的父亲："耕种田地，可以获利几倍？"其父回答："十倍。"吕不韦又问："做珠宝生意，可以获利几倍？"其父回答："百倍。"吕不韦再问："要是拥立一位国王，可以获利几倍呢？"其父一声叹息地说道："获利不计其数。"于是，吕不韦拿定主意，想着投资去做王孙异人这笔买卖了。

那么，王孙异人又是何许人也？他是秦昭襄王之孙、秦国太子安国君之子。只是由于安国君有20多个儿子，异人既非正妻所生，他的母亲又不得宠，所以异人被作为秦国的人质，留在了赵国，生活于邯郸。其时，秦、赵之间常有战争，特别是长平之战，秦国白起坑杀40多万赵兵，使得赵人对秦国恨之入骨，对于这位秦国人质，虽然恪于礼仪，不能一杀了之，但对异人的供应早已取消，异人就此成了秦王不理、赵王不睬的弃子。然而正是这位生活窘困、苦度时日，身份却是秦国王孙的人质异人，成了独具眼光的吕不韦投资运作的优选对象。

吕不韦于是前去拜访异人，对他说："我能光大您的门庭。"落魄潦倒的异人以为吕不韦寻他穷开心，苦笑对曰："你还是先光大自己的门庭，然后再来光大我的门庭吧！"吕不韦正色而道："您不知道吧，我的门庭，要等您的门庭光大了，才能光大。"聪明的异人马上明白了吕不韦言下之意，就与他坐在一起深谈起来。吕不韦遂向异人献策道："秦王年事已高，安国君继位是迟早之事。听说安国君非常宠爱华阳夫人，虽然华阳夫人膝下无子，但她能够参与选立太子，所以可以在她身上下番功夫。我吕不韦虽然不算富有，但我愿意拿出千两黄金，替您前往秦国，结交朝中大臣，游说安国君和华阳夫人，立您为嗣子。"异人听罢，如同漫漫长夜里忽见光明，于是叩头拜谢道："如果实现了您的计划，我愿意分秦国的土地和您共享。"

大计已定，吕不韦就将千两黄金一分为二，五百两留给异人，让他结交宾客，另五百两由他用来收罗奇珍异宝，携至秦都咸阳。吕不韦通过各种手段，打通关节，见到了华阳夫人的姐姐。吕不韦送给华阳夫人姐姐一些财物，又委托她转赠其他财物给华阳夫人，并说是异人孝敬华阳夫人的。凭空得到许多珍宝的华阳夫人的姐姐，于是按照吕不韦的意思劝说华阳夫人道："我听说用美色来侍奉别人的，一旦色衰，宠爱也就随之减少。现在夫人您侍奉太子，甚被宠爱，但却没有儿子。您得趁早在太子的儿子中，物色一位有才能而且孝顺您的人，立为继承人，又像您的亲生儿子一样对待他，这样一来，您的丈夫在世时，您会受到尊重，将来您的丈夫去世了，您收的儿子如果继位为王，您也有所依靠，不会失势。这就是'一言而万世之利'的道理啊。今王孙异人为人忠厚贤良，诚心实意地想认您为母亲，您应该接纳啊！"华阳夫人听罢，深以为然，于是逮着机会，便在安国君的面前称赞异人，说在赵国做人质的异人贤良能干，来往的宾客都称赞他。待到安国君有了同感，华阳夫人就流着泪对安国君说："臣妾有幸得到您的宠爱，但却没能为您生个儿子，臣妾担心年老之后，无人可以依托，想将异人收为儿子，不知您能不能立他为继承人呢？"安国君答应了华阳夫人的请求，并与夫人刻下玉符为约，又让吕不韦负责教导异人，并且要求赵国将异人遣返回国。

然而麻烦在于，赵王不仅不肯放行异人，而且由于公元前 257 年，秦军围攻邯郸，赵王一怒之下，还想杀了异人泄愤。得过吕不韦好处的赵国官吏将消息透给了吕不韦，情急之下，吕不韦赶紧把异人装扮成自己的仆人，匆匆之中，奔向城门，倾其所有拿出六百斤黄金，贿赂守门官兵，这才得以脱身，逃到秦军大营，随后顺利回国。

回到秦国以后，吕不韦明白，首要之事是拜会华阳夫人，让异人给夫人留下一个好印象。华阳夫人是楚国人，于是吕不韦便让异人身着楚服，觐见华阳夫人。华阳夫人见状十分高兴，遂正式认异人为子，并替他更名为"子楚"。公元前 251 年，秦昭襄王驾崩，太子安国君继位为秦王，就是秦孝文王，立华阳夫人为王后，立子楚、也就是原来的异人为太子。次年，秦孝文王突发疾病驾崩，子楚继位为秦庄襄王，华阳王后被立为太后，吕不韦也终于得到了相应的回报，获利果然不计其数，既被任命为丞相，封文信侯，又以洛阳十万户作为他的食邑，并且总管秦国一切军政大事。及至公元前 247 年，秦庄襄王驾崩，十三岁的太子嬴政、也就是后来的秦始皇帝继立为王，尊奉吕不韦为相国，号称"仲父"，意即叔父。

商人出身的吕不韦，由于投资大获成功，把落魄王孙运作成了一国之君，于是权力、金钱双收。权钱双收的吕不韦，又不满足于此，他还想在文化方面出人头地，显摆显摆。我们知道，战国晚期有著名的"四公子"，即魏国信陵君魏无忌、赵国平原君赵胜、楚国春申君黄歇、齐国孟尝君田文，他们都礼贤下士，结交宾客，名扬四海。商人吕不韦觉得秦国如此强大，自己又是堂堂秦国的相国、秦王的"仲父"，总不能被他们比下去，所以他也招徕文人学士，给他们优厚的待遇，门下宾客多达三千人。吕不韦命宾客们各自将所见所闻记下来，由他综合在一起，成《八览》《六论》《十二纪》，共 20 多万字，160 篇文章。因为其中包括了天地万物、古往今来的事理，兼容了各家各派的学说，所以命名为《吕氏春秋》。《吕氏春秋》编成后，看到各方面的反响并不那么热烈，吕不韦又出奇招，他把书的内容公布在咸阳市的大门旁，上面悬挂着一千两的黄金，并且贴出告示说："若有人能增删一字，就给予千金的奖励。"这就是成语"一字千金"的由来。但是最后也没人上前增删，其间的缘故，应该是人们害怕吕不韦的权势，不敢在太岁爷头上动土吧！而就吕不韦本人来说，挂名主编《吕氏春秋》的深层目的，更是意在使自己的学说定于一尊，使秦王嬴政成为他的学说的忠实执行者，从而维持其地位与权势于不坠。

然而权力、金钱、名望都达到顶峰的吕不韦，还是逃脱不了盛极而衰的自然规律乃至社会法则。随着秦王嬴政逐渐长大，希望掌握实权，他与这位"仲父"的矛盾日趋激烈。最终，在嬴政咄咄逼人的政治攻势下，吕不韦先被免去职位，迁居洛阳封地，继而又被嬴政来信谴责，惶恐之中，吕不韦喝下毒酒，自杀而亡。

虽然吕不韦的结局是悲惨的失败，但并不影响他成为中国古代最具传奇色彩的投机商人。吕不韦"奇货可居"的理论，巧取富贵的实践，深谋远虑的安排，周全细致的运作，不断为后世所提及。无疑，在投资政治、投资权力这个方面，作为商人的吕不韦，堪称一位典范式的人物。

沈万三：
锐意开拓，灵活调整

　　说过了子贡、范蠡、白圭、吕不韦这四位春秋战国时代的商界巨星，怎么一下子就跳到了元末明初的沈万三了呢？我得先解释解释。

　　在"商业智慧"的"引言"中，我说过"重农抑商"是中国古代王朝长期实行的基本政策，而在这样的社会环境中，商业的发展自然遭到了政治的压抑，以至中国传统时代的商业长期保持低迷状态，在世界各民族中，华夏汉族也并不以经商而著称。不过话虽如此，社会的进步毕竟离不开必要的商业，有些时代的商业还相对繁荣，比如春秋战国，比如明清。以言春秋战国，在"天下熙熙，皆为利来，天下攘攘，皆为利往"的大环境中，不仅出现了一批重要的商业都会，如范蠡做生意的陶，白圭的家乡洛阳，以及邯郸、燕、临淄、宛、陈、寿春、合肥等等，还出现了一批累资巨万的巨商大贾，如子贡、范蠡、白圭、吕不韦都是其中的代表人物。以言明清，随着手工业、工矿业、商品性农业的大力发展，传统商业呈现出许多崭新的特征，如商业资本愈发广泛地渗入生产领域，工商业城镇迅猛涌现，工商业人口比重加大，区域性乃至全国性市场网络逐步形成，地域商人集团也就是"商帮"成为商业领域的突出现象。也正是与上述的历史变迁相一致，我在"商业智慧"这个系列中所讲的内容，无意识地选择下来，竟然就是春秋战国的四位人物，即子贡、范蠡、白圭、吕不韦，以及明清的五个例子，即沈万三、盛宣怀、乔致庸、吴士东四位人物与商帮代表晋商常家。本讲先说沈万三。

说起沈万三，可是大名鼎鼎的巨商，尤其是在江南地区，有关他的传说很多。除了有名的周庄美食的万三蹄外，我再说个南京地区的相关传说。朋友们都知道南京人爱吃鸭子，乃至有人戏称南京是"鸭都"，又说"没有鸭子能活着走出南京"。与此相联系，又有南京没有鸡的说法，这个说法就与沈万三有关。话说明太祖朱元璋修筑南京都城墙时，南门也就是今天的中华门屡建屡塌，十分诡异，有人就出主意说，只要借来沈万三家的聚宝盆，镇在这个地方，就能建好城门。于是朱元璋借来了这个聚宝盆，并且答应雄鸡叫早时就归还，结果朱元璋为了赖账，竟把南京城里的鸡都杀了，这样就不用归还聚宝盆了，所以这座南门得名聚宝门。那沈万三的聚宝盆又是怎么回事呢？话说沈万三未发达时，有一日见到一人捉了一袋青蛙准备杀了吃，沈万三心有不忍，便花钱买下青蛙放生。到了晚上，他忽被一片蛙声吵醒，出门一看，只见被他放生的青蛙围着一个瓦盆，他便将瓦盆拿回家。有一次，他的妻子不小心掉了块银子在瓦盆里，结果很快变成了一盆银子，原来这竟然是个聚宝盆，沈万三由此大富。

以上这些，当然都是传说，不过这些传说，也有历史的影子在内。比如依据《明史·马皇后传》的记载，朱元璋修筑南京都城墙时，沈秀也就是沈万三（万三是沈秀的别号），就认捐了都城墙的三分之一，后来又出资犒赏军队，只是犒赏军队这个马屁拍到了马脚上，生性多疑的朱元璋大怒道："匹夫竟敢犒劳天子的军队，这是乱民，该杀。"幸得大脚马皇后劝谏道："民富敌国，民自不祥。不祥之民，天将灾之，陛下何诛焉。"沈万三这才保住了性命，但被发配到云南，最后客死他乡。

无论传说多少，史实怎样，元末明初有位江南巨富沈万三，是没有疑问的。那么，沈万三的聚宝盆，也就是他的成功商道，又是什么呢？简而言之，是他的锐意开拓，灵活调整。

沈万三是吴兴南浔即今浙江湖州南浔人，元朝至顺年间，他随父沈佑迁居长洲周庄即今江苏昆山周庄。这位富可敌国的沈万三，并非是含着金钥匙出生的幸运儿，他的原始积累，也就是做生意的本钱，来自他过人的判断力与经营能力。在元代江南，农业经济的发展有两个明显突出的现象：一是农田水利的进步，带来水田种植发达，稻田面积日益扩大；二是土地高度集中，租佃关系逐渐蔓延。沈万三的发迹，正是借着这种土地关系的变化，将一部分失去业主和佃户的土地，占归己有。

元末的周庄，人少地多，而且水资源非常丰富。沈万三敏锐地注意到其中的投资价值，于是以极其便宜的价格，买到了大片肥沃的土地。沈万三的父亲沈佑是位农业专家，对施肥和灌溉都很有研究。在沈佑的带领下，沈家一家老小齐上马，勤劳耕作，很快就"力田致富""田产遍吴下"。到了沈万三，在完成资本原始积累的基础上，他以周庄为大本营，将目光投向商界，开始了事业的进一步拓展。

沈万三效法商圣白圭的经营策略。他认为商业的利润源于买卖的差价，会做生意的人，要善于捕捉商机、买进卖出。一旦发现买卖的时机到了，就要若猛兽鸷鸟之发，当机立断，才能获得利润。此外，沈万三既具有吃苦耐劳的良好品质，又善于借助元末割据苏州的吴王张士诚的权势，这也使得他在商战之中，得心应手，游刃有余。比如某年，江南夏熟丰收，秋熟作物也长势甚好，粮价开始下跌。沈万三瞅准时机，将田产当尽，囤积了几万石粮食，人们皆笑其愚蠢。次年，苏北大旱，粮价飞涨，沈万三将粮食运到苏北卖出，获得了巨大收益。

拥有敏锐的观察力和判断力，能够准确预测商机，是经商者必备的能力之一，也是经商者财富永不干涸的源泉。当年义军首领张士诚准备攻打苏州城，由于传闻张士诚嗜杀成性，这造成了苏州城百姓们的极大恐慌，各家商号店铺都不惜血本地贱价出售，但还是没有人买。而沈万三准确地预见到传言的不实，他果断出击，迅速收购了苏州城里一半的店铺。等到所有的商人回过神来，沈万三已经垄断了全苏州的珠宝、瓷器、米行、竹木器店等行业。

成为富甲一方的大商贾后，沈万三开始调整经营策略，向着更为广阔的市场拓展。地方志中记载，沈万三"富甲天下，相传由通番而得"。"通番"即国际贸易。元代江南的海外贸易非常发达，有"富民往诸番商贩，率获厚利"之说，乃至于当时的元朝政府曾设立专管海外贸易的机构。沈万三也开始大做海外贸易的文章。他的老家周庄坐落在急水江畔，急水江西连白蚬江，可到苏州，东通吴淞江，直达太仓，加上江浙一带的丝绸、茶叶、陶瓷、工艺品等特产深受海外欢迎，所以沈家船队可以从周庄急水江浩浩荡荡地直达太仓刘家港，然后扬帆远行，获利颇丰。孔迩在《云蕉馆纪谈》中说，沈万三"尝为海贾，奔走徽、池、宁、太、常、镇富豪间，辗转贸易，致金数百万，因以显富，衣服器具，拟于王者"；著名史学家吴晗也曾特别提及，苏州周庄沈万三之所以成为巨富，与海外贸易具有密切联系，这是沈万三"富甲天下"的主要原因。

除了在国内外市场的货物经营外，与当时一般商人有所不同的是，沈万三还非常关注投资环境和人居环境，认为这与商机有直接关系。比如沈万三在吴江盛泽建南胜坊、北胜坊，这相当于现在经营生活资料和生产资料的综合性市场，以此吸引四面八方的各路商家到此地做生意。他还"植红梨万树于湖滨"，让经营者、消费者都能够置身于秀丽的风景之中，这不仅构建了人与自然的和谐，也有助于构建买卖双方的和谐，从而积聚起更多的"人气"，这在当时应该说是全新的理念。此外，沈万三还关心长年独自在外的商贾们的业余生活，"设南书房、北书房以处女闾"，这里的"女闾"，是"歌舞伎"的意思，在当时的社会环境特别是商业环境中，这不单是可行的、合理的，并且很有必要。客商独自在外，难免寂寞，提供些娱乐生活，更能留得住客商，这也算是完善投资环境的一种措施吧。

从沈万三的身上，我们可以清晰地看到，他不断根据时势的变迁，来调整自己的经营策略与投资方向。在不同的政治、经济、社会环境下，市场需求往往处于不断变化之中。如果固步自封，只想守住自己的一亩三分地，那么迟早要被市场淘汰。而成功的商业经营者，在选择投资对象、确定经营策略、明确主攻方向等方面，往往具有超越常人的学识、眼光与判断，往往善于利用现有的资本，锐意拓展市场，灵活经营渠道，这就是所谓的商业智慧吧。拥有这样的智慧，才能保证在竞争激烈的商海之中，立于不败之地。而元末明初大商人沈万三的成功之路，就向我们展示了一位优秀的商人所应当具备的综合经营能力。

盛宣怀："一手官印，一手算盘"

商业经营、商业竞争是一个极为复杂、相当长期的过程。从商者欲成就事业，不仅需要从赚取商业利润的角度出发，考虑问题，还要兼顾到政治、经济、社会、文化、族群等多方面的相关要素。这是庞大的系统工程。处理得当，事半功倍，处理不佳，则有一着不慎、满盘皆输的风险。因此，善用资源，谋篇布局，根据各异的环境调整自己的经营策略，可谓成功的商业经营者应该具备的素质。

我们知道，晚清有一位著名的"红顶商人"盛宣怀，另一位著名的"红顶商人"胡雪岩都惨败在他的手下。盛宣怀由学入商，由商入仕，与李鸿章、慈禧太后都过从甚密。而说起盛宣怀的商业或者实业成就，他创造了多项"中国第一"，比如第一个民用股份制企业轮船招商局，第一个电报局中国电报总局，第一家内河小火轮公司，第一家银行中国通商银行，第一条铁路干线京汉铁路，第一家钢铁联合企业汉冶萍公司，第一家勘矿公司，若再加上第一座公共图书馆、第一所高等师范学堂南洋公学、第一所近代大学北洋大学堂，以及首先创办了中国红十字会，则盛宣怀拥有 11 项"中国第一"，这无疑是令人惊诧的。而盛宣怀能够从一位书生，成长为"一手官印，一手算盘，亦官亦商，左右逢源"的高官、巨商，又正得益于他对各种资源的充分利用与合理谋划。

盛宣怀也是一位极具争议的人物。有人赞他，有人骂他。慈禧太后评价他"为不可少之人"，李鸿章评价他"志在匡时，坚韧任事，才识敏瞻，堪资大用"，张之洞评价他"可联南北，可联中外，可联官商"，孙文评价他"热心公益，而经济界又极有信用"，这都是对盛宣怀的肯定；鲁迅先生痛斥盛宣怀是"卖国贼，官僚资本家，土豪劣绅"，如我这个年纪的人，读大学时被灌输的就是这种负面评价。《盛宣怀传》的作者、华东师范大学夏东元教授则评价他是"处非常之世，走非常之路，做非常之事的非常之人"。近些年来，我与常州文化界颇多来往，茶叙酒饮之间，常州的朋友们对盛宣怀这位老乡赞誉有加，常州市文化广电新闻出版局还重版精印了盛宣怀出资、缪荃孙编辑的《常州先哲遗书》，以为常州申报国家历史文化名城助力。那么，这位毁誉参半、邑人至今怀念的盛宣怀，在商业方面究竟有何非常之处？他的商业成功经历中，又蕴含着怎样的智慧呢？

盛宣怀出生于1844年，逝世于1916年，武进（今江苏常州市）人。据盛氏家谱记载，他在外地做官的祖父曾梦见老家庭院里杏花盛开如锦，因此给他取字杏荪，祝愿他前程似杏花般灿烂，如荪草般芬芳，就如父祖一样，金榜题名，加官晋爵，光宗耀祖。起初，盛宣怀也是意气风发，认为可以由学入仕，从乡试、会试一步步地攀上去，博得高官厚禄。但没想到的是，年轻的秀才盛宣怀三次乡试不中，灰心丧气之下，他对于自己的将来如何发展，也有了一些新想法。恰逢此时，朝廷重臣、其父世交李鸿章来到江南地区公干，盛宣怀抓住机遇，成了李鸿章幕府中的文员。李鸿章此行的目的，实际是为清廷平剿地方叛乱，而其中最关键的一点，就是向外国洋行购买武器装备，以求增强军力。了解到这个情况后，盛宣怀主动向李鸿章请缨，去往沿海的天津、上海等地购买新式军用装备。李鸿章也正在想着如何考验盛宣怀的真才实学，便答应了他的请求。最终，这次采购大获成功，而盛宣怀通过与外国洋行较为广泛的交往，以及接触洋务的机会，也终于找到了自己的人生方向，于是他果断地弃文从商，即背靠李鸿章的支持，顺应清廷发展洋务的政策，拉开了盛氏洋务的帷幕，开始建立他的商业帝国。

随着洋务运动的展开，李鸿章作为洋务领袖之一，对盛宣怀颇多重用。他首先被委为会办，参办轮船招商局，三年后升任招商局督办。1876年，盛宣怀又得李鸿章面授机宜，参与了收买吴淞铁路的事务。这是由英国人修建的一条从上海到吴淞、全长14.5公里的窄轨轻便铁路，也是中国最早的商用铁路。当时，英国人在没有通知清廷的情况下，修建了这条铁路，这令清廷十分不快。李鸿章派遣盛宣怀出面办理谈判事宜，最后以28.5万两白银的代价，将这条铁路赎回并且拆毁。因为事情办得圆满，盛宣怀甚得朝廷的认可、李鸿章的赏识。至此，他已经从一位一心科举的书生，转变成了"红顶商人"。

作为"红顶商人"，盛宣怀如鱼得水，在商业上显示出了超常的天赋。在他办洋务的30余年中，盛宣怀掌握了当时的电报、轮船、矿利、银行、邮政、铁路、纺织等要业，他的个人财产也过千万之巨，甚至有人讥讽他"一只手捞十六颗夜明珠"。而凭借着在商业上的巨大成功，他原本连试不中、前途暗淡的仕途，也迎来了新的转机，官阶扶摇直上，先后得授太常寺少卿、大理寺少卿、太子少保、工部左侍郎、邮传部右侍郎、邮传部大臣等等，真可谓亦商亦官，名利双收。

当然，作为亦商亦官的人物，盛宣怀避免不了因为政治的牵连而引发的商界争斗，其中的典型事件，就是他斗倒了胡雪岩。当时，盛宣怀有位旗鼓相当的对手，就是年长他20余岁，大名鼎鼎的徽商代表、"红顶商人"胡雪岩。盛宣怀知道，一山不容二虎，两人之间迟早要逐出胜负，更重要的是，盛宣怀倚重的李鸿章和胡雪岩倚重的左宗棠政治立场对立，矛盾极深，比如李鸿章为主和派，左宗棠为主战派，李鸿章强调海防，左宗棠强调陆防，这样，盛宣怀与胡雪岩的对立乃至对抗，也就变得不可避免。

盛宣怀了解到胡雪岩每年都要囤积大量生丝，以此垄断生丝市场、控制生丝价格，于是通过密探，掌握了胡雪岩买卖生丝的情况，随即大量收购，再向胡雪岩的客户群大量出售，同时收买各地商人和洋行买办，让他们不买胡雪岩的生丝，致使胡雪岩的生丝库存日多，资金日紧，苦不堪言。

　　盛宣怀又从金融层面，展开一系列的攻击。胡雪岩本是借贷经营的高手，他曾先后两次，向汇丰银行贷款1 000万两银子，并以与军费有关的各省协饷作为担保。这些贷款，主要存放在胡雪岩自己创办的阜康银行中。盛宣怀对胡雪岩的贷款情形了如指掌，他在估计胡雪岩调动的银子陆续出了阜康银行后，就趁着阜康银行库存空虚，托人到银行提款挤兑。虽然提款者都是大户，少则数千两，多则上万两，但盛宣怀觉得，单靠这些人挤兑，还搞不垮胡雪岩，就又让人放出风声，说胡雪岩囤积生丝大赔血本，只好挪用阜康银行的存款，如今，胡雪岩尚欠外国银行巨额贷款，阜康银行倒闭在即。尽管人们相信胡雪岩财大气粗，但他积压生丝和积欠外国银行贷款却是不争的事实。很快，人们就由不信转为相信，纷纷提款。挤兑风潮在当时社会引起轰动。万般无奈，胡雪岩只好把他的地契和房产押出去，同时廉价卖掉积存的生丝，希望能够挺过挤兑风潮。不想风潮愈演愈烈，各地阜康银行的门前人山人海，银行门槛被踩破，门框被挤歪。最终，胡雪岩在与盛宣怀的竞争中败下阵来，不久以后的1885年，郁郁而终，盛宣怀则少了一位强有力的竞争对手，事业更加蒸蒸日上。

　　说过盛宣怀的这些难以评说的故事，我们能够得到怎样的认识呢？盛宣怀并非出自经商世家，进入商界时也没有得天独厚的特殊条件，但他能够开拓思路，将政治权力、社会资源转换为自己的经商本钱，并在与胡雪岩的商业竞争中，早早地谋篇布局，运用多种经济手段，直击竞争对手的要害，从而确保自身的优势地位。可以说，盛宣怀能够成为晚清时代首屈一指的"红顶商人"，并非偶然，而是他充分运用智慧的结果。

乔致庸：创新模式，注重管理

　　说过了两位南方江苏的巨商沈万三、盛宣怀，接下来的两讲，再说北方山西著名的晋商乔致庸与常家。说江苏，是因为我在江苏已经生活了半个多甲子，说山西，是因为山西是我最熟悉的北方省份，去过不下十几次吧。

　　今天，我们如果去山西旅游，山西尤其是晋中地区的大院，应该算是特色文化旅游项目，这些大院的主人，基本上都是晋商富豪，其中规模并不算大的祁县乔家大院，因为是最早修复开放的一座晋商大院，更因为是张艺谋导演的电影《大红灯笼高高挂》的拍摄地，而蜚声海内外。乔家大院的前身即祁县晋商乔氏的宅院。这座宅院由清乾隆年间乔全美始创，至1937年抗日战争全面爆发前，在近两个世纪的时间里，乔家代代加以修缮、扩建，最终成为一处富丽堂皇的建筑群，也形象地表达着它的主人财富的厚重与地位的显赫。那么，在经商传统悠久的山西地区，乔氏为何能够后来居上，成为富甲一方的晋商代表？又为何能在晚清民国"千百年未有之大变局"中，稳步发展？这其中有位关键人物，他就是乔全美之子、乔家第四位当家人乔致庸。乔致庸特有的经营模式与治家之道，正是晋商乔氏维系百年不倒的关键所在。下面，就让我们跟随乔致庸的经历，感悟晋商乔家的商业智慧。

　　乔致庸，1818年生人，1907年逝世，山西祁县人。在他幼年时，父母双亡，他是由兄长乔致广抚育长大的。按照原本的安排，乔致广作为兄长，负责打理父亲留下的生意，乔致庸则走念书考科举、由文入仕的路子。不过，乔致庸的科考之路并不顺利，年过而立，尚未中举。更加雪上加霜的是，在他 38 岁这年，由于乔家的茶路断绝、资金链断裂，家族生意危在旦夕，乔致广一口气上不来，竟然撒手而去。这时，乔致广的儿子还小，作为弟弟的乔致庸必须盘活生意，才对得起祖父兄三代人的心血。于是他果断放下书本，操起算盘，承担起复兴家族的重任。

乔致庸的祖父乔贵发是由"走西口"起家的，家族的店面大部分在包头。因此，在乔致庸看来，恢复茶路还在其次，首先得稳住包头的生意。而到包头后，他发现，情形远比想象的更为严重：员工人心浮动、挤兑薪水，生意资金短缺、难以维系，这每一项都会抽掉乔家的根基。面对困境，乔致庸采用了一种全新的经营模式来招揽人心，这就是"顶身股"的概念。

所谓"顶身股"，就是一位小伙计入店当学徒，三年后如果成绩合格，就成为正式员工。再勤勉工作三个账期也就是十年，如果成绩优良、没有任何失误，就可以通过掌柜推荐、股东认可，拿到"干股"，也就是一或二厘的身股。只是这种股份不可买卖，但能参与分红，若人不在了，股份则要收回。换言之，只要员工表现良好，拿到的身股就会随着工龄增长，乔家可以养他一辈子。而这样一来，员工不仅是被雇佣者，更是与乔家商号荣辱一身的共同体。这不仅大大加强了商号伙计们的忠诚度，也极大提高了他们的工作热情。因此，乔致庸的"顶身股"制度一经施行，马上稳住了浮动的人心。老伙计们都拿到了合适的股份，新伙计的心也安定下来，真正把乔家的生意当作自己的事业。当别的商号伙计还在眼巴巴地盼着涨薪水时，乔家的伙计已经成为商号的一分子。这种经营模式，在今天看来不算新鲜，但在当时却具有极大的创新性，大大增强了乔家对人才的吸引力。所以在当时的山西有句话"做官的入了阁，不如在茶票庄当了客"，可见"顶身股"的魅力。

稳定了自家的员工，又吸引了其他商号的人才，加上依靠着家族长年积累的声誉借到贷款，乔家在包头的生意迅速起死回生。随后，乔致庸在原有商号的基础上，又投资六万两银子，开设了当铺、粮店、钱铺等产业。后来又把生意扩展到归绥（今内蒙古呼和浩特市）、祁县、太谷，经营日用百货、皮毛、粮食、钱庄、酒店，于是一张遍布西北的商业网络，在乔致庸的手中铺开，就以包头来说，至今都流传着"先有复盛公，后有包头城"的谚语，"复盛公"是乔家的商号名称。

如果说对普通员工，能够参与分红，让他们有份安身立命的收入，那么对商号的管理人才，乔致庸只要认定了，就立马破格任用。比如平遥蔚长厚票庄的福州分号掌柜阎维藩，因为与总号有矛盾、被排挤，于是辞职返回祁县老家。乔致庸听说此人才能了得，就派其子所领的两路人马，带着八抬大轿，分别在可能出现的路口等候。一连等了八天，阎维藩的身影终于出现。看着风尘仆仆的乔家人，阎维藩顿时感动得热泪盈眶，但他坚持不上轿，要与乔家人并肩而行。最后实在相持不下，才在轿子里放了一顶帽子，算是代替他坐轿了。回到祁县后，阎维藩当即出任大德恒票庄掌柜，凭借他的出色才能，在以后的 20 余年中，大德恒票庄的账期每股分红，都相当丰厚。乔致庸散了钱财，却聚了人才，生意富了自己，也富了众人。这正是乔家商业成功的奥秘所在。

乔致庸在商业经营模式上的成功，源于他对经济规律的有效把握与合理使用。而在具体的家族管理、企业管理方面，乔致庸也有自己的理念与做法。

以言家族管理，他重视传统文化美德的养成。如乔致庸拟定的家训，主旨有四，即一要不忘祖训，奋发向上，二要持盈保泰，视有若虚，三要临深履薄，勤俭用度，四要勤学上进，礼义传家。又如他教育被寄寓厚望的长孙乔映霞"气忌躁，言忌浮，才忌露，学忌满，胆欲大，心欲小，知欲圆，行欲方""为人做事，怪人休深，望人休过，待人要丰，自奉要约。恩怕先益后损，威怕先紧后松"。再如山西很多富商的大院里，都有供族人享乐的戏台，但是在乔致庸掌家期间，乔家没有。乔致庸最为担心的，就是子孙们玩物丧志，以至于他的家里，丫鬟不招年轻漂亮的，而是专找粗枝大叶的中年妇女。乔致庸还亲自拟定了六条家规：不准纳妾、不准赌博、不准嫖娼、不准吸毒、不准虐仆、不准酗酒。如果家中有谁胆敢违背其中任何一条，就必须在大家的目睹下，跪地背诵《朱子格言》，坦白承认错误。

以言企业管理，在银子大量流通的商号中，乔致庸也将"规矩"贯彻到底。每开一家店、每设一个分号，乔致庸就会与掌柜一起，拟定适合本地的号规，包括严厉的奖惩制度、人事制度，充分发挥传统道德在企业管理中的价值。在乔家的商号里，从掌柜到伙计一律不得抽鸦片，更不能嫖娼，一旦发现有此类行为，就会被拿掉身股，情节严重者，甚至要被开除出号。

正是在这样的家族氛围、企业氛围中，乔家大院的子孙、乔家商号的伙计，都能兢兢业业、勤勉朴素。若从经商传统来说，祁县乔氏并非晋商中最为悠久的家族；从产业规模来说，祁县乔氏也从来不是最为家大业大的一号。然而，在激烈的商海竞争中，在晚清民国的大变局中，乔家却是晋商中最为稳定的一支，其关键就得益于乔致庸独到的商业模式创新与严格的系统管理要求。而联系到现实，在企业规模不断扩大、经营模式愈加多样的今天，如何在商业模式上加以创新，以保证效率与稳定，如何加强管理，以增强员工的凝聚力，可谓每位经营者都需要面对的现实问题。乔致庸的商业智慧，无疑值得我们细心体会、切实学习、系统借鉴。

商业离不开市场。市场的竞争，归根结底，是人才的竞争。无论是贩卖有无，还是经营物流，抑或从事金融信贷业务，有知识、懂经营的人才都是必须的。人才越多越优，则生意越做越大，财富源源不绝。反之，哪怕风头很劲，一时繁荣，也难免后继无力，终究走向衰败。可以说，人才是商业经营的根本，是企业发展的决定因素。而在这方面，明清时代的晋商，就给予我们很多的启示。晋商有名言云"得人者昌"，特别重视人才的培养与发掘，这也是其得以在国内外开枝散叶、传承数百年长盛不衰的重要原因。

晋商培养人才的方式，惯称为"学生意"，"学生意"的规矩很多，非常艰苦，乃至于有些刻板，但却有其独到之处。

比如商号所录取的学徒，年龄必须在 15 岁至 20 岁之间，不仅身高、五官、仪态、谈吐等各方面都有一定标准，尤其要求家世清白，还需要懂得一些基本礼仪，会珠算，能楷书，更要肯吃苦，不怕长期远行在外。同时，晋商还有一个约定俗成的规矩，就是一般不录用跳槽者和被其他商号开除的人。

学徒如要进入商号，需要担保人，入号前还有试考。担保人应该是学徒的熟人，对所举荐的来"应招"的学徒负有连带责任。试考即由主考人当面出题，测试其智力及应变能力，文字和口才。笔试、面试合格者，方可择日进号。进号称"请进"，表示人才是请入的，这也表明了对人才极为尊重的态度。

学徒入号后，先由总号派遣资深员工前往担任教师，对其进行系统培训，培训的内容主要包括两个方面：一是业务技能培训，如珠算、习字、记账、写信，了解商品的性能，熟记银两的成色等等；二是职业道德培训，教导学徒经营要重信义、戒奸诈、敦品行、贵忠诚、鄙利己、奉博爱、禁奢华等等。学徒期间，商号只管饭食，不拿薪水，年终才略给些衣服、物品。大约十年的学徒期满，进行实际考察，然后量才量德使用，从跑街、伙计，到襄理（三掌柜）、协理（二掌柜）、经理（大掌柜），一阶一阶地升上去。

在当时的晋商商号中，学徒的规矩极多，以至于有"十年寒窗考状元，十年学商倍加难"的民谚。比如"忙时心不乱，闲时心不散""快在柜前，忙在柜台"，我再录个更为全面的，诸位读者朋友们可以体会体会："黎明即起，侍奉掌柜；五壶四把（茶壶、酒壶、水烟壶、喷壶、夜壶，笤帚、掸子、毛巾、抹布），终日伴随；一丝不苟，谨小慎微；顾客上门，礼貌相待；不分童叟，不看衣服；察言观色，唯恐得罪；精于业务，体会精髓；算盘口诀，必须熟练；有客实践，无客默诵；学以致用，口无怨言；每岁终了，经得考验；最所担心，铺盖之卷；一旦学成，身股入柜；已有奔头，双亲得慰。"又在学徒里，三年、六年甚至十年才能回家探亲一次。诸如此类，都可见学徒培养的严格。也唯因如此，晋商商号人才的培养，犹如炼铁锻钢，品质自然得到了保证。

特别值得指出的是，晋商不仅注重一般人才的培养，还尤为重视在家族内部培养商业人才，以保证家族事业的延续。旧时的山西曾有句名言："生子有才可做商，不羡七品空堂皇。"不少家族重商不轻学，重学为经商，走出了一条商学互补的路子。这种情况，与徽商有明显不同。说起明清时代的商帮，以北方的晋商、南方的徽商最具影响力，相对而言，晋商专心致志做生意，"学而优则商"的观念深入人心；徽商以追逐财富为手段、以读书求取功名为归宿。其中的复杂原因，这里不去细说，至于晋商的具体情形，可以山西榆次的常家为例，稍加说明晋商的家族经营以及家族内部人才的培养。

常氏一族原系山西太谷县人，明朝弘治年间，常仲林迁居榆次县，以耕种、牧畜为业。至第八世常威时，常家已经算比较富裕了。常威不安于现状，只身去张家口经商，从家里出发时，他不带分文，一路为人占卦算命，赚取吃饭住店钱。到了张家口，他先在鼓楼底下摆摊，贩卖榆次大布，经过十几年的经营，常威开办了第一个商号——常布铺。雍正五年（1727），中俄开辟恰克图（买卖城）贸易。常威抓住时机，以张家口为基地，向外扩张，其产业分布到多伦诺尔、张家口及本省大同等处，而其中最重要者，是与俄罗斯的外贸生意。如在边境城市恰克图从事对俄贸易的众多山西商号中，经营时间最长、经营规模最大者，首推榆次常家。以言经营时间，从乾隆、嘉庆到光绪、宣统，沿袭150多年；以言经营规模，尤其晚清的时候，在恰克图十数个较大商号中，常氏一门独占其四，堪称清代晋商中的"外贸世家"。然则常氏的巨大产业及其维系与发展，既离不开其开创人常威，也与常威的长子常万圯、三子常万达都以经商见长密不可分。顺便提一句，常威的二子常万旺置田屯垦，落籍张家口菜园村，以种田为生。

常威最先刻意培养的是长子常万圯，自幼将他带在身边，让他学习经商。在商海波涛中，常万圯耳濡目染，很快成为精通商务的行家里手。三子常万达从小聪明好学，一直留在老家私塾中学习，经历了十年寒窗之苦，考取进士很有希望。不过，某次常威回乡后，经过观察，发现常万达的品德、智慧皆佳，在商业经营方面很有天赋，如果从商，一定会有所成，因此执意让常万达弃儒从商，常万达也不负父望，很快成长为商业经营的一把好手。常万圯创立"十大德"商号，主要从事内贸，人称"南常"，常万达创立"十大玉"商号，主要从事外贸，人称"北常"，皆为晋商中的"劲旅"。

到了乾隆年间，恰克图被清政府定为中俄贸易的唯一地点，中俄贸易的庞大交易都被集中到了恰克图。常万达看出了其中蕴藏的巨大商机，他将张家口经营的"大德玉"商号改为茶庄，倾其资财来到恰克图，实现了由内贸到外贸的转变。常万达向俄商出口茶叶，兼营绸缎，由俄方引进皮毛、银锭，有出有进，获利甚丰，为常家外贸事业的发展奠定了坚实基础。随着事业的发展和资本的增加，常氏先后增设大升玉、大泉玉、大美玉、独慎玉商号，形成了常氏"玉字"连号，遍布苏州、上海、汉口等地，独慎玉还在莫斯科设立了分店，生意十分繁荣。在当时，常家的商业人才不止常万玘、常万达兄弟，如他们的堂兄弟常万育，读书时"用力甚勤，人皆许其能……母独命学陶朱术"，也是由儒入商的典型，他经商二十余年，"家遂丰盈"，很有成就；常万达之子常怀愉"初而课读，颖异非常，长而经商，辛苦备至……其深藏若虚也，有良贾风；其亿及屡中也，有端木风。持义如崇山，杖信如介石，虽古之陶朱不让焉"；常万达曾孙常怿"随父服贾张垣，凡筹划经营实左右之"。总之，榆次常家的商业经营能够维持两百余年而长盛不衰，原因正在于家族内部商业人才的不断涌现。

在激烈的商业竞争中，谁占有了人才，谁就拥有了主动。晋商之所以如此优秀，在很大程度上正是因为晋商非常重视人才的选拔与后代的培养。晋商商号内，很多人从十余岁就开始学做生意，到了20多岁时，已是商场老手；著名的晋商家族，也多是历代传承，动不动就是一两百年的辉煌。今天，我们的公司、企业，从晋商选拔人才的方式、培养后代的经验中，仍然可以找出许多值得借鉴之处，比如在引进人才时，注重考查综合素质，培训员工时，兼顾职业技能、伦理道德、禁忌规矩等多方面，重视建立与完善具有可持续性的人才梯队，如此等等，不一而足。

广告营销：
丰富多彩，匠心独运

说过了商人、商帮，本讲换个角度，即借用现代的说法，以"广告营销"为例，说说中国古代的商业技巧及其启示。

我们这些做教书匠的，最喜欢听到的一句奉承话，是"桃李不言，下自成蹊"；至于生意人，最喜欢听到的吉祥语、最盼望达到的境界，是"酒香不怕巷子深"。所谓"酒香不怕巷子深"，是说如果商品质量足够好，就不需要额外宣传。从某种角度来说，这句老话是有道理的。因为在中国古代社会，交通不够发达，人员流动不是那么频繁，在某些小区域内，例如一县、一镇、一村之地的熟人社会中，只要拥有口碑，商品的确不愁无人购买，加上市场有限，购买力就那么大，所以广告宣传对于销量提升的功效，其实也很有限。然而，在各色人口众多、人员流动频繁的大都市里，或者经营范围如品种、地域扩大到一定程度时，广告的作用，就会变得相当重要乃至非常重要，丰富多彩的广告形式，匠心独运的广告运营，可以提升社会大众对商品的观感与认可，从而增加销量。

中国古代商业广告的起源很早，不仅形式多样，而且韵味十足。比如商周时期就有以叫卖为形式的广告。屈原的《天问》中有这么两句："师望在肆，昌何识？鼓刀扬声，后何喜？"译成白话，就是"太公吕望在肉店，姬昌为何能认识？听到挥刀叫喊声，文王为何就欢喜？"不说周文王姬昌，单说太公吕望也就是姜子牙，他在铺子里卖肉时，故意把刀剁得叮叮当当响，并高声吆喝招揽顾客，这鼓刀扬声，就是早期叫卖打广告的记录。发展到后来，街头巷尾那些小商贩、挑货郎，或将商品信息编成朗朗上口的小调，抑扬顿挫地叫唱，兜售货物，或用种种工具敲打、摇动、吹奏，如卖油的敲油梆子、挑货郎担的摇小鼓、阉猪阉牛的吹小喇叭，这都属于行商的叫卖广告。这种种的叫卖，又有"货声""唤头""报君知"的说法，而即便到了今天，通过叫卖而广而告之的形式，在乡村、县城里仍不少见。

叫卖打广告的形式，生动诙谐，但始终不是主流的广告手段。现今社会的广告大多由名人代言，即请各行业有公众影响力的人物来推销商品。其实在中国古代，利用名人效应来打广告，也是早早就出现的现象。如《战国策·燕策》中记有这样一则故事：有位卖骏马的人，连续三个早晨来到集市卖马，人们不知道他卖的是匹好马，所以无人搭讪。这个人就去拜见伯乐，对他说："我卖的是匹好马，但连续三个早晨站在集市里，却没人前来光顾。拜托您老过来一趟，绕着马看看，走的时候，再回头看它一眼，我会付您报酬的。"伯乐答应下来，照此做了，结果马价立涨十倍地卖了出去。为什么会如此呢？原因在于这位卖马人利用了伯乐善于相马的美名，给自己的马打上了"伯乐都会多看一眼"的标签，于是获得了十倍的暴利，这可谓深谙广告营销之术。又如《晋书·王羲之传》记载，东晋大书法家王羲之见到一位老妇人在卖扇子，却没什么生意，一时兴起，就拿过几把扇子，在扇面上都写了五个字。老妇人并不认识王羲之，一脸的不高兴，觉得这人是在添堵，于是王羲之对老妇人说："你只要告诉人，这是王右军写的，一把扇子就可以卖一百钱呢。"老妇人照着此话做了，人们真的竞相购买。隔天，这位老妇人又拿了许多扇子来，想让王羲之题字，王羲之却只是笑笑，并未依允。同样的故事，还有我在"处世智慧"中讲过的谢安。谢安有位同乡，原为县令，罢官后囊中羞涩，只有五万把派不上啥用场的蒲葵扇，谢安从中随意取了一把拿着，于是"建康扇贵"，一时价增数倍，不仅解了老乡的燃眉之急，还让老乡发了一笔横财。这就是"书圣亲笔""名相加持"的效果，由此也可见利用名人炒作商品的广告营销，古往今来，都如出一辙地具有特别的出彩作用。

除了自身叫卖、名人代言，中国古代还存在另一大类广告形式，即招牌标识，我们可以统称为"幌子"。幌子大多以布制作，悬挂于店铺门前的醒目之处，意在引起行人注目，招揽生意。最早的幌子大概是酒旗，《韩非子》中记载，春秋时期宋国有位经营酒铺的老板，计量充足，待客周到，酒的质量也好，而且在酒铺门口竖起高高的"帜"也就是酒旗，但就是没啥生意，以至于酒都放酸了。这人感觉奇怪，就去问巷子里的长者杨倩，杨倩说："你家养的狗挺凶吧？"这人说："是啊，但这与酒卖不卖得出去有关吗？"杨倩说："人们害怕狗。有人让小孩来买酒，狗却扑上去咬他，这就是酒卖不出去的原因。"韩非借着这个事情，是想说明一个道理：寻找事情成败的原因，有时不能局限于事情本身。而若从商业广告的角度来看，这里的"帜"就是酒旗、就是幌子。酒旗在中国古代非常多见，如唐人刘禹锡有诗："酒旗相望大堤头，堤下连樯堤上楼"，白居易也有诗云："千里莺啼绿映红，水村山郭酒旗风。"

推而广之，幌子又不仅用于酒铺、以布制作，各种各样的店铺，其实有着各种各样的幌子。比如卖什么挂什么，这是实物幌子；如果实物无法引人注目，或者太小，就用金属或木头做出比实物更加鲜亮、大上数倍的模型，这就是模型幌子；还有些商品，比如油、酒、醋无法悬挂，那就挂出油瓶、酒壶、醋坛子，这可以称为包装物幌子；至于澡堂子门前挂红灯，则是约定俗成的暗示性幌子。当然，写有"酒""茶""药"的旗帘，直书"米""当""赁"的木匾，表达行业特征的"太白遗风""丸散膏丹""南北杂货"，乃至兜揽生意的"百年老店""货真价实""童叟无欺",都属于一目了然、简明易懂的文字幌子。

自身叫卖、名人代言、各种幌子,彰显着中国古代坐贾行商的经营智慧。而综合来看,不妨再以商品经济蔚为发达的宋代为例,体会一下当时商业广告的丰富多彩。比如通过传世名画、北宋张择端的《清明上河图》,我们可以窥见北宋都城汴京繁华的商业活动,据统计,画中广告幌子有10面,广告招牌有23块,灯箱广告至少4个,还有堪称大型装饰广告的5座彩楼。提到彩楼,依据宋人孟元老《东京梦华录》的记载,汴京城里九桥门街市的酒店,"彩楼相对,绣旆相招,掩翳天日",这里的"绣旆"是指高档招牌,"彩楼"则是用竹木与彩帛搭建起来的门楼。越是高级的酒店,彩楼越是豪华,如《清明上河图》中有家名为"孙羊正店"的酒家,彩楼有三层楼高,非常气派。

进一步来说,由广告发布之术,上升到广告销售之道,就不仅需要经营者在形式上用力,更需要在内涵上用心。在这方面,晚清民国著名商人孟洛川拓展市场的公关之术、公关之道,就很具有代表性。

孟洛川,1851年出生,1939年去世,据说是"亚圣"孟子的第69代孙,山东章丘人,祖辈为地主兼商人。18岁那年,孟洛川开始接管其父孟传珊创始的主营布匹、绸缎、皮货的瑞蚨祥商号。为了在竞争激烈的市场中脱颖而出,孟洛川策划设立了瑞蚨祥成衣店,即选择了直接行销成衣的策略。同时,他还善用赞助之法,比如将用料考究的制衣,赠予出堂会的戏班穿着,由此将瑞蚨祥的声誉传播到京城的名门望府,以此扩大影响;又如考虑到一般人家叫戏班堂会,多有喜庆之事,于是孟洛川就请戏班在接到邀帖后,将喜庆内容告知瑞蚨祥,然后瑞蚨祥会制作出精美的贺匾,写上相关的吉祥贺词,附带着相应的礼品,委托戏班出堂会时转交主人家,这样一来,贺匾悬挂于高朋满座、胜友如云的高堂华壁之上,受众目标自然准确而且有效,生意焉能不火？除此以外，瑞蚨祥的促销活动也是别具匠心。比如为了让顾客对瑞蚨祥留下深刻印象，孟洛川令店内精选布料，裁制成包袱皮，上面印有五个"福"字和商号标志，凡进门者，不管是否消费，均赠一方，名曰"包福"，这样进门者讨了彩头，很是欢喜。而印有瑞蚨祥标志，"瑞"者寓意瑞气、"蚨"者寓意钱财、"祥"者寓意吉祥的"包福"散发出去以后，一传十，十传百，仿佛流动的广告，既直接展现了瑞蚨祥的布料品质，又鲜活呈现出瑞蚨祥用心经营的商业形象，真可谓一箭双雕。

商业的本质是实现商品的交换，而广告就是宣传商品并将商品推销出去的媒介和助力。可以说，自从商业诞生以来，广告也就应运而生。中国古代的商业发展，有其特有的经营模式与自身的文化理念，而如何将这些经营模式、文化理念融入商业广告之中，实在体现了广告设计者对商道与人心的理解深浅，考验着商业经营者的文化修养与智慧高低。我特别欣赏的广告，以城市营销类来说，比如"镇江，一座美得让你吃醋的城市"，真是高明；而感觉最没文化的城市广告，则有"惠州惠州，惠民之州"，用字重复乃至于此。至于重要的事情说三遍的"恒源祥，羊羊羊"，当年实在让人生厌；"今年过年不收礼，收礼只收脑白金"的广告轰炸，让人烦躁不已。以我个人的感觉来说，上面这些广告商品，哪怕销售增加了，企业的形象却下降了，其间的功过是非，值得我们深思。

商道朝宗：诚信不欺，以义取利

在前面的各讲中，我介绍了儒商鼻祖子贡、财神范蠡、商圣白圭、投机商人吕不韦、江南巨富沈万三、红顶商人盛宣怀、晋商代表乔致庸的事迹，也说了商帮中的晋商和商业经营之术。诸如此类的成功的商人、绵延的商帮、营销的技巧，当然在在都展现了商业智慧，值得我们今人学习、体会、借鉴。然则在"商业智慧"的最后一讲，我想特别强调的也是富有"正能量"的是，智慧有大智慧、小智慧之别，商业智慧也有符合社会道德与有违社会道德之别。如衡之于现实，我们常常看到有关商业欺诈、皮包公司、劣质商品等的报道，这类商人以牺牲交易的公平性为代价，玩弄坑蒙拐骗的下作手段，虽然在较短的时间内，获取了可观的利润，但是归根结底，这样做不仅难以建立起稳定的商业根基，甚至违背了基本的社会道德，乃至触犯了国家的法律，最终身败名裂，所以这种所谓的"智慧"，不过是害人害己的小伎俩。而回望历史，那些真正成功的商业经营，总是讲究坚守诚信，以使买卖双方取得双赢，也唯有如此，才能让生意细水长流，财富生生不息，进而获得社会的认可乃至大众的尊敬，这才是真正的商业大智慧，这样的商业大智慧，才是商道朝宗。所谓"朝宗"，借用的是《汉书·沟洫志》的说法。《汉书·沟洫志》赞曰："中国川原以百数，莫著于四渎，而河为宗。""四渎"，黄河、长江、淮河、济水，"宗"者，古代以天子为大宗，诸侯朝见天子，称作"朝宗"。如同中国的江河，百川竞流，而黄河为百川所朝之宗；中华的商道，丰富多样，充满智慧，而诚信为商道所朝之宗。

诚信者，从造字本义来说，就是人言为信、说到做到为诚。《论语》有云"民无信不立""人而无信，不知其可也"，《孟子》亦曰"反身而诚，乐莫大焉"，亦即反躬自问，诚实无欺，便是最大的快乐。诚信，是中华文化倡导的基本道德规范，而具体到商业领域，其实越是精明的商人，越能做到不拘小利，将诚信作为立身之本、处世之道，最终成就事业与名声。在这方面，清代徽州商人吴士东的平凡事迹，就很能说明问题。

话说吴士东在苏州阊门外开了家小铺子，有点生意，但不算门庭若市。他生性淡泊、知足常乐，见到生意兴隆、财源茂盛的同乡，也不十分羡慕，他的想法很简单，各人头上一片天，实实在在地做好自己的生意即可。1860年太平军攻陷苏州，城中百姓惊恐万状，商家也纷纷关上店门四处逃散。这个时候，有位江西商人驶着满载丝绵织品的货船进了苏州城。看到城里冷冷清清的样子，江西商人感觉到这笔买卖不会顺利。船就停靠在阊门外的河里，江西商人走下码头，踏上小桥，没过一会儿，又回到岸边，因为以前的老主顾都弃店而逃了。一筹莫展的他，抬眼看到了吴士东正待关门的小铺子，就商量着把货物寄存在此。吴士东说，我这间小铺子，囤不下这么多货啊。江西商人说，囤下多少是多少，余下来的扔掉也行，不然我自己扔，实在太心痛了。说完江西商人就急急地离开了这是非之地。随着局面渐趋安稳，在一年多时间里，吴士东到处张罗，把江西商人的货物散发给各位商家，并仔细记下每笔交易的情况。等吴士东再次碰见这位江西商人，他首先做的便是将货款与交易明细交到江西商人的手上。此事传播开来后，来到苏州的各地客商都愿意与吴士东交易，他们看重的是吴士东的诚信，吴士东的生意也越发红火，终于成为苏州城里的知名商贾，徽州的吴氏宗祠也为他树碑立传，激励家族后人为人以德，经商以诚。

吴士东的情况并非个例，徽商之所以能称雄中国明清商界几百年，一个重要原因就在于其始终遵循着"诚信为本""以义取利"的经营理念。与徽商并称为明清商界双雄的晋商也不例外。如在现今的山西平遥古城里，有座古色古香的"中国票号博物馆"，在博物馆的大门正上方，悬挂着一块"日昇昌记"的金字匾额，这里正是创建于清道光四年（1824）的金融机构——"日昇昌"票号的旧址。在长达一个世纪的时间里，这家票号始终坚持"诚信不欺"的经营原则，当地就流传着它兑现过期汇票的动人故事。

话说清末的一天，一位沿街乞讨的老妇人递过一张已经泛黄的汇票，要求兑现银两。柜台伙计接过一看，是张30多年前"日昇昌"张家口分号签发的汇票，数额为1200两白银。伙计反复检验，确认汇票真实，但已过了兑现期限。伙计请示大掌柜。大掌柜向老妇人询问汇票来历，原来她丈夫当年去张家口做皮货生意，返家途中不幸病亡。为了安葬丈夫，她花光了积蓄，典当了所有财产，只得乞讨度日。前几天，她思念丈夫，翻出他生前衣服，无意间触摸到衣角夹层，这才找到这张汇票。大掌柜搬出30多年前的老账簿，果然查到了记录，当即如数兑付了现银，老妇人的生活从此改变。消息传开，"日昇昌"的信誉迅速上升，客户也越来越多。

基于诚实守信的经营理念，中国传统商业十分强调对顾客要以诚相待，童叟无欺；出售商品要货真价实，不缺斤短两；在营销策略上，坚持薄利多销。比如山西祁县乔氏在包头开的"复"字商号，坚持所售米面货真价实，绝不掺假，不仅从不缺斤短两，而且比其他商号给得更足，因此包头市民都愿意购买"复"字商号的米面，生意越做越红火。清末，乔氏的"复"字油坊曾将大批胡麻油从包头运到山西销售。经手的伙计在油中掺假，掌柜发觉后，立即向购买胡麻油的客户诚恳道歉、足量赔偿，以纯净的胡麻油换下掺假的油。再如晚清著名徽商胡雪岩，在他开办的杭州胡庆余堂药店中，亲自撰写了"戒欺"二字，并制成匾额挂在内部，以时刻提醒店内伙计，"凡百贸易，均着不得欺字，药业关系性命，尤为万不可欺"。胡雪岩"戒欺"亦即诚信的理念，涵盖在方方面面，如在经营上，他首推的是"真不二价"，在品质上，他要求"采办务真，修制务精"，不能有丝毫掺假。正是依靠着这种"诚信为本"的精神，胡庆余堂药店蜚声海内外，生意兴隆。

其实不仅对待顾客要诚信为本，中国传统时代多数成功商人，对合伙经营的其他商户，也恪守着诚信的商业道德。如明人王士性在《广志绎》中提及，当时晋商采取"伙东制"的经营方式，即一人出资本，联合其他伙计一起经商，虽然不曾立誓，却也无人私藏私吞。又如有位人家的祖父借贷后不幸病故，债主放弃了这笔借款，几十年不再追讨，然而借款人的子孙长大后得知此事，更加辛勤劳作，设法筹措款项把债还上。商家们觉得这样的人诚信可靠，都争相聘为伙计，共同经商。到了清代，如"晋商""徽商"等著名商帮都实行了股份制，股东也都严格遵守诚信的商业道德。

这样讲究诚信的商业道德，反过来又强化了中国传统社会的诚信理念，比如那些诚信经商的口诀，像"售货无诀窍，信誉第一条""宁叫赔折腰，不让客吃亏""买卖不成仁义在""诚招天下客，义纳八方财"等等，也会广泛影响、多方规范社会大众的一言一行。这样的社会现象，如果我们上升到所谓理论的高度，是否就是18世纪英国经济学家亚当·斯密的那个著名观点呢？亚当·斯密曾经指出，虽然个人在经济生活中只考虑自己的利益，但受到市场"看不见的手"的驱使，通过社会分工和市场调节，可以达到一个合理的平衡状态，因此，市场可以孕育道德，在市场中道德也可以自然生长。

市场孕育道德，道德完善市场，站在这个角度思考问题，我们就能真正明白，无论古今还是中外，无论你在商业运作、市场竞争中采取怎样的机巧权谋，诚信为本、以义取利、人我两便，才是最为普适的竞争手段，也是从事商业活动的正道、大道、长久之道！

外交智慧

2007 年秋冬，我在韩国高丽大学担任了一个学期的客座教授，讲授本硕博三门课程。因为这样的机缘，难免会对韩国乃至朝韩半岛的历史与现实多了些关注，其中一个重要方面，就是半岛古往今来的外交智慧。以言古代，半岛外交的主旋律是，利用古代中国温和而松散的"华夷秩序"的大氛围，凭借"以小事大"的姿态，保持国家的独立；以言现代，因为特殊的地缘政治的缘故，半岛国家长期以来不可避免地生存于大国的身影之中，这既是外交的困境，也是外交的机遇，至于困境与机遇的转换，关键则在外交智慧。

从半岛国家回到中国历史，与朝鲜、韩国相仿佛，我觉得中国战国时代的"三晋"之地，即魏国、韩国、赵国，因为位处中原、接邻各国的地缘环境，也孕育出了这方水土的一批杰出外交人才。比如纵横家张仪是魏国安邑人，苏秦是洛阳人，范雎是魏国芮城人，庞煖是赵国人，这就正如司马迁在《史记·张仪列传》中所言："三晋多权变之士。夫言纵衡强秦者，大抵皆三晋之人也。"推而广之，再以普遍意义上的中国古代历史为例，无论是统一时代还是分裂时代，大尺度的国际关系、中尺度的民族关系、小尺度的政权关系，其间所呈现的外交智慧，真可谓精彩纷呈。以言大尺度的国际关系，对于历史中国来说，外交的主题，是建立政治意义远远大于经济意义的朝贡关系，通过授予爵位与官号而确立名义远远胜过实质的册封关系；以言中尺度的民族关系，对于中原王朝来说，外交的主题是修德以来远人，即通过建立羁縻政区，形成主从关系，或者通过和亲方式，形成亲睦氛围，至于对立的民族之间，则往往远交而近攻；以言分裂时代小尺度的政权关系，外交的主题又常是争夺正统，因为孰为正统，也就是孰为合法政权，联系着民心向背。然则以上这些主题，都是关涉非小，所以我们常说"外交无小事"。

外交无小事。按照《论语》中孔子的说法："行己有耻，使于四方，不辱君命，可谓士矣。"这话的意思是：能用羞耻之心约束自己的行为，出使外国不负君主的委托，就可以称为士。可见使节代表着国家的形象，肩负着君主的使命，当然绝非小事。时至现代，当然也不例外。如1949年11月8日，中华人民共和国成立之初，政务院总理兼外交部部长周恩来在外交部成立大会上，郑重叮咛即将走马上任的第一批外交官说："外交不能乱搞，不能冲动……不要冒昧，不要轻敌，不要趾高气扬，不要无纪律乱出马，否则就要打败仗……我们要藐视帝国主义，但不轻视具体斗争；要联合兄弟朋友，但不要马虎。一种是联合，一种是斗争，这两种都通过外交形式出现……外交同军事一样，外交不过是'文打'而已。"周恩来的这番叮咛，既强调了外交无小事，也说明了外交工作是充满智慧的工作。

外交无小事。回望历史，外交处理好了，国际关系和睦，民族关系友好，各个政权之间各安其位；外交处理不好，国家之间、民族之间、政权之间产生矛盾、引发冲突甚至导致战争。而具体到制定外交政策的统治者，其运筹帷幄的眼光、把握大局的能力，考验着统治者的智慧高低；再具体到执行外交使命的使节、今天习称的外交官，其临机应变的本领、利口巧辩的才华，同样考验着使节、外交官的能力大小。回望历史，多少的外交智慧令人击节赞叹！诸如苏秦合纵、张仪连横，既影响了天下大局，自身也获得了

"封侯拜相"的地位；范雎实施"远交近攻"的策略，帮助秦国推进了统一大业；班超"以夷制夷"，实现了以少胜多、屹立西域 30 余年的奇迹。回望历史，又有多少的外交智慧令人沉思缅想？诸如唐太宗李世民、宋真宗赵恒的"城下之盟"，或为无奈之举，却成为国家强盛的基石；吴大帝孙权的"左右摇摆"，或有失节之嫌，却不失为审时度势的表现。而时至近代，在"弱国无外交"的背景下，许多中国的外交官们依然艰难奔走，竭力维护国家利益与国家形象，其过程令人心酸，其毅力和智慧令人敬仰；及至中华人民共和国成立，确定了"独立自主的和平外交政策"，迎来了多边外交的新时代，这又令人何其感奋。凡此种种，古往今来的中国外交，可谓展现着中华民族或宏观或细微、或一贯或权宜、或伟大或平凡的智慧。

说到这里，也许有朋友要问了，外交毕竟是国家、政权层面上的东西，这与我们个人有什么关系呢？须知万变不离其宗，从根本上说，外交也算得上是种交际，国家之间往来、政权之间交往的经验、教训乃至语言艺术、行为方式，对于我们今天的人际交往、社会应酬，自有可以借鉴之处，甚至一些重要的外交原则，还可以扩展为生活之道。比如从优秀的使节、外交家身上，你能感受到中国古代延续至今的交往之道，你能掌握说话的技巧，你能培养对大局的敏锐洞察与处世的依势进退之道，你也能对现在风云变幻的国际形势有所感悟。感悟国际形势？有必要吗？有必要！其实说起来，这正是我们中国人的一大特点啊，往大处说，那是"修身齐家治国平天下"的关怀与追求，开玩笑的说法，那是"吃着地沟油的命，操着中南海的心"，谁让我们中国人都那么关心国际大事呢……

合纵连横：天下大势，由这张嘴说了算

说到外交智慧，有个常用的成语，"纵横捭阖"。纵横者，合纵连横，西汉刘向《战国策·叙》云："苏秦为从，张仪为横，横则秦帝，从则楚王，所在国重，所去国轻。"又捭阖者，《鬼谷子》云："捭之者，开也，言也，阳也；阖之者，闭也，默也，阴也。"换言之，"纵横捭阖"原指战国时代的策士，以"合纵"或"连横"的主张，游说各国诸侯的方法；后来就称以辞令探测虚实、以言语打动别人，达到在政治和外交方面联合或分化目的的手段为"纵横捭阖"。而从这个成语以上的解释中，我们也能感悟到战国时代外交的纷繁复杂、精彩纷呈，苏秦、张仪"所在国重，所去国轻"的一言轻重。

如所周知，战国时代，七雄并立，其时，残酷的兼并战争已经不单单是交战双方国家的事情，而是"牵一发动全身"，关系到其他国家的安危存亡，谁也无法置身事外，如此一来，外交就以其特有的效果，受到了各国的重视，诚如毛泽东主席所论，"谁是我们的敌人？谁是我们的朋友？这个问题是革命的首要问题"。而麻烦在于，"敌人"与"朋友"又是因时、因势、因利益甚至因决策而变的，这样，外交就与战争一起，成了这个时代的主旋律，而且外交策略还往往决定了战争对象。"时势造英雄"，提倡与实践"合纵"的苏秦，提倡与实践"连横"的张仪，就是这个时代最为闪耀的两颗外交明星，他们凭借着智慧超群的大脑、巧言利辩的嘴巴，奔走游说，左右着天下大势，纵横捭阖，演绎着恩怨情仇。

苏秦，生年不详，卒年为公元前 284 年，东周洛阳人。张仪，同样生年不详，卒年为公元前 309 年，魏国贵族后代。根据《史记》的记载，苏秦与张仪都曾跟随极具神秘色彩的"千古奇人"鬼谷子学习纵横之术，虽然两人是师兄弟关系，但政治主张却针锋相对。苏秦主张"天下之士合纵，相聚于赵而欲攻秦"，我们知道，关东六国土地南北相连，六国联合起来对抗西方的秦国，故称"合纵"；张仪则主张以"横"破"纵"，横者，自西向东与各个诸侯国结交，使之亲秦、附秦，即分化合纵抗秦的各国为连横。

其实苏秦、张仪学成之初，并未立刻建立一番丰功伟绩。相反，由于当时从事游说活动的说客非常之多，各国君主也就见怪不怪了，甚至"鬼谷子弟子"的名声也不管用。各国君主表面上对这帮说客很尊敬，但在简单会面之后，对于说不到点子上或不符合自己心意的说客，也就不再理睬。因此，想要赢得君主的赏识，转言论为行动，一定得有真本事，既能敏锐洞察时局的变化，又有一颗能屡败屡战的大心脏才行。苏秦、张仪正是这样的人物，他俩在得势之前，都曾遭受百般刁难和无数白眼，但最终却能位极人臣，这离不开他俩策略运用之得当、谋事手段之高超、言语游说之魅力。

话分两头，先说苏秦。苏秦学成后，外出游说多年，却一无所获，狼狈而归。作为亲人，他的"兄弟嫂妹妻妾窃皆笑之"，不仅没有包容他、安慰他，反而嘲笑他舍本逐末，不务正业，搞什么游说列国，还不如在洛阳耕种两顷良田来得实际，现在倒好，不仅钱花光了，人也灰溜溜地回乡了。苏秦则深感惭愧，闭门不出，勤奋读书，"读书欲睡，引锥自刺其股，血流至踵"，尤其是将偶然得到的姜太公《阴符》一书视作珍宝。经过仔细研读、反复体会，苏秦认为自己能够凭借学到的新知识和雄辩之术说服当世君王，实现自己的抱负了，于是再度"出山"。

再度"出山"的苏秦，相继拜见了周显王、秦惠王、赵肃侯，将自己升级为2.0版本的游说主张讲给他们听，却仍然没有获得认可。就在苏秦快要生无可恋的时候，他前往燕国拜见燕文侯，虽然"岁余而后得见"，却终于得遇知音，从此苏秦开始走向自己的人生巅峰。在燕国，苏秦一改以往思路，夸耀了燕国仿佛"天府"一样的地理环境，分析了燕、赵、秦三国的战略关系，批评了燕国以往与赵国相争的失误，建议燕国合纵赵国，共同抗秦。凭借出色的口才和周到的分析，燕文侯答应一试，资助苏秦车马金帛，重新游说赵国。这一次，赵肃侯相信了苏秦"诸侯之地五倍于秦，料诸侯之卒十倍于秦，六国为一，并力西乡而攻秦，秦必破矣"的分析，采纳了苏秦"一韩、魏、齐、楚、燕、赵以从亲"的联合抗秦的主张，并以重金丰财资助苏秦继续游说各国。苏秦先后奔走韩、魏、齐、楚四国，陈说天下形势，分析各国利弊，继而描述如果大家不能合力抗秦，将会如何"朝不保夕"，如果屈尊侍奉秦国，又如何无异于"与虎谋皮"。最终，苏秦成功了，《史记·苏秦列传》记载："六国从合而并力焉。苏秦为从约长，并相六国。"也就是苏秦促成了六国联盟的成立，并且担任从约长，即合纵联盟的联盟长，身挂六国相印。至于合纵的效果，起初也是十分显著，所谓"秦兵不敢窥函谷关十五年"是也，关东地区实现了短暂的安宁。

当苏秦担任从约长、挂六国相印后，车马显赫、拟于王者的他路过家乡洛阳，竟然一切都变了：以前对他态度倨傲的周显王主动派人打扫道路、出郊迎接、设宴犒劳；苏秦的兄弟妻嫂侧目不敢仰视，俯伏在地，侍奉饮食。面对此情此景，苏秦感慨万千地叹道："同样的一个人，富贵的时候亲戚敬畏，贫贱的时候亲戚轻视。假使我当初就满足于在洛阳有两顷良田，现在又怎能佩带六国相印！"于是苏秦遍散千金给亲戚、朋友。

当然，苏秦的成功绝不是偶然的。他敏锐地认识到随着秦国的突出强大，七国并立的局面将被打破，为了遏制秦国，只有联合关东诸国共同抵抗强秦，才能维持东西之间的力量均衡。苏秦善于分析各国的地缘形势，能够直击要害地突出利害关系，他每游说一位君主时，其说辞从表面看都是从对方利益出发，设身处地地替对方考虑问题，在肯定了对方的优势和特色后，再指出对方与秦国的利益冲突与敌对关系，说明甚至夸大合纵的受益程度以及若不联盟的受害程度，他的游说，由表及里，因人而异，层层深入，直击要害，所以得以被各国君主采纳。这就是苏秦的外交智慧，或者他的外交语言智慧吧！

说过苏秦，再说张仪。虽然在"学术"方面，苏秦觉得自己比不上同门师兄弟张仪，但张仪毕业之后，起初的境况比苏秦还惨。作为魏国人，张仪并未得到魏王的重用，只好前往楚国寻找机遇。就在楚国，张仪受到了奇耻大辱。他曾与楚相共饮，而楚相丢了玉璧，结果怀疑上了身无余财的张仪，一番拷打之后，张仪坚不认账，终被释放。回到家中，他的妻子对他说："嘻！子毋读书游说，安得此辱乎？"张仪回答："视吾舌尚在不？"其妻笑道："舌在也。"张仪乃曰："足矣。"《史记·张仪列传》的这段记载可谓绘声绘色，意思是，张仪的妻子悲愤地说："唉！你要是不读书不游说，怎会遭此耻辱？"张仪却淡定地安慰妻子："你看看我的舌头还在吗？"妻子苦笑："舌头在啊！"张仪遂自信地回答："这就够了！"张仪出任秦国国相后，曾经写信给楚国国相说："当初我陪你喝酒，我没偷你的玉璧，你却鞭打我。现在你可要好好守护你的国家，否则我就要偷你的城池了！"当然，这是后话，此时的张仪还是一个一穷二白的说客。

张仪伤好之后，在旁人的提醒下，前往赵国，希望投靠已经发达的老同学苏秦，谋得一官半职。然而事与愿违，苏秦对待张仪，不仅态度十分冷淡，就连给张仪吃的饭菜，都是仆人侍女的标准。苏秦还当众讽刺张仪，说以你的才能，却混到如此穷困潦倒的地步，你不值得我收留。张仪不堪其辱，他想到诸侯之中，只有秦国能威胁到赵国，于是一气之下，投奔了秦惠王。

　　说到这里，诸位读者朋友也许会觉得奇怪，苏秦怎么能这样对待老同学张仪呢？其实，这是苏秦的策略。在合纵联盟形成后，苏秦其实一直有着担心，他知道"连鸡不能俱飞"的道理，也明白各国都有自己小算盘的现实，所以他需要一个人帮他稳住秦国，否则自己的合纵策略也许就会前功尽弃，而苏秦认定比自己厉害的张仪能够完成这样的使命，于是苏秦既派人悄悄劝说张仪投奔他，又气走了张仪，让张仪有了前往秦国的想法。实际上，当张仪孤独上路后，苏秦还安排人一路跟随，资助车马金钱，从而帮助张仪顺利见到了秦惠王，并被任为客卿。后来，当张仪得知这一切时，他由衷地感叹道："嗟乎！这些权谋都是我研习过的，我却没有察觉到，我没有苏先生高明啊！苏先生当权的时代，我张仪怎么敢谋划攻赵！"

　　任职秦国的张仪，展现出了卓越的外交才能。他先是降服魏国蒲阳，又劝秦王还给魏国，并派公子繇做了魏国人质。接着他游说魏王："秦国如此厚待魏国，魏国怎能不以礼相报？"于是魏国将少梁和上郡奉送给了秦国，秦国不费吹灰之力，就获得了大片土地，张仪也得为秦相。过了几年，为了秦国的利益，张仪改往魏国为相，他时时处处劝说魏国事秦，虽然颇有曲折，但最终使得魏国退出合纵，转而事秦，张仪也回到秦国，再度为相。更加著名的"外交事件"，还是张仪破坏齐楚联盟。先是齐楚两个大国结盟，秦惠王食不甘味，张仪于是主动请缨，出使楚国，他以秦楚永结盟约、互通姻亲，并且奉送商於之地六百里为诱饵，引得贪婪刚愎而又目光短浅的楚怀王与齐国绝交。等到楚齐绝交，张仪改口所奉送的土地只是自己的六里封邑，结果，楚怀王盛怒之下，起兵讨秦，齐宣王盛怒之下，结盟秦国，秦齐联军又大败楚军，楚国丧师失地，只得向齐国谢罪，向秦国求和。

　　相对于苏秦合纵以抗秦的主张，张仪游说魏、楚、韩、齐、赵、燕六国，通过许诺利益、收买宠臣、鼓吹秦国力量的强大、恐吓若不亲秦附秦的后果，以及利用各国之间的固有矛盾搬弄是非等手段，多次成功离间了合纵诸国，瓦解了合纵联盟，使得各国或转向亲秦附秦，或"朝楚暮秦"、左右摇摆，从而总体上帮助秦国达到了孤立各国、各个击破的效果，也成就了张仪留名史册的一番事业。

西汉刘向的《战国策·叙》曾联系时势而感叹道："战国之时，君德浅薄，为之谋策者，不得不因势而为资，据时而为。故其谋，扶急持倾，为一切之权，虽不可以临国教化，兵革救急之势也。皆高才秀士，度时君之所能行，出奇策异智，转危为安，运亡为存。"所以这是一个涌现纵横家的时代，也是一个闪烁着外交智慧的时代，而如苏秦、张仪者，便是其中杰出的代表。苏秦、张仪并不拥有比别人更好的家世背景，比别人更多的政治资源，而他俩之所以书写了"朝为布衣，暮为卿相"的个人辉煌，创造了凭借如簧的巧舌影响甚至改变天下大势的历史传奇，就在于能看到别人看不到的形势，讲出别人讲不出的道理，总结出别人尚未发现的经验与教训，而能做到这些，秘诀则在于他俩"头悬梁，锥刺股"的学习精神，胜不骄、败不馁的心理素质，审时度势、知己知彼的过人才智。这些秘诀，也是今天的外交家们应该用心体会、努力践行的吧！

说到这里，还不得不说说苏秦、张仪发人深思的结局。苏秦游说诸侯，燕文侯首先给他资助，他又对燕昭王情有独钟，而燕昭王心心念念的大事，就是报齐之仇。原来燕昭王之父燕王哙因传位给相国子之，造成燕国内乱，齐宣王乘机攻燕，几乎把燕国灭亡。为了报答燕昭王的知遇之恩，苏秦以得罪燕国的假象逃奔齐国，齐宣王果然任为客卿。到了齐湣王时，苏秦既怂恿湣王厚葬宣王以表达孝心，又引逗湣王"高宫室、大苑囿以明得意"，并使齐国因为灭宋而与秦、赵、楚、魏等国关系恶化，如此内耗国力，外失盟国，都是意在败齐酬燕。然而公元前284年，随着燕国乐毅统率多国联军开始攻齐，苏秦的间谍身份暴露，结果惨遭车裂，并遭天下耻笑。及至司马迁撰《史记·苏秦列传》，不平于苏秦的"独蒙恶声"而为之正名曰："苏秦起闾阎，连六国从亲，此其智有过人者。"再说张仪的结局。秦惠王驾崩后，太子荡继位为秦武王。秦武王做太子时就不喜欢张仪，等他继承王位后，很多大臣都说张仪是个不讲信用、反复无常、一心谋图国君恩宠甚至出卖国家的小人，秦国若用此人，恐怕会被天下耻笑。而关东诸国听说张仪与秦武王关系不睦，也纷纷背叛连横，恢复合纵。张仪害怕被杀，便对秦武王说："东方诸国有乱，秦国才可得利。现在齐王非常恨我，我在哪里，齐王就要攻打哪里。我愿前往魏国，引发齐、魏开战，大王则可乘机伐韩，兵临洛阳，挟持天子，成就帝王功业。"秦武王以为有理，就这样张仪失落地离开了他建功立业的秦国，回到他的故国魏国，担任魏国相国，一年后去世。

然则由苏秦为报君恩、惨遭车裂的结局，我们能明白些什么？由张仪失宠新君、失落归国的结局，我们又能联想到什么？诸位读者朋友们不妨思考思考。又如苏秦、张仪者，其实身后仍然在发挥着影响，如苏秦在乐毅攻齐事件中暴露"反间"身份而遭车裂之后，我在"军事智慧"里讲的田单火牛阵就登上了历史舞台；张仪坑骗楚怀王，后续的历史又是我在多处讲到的楚怀王入秦不返，乃至秦朝末年陈胜的"张楚"政权、项梁重立楚怀王、项羽刘邦楚汉相争，如此等等。这样说来，不仅战国当时的天下大势，往往系于苏秦、张仪的那张嘴，后世的恩怨情仇，也受到了苏秦、张仪张嘴喷出的飞沫的感染吧。

远交近攻：兔子专吃窝边草

诸位朋友应该都知道"兔子不吃窝边草"这句谚语吧，在生活中我们有时也会用到这句谚语，比如在高校里，当"班花"名花有主时，就会有同学心存嫉妒地、酸酸地对护花高手说："兔子不吃窝边草，你怎么能这样！"其实从本意说，"兔子不吃窝边草"，是为了保护自己不被天敌如老鹰、狐狸、狼、蛇等等发现，而就延伸义说，或者比喻坏人不在当地作恶，不侵犯周围人的利益，或者告诫世人要"与邻为善"。那么，我在这里为什么要说"兔子专吃窝边草"呢？回望中国历史，放眼国际形势，的确常见"专吃窝边草"的现象，因为"窝边草"不仅吃起来就近，而且吃完了挪窝，还会吃到新的窝边草，如此一来，"兔子"也会越来越健壮。

"兔子专吃窝边草"的现象，联系到外交以及与外交密切相关的政治、军事等方面，最为合适的替换成语，就是"远交近攻"，即亲睦远方、攻伐近邻的思路、策略、手段，而这方面最为典型而且大获成功的事例，可推战国时代后期的秦昭王。

说起秦昭王这位秦国国君，可能有些朋友并不熟悉，当然喽，如果看过电视剧《芈月传》而知道秦昭王，那又另当别论。秦昭王嬴稷虽然名气不及与他隔了四年即位的秦王嬴政，却也是位功绩卓著的秦王。自公元前 306 年到公元前 251 年，他在位 56 年，是中国历史上在位时间极长的国君之一。在他执政期间，任用名将白起，信重谋臣范雎，鲸吞蚕食列国土地，取得长平之战的胜利，占领洛邑、终结周朝，如此等等，奠定了未来秦王嬴政决胜六国、统一天下的局面。然则秦昭王之所以能够取得如此卓著的功绩，其中一个重要原因，是他采纳范雎之计，确立了"远交近攻"的外交策略。那么，何谓"远交近攻"？秦昭王嬴稷以及秦王嬴政又是如何运用"远交近攻"策略以及取得了怎样的效果呢？

"远交近攻"具体到外交领域，意为通过结交远方的国家或势力，实现联盟，获取孤立和进攻邻国或近敌的时机，待到邻国或近敌被灭被破，再来收拾"远交"的国家或势力。从根本上说，"近攻"仿佛"兔子专吃窝边草""近水楼台先得月"，吃草、得月以后，"远交"的对象又成为吃草、得月的新目标，所以，"远交近攻"实为外交诱骗，只是这种诱骗，仍是难以评说的充满智慧的诱骗，值得我们琢磨。

我们知道，随着战国时代的到来，春秋时代高举的尊王攘夷的争霸大旗，已经失效，追求的"远至迩安"的国际关系，已经过时，取而代之者，是"君德浅薄"的道德沦丧、尔虞我诈的兼并战争，而"高才秀士"们游说诸侯，期望着一飞冲天，于是有了苏秦的合纵、张仪的连横，也有了范雎献策秦昭王的"远交近攻"。

范雎是魏国人，其经历充满传奇，为人恩怨分明，处世势利嫉妒。依据《史记·范雎列传》，范雎"游说诸侯，欲事魏王，家贫无以自资，乃先事魏中大夫须贾"，即为须贾门客。须贾出使齐国，范雎随行，因为齐王冷淡须贾、器重范雎，须贾由妒生恨，回国后遂诬告范雎通齐卖魏，结果被魏国相国魏齐严刑拷打。范雎装死，被扔进厕所，他利诱看守，这才得以逃脱，躲在好友郑安平家养伤，痊愈后化名"张禄"，潜伏了起来。不久，秦国使臣王稽出使魏国，并且暗中寻访人才，郑安平于是推荐了张禄。一番夜谈之后，王稽深为张禄的才学所折服，就在出使任务完成后，悄悄地把张禄带回了秦都咸阳，并且向秦昭王力荐。没有想到的是，此时已经在位 36 年的秦昭王，因为南攻楚、东破齐、数困三晋的显赫功业，自我感觉甚好，所以对于那些言辩之士，早已兴趣不大，张禄则住在驿馆，粗茶淡饭地安心等待着。

转眼就是一年有余，机会终于到来。趁着秦昭王为了两位舅舅与两位胞弟争权夺利、舅舅丞相穰侯又要越境伐齐之际，张禄给秦昭王写了封藏头露尾的书信，信中既说"语之至者，臣不敢载之于书，其浅者，又不足听也"，又说"一语无效，请伏斧质"，就是甘当死罪，这引起了秦昭王的兴趣，于是在离宫召见张禄。在经过一番试探、取得秦昭王信任后，张禄献上了深思熟虑的"远交近攻"策略，并被拜为客卿；等到"远交近攻"初见成效，他又说服秦昭王驱逐两位舅舅、两位胞弟等贵戚，集中权力，范雎自己则成为秦昭王最为宠信的大臣，拜相封侯，荣华富贵。

拜相封侯的张禄，对于仇人那是睚眦必报，他羞辱魏国来使须贾，逼迫魏国相国魏齐自杀。也是因为须贾出使秦国，张禄恢复了他的真实身份范雎。对于恩人，范雎那是有恩必偿，他举荐王稽为河东守，举荐郑安平为将军。然而几年之后，范雎既献反间计，引得赵国以"纸上谈兵"的赵括代替了久经战阵的廉颇为主将，导致长平之战的大败，又因嫉妒白起辉煌的长平战功，趁着秦昭王与白起有隙，落井下石，使得秦昭王赐死了白起。至于范雎本人，则因所举荐的郑安平投降赵国，所举荐的王稽里通外国被斩，而与秦昭王有了隔阂，范雎惶恐不安之中，上表辞相，回到封地应城（今河南鲁山县一带），不久之后去世，时在秦昭王五十二年即公元前 255 年。

简单交代过范雎的生平，我们回到外交主题。其实上面也涉及了这个主题，比如范雎的"伯乐"王稽，本是秦国出使魏国的使臣，在以招贤纳士为基本国策的秦国，使节出访时，重点任务之一就是搜求人才，范雎也因此才得到秦国，并以他出众的才能，得到了秦昭王的赏识。而具体到范雎的外交智慧，就是首倡影响深远的"远交近攻"。

秦昭王三十七年即公元前 270 年，在秦昭王的离宫，仿佛诸葛亮向刘备献策的《隆中对》那样，范雎向秦昭王献上了"远交近攻"之策。

范雎首先分析了当时秦国的军事形势："秦国的四面皆为要塞，北面有甘泉高山、谷口险隘，南面环绕着泾、渭二水，右边是陇山、蜀道，左边是函谷关、崤阪山，拥有雄师百万，战车千乘，有利就进攻，不利就退守，这是据以成就王业的好地方。百姓不敢因私事而争斗，都勇敢地为国家去作战，这是据以建立王业的好百姓。现在大王同时兼有地利、人和两种有利条件，却闭关自守十五年，局限在函谷关以西，最大的原因恐怕还在于外交策略的失误啊。"秦昭王长跪着请教道："寡人愿闻其详。"于是范雎批评道："穰侯想着越过韩、魏两国，去进攻齐国，这不是个好主意。因为出兵少就不能损伤齐国，出兵多反会损害秦国自己。我猜想大王的计策，是想自己少出兵而让韩、魏两国尽遣兵力来协同秦国，但这两国与秦国的关系实际并不亲善，您却要越过他们的国境去进攻齐国，这合适吗？太欠考虑了！"

在以齐、楚交战而齐"尺寸之地无得"为例说明了此策的失误后，范雎接着提议道："王不如远交而近攻，得寸则王之寸也，得尺亦王之尺也。今释此而远攻，不亦缪乎！"这话的意思是：我为大王考虑，大王不如结交远邦而攻伐近国，这样每攻取一寸土地，就成为您的一寸土地，每攻取一尺土地，就成为您的一尺土地，如今放弃近国而攻打远邦，岂不太荒谬了！范雎又举例说：过去赵国的邻国中山国方圆五百里，赵国把它吞并后，功成名就，天下没有谁能再侵害赵国。现在韩、魏两国，地处中原，可谓天下枢纽所在，大王若想称霸天下，就必须先亲近中原国家，以此作为掌握天下的关键，这样就可以威慑楚国和赵国。楚国强大，您就亲近赵国，赵国强大，您就亲近楚国，而一旦楚国、赵国都来亲近您，齐国必然恐惧。齐国恐惧，必定低声下气、重财厚礼前来侍奉秦国。而等到齐国亲近秦国之时，便是乘势收复韩、魏两国的机会了。"秦昭王又拜问道："我早就想亲近魏国了，可是魏国是个翻云覆雨、变化无常的国家，我无法与之亲近，这当如何呢？"范雎回答："大王可以说好话、送厚礼来拉拢它，不行的话，就割让土地收买它，再不行，就寻找机会发兵攻打它。"秦昭王听罢，犹如拨云见日，感觉茅塞顿开，当即拜当时还叫张禄的范雎为客卿，委以主持谋划秦国外交与军事大计的重任。

客卿范雎又献伐韩之计道："秦、韩两国，地形犬牙交错，犹如交织的刺绣，韩国之于秦国，就像树干生了蛀虫、人体有了心腹之患。一旦天下形势有变，韩国的祸患比谁都大，大王不如先拢住韩国。"秦昭王为难地说："我本有意拢住韩国，可是韩国不听从，为之奈何？"范雎回答："若是如此，大王您就兵进荥阳，再在北面切断太行通道，这样韩国就会被分割成三，彼此不能相顾。韩国眼见将要灭亡，怎能不听大王驱使？韩国服帖了，大王就可乘势盘算称霸的伟业了。"

范雎所献"远交近攻"之策可谓成效显著，在其后的 40 多年内，秦国一直奉行这样的外交策略、军事方针，即先远交齐、楚、燕三国，攻打赵国、韩国、魏国，再由两翼出兵，北攻燕国，南攻楚国，最后对付东方的齐国。这样的攻伐战略，仿佛蚕食桑叶，由近及远，逐步解决，奠定了最后由秦王嬴政吞并关东六国的基业。我们不妨对照历史地图看看，秦王嬴政平灭六国的次序，即韩、赵、魏、楚、燕、齐，正与"远交近攻"的战略设计合若符节，所以秦王嬴政时李斯在他著名的《谏逐客书》中盛赞范雎道："昭王得范雎……蚕食诸侯，使秦成帝业"，这也就是高瞻远瞩的外交家的超凡智慧吧！

当然，范雎的"远交近攻"之所以成效显著，还是建立在秦国国富兵强的基础上的，如所周知，秦孝公时商鞅变法，使秦逐渐成为诸侯畏惧的"虎狼之国"。换言之，如果缺乏强劲的实力，单纯使用"远交近攻"外交手段，往往不会取得很好的效果，甚至适得其反，最典型的教训，比如北宋与远金结盟，以攻近辽，结果辽、北宋先后为金所灭；同样，南宋与远处的蒙古结盟，以攻对峙的金朝，最终金朝虽为蒙古、南宋联军所灭，但南宋又为蒙古反啮，亡于元朝之手。

如此说来，以客观清醒的审时度势为前提，则"远交近攻"可谓谋求最大利益的外交以及政治、军事之良策。一个时期内，只集中力量打击一个近敌，而巧用一系列的伪装，麻痹其他远敌，这样"大棒"和"橄榄枝"配合运用，由近及远地逐个"搞定"，就可以收获"得寸则寸，得尺则尺"的确切利益。当然我在这里要特别说明一下，我是在说历史，放眼历史，残酷的事实是，相邻国家之间，永远甚至长期互不为敌的情况，几乎是找不到的。至于今天的中国政府，践行的是"与邻为善""以邻为伴"的国际关系新价值观，所以"远交近攻"的外交战略并不具有现实意义。

在人际交往或商业领域，朋友们琢磨琢磨"远交近攻"还是有意义的。比如在人际交往中，立足自身情况，慎重挑选、适时明确"交"与"攻"的对象，"致人而不致于人"，这就是"远交近攻"的人生智慧。在商战中，把握"远交近攻"的策略也是重要的原则。比如与远处的对手适时联合，而致力于开拓邻近的市场，或与身边的对手竞争，相对容易操作；又如顺应市场的需求，既谋取近期利益，又着眼未来，做好长远规划，有利于保持企业良好的发展势头。诸如此类，又是"远交近攻"的商业智慧吧。

以夷制夷：
班超定远西域

"外交智慧"上面的两讲，合纵连横、远交近攻，聚焦的都是分裂的战国时代华夏诸侯之间的事情；本讲与下讲，则以统一的汉唐时代尤其是汉朝为例，说说中原王朝与边疆政权、华夏与蛮夷戎狄或汉与胡之间的所谓"外交关系"。这样的"外交关系"，有战有和，而其间所体现的"外交智慧"，战则如"以夷制夷"，和则如政治联姻。只是需要说明的是，在1840年鸦片战争以前，所谓中原王朝与边疆政权、华夏与蛮夷戎狄、汉与胡等等概念所指的对象，基本上都属于"历史中国"的范畴，并不是现代意义上的所谓"国际关系"；至于鸦片战争以后国人所谓的"夷"，则多指资本帝国主义列强，比如魏源在《海国图志》一书的序中说："是书何以作？曰：为以夷攻夷而作，为以夷款夷而作，为师夷长技以制夷而作。"魏源所说的"夷"，就略同于现代意义上的"外国"。再有因为涉及国人经常犯糊涂，所以必须强调的一点是，在中国历史上，由于中原王朝、华夏汉族拥有主要的话语权，而在这样的话语权中，对边疆政权、蛮夷戎狄、胡又不乏歧视、误解甚至污蔑之词，比如蛮夷戎狄即中原地区周边的民族，《左传》中视为"豺狼""禽兽"，《国语》中称作"封豕豺狼"，所以对于这些，我们需要保持清醒的思维、中立的态度，这就诚如《礼记·王制》篇中所言，"中国、夷、蛮、戎、狄，皆有安居、和味、宜服、利用、备器"，换言之，立足于今天的认识，衣食住行这类物质文化以及与之相关的诗书礼乐这类精神文化的差异，并不构成哪个政权、哪个民族、哪个地区自傲或者被歧视的理由，本来，"一方水土养一方人"，而一方水土所养出的一方的生活、风俗、宗教、信仰、制度、礼仪，也各与本土的地理环境相联系、相适宜，我们无需评其是非，定其高下。当然另一方面，我们也必须承认，在中国古代，民族歧视仍是不必讳言的普遍现象。

说明与强调了以上两点前提，我再来说本讲的"以夷制夷"与下讲的和亲策略。

说起"以夷制夷"，即利用蛮夷戎狄之间的矛盾，以蛮夷戎狄来制服蛮夷戎狄，从而借力打力，甚至坐享其成，这样的外交智慧与军事谋略，东汉王朝与匈奴政权围绕西域地区的反复争夺，堪称典型的案例。

汉朝与匈奴的和战往来，可谓中国古代民族史上浓墨重彩的一卷。西汉武帝时代，卫青、霍去病大破匈奴，"匈奴远遁，而幕南无王庭"，宣帝时代，设置西域都护府，"汉之号令班西域矣"，这些场景宛如就发生在昨天。然而由于王莽篡汉导致的混乱，以及王莽民族政策的失误，匈奴势力重新控制了西域。其后，东汉朝廷长期无力经营西域，直到一个人的横空出世，才彻底扭转了这种局面，这位传奇人物就是定远侯班超。班超"以夷制夷"，即借西域之兵，用西域之粮，制西域之变，他降服了西域 50 多个绿洲国家，为东汉朝廷控制西域地区近 30 年，并且牢牢地将匈奴拒于西域门外。那么，班超是如何创造这样的奇迹的？其间又展现出怎样的外交智慧呢？

班超，扶风平陵（今陕西咸阳市西北）人，出生于公元 32 年。按照现在的说法，班超称得上是"官三代""学二代"。他的祖父班稚为广平太守，父亲班彪为徐县令，兄长班固为兰台令史，妹妹班昭高才博学，班彪、班固、班昭又共同完成了名留千古的《汉书》的写作。出生在这样的家庭，按照正常的培养模式，班超本应继承传统，从事文化事业。但据《后汉书》的记载，班超"为人有大志，不修细节。然内孝谨，居家常执勤苦，不耻劳辱。有口辩，而涉猎书传"，即将孝顺恭敬、勤苦耐劳、博览群书、能言善辩、不拘小节、胸怀大志综合于一身，这样的素质，也为班超后来从事外交、立功西域打下了坚实的基础。

刚过而立之年的班超，起初的一份工作是替官府抄写文书，久而久之，这样枯燥无味的重复劳动让他心生厌烦，他扔下毛笔说："大丈夫应当像傅介子、张骞那样立功西域，建功封侯，岂能整天在笔墨之间虚耗光阴？"他还曾请人为他看相，相面人说："燕颔虎颈，飞而食肉，此万里侯相也。"这话的意思是：你生得燕颔虎颈，燕能飞，虎食肉，这是万里封侯的面相啊！机会终于到来，公元73年，大将窦固出击匈奴，窦家与班家算得上世交，所以窦固圆了班超投笔从戎之梦，征用班超为代理司马，命他带兵出击伊吾，班超一直打到蒲类海，斩获甚众，一战成名。窦固觉得班超才能了得，就派他与郭恂一起，带着36名随从，出使西域诸国，希望通过外交手段，说服他们脱离匈奴，归附汉朝。至此，班超拉开了他"以夷制夷"的外交序幕。

班超与郭恂使团先是来到鄯善，鄯善王热情招待，嘘寒问暖，礼数备至。不过奇怪的是，后来鄯善王突然变得怠慢冷淡了起来。班超敏锐地猜测到，一定是匈奴使节也来了这里，使得鄯善王犹豫不决，不知如何是好。就在众人半信半疑之时，班超对招待汉家使团的鄯善侍从一番诈问，发现真相果然如此，于是班超把这位侍从关了起来，以防走漏消息，又召集随从们一起喝酒，商量对策。如何商量对策呢？《后汉书》中有这样一段记录：

> 酒酣，因激怒之曰："卿曹与我俱在绝域，欲立大功，以求富贵。今虏使到才数日，而王广礼敬即废；如令鄯善收吾属送匈奴，骸骨长为豺狼食矣。为之奈何？"官属皆曰："今在危亡之地，死生从司马。"超曰："不入虎穴，不得虎子。当今之计，独有因夜以火攻虏，使彼不知我多

少，必大震怖，可殄尽也。灭此虏，则鄯善破胆，功成事立矣。"众曰：
"当与从事议之。"超怒曰："吉凶决于今日。从事文俗吏，闻此必恐而
谋泄，死无所名，非壮士也！"众曰："善。"

这段精彩的文言，不难理解，我就不解释了，"不入虎穴，焉得虎子"
的成语就出自这里，又班超所说的"从事文俗吏"，是说从事郭恂本是胆小
平庸的文官，不必与他商量。大计已定，当夜月黑风高，班超与随从们摸到
匈奴使团的驻地，"顺风纵火，前后鼓噪"。这一票干得十分精彩，人数约四
倍于班超使团的匈奴使团全部被歼。次日，得知这一突发"外交事件"的鄯
善王广大惊失色，经过班超的抚慰与晓喻，遂决心归汉，并且纳子为质。窦
固也是闻讯大喜，一方面上书朝廷为班超请功，另一方面提出是否再派使节
出使西域，明帝赞赏班超智勇双全，认为不必换人，于是正式任命班超为军
司马，专事联络西域各国。班超又婉拒了窦固为他增兵派将的建议，以为
"原本的三十余人足矣。如有意料不到的情况，人多反而是个累赘"。如此
看来，班超不仅具备在危急时刻当断则断、有勇有谋的非凡能力，而且准确
地认识到，就外交活动而言，关键在于策略的优劣，而不在于通过兵多将广
来力压对方。

接着往下讲，鄯善初战告捷后，班超继续西进，来到于阗，他发现于
阗王广德对大汉使团的态度颇为冷淡。原来，当时的于阗刚攻破莎车，称雄
天山南道，并受匈奴使者的监护。于阗又盛行巫风，巫师的威望很高，当大
汉使团到来后，巫师从中作梗，放言道："因为你们想着归附汉朝，天神发
怒了，汉使有匹嘴黑毛黄的好马，赶快把它弄来，给我祭祀天神！"于阗王
于是派人讨要马匹，而班超早已清楚了事情的原委，竟然痛快地答应了，只
是提出要巫师亲自来取。等到巫师到来，班超立斩巫师，并将巫师的头颅送
给于阗王。于阗王此前就素闻班超的威名，吓得赶忙杀了匈奴使者，归降了

汉朝，班超重赏国王和臣子，于是成功镇抚于阗，西域的天山南道也基本底定。

接着，班超又将目光投向了疏勒。疏勒位居天山南北两道的交汇处。当时，亲附匈奴的龟兹控制了天山北道，攻破疏勒，杀其王，改立龟兹人兜题为疏勒王。班超派遣手下田虑前去招降，田虑一到疏勒，即擒下毫无准备的兜题，班超随后赶到，召集国中文武，谴责龟兹王无道，并立已故疏勒王的侄子忠为王，国人大为喜悦。

公元75年，汉明帝驾崩，焉耆趁机攻杀西域都护陈睦，龟兹、姑墨也连连发兵进攻疏勒，班超与疏勒王忠坚守岁余。朝廷担心班超独木难支，就下诏命其回朝。然而，班超刚离疏勒，疏勒都尉黎弇就因"不忍见汉使去"而以刀自刎；班超到了于阗，于阗王公百姓纷纷抱着班超坐骑的马腿，不肯放行地哭泣道："依汉使如父母，诚不可去。"班超大为感动，于是不顾诏命，调转马头，奔向疏勒，开始了又一轮安定西域局面的努力。

班超先是逮捕了投降龟兹的疏勒反叛者，稳定了形势，然后率疏勒、康居、于阗、拘弥四国万余兵力攻取了姑墨的石城。当此之际，班超上疏朝廷，重申了控制西域可断匈奴右臂的战略价值，分析了西域诸国此时的矛盾关系，陈述了诸多国家"倚汉与依天等"的向汉之心，提出了"以夷狄攻夷狄，计之善者"的外交策略与"兵可不费中国而粮食自足"的军事战略。于是汉章帝任命班超为将兵长史，并派千人来援，数月之后，又加派八百兵力。然则班超就是凭借着这不足两千的汉家兵力，纵横捭阖，以夷制夷，比如以于阗诸国兵两万五千击莎车，发龟兹、鄯善等八国兵七万讨焉耆，最终于和帝永元六年（94）取得了"西域五十余国悉皆纳质内属"的丰功伟绩。

公元95年，朝廷下诏，盛赞班超"踰葱领，迄县度，出入二十二年，莫不宾从。改立其王，而绥其人。不动中国，不烦戎士，得远夷之和，同异俗之心"的功绩，并封班超为定远侯。至此，班超实现了如傅介子那样，立功西域、封义阳侯，如张骞那样，立功西域、封博望侯的早年理想，也应验了早先那位相面人"当封侯万里之外"的预言。及至公元100年，班超年老思乡，他上疏和帝"臣不敢望到酒泉郡，但愿生入玉门关……及臣生在，令勇目见中土"，也就是能让他已经长大成人的儿子班勇看看中土。和帝大为感动，于是召回班超。永元十四年（102）八月，已在西域31年的班超回到洛阳，不久病重，并于当年九月去世，享年71岁。

令人感动的是，所谓"老子英雄儿好汉"，班超的少子班勇，子承父业，同样采取"以夷制夷"的策略，为西域归汉做出了贡献。

先是班超返回洛阳，继任者为任尚。他向班超请教经验，班超总结道："塞外的官吏士卒，多是因为有罪才被充作守边的屯兵。至于蛮夷，又多怀鸟兽之心，不容易驯养。水太清了就没有大鱼，督察太严就不得下面的欢心。您应该冷静宽容，简易行事，从宽处理小过，紧抓重要环节。"然而遗憾的是，任尚既以班超的良言忠告为稀松平常之论，又不改其严厉急躁、苛刻行事的行为做派，结果没过几年，西域再次陷入混乱，任尚因罪被召还，朝廷撤回屯田吏卒，罢去西域都护，西域与中原就此失去了联系。

面对这样的形势，想起父亲经营西域的艰辛与功业，从小就在西域生活的班勇上奏朝廷，建议重置校尉，恢复屯田，宣扬汉朝的威德，维系西域各国归附的心愿，这既可以使匈奴的侵略野心有所收敛，也没有耗费国家钱财的忧虑。如若不然，西域诸国一旦依附匈奴，联合起来进犯内地，那么朝廷的耗费岂在千亿！衡以其后的现实，情况的确就如班勇所言，河西地区屡遭寇扰，大受其害。于是公元123年，朝廷任命班勇为西域长史，"将兵五百人，出屯柳中"，这样，班勇开始了他经营西域的历程。他承袭其父"以夷制夷"的策略，对待西域诸国，或加以抚慰、开以恩信，使其亲附；或引发西域诸国与匈奴之间的冲突仇杀，从中得利；或借力打力，如征调龟兹的万余兵马，击败车师前部，再集结鄯善、疏勒和车师前部的兵马，击败车师后部，又征发西域诸国的兵马，出击匈奴。公元 127 年，班勇调集西域联军四万余人，加上三千河西军士，击败了最后一个不肯臣服汉朝的西域国家焉耆，而西域与汉朝的联系从此再未断绝。

这就是班超、班勇的经营西域，这就是班氏父子对国家、对民族的厥功至伟，而这样至伟的厥功，既离不开班氏父子艰苦卓绝的长期努力，也离不开他们"以夷制夷"的外交智慧，这样的外交智慧，如果联系到班超之后、班勇之前任尚在西域的失败，就可以看得更加清楚，而这样的此成彼败，也证明了外交家个人的能力大小、智慧高低，对于"以夷制夷"外交战略能否奏效、能否维持，具有重要影响。

其实纵观班氏父子在西域的经营，其"以夷制夷"的外交策略，并非班超的首创。在此之前，如西汉文帝时，大臣晁错就曾建议将前来归附的义渠蛮夷武装起来，对付屡次寇边的匈奴，并称此乃"万全之术"；又西汉王朝无论是对付匈奴、西羌，还是征伐南越、西南夷，也都使用过"夷兵"，效果则不尽相同。至于"以夷制夷"的失败案例，似乎也不少见，比如我在上一讲"远交近攻"中提到的，北宋意图借金兵之力攻打辽国，却暴露了自身的疲软不堪，最终因此灭亡；南宋联合蒙古灭金，却又再度祸水自引，终为元朝所灭；又如及至清末，李鸿章希望借助俄国和西方列强的力量震慑日本，却因此签订不平等条约，被骂"丧权辱国"。如此等等，可见同样是采取"以夷制夷"的外交策略，也会因为自身实力不够或者其他的各式原因，效果南辕北辙。那么话说回来，班氏父子为何又能成功呢？我想，原因应该在于班氏父子能够认清形势、把握大局，并有强大的实力作为后盾吧。所谓"瘦死的骆驼比马大"，东汉王朝虽然不及西汉时代强盛，但其综合实力仍然远胜过匈奴，更不用说那些如串珠般分布在天山南北的西域绿洲国家了。也因为西域绿洲国家力量单薄，而广大的西域地区又是可农可牧之处，以农为主的内地汉朝和以牧为主的草原匈奴都必欲得之而后快，这就使得经营西域上升为朝廷的大政方针，否则，不仅匈奴得西域则愈发强大，汉朝的河西走廊乃至关陇内地也将不得安宁，所以班氏父子的经营西域，得到了朝廷的高度认可，有了这样的前提，班氏父子才能利用西域诸国不满匈奴压迫、期待汉朝保护的愿望，"以夷制夷"、"以夷伐夷"、借力打力，很少动用甚至几乎没有动用朝廷的兵力与财力，最终创造了定远西域、和睦远方的奇迹。至于这其间的妙处，那是实在值得我们今人细细品味，从中汲取智慧。

和亲策略：
出嫁即出使

"群山万壑赴荆门，生长明妃尚有村。一去紫台连朔漠，独留青冢向黄昏。画图省识春风面，环珮空归夜月魂。千载琵琶作胡语，分明怨恨曲中论。"唐代大诗人杜甫的这首怀古诗，道尽了西汉元帝宫女王嫱，也就是我们习称的王昭君千里迢迢奔赴朔漠、远嫁匈奴呼韩邪单于的凄婉人生。只是这位王昭君，有关她的故事夹杂着太多的后世演绎与民间传说。其实，包括王昭君在内的所谓"中国古代四大美女"，都存在一些疑问。比如浣纱沉鱼的西施，她与范蠡的爱情故事，是后人杜撰的，西施到底是哪里人，今天也存在争论；出塞落雁的王昭君，毛延寿把她画得不怎么样的说法，出自野史，她的名字是什么、墓地在哪里，也不太清楚；至于闭月的貂蝉，基本属于虚构的人物，而确有其人的羞花的杨玉环，有人说她并未缢死于马嵬坡，而是辗转去了日本，白居易那句"温泉水滑洗凝脂"，也有人解释凝脂不是指白嫩滋润的皮肤，而是形容凝固的脂肪，就是说杨贵妃真的很胖，得用温泉水才能洗去油脂。回到本讲的主题，不说"昭君出塞"也无所谓，因为在中国历史上，为了家国安宁，踏上远嫁异域之路的宫廷女性，其实真的很多很多！那为什么会出现这样的情形呢？

公元前 198 年，面对兵强马壮的匈奴冒顿单于屡犯边境，刚刚经历过匈奴"白登之围"的汉高祖刘邦苦恼不已，于是建信侯娄敬献计道："若能把公主嫁给冒顿，多给嫁妆，那么冒顿就会立公主为阏氏即皇后，这样冒顿就成了汉家的女婿，等到公主生了儿子，还能成为未来的单于，这样单于就是汉家外孙，外孙总不会与外公兵戈相向吧，这样匈奴就不会与汉家打仗了。"娄敬还特别强调："决不能以假代真，拿宗室或后宫女子冒充公主，如果冒顿知道了，就不会亲近她，使她尊贵了。"刘邦颇以为然，可是吕后说她只有这么一个女儿，"奈何弃之匈奴"，无奈之下，刘邦还是找了位后宫女子冒充公主，并派娄敬送到冒顿那里，好在冒顿没有觉察，于是汉匈两家约为和亲。

由娄敬献计、刘邦采纳的这个和亲故事，我们可以看出，所谓"和亲"，本是既安边境、也图长远的外交策略、政治联姻。这种"和亲外交"，作为中国古代处理民族关系的常用策略，虽然有失中原王朝的脸面甚至尊严，古往今来有着褒贬不一的评价，却也总体而言产生了积极的效果与持久的影响。当然，具体到效果大小与影响深浅，既与中原王朝的实力相关，也联系着和亲"公主"的能力与智慧。不妨说几位和亲"公主"的例子。

史书上确有记载的第一位有名有姓的和亲公主是刘细君。西汉武帝时，为抗匈奴，张骞出使西域寻找盟友，此时西域大国乌孙进入了他的视野，张骞向乌孙提出结盟对抗匈奴，乌孙则希望先与汉家结为姻亲。最终，乌孙国以千匹宝马作为彩礼，迎娶汉朝公主，而刘细君就是钦定远嫁乌孙的公主。其实刘细君并非武帝的亲生女儿，而是罪臣江都王刘建之女，这也不奇怪，皇帝怎么舍得将亲生女儿远嫁异域呢？远嫁异域，去到完全陌生，甚至可能是对自己祖国抱有敌意的国家，需要多大的勇气！刘细君虽然难舍故土，却也无可选择，于是公元前105年被嫁乌孙，成为乌孙昆莫也就是国王猎骄靡的右夫人，但微妙的是，匈奴此时也派人与乌孙和亲，并且昆莫猎骄靡还将匈奴的和亲女子立为左夫人。乌孙是以左为尊的，所以匈奴左夫人的地位高于刘细君，刘细君则处变不惊，从容应对。比如猎骄靡来与细君见面时，细君"置酒饮食，以币、帛赏赐左右贵人"，这增进了与言语不通的猎骄靡的感情，也拉近了与乌孙贵族的关系。后来，猎骄靡自己年事已高，按照乌孙习俗，要把细君转嫁自己的孙子军须靡，作为汉家女子，细君自然无法接受，她上书武帝，想要回绝此事，武帝却答复"从其国俗，欲与乌孙共灭胡"，细君无奈之中，只能改嫁，并与军须靡生下一女。公元前101年，刘细君郁郁而终。在今天新疆昭苏县夏特柯尔克孜民族乡，有座呈半月形的香冢，据说就是细君公主的墓地，细君思念故土的《悲愁歌》，"吾家嫁我兮天一方，远托异国兮乌孙王。穹庐为室兮旃为墙，以肉为食兮酪为浆。居常土思兮心内伤，愿为黄鹄兮归故乡"，似乎还时常萦绕在那里……

细君公主去世后，汉武帝又送来了封为公主的罪臣楚王刘戊的孙女刘解忧，嫁给细君公主的第二任丈夫、乌孙昆莫军须靡，而军须靡仍然通过立解忧公主为右夫人、立匈奴公主为左夫人的方式，维持乌孙与汉朝、匈奴两方的平衡。后来，因为匈奴左夫人生下儿子泥靡，解忧则无所出，这引起了解忧的焦虑，毕竟如果匈奴血统的泥靡继承了乌孙王位，这对汉朝自然大为不利。好在几年后事情有了转机，军须靡突然一病不起，儿子泥靡又年纪太小，于是军须靡让自己的堂弟翁归靡继承了王位，翁归靡也依乌孙旧俗，续娶了军须靡的左右夫人。相较于给前任昆莫生过儿子的匈奴左夫人，右夫人解忧公主更得翁归靡的宠幸，她为翁归靡生了三个儿子、两个女儿，再加上解忧公主性情温顺、才华横溢，翁归靡还会经常咨询她国家大事并且听从她的意见。公元前64年，翁归靡上书汉宣帝，表示愿立解忧公主长子、汉家外孙元贵靡为继承人，并且请求再为元贵靡迎娶汉家公主，而与匈奴断绝关系。然而事有不测，翁归靡去世后，拥有匈奴血统的泥靡继位，续为泥靡夫人的解忧公主谋刺泥靡失败，好在泥靡却因失去民心而在乌孙内乱中被杀。最后，在解忧公主及其原本的侍者、当时的乌孙国右大将的妻子冯嫽的几番努力下，乌孙终于归顺，成为汉朝的属国。公元前51年，年已古稀的解忧公主上书汉宣帝，表示"年老土思，愿得为骸骨，葬汉地"，宣帝深表同情，将她迎回长安，同来的还有孙子和孙女三人。两年后，解忧公主与世长辞。而时至今日，人们还记着这位远嫁乌孙、贡献杰出的传奇公主，比如2016年2月央视八套播出的42集电视连续剧《解忧公主》，就以"牺牲小我，成就家国"的情怀，感动了社会大众。

和亲的细君公主、解忧公主身处汉朝、乌孙、匈奴的三角关系中，相对于她们肩负着亲近汉朝与乌孙关系而疏离乌孙与匈奴关系的"外交"使命，也有不少和亲公主的主要使命，在于维系和亲双方的友好关系，于是在有意或无意之间，她们又成了文化传播的特殊"使者"，唐朝的文成公主和亲吐蕃就是这样的典型。

在大唐"贞观之治"的时候，吐蕃王朝的松赞干布也统一了青藏高原，并要求迎娶唐朝公主，而在遭到唐太宗拒绝后，松赞干布还出兵逼婚。双方不打不成交，有了媾和的愿望，于是吐蕃使臣禄东赞来到了长安，他带了一百多人的使团，准备了五千两黄金和数百件珠宝珍玩，向唐太宗表达了吐蕃要与大唐友好的诚挚心愿，唐太宗也终于答应了这门婚事，于是挑选了一位知书达理、端庄温柔，据说还笃信佛教的侄女，封为文成公主，远嫁松赞干布。公元641年，文成公主在江夏王李道宗的护送下上路了，松赞干布则从逻些（今西藏拉萨市）赶到柏海（今青海鄂陵湖或札陵湖）迎亲，就在那里举行了隆重的婚礼。

文成公主到吐蕃后，虽然没有像解忧公主那样，直接参与政事，却在传播中原文化方面做出了卓越贡献。比如带去了吐蕃没有的药物，桑蚕、谷物、果品、蔬菜的种子，医药、植树、工程技术、天文历法的书籍，碾磨、水车等工具，这远远超出了金银珠宝、绫罗绸缎一类常规嫁妆的概念，而是实质性的文化传播。文成公主的随行人员也相当可观，比如乳母、属吏的全家，工匠、厨师、卫队，这批人的入藏，同样意义非凡。文成公主还参与了逻些都城的规划建设，指定大昭寺为都城中心，并在寺前亲手栽植了中原带来的柳树，以后人们就称之为"唐柳""公主柳"。另外，因为文成公主不习惯吐蕃人把脸涂成赤褐色，松赞干布便下令禁止了这个习俗，还为文成公主兴建了布达拉宫。松赞干布也渐慕华风，他穿丝着绸，并派贵族子弟到长安学习华夏的诗书礼乐。公元680年，文成公主逝世。公元710年，唐中宗又将金城公主嫁给吐蕃赞普尺带珠丹，随行携带了各种手工业工匠以及一个龟兹乐队。诸如此类，诚如吐蕃碑文所赞："遂和同为一家，天下百姓，普皆安乐。"也诚如唐人陈陶诗中感叹："自从贵主和亲后，一半胡风似汉家。"

然则相对于大名鼎鼎的细君公主、解忧公主、文成公主、金城公主，中国历史上还有许多或许并不知名的和亲女性，同样值得我们今人怀念。不妨举个有趣的例子。据神魔小说《西游记》中唐僧的原型——大唐高僧玄奘的《大唐西域记》记载：在新疆和田地区一带，古代有个瞿萨旦那国。瞿国国王听说东国有桑蚕，就派使者前来求取。这里所谓的"东国"，指的是中原国家，因为在以天竺即今印度为中心的佛教地理观里，古代中国被称为"东国""东土"，这也就是《西游记》中唐僧那句口头禅"贫僧来自东土大唐"的由来。瞿萨旦那国求取东国的桑蚕，但是东国国君"秘而不赐，严敕关防，无令桑蚕种出也"。我们知道，出于可以理解的获取利润与控制贸易的目的，古代中国政府是严禁桑蚕种子出口的，植桑、养蚕、缫丝技术也是严格对外保密，所以东国国君"秘而不赐"。于是，瞿国国王想了一个巧妙的主意，即用卑谦的言辞和厚重的礼物向东国求婚，东国国君也久有"怀远之志，遂允其请"。到了迎娶公主的时候，瞿国来使奉国王之计对和亲公主说："我国素无丝绵，桑蚕之种，可以持来，自为裳服。"公主想想也有道理，因为羊毛、麻布衣服穿不出婀娜多姿的身材啊，于是公主"密求其种，以桑蚕之子置帽絮中"，就是把桑蚕的种子藏在自己戴的帽子里层。等到出关的时候，关防官兵到处都搜遍了，唯独代表公主尊贵的帽子不敢搜查，这样，桑树与家蚕的种子就被这位和亲公主"走私"带到了瞿萨旦那国，而不出几年，这里就桑树成荫、蚕宝遍地了。瞿国王妃也就是东国公主还刻石颁布了保护桑蚕的戒令，并且建立寺院，供奉蚕神。玄奘到西天取经时，还看到了公主当初播种的"数株枯桑"。值得一提的是，1900年，在今和田地区策勒县唐代建筑遗址中，匈牙利籍的英国考古学家斯坦因所发现的一块古代画板上，就描绘了这个东国公主巧带桑蚕种子进入西域的故事。那么这件事情的意义何在呢？在于中原内地的桑蚕种子约在公元4世纪到5世纪之间传入了中国西域，以及后来和田地区逐渐发展成为新疆的蚕丝业中心。

说过几位和亲公主的故事，我们能够得到怎样的认识与启示呢？从国家层面来说，和亲无疑是种外交策略，诚如革命导师恩格斯在《家庭、私有制和国家的起源》一文中所指出的："对于骑士或男爵，以及对于王公本身，结婚是一种政治的行为，是一种借新的联姻来扩大自己势力的机会，起决定作用的是家世的利益，而决不是个人的意愿。"落实到中国古代的历史，无论是·"胡强汉弱"时通过和亲所进行的政治斡旋与军事调停，还是胡汉力量平衡时通过和亲维系双方的友好关系与正常往来，抑或"胡弱汉强"时通过和亲达到利用矛盾、节制冲突、借力打力等等的目的，和亲都是带有政治色彩的外交策略。再从担任和亲主角的女性来说，正所谓"出嫁即出使"，所以外交绝不仅仅只是男人的主场，有时女子也巾帼不让须眉。这些多少带有无奈乃至悲凉色彩、大多数客死异域的巾帼，娘家强盛，她们的境况会好些，娘家疲弱，她们会多些艰难；娘家与婆家关系和睦，她们会舒适些，娘家与婆家关系紧张，她们会多些麻烦。进而言之，和亲公主们的生活，又不仅是她们个人的事情，她们更肩负着各异的外交使命，而如何践行自己的使命、维护娘家的利益，就实在考验着她们的适应能力、处世本领、后宫手段、外交智慧。换言之，"以结亲谋和平"的策略与实践，可谓高度凝聚着中国古代国家的外交智慧与和亲公主个人的外交智慧，其间颇多值得我们琢磨与体会的地方。

上一讲所说的"和亲"，作为国家的外交策略，虽然主角是女性，但和亲公主的身份并不是使臣。在中国历史上，绝大多数的使臣也就是外交官，还是男性。和亲公主的选择，身份要跟皇室挂上或真或假的关系，容貌上要长得漂亮，这是基本的要求与标准。那么，男性使臣的选择标准又是什么呢？《梁书》记载："特简才学之士，以为行人。"清朝赵翼在《廿二史劄记》中也概括指出："南北通好，尝藉使命增国之光，必妙选行人，择其容止可观，文学优赡者，以充聘使。"其实不仅南北朝时代是这样，仪容举止潇洒大方、才气学问渊博丰富，也是古往今来"妙选行人"也就是选拔使臣、外交官的基本条件，因为使臣、外交官毕竟代表的是国家的形象，而"出使四方，不辱君命"，使对方不敢轻视，为己方争取权益，维护国家的尊严，可谓使臣、外交官的底线所在。

然而相对而言，当各方面的选拔条件不能兼顾时，长得好又不如说得好。不妨举个典型的长得很不好、说得非常好的例子，春秋时期的矮子卿相晏婴。晏婴生年不详，逝世于公元前 500 年，他是春秋时期齐国人，历事齐灵公、齐庄公、齐景公三世，皆为卿相。晏婴个子很矮，根据《史记》的记载，他"长不满六尺"，约合现在的 1.4 米，这样的身高，在正常情况下，都难免遭到俗人的嘲笑，那他为什么能官至卿相，而且经常出使各国呢？以担任卿相而言，他关心民事，力行节俭，尽忠直谏，因此显名当世；而以作为代表国家形象的使臣言之，晏婴特别善于辞令，所以他屡次出使，也多次接待外国来使。

就以晏婴出使楚国为例。当时楚国强大，诸侯纷纷派使修好，齐景公也不例外，于是晏婴奉命出使楚国。狂傲的楚灵王想着借机羞辱齐国一番，就让人在城门边另开了一个高仅五尺的小门洞。晏婴来到郢都，只见城门紧闭，城防让晏婴从小门洞进入，这摆明了就是想通过侮辱晏婴的身高，扫扫齐国的脸面。针对如此的刁难，晏婴停住脚步，和颜悦色地对城防官兵说道："我是齐国使臣，请你转告楚王，出使狗国的人，才从狗洞进入，现在我出使的是楚国，怎么能从这个洞进去呢？难道……"晏婴的言下之意，是我如果就这么进去了，那只能说明楚国是个狗国。楚灵王听到传报，哭笑不得，尴尬地说："那就打开城门，让他进来吧。"

晏婴到了朝堂之上，第一次见到他的楚灵王高坐上首，又不怀好意地问道："齐国这是没人了吗？怎么派了个矮子为使臣？"晏婴不动声色地从容答道："大王差矣！我们齐国都城临淄，居民三万户，行人摩肩擦背，张袖可以遮天，挥汗能够成雨，怎么没有人呢！只是我们齐国派遣使臣有个规矩，贤能之人出使贤明的君主，不肖之人出使不肖的君主。所以像我这样最不肖、最无能的人，就被派到楚国来了。"楚灵王气得窘迫地挥挥手，只得指令侍从置酒款待。

酒席宴间，楚灵王再出坏招。只见几名武士绑着一个囚犯从殿前台阶经过，楚灵王问道："押的是何人？"武士答："齐国人。"王问："何罪？"答曰："偷盗罪！"楚灵王听罢，得意地转过脸来，对晏婴说："你们齐国人都是这般擅长偷盗吗？"晏婴面不改色，起身施礼道："我听说啊，橘生长在淮河以南就是橘，移到淮河以北就变成枳了，虽然它们看上去相似，但其实果实的味道不同。为什么会这样呢？因为水土不同。现在，齐国人在齐国都不偷不盗，到了楚国就变成了这样，莫非是楚国的水土让百姓变成了盗贼？"楚灵王闻言，情不自禁地大笑起来，他对晏婴的机智、敏捷、大胆起了敬意，也感到了齐国实在有人、不可轻侮。于是，楚灵王给予晏婴最好的礼遇，并且修好回书，恭送晏婴回国。

我们不妨分析一下晏婴的这次使楚。针对楚王一而再、再而三的刁难，晏婴一方面躬身、作揖、施礼，也就是行为举止完全符合外交礼仪，另一方面，晏婴针锋相对的回话，其实并无越轨之处，而完全是针对楚王的刁难，临时而又迅速地作出反应，既从容不迫、巧言善辩，又义正词严、唇舌锋利。比如面对待客以"狗洞"这样极端的外交无礼之举，晏婴毫不退让地引出楚国可谓"狗国"的结论，很是奚落了楚王一把；又如针对楚王讽刺齐国无人、使臣矮子的傲慢，晏婴毫不示弱，利用"因为我是无能的矮子，才被派来楚国"这一点进行转守为攻的反击，使得楚王哑口无言；再如晏婴以"橘生淮南则为橘，生于淮北则为枳"的自然现象，类比出"齐人在齐国不偷盗，到了楚国就偷盗"的社会现象，并顺势推导出楚国的水土民风实在不怎么样的意思，可谓非常巧妙地嘲弄了楚国一番。如此不辱使命，既出色完成了出使任务，又巧妙维护了国家尊严的晏婴，真是让人敬仰，所以太史公司马迁也由衷感叹道："假如晏子在世，我就算为他执鞭驾车，也会感到高兴！"

说起外交语言的厉害，我首先想到的就是晏婴。其实类似晏婴这样善于辞令的使臣，在中国历史上还有很多，不妨再举些例子。

如所周知，三国时代，东吴与蜀汉结盟，共同对抗强大的曹魏，于是双方使臣往来颇为频繁，也常有些不伤大雅的斗嘴。比如有一回，蜀汉费祎出使东吴，孙权设宴招待，他想着调侃调侃这位来使，就预先与陪宴的群臣交代："费祎来时，伏食勿起。"不久费祎到来，孙权停食迎迓，群臣却自不起。见此情形，费祎嘲笑道："有凤凰飞来了，麒麟懂得吐哺停食，奈何驴子骡子们无知，还是伏食如故。"诸葛恪反驳道："我们种植梧桐，本想引来凤凰，现在来了燕雀，竟敢自称凤凰，不如弹而射之，让它返回故乡！"平心而论，费祎之语褒贬得当，胜过诸葛恪的失礼张扬。而说起失礼张扬的外交语言，刘备虎将关羽关云长可谓一个绝对的教训。东汉末年，承担着镇守荆州要地重任的关羽，把诸葛亮的嘱咐，即东联孙权、北拒曹操的外交决策忘到了脑后，当孙权遣使，要为自己的儿子结亲关羽的女儿时，关羽竟把来使臭骂了一顿，具体骂了什么，正史中没有记载，《三国演义》记的是"吾虎女安肯嫁犬子乎"，这句话也确实符合关羽的性格。关羽还曾经扬言："如果我取下了樊城，难道就不能灭了你孙权吗？"须知，孙权好歹也是一国之主，而且当时孙权、刘备还是联盟抗曹的关系，关羽如此"豪言壮语"的结果，导致了孙权大怒，吕蒙白衣浮江、袭取荆州，关羽败走麦城、身首异处，关羽父子不仅丢了性命，还使诸葛亮《隆中对》中规划的荆州、益州两路出兵大计成为泡影，蜀汉也遭到了无法弥补的损失。由此看来，忠勇异常的关羽，实在缺乏基本的外交智慧，也谈不上使用基本的外交语言。

三国的鼎立，还是属于华夏内部的分裂，我们再来看看胡汉政权对峙时期外交语言的特点。以南北朝为例，经常触及的一个核心外交议题是孰为正统，比如北朝老是骂南朝为"岛夷"，南朝则斥北朝为"索虏"，南北使臣之间也是经常如此争来吵去，比如东魏使臣李谐与梁朝主客郎范胥的对话。先是范胥与李谐寒暄道："此间比较暖和吧？北方应该稍冷些。"李谐回答："我们那里地处阴阳之中，寒暑恰如其时，无所谓冷些暖些。"范胥质疑："贵国的邺城，不在居中的洛阳啊。"李谐答曰："洛阳、邺城都是皇居帝里，相去不远，可以统而言之。"范胥又攻击道："既然天下之中的洛阳繁华美丽，为何还要迁都邺城呢？"李谐巧妙回应："王者无外，都是我家的山河，这有什么可奇怪的。"范胥趁机刁难："此前商朝国势危殆，然后迁都。贵国又为何迁都呢？"李谐答道："圣人藏往知来，相时而动，何必等到盛衰！"范胥又说："帝王之气，本出东南，君临万邦，应在金陵。"李谐则反守为攻道："从来帝王符命，都在中原大地，东南的紫盖黄旗，也都归属了洛阳，所以金陵王气的说辞，本是不足为道的术士之言。"对话进行到这里，范胥终于沉默不语了。分析这段代表胡族东魏的李谐与代表华夏梁朝的范胥围绕正统的论辩，涉及了地理、历史、文化等多个方面，最后取胜的一方却是博学巧辩的李谐，李谐不仅维护了实为傀儡的东魏孝静帝的脸面和迁离洛阳的胡族东魏王朝的尊严，还使得范胥甘拜下风，使得梁朝的读书人对他都大为佩服。

　　说到这里，我们可以总结一下外交语言的力量与智慧了。放眼当今世界的外交舞台，虽然我们常常调侃外交官们那些"伟大的废话"，发言人们那些模棱两可、不着边际的答记者问，乃至联合国大厦里那些无休无止、沉闷漫长的会议，但这些外交场合的"废话"、答记者问、会议，也许正是外交的某种特点，"外交无小事"，即便是"废话"，该说时还得说，该辩论时还得辩论，因为这事关国家的形象、国家的权益乃至于国家的尊严，所以，"伟大的废话"不仅是必须的，而且是重要的，外交场合的舌战交锋，并不比刀光剑影的战场博杀来得轻松，这就诚如明末揭暄所著《兵经百言》的说法："言为剑锋上事，所用之法多离奇……故善言者，胜驱精骑。"这话的意思是：言辞的锋芒胜过宝剑的锋芒，而运用的方法大多离奇，善于巧妙地运用言辞，能够胜过精兵锐骑。军事战场上是如此，有时仿佛战场的外交舞台也不例外。再具体到使臣、外交官们，因为在外交活动中，双方辩论或谈话的细节，往往无法预先得知，所以这就要求他们具备渊博的学识、灵活的头脑、高超的语言技巧、丰富深邃的外交智慧，如此才能临阵展开你来我往的谈判，或者进行唇枪舌剑的较量。换言之，唯有"妙选行人"，才能"言为剑锋"，才能在外交舞台上，做到舌比剑更加锋利。

　　"外交智慧"以上的五讲，合纵连横说苏秦、张仪，远交近攻说范雎，以夷制夷说班超、班勇父子，和亲策略说出嫁仿佛出使的汉唐公主，妙选行人说晏婴。从这一讲开始，我转换一个视角，由关注具体的个人，转换到关注中国古代的政权、国家、王朝的外交策略以及其中所体现的智慧。本讲说说汉末三国的孙吴政权。

　　多少年来，在不少的场合，我都说到《三国演义》以及诸多的三国戏，出于塑造典型人物的需要，出于宣扬道德理念的需要，真的是随意改造甚至篡改历史，而被改造、被篡改、被贬低得最过分的，就是孙吴。随便举例，关羽温酒斩华雄，实际斩华雄者是孙权的爸爸孙坚；诸葛亮草船借箭，实际是孙权木船"借"箭；赤壁之战把诸葛亮写得出神入化，实则是黄盖首献火攻之计，实施者为周瑜；在孙权、刘备联合这件事上，也是鲁肃而不是诸葛亮首倡联合之计；至于诸葛亮三气周瑜、陆逊兵困八卦阵、周瑜嫉贤妒能、鲁肃软弱可欺等等，都是史无实据。尤为有趣的是，关羽遇难后，还能英魂吓死吕蒙、显灵帮助关兴杀死潘璋。于是在传统的小说戏剧中，甚至在现在的社会认知中，孙吴的形象显得很是反复无常，甚至有些灰头土脸、猥琐低下。比如让我很受刺激的一次经历，是 2007 年夏天，我参加了湖北省的"海峡两岸关公暨三国文化论坛"，记得那是一天的会议、五天的考察，这样的安排让我很愉快。而差不多跑遍了湖北省的三国历史古迹与旅游景点，除了孙权称帝的武昌也就是今天的鄂州市例外，其他各地基本都是刘备君臣的伟大事迹、高尚形象，基本没有孙吴的份，即便零零星星地提到孙吴，也是无足轻重的配角，或者就是反面教材。这不符合历史的真实！其实说起来，三国历史最精彩的是外交，而三国外交的中心是孙吴。不过有意思的是，我也理解，正是因为孙吴是三国外交的中心，才在很大程度上导致了孙吴的形象在后世被严重"污名化"。这是怎么回事呢？不妨梳理梳理孙吴的外交史实。

东汉兴平二年（195），孙策、周瑜过江，开始开创江东基业，至于过江所率的五六千兵力，其中的骨干则是孙策父亲孙坚的千余旧部。公元184年，黄巾民变爆发，当时在淮北下邳当县丞的孙坚也招募了一支军队，追随中郎将朱儁，镇压黄巾，被任为佐军司马。此后，直到公元192年孙坚中箭而亡，他先后投靠过讨伐董卓的关东盟主袁绍、地方割据势力袁术，袁术还表奏朝廷，升任他为破虏将军、豫州刺史，于是孙坚成为当时较为强大的割据者。

等到孙坚阵亡，长子孙策继续为袁术四处征战。然而，袁术既吞并了孙坚留下的军队，又将孙坚豫州刺史的官职给了别人；这还不算，袁术常向孙策许诺，打了胜仗就给予相应的官职，却从不信守诺言。孙策气愤郁闷之下，就想着摆脱袁术，回到家乡江东，自己单干，于是他借口帮助割据淮南的袁术开拓江东、匡济汉室，求得袁术归还了其父孙坚的旧部，开始转战江东地区。等到公元197年袁术野心膨胀，竟然敢冒天下之大不韪，僭越称帝，孙策遂与袁术决裂，转而投靠"挟天子以令诸侯"的曹操，曹操大喜过望，立马表荐孙策为汉朝的讨逆将军，封吴侯。顶着这层耀眼的光环，到了公元200年，孙策已经占据了吴、会稽、丹阳、庐江、豫章、庐陵六郡广大地区，奠定了孙吴政权疆域的基础。也是在这一年，孙策趁着曹操与袁绍在官渡对峙的时机，计划反叛曹操，偷袭许昌，劫走汉献帝，以大展宏图，然而却因突遭仇家的刺杀，伤重而亡。

孙策临终之际，对二弟孙权说："举江东之众，决机于两阵之间，与天下争衡，卿不如我。举贤任能，各尽其心，以保江东，我不如卿。"这样孙策逝世后，孙权的战略目标，就由不切实际的争衡天下，转变为保守江东。然而即便是保守江东，也不容易。

公元 208 年，曹操在平定北方后，大军南征，兵不血刃地拿下了投降的荆州，并想着要一鼓作气，席卷江东。面对强大的曹操军团，孙权集团内部的许多人都主张投降，其中代表性的人物就是辅佐孙策、孙权的元老重臣张昭。但年轻气盛的孙权听取了周瑜、鲁肃的建议，主动结盟当时还势单力薄、走投无路的刘备，共同抗曹，此后，便是我在"军事智慧"中讲过的赤壁之战。赤壁的熊熊火焰，烧掉了曹操的统一梦想，麻烦的是，却也烧出了一个解不开的死结，即作为同盟的孙、刘两家对于荆州的争夺。

关于孙、刘两家为什么要争夺荆州，争夺的过程是怎样的，结果又是如何，我在"军事智慧"中有过分析，这里不再重复。简而言之，没有荆州，刘备"霸业可成，汉室可兴"的理想就无从谈起；没有荆州，孙权的江东政权缺乏上游的屏蔽，也有累卵之危、悬剑之险。于是，孙权展现了他丰富的外交智慧。第一步，为了多树曹操之敌，以及腾出手来收定岭南，他维持了与刘备的同盟关系，还让出南郡等地让刘备容身；第二步，在刘备取得西部益州后，孙刘两家虽然闹过矛盾，但是同盟关系仍未破裂，双方经过协商，以湘水为界中分了荆州；第三步，趁着刘备荆州守将关羽北伐曹操、后方空虚，以及曹操威胁减弱的机会，孙权背叛了孙刘联盟，他一方面接受了曹操伸出的橄榄枝，另一方面，他又派出大将吕蒙袭取荆州、斩杀关羽，曹操也没有食言，上表朝廷，以孙权为骠骑将军、领荆州牧、封南昌侯；第四步，当 221 年刘备东征，意欲与孙权再次争夺荆州的关键时刻，孙权向刚刚取代汉献帝的魏主曹丕称臣，曹丕则封孙权为吴王，接着，刘备被陆逊火烧连营，并很快忧愤而亡；第五步，在刘禅继位后，孙权又接受了诸葛亮双方修好的愿望，断绝了与曹魏的同盟，重新与蜀汉结盟。此后，直到263年蜀汉灭亡，孙吴、蜀汉基本维持着联盟的关系，这种联盟关系，就是相约"勠力一心，共讨魏贼……若有害汉，则吴伐之，若有害吴，则汉伐之。各守分土，无相侵犯"，虽然就具体史实看，孙刘两家"共讨魏贼"没有什么实质性的动作，但"无相侵犯"还是做到了，这样，孙刘两家彼此解除了威胁，对北方的曹魏则增添了诸多的隐患，使其不敢贸然动作。

说过了以上孙吴外交的粗略史实，我们可以看出，从孙坚的投袁绍到背袁绍、投袁术，到孙策的背袁术、投曹操以及准备背曹操，再到孙权与刘备、刘禅之间的结盟、背盟、再结盟，与曹操、曹丕之间的结盟、背盟，孙吴政权的一部奠基立业、开疆建国的历史，差不多就是一直伴随着投靠对象、结盟关系变化的历史。如果说，孙坚、孙策的情形，还是东汉末年军阀混战时代的常态，那么孙权的反反复复，就是典型的外交策略了。这样的外交策略，说得好听些，是审时度势的制胜法宝，说得不好听，那就是左摇右摆的墙头之草，而这样的立场不坚定、谈不上气节的孙吴政权，也就难免遭受恶评了。

不过话说回来，如果我们设身处地地想想，还是会生发出一些理解的同情的。这话怎么说呢？

首先，从出身来看，曹操虽然背负着"赘阉遗丑"的恶名，但自从建安元年（196）开始，汉献帝就在他的手上，曹操能够"托名汉相，挟天子以征四方，动以朝廷为辞"，拥有难以争锋的政治优势与军事实力。顺带提一句，所谓"赘阉遗丑"，是指曹操的父亲曹嵩本姓夏侯，因为被宦官曹腾收为养子，所以改姓了曹。但据近年来人类遗传学的研究结论，曹操家族的基因O2-M268，与夏侯氏家族的基因并不一致，所以曹嵩也就是夏侯嵩是曹腾养子的说法，可以存疑。然而即便如此，在传统史学的叙述语境中，曹操"赘阉遗丑"的身份，仍然是确定不移的。再说刘备，虽然基本可以断定他并非西汉中山靖王刘胜的后代，但他毕竟姓刘，刘备也正是凭借着"帝室之胄"的身份，以兴复汉室为旗帜，才逐渐形成气候的。相对而言，孙吴在这方面就弱得多了。《三国志》中说孙坚性格"轻狡"，"孤微发迹"，"轻狡"用今天的话说就是无赖，而且还属于经常干些打家劫舍勾当的无赖；至于"孤微发迹"，孙坚起兵的时候，不过是个下邳县丞，就连小小的县令位子都没坐上。所以，明末清初的王夫之在《读通鉴论》中一语中的地指出："蜀汉之义正，魏之势强，吴介其间，皆不敌也。"既然如此，孙吴政权也就只能依靠外交谋略，来弥补政治底气与军事实力的不足了。

其次，从形势来看，当汉末的军阀混战逐渐演化为曹操、刘备、孙权三方势力后，很明显，一则孙刘若不联盟，谁都不是曹操的对手，所以孙刘联盟是大势所趋；二则刘备、诸葛亮那是铁杆抗曹，即与曹魏势不两立、不共戴天，至于曹魏，为了集中力量对付蜀汉，也乐于和孙吴之间眉来眼去、拉帮结派，这就给孙吴联合蜀汉抑或投靠曹魏，提供了左右逢源的机会；三则荆州既为扼住孙权咽喉的必争之地，那么为了得到荆州这个"硬道理"，孙权是不惜与刘备开战的，而与刘备开战的前提，就是屈身事曹，只是这种屈身事曹，仍是一种虚与委蛇的手段而已，所以当魏主曹丕命令吴王孙权将儿子送往洛阳、实际就是充作人质时，孙权找出了各种理由，百般推脱，反正就是不送儿子去做人质。

换言之，孙坚为了出人头地，不得不先袁绍、后袁术地投靠；孙策为了开拓江东，不得不先袁术、再曹操地依附；而孙权为了保守江东、稳固统治，为了谋求发展、国家存亡，更不得不在刘备刘禅、曹操曹丕之间左右摇摆，或结援于蜀汉，或称臣于曹魏。而如此仿佛墙头草一般，不断变换结盟对象的外交策略及其实践，导致了一正一反两方面的结果。正的结果是，最缺乏出身优势、立国资本的孙吴，若从孙权自建年号的 222 年算起，到 280 年灭亡，延续了 59 年，这超过了曹魏的 46 年、蜀汉的 43 年；反的结果是，虽然按照历史的本来面目与实际贡献，三国地位的排列应该是曹魏、孙吴、蜀汉，但到西晋陈寿写《三国志》时，排列次序已经变成了曹魏、蜀汉、孙吴，再到后来及至今日，排列次序更变成了蜀汉、曹魏、孙吴，连带着，外交谋略高超、气节乏善可陈的孙吴，也就越来越成为被贬斥、被污名化的对象。说到这里，虽然我要再次表示理解，但还是想表达可能会引起大家异议的两点意思。

第一点意思，作为生活、工作在孙吴故都南京的一员，我想为孙吴政权的历史贡献说几句公道话。孙吴作为第一个确具规模、立国南方的华夏国家，改变了南方的民族面貌，提升了南中国的政治地位，经过孙吴一朝的经济发展、政区设置、民族融合、交通开辟，南中国从此进入了中国历史的主舞台，并且引领了以后中原有难、华夏汉族政权避难南方的历史趋势，比如东晋、南朝、南宋都是如此。所以，我们可以认为，孙吴一代其实已经奠定了中国历史上南北对峙时期南方政权的立国方针与疆域规模，甚至东晋、南朝、南宋的外交策略，也与孙吴依稀仿佛吧。

第二点意思，联系本系列的主题"外交智慧"，我的看法是，其实类似孙吴政权这种"墙头草"式的结盟与背盟方式，不能简单地仅仅用背信弃义来解释。身处弱肉强食、群雄逐鹿的时代，面对强大的敌人与残酷的竞争，审时度势地找准并转换投靠的目标、结盟的对象，本来就是一项求生存的技能、一种谋发展的机智，尤其是在自身实力弱小时，权衡利害、舍小取大，随机应变、从中取利，为达目的、不择手段，如此等等，都是无奈而且必须之举。推而言之，在中国传统时代以及现代国际外交舞台上，"没有永远的朋友，只有永远的利益"，似乎也是一句屡被证明的名言吧！

城下之盟：退一步海阔天空

何谓"城下之盟"？"城下之盟"给人的感觉是怎样的？我想起 2019 年 5 月的一次经历。5 月 26 日，我从炎热的三亚飞到凉爽的贵阳，刚好遇上第五届数博会即中国国际大数据产业博览会开幕，在朋友的邀约下，我次日也去凑了个热闹，转悠了一些展区。记得形成鲜明对比的是，华为展区人头攒动，工作人员不知怎么看上了我，专业细致而且充满自豪地为我讲解托在星状水晶里的海思芯片，我这位文科男完全不懂，十多分钟里，只是不断点头、连声称赞；而 ZTE 展区"门可罗雀"，大概是因为 2018 年 ZTE 与美国商务部达成的那些协议，引得国人感觉不好吧，那一刻，"城下之盟"这个成语也自然浮现在我眼前。

所谓"城下之盟"，出典是春秋时代楚国攻伐绞国，绞国大败，被迫签订"城下之盟"，就此成了楚国的附庸。我们学习中国近代史时，也老是接触"不平等条约"，比如鸦片战争失败后，清朝与英国签订的《江宁条约》，割地、赔款、开放口岸、片面最惠国待遇、领事裁判权等，严重破坏了中国的领土完整和主权独立，这就是典型的"城下之盟"。而回到中国古代的历史，战场之上、政权之间，当敌军强力压境的时候，那些签订的条约亦即"城下之盟"也很常见，而且留给后人的感觉，多是观感不佳、评价不好。

其实，若从外交智慧的角度来说，这个问题是比较复杂的，需要具体情况具体分析，有的时候，"城下之盟"是不得已而为之，这就是退一步海阔天空的道理。不妨举两个例子。

公元 626 年，经历了玄武门之变、除去哥哥太子李建成与弟弟齐王李元吉的秦王李世民，先被立为太子，接着逼迫父亲李渊传位于自己，意气风发地登基大宝，这就是我们熟知的唐太宗。不想边境的东突厥却在此时为他献上了一份特别的大礼：颉利可汗亲率大军南下，长驱直入，驻扎在距离长安不远的渭水北岸。当时，突厥二十万雄兵，旌旗飘飘；唐都长安兵力空虚，人心惶惶。

那么，颉利可汗为何会在这个时候突然入侵关中呢？说起来，唐与东突厥的关系可以追溯到唐朝建立以前。隋末群雄逐鹿，李渊为了赢得更多胜算，主动与东突厥结盟，东突厥则向李渊提供战马和骑兵的支持。虽然在双方交往的过程中，东突厥常有小打小闹、乘机勒索的行为，但是双方关系还算过得去。公元 620 年，处罗可汗去世，弟弟即位，是为颉利可汗，东突厥与唐朝的关系急转直下。原来，按照突厥的习俗，前任可汗去世后，即位的可汗需要续娶前任可汗的夫人，因此，颉利可汗续娶了处罗可汗的夫人、隋朝的义成公主为妻。颉利可汗一方面仰仗着自己兵强马壮，十分骄横地轻视新生的唐朝，另一方面，在可以理解的隋朝义成公主"枕边风"的挑唆下，颉利可汗每年都来边境骚扰，顺带着"打打秋风"。在唐朝这方面，因为天下初定，所以李渊委曲求全，年年都给东突厥大量好处。及至玄武门之变，即唐朝最高层权力变更、政治形势难免陷入一时混乱之机，颉利可汗遂乘虚而入，大兵直逼守备空虚的长安。

当此之际，颉利可汗洋洋得意，他派大将、谋臣执失思力进入长安，炫耀"可汗的百万大军已到"，以此恐吓李世民。李世民则冷静处置，指责道："我与可汗曾经当面约和，你们今日是负约了。当初义军入京，你们都跟在我的手下，馈赠你们的金帛多得不可计数。现在你们竟敢派兵入我京畿，就算你们是戎狄，也应该有感恩之心，怎能忘记恩德，还自诩强盛呢？今天我就先处死你！"当然，两军交战，不斩来使，李世民只是将执失思力囚禁了起来，他思索着长安空虚，无法以军事力量退敌，真打起来，好不容易消停下来的天下又将大乱，便选择了利用外交手段，以求智退突厥大军。

怎样智退突厥大军呢？李世民带着房玄龄、高士廉等六人，身跨骏马，来到渭水河畔，与颉利可汗隔水对话，义正词严地指责他背信弃义。为了促使谈判有效进行，大批唐军也随即赶到渭水河畔，旌旗鲜亮，兵甲闪耀，军容整肃，退而列阵，在气势上营造出不畏突厥的假象，再加之心腹大将、重要谋臣执失思力一直没有归来，这种种的场景，果然使得颉利可汗深深忌惮，于是约和。两天之后，李世民与颉利可汗在长安城西郊的渭水便桥上，签署了和平协议，史称"便桥之盟"。随后，颉利可汗退兵，一场大战消于无形。过了些天，颉利可汗还献马三千匹、羊万口，唐太宗没有接受，只是让突厥将所掠之人放回，展示了宽广的胸襟。

我们分析一下这个"便桥之盟"。"便桥之盟"的背景，是东突厥大军差不多已经兵临长安城下，而唐朝京师长安兵马不足，无法与之抗衡，于是李世民决定与东突厥谈判妥协，谋求暂时的稳定。就谈判技巧而言，李世民一方面凭借气势摆出阵势，表达无所畏惧的样子，另一方面做出承诺，只要退兵，就能得到金帛财物等各种好处，如此恩威并施，双管齐下，遂使怕事却又心高气傲的颉利可汗选择了双方和解的方式。换言之，通过"便桥之盟"，李世民达到了"以退为稳"进而"以退为进"的目的。"以退为稳"不必多说，至于"以退为进"，李世民不会忘记"便桥之盟"的教训，他针对东突厥骑兵的优势，训练自己的骑兵部队，并在北方边地建立军事基地，作为反击东突厥的跳板。机会很快到来，"便桥之盟"后不久，东突厥遭受大雪，大批牲畜冻死饿死，东突厥上层之间的矛盾也日益激化，而且归附东突厥的诸多部落又与东突厥离心离德。公元629年，唐朝大军进攻东突厥，并于次年最终俘获颉利可汗，萦绕大唐多年的东突厥大患就此消除。值得赞美的是，唐太宗李世民毕竟手段高超，他顾念着歃血立誓的"便桥之盟"，没有处死颉利可汗，而是赐给良田美宅，任为右卫大将军，颉利可汗去世时，还追赠他为归义王，按照突厥的习俗火葬。

所谓"退一步海阔天空，忍一时风平浪静"，李世民凭借自己的外交智慧，选择了与东突厥缔结"城下之盟"，即以一时的退却与忍让，化解了自己登基之初面临的最大军事危机。无独有偶，300多年后，北宋与契丹辽国也曾有过一次"城下之盟"，史称"澶渊之盟"。关于"澶渊之盟"签订的过程，我在"为官智慧""军事智慧"中都有叙述，这里不再重复，简而言之，"澶渊之盟"是在北宋面对契丹兵临澶州城下，战场形势却更有利的情况下，所签订的"城下之盟"。对契丹来说，有所得或得多于失；对北宋来说，有所失或失多于得。

怎么有所得、有所失呢？"澶渊之盟"达成的协议共四条：一是双方约为兄弟之国，平起平坐，当时辽圣宗年幼为弟，宋真宗年长为兄，后世仍以年齿论兄弟；二是双方划定边界，相约以白沟河（今河北易县拒马河）为界，易州属辽，瀛州、莫州属宋；三是双方在边境设置榷场，开展互市贸易；四是宋朝每年提供辽国"岁币"银10万两、绢20万匹。协议签订后，双方都宣称得胜回朝。

怎么会双方都宣称得胜回朝呢？对于契丹辽国来说，是觉得在不利的战场形势下，捡到了大便宜；对于御驾亲征的宋朝来说，是觉得"出血"不多，没有丢啥面子。比如当前往议和的曹利用回到澶州见宋真宗时，侍者急切地问曹利用许了多少银子，曹利用没有说话，只是伸出三个指头，侍者飞奔入内，告诉真宗许了三百万两银子，真宗虽然大吃一惊，却说"只要了结此事，三百万也行啊"。待到召见曹利用，得知只是三十万银绢，真宗大喜过望，很是夸奖赏赐了曹利用一番，因为这区区三十万银绢，相对于朝廷巨额的战争开支来说，的确不在话下，真宗更是创作了《北征回銮诗》，表达自己的喜悦心情："锐旅怀忠节，群胡窜北荒。坚冰销巨浪，轻吹集佳祥。继好安边境，和同乐小康。"

"继好安边境，和同乐小康"，确实是史学界评价众说纷纭的"澶渊之盟"产生的积极效果。比如此后的宋辽之间，结束了长期的战争状态，换来了百年和平，北宋利用这样的和平，赢得了稳定的发展环境，辽国利用这样的和平，源源不断地获得了经济利益。然而问题的复杂之处又在于，正所谓"福兮祸之所伏"，"澶渊之盟"也像一味麻醉剂，使得宋辽双方都慢慢地军备松弛，乃至丧失危机感，结果皆为新兴的女真金国所灭。

说过了唐太宗的"便桥之盟"与宋真宗的"澶渊之盟"，我们又能得到怎样的启示呢？在外交博弈中，"城下之盟"作为一种手段，并非全不可取。面对严峻的武力威胁，通过适当让步，采取签订盟约的方式，保存自己的实力，等待日后翻盘的一天，以此维护更大的利益，这比起一味莽进，鱼死网破，往往更能彰显决策者的外交智慧。唐太宗"以退为稳"的"便桥之盟"，及时化解了东突厥进犯的危机，并为随后的全面反击积蓄了力量；宋真宗"以金钱换和平"的"澶渊之盟"，换来了边境百年安定，为经济发展、文化兴盛营造了合适的外部环境。所以，"城下之盟"中所蕴含的外交智慧与隐忍品行，有时比起盛世时签订友好盟约，更加值得我们品味。

另一方面，特别需要说明的是，如果满足于"城下之盟"换来的和平，麻痹自我，不思进取，往往也会导致可怕的结果，甚至会将国家拖入深渊。"澶渊之盟"后的北宋"忘战去兵""武备皆废"是这样，南宋与金国签订的"绍兴和议"，金国与蒙古签订的"中都之盟"，乃至清朝与资本帝国主义列强签订的那一系列"丧权辱国"的不平等条约，也都是如此吧。这样的教训也告诉今人，"退一步"是为了海阔天空时的更好发展，"忍一时"是为了风平浪静后的积极进取，"城下之盟"只是委曲求全的一时手段，"以退为进"才是奋起自强的终极目标。外交舞台上是这样，我们每个人的人生进退又何尝不是如此呢？

朝贡册封：『宣德化而柔远人』

大明皇朝的时候，我们的邻国朝鲜，最忙的应该不是国王，而是他们的外交使团。朝鲜使团每年都要多次前往明朝"朝见天子"，冬至、元旦、皇帝的寿辰，那是一定要来，特殊时刻比如皇帝驾崩、新皇登基，那也必须前来觐见，而按照这个频率来看，每年朝鲜使团在汉城（今天称为首尔）待的时间，大概还没有来往中国及在中国待的时间长。朱元璋在位的时期，先称高丽、再称朝鲜的使团平均每年要来两次，朱棣在位的时期上升到了年均四次，到了宣宗宣德年间更是飙升到了年均六次！因为"不堪其扰"，所以每次朝鲜使团前来的时候，大明皇帝都会劝他们不必来得如此频繁，朝贡也不需要这么殷勤，甚至还出台了官方文件，规定只准两三年来一次，然而朝鲜却"置若罔闻"，乃至"变本加厉"，上表皇帝，表示实在是太想念天朝了，每年都想来，明朝又能怎么办呢？来就来吧！琉球（今日本冲绳县）也是有样学样，洪武朝平均一年两次来朝，永乐年间还曾一年数贡，"天朝虽厌其烦"，却也无可奈何。那么问题来了，当时朝鲜、琉球这些周边国家为什么如此喜欢派使团来明朝？明朝在与这些国家的交往中又能获得些什么呢？

从很早的时候起，比如由春秋到战国，我们中国人的天下观就逐步成熟起来了，按照台湾学者邢义田先生的描述，这个天下的结构是这样的：

天下由诸夏及蛮夷戎狄组成，中国即诸夏，为诗书礼乐之邦，在层次上居内服，在方位上是中心；蛮夷戎狄行同鸟兽，在层次上属外服，在方位上是四裔。方位和层次可以以中国为中心，无限地延伸；诗书礼乐的华夏文化也可以无限地扩张。最后的理想是王者无外，合天下于一家，进世界于大同。

这样由方位、层次和夷夏交织而成的天下，无疑具有很大的伸缩性，它可以是华夏与蛮夷戎狄组成的四海之内，也可以是抽象或具象的"日月所照，风雨所至"的普天之下。这样的天下观，又深刻影响了从此以后中国传统帝制时代的历史。比如中国传统思想认为，人间的帝王是受天父之命而拥有天下、统治万民的，所以都自称天子，只是对于一位真正的天子来说，如何使四夷都"沐浴"在天朝的恩泽之下，合天下为一家，进世界于大同，就成了一项永恒的挑战，天子们都面临着理想与现实的差距所造成的矛盾、困惑甚至痛苦。

从现实来说，统一了除所谓"不毛之地"外的农耕地区就是拥有"天下"了，而从理想来说，统一的范围则应该是"普天之下，莫非王土，率土之滨，莫非王臣"。也正是这样的理想，强力刺激着一代又一代雄才大略的中国帝王们开疆拓土的决心，他们期望着"王者无外""皇帝之德，存定四极"，从而成为一位真正的天下之君；这样的理想，也持久鼓舞着一批又一批的中国文人士大夫们强烈的文化使命感，他们秉持着修身、齐家、治国、平天下的理念，感觉有责任把自己的优越文化向外推展，从而使蛮夷戎狄统统濡染德教。然而理想的尴尬、现实的矛盾又是，没有哪一位中国帝王、哪一批中国文人士大夫能够真正做到政治的统一天下、文化的德泽天下。别说真正的天下了，哪怕就是今天的亚欧大陆，也从来没有统一在中国天子、华夏文化的范围之内。那绵延万里的长城，对于梦想统一天下的中国天子而言，就实在是一道十分刺目的羞辱表记！于是或深感惭愧地自我安慰，说是"德薄而不能远达也"，或干脆退而求其次，把蛮夷戎狄排除在华夏之外，以为夷夏之间乃是天地所以隔绝内外，如此也就弥补了理想的缺憾，慰藉了现实的政治。相对而言，这后一种天下观，即重华夷之辨、严夷夏之防，对于中国历史的影响更大。比如为了抑制帝王们野心的膨胀，防止影响国计民生，汉族儒家提倡的大一统是有范围的，即内地农耕地区，除此之外的地方就是"不毛之地"，不可耗费精力去征伐，而是提倡采取羁縻、怀柔的政策，维持名分上的册封关系、礼仪上的朝贡关系。

比如上面所说的朝鲜、琉球与大明之间，就是这样的朝贡、册封关系，或者换言之，藩属国与宗主国关系。宗主国册封藩属国，藩属国既受到了保护，也有了实实在在的利益；藩属国朝贡宗主国，宗主国既感觉好，脸面上也有光。如此一来，大国册封小国、小国朝贡大国，遂成为中国传统时代中原王朝对外关系的主旋律、"国际"外交的基本原则。比如汉朝有交趾、倭国等藩属国，唐朝有日本、新罗、百济等藩属国，宋朝有安南、高丽等藩属国，元朝有安南、缅甸、占城等藩属国，至于明朝的藩属国，最鼎盛的永乐年间，更是多达100多个，可以说东南亚地区的所有国家基本都在其内，而这与我下面要谈的郑和下西洋有关。到了清朝后期，随着国力衰败，自顾不暇，藩属国也就越来越少，乃至一个不剩。而时至今日，有些国家还保存了相关的文物，如日本福冈出土的"汉委奴国王金印"，对应着《后汉书·东夷传》记载的"建武中元二年，倭奴国奉贡朝贺，使人自称大夫，倭国之极南界也，光武赐以印绶"的史实；韩国保存着代表藩属国最高待遇的明朝所赐"朝鲜国王"龟纽金印，甚至朝鲜这个国名都是明太祖朱元璋赐予的；其他如清朝所赐"越南国王""南掌国王"（南掌，今老挝）驼纽镀金银印，也印证着他们曾经属于中国藩属国的历史。

作为藩属国，自然需要以朝贡来表达礼仪，但是必须指出的是，宗主国与藩属国之间不存在经济上的剥削与被剥削关系，因为赏赐所得总是超过朝贡所献，有时更是远远超过。再推广一步，历史上与中国中原王朝维持着朝贡关系的民族、政权、国家乃至商人就更多了，在这里，我不妨引述一段葛剑雄先生的论述，以供诸位了解大概情况：

> 历史上有不少游牧民族和外国商人，为了获得必要的生产工具和生活用品，或者就是为了做生意牟利，往往会以进贡作手段，换取中原王朝的赏赐……历来中原王朝的统治者都以世界中心自居，认为本国是世上最富足的国家，无所不有，不必依靠外人，所以一贯不重视对外贸易和经济活动……但对远道而来贡献的臣民，一则是为了嘉勉他们的"忠诚"，二则是为了显示天朝物力的富厚，是从来不计较经济利益的，无不给予加倍的赏赉和周到的款待……这就是为什么有时完全没有对外贸易的记录，"贡使"却不绝于道的真实原因。

葛先生甚至指出："更有甚者，对方完全是以平等身份派来的外交或贸易使节，而中原王朝却非要称之为朝贡，这只能说明中国封建统治者的妄自尊大和愚昧无知。在鸦片战争以前，几乎没有哪个国家的使节来到中原王朝而不被称为来朝贡的。"

诸位，这就是中国传统时代外交关系中发人深思的一页。这样的一页，在中国历史上又被反复书写。举个例子。《资治通鉴》隋朝大业六年（610）记载：

> 诸蕃请入（东都洛阳）丰都市交易，帝许之，先命整饰店肆，檐宇如一，盛设帷帐，珍货充积，人物华盛，卖菜者亦藉以龙须席。胡客或过酒食店，悉令邀延就坐，醉饱而散，不取其直，绐之曰："中国丰饶，

酒食例不取直。"胡客皆惊叹。

诸番、胡客，指的是边疆民族或者外国商人，而在他们面前，隋炀帝粉饰盛世乃至于此，想着就是换来"胡客皆惊叹"的效果吧！不过也有一些胡客"不知好歹"，见到以丝绸缠树、美化市容的场景，竟然发出"中国亦有贫者，衣不盖形，何如以此物与之，缠树何为"这样的疑问！而如隋炀帝者，汉武帝、明成祖、慈禧太后，中国历史上正不知有几人！何以如此呢？既为中国，就是人间最富庶、最文明的天堂，而在中国至尊的真龙天子的眼中，一切外邦也就成了蛮夷戎狄，照例是贫穷、落后、野蛮的地方，所以帝制时代中国外交的重要原则之一，就是不计较经济成本而特讲究跪拜礼仪，就是郑和下西洋碑文中所宣扬的"宣德化而柔远人"。站在今天的立场判断，我不知道这是外交智慧呢，还是外交愚昧？

接着郑和下西洋碑文"宣德化而柔远人"往下讲，这句碑文出自宣德六年（1431）郑和立于福建长乐的《天妃之神灵应记》，碑文的前后几句是这样的：

> 皇明混一海宇，超三代而轶汉唐，际天极地，罔不臣妾……皇上嘉其忠诚，命和等统率官校旗军数万人，乘巨舶百余艘，赍币往赉之，所以宣德化而柔远人。自永乐三年，奉使西洋，迄今七次……大小凡三十余国，涉沧溟十万余里。

这就是著名的郑和七下西洋，而其目的很明显，是嘉奖仿佛"臣妾"一样的外国的"忠诚"，是"宣德化而柔远人"。然则这样的外交追求，联系着中国传统帝制时代，汉族作为统治民族所建立的最后一个统一皇朝，即明朝的"华夷秩序"或称"国际关系"，所以具有值得分析的典型意义。

明朝建立之初，传统的"华夷秩序"已经变得十分混乱，而从蒙古元朝手中重新夺得统治权的朱元璋也在不断摸索，希望找到一种既继承传统、又符合实际的对外交往秩序。朱元璋将朝鲜、日本、大小琉球、安南、占城、真腊、暹罗、渤泥等十余国列入"不征之国"名单，也就是视为传统的中华文化圈范围，并以写进《祖训》的方式，告诫子孙后代：倘若这些国家不主动挑衅，就不可讨伐他们。朱棣即位之初，派遣太监尹庆两次出使东南亚和南亚多国，而曾经从中国册封体制中摆脱的日本，重新称臣纳贡，朱棣册封足利义满为"日本国王"，足利义满回书则称"日本国王，臣源义满"，即承认自己为明朝的藩属国。随后，明朝拓展外交迈开了大步，轰轰烈烈的郑和下西洋开始了。

永乐三年（1405）六月十五日，苏州刘家河（今江苏太仓市浏河镇）舳舻相衔，彩旗飞舞，一场延续了近30年的庞大外交活动即将从这里启航。或许在围观的百姓看来，这只是一次普通的出海活动，然而在此后的岁月里，这却成为影响帝国命运的一件大事，船队在海上获取巨大声望的同时，危机也暗藏其中。三宝太监郑和率领着由63艘宝船、百余艘辅助船只、两万多名船员组成的巨型船队，开始了他人生中第一次下西洋的旅程。然而就在这次旅程中，接连发生了"爪哇事件"和"陈祖义事件"。海盗头头陈祖义原是广东潮州人，郑和船队在回程经过今苏门答腊岛旧港时，遭到了陈祖义的袭击，郑和一举击溃了海盗，生擒了陈祖义，这保证了此后下西洋航线的畅通无阻；至于去程时发生在今印度尼西亚爪哇岛的"爪哇事件"，若是处理不好，则可能会影响明朝与爪哇的两国关系，并对此后的远航活动以及大明声誉造成负面的影响。

当时的爪哇，东、西两位国王正在内战，西王的部队误杀了刚刚泊岸的郑和船员170余人，而这在以宣扬天威为目的的大明船队看来，无疑是被狠狠地打了一巴掌，以怎样的态度处理这一事件，对郑和而言是个难题，是以强硬的手段报复西王、卷入内战，还是以和为贵、展示大明皇朝的宽宏大量呢？事件的处理过程是这样的：西王得知消息后唯恐"天朝"怪罪，立即派遣使者向郑和解释并谢罪；而考虑到两国邦交事关重大，郑和派遣副使返航，将此事呈奏成祖朱棣，朱棣下诏，责令西王赔偿黄金六万两。化干戈为玉帛的这种和平处理方式，又让明朝"大国胸襟"的声誉传遍了这片海域，实现了展示中国富强的目的。在接下来的多次远航中，郑和船队对各国国王进行册封赏赐，帮助平定当地叛乱，接送外国使节乃至国王前来朝贡，如此等等的外交活动，呈现出一派大明皇朝称雄海上的图景，当然这种称雄并非侵略性的，它是基于"宣德化而柔远人"的理念，全面建立起来的新的华夷秩序。又在相对次要的经济方面，郑和下西洋所到之处，既以"朝贡贸易"为基本形式，推行官方贸易，同时也带动了民间互市的发展。明朝的青花瓷器、绫罗绸缎、铜铁工具、铜钱漆器、麝香樟脑等等，在亚非市场很受欢迎，而换回来的宝石、珍珠、珊瑚、玳瑁、香料、药品等等，也满足了国内的需要。

　　起自1405年而止于1433年，前后7次远航，出访了30多个国家和地区，最远到达非洲东海岸的郑和下西洋，实现了"万国来朝"、恢复中华盛世荣光的愿景，传统帝制时代中国的"朝贡册封"体系，就地理范围和影响力度而言，也由此达到了巅峰。然而令人深思的是，与中国人自己的良好感觉不同，在明朝逗留了28年的意大利传教士利玛窦却如此评价中国的朝贡体制：不是世界向中国朝贡，而是中国向世界朝贡。比如1斤龙涎香，在苏门答腊市场上，只值中国铜钱9贯，换成进贡的龙涎香，朝廷就要赏赐48贯；再如1斤胡椒，在琉球产地不过19文，琉球进贡过来，就要赏赐30贯，溢价达到了近160倍；又如每当载满明朝赏赐的朝贡船回来时，日本人就聚在岸边翘首远望，迎接"圈钱团"凯旋。郑和下西洋也是这样挣足了面子却无经济实惠的"厚往薄来"，所以朝廷内部呼吁停止这种"烧钱"行为的声音一直不绝于耳。

说过了集中体现"朝贡册封"外交的郑和下西洋,我再次回到本讲开头的朝鲜。朱元璋曾经这样评价朝鲜:"高丽去中国稍近,人知经史文物礼乐,略似中国,非他邦之比。"即在传统观念中,朝鲜一直都是华夏汉族中原王朝最亲近的藩属国。说明一下,1393 年之前,朝鲜叫高丽。至于朝鲜这方面,也多对华夏汉族中原王朝奉事甚恭,而对诸如元朝、清朝则不太愿意理会。比如朝鲜将出使明朝都城称为"朝天",意为朝见天子,而将出使清朝京师叫作"燕行",就是去燕京走一趟,可见差异之大。甚至明朝灭亡后,朝鲜还制定了"反清复明"计划,表达自己对明朝的耿耿忠心。朝鲜还以"小中华"自居,经常看不上其他国家的使臣,比如明朝万历年间,朝鲜李晬光出使北京时,碰到了安南使臣冯克宽,双方交流并不友善,李晬光屡屡出言揭安南的老底,令冯克宽颇为难堪。朝鲜使臣还多次因为座次问题,与其他国家使臣发生争执,甚至有时碰到俄罗斯人,还讥其为"大鼻鞑子",不愿与他们同住在会同馆,宁愿搬出去住。1894 年,朝鲜进行了最后一次朝贡,到了第二年,因为清日《马关条约》的签订,中国与朝鲜长期存在的宗藩关系结束了,天朝的"朝贡册封"外交也就此结束。

回顾历史中国的"朝贡册封"外交思想及其实践,又是一件蛮难评说的事情。以言周边小国乃至远方之人,朝贡天朝、接受册封,本是有利,而且是有大利可图的行为;而对帝制时代的中国来说,维持花钱买面子的朝贡册封关系,其代价自然小于兵戎相见所带来的军费开支和远人不服所引发的心中不快。更关键的是,这种统而不治的、名义上的、礼仪性的"称臣纳贡""宗藩关系",切合了中华文化"宣德化而柔远人"的思想理念,满足了中国皇帝"天下共主"的象征地位,建构了中国统率周边国家的外交秩序,达成了中国主导的和平局面,所以对相关各方都是利大于弊的。就以我方来说,所谓的"弊",不过就是布施些金银财宝,增添些迎来送往,金银财宝,我们多的是，慈禧太后不就有句厚颜无耻的名言"量中华之物力，结与国之欢心"吗？至于迎来送往，"有朋自远方来，不亦乐乎"的中国人，从来就不嫌麻烦。所以归而结之，站在历史的角度，设身处地地同情，"朝贡册封"展示了历史中国的外交智慧，而站在今天的立场，考虑实际的经济收益，"朝贡册封"外交体系又引发了国人褒贬不一的认真反思。是耶非耶，诸位读者朋友可以给出自己的答案。

"朝贡册封"的辉煌，到了清朝，即便是在鸦片战争以前，也开始变得有些一厢情愿了，不妨来看一份英国国王给乾隆皇帝的外交文书：

> 我乔治三世代表大不列颠、爱尔兰和印度，祝中国大皇帝万岁万万岁。只有您才配治理天下万万年。我知道中国的地方太大，管理的百姓也多，皇上您操心天下大事，不但是中国，就连外国，都要您去保护，这些国家都心悦诚服，皇上您太操劳了。如今全球各国都说，世界上只有中国大皇帝统治的地方，制度更加完善，所有人都心服赞美，所以我也越来越神往。皇上，今年是您的八十大寿，我向您进献贡品，盼您能体恤我们。

诸位，您相信这封由马嘎尔尼勋爵带来的英国国书，口气会卑贱到如此程度吗？这是大清官员按照传统朝贡旧例进行翻译的结果，而乾隆御览之后，飘飘然之中，也就答应了接见英国使团。这可是一个庞大的使团，正式成员与士兵水手达到700多人，带来的礼物分装了600箱，包括天体运行仪、地球仪、天文望远镜、榴弹炮、毛瑟枪、连珠枪、军舰模型以及反映欧洲历史、文化、风俗的绘画，来华的目的则在商谈贸易、租界、税率优惠、派员驻京等六项要求。结果怎么样呢？因为马嘎尔尼不遵天朝法度，未行跪拜之礼，只以单膝跪地，惹得乾隆皇帝十分不悦，乾隆又认为天朝无所没有，若是蛮夷小邦前来朝贡，自会加恩体恤，至于贸易、租界等等非分之想，一切免谈。于是马嘎尔尼使团铩羽而归，正在进行工业革命的英国打开中国国门、开辟中国市场的企图落空，至于此行的收获，则正如马嘎尔尼的感叹："清帝国好比是一艘破烂不堪的头等战舰，它之所以在过去150多年中没有沉没，仅仅是由于有一班幸运、能干而警觉的军官们的支撑，而它胜过邻船的地方，只在于它的体积和外表。但是，一旦一个没有才干的人在甲板上指挥，那就不会再有纪律和安全了。"

乾隆接见马嘎尔尼是在乾隆五十八年，即1793年。24年后的嘉庆二十一年即1816年，工业革命已经接近尾声的英国，再次派出目的相同的阿美士德勋爵使团，这次的结果更糟，因为大清方面坚持觐见皇帝时必须行三跪九叩之礼，而阿美士德以各种借口拒绝，嘉庆皇帝一怒之下，勒令英国使团于抵京当日就离京。这事还有一个值得一说的后续。1817年，当阿美士德拜访正被流放在圣赫勒拿岛上的原法兰西第一帝国皇帝拿破仑，说起他的这次中国经历时，并不怎么了解中国的拿破仑提出忠告："你们说可以用舰队来吓唬中国人，接着强迫中国官员遵守欧洲的礼节？真是疯了！如果你们想刺激一个具有两亿人口的民族拿起武器，你们真是考虑不周。"拿破仑又说："当中国觉醒时，世界也将为之震撼。"这句话，后来又不知怎么的，演化成了"中国是一头睡狮，一旦醒来，将震撼世界"，甚至中国因此有了"睡狮""醒狮""雄狮"这一系列的称呼。关于这个问题，我在《百家讲坛·国之名称》中专门讲过，这里就不展开了。

回到外交主题，因为马嘎尔尼使团、阿美士德使团来华都一无所获，于是英国方面清楚地意识到，既然通过外交途径、贸易手段无法打开中国市场，那就改以坚船利炮，强行轰开中国的大门，1840 年鸦片战争就这样爆发了。如所周知，鸦片战争被视为中国近代史的开端；推而广之，鸦片战争也是感觉良好的中国古代"国际"外交与备受欺凌的中国近代国际外交的分水岭。感觉良好，比如乾隆对马嘎尔尼使团、嘉庆对阿美士德使团，都视之为不远万里前来朝贡；备受欺凌，比如我们耳熟能详的晚清一系列丧权辱国的不平等条约。那么，这样的由感觉良好到备受欺凌的外交局面，给予我们今人怎样的启示呢？就以作为分水岭的清朝来说，从努尔哈赤到皇太极再到福临，创造了军事征服的奇迹，从康熙皇帝玄烨到雍正皇帝胤禛再到乾隆皇帝弘历，成就了超过百年的康乾盛世。然而，"沐浴"在祖宗如此的辉煌中，嘉庆、道光以降的清朝，因循保守、麻木不仁、缺乏变革，完全没有跟上日新月异、迅猛发展的世界形势，于是陷入了遭受资本帝国主义列强任意宰割的苦难深渊。所谓"天行健，君子以自强不息"，人是要有积极精神的，国家更不可缺失了奋发图强、进取创新的精神，否则就会落后，落后就要挨打，这就是清朝的历史以及中国"国际"外交转型乃至变性留给我们今人的深刻教训。

鸦片战争以后的清朝外交，斑斑血泪，在列强的枪炮轰鸣、强词夺理下，我们丧失了多少民族的尊严、大好的河山、国家的主权！然而，稍感欣慰的是，即便落后挨打的清朝，也不乏像李鸿章那样努力要与"世界列强一争长短之人"。

1895 年 3 月 19 日，73 岁的晚清重臣李鸿章，匆匆赶到日本马关。次日，在马关春帆楼，大清头等全权大臣李鸿章一行与日本首相、全权办理大臣伊藤博文一行正式开启和谈。当时，大清北洋水师已经全军覆没，日本已经取得对中国的制海权，并随时都有机会进攻北京，所以气焰熏天、胡乱开价，海军省索要台湾，大藏省提出赔款十亿两（日本战费也只花了八千万两），伊藤博文想要日军占领大沽口、天津、山海关等京畿要地，如此等等；李鸿章则搁置停战不议，提出先议媾和条约。双方的谈判颇为不顺，直到一颗子弹的出现，改变了局面。

　　3月24日的第三轮谈判后，李鸿章乘着马车返回接引寺住所的途中，人群中突然冲出一个20多岁的男人，名叫小山丰太郎，他是日本右翼团体"神刀馆"成员，为了阻止战争结束，他掏出手枪，对着李鸿章就是一枪，李鸿章左眼下方中弹，血流如注，瞬间歪倒。事件发生后，国际舆论哗然，尤其沙俄为了从中渔利，更为起劲，日本方面考虑到"若李鸿章以负伤作借口，中途归国，对日本国民的行为痛加非难，巧诱欧美各国，要求它们再度居中周旋，至少不难博得欧洲二、三强国的同情。而在此时，如一度引出欧洲列强的干涉，我国对中国的要求亦将陷入不得不大为让步的地步"等等，于是虚情假意地做出了一些高姿态，比如天皇亲派御医为李鸿章治疗，天皇后也派出两名看护妇前来照料，并同意先签休战协定。这样，仍然坚守马关的李鸿章3月30日先与日方签了休战协定，4月17日又签订了《马关条约》。马关条约的主要内容包括：大清承认朝鲜独立，割让台湾岛及其附属岛屿、澎湖列岛与辽东半岛，赔偿军费两亿两白银，开放沙市、重庆、苏州、杭州为通商口岸，允许日本人在通商口岸开设工厂等等。这样的《马关条约》，自然仍是极度的丧权辱国，但较之日方最初的企图，还是有所收敛，比如赔款就减少了一亿两，而这样的有所收敛，是李鸿章的鲜血换来的。在我自小接受的历史教育中，李鸿章是典型的卖国贼、大坏蛋；今天看来，正如梁启超所说："当戎马压境之际，为忍气吞声之言，旁观者尤为酸心，况鸿章身历其境者。"李鸿章"虽有苏、张之辩，无所用其谋，虽有贲、育之力，无所用其勇。舍卑词乞怜之外，更有何术"？这就是理解的同情吧，这也就是李鸿章自嘲的——他是风雨飘摇的大清帝国的"裱糊匠"！

　　联系到我个人的经历，我初中、高中都毕业于安徽省桐城中学，这所百年老校的创始人是吴汝纶先生。1902年9月，时任清朝京师大学堂总教习的吴汝纶先生结束了历时四个多月的日本教育考察，在归途中，他顺访了负山面海的马关春帆楼，身处这个《马关条约》的签约地，吴先生触景生情，挥毫题字"伤心之地"。1902年年底，吴先生在家乡创办桐城学堂，推行新式教育，他为学堂撰联"后十百年人才奋兴胚胎于此，合东西国学问精粹陶冶而成"，横批"勉成国器"。为了不再出现"伤心之地"，青年学子应当"勉成国器"，这样的情景教育，使我受益至今！

夹缝求生：弱国也有令人肃然起敬的外交

　　李鸿章的鲜血，价值不菲，起码不少于一亿两白银。李鸿章之前，曾纪泽的据理力争，李鸿章之后，顾维钧的正气凛然，也在那个"夹缝求生"的艰难时代，以外交为手段，维护了国家权益，彰显了国家尊严。

　　曾纪泽，有些朋友可能并不熟悉，但他的父亲曾国藩却是家喻户晓的人物，我在"为官智慧"中，就专门讲过曾国藩。曾纪泽是曾国藩次子，也可以说是长子，因为曾国藩长子曾纪第两岁早夭。1878年，时年40岁的曾纪泽出任驻英、法大臣，1880年兼任驻俄大使。曾纪泽与俄国艰难交涉，成功收回伊犁，堪称晚清外交史上罕见的一次胜利。

　　1871年，沙俄乘着中亚浩罕汗国军官阿古柏侵略中国新疆之际，以"代为收复，权宜派兵驻守"的名义，出动重兵，强占伊犁。伊犁位于北疆西部，富饶美丽、农牧皆宜，清朝新疆地区最高军政长官伊犁将军的驻地，即为伊犁九城之一的宁远城。1876年，大清要求沙俄履行诺言，交还伊犁，沙俄却只是推诿延宕，后来又答复"先议后交"。1878年，清朝任命曾任直隶总督的崇厚赴俄谈判，次年崇厚却在沙俄的胁迫、愚弄下，擅自签订了《里瓦几亚条约》，条约虽然规定中国收回伊犁，却割让伊犁西面的霍尔果斯河以西、伊犁南面的特克斯河流域等大片领土，还向俄国赔偿"代收代守"伊犁军费

500万卢布，约合白银280万两，换言之，这是用巨大代价换回了一座空城。消息传回北京，举国震动，舆论大哗，朝野上下一片指责，清廷拒绝批准条约，并将崇厚革职治罪，改派曾纪泽兼任驻俄大使，赴俄重新谈判。

我们可以想象，在已经获得的利益面前，沙俄怎么会轻言放弃呢？曾纪泽此行，犹如"探虎穴而索已投之食"。情况的确如此。曾纪泽到达圣彼得堡，先是连沙俄主管官员的面都见不着，实在拖不下去，沙俄又耍无赖说："我国已和崇厚有约在先，照约办理，还有什么可更改的？"曾纪泽回应："各国签约，须经政府批准方才生效，崇厚擅自签约，而且还是未经批准的草约，为何不能重新商议？"俄方一时语塞，又无理取闹道："崇厚是特派头等使臣，你是二等公使，你没有资格谈判改约。"曾纪泽反驳道："使臣无论头等、二等，都不可以违背国家意志而自作主张。"经过这样将近一年的唇枪舌战，1881年2月，《清俄伊犁条约》终于签订，虽然这仍是不平等条约，但相对于崇厚擅自签订的《里瓦几亚条约》，清朝毕竟收回了伊犁地区及特克斯河流域两万多平方公里的领土，所以条约一经公布，英法美等多国列强都叹为奇迹，比如英国驻俄公使向英国外交部电告此事时称："中国的曾纪泽迫使俄国做出了它从未做过的事——把已经吞下去的领土又吐了出来。"

作为晚清优秀的外交官，曾纪泽虎口夺肉，不仅在于他深谙国际公法和谈判技巧，如在谈判之前就对可能遇到的划界、通商、赔款等问题进行了认真分析，认为划界要慎之又慎，通商和赔款则可视条件而定，又如他在谈判中坚持了"均势外交"的原则，而且因为有理，所以毫不退让、据理力争，谈判态度还"颇为傲慢""架子颇大"，他相信，如同群虎争夺羊羔，羸弱的羊羔也可以在群虎的争斗中，寻得安生的机会。这都是富有外交智慧的。再有一点既是外交智慧又超越外交智慧的是，曾纪泽有着维护国家尊严，哪怕这个国家是弱国的信念。比如有一次，慈禧太后问精通英语的曾纪泽："你和洋人谈判，是否会讲英语？"曾纪泽回答："不讲，我让翻译译给我听。"

慈禧感到奇怪，曾纪泽解释道："我是中国外交官，当然只能讲中国话。"联系到今天的情况，在外交场合，主谈人使用母语，再通过翻译交流，本就联系着国家尊严，而现在有些外交人员却似乎不懂遵守这个规矩，真是让人无语。

说过晚清说民国。1912年大清宣统皇帝溥仪宣布退位，"帝制"时代结束，"民国"时代开始。按道理说，民国也宣称实行民主共和制度了，也宣称司法、行政、立法"三权分立"了，即向西方国家"看齐"了，然而在依旧弱肉强食的近代国际环境中，民国初年的外交也如晚清，依旧在列强的夹缝里艰难求生，当然也依旧不乏晚清曾纪泽这样的杰出外交家，比如被誉为"民国第一外交家"的顾维钧，从1912年兼任外交部秘书起，到1967年退休定居纽约，他一生担任过可称无数的外交职务。晚年他口述的《顾维钧回忆录》，长达13卷，600万字，堪称一部中国近现代外交史。

顾维钧，1888年出生，1985年逝世，江苏嘉定（今上海嘉定区）人。父亲顾晴川是晚清交通银行第一任总裁。1912年，顾维钧博士毕业于美国哥伦比亚大学，主修国际法与外交。哥大的中国留学生，如胡适、冯友兰、唐绍仪、蒋梦麟、马寅初、徐志摩、陶行知、金岳霖、梁实秋等等，可谓群星闪耀，然而哥大却认为，最杰出的中国学生还是顾维钧。留学美国的经历，影响了顾维钧的价值观与思维方式，他自己也曾说过："我对问题的看法，往往不像一般的中国人，而是更接近于西方人。"这也体现在顾维钧的外交实践中，比如他试图借助美国的力量来保卫中国的主权完整，将抵制不断对外侵略的邻国日本当作主要的外交方针。至于小时候在上海的所见所闻，又使顾维钧树立了改变中国积贫积弱之状的理想，他在《回忆录》中就说到："我从小就受到这些影响，感到一定要收回租界，取消不平等条约。"

说起顾维钧的外交事迹，最著名者还数他在收回山东权益上的努力。

先是1914年，第一次世界大战爆发，欧洲列强无暇东顾，这使日本获得了扩大在华势力的天时地利，于是日本迫不及待地对德宣战，并占领青岛，接管了德国在山东的权益。1917年，美国对德宣战，驻美公使顾维钧则力主中国追随美国参战，意在通过参战来提高中国的国际地位，收回此前丧失的权益。1918年，包括英法俄美意等国的协约国方面取得一战的胜利，中国也以战胜国的身份出席了1919年召开的巴黎和会，顾维钧被任命为中国全权代表之一。起程前，他专程拜访了美国总统威尔逊，威尔逊许诺支持和帮助中国，这让顾维钧对巴黎和会多了份信心，以为可以收回一些中国丧失于战败的同盟国列强的权益，比如德国在山东的权益。

然而事有不测，正当中国代表团准备向和会提出山东问题时，日本先发制人，率先在英美法意日五个大国的"十人会"上提出，战败国德国在山东的权益，应该无条件地由日本继承，这对中国代表团无疑是个晴天霹雳。次日，即1919年1月28日，顾维钧受命于危难之际，就山东问题做了一场缜密细致、酣畅淋漓的精彩发言，他从历史、经济、文化等各方面，系统说明了山东是中国不可分割的一部分，有力批驳了日本方面的无理要求。当日本代表牧野男爵强词夺理地纠缠时，顾维钧面对四周的代表发问："西方出了位圣人，他叫耶稣，基督教相信耶稣被钉死在耶路撒冷，这使耶路撒冷成为世界闻名的古城。在东方也出了位圣人，他叫孔子，连日本人也奉他为东方的圣人。牧野先生你说对吗？"牧野不得不回答："是的。"顾维钧微笑道："既然牧野先生也承认孔子是东方的圣人，那么东方的孔子就如同西方的耶稣，孔子的出生地山东就是东方的圣地。因此，中国不能放弃山东，正如西方不能失去耶路撒冷！"美国总统威尔逊、英国首相乔治和法国总理克里孟梭，这巴黎和会的三巨头听完顾维钧掷地有声的雄辩，一齐走上前来，握住顾维钧的手，表示祝贺，日本代表则完全处于劣势，形势朝着有利于中国的方向发展。然而到了4月，因为列强分赃不均，意大利在争吵中退出了和会，日本也借机要挟，如果山东问题得不到满足，就将效仿意大利，最终几个大国牺牲了中国合理正当的权益，先后向日本妥协，并强迫中国无条件接受，消息传回国内，点燃了"五四运动"的火种。而面对如此形势，中国代表团心灰意冷，名存实亡，唯有顾维钧，独自担当起为中国做最后努力的职责。然而，无论顾维钧如何努力，中国的正当要求一再被拒绝，最后顾维钧决定，既然退无可退，那么只有拒签，以此表明中国的严正立场。这样，1919 年 6 月 28 日，当巴黎和会签约仪式在凡尔赛宫举行时，中国全权代表的两个座席空无一人。这次拒签，在中国近代外交史上具有里程碑式的意义，鸦片战争以来，"弱国无外交"的中国第一次坚决地对列强说"不"，打破了一贯的"始争终让"的外交局面，开启了中国外交胜利的起点。

巴黎和会悬而未决的山东问题，最终在 1921 年 11 月到 1922 年 2 月的华盛顿会议上得到了解决。经过 30 多次谈判，1922 年 2 月 4 日，驻英公使兼任驻国联代表、全权公使顾维钧，代表中国与日本签订《解决山东悬案条约》及《附约》，其中规定：日军撤出山东省，胶州湾德国租借地和青岛海关的主权归还中国，胶济铁路由中国赎回，如此等等。尽管这个条约尚有不足，但仍然是中国在外交上取得的重大成果，日本无可奈何地交出了强占的山东权益，而在这次会议上负责山东问题并最终虎口夺食者，正是 30 多岁的顾维钧。

作为民国时代最杰出的外交家，风度翩翩、富有爱国之心、充满智慧的顾维钧，以当时西方主导的国际法则，与西方列强斗智斗勇，为中国的正当合理权益奔走呐喊，力图改变中国近代屈辱的对外关系，成就了民国外交的一代传奇。我在写作这篇文稿时，重新温习了 1999 年公映，由陈道明主演的电影《我的 1919》，影片中鲜活展现的顾维钧的光辉形象，令人肃然起敬，而影片中形象反映的列强虎视眈眈、中国艰难悲凉的外交处境，又让人无限伤感。推而言之，鸦片战争以后、新中国成立以前的这百余年，资本帝国主义列强的坚船利炮，一次又一次地逼迫着贫弱的中国割地、赔款、出让权益、失去尊严，然而即便如此，近代中国的许多外交官们，仍在"夹缝求生"，他们不断发声，反复斡旋，在国际舞台上尽力维护着国家的利益和尊严，书写着"弱国外交"的传奇故事与感人事迹，这些故事，这些事迹，在民族复兴、国家强盛的今天，不该被人遗忘，这种精神，更需要我们今人传承。

时至今日，中华人民共和国奉行处理国际关系的"和平共处五项原则"，即互相尊重主权和领土完整、互不侵犯、互不干涉内政、平等互利、和平共处。这"和平共处五项原则"，又可谓集中体现、高度凝聚了特别的"中国大智慧"。举个例子。2007年9月28日，一年一度的"祭孔大典"在山东曲阜举行，历时已久的"国人不可不知的五句《论语》经典"征集活动的结果也在这天公布，而入选的"五句《论语》经典"分别是："有朋自远方来，不亦乐乎""四海之内皆兄弟也""己所不欲，勿施于人""德不孤，必有邻""礼之用，和为贵"。这五句话也被作为2008年北京奥运会的迎宾语，表达着中国人民对世界人民的欢迎。而这些我们耳熟能详、开口就来的名言，实在体现着我们老祖宗的处世之道，鲜活反映了传统华夏文化所主张的"与邻为善，以邻为伴"的外交思想。我甚至常有这样的"书生之梦"：果真达成了这样循序渐进的"五句《论语》经典"的社会状况与国际关系，那么，人类会生存得更美好，全人类的未来也更加值得期待。

科技智慧

引言：
所谓『李约瑟难题』与
『四大发明』

　　科技是科学和技术的统称，这两者之间既有密切联系，也有重要区别。科学注重发现规律、建构理论，而技术强调将理论应用于实践中。关于"科学"概念，先是 19 世纪晚期，日本人将英语中的 Science 翻译为"科学"，后于 20 世纪初引入中国，1919 年《新青年》杂志喊出"德先生"和"赛先生"，"德先生"即 Democracy，即"民主"，"赛先生"即 Science，即"科学"，这成为中国"新文化运动"的两面旗帜。至于"技术"概念，英语中称为 Technology，汉语中指专业技能，两者含义接近。需要指出的是，概念的形成与事实的存在并不能划等号，在"科学"概念传入中国之前，中国当然既有技术，也有科学，我们的先民总不能仅靠所谓的"迷信"生产与生活吧！而且，中国古代的科学与技术还在人类科技史上书写了浓墨重彩的华章。

　　我举一个例子，诸位便能更加认同这点。前不久，我的微信群里收到了"第 15 届国际中国科学史会议"通知，会议将于 2020 年 7 月在亚美尼亚首都埃里温举行。因为我算不上这方面的专业研究人员，所以不会参会，但我长久以来就关注到一个现象，即以某个国家的科技史为主题，定期召开国际会议，好像只有我们中国一家。而说到这个传统的形成，离不开英国李约瑟博士。李约瑟，1900 年出生于伦敦，1995 年逝世于剑桥，原本从事胚胎学与生物化学研究，后半生致力于中国科技史的探索。1982 年 8 月在比利时鲁汶大学举办的首届"国际中国科学史会议"，名誉主席即为李约瑟。至于李约瑟主著的 7 卷 30 多册的鸿篇巨制《中国的科学与文明》（简称 SCC）以及他在国际学术界的活动，更为彰显中国古代科技成就及其对人类文明的影响，做出了卓越贡献。1954 年，当 SCC 第 1 卷出版时，多卷本《历史研究》的作者、英国历史学家阿诺德·汤因比就曾评论："李约瑟著作的实际影响，正如它的学术价值一样巨大，这是比外交承认更高层次的西方人的'承认'举动。"1983 年，李约瑟博士还获得中国国家自然科学奖一等奖。

在对中国科技史有了相当深入的系统认识后，李约瑟提出了半个多世纪以来仍为人们热议的"李约瑟难题"，也称"李约瑟问题""李约瑟谜题"。所谓"李约瑟难题"，通常有一正一反两种表述形式，即"为什么是""为什么不是"。"为什么是"意为，为什么在公元前 1 世纪到公元 16 世纪之间，在将人类的自然知识应用于实用目的方面，是中国而不是西方更为有效？"为什么不是"意为，为什么近代科学没有产生在中国，而是在 17 世纪的西方，特别是文艺复兴之后的欧洲？那么事实果真如此吗？不妨看看现代中国学者的评选与统计结果。

2016 年，中国科学院自然科学史研究所曾经组织专家学者，推选出"中国古代重要科技发明创造"88 项，其中"科学发现与创造"30 项，时间截至 17 世纪上半叶，包含工程成就 13 项在内的"技术发明"58 项，时间截至 16 世纪；另外，在集合 30 多位科技史专家编著的《中国三十大发明》一书中，17 世纪中叶明朝灭亡以后至今，只有 2 项重大发明，即屠呦呦团队的青蒿素、袁隆平团队的杂交水稻，而如所周知，这是中华人民共和国取得的杰出成就。如此看来，"李约瑟难题"中指出的现象是确切无疑的。

那么，产生这些现象的原因又是什么呢？我这个文科生当然无力解答如此宏观的问题，姑且引述中科院自然史所研究员、国际科技史学会主席刘钝先生的观点，以备诸位参考：

　　某些来自中国古代科学自身的局限性，也构成了影响其向近代科学转型的内部原因，概括来讲有三条。

　　第一是过于强调实用。理论科学的一个重要特征就是抽象思维，而中国传统文化更强调经世致用，所以在价值判断上表现出强烈的功利主义色彩，因而不利于科学理论的发展。

　　第二是形式逻辑与演绎化数学的缺位。名、墨两家式微之后，先秦思想中的逻辑传统就断裂了。中国古代数学大体上是对"九数－九章"算法传统的发展完善，学者很少关注抽象的美与大自然的和谐问题。

　　第三是实验传统未成气候。在中国古代的"道器之辨"中，"器"的位置向来是从属的。中国读书人信而好古，喜欢引经据典诉诸权威，而较少从事实验活动，尤其是那种为特定目标而专门设计的判决性实验。

在这三条中，名、墨两家的形式逻辑问题，我在"思想智慧"中再讨论；而过于强调实用、较少从事实验两点，尤为显而易见，这也就是我在本书中多次说到的科学与学问、实验与经验问题，即西方建立在实验基础上的科学与中国建立在经验基础上的学问，的确存在明显分野，这又联系着与海洋搏斗的西方商业文明、向大地讨食的中国农耕文化的区别。

大概也因为此，"科技智慧"十讲，最后选择下来，竟然全是 17 世纪以前的内容，而且具有明显的学问、经验、农耕文化即技术的色彩，相形之下，致力于发现规律、建构理论的科学就薄弱得多了。这不是我的有意为之，而是事实本来就是如此。另外需要说明的是，因为所谓"四大发明"中没有多少有趣的"故事"可讲，所以这里先行做个交代。

说起中国古代科技，国人往往马上想到"四大发明"。的确，"四大发明"

堪称伟大之极，这里不便自我夸耀，我们看看外国人是怎么说的。

1550 年，意大利数学家杰罗姆·卡丹最早提出磁罗盘、印刷术、火药是中国的三大发明，并认为它们是"整个古代没有能与之相匹敌的发明"。

1620 年，不知称为什么"家"的英国弗朗西斯·培根指出："印刷、火药、磁石这三种发明，已经在世界范围内把事物的全部面貌和情况都改变了。第一种是在学术方面，第二种是在战事方面，第三种是在航行方面，并由此又引起了难以计数的变化。"

1863 年，革命导师卡尔·马克思论断："火药、指南针、印刷术，这是预告资产阶级社会到来的三大发明。火药把骑士阶层炸得粉碎，指南针打开了世界市场并建立了殖民地，而印刷术则变成新教的工具，总的来说变成科学复兴的手段，变成对精神发展创造必要前提的最强大的杠杆。"

1946 年，李约瑟博士在巴黎的一次演讲中提到："中国人最伟大的三项发明，无疑是造纸及印刷术、磁罗盘和黑火药。"这里实际上已把"三大发明"扩充为"四大发明"了。

诸位朋友注意到没有，这"三大发明"或"四大发明"的说法，原来是老外先提出来的，而且赞誉推崇至极；反之，在中国古代，这些发明总体而言是被看作远低于"道"的"器"的层面的东西，或者是"小道"，是属于基本没人炫耀的"雕虫小技"，所以相关记载既少，具体史实也是扑朔迷离，就其实用价值看，也如有些国人的调侃，罗盘常被用来看风水了，火药常被用来做鞭炮了，纸张与印刷常被用来印佛经了。这样的状况，再次证明了富有智慧的中国古代科技，具有较强甚至很强的实用性、经验性特征，这样的特征，又使得相对于西方，中国古代是自觉的科学意识不强、主动的技术追求明显。如何技术追求明显呢？比如 2017 年诞生的网络流行词中国的"新四大发明"，即高速铁路、扫码支付、共享单车、网络购物，虽然科学基础都在外国，却谁也无法否认中国在技术上做得更好，在应用上更为广泛；推而广之，传统中国的食不厌精、脍不厌细，工艺讲究巧夺天工、烹调讲究独具个性，以及今天中国提倡的工匠精神、自豪的大国重器，如此等等，也都表现出重技术、乏科学的倾向吧！所以回顾过去，展望未来，大师＋大匠，科学＋技术，创新＋转化，才是当今中国的当务之急。其实在这些方面，中国古代从不缺乏天才的科学家和勤勤恳恳的实践者，中国古代科技同样可以贡献丰富而且深邃的智慧。

墨子：
大师＋大匠

当今中国，不乏技术大匠，较缺科学大师，更少理论与实践兼备的大师＋大匠。"科技智慧"的第一讲，我就与诸位分享一位大师＋大匠的典范人物，春秋末期、战国初期墨翟的事迹。

记得中学语文课本上有篇名作，只是不知现在还有没有，那就是《子墨子见公输般》，这篇课文即《墨子》书中的《公输》篇。子墨子就是墨翟，一般尊称为墨子；公输般则是大名鼎鼎的木匠祖师鲁班，因为他是鲁国人，古时"般""班"同音，所以又称"鲁班"。公输般造出了云梯等多种作战工具。所谓"云梯"，就是高出城墙的梯子，攻城的士兵站在上面，可以往城里射箭，投掷火把、石头，而在逼近城墙后，云梯上的士兵还可以直接跳到城墙上。有了如此这般的攻城利器，公输般就要帮着楚国攻打宋国，而墨子听说后，迅疾从鲁国（也有版本说从齐国）出发，连跑十天十夜，赶到楚国郢都，面见公输般与楚惠王，意在劝阻此次军事行动。在这篇课文中，留给我们最深印象的无疑是墨子的口才，他把公输般辩得哑口无言，而墨子发明的各种守城器械，也在"沙盘演练"中完爆公输般的各种攻城器械，所谓"子墨子解带为城，以牒为械，公输般九设攻城之机变，子墨子九距之。公输般之攻械尽，子墨子之守圉有余"，这段古文的意思是：墨子解下腰带，充作城池，拿来木片，充作守城器械。公输般每用一种器械来攻城，墨子就有一种器械来守城。等到公输般的攻城器械都用尽了，墨子的守城器械还有富余。最后公输般不甘心地说："我知道用什么办法对付你了，但我不说。"墨子也微笑着道："我知道你将如何对付我，但我也不说。"在一旁"观战"的楚惠王莫名其妙，于是墨子告诉楚惠王道："他的意思，不过是想杀了我，以为杀了我，宋城就守不住了。但他不知道，我的弟子禽滑厘等三百来人，已经拿着我的守城器械，在宋城上守株待兔了，所以即使杀了我，也是无济于事。"楚惠王终于只得放弃了这次攻宋行动。而说到这里，我又想起了刘德华主演的电影《墨攻》，《墨攻》讲述了战国时期十万赵国军队攻打梁城，虚构的墨者革离孤身救城的故事，其中形象展现的赵军攻城与革离守城的情形，大概就近似公输般与墨子的攻守"沙盘演练"。

那么问题来了，墨子究竟有何本领，居然能让武器设计大师公输般甘拜下风，让好战分子楚惠王畏惧退缩呢？

墨子是宋国人，如此您就明白他为何要劝阻楚国伐宋了，毕竟宋国是他的桑梓所在。相传墨子的祖上曾是宋国贵族，只是早已没落。墨子也曾担任宋国大夫，只是他的主要贡献并非政治与军事，而是思想，他创立的墨家学派在春秋战国时期信徒众多，影响广泛，是能与儒家争雄的显学，当时即有"非儒即墨"的说法。墨家思想是墨子被称作"大师"的原因，这点我在后面的"思想智慧"中会做详细讲述，本讲则主要聊聊墨子的科技智慧，即他为什么能被称作"大匠"。

有的朋友可能会纳闷了，一位思想家，怎么会是"大匠"呢？很多哲人不都是思想的巨人、行动的矮子吗？诸位如果这么想的话，那就大错特错了。诚如南京大学老校长、《中国思想家评传丛书》主编匡亚明先生所论："历史上各个时代富有思想因而能在有关方面取得成就的人，直接阐述自己思想观点的论著虽亦不少，但大量的则是其思想既来自实践（包括对前人、他人实践经验的吸取），又渗透在自己创造性实践之中，集中凝聚在他自己的业绩和事功上，而没有留下论著。另一些人却只留下著作而无其他功绩，对这些人来说，他那些有价值的著作就理所当然地是他的伟大业绩和事功。"具体到墨子，他的著作中则既见思想，也见业绩和事功。

在记录墨子言行的《墨子》一书中，有几篇被称为《墨经》，主要包括《经上》《经下》《经说上》《经说下》四篇，也有人说还包括《大取》《小取》两篇，这个尚存争议，姑且不去管它。在《墨经》中，墨子提出了很多科学原理和技术设计，总结起来，主要包括数学、物理和机械三大类，这些科技即便放到今天，依然毫不过时。

以言数学，《墨经》中对倍数、等高、同长等概念都给出了十分准确的定义，比如"圜，一中同长也"，即一个中心、相等长度的半径，就构成了圆，这与古希腊数学家欧几里得对圆的定义几乎完全相同，但墨子时间在先。又虽然在墨子以前，我国古人就已经掌握了用圆规画圆的方法，而对圆给出精确定义的，墨子是第一人。同样的情况，还包括直线、正方形等，墨子认为，三点共线就是一条直线，而四角为直角、四边相等，就构成了正方形，这些都是极其科学的数学定义。

与数学相比，《墨经》中更为丰富的科技知识是物理。比如大名鼎鼎的"光学八条"，虽然只有寥寥数百字，但条理清晰，逻辑严谨，光源、影与像都有涉及，从而奠定了几何光学的知识基础。

如就影子言，所谓"景（影）不徙"，就是影子是不移动的，乍一看这与人们的日常经验似乎完全相悖，因为在阳光下，物体一旦移动，影子就会随着移动，这是很容易观察到的现象，那凭什么说"景不徙"呢？其实，影子并非是独立存在的，物体移动以后，原有的影子就已经消失，而新看到的影子是新形成的，与之前的影子并无关联，所以影子移动，实为物体在运动过程中形成的连续不断的影子交替呈现的结果。墨子能够透过现象观察到光影运动的本质，着实令人敬佩。顺带提及，与此相关的一种艺术，即影戏，在中国有着悠久的发展历史，以至18世纪传入欧洲时，都令欧洲的绅士们大为赞赏。

又如《墨经》指出："光至，景亡。"即凡是光能照到的地方，影子就会消失，影子总会躲在光的后面，而在完全无光的漆黑世界里，影子也不会存在。影依赖于光，却又不敢见光，这是多么发人深思的论述，在这样的论述里，无疑包含着墨子的哲学思想。

再如小孔成像实验，我们在中学学物理时都做过，而墨子对此的描述是，光穿过小孔就如射箭一样，是直线行进的，人的头部遮住了上面的光，成影在下边，人的足部遮住了下面的光，成影在上边，如此就形成了倒立的影像。很明显，墨子用形象而且简练的语言，科学地指出了小孔成像的原理。

如此等等，李约瑟称赞墨子的光学研究道："比我们所知的希腊的为早""印度亦不能比拟"。而除了光学外，《墨经》中有关力学原理的阐释，有人认为涉及了杠杆、滑轮、斜面、平衡、力、合力、应力、材料、浮体、转动、自由落体、时空运动12种现象的定义或解释，这里就不一一展开了。

说了这么多墨子对科学原理的见解，我们必须要指出的是，在很多情况下，《墨经》中的科学原理都是在实际行动中发现的，而且一般会被反过来用于指导行动，这才是"大匠"的核心所在。今天我们熟知的很多机械，比如取井水的汲水机，碾粮食的石磨，锯木头的锯子，车子上的轴承等等，据说都是墨子发明的；而在军事器械方面，由本讲开头所举的"沙盘演练"例子，已经足见墨子的"大匠"本领，这里不妨再举几个例子。

诸位都听说过诸葛连弩吧？好像是诸葛亮发明了连弩机，其实诸葛亮只是改进了前人的技术，真正的发明人是墨子。墨子发明的连弩机，需要十个人一起操作，一次可以射出六十支大弩箭和无数支小弩箭，更为巧妙的是，大弩箭的尾部还系有绳子，射出后可以迅速收回，安装后再继续使用。又有较之笨重的连弩机更加灵活、好像"机关炮"的转射机，只需两人操作，可以转环射击。再有较之转射机射程更远，好像投石机的藉车，由三个人操纵，可以发射炭火、石头。如此看来，机巧百出的公输般与兵器大匠墨子，那真是棋逢敌手、将遇良才的一对。

最后，让我举个常常见于实战的例子来结束这一讲。在古代战争中，防守方往往会修筑高大的城墙，用以阻挡敌方部队的进攻，而敌方部队在攻城受挫时，往往也会想到挖地道的办法，即从地道中攻入城内。那么，墨子又是如何利用科技智慧来对付这种"地道战"呢？《墨子·备穴》篇专讲如何防备地道，其中说到：如果站在城内的高楼上，仍然看不到敌方是否在挖地道，那就在城内挖井，每隔五步就挖一口井，井要挖得深，而且最好靠近城墙根；又命陶匠烧制肚子大、口子小的坛子，再用薄皮革蒙紧坛口，放入井内，派出听觉灵敏的人伏在坛口上，静听传自地下的声音，如此就能确切弄清敌方地道的方位，我方也挖隧道与之相抗。那么这是什么原理呢？敌方挖地道的动作，近似于周期振动，幅度虽小，但因井下杂音较少，所以能很好地捕捉到这些振动，至于肚大口小的坛子，则又起着扩音器的作用。综而言之，这就是一套声音振动、传播、扩大的科学原理。虽然《墨经》中没有太多对声音的论述，我们也无法认定墨子已经知晓声音共振原理，但这个例子却足以证明，墨子已经自觉或不自觉地将声学原理运用到了守城的实战当中，这就是属于墨子，也属于中国古人的科技智慧吧。

　　诸位朋友，科技智慧的这一讲与下一讲的两位主角，是扁鹊与华佗，主题是祖国医学。我不知道诸位是如何看待中医的。就我个人言，外公是开药店、开医院的，哥哥是西医的医生，我小时候没有书看，幸好家里留有一些不在"破四旧"范围内的、可以不烧的传统医书，这才得以胡乱翻过一些。十几年前，我还挂名了南京中医药大学"中医文化研究中心"的兼职研究员。近些年来，我在不少的场合，比如多次"国学与人生"讲座中，认为关于名实关系的名称学、关于住居环境的风水学、关于身体调养的中医学，堪称理解甚至体验国学以及国学、西学差异的最佳途径，因为谁没有姓名、谁没有住处、谁没有身体呢？比如中医、西医的差异，源于中西文化的差异，西方讲分析、科目、实验、科学，中华讲综合、大成、辩证、学问。我甚至说出了这样的狠话：否认名称学、风水学、中医学，就是否认国学。具体到中医学，它是追求人体自身、人与自然、人与社会的和谐、平衡的医学，是讲究整体观念、辨证施治、阴阳平衡、五行生克、人体物理相通、因时因地因人而异的经验医学，其望闻问切的诊断，中药、针灸、推拿、情志的疗法，具有经得起实践检验的临床疗效，疗效是中医生存与发展的根本。在中华文化的整体中，中医也拥有相当突出的地位。举个例子，2010 年 11 月，以北京师范大学两位教授为首席专家的国家社科基金重大项目"我国文化软实力发展战略研究"课题组，完成了《大学生中国文化符号观调查报告》，调查报告显示，"最具代表性"的中国文化符号前 20 项中，中医排在第七位，而大学生们选择的"最具推广价值"的前 10 项中国文化符号中，中医更是排在了第三位，仅次于孔子、汉语汉字，而先于书法、功夫、中餐、京剧、长城、古典诗词、茶。这样看来，作为中国人，不可不懂中医；退一万步说，即使你不认可中医，也得保持一份起码的敬意吧！

　　提起中医，诸位脑中应该马上就会浮现出它的四字箴言：望闻问切。这四个字的意思简单明了，望就是观察形与色，闻就是闻味道和听声音，问就是问病征，高明的中医还能达到"病家不必开口，便知病源何在"的水平，切就是号脉、切脉象，这其中可谓充满着祖国医学的智慧。那么，望闻问切的说法从何而来呢？目前所见，这四个字最早见于《难经》，《难经》原名《黄帝八十一难经》，"难"是困难的"难"，有"疑难""问难"的意思。这是一部问答式的医学典籍，有点类似于医学界的《十万个为什么》，不过它只有八十一问。这部书的作者和成书年代不大清楚，但一般认为其成书不晚于东汉，内容则与先秦名医秦越人即扁鹊有关。

　　既然说到了扁鹊，诸位应该就有熟悉的感觉了。在中学语文课本上，有篇著名的文言文，出自《韩非子》的《扁鹊见蔡桓公》，讲的是扁鹊给蔡桓公瞧病，蔡桓公"讳疾忌医"的故事。扁鹊见了蔡桓公，看他的气色，说他有病，病在皮肤上，不治就要加重，蔡桓公怼他说："寡人好得很，哪有什么病？"扁鹊走后，蔡桓公还对左右说："医生看谁都说有病，好让他赚钱！"隔了十天，扁鹊又见蔡桓公，说病已经深入到皮肤里面了，不治就要出事，蔡桓公干脆没理他。再过了十天，扁鹊再见蔡桓公，说病已进入肠胃，再不治就真不行了，蔡桓公这回不仅没理扁鹊，还非常不高兴。十天之后，扁鹊第四次去见蔡桓公，看了一眼，掉头就走，这下子蔡桓公感到害怕了，就让人追上去问个究竟，扁鹊对来人说："病在皮肤，热敷就能治好；病在肌肤，针石可以去除；病在肠胃，汤药还可奏效；而一旦病入骨髓，司命神仙也无可奈何。现在大王之病已在骨髓，没得治了。"五天以后，蔡桓公突然发病，病势凶猛，他派人急寻扁鹊，扁鹊已经卷铺盖跑路了，蔡桓公自然也挂了。

这个故事也见载于《史记·扁鹊列传》中，只是蔡桓公作齐桓侯，其实就是一人，而四见的间隔时间，由十天变成了五天，这个我不去细说。至于这个故事所体现的扁鹊的医术，属于扁鹊四大绝技中的"望"，就是只通过观察，就能获知病症。

扁鹊是勃海郡鄚县人，即今河北省任丘市人，主要活跃于春秋末期到战国初期，本名秦越人。因为医术高超，人们用传说中黄帝时期神医扁鹊的名字来称呼他，结果他的本名反而渐渐被人忘记了。依据《史记·扁鹊列传》的记载，他的医术得自异人长桑君的传授，当他每天一粒地以清泉吞服了长桑君所赐的三十粒药丸后，竟然能隔墙视人，近看可见人体内的五脏六腑，即具有了人眼 CT、B 超的能力，所以他的诊疗精准无敌。

扁鹊学成之后，开始行医天下。到了晋国，正好碰上晋国大夫赵简子已经昏迷不醒了五天，扁鹊仔细诊察后说："此为血脉壅阻之症，没事。以前秦穆公就昏迷了足足七天，醒来之后还说做了奇梦。你家主公三天之内必醒，醒了也会有话说。"两天半以后，赵简子果然醒了过来，还说了他的梦中奇遇，众人由此佩服得五体投地。这个故事体现了扁鹊四大绝技中的"切"，即通过给赵简子切脉，获知他并无生命之忧。而让扁鹊在当时名扬天下的，还是他的"起死回生"之术。

扁鹊经过虢国时，见到虢国正在举丧，原来虢国太子猝死未到半日，还没有装殓。扁鹊问了太子病情和死前症状后，就对懂医术的官员说："我能让太子起死回生。"见官员不信，他又说："如果让我诊断的话，应该能听到太子的耳鸣，看到他鼻子的肿胀，而且他的大腿内侧到阴部应该还是温热的。"瞠目结舌的官员于是报告了国君，国君急忙迎出宫来，将扁鹊接到太子灵前。扁鹊不慌不忙地让弟子子阳取出金针砥石，在太子三阳五会间施以治疗，过了好一会，奇迹出现了，死人一般的太子竟然慢慢苏醒过来；扁鹊又让弟子子豹使用熨烫疗法，太子竟然坐了起来；扁鹊又留下了几剂汤药，二十天后，太子恢复了健康。经此一事，人们奔走相告，都称赞扁鹊有起死回生之能，扁鹊却谦虚地说："我哪有起死回生的本领，只是救活了不该死的人而已。"

我们分析一下这件事情，可见扁鹊是将四大绝技发挥到淋漓尽致了：在未见到"猝死"的太子时，他先采取的是"问"，感觉颇像暴厥，也就是假死；又通过"闻"和"望"，判断出太子的耳鸣、鼻肿等症状；待见到"猝死"的太子后，再通过切脉、针灸、熨烫进行诊疗。而这样的行医过程，与《难经》中总结的"望闻问切"非常吻合，也因而成为人们推断《难经》作者与扁鹊有关的一条重要证据。

扁鹊能够行医各国，根本原因是他的医术高超。除此之外，他还善于根据各地的不同风俗，灵活地秀出对应的医术。比如邯郸女人的地位高，他就当妇产科医生；洛阳尊敬老人，他就以治耳聋眼花为主；咸阳人喜欢小孩，他又成了儿科医生。如此一来，扁鹊的名气也就像滚雪球一样，越来越大，乃至名满天下。

然而名满天下的扁鹊，最后却被一个嫉贤妒能的同行给害死了。先是秦武王因为举鼎伤了腰，宫中太医束手无策之时，扁鹊驾临。他先推拿后汤药，三下五除二，秦武王的腰疼大为好转。秦武王大喜，要封扁鹊做太医令，这下老太医令李醯急了，派出刺客暗杀了扁鹊。一代名医，因为挡了别人的官路，惨遭暗杀，这实在让人感到无比痛惜！扁鹊的医术，高超到能够看透世人的五脏六腑，扁鹊的处世，却麻木到看不透小人的险恶用心，这又让人无限感慨。

回过头来说望闻问切四大诊术，扁鹊最擅长的应该是切脉。战国秦汉以后，天下的切脉诊断法，基本都号称出自扁鹊一系。不过，有件不得不提的怪事，即尽管依据文献记载，扁鹊曾经写过医书，但在秦汉以后传下来的医书中，没有任何一部明确是由"扁鹊"或"秦越人"撰述的，甚至连提到"我这本书是出自扁鹊医术"的书都没有。那有读者朋友可能就会纳闷了，上面不是说到《难经》与扁鹊有关吗？是的，根据《难经》中的很多内容，再结合扁鹊的事迹和医术，我们能够推断出此书很有可能与扁鹊有关，但这只是推断，并没有确凿的证据。

神医扁鹊没有医书传世，这是两千多年来中医史上的巨大遗憾。不过前些年一个偶然的考古发现，却给弥补这个遗憾带来了契机。2013 年，成都在修地铁三号线时，考古工作者在老官山附近发现了四座汉墓，三号墓出土了上千枚竹简。经过整理，其中有 920 枚医学类竹简，可以分为九部医书，但除了《五色诊脉》外，其他八部都没有书名。中国早期墓葬中出土医学类简牍，这不是第一次。20 世纪 70 年代，长沙马王堆汉墓里就出土过不少医方、药方。虽然成都平原此前从未出土过这类简牍，但对全国来说，它的意义似乎也没那么重大。不过，随着简牍整理工作的深入，学者们发现有些竹简上写着"敝昔"字样，而敝昔就是扁鹊！因为按照古文字学知识，"敝"与"扁"读音相近，"昔"是"鹊"字的半边，换言之，"敝昔"与"扁鹊"是可以相换的通假字，于是学者们把这部分医学竹简暂且定名为《敝昔医论》，而其他几部医书也多与诊脉相关，极有可能同样出自扁鹊一系。如此这般，汉初以来两千多年间没人见过的扁鹊医书，我们今天将有幸得见，神医扁鹊的医学智慧，也将不再局限于传世文献中的简略记载。我们期待着这批医方的整理公布！

华佗：
妙手回春

　　《三国演义》里有不少关于华佗的故事，其中最著名的两个，当属他为关羽刮骨去毒、替曹操医治头痛，那么这两个故事到底是不是真的呢？在正史《三国志》中，关羽刮骨去毒和曹操头痛怕风都是确有其事的，不过，为关羽去毒的医者不知其名，而曹操的头痛，华佗倒是的确治过。下面，我就来讲讲东汉神医华佗的医学智慧。

　　华佗是沛国谯县人，也就是今安徽亳州人，跟曹操是老乡。生年约在公元145年前后，逝年为公元208年。与汉代的大多数士人一样，他从小学习经文，并且兼通好几种经，其学识也受到很多高官的赏识。然而世事无常，华佗没有从政做官，而是悬壶济世，做起了医生，并终成一代神医。总结起来，华佗的医术主要有以下几个方面的专长。

　　华佗的第一个专长是方药。方药是中国古典医学中应用最为广泛的医学手段，而华佗下方抓药与常人颇有不同。首先，他常用的汤药只有几味，而且多是常见之药，没有什么花里胡哨的东西；其次，他抓药时从不称重，用手一抓就能知道剂量；最后，他下药很讲究适量，量够了、病除了，立即停药，绝不过度用药。

　　华佗用常见药治病最典型的例子是下面这个。有一次华佗走在路上，遇到一位病人喉咙堵塞，想吃东西却咽不下去，家属正用车推着他去看医生。华佗听见呻吟，停车诊断之后对家属说："前面路边有人卖饼，调料有蒜泥酸醋，你取三升（一升约合今两百毫升）来，给他灌下去，病就能好。"病人如此这般后，竟然吐出来一条蛇，于是把蛇挂在车边，来找华佗想着问个究竟。华佗还没回家，小孩们在门口玩耍，看到了就说："这人肯定遇上我老爹了，车边挂着病呢。"病人进门坐下，发现华佗家的墙上悬挂着十几条这样的蛇。

所谓病人吐出来的蛇，应该就是吃东西的时候带进去的寄生虫。我国古代吃生东西十分普遍，今天日本人、韩国人喜欢吃的生鱼片，就是我们老祖宗吃剩下的。生东西能保留食物原本的味道，但在环境条件不好的古代，卫生难以保证，生食最易导致的就是寄生虫病。比如广陵太守陈登，大概相当于今天苏中地区的一把手，就得过这种病。陈登胸中烦闷，面色肝红，吃不下东西。华佗号脉之后，诊断他的胃中有不少虫子，要结成内疮了，而这是吃生腥之物所致，当即煮了两升汤药，让陈登先喝下去一半，过会儿再喝另一半。喝完汤药后不久，陈太守吐出来三升多的寄生虫，头呈红色，还在蠕动，下半身都是生鱼片。显然，这是陈登吃的生食里带有寄生虫卵，在他肚子里又长成了虫。虫吐下来后，陈登的病当时就好了。不过华佗断言，这病过三年还会复发，到时候还得找好医生治。三年之后，陈登果然发病，那时候华佗不在附近，陈登最终病发而死。

今天我们知道，同一种症状，可能是不同的病因导致的，但在古代，大多数人还没有这种认识，而华佗在治病时，就很懂得对症下药，并不只是靠症状来判断病因。比如倪寻和李延两位卧床不起，都是头疼发热，症状一致。但华佗给倪寻用了泻药，给李延下了发汗药。有人就不明白了，疑问为何同样的病却用不同的药，华佗回答："倪寻是外实病，李延是内实病，所以疗法不同。"所谓的外实病，是积垢于身，系里热之症，非泻下难于为治；

内实病则是湿火上冲，必须发散。而按照华佗的方子用药后，第二天早上，两人都痊愈起床了。

华佗的第二个专长是针灸。华佗的针灸，也像开药方那样，务求精简，不管是针还是灸，都只下一两处，很少像今天许多所谓的"中医大师"那样，把病人扎得像只刺猬，灸得仿佛大香炉，徒增痛苦。

针灸和方药一样，也是中国古代医疗的重要手段，不过，并非每位医生都能熟练掌握它。《三国志》里就记载了一例庸医误人的故事。督邮徐毅得病，华佗前往探视，徐毅告诉华佗："昨天已经让医官刘租用针刺了胃管，但还是咳嗽得厉害，难以入眠。"华佗看了以后说："麻烦了，针没有刺到胃管，而是刺到了肝上，接下来每天饭量都会减少，五天以后就没命了。"五天以后，徐毅果然病亡。由此可见，针灸绝非平常之技，用得不好，不仅不能治病，还会加重病情，而华佗不仅本人精通此道，还能看出庸医的失误之处来。

华佗的第三个专长是外科手术，这也可以说是华佗在当时的独门绝技。一般来说，外科手术本是西医所长，但在近两千年前，华佗就已熟练掌握了此项技术。当病在体内，针灸或方药不能抵达或难以起效时，华佗就会施行外科手术。他先让病人服下他发明特制的"麻沸散"，起到麻醉效果，所谓"须臾便如醉死无所知"，再用刀切开胸腹，进行手术，最后缝合，涂上膏药，一般个把月就能痊愈。比如有位病人腹中作痛，而且好像只有半边疼痛，十几天后，头发、眉毛都脱落了。华佗诊视后说："这是脾半边坏死，剖腹可以治疗。"于是令其服下麻沸散，切开腹腔，脾果然坏死一半。他切除坏死的部分，再用膏药敷在创口上，缝合后辅以汤药，百余天后病人痊愈。可以看出，华佗的这套外科手术流程，与今天的外科手术已经非常相似，真可谓是超越时代的医疗技术，我甚至都有些怀疑，因为剖腹这类外科手术，并不仅是麻醉问题，它还涉及复杂的解剖知识、止血方法、消毒技术等等，然而《三国志》中就是这么记的，又让人不得不信。

除了以上所说方药、针灸、外科手术三项专长外，华佗还特别注重健康养生，当时称为"导引"。他认为，人体需要活动，活动可以增强消化，加强血脉流通，从而预防疾病，这就像门轴一样，只有不停转动，才不会腐朽，但也不能过度运动。而在这样的养生思想指导下，华佗创作了一套名为"五禽戏"的养生操，即模仿虎、鹿、熊、猿、鸟的动作姿势及表情，以练身保健、预防疾病。一套五禽戏下来，出出汗，爽爽身，增加食欲，延年益寿。

总结华佗的医学实践，可以看出，他用药精简，不滥用药物，而且强调"防大于治"，注重疾病的预防。至于华佗在外科手术和养生导引方面的贡献，称之为那个时代的"圣手"，也是毫不过誉。这位时代的"圣手"，如果不是遭到加害，是应该更加长寿的。

关于华佗的遇害，《三国演义》中的描述是，曹操因为头痛难忍，请来"虽闻其名，未知其术"的华佗为他"诊脉视疾"，华佗的诊断结果与治疗方案是："大王头脑疼痛，因患风而起。病根在脑袋中，风涎不能出，枉服汤药，不可治疗。某有一法：先饮麻肺汤，然后用利斧砍开脑袋，取出风涎，方可除根。"曹操大怒曰："汝要杀孤耶！"于是将华佗下到狱中，严刑拷问，十多天后，华佗死于狱中。而按照正史《三国志》的记载：曹操常患头痛，要长留华佗在身边随时医治，华佗则思家心切，于是请假"暂还"，回家以后，他借口妻子有病，就是不肯回来，这引得曹操大怒，于是收捕华佗，关押在许都监狱，荀彧出面替华佗求情，也未成功，结果华佗死在狱中，时年63岁上下。华佗去世后，曹操说过这样的话："佗能愈此。小人养吾病，欲以自重，然吾不杀此子，亦终当不为我断此根原耳。"这话的意思是：华佗能治好我的病，但他不为我拔除病根，是想借此自重，所以即便我不杀他，也是无济于事。平心而论，这就是曹操以奸诈多疑之心，臆度大医仁爱的华佗了。后来，曹操的爱子仓舒，也就是那位称象的曹冲，13岁就病重而亡，曹操这才叹息道："我真后悔杀了华佗，冲儿是我害死的啊！"

一代名医华佗终究死于老乡曹操之手，真是令人扼腕叹息！万幸的是，华佗的医术还有传人，其中最出名者是广陵人吴普和彭城人樊阿。吴普继承了华佗的五禽戏，活到九十多岁了，还耳聪目明，牙齿完整坚固；樊阿继承并发扬了华佗的针术与漆叶青黏散，长命百余岁。而时至今日，华佗仍为中华医药的标志性人物，比如我去过几次的华佗的家乡亳州，有祭祀他的华祖庵，有多处大规模的药材市场，乃至亳州成为中国四大药都（即安徽亳州、河北安国、江西樟树、河南禹州）之首。我在命名南京仙林新城区道路名称时，也将南京大学仙林校区东门外的大路命名为元化路，元化是华佗的字，借此纪念神医华佗。而说到这里，我又想起了我中学母校安徽省桐城中学的创始人吴汝纶先生。我就不明白，为什么吴先生那么排拒中医，竟然"到死不肯一试中医"，最后付出了惨痛的生命代价。这里不妨再说几句，或许对怀疑中医的朋友有些鉴戒作用。事情的经过是这样的：

1902年底，吴汝纶先生从安庆回老家桐城县枞阳镇处理族中事务，因为是顶风冒雪归乡的，得了伤风感冒；又因已近年关，难免饮食油腻，以致消化不良；再因陷入宗族纠纷，引起疝气复发。面对这些症状，吴先生拒绝中医疏解，等到1903年正月初十半夜，内科非其所长的美国医生从安庆赶到桐城，已经施救无术，至十二日凌晨，吴先生去世，终年63岁。说到这里，真是呜呼哀哉！就以我的一点皮毛的中医知识，也知道像吴先生这样的早期症状，西医内科既能药到病除，中医施治也会妙手回春，比如以生姜、红糖驱散风寒，以山楂、热粥消食养胃，以热敷、平躺缓解疝气。在清末那个寒冬里的枞阳乡下，即便一时找不到西医内科医生，中医郎中还是易得的；哪怕乡间郎中不能令人完全信任，以吴先生的名望与地位，早些从安徽省城安庆请来一位乃至一队的杏林高手，应该也非难事。然而在晚清民初那个"三千年未有之变局"的时代，吴先生的"弃中取西"，视中医为"含混谬误，一钱不值"，也是不难理解的一类取向。其实在吴先生之后，如梁启超、孙文、鲁迅、陈独秀、胡适等一批大师级人物，对待中医的态度，也与吴先生没有两样。换言之，在晚清民初那段中西文化冲突为主、融汇为辅的时代，崇尚西方文化、模仿建立西方政治制度等等，乃是时代的潮流，而裹挟在这个潮流中的中医，也就颇遭新派人物的质疑以至唾弃，即便如吴汝纶先生这样"合东西国学问精粹"的士大夫，也是未能例外。而时代发展到了今天，当历史的尘埃落定之后，由国家的"文化自信"到我本人的切身体验，我似乎越来越理解了一句谚语，那就是"一方水土养一方人"，中医作为中华这方土地上孕育出来的医道、医术，当然与这方土地养育的男女老少相协调，这就是自然与人生合一的既浅显、又深刻的智慧吧，这也就是我们常说藏药猛，而藏族朋友说汉药弱一类现象的缘故吧。

有一种流传颇广的说法，说中国的科技落后是因为汉字不方便。我就想不通这种说法，今日可见的汉字，若从甲骨文算起，已经有三千多年的历史了，而在 17 世纪以前，中国的科技并不落后啊……

又有一种曾经普遍的担忧，担忧电脑键盘的汉字录入会有大麻烦，然而现在的情况是，不仅没啥麻烦，而且大多数人的感觉是，汉字录入比起英文录入，速度更快……

还有一种我觉得蛮有趣的观点，比如按照苏叔阳先生在《中国读本》这本书中的表述，是这样的："根据神经心理学家的研究，人脑处理拼音文字时，主要使用语音编码，而处理汉字信息时，除了语音编码外，还要使用图形编码。语音编码主要使用左脑，先经过语音处理再了解意义；而图形编码是不经语音处理直接了解字义。这种处理方式主要通过人的右脑神经通路。汉字既表意又表音，因此处理汉字信息要左右脑兼用。"我在想，若是果真如此，那就部分理解了一种"坊间"流传甚广的说法：世界上以犹太人与汉人最为聪明。犹太人为什么最为聪明，我不知道，或许与犹太人善于经商有关吧；汉人最为聪明，是因为既表意又表音的汉字，开发了我们的左右脑，而这样的情形，与左撇子好像更为聪明的现象是一致的，因为左手联系着右脑，右手联系着左脑，左撇子其实又是左右手并用的。所以在这里，我提一个善意的建议：为了开发我们的智力，尽量多用用左手。

其实汉字真是蛮有意思的。陈寅恪先生曾说："凡解释一字，即是作一部文化史。"这话并不过分。比如我在《百家讲坛》讲的 15 集《国号》节目，就是讲了从夏、商、周到元、明、清 14 个汉字。而联系上两讲所讲的中医智慧，一个繁体字的"醫"字，就够我们琢磨的。"醫"这个字的上部，包括了代表药箱子的"匸"、代表金属工具的"矢"、代表竹木工具的"殳"，这应该是外治法；这个字的下部，是个像酒坛子的"酉"字，表达着以酒发药的意思，这应该是内治法；这个字的读音 yī，是病人发出的呻吟之声。再有，这个字下部的"酉"，也可以写作"巫"，"巫觋"的"巫"，这又反映了"醫"源于巫觋的早期历史，而巫觋是通天人之际、具有精神引导作用的特殊人物。

诸位，这就是中国博大精深、充满智慧的汉字，这样的汉字，既是文化现象，也算科技智慧。考虑及此，我在"科技智慧"系列里讲汉字，大概也不算偏题吧。而我在上面所说的中医的"医"字，基本的分析路子，其实来自一部绝对的国学经典——东汉许慎的《说文解字》。本讲就以"许慎：说文解字"为题。

许慎，生卒年约为公元 58 年到公元 147 年，汝南召陵即今河南郾城人。他撰述《说文解字》的重要学术背景，是汉代的今文经与古文经之争。所谓"今文经"，指汉代学者所传述的儒家经典，这些经典用当时通行的文字即隶书记录，大都没有先秦的古文旧本，而由战国以来学者师徒父子传授，到汉代才一一写成定本；所谓"古文经"，则指秦以前用古文即战国时通行于六国的文字书写，而由汉代学者加以训释的儒家经典。如所周知，自西汉武帝实行"罢黜百家、独尊儒术"的文化政策以来，表彰儒家经典，建立经学博士，士子们也是竞相学习儒学经书，以求通经干禄。然而今文经与古文经不仅字体相异，内容与解说也是颇多不同，这便引发了今文经与古文经之争。问题在于，这种争议不仅是学术层面上的，由于涉及设立博士、以经治国等等方面，所以事关重大。许慎是属于古文经派的，他认为今文经派依据当时的隶书解释古时经典，为牵强附会，乃学理欠缺，而古文多歧异，也有认辨解释的必要。于是，许慎历时 20 余年，写出了我国历史上出现最早、影响最大的字典《说文解字》。

借用今天的词汇，《说文解字》是富有方法论与认识论等方面的科学智慧的。以言方法论，可以《说文解字》部首的归纳法与造字的分析法为例。

先说部首。许慎把书中收录的 9 353 个单字、1 163 个异体字，归纳在 540 个部首之下，又将相似的部首放在一起，分成若干大类，这是非常科学的，它不仅基本符合汉字造字的意图，即部首相同的文字之间，必然存在着某种联系，而且变单字的杂乱无章，为整体的系统有序。如此一来，部首与部首之间、字与字之间意义相连，既方便检索寻找，也有助于读者更直接、更深刻地理解每个字、每类字的含义。

再说造字。许慎通过分析文字的结构、读音以至使用，充实、完善、阐明了造字的法则，即所谓的"六书"。按照《说文解字》的解说："一曰指事。指事者，视而可识，察而见意，上、下是也。二曰象形。象形者，画成其物，随体诘诎，日、月是也。三曰形声。形声者，以事为名，取譬相成，江、河是也。四曰会意。会意者，比类合谊，以见指㧑，武、信是也。五曰转注。转注者，建类一首，同意相受，考、老是也。六曰假借。假借者，本无其字，依声托事，令、长是也。"译古为今，"指事"，就是先在心中有个意念，然后用线条或符号把它表现出来，所以指事字多为虚像而非实像，多为符号而非图像，比如上、下就是指事字；"象形"，就是把物体的外型轮廓画出来，所以象形字多指有形可象的实物，比如日、月就是象形字；"形声"，就是以表达事物的形符与表达声音的声符合成新字，比如江、河，三点水是形符，"工""可"是声符，而依据形符、声符的相对位置，又有左形右声（江、河）、右形左声（雞、鸭）、上形下声（草、笙）、下形上声（驾、鹭）、内形外声（问、闷）、外形内声（固、园）等情形，而我们平常所说的"读字读半边"的字，大多就是形声字，今天，形声字在汉字中所占的比例，超过 80%，所以汉字也具有很强的表音性；至于"会意"，就是比并相关的字，会合其义，由此可见所造之字的意义所在，比如林、森、信、休，又如特别值得体会的"止戈为武"。以上指事、象形、形声、会意四者，可以称为造字的基本法则，古往今来，成千上万的汉字，都是这么造出来的。那么，"六书"中的"转注""假借"又是什么意思呢？汉字的含义、起源以及优劣又如何理解呢？

"六书"中的"转注""假借"，是造字的补充法则。所谓"转注"，就是可以相互注释的同一部首的字，如考与老、父与爸、吹与嘘、桥与梁，有了"转注"，有些字的意思就可以解释了；又所谓"假借"，就是借用同音字代表还没有造字的事物。比如"豆"字，本是有盖的高脚食器的象形字，属于木制盛肉器，后来用于祭典，久而久之，这个字就被当作同样发音的"豆子"的意思来使用了；又如"樂"，本指象树形状的樂器，后被用来表示该樂器演奏发出的声音，即指"音樂"，接着又由音樂发展成"快樂"之意。假借法的运用，在一定程度上解决了字不够的问题。

以言认识论，可以《说文解字》说解文字的含义与文字的起源为例。

先说文字的含义。"文"在古代是指独体的象形字与指事字，它基本上能显示事物的本来形象；而"字"在古代是指合体的形声字和会意字，通过形符与会意也能感知该字的含义。由此出发，许慎紧紧抓住形、音、义三个方面，对每个字都进行了由形而义、由音而义的阐释，义的阐释又往往兼及本原义、引申义、附会义等多方面。也正是以这样的认识论为基础，中华国学中有了专注字形的文字学、专注读音的音韵学、专注字义的训诂学，这些学问，又被统称为"小学"，而且在经史子集的四部分类中，"小学"还被列入"经部"，即其地位与所谓的"十三经""四书五经"并驾齐驱。那为什么会这样呢？道理很简单，就是无论你读什么书，首先都得认字，而真正的认字，又在既知其然、也知其所以然的懂字，懂字就要懂文字学、音韵学、训诂学，就要懂这方面的元典《说文解字》。懂了《说文解字》，你不仅懂字，甚至还会"玩"字，汉字真是很好玩的。举个例子。有副文字对联，"白水泉边女子好，少女更妙；山石岩下古木枯，此木为柴"，这全玩的是汉字游戏：白水为泉，女子为好，少女为妙，山石为岩，古木为枯，此木为柴。而一堆字母组合的拼音文字，好像玩不出此等游戏吧？

再说文字的起源。马克思曾说：我们仅能在研究某一现象的起源和变迁时，才能认识这一现象。汉字起源问题当然也不例外。而按照许慎的认识，汉字的起源过程是这样的：先是伏羲氏仰观天文，俯察大地，体会万物，画出了八卦；到了神农氏，结绳记事，然而事情繁杂，这样记事仍有不足；再到黄帝时代的史官仓颉，他从鸟兽的足迹中，悟到纹理线条可以起到区别作用，于是"初造书契"，也就是创造了文字。仓颉在开始创造文字的时候，大抵是依照事物的形象画出它们的图形，所以叫作"文"，后来形象与声音相互结合，这就叫作"字"。到了五帝三王时代，文字又演变成多种形体。诸位读者朋友，将近两千年前许慎的这些"经验性"的认识，竟然基本符合所谓科学昌明的今天的学术观点，这真是令人惊异！至于许慎所强调的文字的意义，即"盖文字者，经艺之本，王政之始，前人所以垂后，后人所以识古"，按照许慎之前的西汉《淮南子》书中的感叹，那是"龙颜四目"的仓颉造字成功后，竟然"天雨粟，鬼夜哭"，就是天都有了异象，鬼都害怕了。而按照许慎之后比如我们今人的认识，因为有了文字，天地人神鬼的奥秘将为人类破解，在这不断的破解过程中，随着文字的积累，人类的智慧也在积累。

说过了许慎《说文解字》的方法论、认识论以及蕴含其中的科技智慧，回到这一讲开头部分提到的"中国的科技落后是因为汉字不方便"的说法，不知道诸位朋友是否和我一样地"想不通"？虽然相对于拼音文字，汉字有着不少的麻烦，比如字数太多（《康熙字典》收字 47 000 多个，《中华字海》更是收字 85 000 多个）、字形多变（所谓甲、金、篆、隶、楷、草、行）、字音难读、一字多音、字义变迁、一字多义，以及有些汉字的字形太过复杂；然而汉字的优胜之处也是非常明显的，比如汉字信息量丰富、区别性明显、衍生能力和构词能力强大，所以便于辨认、记忆与联想，汉字书法成为一门独特的艺术，等等。而尤其值得指出的一点是，相对于拼音文字常因语言的变化而改变其拼写方式、语法结构，因此而多死文字、看不懂的古代文献，基础于"六书"原则的、智慧、神秘、伟大乃至带有价值取向的汉字，则是人类目前唯一超越时间、超越空间的文字，因为超越了时间，所以汉字古代文献能为今人没有障碍地阅读，因为超越了空间，所以各个方言区的人们之间，仍能较少隔阂地通过汉字进行交流。如此说来，承载着中国科学技术文献、思想、智慧的汉字，在科学进步、技术传承方面，也可谓居功至伟呢！

文字不同于图画的地方，在于它是抽象的天地兆物、社会万象、人生百态，是线条、是符号，哪怕象形字，也是抓住特征的线条或符号。那么地图又作何理解呢？不妨先说一个例子。

有个成语"铸鼎象物"，不知诸位听说过没有？《左传·宣公三年》记载，公元前606年，楚庄王伐戎，到了洛阳即周王室京师的郊外，周天子派王孙满犒劳楚军，楚庄王竟然问鼎的大小轻重，王孙满回答："在德不在重。昔夏之方有德也，远方图物，贡金九牧，铸鼎象物……周德虽衰，天命未改。鼎之轻重，未可问也。"于是有了"问鼎之心"这个成语，意为觊觎天下的野心，因为鼎象征着国家权力。鼎为什么象征着国家权力呢？因为禹治平水土以后，"铸鼎象物"，即以九州上贡的金属，铸造了九只大鼎，鼎上则铸有九州的地图，于是九鼎成为王权的标志，九鼎图也堪称中国最早的地图之一。

那么，在早期的地图上，都有些什么内容呢？九鼎图上有天下方国、山林川泽、神灵奇怪等内容。我们再看先秦典籍《管子》的具体记载："凡兵主者，必先审知地图。"就是作为一军的主将，在作战前，必须详细察看地图，了解山川险阻、道路远近、草木植被、城邑大小等情形，然后才能"不失地利，此地图之常也"。然则由传说中的九鼎图、《管子》书中的《地图》篇，以及考古所见实物地图，如1986年发现的天水放马滩秦国的7幅木板地图、1973年发现的长沙马王堆西汉的3幅帛图，我们得知了中国早期地图上已经以线条、符号、图形等多种形式，表达着丰富多彩的地理内容。

说到这里，问题来了，地图的绘制，涉及许多方面，比如起伏的山地、蜿蜒的河流、曲折的道路，如何在平面图上呈现？地物之间的距离远近、相对方位，如何保证测量的精度？复杂多样的自然地理与人文地理要素，如何设计出一目了然的"图例"？如此等等，都是可想而知的绝不简单的事情。而在这些方面，中国古人同样富有智慧，比如其中的代表人物裴秀，就以他在地图方面的科学理论与技术实践，拥有了《晋书·裴秀传》赞颂的、与"娲皇炼石"即女娲炼石补天并称的"晋图开秘"之功，而因为这样的揭开中国古地图的秘密之功，英国李约瑟博士又将裴秀推崇为"中国科学制图学之父"。下面，我就来聊聊裴秀和他总结的"制图六体"。

裴秀，224年出生，271年逝世，出身于当时的一流豪门河东闻喜裴氏家族，河东闻喜就是今山西省闻喜县。2017年11月，我曾踏访慕名已久的闻喜县裴柏村，村口"宰相村"那三个黄底黑色大字，我至今记忆深刻。以言裴秀，他的祖父裴茂做过东汉的尚书令，父亲裴潜做过曹魏的尚书令，他自己也曾担任西晋的尚书令，尚书令主管政务，相当于宰相，而像这样祖孙三代都做宰相，可见其家族地位的显赫。

裴秀从小聪明好学，风采过人，八岁就能写出很好的文章，十岁时名气已经很大，当时人称他为"后进领袖"。开始在曹魏做官时，他是大将军曹爽的手下。我们知道，司马懿和曹爽之间曾有过一场殊死搏斗，最终司马氏获胜，曹爽被诛灭了三族，而裴秀作为曹爽的故吏，也一度被免职。不过后来他又投靠了司马氏，并在魏晋禅代之际立下了大功，先是担任西晋的尚书令，受封钜鹿郡公，后拜三公之一的司空。

在司空的职责中，包括了掌管全国的户籍、土地、田亩、赋税、地图等事项，这使裴秀有了接触各地地理、增进地图知识的机会，于是他决心绘制新的地图。如所周知，在上古典籍中，有记载天下地理大势的《尚书》中的《禹贡》篇，虽然按照以顾颉刚先生为宗师的"古史辨"派的现代考证，《禹贡》写成于先秦战国时代，但在传统儒家那里，还是认《禹贡》为大禹时代的作品的，也就是说，《禹贡》的时代距离西晋已经非常遥远了，而在这遥远的时代里，地名、地物已经发生了巨大的变迁，再加上后人的各种牵强附会、胡乱解释，于是人们对当时古往今来的地理面貌，认识更加模糊。有感于此，裴秀在门客京相璠等人的协助下，遍览群书，甄别考证，结合实际调查，绘制了十八篇《禹贡地域图》，这是见于文字记载的最早的大型历史地图集，可惜这些地图后来失传了。不过幸运的是，《禹贡地域图》的序文却保存了下来。

正是在这篇序文中，裴秀在继承前人宝贵经验的基础上，有所总结、更多创新地提出了绘制地图的六大原则，《晋书·裴秀传》是这样记载的：

> 制图之体有六焉。一曰分率，所以辨广轮之度也。二曰准望，所以正彼此之体也。三曰道里，所以定所由之数也。四曰高下，五曰方邪，六曰迂直，此三者各因地而制宜，所以校夷险之异也。有图象而无分率，则无以审远近之差；有分率而无准望，虽得之于一隅，必失之于他方；有准望而无道里，则施于山海绝隔之地，不能以相通；有道里而无高下、方邪、迂直之校，则径路之数必与远近之实相违，失准望之正矣。故以此六者，参而考之。

这段古文，被民国时代的中国科学史大家王庸先生视为"中国地图史上至可宝贵之材料"，被当代中国地理学领军人物陈述彭先生誉为"世界地图史上关于地图编制原理的最古老的文献"，而这段文字中提到的分率、准望、道里、高下、方邪、迂直，就是闻名遐迩的"制图六体"。然而麻烦的是，由于时代相隔甚远，加上裴秀本人的解释文字不多，关于这"制图六体"的具体内涵，古往今来的解释还是存在不少歧异，我在这里，姑且引述一段王庸先生认为"言之甚明""可以不另作解释"的清代学者胡渭的说法，以供诸位参考：

> 今按分率者，计里画方，每方百里、五十里之谓也。准望者，辨方正位，某地在东西、某地在南北之谓也。道里者，人迹经由之路，自此至彼，里数若干之谓也。路有高下、方邪、迂直之不同，高则冈峦，下为原野，方如矩之钩，邪如弓之弦，迂如羊肠九折，直如鸟飞准绳，三者皆道路险夷之别也。

换成现在的表述，分率就是比例尺，准望就是方位，道里就是道路距离，这三条原则是制图的基础，是相互独立的要素；而考虑到道路距离会受地形起伏、路途弯曲以及中间物的阻隔等情形的影响，所以绘图时必须采用"高下"即逢高取下（如图左之取 AB）、"方邪"即逢方取斜（如图中之取 AB）、"迂直"即逢迂取直（如图右之取 AB）这三条补充或修正的原则，把人行道路变成水平直线距离，这样图上地物的位置，才能标注准确。

"制图六体"之高下（左）、方邪（中）、迂直（右）示意图

说到这里，不知道诸位朋友是不是还有点晕？虽然我已尽可能地，甚至不顾严密地朝着通俗的方向解释，但这"制图六体"终究是理论，如果不结合实践，确实不太容易理解。那就这么说吧，在中国古代，甚至在我小时候，常用"计里画方"也就是打方格子的法子画地图，这个"计里画方"，就与"制图六体"中最关键的分率即比例尺、准望即方位两条原则比较接近。

正是在"制图六体"原则的指导下，运用"计里画方"等方法，裴秀与京相璠等人绘出了《禹贡地域图》。虽然这部图集今天已经见不到了，但是根据一些零散的文献记载，还是能知晓这部图集的若干情况的。如就内容言，图集上起《禹贡》、下至西晋，包括历代政区沿革、古国盟会地名、山海川流陂泽、道路、疆界等等，可谓丰富多彩；又就分率言，"以二寸为千里"，折合成今天的比例尺，大概是1∶900万左右。值得一提的是，裴秀不仅以"制图六体"为指导，主持编绘了历史地图集《禹贡地域图》，还绘制了一幅简缩的《地形方丈图》，这幅西晋的现状地图，"以一分为十里，一寸为百里，备载名山都邑，王者可不下堂而知四方也"。

裴秀的制图实践，尤其是他的"制图六体"理论，对于中国传统地图学的影响，可谓广泛而且深远，可以认为，在明末清初西方地图测绘技术传入中国之前，"制图六体"一直是中国古代绘制地图所遵循的基本原则。举个我个人的例子。2017年底，经过四年的努力，由我领衔编纂的《南京古旧地图集》终于出版。在编纂过程中，我们团结了地理信息系统（GIS）和数据库建设方面的相关专家，以便更好地发掘古旧地图中蕴含的历史信息，而面对那一幅幅已经泛黄的古旧地图，面对即便到了民国时代，地方志中还是"计里画方"的那些地图，我不得不感慨李约瑟博士称赞的这位"中国科学制图学之父"裴秀的奠基性的贡献。

最后再说两个裴秀的故事结束本讲。一个故事是，年轻的时候，家世优越、一帆风顺的裴秀颇是自负。有一回，发明了翻水车的著名"科技达人"

马钧又设计出一款能连续发射巨石到远方的攻城器，裴秀竟然大加嘲讽，并与马钧辩论。马钧是实干家，口才不济，而裴秀长于辞令，讲个没完，其实裴秀对机械原理并不内行。这个故事说明，尺有所短、寸有所长，擅长编绘地图，并不一定就是位好木匠。又一个故事是，中年的裴秀服食五石散之后，竟然饮下冷酒，其实五石散里含有硫黄、石钟乳等成分，服下之后是要喝热酒、行散发汗的，结果裴秀冷酒下肚，热气散不出来，竟然因此而一命呜呼，终年48岁。看来裴秀的化学知识也实在太差。不过话说回来，裴秀虽有不少的科技知识短板，但他在将近1800年前所确定的"制图六体"原则，至今还闪耀着科技智慧的光芒，现在中国测绘学会甚至专门设立了"裴秀奖"，用于在全国范围内评选优秀地图作品。

　　若干年来，雾霾问题逐渐引起了社会各方的广泛关注，特别是农村里焚烧秸秆的现象，不仅存在引发火灾的隐患，还会制造出大量有害、有毒的气体，导致雾霾天的产生或加重，以及破坏土壤结构。那么怎样解决这个问题呢？办法还是有的，比如机械化还田、加工为畜牧饲料、培养食用菌、制取沼气等等，但是推广起来难度很大，或者花费较多。相对而言，最佳方案莫过于让废弃的秸秆继续发挥作用，成为有价值的农业资源。其实这个问题，早在约 1 500 年前，就被中国古代农学家贾思勰所关注，并将自己的看法写入了其不朽名著《齐民要术》中。下面，我就与朋友们聊聊贾思勰《齐民要术》中的科技智慧。

　　说起中国古代利用植物肥料以改良土壤的行为，起码可以追溯到周代，依据《周礼》的记载，当时已经设立专门的官员，指导制作草肥。到了汉代，人们对植物腐殖质改良土壤的认识更进了一步，西汉的《氾胜之书》中，就有"草秽烂，皆成良田"的说法。贾思勰继承前人经验，在《齐民要术》中记载了"踏粪法"，简单说起来，就是让牛用践踏的方法使粪肥和谷物秸秆混合在一起，制作出兼具植物腐殖质和动物肥两种肥料优点的肥料，这在今天被称为"完全肥料"。"踏粪法"巧妙利用了秸秆的保水性能，使得有机质和氮素损失较少，而且由于积肥分解慢，所以能够有效而且长期地为土壤积累腐殖质，从而改良土壤，提高肥力。时至今日，在广大农村仍有不少踏粪肥的做法，其科学原理也借助现代实验得到了证明。

那么，贾思勰是位何方神圣呢？虽然我们的中学历史教科书中都提到过他，但他为什么会写《齐民要术》这么一本书，恐怕很多人并不清楚。

贾思勰主要生活在北魏后期。由于史书中没有他的传记，其他文献中也没有关于他的只言片语，所以贾思勰的一生事迹，可以说是一纸空白，现在唯一确知的信息，就是《齐民要术》书上的作者署名"后魏高阳太守贾思勰撰"。遗憾的是，即便是这十个字，也还存在模糊之处。比如"后魏"，指的是南北朝时期北朝的魏，这个北朝的魏，又包括了我们习称的北魏，以及北魏分裂以后的东魏、西魏，整个的时间，起自 386 年，讫于 557 年；又如高阳太守，即高阳郡的太守，然而后魏有两个高阳郡，治所分别在今河北高阳县境与今山东桓台县境，我们无法明确贾大人究竟是哪个高阳郡的太守。又一般的说法是，他是齐郡益都人，也就是今天山东寿光市人，而他既然能担任高阳太守，相当于今天的地级市一把手，看来家世背景也不差，甚至可能出身于大族。不过如果这样的话，新的问题又出现了：魏晋南北朝时期的高门大族子弟，大多做官而少理事，尤其很少去理俗事，那么这位高阳太守贾思勰怎么会去研究焚烧秸秆、琢磨踏粪制肥呢？说起来，这应该与贾思勰生活的北魏后期的社会状况有关。

如所周知，鲜卑族的北魏孝文帝拓跋宏也就是元宏，是位非常倾心汉化的皇帝，如他在位期间，就将首都从边地的平城（今山西大同市）迁到了中原的洛阳，还推行了一系列的汉化改革措施。其中，涉及土地的改革措施是计口分田的"均田制"，简而言之，即成年的男性和女性都可以得到国家的授田，包括种粮食的露田、栽桑麻的桑田麻田，而且赋税负担较轻，这样的改革措施无疑刺激了广大人民群众的农业生产积极性。另外，北魏中央政府还把各地农业生产的成绩好坏，列为考核地方官员政绩的主要标准之一。正是在这样的时代背景与社会状况下，有效提高农业生产效率的技术与知识，既受到了人们的普遍关注，也引起了像贾思勰这样的地方长官的特别兴趣。我们看《齐民要术》这本书的书名，"齐民"就是有户籍的平民百姓，"要术"就是重要的技术、技能，合起来说，"齐民要术"就是民众从事生产的重要技术、技能。于是贾思勰"采捃经传，爰及歌谣，询之老成，验之行事"，即在尊重历史文献、收集民间谚语、请教群众经验、注重实践验证的基础上，从耕作栽培起，到制醋造酱止，凡是对农业生产生活有用的事项，统统包括在内，大约在公元6世纪30年代到40年代之间，写成了10卷、92篇、115 000多字的《齐民要术》。而按照缪启愉、缪桂龙父子在《齐民要术译注·前言》中的说法，"《齐民要术》是中国现存最早最完整保存下来的古代农学名著，也是世界农学史上最早最有价值的名著之一"，又说《齐民要术》"包括农、林、牧、渔、副'大农业'的全部……它几乎囊括了古代农家经营活动的所有事项，以百科全书式的全面性结构展现在我们面前"。

那么，回到"科技智慧"方面，贾思勰及其《齐民要术》有着怎样的反映呢？缪氏父子特别指出，以言思想智慧，《齐民要术》反映了贾思勰的"农本"思想，反对保守、提倡革新的历史观，既尊重自然规律办事、又发挥人的主观能动性的辩证观点，以及强调实践、强调积极劳动、强调节俭、强调防荒备荒的认识；以言科技成就，《齐民要术》同样丰富多彩，比如华北旱作农业以保墒防旱为中心的精细技术措施，种子处理和选种、育种的方法，播种、轮作和套种技术，动植物的保护、饲养、鉴别以及遗传、变异的认识，还涉及副业生产、饮食工艺中酶的广泛利用。就以酶来说，如果按照今天的科学名词，那就涉及微生物学、生物化学一类的广阔领域了。

然则这样充满思想智慧的贾思勰，在以技术、工艺等等为雕虫小技的中国古代，却是生卒年不知，事迹无考，这难免让人感慨而且沉思；幸运的是，这样充满科技成就的《齐民要术》却流传了下来，不仅彰显着"以农为本"的古代中国卓越的科技智慧，而且相当程度上丰富了我们今人的"发思古之幽情"，甚至一定程度上满足了我们今人的"口腹之欲"。满足"口腹之欲"？这话怎么说呢？诸位朋友不妨读读《齐民要术》的七、八、九卷，各种酒、各种醋、各种酱、各种咸菜腌鱼饴糖，怕是口水都止不住了。以我个人为例，我在南京仙林新城区的道路命名中，就命名了一条"齐民路"，向贾思勰致敬，而且还想着从《齐民要术》中琢磨出一套"六朝菜谱"，找家合作酒店开发出来，以贯彻落实毛主席提倡的"古为今用"。说到这里，我不妨再举些例子，满足一下"吃货"们的"口腹之欲"。

《齐民要术》里记载了许多的肉类烹饪方法。比如有一种"卒成肉酱法"，先把鲜肉切细，配上好酒、曲末、黄蒸末和少许食盐，调匀后放入瓶中，用碗盖住瓶口，以熟泥密封，再放进预先做好的坑中。坑是要事先烧烤过的，周围还要铺满干草，待瓶子放入后，再在上面覆盖厚约七八寸的土，然后在土上焚烧干牛粪，直到烧出酱汁为止。等到食用的时候，拌入麻油炒熟的葱白，"甜美异常也"！再如一种"灌肠法"，先取羊盘肠洗净备用，把羊肉切细，调入葱白、盐、豆豉汁、姜、椒末，一并灌入盘肠。然后将其固定烧烤，完成后用刀割食，"甚香美"。虽然当时的人们还不懂得如何制作肠衣，也不知晓干燥保存灌肠的方法，但是其他的步骤，已与今天制作香肠类食品没有两样了。再来看看贾思勰是怎么记载烧烤的。《齐民要术》中有篇专门的《炙法》，记载了十多种不同的烤肉方法。比如"炙豚法"，是选用正在吃奶的极肥的小猪，先用开水烫一遍，擦洗刮毛，然后剖开腹腔，掏出内脏，再次洗净后，用茅草将其腹腔填满。这样做，是为了在烧烤过程中整体受热均匀，并保持原本的形状。随后，用一根柞木棍贯穿猪身，在缓火上放远些，急急不停地烤，同时再用清酒、新鲜的猪油或洁净的麻油涂抹在表面上，这样烤熟的乳猪，表皮酥脆，色如琥珀，又如真金，真是色、香、味、形俱全，吃起来，"入口即消，状若凌雪，含浆膏润，特异凡常"。由此几例，我称《齐民要术》为"舌尖上的北魏"，大概并不为过吧！

如此这般地"望梅止渴"以后，我们再来看看堪称农业指导手册，尤其是北方旱作农业指导手册的《齐民要术》。就以保持耕地肥力为例，对于以农耕为主要生产方式的百姓而言，这是关系到一家老小来年能否吃饱的重大问题，《齐民要术》对此大致有着三个方面的关照。第一个方面是因时制宜。所谓"凡秋耕欲深，春夏欲浅"，我们知道，耕地的深浅取决于时间季节和耕地程序的先后，因为从秋耕到春耕、春种之间，有较长的时间来让土壤自然风化，所以即便耕得深些，翻上一些新土，经过冬春的风化，生土也能变成熟土，至于春耕或夏耕则不然，因为要紧接着播种，土地熟化的时间不够，所以长此以往，会对农作物的生长不利。第二个方面是因地制宜。比如种胡荽（香菜），"若地柔良，不须重加耕垦者"，这话的意思是，如果碰上松软肥沃的土地，就没有必要过度翻耕，让它自己保有肥力即可。第三个方面是耕地保墒方式要灵活。比如谈到种麻的时候说，"耕不厌熟。纵横七遍以上，则麻无叶也。田欲岁易。抛子种则节高"，意思是说，翻耕土地要尽量熟透，纵横各翻耕七遍以上才好，这样生长出来的麻，就不会有破烂或发黄的叶子。麻田每年都要换地耕种，下种时向上抛撒种子，麻秆就能长得高。诸如此类，不难想象，在通常依靠经验、口口相传的中国古代农业社会，这样周全、系统、实用的农业生产手册，能够基本满足一般农民的生产需求，这就好比今天的我们，遇到什么事情，都习惯求教于百度一样。

总结一下，贾思勰和他的《齐民要术》，是中国古代农业史、科技史，乃至饮食史、酿酒史、环境保护史等等方面的重要学者和非凡著作，呈现了中国古代农业社会最接地气、最为有滋有味的科技智慧。这样的科技智慧，体现在生产与生活的点点滴滴中，它也许很朴实，但却是一代又一代人的经验积累、思想提炼，并为长期的实践所验证，所以这是地地道道的、原汁原味的中国大智慧！

上一讲说了贾思勰及其《齐民要术》，主题是农业智慧。说起农业，离不开治水、离不开水利。因为治水，中国进入了信史时代，比如大禹治水，然后有了君家国三位一体的、中国第一个世袭制王朝夏朝，原籍德国的美国学者卡尔·魏特夫甚至认为，东方专制主义的基础是国家主导的治水社会、水利工程。因为治水、因为水利，农耕民族的人们才能靠天吃饭，靠天吃饭就是靠水吃饭。考虑及此，我的"科技智慧"的这一讲与下一讲，就接着农业讲治水、讲水利。

说到中国历史上治水见效、水利成功的模型，而且堪称最富智慧的典范之一，我马上想到了多次流连忘返的都江堰，诸位朋友肯定也从小就听说过都江堰。下面，我就来聊聊都江堰的建造过程及其运行原理，看看它究竟是怎样变水患为水利的。

久远以来，成都平原有着"天府之国"的美誉，这里的人民安居乐业，生活闲适富饶。但在获得这个美誉之前，成都平原却是一处旱涝灾害频繁严重的地区，诚如我在"人居智慧"第二讲"理想家园：寻求自然的庇护"中的分析："这主要是由岷江和成都平原天然的地理条件造成的。岷江海拔落差大，水流涨落迅猛，水势湍急。岷江出岷山山脉后，从成都平原西侧向南流去，成为一条突兀的地上悬江。每当雨季，岷江洪水泛滥，成都平原就是一片汪洋。遇到旱灾，成都平原赤地千里，往往颗粒无收。"理解了这样的"旱涝双煞"的自然制约，我们再读李白《蜀道难》诗中的"蚕丛及鱼凫，开国何茫然"，就更有画面感了。在那远古时代，人们面对不遂人意的岷江之水，只能徒呼奈何。及至先秦战国末期，大约公元前250多年的时候，随着秦昭王所任命的蜀郡守李冰的到来，这样的局面才得到了根本的扭转。

李冰，又是中国科技史上一位生卒年不知、出生地不详的人物，甚至在司马迁的《史记·河渠书》中，他还只是有名无姓的"蜀守冰"，等到班固的《汉书·沟洫志》，才记为姓与名齐全的"蜀守李冰"。有关李冰的事迹，不是他那地位还算显赫的蜀郡守（今天习称蜀郡太守），而是他的治水功业。如此看来，做官不做事，很快就会在历史上烟消云散，那些一心做事的官们，才会青史留名，知天文、识地理的李冰就是这样的一个典型吧。

那么李冰都做了些什么事呢？《史记·河渠书》的记载是："凿离碓，辟沫水之害，穿二江成都之中。"《汉书·沟洫志》的记载基本相同。这里的"离碓"是凿玉垒山而分离的石堆，"沫水"是岷江的古称，"二江"指郫江与流江，它们的上游，都是岷江中的内江的分流。按照今天的说法，这都是有关都江堰的事情。也是因为都江堰，李冰成就了他"中国著名水利工程专家"的千古美名，成都平原成为东晋常璩《华阳国志》中所称赞的"沃野千里，号为陆海。旱则引水浸润，雨则杜塞水门。故《记》曰'水旱从人，不知饥馑''时无荒年，天下谓之天府'"的"天府之国"。

然则何等高明的水利工程，能让"开国何茫然"的成都平原，一变而成"天府之国"呢？综合不断累积的文献资料、逐渐丰富的口碑传说，仔细勘察沿用至今的都江堰本身，我们能够大体得知李冰设计、修建都江堰的基本情况。

先是李冰受任来到成都，主事蜀郡一方。上任伊始，他即致力于解决岷江水患难题。在对岷江水情、河床和流域地形做了全面细致的实地勘察后，李冰在岷江出山、流入平原的地方，即今都江堰市的西面，开始了他的系统水利工程：

第一步，凿穿玉垒山引水。由于当时火药并未发明，李冰便采取一轮又一轮的火烧水泼的办法，即运用热胀冷缩原理，迫使岩石爆裂，终于凿出了一条引水道，因为引水道的口子形状酷似瓶口，所以得名"宝瓶口"。

第二步，在距离宝瓶口上游不远的岷江江心，沉下装满卵石的大竹笼子，堆筑起由石堤护卫的分水堰，因为堆筑的形状前部很像鱼嘴，后世就把这个分水堰称为"鱼嘴"。鱼嘴分水堰把岷江分流为外江和内江，外江的作用是排洪，内江则通过宝瓶口进入成都平原，起到灌溉作用。

第三步，为了进一步完善分洪减灾的功能，又在鱼嘴尾部和离堆之间，同样以竹笼沉石的方法，修建了一条溢洪道，将部分内江水流引入外江，从而确保内江没有灾害。因为溢洪道前面修有弯道，江水在此形成环流，所以江水超过堰顶时，便将自身携带的泥沙引流到外江里，如此一来，内江和宝瓶口就不会因为泥沙而淤塞，所以这个溢洪道又被称为"飞沙堰"。

宝瓶口、鱼嘴、飞沙堰三大工程相互依存，共同构成了都江堰的主体，它们巧妙利用了当地西高东低的地形条件，因势利导，同时完成了减灾的分流、防堵的排沙、农田的灌溉三大任务，由此成都平原逐渐成为沃野富饶的"天府之国"。而历经后世的持续维护与不断发展，由都江堰延伸出来的灌溉渠道，就像人体的毛细血管一样，遍布了整个成都平原，直到今天，其灌溉面积还约在 1 000 万亩。

回望 2 200 多年前奠基的都江堰，我们至今都不得不感叹蕴含其中的杰出、超凡、卓越的科技智慧。仅拣两点出来说说吧：

第一点，"四六分水"。所谓四六分水，即通过鱼嘴与飞沙堰的配合联动系统，自动调节上游来水在窄而深的内江与宽而浅的外江之间的分水比例，这堪称世界上最早的 AI 即人工智能分水工程之一。在岷江上游来水较小时，四成分流进入外江，六成分流进入内江，如此可以保证灌溉用水；而在岷江上游来水较多时，水位升高，水量的分流比例就会随之逆转，即大部分进入外江，小部分进入内江，这又确保了成都平原不受洪涝灾害的侵袭。

第二点，"深淘滩，低作堰"。都江堰能够成功运转两千多年，重要经验之一，是历代都遵循着"深淘滩，低作堰"的六字真经。"深淘滩"指的是每年春天的枯水季节，要按照经验高程，组织人力疏浚鱼嘴前面凤栖窝一带的内江河床，淘净淤泥，以保证丰水的夏季随水而来的泥沙有足够的"容身之地"；"低作堰"则是控制内江右岸鱼嘴下游飞沙堰的高程，因为如果飞沙堰修得高了，内江进水就会过多，从而导致洪涝，修得低了，内江进水又会不足，从而导致干旱。近代的经验，一般规定飞沙堰堰顶的高程只需高出河床两米左右，这样排沙效果、分水比例最为合适。关于这精确巧妙的飞沙堰，不妨再说得仔细一些。飞沙堰的位置，设在河床弯道的下游凸岸，它的高程又较低，这样在大水期间，飞沙堰不仅可以侧向溢流，以保证宝瓶口进水不至于过多，而且利用弯道环流起到的横向输沙作用，还可以加大飞沙堰的排沙量，从而减少进入宝瓶口的砂卵石，减轻灌区的清淤负担，这真是一举多得。

2014 年 9 月，借着在成都参加"历史地理学的继承与创新"国际学术研讨会的机会，因为心中念着经历了 2008 年 5 月汶川大地震的都江堰的情况，我第三次或者第四次漫步于都江堰景区。都江堰距离当时的震中映秀镇只有 35 里的距离，所幸没有受到多大的破坏，只是鱼嘴分水堰被震裂，也很快就修复完好了。记得当时我漫步都江堰，凝视着李冰石像和河岸石壁上"深淘滩，低作堰"的六字石刻，闲逛着安澜索桥、伏龙观、离堆公园、二王庙即李冰父子庙等景点，环视着这与周遭山川已经融为一体的古老而又新貌的水利工程，缅想着传统时代那被尊为"川主"的李冰以及供奉着李冰的"川主

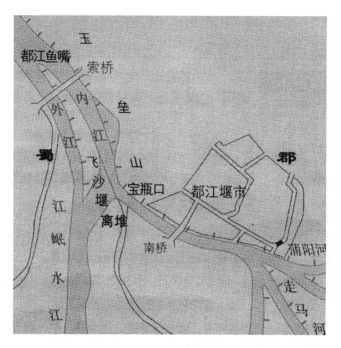

都江堰示意图

庙"，我为自然、人文、科技三者在此的完美交融而深深震撼，为都江堰在历史记忆与文化构建中发挥的巨大作用而久久思考！2000年，都江堰与青城山联袂入选"世界文化遗产名录"，2018年，都江堰又被列入"世界灌溉工程遗产名录"，这的确是实至名归。推而论之，青城山作为道教文化圣地，其文化内涵最强调自然的崇高性，倡导人类顺应自然规律、人与自然和谐共处，那么可以认为，这毗邻着青城山的都江堰，又可谓这种思想智慧在科技方面的完美践行标本，这也就是余秋雨先生所说的"拜水都江堰，问道青城山"的深意所在吧！

潘季驯：
束水攻沙，蓄清刷黄

　　李冰治岷江而有了都江堰，有了"天府之国"成都平原；1800 余年后，潘季驯治黄河而增筑加固堤防，较好地完成了"护陵"（即保护泗州的明祖陵与凤阳的明皇陵不受水灌）、"保运"（即保证京杭大运河的畅通）的国家大政。

　　话说黄河水患，从古至今皆为黄河中、下游乃至淮河流域以农耕为主业的民众们最为头疼的自然灾害，而"河清海晏"这个成语，即黄河水清、沧海波平，也成了旧时王政的理想、太平盛世的比喻。那么有着中华民族"母亲河"之称的黄河，它的水患究竟是怎么回事？为什么这位"母亲"的性格如此无常，脾气如此暴躁？以至我曾经开玩笑地说，把长江称为"母亲河"、把黄河称为"父亲河"也许更加合适。历朝历代的治水专家，又是怎么对付黄河的决口、泛滥与改道的呢？

　　简单说来，黄河的暴躁，黄河的水患，黄河的决溢改道，根本原因就在两个字："水"和"沙"，专业的说法，就是"水沙条件"。我们知道，黄河径流量相对贫乏，按照现在的情况，5 千多公里长的黄河的径流量，只有 500 亿立方米左右，这只是 6 千多公里长的长江径流量的大约 1/20。麻烦的是，黄河径流量的年内分配既不均匀，含沙量又丰富且产地集中，再加上黄河的丰水期与丰沙期一致，比如 7 月到 10 月，水量是全年的 70%，沙量是全年的 80%，如此这般，就引发了黄河"善淤""善决""善徙"的三大问题。具体来说，自从先秦战国中期黄河下游两岸全面筑堤、制约了黄河泥沙的沉积范围后，黄河河床就越淤越高，乃至逐渐成为一条"地上河"，而浪漫诗人李白的"黄河之水天上来"，如果这样理解，那就一点也不浪漫了，因为"地上河"容易决口，决口就意味着改道，为了堵住决口、避免改道，就得加高、加固堤防，而堤防越为高大、越为坚固，河床就会随之越来越高，于是淤积、决口、改道就会越来越严重，于是我们看到，从春秋战国到清朝末年的两千多年里，黄河下游决口泛滥竟然多达 1 500 多次，较大的改道也有 20 多次，这样的黄河，把河北太行山之东到河南伏牛山之东，即华北大平原从北端到南端的广大地区，扇状扫射了一遍，那些扫射所及之地，洪水与泥沙吞没了农田与城镇，瘫痪了水陆交通，淤浅乃至淤废了诸多的河流湖泊，比如曾经水清、漕深、流急的淮河，经过黄河 700 多年的抢夺欺压，竟然成了上游"脑溢血"、中游"肝腹水"、下游"肠梗阻"的一条废河，曾经的谚语"走千走万，不如淮河两岸"，也成了令人无限感叹的历史记忆，乃至于十几年前我在写作《淮河》这本书时，竟然几度落泪。

诸位朋友，面对如此桀骜不驯的黄河，有着悠久治水传统的我中华先民，当然不甘屈服。从大禹治水到新中国治黄，我们就一直没有放弃过努力，甚至与黄河的搏斗与协调，成了中华民族自强不息、厚德载物的一种特别象征。我的这一讲，就以潘季驯治黄为主题，聊聊他的治黄过程以及所体现的科技智慧，这些治黄智慧，既充满着可圈可点的精彩，也丰富着古往今来的思考。

潘季驯是乌程即今浙江湖州市人，1521 年出生，1595 年逝世。从嘉靖末年到万历中期，他四次出任总理河道，前后凡 27 年，可谓为治理黄、淮、运竭尽了毕生的精力，也是明朝治河大臣中任职时间最长的一位。

嘉靖四十四年（1565），右佥都御史潘季驯首次出任总河。此时的黄河又在沛县决口，决口上下两百余里运道全淤，洪水分成十几股，徐州一带百里汪洋。其实当时的潘季驯并不熟悉治河技术，他"惶惧无措""莫知适从"，但既已受命，他就一往无前，亲自踏勘许多激流险段，倾听各方意见，逐渐形成了他对黄河河性的独特认识。比如他感到此前的"分流杀势"，即从多处分流分洪黄河的治河方略，是不能沿用的消极方法，必须改为筑长堤、复故道，才能治河见效。于是，他修复旧河、开辟新河、修筑大堤，较为成功地解决了一时之急。但是因为治河资金不能完全到位，又碰上了突如其来的洪水，潘季驯的首次治河留下了不少遗憾。

隆庆四年（1570），黄河在邳州、睢宁决口，灾情危急，朝廷再度启用已经丁忧在家多年的潘季驯为总理河道，这也给了潘季驯弥补首次治河遗憾的机会。他在调查过程中发现，当水流进入狭窄的河道时，水势猛涨，流速加快，强大的水流能迅速带走淤沙，使河道恢复深度，提高容水量。于是，他提出"筑近堤以束河流，筑遥堤以防溃决"的方针，简而言之，便是"以堤束水，以水攻沙"，这也成为他后来治河的核心理念。就在这次治河中，他堵塞了十几处决口，修筑了三万余丈的近堤，束水攻沙颇获成功，河道深广了，漕运也畅通了。但可惜的是，由于资金限制，潘季驯未能完成遥堤的修筑，同时他还遭到勘河大臣的倾轧，结果落职回乡，几年之后才被重新起用。

万历六年（1578），在内阁首辅张居正的再三力荐下，潘季驯以右都御史兼工部左侍郎的身份，第三次总理治河事务。其时的黄河，河道极不稳定，经常决口，而黄河、淮河、运河交会的清口一带，淤积阻塞严重，淮扬地区往往一片汪洋。潘季驯接任后，坚持他的治河原则，首先在黄河两岸筑成近堤、遥堤、横堤、月堤以及减水坝组合而成的堤防系统工程，以约束水流、防御洪水；在初获成效后，他又大筑高家堰，意在抬高淮河水位，"蓄清刷黄"，即以淮河之水敌黄河之水。"蓄清刷黄"这个决定，曾让不少人胆战心惊，认为黄、淮两河交汇，势必造成河堤决口，但潘季驯成竹在胸，决意借淮河水势以冲沙，借淮河清水以释黄。事实证明，潘季驯是正确的，工程竣工后，运河漕运大为畅通，万历皇帝也对潘季驯大加褒奖，晋升为工部尚书兼左副都御史。

潘季驯离任治河事务后，由于堤防松懈，河工废弛，黄河河患复来。万历十六年（1588），潘季驯第四次总督河务。此时的潘季驯，由于受到张居正死后备受攻击乃至满门籍没事件的牵连，已经在家赋闲多年。然而，治河通运这样的国家大事，又怎能缺少潘季驯呢？于是，已经68岁高龄的潘季驯走马上任。他筑堤建坝，封堵决口，终日奔波，以致积劳成疾、吐血不止。这次治河，潘季驯花大力气组织和完善了堤防管理制度，还创造性地利用淤沙加固堤防，很好地实现了运河畅通、黄河安澜的阶段性目标。

万历二十三年（1595），潘季驯病逝，他为世人留下了《宸断两河大工录》《河防一览》《两河经略》等多部珍贵的治河文献。《清史稿》的主编赵尔巽评价道："明治河诸臣，推潘季驯为最，盖借黄以济运，又借淮以刷黄，固非束水攻沙不可也。"现代著名水利学家沈怡先生也认为："潘季驯是我国近五百年来最杰出的治河人物。"因为他认识到"水分则势缓，势缓则沙停，沙停则河饱"以及"水合则势猛，势猛则沙刷，沙刷则河深"的道理，并且在理论上说明了堤防的需要，在实用上证明了堤防的价值。

由此说开去，我在这里不妨稍微分析一下"束水攻沙""蓄清刷黄"这类科学理论。就与潘季驯差不多同时，有位山东秀才曾向总理河道的南昌人万恭建议："以人治河，不若以河治河也。"如何"以河治河"？秀才解释道："如欲深北，则南其堤，而北自深；如欲深南，则北其堤，而南自深；如欲深中，则南北堤两束之，冲中坚焉，而中自深。此借其性而役其力也，功当万之于人。"这是振聋发聩的设想。潘季驯则在《河防一览》中更为系统深刻地指出：

> 盖筑塞似为阻水，而不知力不专则河不刷，阻之者乃所以疏之也；合流似为益水，而不知力不弘则沙不涤，益之者乃所以杀之也。旁溢，则水散而浅；返正，则水束而深。水行沙面，则见其高；水行沙底，则见其卑。此既治之后与未治之先，光景大相悬绝也。每岁修防不失，即此便为永图。借水攻沙，以水治水。

有意思的是，这段文字里的阻与疏、益与杀、深与浅、高与卑，本来都是相互对立的概念，但在"河不两行""筑堤束水""蓄清刷黄"等等条件下，却实现了统一，即由相反转为相成，从哲学思想的层面说，这是对立统一辩证思想的精辟体现，从科学技术的角度言，这是对于河流泥沙运动规律的精确认识。潘季驯对于自己这样的治河方略，也是充满了信心，比如他将"束水攻沙"形象地比喻为"如汤沃雪"，意为好像一锅热水浇在雪地上一样，而如此一来，黄河泥沙、运河堵塞等问题，也将迎刃而解。

那么，黄河、淮河以及连带的明清时代京杭大运河存在的诸多麻烦问题，真的迎刃而解了吗？当然没有！质而言之，这是传统时代的局限，也是自然与人文的冲突。篇幅有限，我无法展开来说这些问题，姑且引述两篇文章中的观点，期望能够引起读者朋友们的更多思考。

一篇文章，是我的老师谭其骧先生发表在《学术月刊》1962年第2期的《何以黄河在东汉以后会出现一个长期安流的局面》，文章讨论了黄河史上的一个千年谜案，即从东汉明帝以后到唐代中期，黄河竟然安流了800多年，而古往今来的人们，都将黄河安流的原因，归功于公元69年王景的整治河床、修固堤防、兴建水门一类河工，谭先生则从常识出发，认为这是不可能的事情，因为两千年来，难道水利工程技术是在退步吗？谭先生最后得出的结论是："王景治河，千年无患"的主要原因，不在王景，而在王景生逢其时地撞上了另一只更大、更强的"治水推手"，就是黄河中游土地利用方式的转变。具体来说，东汉以后，大批游牧民族入居泥沙来源最多的黄河中游的黄土高原地区，原来的农耕民族被迫内迁，黄河中游的生产方式，由农耕转为畜牧，许多土地退耕还牧，次生植被开始恢复，水土流失相对减轻，下游河道来沙减少，河床的淤积速度减缓，决溢次数就必然减少了。值得一提的是，到了不堪回首的"十年动乱"时，这篇"五星级"的高明大作，竟然成了谭其骧反对"以粮为纲"方针的一大罪状。然而，历史终究给出了正确的答案，若干年来，黄河中上游地区的退耕还草、封山育林，正成为我们国家实施的政策与措施，于是昔日的黄土高原，也渐渐披上了赏心悦目的绿色盛装。

又一篇文章，是我发表在《学海》2018年第5期的《围绕京杭大运河之"蓄清刷黄保漕"的反思》。我们知道，本讲所说的潘季驯治河，其实是明清两朝500多年的国家大政，治河的目的是为了保漕，就是保证京杭大运河的贯通，保漕的目的，是为了维持中央政府的物资需求。所以我们常说，明清时代的北京，是运河上漂去的首都，运河通了，紫禁城里的皇帝笑了，运河堵了，皇帝就要哭了。那么，这京杭大运河在过去的旧时代里，对于其他地区又意味着什么呢？我在这篇文章里，讨论了严重恶化了生态环境，极大浪费了社会财富，相当程度上延缓了江南的发展，往往牺牲了民众的利益等等负面的影响，并发出了这样的质问："所谓'人法地，地法天，天法道，道法自然'，本来是以敬畏自然、顺应自然为文化底色的中华传统农耕文化，何以走到了'人定胜天'、违逆自然的境地？"诸位朋友，思考思考这些问题，我们就能收获"读史明智""温故求真"的深刻，避免"人云亦云"的窠臼乃至谬误吧。

接着往下说，依据上面这两篇文章的认识，则潘季驯的"束水攻沙""蓄清刷黄"，仍然属于头痛医头、脚痛医脚的"治标"，这样的"治标"，虽然能够救急，却无法根治顽疾，虽有一时之利，也有长久之弊。比如潘季驯第三次总理河道后，1580年筑成长达80里的高家堰，至此，淮河来水被大量拦蓄起来，承担着刷黄的巨大使命，而洪泽湖也基本宣告形成。洪泽湖水位既高，淮扬地区相形低下，所以一旦高家堰溃决，淮扬地区将是汪洋恣肆，而百姓尽成鱼鳖矣。清康熙十九年（1680）泗州城的最后淹没，就是高家堰大规模修筑、洪泽湖迅速扩张的必然结果。所以，还是谭其骧先生的经典名文更加富有智慧，即黄河"善淤""善决""善徙"的三大河患，虽然表现在下游，病源却在中游的黄土高原，唯有黄土高原的变黄为绿，才是黄河河患"治本"的千年大计。

一行和尚："玩物"而不丧志

唐武德九年六月初四，即626年7月2日，建立还不到十年的唐朝发生了一大事变，皇帝李渊的次子秦王李世民带人埋伏在宫城玄武门，杀死了太子李建成和老四齐王李元吉，后来又逼李渊让位于他，这就是著名的玄武门之变。

李世民在发动政变之前，早有诛杀建成、元吉之意，但毕竟双方实力有一定差距，对于能否成功，他并没有十足的把握，因此一直犹豫不决。焦虑之下，他命人用龟甲占卜吉凶，正操作时，一位名叫张公谨的部下从外面闯进来，将龟甲扔在地上，并且大声斥道："凡是占卜，都是有疑问的时候，用来决定做不做。现在我们要做的事情，没有任何疑问，干吗要去占卜？即便占卜的结果不吉利，事情也不能停止！请秦王想想是不是这个道理。"

李世民转头一想，的确如此，箭在弦上，不得不发，也没啥可犹豫了，于是发动了政变。政变当日，这位张公谨与长孙无忌等九人埋伏在玄武门，当场诛杀建成、元吉，后来二人的党羽前来报仇，又是张公谨凭借勇力，独自关闭大门，挡住了对手。

张公谨在玄武门之变中立下了汗马功劳，成为李世民夺取皇位的关键人物之一，他也因此封公赐爵，并列入后来的"凌烟阁二十四功臣"之一。

讲到这里，各位可能会有疑问了，这个系列不是科技智慧吗？讲啥政治事件呢？其实这只是一个引子，我要讲的并不是张公谨，而是他的曾孙张遂。

提到张遂，诸位可能比较陌生，但说起他的另一个称呼，相信各位就有些印象了，他就是著名的一行和尚。

一行和尚也就是张遂出生于 683 年，逝世于 727 年，一般认为他是魏州昌乐（今河南濮阳南乐县）人。他的祖上虽然是从龙功臣，但到了他父亲这一代，家族已经衰败，他的父亲张擅只是一个小小的武功县令。张遂从小就非常聪明，博览群书，而且除了传统的经史功底外，他还精通历法、阴阳、五行之学。

在张遂还没有出名时，遇到了一位博学多识的道士尹崇，尹崇家里有很多典籍。张遂借来了扬雄的《太玄经》，不过几天后，他就还给了尹崇。尹崇奇怪地说："这本书相当深奥啊，我研读了好多年，尚且不能明白其中的玄妙，你刚借了几天就还我，难道已经看懂了？"张遂点了点头，随即拿出自己写的书给尹崇看，尹崇看罢大惊，一番谈经论道之后，更是佩服有加，张遂因此而暴得大名。

既然张遂如此博学多才，那他又为何在 21 岁年纪轻轻时就出家为僧了呢？原来，人怕出名猪怕壮，张遂有了名气之后，当时政坛红人、武照的侄子武三思仰慕他的学识，想和他结交，但张遂鄙视武三思的为人，也不愿结交权贵，于是逃匿山林，来到嵩山，拜高僧普寂为师，削发为僧，法号一行。唐睿宗即位后，想着召他出山，但他不愿做官，干脆步行来到荆州当阳山，拜悟真和尚为师，学习佛法。及至唐玄宗即位后，再次强行征召，压力之下，一行不得不前往长安。唐玄宗经常请教他"安国抚人之道"，即视他为编外顾问，一行则"言皆切直，无有所隐"，而且保持初心，不事权贵，颇受唐玄宗的赏识和官员们的尊敬。

一行和尚在天文、历法、数学、佛学等多方面均有精深造诣，用今天的话来说，他就是一位文理工各科兼通的学者。下面，我就分别谈谈他的这些成就。

在古代中国，天文、历法具有非常广泛而且极度重要的意义。所谓"仰以观于天文，俯以察于地理"，所谓"观乎天文，以察时变，观乎人文，以化成天下"，天、地、人之间本是对应、相通的关系。就以体现这些关系的古代中国的星占术为例，通过观察星变现象，诸如速度、颜色、运行轨迹的正常或异变，可以预言不同地区的吉凶祸福、不同王朝的治乱兴衰，比如"三垣二十八宿"中的"三垣"，紫微垣代表天帝宫殿，对应帝王的家事变化，太微垣代表政府官邸，对应国家的治乱兴衰，天市垣代表街市民居，对应社会的祥和灾异，所以天文、星占这类学问，关涉到国家政治，隐喻着民心向背。再以历法来说，中国古代的"阴阳历"，以月亮的圆缺纪月，以太阳的运行纪年，以此确定日期与季节，而这对农业民族来说，可谓性命攸关的大事。其实不仅古代，现在也差不多，在日常生活、农业生产、渔业生产、防汛抗洪、航海实践等多方面，农历仍然具有重要实用价值。说到这里，我还颇得意于我有幸参加了《农历的编算和颁行》国家标准的制定，这个国家标准从 2017 年 9 月 1 日开始施行，由于我的反复坚持，这个国家标准还增加了二月二龙头节、三月三上巳节作为中国传统节日，也就是说，我还客串了一回唐朝一行和尚的工作。

说回一行和尚，公元 721 年，唐玄宗委任一行和尚制定新历法，以期取代偏差已经越来越明显的、唐高宗时颁布的《麟德历》。经过七年努力，取义于《周易》"大衍之数"的新历法《大衍历》于 727 年完成初稿，两年之后，据此编成的历书开始颁行全国。《大衍历》不仅精准地确定了日期、节气，还明确了推算朔望、日食、月食、五大行星轨迹等天文星象的方法，堪称古代中国最优秀的历法，直到明朝末年以前，中国的历法基本都是按照这部《大衍历》略加修改而成的，所以曾有学者评论《大衍历》"或许是唐朝遗留在后世最长久的一项成果"。

制定历法自然离不开精密的天文观测数据，于是一行与同行们制作了黄道游仪和水运浑天仪。黄道游仪由观测太阳视运动位置的黄道环、观测月亮视运动位置的白道环、观测恒星位置的赤道环三环组成，三环都可以滑动，以此测定日、月以及五大恒星即所谓"七曜"的相互位置、运行轨迹；水运浑天仪以水力驱动，每昼夜运转一周，观测每个时刻的天空星象，一行还为这个仪器设计了两个木人，每一刻两个木人就自动击鼓，每一时辰两个木人就自动撞钟。而考虑到各地的季节变化、日食时刻、日影长度等等有异，一行组织领导了人类历史上第一次超大规模的天文大地测量工作，所确定的13处观测点，北到铁勒回纥部（今蒙古国乌兰巴托西南），南到林邑（今越南中部），各处同时观测天象、测定北极星的高度，并以同样高度的圭表，测定冬至、夏至、春分、秋分正午时分的日影长度，校正节气的时刻。正是以这些巨量的观测数据为基础，一行开始了他编修历法的工作。而在组织观测、编修历法的过程中，笔耕不辍的一行还总结出许多的理论与方法，比如他认为，在小范围内得出的数据和认识，绝不能随意扩大到更大的范围，甚至是推广到无限大的地方，这无疑是非常科学的认识，直到今天仍未过时。

史籍中又记载，当各种观测数据送到后，一行"用勾股法算之"，可见他在数学方面也是深有造诣。事实的确如此。比如一行首次提出了自变数不等间距的二次差内插法，并且参照印度人的正弦函数，编制了天文数表，提出了含有三次差的近似内插的公式，这在中国古代数学史上属于首创。再如他在分析天文数据时，建立了从0°到80°的每度影长与太阳天顶距的对应数表，这可以说是世界数学史上最早的一张正切函数表。

再从科技说到人文，一行和尚作为一名僧人，有没有因为醉心天文、历法、数学而"玩物丧志"呢？答案是否定的，他的"本职"工作做得也很杰出，比如他圆寂后，朝廷所赐谥号即为"大慧禅师"。这位大慧禅师一行，在中国佛教密宗史上，又堪称超级大师。

密宗为佛教宗派之一，因为自称受法身大日如来真实言教（密咒）的传授，而且须经灌顶等入教仪式和秘密传授方可传习，所以称密宗或密教。虽然密教思想早在三国时期就已传入中土，但其始成宗派，还要晚到唐玄宗开元年间，印度僧人善无畏、金刚智与狮子国（今斯里兰卡）僧人不空陆续来华，译出并弘传其根本经典《大日经》《金刚顶经》以后。从密宗的传承系统即善无畏—金刚智—不空——行来看，一行可谓中土密宗领袖，这位中土密宗领袖，既受善无畏传授，得密宗胎藏界之理，又拜金刚智为师，得密宗金刚界之智，复获兼得胎藏、金刚两界的不空灌顶，即一行将密宗两界的真传融为了一体。不仅如此，一行还在协助善无畏译经时，写成了《大日经疏》，这是中土密宗正式传授的开始。而事实上，如果我们把目光拉长，纵观整个的密宗历史，一行的地位就更加突出了，因为在唐武宗灭佛之后，密宗在中土汉地几乎没有了完整的传承，所以，一行和尚在汉地密宗史上，不仅前无古人，而且差不多后无来者。

唐玄宗开元十五年（727），一行圆寂，时年45岁。唐玄宗为之恸哭，亲制碑文，书之于石，并出库钱五十万，为一行和尚起塔，满朝文武也是一片悲伤。一行虽逝，但他的科技智慧、钻研精神、人文贡献，依然启迪着他身后乃至今天的人们。至于一行集科技大家与高僧大德于一身的这个特殊身份，是否又说明了科技与宗教之间，存在着某些共通性或相融性呢？这似乎也是个有趣的思考题吧。

在现在的学术界，乃至于社会上，好像普遍有种认知，即西方人注重科学，讲究实证，而我们中国人注重学问，讲究经验，甚至还比较迷信，喜欢神神鬼鬼的东西。这种认知，总体而言不错，但必须指出的是，反例总是可以找到的，中国历史上并不缺乏追求科学实证的学者。本讲要说的北宋沈括及其《梦溪笔谈》，就是非常杰出的科学家与非常伟大的科学著作，我多次提到的英国李约瑟博士就称《梦溪笔谈》是"中国科学史上的坐标"，沈括是"中国整部科学史中最卓越的人物"。

在喜马拉雅平台的"特别节目"《〈长安十二时辰〉里的坊市与伏火雷》中，我提到过沈括及其《梦溪笔谈》，所谓"伏火雷"，主要原料是黑火药和延州墨，而按照《梦溪笔谈》的记载，延州墨是"石油"燃烧产生的烟煤，一般认为，这是"石油"这个科学名称在中国，也在世界上的首次出现。可贵的是，沈括还描述了石油的开采情形、预言了石油的未来前途，具体的文字是这样的：

　　鄜、延境内有石油……生于水际，沙石与泉水相杂，惘惘而出。土人以雉尾挹之，乃采入缶中。颇似淳漆，燃之如麻，但烟甚浓，所沾帏幕皆黑……此物后必大行于世……盖石油至多，生于地中无穷，不若松木有时而竭。

这段古文译成白话，意思是：鄜州、延州一带有石油，它产于水边，和砂石、泉水混杂在一起，时断时续地流出来。当地居民用野鸡尾毛把它沾取上来，采集到瓦罐里。这种石油看似淳漆，燃烧起来像烧麻秆，只是冒出来的烟很浓，把帐篷都熏黑了。这种石油以后一定会得到广泛利用，因为它数量极多，地下蕴藏无穷无尽，不像松木会有用完的时候。

提升些说，虽然沈括所关注的石油，主要着眼于它燃烧产生的烟煤可以拿来制墨，而且这种油墨"黑光如漆，松墨不及"，但他有关石油"后必大行于世"的大胆预言，"松木有时而竭"的"环保"思想，还是具有重大科技意义的。而类似这样的记载，翻开17目30卷总计600余条的《梦溪笔谈》，又可谓惊喜连连，比如我们熟知的"四大发明"，"指南针"的使用方法和"活字印刷术"的发明过程，就是依靠这本书记载下来的。有关"指南针"的使用方法以及"常微偏东"即地磁偏角现象的存在，我在"人居智慧"第九讲"丹凤朝阳"中已经说过了，这里不再重复；关于"活字印刷术"，书中详细叙述了北宋庆历年间布衣毕昇首先使用泥活字印刷的情况，这比德国谷腾堡使用相同原理印制书籍要早近四百年，可谓中华科技的永世荣耀。然则这样的《梦溪笔谈》，就内容言，涉及了天文、历法、气象、地质、地理、物理、化学、生物、农业、水利、建筑、医药、历史、文学、艺术、人事、军事、法律等诸多领域，有人还曾经粗略统计，说在它的600多个条目中，属于人文科学者约占18%，属于社会科学者约占46%，属于自然科学技术者约占36%，真是北宋时代的一部"百科全书"，而《梦溪笔谈》以超过1/3的篇幅记述并阐发自然科技知识，在中国古代笔记类著述中，这极为少见。也是有感于此，我把本讲的题目起为"沈括：《梦溪笔谈》里的'梦幻'百科"，意为沈括及其《梦溪笔谈》，可谓中国古代科技史上"梦幻"一般的存在，我的学术之梦，也常得益于这部"梦幻"百科。举个例子，我有个兼职，中国唐代文学学会韩愈研究会常务副会长，所以我见过的韩愈韩文公的画像、塑像甚多，然而绝大多数的画像、塑像，却错成了我在本书中讲过的另外一位韩文公，即《韩熙载夜宴图》中的南唐韩熙载，其实这个错误，千年之前的沈括就已经指出了，他在《梦溪笔谈》卷四"辩正"中是这样说的：

> 世人画韩退之，小面而美髯，著纱帽。此乃江南韩熙载耳，尚有当时所画，题志甚明。熙载谥文靖，江南人谓之"韩文公"，因此遂谬以为退之。退之肥而寡髯。元丰中，以退之从享文宣王庙，郡县所画，皆是熙载。后世不复可辨，退之遂为熙载矣。

"韩退之"就是韩愈，韩愈字退之，因为"愈"有些过了，过了就要退之，如此就平衡、就"中"了，可见韩愈字退之是多么地符合传统的"中庸"原则。而《梦溪笔谈》中的这条笔记，又是多么地有趣！现在人不读书或者读书不仔细，竟然花费钱财，把韩愈塑成了韩熙载，是不是太没文化了？

闲话少扯，说回沈括和他的《梦溪笔谈》的科技智慧。沈括，1031 年生人，1095 年去世，杭州钱塘即今浙江杭州市人。他的为官经历很复杂，从地方到中央，从政治、军事、外交到经济、文化、科技；他的阅历很广泛，他的父亲沈周算是老年得子，有了沈括，由于沈周四处任官，沈括也就跟在身边，去过许多地方，沈括自己做官，也是从北方到南方，从中原到边疆。沈括晚年居住在润州（今江苏镇江市）梦溪园，完成了这部书，所以书名《梦溪笔谈》。《宋史》中说他"博学善文，于天文、方志、律历、音乐、医药、卜算，无所不通，皆有所论著"，的确是位"百科全书"式的人才；又说他"纪平日与宾客言者为笔谈，多载朝廷故实、耆旧出处，传于世"，就是这部《梦溪笔谈》了。

《梦溪笔谈》体现了怎样的科技价值与智慧呢？"纸短话长"，我这里只能结合我的主要专业"历史地理"即历史时期的地理变迁，简单举几个例子。

沈括奉使河北，沿着太行山北行，他见太行山"山崖之间，往往衔螺蚌壳及石子如鸟卵者，横亘石壁如带"，于是做出了"此乃昔之海滨"的判断，而"今东距海已近千里"的原因，在于"皆浊泥所湮耳"，那么"浊泥"从何而来呢？沈括竟然敏锐地联系到"今关、陕以西，水行地中，不减百余尺，其泥岁东流"的现象，指出这就是"大陆之土，此理必然"。简而言之，沈括根据螺蚌化石，阐述了沧海桑田的变迁过程，根据浊水东流，说明了黄土高原水土流失成就了华北大平原的原理。

沈括认识到地形高低与气候、生物的关系，比如他说："土气有早晚，天时有愆伏。如平地三月花者，深山中则四月花。"他还引用白居易《游大林寺》诗句"人间四月芳菲尽，山寺桃花始盛开"，说明"盖常理也，此地势高下之不同也"，即垂直高度对气温、植物生长的影响。现代科学已经揭示，海拔每上升 1 000 米，气温就会下降 6 度，沈括的研究结论已经接近现代科学知识。与此相类似，他还根据延州永宁关大河崩岸偶然发现的地下数百根石化的"竹笋"，判断出"旷古以前，地卑气湿"，这就涉及古生物学与历史气候学了，真是超级高明。

沈括对于测绘制作地图十分在行。比如《梦溪笔谈》中有这样的记载："予奉使按边，始为木图，写其山川道路。其初遍履山川，旋以面糊、木屑写其形势于木案上。未几寒冻，木屑不可为，又熔蜡为之。皆欲其轻，易赍故也。至官所，则以木刻上之。上召辅臣同观，乃诏边州皆为木图，藏于内府。"这是说他先试验用面糊、木屑堆造地图，但因天寒地冻，没有成功，又改用熔蜡制出了质量较轻、容易携带的立体地图，回朝以后，更以木头制成立体地图，宋神宗大为欣赏，于是诏令沿边各州皆造木图，并作为国防参考用图而秘藏。沈括又曾奉旨编修《天下州县图》，最后完成由一幅大图、一幅小图、十八幅分图组成的《守令图》，"守令"者，即太守、县令，这是用的古时雅称，北宋时其实称为知府、知州、知县。《守令图》的制图方法，继承并创新了裴秀的"制图六体"，按照胡道静先生的研究结论，所谓继承，表现在分率、准望、高下、方斜、迁直五体；所谓创新，表现在以相当于"等高线"的"互同"，替换了表示距离的"道里"，因为在沈括看来，"分率"已经涵盖了"道里"，而且沈括制作过立体的熔蜡图和木刻图，所以他在绘制平面地图的时候，就会考虑到用标记"等高线"的方法来显示地形地貌。另外，即便是继承意义上的"准望"即方位，沈括的《守令图》也把前人的"四至八到"，推进为"二十四至"即二十四个方位，于是方位的精确度得到了极大提高，后来的罗盘制作，也都广泛沿用了这样的定位方法。

以上我仅仅列举了地质、地理、地图三个方面的少数几个例子，诸位朋友应该已经感受到沈括细致的观察习惯、不懈的钻研精神与创新精神、出众的动手能力与归纳能力，这些都是他区别于中国古代传统或曰"常规"儒家士大夫的突出方面，也是因此，清朝《四库全书》总纂官纪昀评价沈括，"在北宋，学问最为博洽，于当代掌故及天文、算法、钟律，尤所究心"，不好意思的是，沈括"尤所究心"的天文、算法、钟律，我在本讲中还没来得及说。美国科技史家席文认为"在中国科学技术史上，沈括是最多才多艺的人物之一"，日本数学史家三上义夫推崇"沈括这样的人物，在全世界数学史上找不到，唯有中国出了这样一位"。1979 年，中国科学院南京紫金山天文台将一颗 1964 年发现的、编号为 2027 号的小行星命名为"沈括星"，以永久纪念这位中国古代伟大的科学家。

"中国大智慧"的"科技智慧"系列，我就讲到这里了，好像有些戛然而止的感觉。如果总结一下，我是以大师＋大匠的墨子开篇，以多才多艺的沈括收篇，这表达了我对中国古代科技成就令人瞩目、科技智慧丰富精彩的总体认识，这样的认识，又能加深我们对"心灵手巧"的中国人的"文化自信"，因为"心灵"指向科学，"手巧"指向技术，"心灵"才能"手巧"，这又说明了中国从来不乏科学；至于联系着人的扁鹊、华佗两篇，联系着文化的许慎、裴秀两篇，联系着地的贾思勰、李冰、潘季驯三篇，联系着天的一行和尚一篇，算是涵括了天、地、人以及文化各方面。当然，遗憾还是有的，因为值得讲的内容还有许多，打个不恰当的比方，就以2004年我在南京仙林新城区科技产业片区命名的道路名称来说，来源于李时珍的中医本草学巨著《本草纲目》的"本草路"，来源于王士性的人文地理学名著《广志绎》的"广志路"，来源于宋应星的工艺百科全书《天工开物》的"天工路"，来源于元朝郭守敬的"守敬路"，来源于明朝徐霞客的"弘祖路"，来源于清朝詹天佑的"天佑路"，这些道路名称所指示的中国古代名著与名家的科技智慧，同样丰富多彩、杰出超凡，但我无法再讲下去了，否则"伊于胡底"？

思想智慧

人类的思想来源于实践，又反过来指导着实践，韩愈说的"行成于思"，列宁说的"没有革命的理论就不会有革命的运动"，都是这个意思。我的"中国大智慧"前面所讲的九个系列，也都毫不例外，即都是思想指导下的实践。正是基于这样的考虑，我把"思想智慧"作为本书的收官系列。

人类的智慧来源于思想，思想可谓人类最重要、最精彩的智慧宝库。而说起中国古代思想史，我们最自豪、最追怀的，是那些辉煌灿烂的"百家争鸣"时代。所谓"百家争鸣"，"百家"强调的是思想的丰富、活跃、灿烂，"争鸣"强调的是思想的自由、平等、竞争，"百家"与"争鸣"又是相得益彰的，唯有"百家"才能"争鸣"，唯有"争鸣"才能"百家"；反之的状态，则是清人龚自珍感叹的"万马齐喑究可哀"，即政治噤声、社会沉闷、思想波澜不兴。

众所公认，中国古代有两个思想界的"百家争鸣"时代，分别是春秋战国和魏晋南北朝。在这两个大分裂的时代，动荡中的社会急剧变化，许多问题亟待解决，因而在各阶层、各领域中，纷纷涌现出不同的思想学派，比如克己修身、和而不同的儒家，物我两忘、逍遥自在的道家，兼爱互利、讲求实用的墨家，驭人有术、富国强兵的法家，言辞说辩、循名责实的名家，运筹帷幄、决胜千里的兵家，探究万物、推衍世界的阴阳家，崇尚自然、不拘名教的玄学，如此等等的各家各派之间，百花齐放、炫奇斗艳，百家争鸣、碰撞糅合，于是闪耀出无数智慧的火花，造就了思想家的群星璀璨与思想界的辉煌灿烂。此外，两汉之际传入中土的佛教，发展至唐代达到鼎盛，形成了中国化的佛教思想体系与佛教宗派，解放心灵、顿悟成佛的禅宗，就是其中的典型代表。而到了宋代，中国传统思想的发展进入成熟阶段，各家各派的思想智慧达到融会贯通的境界，诞生了格物致知、修心养性的理学，反映了中国尤其华夏汉族知识分子圆融通达的文化性格和进退裕如的人生态度。又无论如何发展、变迁，中华哲学思想总是基础于生活世界、日用伦常，即始终都在庸常的俗世中，总结着生活的经验，追寻着精神的超越，发现着人生的智慧。反过来，经过思想家们提炼出的智慧，又并非只停留在社会精英层面，这些智慧通过教育、民俗等各种民间传播方式，比如蒙学、家训、家礼，戏文、乡约、行规，如盐化水、若雨润物地渗透在百姓的日常行为之中，形成了中国人做人做事的基本准则，并且生生不息、传承丰富地到了今天，也会延续不断地到达未来。

在本系列中，思想浅薄的我——我的学术领域是历史、地理与文学，历史是求真的学问，地理是踏实的学问，文学是感悟的学问，这与流变的思想，颇有一些距离，所以对于思想史，我是相对缺乏研究的——将与朋友们一起浏览中国古代思想智慧的宝库。我的切身体会是，总有那么一些思想，会与我们的所思所想，发生共鸣共振，总有那么一些思想家，我们会与他们相近相亲，而共鸣共振、相近相亲的结果，就会丰富我们的人生日常，就会明白我们的言行举止。如此，就让我们共同走近中国古代思想大家的心灵世界，从先秦诸子、魏晋玄学、佛教禅宗和宋明理学中，体会古圣先贤的问题意识、思考方式与应对之方，感悟他们在个人修心养性、国家社会治理、自然生态保护等方面或高妙或平凡、或具体或抽象的智慧。

作为"思想智慧"的"引言",我想预先强调一点,这对于把握时代变迁与思想成就的关系还是很有必要的。

上面说到,分裂的春秋战国和魏晋南北朝,是中国思想史上两个百家争鸣的时代。其实向后延伸,同样实质上是分裂状态,但是一般归入中国近代史的晚清民初,也是思想异常活跃的时代,在中西思想冲突与融汇的大背景下,给予此后百余年来的中国以重大影响的各种思想,如各种资本主义、社会主义、无政府主义乃至法西斯主义,都在这个时代开始形成或传播,对于此后百余年来的中国起着重大作用的一批思想领袖,也都在这个时代养成并步入历史舞台。若是再向细部观察,钱穆先生曾经指出,一般认为,治世盛世所出人物应该较多较胜,衰世乱世所出人物应该较少较劣;因为所出人物既多又胜,才成为治世盛世,因为所出人物既少又劣,才成为衰世乱世。其实情况并非如此,中国历史人物,特别是就思想人物而言,衰乱之世多过治盛之世,而且强过治盛之世。比如孔子生于春秋末期的衰乱之世,孟子、荀子、庄子生于天下大乱的战国时代;唐代思想人物,天宝以前的治盛之世,比不了天宝以后的衰乱之世;又南宋末年国家将亡,却出了一位朱熹,王阳明出世时,明朝已经衰象呈露,大乱将起,而下及明清改朝换代之际,更有近人称为"明末三大儒"的顾炎武、黄宗羲、王夫之。相形之下,中国历史上的那些太平盛世,往往缺乏与之相称的思想巨人。比如西汉武帝以后,儒家独享尊崇,诸子却相对衰落了;盛唐诗歌瑰丽无双,思想领域却不出色。清朝康乾盛世,文化上有常为世人称道的《四库全书》,其实清廷编纂《四库全书》,是借"稽古右文"之名,行"寓禁于征"之实,诸多的经、史、子、集文献,即遭到了或全毁或抽毁、或删改或篡改的厄运,乃至鲁迅先生痛斥"清人纂修《四库全书》而古书亡",而现在严谨的学者作文写书,也是轻易不敢征引《四库全书》的,因为它失去了历史文献最应讲究的原真面貌。若再联系到那时的"文字狱",则康乾盛世又可谓钳制思想最为严酷的黑暗时代吧。

在过去的帝制时代，思想是活跃还是沉寂，甚至是死还是活，就这样与时代的治乱盛衰相联系，而且与常人所想象的情形正相矛盾。那为什么会如此呢？其实道理并不复杂，正所谓喜剧往往让人浅薄，悲剧总是让人深刻，治世盛世类似于喜剧，衰世乱世类似于悲剧，而在中国旧时的专制时代，那些统一王朝、治世盛世公认的或强加的权威思想、钦定学说、统治理论，压制着、迫害着甚至摧残着其他各家各派的思想、学说、理论，甚至不乏从肉体上消灭思想异端的事例，而没有了百家争鸣，哪来的思想活跃？没有了忧患意识，哪来的思想深度？而相对言之，在那衰世乱世里，人们会对治世盛世的权威思想、钦定学说、统治理论产生怀疑、发出质问，因为衰乱之世总是从治盛之世走过来的，那为什么会由盛转衰、由治转乱呢？人们又总是在怀疑与质问中，寻求着新的救世安民之道，迸发出新的思想智慧。再者，衰世乱世特别是分裂时代的统治者们，对于并不直接危及其统治的思想，或者无暇顾及，或者不予理会，这就给了新思想形成、竞争与传播的空间，或者为了网罗人才、显示开明、积累资本，也让各家各派的思想家们有了庇护之所、用武之地，于是有了春秋战国的诸子百家，有了魏晋南北朝的儒玄佛道文史阴阳，有了晚清民初思想界的异彩纷呈。

这样来理解时代变迁与思想成就的关系，我们就能亲近中国古代思想智慧的"源流脉态"，知其然也知其所以然，并通过与古圣先贤的对话，提升我们的思想境界，活得更加明白。比如从整体看，中国古代哲学思想包含了天、地、人、神、鬼、你、我、他之间的相互感通、彼此和谐、动态圆融的理念，表达了自然与人文和合、人与天地万物和合的追求，其宽容、平和、兼收并蓄、博大恢宏的智慧品格，可以与现代文明相配合、相协调，弥补"现代化"存在的缺憾乃至弊端，从而求得人生的健康滋润、促进社会的和谐进步、保护自然的生态平衡，从而大有利于人类，当然也包括我们自身的可持续发展。

儒家：『中庸』与『权变』

　　春秋战国是一个激情四射、思想狂欢的时代，在这生命自由伸展的时代里，诞生了传之不朽的诸子百家，诸子百家的思想智慧，伴随着华夏民族走过了两千多年的岁月，影响着一代又一代人的思想与命运。本讲讨论其中的儒家学派。儒家思想的精髓是积极入世，与道家的师法自然比较，儒家少了一份潇洒脱俗，多了一份使命承担，少了一份辩证无为，多了一份勤政爱民；与佛家的清净无欲比较，儒家少了一份来世报应，多了一份今生责任，少了一份普度众生，多了一份责己修身。

　　儒家是春秋末年孔子所创立、战国中期孟子所发展、战国末年荀子集大成的思想学派，儒家提倡仁、义、礼、信、忠、恕、孝、悌、中庸等道德理念，主张德治仁政，重视伦理教育，其最重要的元典是所谓的"六经"，即《诗》《书》《礼》《易》《乐》《春秋》。及至西汉董仲舒，吸收法家、道家、阴阳家等等的思想改造儒家，糅合成新的儒学体系，并成为此后历代正统的官方哲学。魏晋以降儒学式微，佛、道盛行，唐代韩愈倡导并致力于儒学复兴。到了北宋时代，程颢、程颐兄弟开创了"存天理、灭人欲"的新儒学亦即理学，理学在南宋又为大儒朱熹所发展，使得新儒学具备了更趋精致与更加完备的理论体系。民国以来，随着新文化运动导致西化思潮的扩大，一批学者力图恢复儒家思想的主导地位，期望重建儒家的价值系统，并以此为基础来会通西学，谋求中国文化和中国社会的现代化，他们被称为现代新儒家。

儒家之所以能成为延绵不断、至今仍有相当旺盛生命力的思想流派，是因为其基础的孔孟学说中，富含着为人处世、治国理政的永恒智慧。孔孟之道贴近人们的日常生活，可以说是"伦常日用之正理"，它崇尚"人"而否定诡异虚妄的"怪力乱神"，寻求社会、人生之道之理，它提倡"不偏之谓中，不易之谓庸，中者天下之正道，庸者天下之定理"，即推崇中庸之道为最高的道德标准，这也彰显了儒家的处世理政原则。所谓"中"，就是正，正确、合适，不偏激、不极端；所谓"庸"，就是常，实用、常道，保持一颗平常心。"中庸"反映了一种合情合理的精神，"使无事不达于和谐的境界"，称得上是一种极高明的做人艺术与极普适的做事方法。这里不妨以儒家的老祖宗孔子为例，展开说明。

孔子要求将"中庸"原则贯彻于做人做事的方方面面，比如他常说的"乐而不淫""哀而不伤""威而不猛""和而不同""泰而不骄""惠而不费""劳而不怨""欲而不贪""周而不比""群而不党"，孔子在自己的个性修养上，就是因为恰当把握了这样的分寸，而成为后世推尊的圣人、文宣王、大成至圣先师。《淮南子·人间训》中记载了孔子对颜回、子贡、子路三位弟子的评语，他认为颜回是"仁人"，子贡是"辩人"，子路是"勇人"，就这些弟子单方面的长处来说，都是"丘弗如也"，就是他都比不了。但是综而论之，弟子们又都比不上他的"仁且忍，辩且讷，勇且怯"，也就是说，尽管三位弟子各有过人之处，但由于不善于执中，不能掌握恰当的分寸，都未能尽善尽美；孔子则兼有众人之长而无众人之短，能把握火候而恰到好处，因此具有了众人不能比拟的综合优势。孔子答人所问的这番议论，传递出的就是这样一种行为适中、无过无不及的智慧。又《吕氏春秋·察微》中记载的"子贡赎人"和"子路拯溺"两个故事——具体的故事情节，我在"商业智慧"的"子贡"篇中说过了，这里不重复——更是生动展现了孔子为人处世的中庸智慧，因为在孔子看来，"子贡赎人"而不领取国家的补助金，会让鲁国的赎人法变成一纸空文，导致多数鲁国人索性不管闲事，这样的做法欠妥，是"过"的表现；而"子路拯溺"然后接受溺水者的馈赠，这是有付出就有回报，也会激励人们多行善举，可谓值得肯定的"中"的行为。

在孔子那里，"中庸"不是搞啥折中，也不是机械地死守原则，而是原则性与灵活性的协调统一。伯夷、叔齐饿死于首阳山，不改其志，不污其身，保持了清名；柳下惠、少连降志辱身，出仕污浊的朝廷，却能言语合乎伦理，行为合乎理智；虞仲、夷逸隐居避世，不谈政事，洁身自爱，逃离现实。这几位都可以算得上名士了，但是孔子认为，他们都有偏执一端的毛病，至于他自己的选择，所谓"我则异于是，无可无不可"，就是不去死守任一原则，既不做伯夷、叔齐那般愚忠守节的"傻子"，也不做柳下惠、少连一类委曲求全的循吏，更不做虞仲、夷逸这样不负责任的逸民。那么，奉行中庸的孔子要走怎样的道路呢？他从不走极端，出处进退全视时机而定，既以教书为业，又曾当过大夫，有时求仕不遇，有时受聘不赴，正所谓客观情况千变万化，主体行为也要因时制宜，相机而行，顺势而动，变通圆融，所以无一定不变的"可"，也无一定不变的"不可"，这就是孟子所说的"可以仕则仕，可以止则止，可以久则久，可以速则速，孔子也"。由此，孟子不仅"乃所愿，则学孔子也"，就是希望向孔子学习，而且推崇孔子为"圣之时者"，意为圣人中最能把握时机的人，我想，这也是对中庸之道原则性与灵活性相结合的最佳说明吧。

灵活而讲原则的中庸之道，若与其他的诸子学派比较，的确集中而且鲜明地揭示了儒家特有的智慧。《孟子·尽心上》记载了孟子的一段话，他说："杨子一心为己，哪怕拔根汗毛而对天下有利的事，他也不肯干；墨子主张兼爱，哪怕摩光头顶、走破脚后跟，只要是对天下有利的事，他都愿意做；而子莫虽能'执中'，但是缺乏权变，这与杨子、墨子执着于一点，其实没有本质区别，同样是不可取的。"我们知道，道家的杨朱是极端的利己主义者，"一毛不拔"的典故讲的就是他；墨家的墨翟是极端的利他主义者，对所有人都抱持着平等的爱。而在孟子看来，这两种思想与实践都过于片面，至于鲁国贤人子莫，虽不同于杨朱、墨翟而居于两者之间，主张爱有等差，但只是这样的"执中"还是不行，因为若是不管情况的变化，死守着既定的原则不放，就无法适应新的环境、新的情况，"执中"原则就会失去效应，不能取得良好的结果，这就等于变成了"执一"。简而言之，真正的中庸，不仅需要"执中"，而且要能"权变"，要让"中"不固定在某一个点上，要让"中"像秤杆上的"权"那样随时移动，始终放置在能使秤杆达到平衡的那个点上。

由"执中"说到"守礼"，我们知道，儒家是最讲守礼的，孔子的一生，就在追求着"礼崩乐坏"的春秋时代回到"制礼作乐"的周公时代，他本人也反复唠叨着"克己复礼"。然而若是只知株守而不知权变，那也势必圆凿方枘，即圆的卯眼、方的榫头，彼此不能容纳，事实难以施行。那么"守礼"如何"权变"呢？举个例子。齐国著名的辩论家淳于髡曾问孟子："男女授受不亲，是你们倡导的礼吧？那我请问，若是你家嫂子失足掉进水里，你会用手去拉她吗？"孟子毫不迟疑地回答："要是嫂子掉进水里都不去救她，那就简直与豺狼无异。男女授受不亲固然是礼之大防，可是伸手救嫂，也是不得不变通的办法！"我们看，淳于髡抛给孟子一个两难的问题：若是援手救嫂，则有悖于"礼"；若是坐视嫂溺，又是为人不"仁"。但在孟子这里，这是不成问题的，因为礼制可以变通，当礼制与仁义相违背时，应该冲破礼制的束缚，这实际上表明了仁义精神高于礼仪规定的儒家原则。灵活机动，具体问题具体分析，守礼的同时也要权变，这可谓儒家中庸思想活的灵魂。

"中庸""守礼""权变"，如此等等，展现着生动活泼的儒家精神，指向着广泛适用的和谐境界，凝聚着超越时空的儒家智慧。这些精神、境界、智慧，永不褪色，富有启迪。比如往大处说，林语堂先生在他的名著《吾国与吾民》中说："中庸之道在中国人心中居极重要之位置，盖他们自名其国号曰'中国'，有以见之。'中国'两字所包含之意义，不止于地文上的印象，也显示出一种生活的规范。"作为中国人，我们焉能不知"中国"，不解"中庸"，为人处世不"中"？往小处说，关乎我们每个人身心健康的"中医"，核心理念就是中和，即中庸与和谐，比如《礼记·中庸》中说："中也者，天下之大本也，和也者，天下之达道也。致中和，天地位焉，万物育焉。"《淮南子·汜论训》中说："天地之气，莫大于和，和者，阴阳调。"中和就是平衡、和谐，无太过、无不及，损有余、补不足，这与传统儒家的智慧若合符节。所以，儒家智慧是带有烟火味的、接地气的、非常实用的智慧，它告诉我们如何与自己相处、如何与他人相处、如何与社会相处、如何与自然相处。

道家：师法自然，无为无不为

与儒家提倡并践行的积极入世相反，也有那么一群人，他们追求的人生，最高的境界是"以自然为宗"，最后的归宿是心游物外、不为世俗所累。他们的超然、洒脱，又一直为世人追怀和向往，这群人便是道家学派。在心为形役、物欲横流、世道冷漠的时候，尤其需要素朴、本真、恬淡的道家思想甘泉来滋润心田，汲取他们师法自然、无为而又无不为的人生大智慧。

道家思想的诞生，以春秋末年周王室守藏史即管理藏书的史官老子李耳所著五千字的《道德经》的问世为标志，及至战国中期，宋国漆园吏庄子庄周继承和发展了老子的思想，于是老、庄并称道家之祖。道家以"道"为核心，认为"大道无为"，主张"道法自然"，提出"道生法""知雌守雄""刚柔并济"等治国理念。西汉建立之初，在反思秦朝二世而亡、法家统治弊端、长期战乱破坏、人民亟待休养生息的多重背景下，汉廷选择了道家作为治国思想，施行"无为而治"的政治路线，从而造就了帝制中国第一个治世"文景之治"。及至西汉武帝以后"独尊儒术"的漫长时代，道家思想依然屡次成为大乱之后治国理政的急救包，在唐朝、宋朝以及明朝成祖永乐时代，道家与道教更是近乎国家信仰；同时，道家思想也往往是文人士大夫失意或致仕即退休之后的精神寄托，比如最为显而易见的江南园林名称，像沧浪亭、网师园、拙政园、退思园等等，都表达着文人士大夫生活情调中的道家元素。换言之，道家思想始终在中国社会的方方面面，发挥着不可替代的作用。

钱穆先生曾经分析儒家的"仁义礼智"，说"仁"来源于孔子，"义"来源于墨子，"礼"来源于周公，"智"来源于老子，"仁义礼智"实为孔、墨、周公、老子之融合，可见老子确有大智慧。司马迁的《史记·老子列传》中还记载，老子是孔子的前辈，孔子曾经向老子问学请教，然后向弟子们发出了这样的感慨："鸟，吾知其能飞；鱼，吾知其能游；兽，吾知其能走。走者可用网缚之，游者可用钩钓之，飞者可用箭取之。至于龙，吾不能知，其乘风云而上天。吾今日见老子，那就是一条龙啊！"2019年盛夏时节，我也曾到与老子故里有关的、祭祀老子的河南省鹿邑县太清宫拜谒，虽然这个基本属于新建的景区让人颇为失望，但老子的智慧还是让我有种更加明白自然与人生的深切感悟。

老子的智慧，是表面无为而实际大有为的智慧，这样的智慧，因为蕴含着极其丰富的辩证法思维，而大受世人推崇，也因而产生了一些看似充满矛盾的有趣现象，比如老子主张抛弃心机智巧，但谋略家却尊他为宗师；老子主张清静无为，但一些帝王却将他的学说当作治国方针；老子反对建功立业，但兵家却奉他的言论为圭臬……

老子提出了一系列互相矛盾的概念：有与无，难与易，长与短，高与下，前与后，福与祸，轻与重，动与静，强与弱，刚与柔，进与退，生与死，美与丑，善与恶……在老子看来，这些对立的概念都是相反相成的，有难才有易，有长才有短；同时它们也是相互包含、渗透与转化的，一切对反的事物之间，都是你中有我，我中有你，祸患中蕴藏着幸福的种子，幸福中也未尝不有潜伏着祸患的可能。也就是说，当事物发展到一定限度时，必定要向着它的相反方面转化，做任何事情，不仅要顺着看，还要反着看，成功固然好，可以培养信心，失败也未必全盘皆输，可以激发动力，遇到困难、挫折，坚持下去就会柳暗花明。诸如此类，都是老子否定性思维辩证法的智慧灵光。

在老子的辩证法思想中，"有"与"无"是一对非常关键的概念。所谓"大美无言""大音希声""大象无形""大道至简"，有形和无形相互对立与依存，有形的变化来自无形的积累。老子的睿智之处，就在于他能够看到一般人看不到的无形的力量。在现实生活中，人们往往自觉不自觉地追求表面有形的物质，走捷径，玩小聪明，这容易助长浮躁功利之风。因此，老子提出"无为而治"，并不是无所作为，而是通过无为达到无所不为。"无为"就是"法自然"，不妄为；"无为而治"就是摒弃人为主观欲望的恣意妄为，以出世的心态做入世的事业，遵循自然万物的规律，不折腾，不扰民。

"治大国，若烹小鲜。"当今世界依然有很多国家领导人用老子这句话来警醒自己，因为这是治国平天下的大智慧。什么叫"烹"？文火是烹，大火就是炒了。小鱼要用文火慢慢地小心地煎，火候过了，就会把鱼煎煳；煎的时候不能来回翻动，翻多了，小鱼容易破碎。同样，治理一个大国，不可以朝令夕改，诸事烦苛，否则人民将不堪其扰，也会把国家弄乱。又不单是治国如此，个人处理大事也要举重若轻，有胸有成竹的把握与分寸，有洞察事物的沉着与冷静，这是一种大道和胸怀，是一种超然的智慧和高妙的境界。若是急功近利，胸无章法，头脑发热，以这样的姿态去治国理政，那将会是怎样的一番瞎折腾啊？

如果说老子更多是讲治国平天下的大道理，那庄子更多关注的就是小人生的选择与态度，或者说，老子更政治，庄子更文学，但又同样充满了师法自然的辩证法思维。比如《庄子》一书中所记载的庄子与惠施之间的几场论辩，就集中展现了庄子的人生智慧。

有一天，惠施对庄子说："魏王给了我一些大葫芦的种子，结果我种出的葫芦足足有五石（六百斤）的容量，用来盛水太重，根本举不起来，剖开来当瓢也太大，没有地方安放。我看这葫芦又空又大，毫无用处，便把它打碎扔掉了。"庄子哈哈一笑地说道："您也太不善于利用物件了。比如有位宋国人，有用秘方制成的润肤药，这种药用了以后，手就不会龟裂，于是他家世世代代从事洗衣业。有位外地人听说了此事，出价百金购买这个药的秘方，这位宋国人心想，洗衣业年收入不过数金，现在一下子可以得到百金，这是多么划得来的生意啊，于是爽快成交。而这位外地人获得秘方后，献给了吴王，吴王让他带兵为将，冬天与越国水战，结果大获全胜，而获胜的原因之一，就是用了这种润肤药，避免了吴军因为水战而手足龟裂，此人也被裂土封侯。这个秘方在宋国人那里，顶多用来护手洗衣，到了别人那里，就换来了裂土封侯，所以关键看您怎么使用。话说回来，先生您这葫芦既然大到能容纳五石，若是剖开来做条船，您乘坐着漂浮在江湖之上，岂不快哉？您却发愁它大得没有容身之地，这也未免太死心眼了吧？"

惠施是名家思想的鼻祖，我以后会专门讲他。他与庄子是好朋友，极富政治谋略，雄辩口才也属一流，但在道家眼里，惠施只是一位精于"术"而昧于"道"的政客。正因为惠施不谙大道，所以逮有机会就诘难庄子，想方设法地讥讽庄子大而玄的高论。比如上面所讲的围绕大葫芦的辩论，其实所谓"有用"与"无用"本来就是相对的，润肤药在不同人那里，可以发挥不同作用，大葫芦也是一样。惠施固执地以为水只能装在葫芦里面，其实水也可以在葫芦外面起作用。而庄子则"因物尽用"，根据物体自身的固有属性，经过一番变通，便显现出大葫芦所特有的妙用。看透世界的庄子这是在告诉人们，万物皆有其用，只要顺应自然规律，不固执己见，看似无用的东西也能发挥出大用。

接着大葫芦的辩论往下说，惠施并未甘心认输，他继续找话题说："我有一棵大樗树，它的主干长满了疙疙瘩瘩的瘤子，小枝杈又弯弯曲曲地不成形，这棵树立在大路上，没有哪个木匠能看上它，这就像先生的言论一样，都是大而无用的，那又有谁会相信您的学问呢？"庄子一脸轻松地反驳道："您难道没见过野猫和黄鼠狼吗？它们趴在地上，东蹿西跳，上上下下，捕食小动物，但是最后还是往往中了猎人的机关，死于罗网。至于牦牛，尽管大得像垂天之云，可是它连老鼠也捉不到。如今您有这么一棵大树，却担心它没啥用处，那为何不把它栽到无人的乡间、广漠的原野呢？如此这般，您就可以天天在树边清闲地散步，在树下逍遥地睡觉。况且它既然没有别的用途，也就不会遭到砍伐与伤害，这对树来说就是少了烦恼，又有什么不好呢？"

在这里，惠施依然借着大樗树的"大而无用"，批判爱讲大道理的庄子，然而驰骋于名利场上的惠施，终究还是太狭隘了，因为他缺乏一颗享受生命自然状态的心。而善于观察自然、体悟万物的庄子，则巧妙地以体型大小悬殊的两类动物设喻，说明小有小的可怜，大有大的难处。推而广之，一方面，主干疙疙瘩瘩、枝杈弯弯曲曲的大樗树，作为木材的"无用"，却保全了它的生命，这便是"无用之用"；另一方面，对于隐士来说，那体型巨大的大樗树又可以派生出休闲逍遥的用场，这便是道家心游于物外的超然智慧。

值得提醒的是，师法自然的道家智慧，并不是说人在自然面前是无能为力、不能有所作为，即否定人的主观能动性、泯灭人的个体精神的；恰恰相反，老庄关怀着人生的终极价值，追求的是人性最大程度的精神解放。所谓"至人无己，神人无功，圣人无名"，即"至人"与万物化合为一、"神人"无意求功世间、"圣人"无心汲汲于声名，而这道家理想中拥有最高智慧的"至人""神人""圣人"，一言以蔽之，都是挣脱了世俗名利、回归到自我本性的自然人吧！以我这个年龄来说，介乎"知天命"与"耳顺"之间，对于"自然人"的状态，那是特别地"高山仰止，景行行止，虽不能至，然心向往之"，诸位朋友，你们的感觉又是怎样的呢？

墨家：兼爱与非攻的呐喊与实践

春秋战国时代，大约在孔子逝世的前后，又一位思想大家诞生了，他就是宋国人墨翟，人们习称墨子。孔子、孟子、老子、庄子，"子"者，古代对有道德、有学问者的尊称，墨子自然也不例外。然而令人深思的是，与孔孟老庄名声鼎盛、历久绵延不同，墨子的学派、思想、智慧，似乎西汉以后，就被人们逐渐淡忘了，直到清末民初，学者们才从故纸堆里重新"发现"了墨子、墨家。其实，就墨子当时及稍后的情况说，墨子可谓与孔子齐名，墨子创立的墨家学派，也被看作是与孔子创立的儒家学派并驾齐驱的知名学派，比如战国末年的韩非子就说："世之显学，儒、墨也。儒之所至，孔丘也。墨之所至，墨翟也……孔、墨之后，儒分为八，墨离为三。"孔子是贵族出生，具有艺术家的气质，喜弦歌，擅礼乐，他的智慧充满了感性的色彩；墨子是平民学者，拥有科技家的修养，精通物理，工于制造，他的智慧体现了理性的思维。孔子开创了私家教育，号称"弟子三千，贤者七十二"，他带着弟子们周游列国、"贩卖"自己的主张；墨子亲信弟子也多达数百人，而且组织了纪律严明的社会团体，其首领称"巨子"，其成员称"墨者"，他们大多是有知识的劳动者，把维护公理、遵从道义看作是义不容辞的责任，功成不受赏，施恩不图报，若是到各国为官，必须推行墨家主张，所得俸禄也须奉献团体，所以有人戏称，墨者行会是"中国最早的民间武装团体"，这也是墨家与当时其他学派的不同之处，即墨家是个有领袖、有宗旨、有组织、有义务的团体。

关于墨子的科技家修养、精通物理、工于制造，我在"科技智慧"的第一讲中已经说过了；本讲则聚焦于作为思想家的墨子，讨论墨子的思想主张及其实践体现。有关这方面的情形，不妨先通过两个具体事例来切身感受一番。

《韩非子·外储说左上》记载了一则故事：墨子花了三年时间，制作了一只会飞的木鹰，尽管木鹰飞了一天就坏了，但这毕竟是前无古人的新鲜事，所以赢得了弟子们的由衷赞叹，说先生手艺真巧，竟然能让木鹰高飞起来。然而墨子却有不同的看法，认为放飞木鹰这样的技巧，只能聊供观赏消遣之用，不如造车技术更有实用价值，他对弟子们说："我比不上造车人的心灵手巧啊。他们用根木头，花不了一个早上的工夫，就能做出车輗，使大车牵引三十石的重量，长途运输，而且坚固耐用。而我为了造这木鹰，费了三年工夫，才飞了一天就坏了。"又据《墨子·鲁问》记载，公输般也就是著名工匠鲁班用竹子和木头制成了会飞的喜鹊，能够连飞三天而不掉落，故而自鸣得意。墨子却对公输般说："您做的这玩意，远远不如工匠造的车辖，因为工匠花很少的时间，取来三寸之木，就能使车子承担五十石的重量。所以从发挥的功效来看，对人们有利者才是真正的巧，对人们无利者只能叫作拙。"以今天的眼光看来，虽然墨子所言不免带有功利主义倾向，但在他那个时代，民众迫切需要解决的是满足衣食住行的基本物质生活，墨子的巧手慧心，不是用来服务上层贵族阶级娱乐的，他更加注重的是广泛的社会应用价值。

在"科技智慧"中，我说到墨子通过"沙盘演练"，完爆公输般，折服楚惠王，从而"止楚攻宋"的故事，其实在"沙盘演练"前，这个故事还有个"唇枪舌剑"的精彩环节，《墨子·公输》是这样记载的：当墨子"行十日十夜而至于郢"，见到公输般时，公输般问他："您这样匆匆忙忙地赶来，意欲何为？"墨子回答："北方有人侮辱了我，我想借先生之手，帮我杀了他。"公输般听罢，面露不悦之色，墨子又道："我可以出十金的谢仪。"公输般沉下脸说："我讲仁义，从不杀人。"墨子非常感动地站起身来，向他施了一礼，接着说道："我听说您造出了云梯，要去攻打宋国。宋国何罪之有呢？楚国土地有余，而人口不足，现在要牺牲不足的人口，去争夺多余的土地，不能算是智慧；宋国没有罪，而去攻打它，不能算是仁义；先生知晓此理，却不到楚王面前劝阻，不能算是忠诚；即使去劝阻了，若不能说服楚王，不能算是强大；你讲仁义，不杀少数人，却要杀多数人，不能算是明白事理。"墨子的这席话，质问得公输般理屈词穷，然而公输般却耍无赖道："我已经与楚王说过了，所以无可挽回。"墨子于是说："那您领我去见楚王吧。"公输般只得答应。墨子见到楚惠王，先是打比方道："现在有个人，不要自己的豪华彩车，却想偷邻居的破车；不要自己的锦绣衣裳，却想偷邻居的破衣烂衫；不要自己的精米细食，却想偷邻居的糟糠饭菜。这究竟是个怎样的人呢？"楚王随口答道："这个人一定是有偷窃病。"墨子接着又说："楚国方圆五千里，宋国方圆才五百里，这就好比豪车与破车；楚国有云梦，犀牛、麋鹿遍地，长江、汉水又盛产鱼鳖鼋鼍，真是天下富饶之地，宋国却连鸡、兔、狐狸也几乎没有，这就好比精米细食与糟糠饭菜；楚国有长松、文梓、楠木、豫章这样的名贵树木，宋国却连像样的树木都没有，这就好比锦绣衣裳与破衣烂衫。由此看来，楚国想着攻打宋国，就跟那个有偷窃病的人一样吧！这样大王一定会丧失道义，并且注定要失败。"话到这里，楚王也耍无赖道："虽然先生说得不错，不过公输般已经为我造好了云梯，我一定能把宋国攻下来。"而为了破灭楚惠王的这番自信，于是有了墨子大胜公输般的那场"沙盘演练"，于是一场势在必行的楚、宋两国大战，因为墨子而消弭于无形。

"止楚攻宋"这个故事中，那些精彩的对话、激烈的演习，可谓充满着高超的墨家智慧，颇见墨子的异样风采与综合素质。墨子不仅像其他学派诸子一样，有着绝好的口才和出色的辩论技巧，而且还有其他学派诸子相对缺乏的军事科技知识，他会制造军事器械，也很懂得攻守技术，他从器械与技术上压倒了公输般的进攻优势。同时，墨子还懂得军事实力是政治外交的后盾，所以他预先布置了墨家弟子做足了迎战准备工作，即以武备作为外交的靠山、停战的基础。其实纵观墨子的一生，"止楚攻宋"又绝非个例，他既"非攻"，即反对攻伐掠夺的不义之战，又"救守"，即支持防守诛讨的正义之战；他与墨家弟子们仅以"听吾言，用我道"为条件，以"兼爱"为准绳，以正义的呐喊与勤勉的实践，四处遏止战争暴行，倾心竭力地追求着和平，因为在墨家看来，那些不义之战，贻误农时，破坏生产，抢劫财富，残害无辜，这与墨家"兼相爱，交相利"的宗旨，南辕北辙、大相径庭。

　　那么综而观之，这"兼爱""非攻"的墨家都有哪些主张呢？《墨子·鲁问》记载，当墨子要外出游历时，弟子魏越问他："您见到四方的君子，都会说些什么呢？"墨子回答："凡到一个国家，一定要选择最紧要的事情去做。国家昏乱，就教他尚贤、尚同；国家贫穷，就教他节用、节葬；国家喜乐好酒，就教他非乐、非命；国家淫乱无礼，就教他尊天、事鬼；国家侵略成性，就教他兼爱、非攻。"这段文字中提到的十大主张，即"尚贤""尚同""节用""节葬""非乐""非命""尊天""事鬼""兼爱""非攻"，可谓墨子思想体系最完整的表述，而又各有不同的适用对象，其具体含义不难理解，比如"尚贤"就是尊重有才有德的人，选举贤者为君为官，"节用"意为推崇清廉俭朴、反对铺张浪费，"非乐"就是讨厌无关国计民生的音乐，"尊天"意为尊重奖善罚恶的天意，"兼爱"就是倡导人与人之间的平等相爱，"非攻"意为反对战争、崇尚和平。而与这样的主张相配合，墨家极为强调实践，就以"非攻"来说，在那战火横飞的乱世，墨子行色匆匆、栉风沐雨地奔走四方，以他坚不可摧的防御技术与逻辑严密的雄辩才能，成功阻止了一次又一次的战争，这实在是匪夷所思，如果换在今天，墨子可以当仁不让地获得诺贝尔和平奖了。

刚才提到了墨子雄辩的逻辑严密，这在"止楚攻宋"中就颇有体现。墨子是中国古代逻辑思想体系的重要开拓者之一，他的"辩"以知类（事物之类）、明故（根据、理由）为论证基础，以假言、直言、选言、演绎、归纳为推理方法，以"名"（概念）、"辞"（判断）、"说"（推理）为表达形式，具备有条不紊、系统分明的逻辑体系，墨辩也因此与因明学、古希腊逻辑学一起，并称为世界三大逻辑学。

在认识论方面，墨子的哲学智慧也是贡献突出。墨子认为，人的知识来源可以分为"闻知""说知""亲知"三个方面，"闻知"又分为传闻、亲闻二种，"说知"包含推论、考察等义，"亲知"则是自身亲历所得到的知识，其过程又分"虑""接""明"三个步骤，"虑"即生心动念、有所求索之始，"接"即让眼、耳、鼻、舌、身等感觉器官接触外物，然后再经过综合、整理、分析和推论，方能达到"明"的境界。墨子又指出，要以"事"（即间接经验）、"实"（即直接经验）、"利"（即社会效果）三者为准绳，排除主观成见，检验认识真伪。要之，墨子的认识论，已经具有了朴素的"实践是检验真理的唯一标准"的意思，这在先秦诸子的认识论领域中，可谓是独树一帜的。

结合"科技智慧"中所讲的墨子，我想可以对墨子做出一个比较全面的定位了：墨子是位思想巨子，因为他创立了墨家学派，彰显了百家争鸣的辉煌；墨子是位大爱无疆的圣贤，因为他为天下苍生、为社会弱者呐喊，为非攻、救守奔走；墨子又是位"苦行僧"，为了实现他乌托邦式的救世梦想，"日夜不休，以自苦为极"；墨子也是位科技大家，胡适先生就认为在科技方面，先秦诸子无人能出其右，并称赞《墨子》一书是先秦诸子中真正有科学价值的唯一著作。

法家：法术势的结合

在先秦诸子中，有家学派不太招人喜欢，甚至令人讨厌，因为他们用坦率得近乎恶毒的观点，对人性进行了赤裸裸的描述，就像一把利刃，毫不留情地劈开了政治的黑暗，这家学派就是法家。在法家那里，你看不到温情脉脉，也看不到任性空想，只有权术、刑罚和暴力。与仁爱的儒家、超然的道家、兼爱的墨家相比，法家告诉我们的，似乎才是一个真实的春秋战国时代，一段真实的政治斗争历史。

春秋时期齐国的管仲、晋国的郭偃、郑国的子产等政治家先后颁布法令与刑书，改革田赋制度，加强国君权力，成为法家学派的思想先驱。及至战国时期，法家形成三派：一派重"法"，以商鞅为代表，他主张以严刑厚赏来推行法令，凡是奉法遵令的人无或缺赏，凡是犯法违令的人无所逃罚；一派重"术"，以申不害为代表，他崇尚人主操纵臣下的计谋，声色不露而辨别忠奸，赏罚莫测而切中事实；一派重"势"，以慎到为代表，他希望把政府的威权尽量扩大而且集中在人主手里，以便压服臣下。战国末年的韩非兼采三家之长，成为法家学派的集大成者。

韩非出身于韩国贵族家庭，见惯了权力倾轧和尔虞我诈，自幼喜好"刑名法术之学"，一心盼着弱小的韩国能够实现富国强兵的梦想。然而韩非在政治上屡屡碰壁，愤懑之中他拿起如椽巨笔，写成了《韩非子》一书。这本书设计了一整套完备的政治理论，描绘了一幅救国家于危难之中、振衰起弊、安定富强的治国蓝图。它是后世帝王手中的法宝，但从来只能隐藏在幕后，而不能风光地端坐在台前，人们甚至不愿意提起它，更不会说欣赏它，但却有无数人精通它，仔细揣摩它。何以如此呢？因为《韩非子》书里有大量的阴谋诡计、帝王权术，而在"正人君子""卫道士"们看来，乃至在社会大众的"常规"认知中，这是中国传统文化中的阴暗面、负能量。其实，如果我们站在通达的立场，抛开主观的感觉，则《韩非子》书中的确包含了高超的政治艺术、实用的管理技术，而且一些合理的内涵，在现代社会中，仍然具有值得品鉴的智慧。

在汲取道家思想的韩非的心目中，"虚静无为"同样是最高的治世境界，但达到这一境界的途径，却与道家大相径庭。韩非提出了君主"执要"的方式与"法""术""势"结合的手段。所谓"执要"，就是"事在四方，要在中央。圣人执要，四方来效"，意为圣君只要能够抓住关键，四方之人都会效命于他，为他服务，而这个关键，就是作为赏罚根本的"法"、考察驾驭臣下的"术"、拥有令行禁止的"势"。

先说作为赏罚根本的"法"。要有效地发挥赏罚二柄的作用，执法时就必须做到"信赏""必罚"，《韩非子·内储说上》举了许多故事来说明这个道理。比如越王勾践为了雪去被吴王夫差俘虏之耻，让大夫文种训练士兵。终于有一天，勾践准备攻打吴国了，就事先检阅军队，文种对勾践说："我平常训练时奖赏丰厚，刑罚严厉，而且令出必行，大王若想查验，不妨试着焚烧宫室。"勾践照做了，同时下令："因救火而死者，比照阵亡抚恤；救火而未死者，比照杀敌奖赏；不救火者，比照降敌处罚。"于是，军士们纷纷抹上药膏、披上湿衣，争相救火，很快就将火扑灭，勾践依照先前立下的法令进行了奖赏，也知道这支军队已成"必胜之势"。又一则故事是，卫国有个懂医术的逃犯跑到了魏国，为魏国的王后治好了病。卫国国君听说后，就派人用五十金赎买这个逃犯，但前后往返了五次，魏国就是不给，卫国国君就想用座城来交换，而群臣阻谏道："用座城邑换个逃犯，这值得吗？"卫国国君不以为然地说："这不是你们能明白的。法治无所谓小，变乱无所谓大，法治不能建立，该杀的人不杀，该判刑的人不判刑，即使多了十座城，又有何用？法治建立了，该杀的人杀了，该判刑的人判刑了，即使失去十座城，又有何妨？"魏国国君知道后说："卫国国君想着治理好国家，我若从中作梗，这不吉祥。"于是派车把逃犯押回卫国，无偿归还。我们看，卫国国君为了惩治逃犯，以一座城池换一个犯人，可谓不惜代价，而这样做的目的，是为了贯彻与维护法治，让所有人都知道违法必究，这才会断了人们的侥幸心理，从而真正树立起法律的尊严。

在韩非看来，只有赏罚分明、赏罚有度、赏罚有信，才能对人的行为起到鼓励与禁止的作用。作为一位领袖，如果不能做到"信赏"，那么立法时的奖赏许诺就成了一纸空文，不仅立功之人不会继续给你出力，其他人也会因为感到失望而不愿为你付出；同样，如果不能做到"必罚"，那么立法时的处罚条款也就形同虚设，存有侥幸心理的人势必会违反规则，还会诱使更多的人违法犯纪，这样禁令就无法发挥其应有的约束作用。所以韩非反复强调，国君执法必须信赏必罚，唯其如此，方可调动全体臣民的积极性。

再说考察驾驭臣下的"术"。这个意义上的"术"，恐怕是法家思想中最遭人诟病的部分了，其实"术"与"德"并非必然冲突，我们也可以将之理解为一种不可或缺的政治智慧、一类成效显著的管理方法。比如《韩非子·喻老》中讲述的"一鸣惊人"的故事。楚庄王即位三年，没有发布过一道政令，没有处理过任何政事，他白天出去打猎，晚上喝美酒、听音乐、看舞蹈，不管谁来劝他，他都不听，群臣都视他为昏君。有一天，左司马申无畏来见楚庄王，让他猜谜语，说："南方的山上有只鸟，三年不翅不飞不鸣，请问大王这是什么鸟？"楚庄王笑道："这可不是普通的鸟，它三年不展翅，是用来长羽翼；它不飞又不鸣，是在暗中观察民风。三年不飞，飞必冲天；三年不鸣，鸣必惊人。你就放宽心吧，不久便知分晓。"又过了半年，楚庄王开始亲理政事，他罢免了十位大臣，诛杀了五位大臣，提拔了九人，进用了六人，把国家治理得井井有条，先后打败齐、晋两个大国，会合诸侯，称霸天下。

我们看，在这个故事中，楚庄王三年不动，看似整日吃喝玩乐，实则是在以静制动。他对"术"的运用非常巧妙，可以三年不暴露自己的意图，仔细观察，运筹帷幄，而一旦时机成熟，他就一鸣惊人，迅速实现了富国强兵、问鼎中原的霸业，这可谓用"术"的高手，以至韩非感叹："庄王不为小害善，故有大名；不蚤见示，故有大功。"换言之，楚庄王的三年"无为"，正是法家认为的最高之"术"，就是作为君主，要善于把自己隐藏起来，表面上装糊涂，暗地里处处留心，群臣的一举一动尽在掌握之中，这是极高明的驭人智慧。

再说拥有令行禁止的"势"。所谓"势"，飞龙借云雾之势才能腾云驾雾，否则与蚯蚓无异；君主也必须借权位之势，才能君临天下，否则纵有尧舜之才，也连三五人家都难以统治。法家对"势"的重要性有清醒的认识，比如《韩非子·难二》中分析的一场争论。先是晋平公问叔向："从前齐桓公九合诸侯，一匡天下，不知靠的是臣子的力量，还是君主的力量？"叔向打比方说："管仲善于裁剪，宾胥无善于缝纫，隰朋善于镶边，衣服做成了，齐桓公拿来穿上。这都是臣子的力量，君主出了什么力呢？"师旷闻言，伏琴而笑，晋平公问他缘何发笑，师旷回道："我笑叔向不明！大凡做臣子的，好比厨师，烹调好了食物，送给主人吃。若是主人不吃，谁能强迫他呢？君主好比土地，臣子好比草木。一定得土地肥沃了，草木才能茂盛。所以靠的是君主的力量，臣子出了什么力呢？"然而在韩非看来，齐桓公雄霸天下靠谁之力，各执己见的叔向与师旷都是片面的，即齐桓公的霸业，既不独是君主的力量，也不独是臣子的力量，而是双方合作之势所成，是英明的君主与贤能的大臣的配合，两者缺一不可。为了说明这个道理，韩非举了一堆的历史的经验教训，得出了"凡五霸所以能成功名于天下者，必君臣俱有力焉"的结论，推而广之，君主要想功成名就，就必须获得天下合力的拥戴，君主要想取得独尊地位，就必须得到所有臣子竭尽所能的辅佐，唯有达成这样的"势"，方可长治久安。

韩非对"势"的阐释告诉我们，治理好一个国家，需要所有人的共同努力，才能让政策顺利实施；治国者只有得到民众的支持，才能拥有稳固的权势与地位，从而有效地指挥人们去做事情、干事业。反之，如果仅仅依靠强权，逼迫天下臣民服从，那么也会口服而心不服、身不服，结果收效甚微。

法家思想理论的局部实践，在秦国得到了成功，一方面秦国成了关东六国眼中的"虎狼之国"，另一方面这个"虎狼之国"又平灭了关东六国；法家思想理论的全面实践，是在秦朝统一后，"以法为教""以吏为师"，然而结果又是，秦朝从不可一世的辉煌到灰飞烟灭的惨烈，只在转瞬之间的15年。及至汉武帝"独尊儒术"以降，其实法家理论仍在幕后发挥着影响，而汉宣帝所谓"汉家自有制度，本以霸王道杂之，奈何纯任德教"，也透露了历代君王"外儒内法"的统治秘密。这样的"外儒内法"，就是清末谭嗣同所说的"二千年来之政，秦政也"，就是民国夏曾佑所说的"中国之教，得孔子而后立。中国之政，得秦皇而后行。中国之境，得汉武而后定。三者皆中国之所以为中国也"，也就是毛泽东主席的诗句"百代都行秦政法"的意思吧。那么，为什么"百代都行秦政法"，都"外儒内法"即表面推崇儒家思想、实际操作依赖法家思想呢？其实道理并不深奥，也令人不太愉快。自古至今，人类社会都是邪恶与美好共存，肮脏与道德同在，人与人之间，永远存在着利益的争夺与相互的倾轧，就以本讲的主角韩非为例，他就被其同学李斯陷害，惨死在秦国狱中。个人如此，社会与国家当然也不例外，所以治国理政，就必须儒家的伦理劝导与法家的法制强力结合兼用。也因为此，我们没有理由鄙视法家大胆而透彻的真实，法家的智慧，对于我们认识人类的本性与社会的现实，谁也无法否认有着极大的帮助。这些法家智慧，不但专制帝国的君主可用，现代社会的治国者以及各级管理者，也可借鉴这把政治管理方面的利器吧。

名家是春秋战国时代以辩论名实问题为中心的一个学派，也称"辩者""察士""刑（形）名家"，"名"就是概念，"实"就是概念所指的对象。名家以擅长论辩著称，他们在论辩中比较、分析名词的概念和实际的对象之异同，重视"名"与"实"的关系，极大地促进了中国古代逻辑学的发展与丰富。说到这里，可能有朋友会奇怪了，概念和它所指的对象之间会有什么问题吗？在名家看来，是大有问题的。

战国晚期的一天黄昏，在函谷关前，走来一匹通身雪白的骏马，马上端坐着一位老者，他从赵国来，想到秦国去，不想却被守关士兵拦住了去路。因为当时赵国的马匹正在流行烈性传染病，秦国严防瘟疫传入国内，就在函谷关口贴出告示，禁止所有马匹入关。只见老者不慌不忙地下马，来到士兵面前，微微一笑说："'马'不能入关，这我知道，但我骑的是'白马'，白马和马并不相同呀，我骑白马入关为何不行呢？"士兵感到纳闷，白马也是马啊，于是老者解释道："'马'，讲的是形状，'白'，讲的是颜色。颜色不是形状，形状不是颜色。讲颜色，不能把形状带进来，讲形状，也不能与颜色连在一起。现在把讲颜色的'白'与讲形状的'马'合在一起，这当然与单说形状的'马'不一样，所以，白马不是马。"真是大兵遇见了秀才，也是有理说不清，老者这番绕来绕去的话，说得守关士兵无言以对，而且觉得好像真是那么回事，结果不得不放行。

这位提出"白马非马"的老者，就是战国时代著名的辩论家、名家重要代表人物公孙龙。这则故事告诉我们，现实世界的事物都是以一种具体的个体而存在的，物种万千，事物无限，但人脑却可以轻易装下，这是因为，人并非将世界上所有事物都一一机械地装进脑中，而是通过对具体事物的比较、概括，抽象出事物的一般属性，比如形状、颜色、大小等等，也就是公孙龙说的"马"是形体，"白"是颜色，然后分类存放，等遇到相应事物时，大脑就会迅速调集相关属性组合在一起，形成与现实世界相匹配的概念。从这个意义上来说，世上本无"马"，也无"白"，"马"和"白"都是人脑概括与抽象形成的一般概念，而组合在一起，便构成了具体的实物个体"白马"，这是人脑特有的功能。至于公孙龙之所以能糊弄守关士兵，那是因为他将事物的属性与其本体割裂了开来，混淆了个体与一般的关系，这体现了一种逻辑学上的诡辩智慧。就以"白马非马"来说，白马代表个体，马代表一般，个体是一般的一部分，一般中又包括了个体，所以，白马是马中的一部分，而马就包含了白马。否则，如果忽视了一般属性，那么秦国函谷关口的告示，哪怕写成"禁止白马、黑马、红马、黄马、公马、母马、老马、小马……入关"，就算罗列得再多，大概也无法穷尽世上所有不同个体的马。说到这里，我想到了南京马群地区命名的一批道路名称，因为"马群"这个区片名称，就不动脑筋地用青马、金马、奔马、神马胡乱命名道路，真是让人无语。

除了著名的"白马非马"命题外，公孙龙还有一些烧脑的诡辩，比如他"论证"的"离坚白"："一块石头在看的时候，只得到它的白色，而不知它的坚硬，在摸的时候，只得到它的坚硬，而不知它的白色。所以坚与白是分离的。"又如他"论证"的"鸡三足"："'鸡足'为一，而实际数之得二，抽象的名加上实际的数，所以鸡有三足。"

比公孙龙更早的春秋晚期的邓析，还利用了"名"与"实"的逻辑关系，来合法地批评国家政事。《吕氏春秋》中记载，在子产执政郑国期间，邓析多次与子产的法令进行斗争。邓析教人用公开张贴文字的形式批判国政，子产就下令不允许使用这种形式议政；于是邓析教人改用写信揭发的形式，结果也被子产禁止；邓析又想出了一个新主意，教人用把揭发信、批评信夹杂在其他包裹里的办法批评政事……虽然子产不断地下令，但邓析也有无穷的办法来对付。邓析与子产对着干的方法，被称作"刑名之辩"。

邓析聪明地意识到"刑"（形）与"名"之间存在着某种一致的关系，这一类事情会有一个"名"，另一类事情又会有另外一个"名"，某一个"名"只能专指某一类事情。子产为了防止百姓非议朝政而发布禁令，虽然禁止了某一种形式，却没有禁止其他的形式。邓析正是利用了具体的"形"与专有的"名"之间的对应关系，同子产斗智斗勇。

再者，不同事物之间可以存在一定的联系，邓析之后，我在"道家"智慧中讲过的庄子的好友，同时也是辩论对手的惠施，就非常善于通过比喻，将两个事物联系起来，通过人们熟悉的甲事物，向人们介绍、论证不熟悉的乙事物。比如在西汉刘向的《说苑》中，对惠施"善譬"即善于打比方的智慧，就有一段生动描述。有个人对魏王说："惠施谈论道理，很善于用比喻。如果不让他用比喻，恐怕他就讲不出什么来了。"魏王见到惠施后，对他说："希望先生以后说话，直来直去，不要再用什么比喻了。"惠施一本正经地说道："有个人不知道'弹'是什么，问我弹的形状，如果我告诉他弹的形状就像弹，那他会明白吗？若是换成这样的回答：弹的形状像弓，用竹子做它的弦，他就容易知道什么是弹了吧？"惠施接着又说："说话的人，用他知道的东西，比喻别人不知道的东西，以便别人对新东西有所了解。现在大王不让我用比喻的方法，那实在不行啊。"魏王听罢，点头称"善"。

那么惠施"善"在何处呢？惠施用大家熟悉的弓的形状、竹子的弦来比喻弹，使人马上明白了弹为何物，而之所以这个比喻容易让人了解，是因为弹与弓这两种事物具有共同的属性，由此搭起了从已知到未知的桥梁。又正是这样的桥梁作用，才使惠施的"譬"具有了说服论证的工具性效用，蕴含了类比的逻辑思维。

再举一个例子。《战国策》中记载，魏惠王驾崩后，临近埋葬的日期，恰逢天降暴雪。群臣都劝太子说："雪下得这么大，还要举行国葬，会劳民伤财的，不如延缓下葬的日期。"但太子心意已决，他说："作为先王的儿子，仅仅因为百姓的困难和政府开支的不足，就不按期举行先王的葬礼，这是不合礼义的，你们不要再说了。"群臣无奈，就向纵横家犀首讨教主意，犀首也没想到什么办法，认为这事只有能言善辩的惠施能办到。于是惠施在众臣的请求下面见太子，他对太子说："过去周文王的父亲季历葬在山脚，地下水浸坍了墓穴，棺木的两头都露了出来。周文王以为这一定是先君想再见见群臣和百姓，于是设置帷幕，摆上棺椁，让群臣和百姓前来朝拜，三天之后重新改葬。这是文王的礼义啊！如今先王下葬日期临近，突然积雪难行，这一定是先王也想多待几天，再多亲近一下自己的国家，安抚一下人民的情绪，以至于感动了上天，降下此等大雪，为的就是缓期入土。而太子您却一意孤行，不愿遂先王之意，难道是以效法周文王为耻吗？"太子听罢，起身道谢："先生说得极是，那就推迟葬期吧。"

惠施的此番辩说，实际想要达到的目的，是不要为了一位死者而劳民伤财，但是如果直接这样表达，很容易因为激怒太子而事与愿违，于是惠施依然巧妙地利用了"譬"，即借用周文王改葬父亲季历的故事，说明如今推迟先王葬期的合理性，因为周文王作为上古圣王，本来就是许多君主心中的楷模，惠施以周文王作譬，可谓抓住了君王的心理，如此这番，魏国太子就在心悦诚服的同时，也借机做了一回圣贤明君，这就不能不说是两下方便、两全其美。由此可见，在论辩中如何选择恰当的比喻对象，也是制胜的关键所在吧。

无论郑国的邓析、宋国的惠施还是赵国的公孙龙，这类名家走到哪里，哪里就有辩论。他们或者"离坚白"，即把名与实、概念与事物分离开来，或者"合同异"，即不计小异而混合大同。他们娴熟的辩论技巧，往往得到交口称赞，他们的智慧故事，也一直流传至今。因为名家掌握了逻辑思维的规律，对概念进行了繁琐而缜密的分析，所以在辩论中大多能占据上风。名家突破了传统的思维方式，敢于标新立异，他们的奇谈怪论，有时看似违背常理，但又绝非不学无术，信口瞎说，其中富含着循名责实的合理成分，甚至不乏可以对话现代科学的一些观点，比如惠施认为，"至大无外，谓之大一，至小无内，谓之小一"，可见他已经猜测到宇宙是无穷大的，而物质又可以不断分割到最小的粒子。要之，名家的智慧，对于开发人的智力潜能，锻炼人的逻辑思维，是大有益处的，值得我们静下心来，仔细琢磨。

如何仔细琢磨呢？举个我琢磨过但不太认同的例子。有一次，孔子的后人孔穿对公孙龙说："我知道先生辩术高明，成为您的弟子也是我的夙愿，只要先生放弃'白马非马'之说，我就拜先生为师。"公孙龙答道："您把话说反了。所谓拜师，是因为自己有智慧而学得不够，才需要拜师求学的，现在你既要拜我为师，又要我放弃我的学说，这是'先教后师'，既有悖于拜师之道，也是一种思维的混乱。"孔穿听罢，哑口无言，当即拜公孙龙为师。那在作为教书匠的我看来，为何又不太认同这件事呢？虽然从表面看来，"先教后师"是有违礼教的冒犯之举，但我信奉孔老夫子的"三人行，必有我师焉，择其善者而从之，其不善者而改之"，我也信奉韩愈韩文公的"无贵无贱，无长无少，道之所存，师之所存……闻道有先后，术业有专攻，如是而已"。

兵家：『观诸兵书，无出孙武』

在灿若星辰的先秦诸子中，有一位可与孔子并列圣人，而且名扬中外。19 世纪日本汉学家赖山阳说："孔夫子者，儒圣也；孙夫子者，兵圣也……后世儒者不能外于孔夫子而他求，兵家不得背于孙夫子而别进矣。是以文武并立，而天地之道始全焉。可谓二圣人功，极大极盛矣！"这位与孔夫子齐名的"兵圣"，就是中国兵家学派的鼻祖孙武。许多西方学者认为，千百年来诞生过三部具有永恒价值的智慧奇书：一是 16 世纪意大利马基雅维利的《君主论》，二是公元前 6 世纪中国孙武的《孙子兵法》，三是 17 世纪西班牙格拉西安的《智慧书》。那么，出身齐国贵族的孙武所著，代表中国兵学最高峰的《孙子兵法》，究竟蕴藏着怎样的智慧玄机，竟会得到古今中外的人们如此的青睐呢？

春秋战国时代，诸侯争霸，群雄逐鹿，战争异常频发。智谋之士总结战争的经验与教训，研究克敌制胜的规律，这类学者遂被称为兵家，而其中的孙武，既有"兵家至圣"的美誉，他所著的《孙子兵法》，又有"兵学圣典"的地位。有关孙武其人的实战经历，我在"军事智慧"第三讲"兵家巨擘：不只是'纸上谈兵'"中已经说过了，这里不再重复，本讲则聊聊孙武的"纸上谈兵"，即《孙子兵法》所见之军事智慧。

《孙子兵法》是我国现存最早的兵书。举凡战前之准备，策略之运用，作战之布署，敌情之研判等等，书中无不详加说明，可谓巨细靡遗，周严完备，充满着不仅适用于军事，而且启迪着人生的智慧。纸短话长，我就以战略运筹、战术指挥、军事地理三个方面为例。

先说战略运筹。孙武非常重视战略运筹，他有一句名言："胜兵先胜而后求战，败兵先战而后求胜。"所谓"胜兵先胜"，是指战前先有胜利的条件，具备胜利的方案，拥有胜利的把握，不可打莽撞仗、糊涂仗、无把握之仗，也就是说，作为将帅，必须做到"料敌制胜，计险厄远近"，这才是"上将之道"。孙武又将战略分为四等，即伐谋、伐交、伐兵、攻城，还有一种说法是分为三略，即"上略伐智，中略伐义，下略伐势"（《渊鉴类函》引《孙子兵法》），而无论是四等还是三略，战略核心都是"智谋"，所谓"攻人以谋不以力，用兵斗智不斗多"，重"智"讲"谋"而不重"多"讲"力"，遂成中国军事学的一大传统，就以反映社会观念的文艺作品来看，中国人就无不推崇《三国演义》中的诸葛亮、《水浒传》中的智多星吴用，崇拜他们的神机妙算、未卜先知。

那么，孙武怎样实现"先胜而后求战"呢？一是"相敌"，即通过对敌人言行的观察，判断敌人的作战意图；通过对鸟兽、草木、尘埃的观测，推断敌人的行动；通过对敌人活动状况的分析，了解敌人的劳逸、虚实、士气和补给。二是"用间"。所谓"明君贤将，能以上智为间者，必成大功，此兵之要，三军之所恃而动也"，能不能实现"先胜"，在很大程度上取决于这些"知敌之情"的间谍。三是"试探"，即通过策动、驱使敌人，比较敌我双方作战方案的利弊得失；通过挑动、激怒敌人，察明敌人的活动规律；通过以兵试攻敌人，探明敌人的强弱虚实。

以上所说的这些"战略运筹"，衡之于实践，那些古往今来的战略家们之所以能驾驭战争，就是因为他们全局在胸，一切服从于战略目标的夺取，服从于战略枢纽的把握，服从于整体的军事战略，这也就是战略家与军事家的区别所在吧。即以中国现代史上伟大的辽沈战役为例，毛泽东是高明的战略家，林彪则是聪明的军事家，毛泽东先克锦州、"关门打狗"的战略决策，胜过林彪先打长春的军事计划，林彪的排兵布阵、攻城阻援，则显示了军事家的指挥才能。

说过了战略运筹，再说战术指挥。孙武有言："善战者，致人而不致于人。"意为善于指挥作战的军事家，能够调动敌人而不被敌人调动，这是关于战争中争取主动权的最早表述。此后许多兵家如鬼谷子、尉缭都十分重视这个命题，唐太宗也认为古代兵法千章万句，最重要者莫过于此句。

那么，孙武义是如何制定战术来争取战争主动的呢？第一，他把先机之利当作争取主动地位的首要条件，表现为先敌准备、先行部署、先发制人。即使是与兵强马壮、阵形严整的敌人作战，只要"先夺其所爱"，率先夺占敌人的战略要点，敌人就会陷于被动，听从我军摆布了。第二，孙武认为敌人的主动地位是可以剥夺的，两军对阵，主动与被动并非一成不变，要使敌人由休整良好变为疲惫沮丧，由给养充足变为饥饿困乏，由安守自固变为疲于奔命，就必须巧施计谋，诱使敌人上当受骗，方法则是"示形"以"诱敌"，就是隐真而示假，"能而示之不能，用而示之不用，近而示之远，远而示之近"。在战争中，与敌人没有信义可讲，真真假假，虚虚实实，谁能迷惑住对方，谁就拥有主动权，谁就能左右战局，这是高超的兵家指挥艺术。第三，调动敌人，孙武称为"动敌"，也是争取主动地位的重要方法。为了创造主动作战态势，可以采取"利而诱之"的方法，将敌人调动出来，使之脱离有利阵地，进入于我有利的阵地，然后再用重兵突然发起攻击，打敌一个措手不及，这是调动敌人、于运动之中加以歼灭的原始运动战思想。第四，采取多样化的作战形式。孙武认为，每次战胜都不是重复老一套的把戏，需要适应不同情况，变化无穷。魔高一尺，那就道高一丈，战法的变化与战术的创新是没有止境的。所谓"战胜不复"，只有战法、战术日新月异，才能争取到未来战场的主动权、自由权。

说过了战略运筹、战术指挥，再说军事地理。在冷兵器作战的传统时代，战争总是在一定的时间和空间中进行的，而孙武从军事地理的角度，归纳出一个精辟的结论："地形者，兵之助也。"作为军事指挥员，如果不能上知天文、下晓地理，那必定是不称职的。正因为地理因素在战争中具有不可忽视的地位，所以孙武非常强调行军作战必须侦察地形、掌握地形，他说："知战之地，知战之日，则可千里而会战；不知战地，不知战日，则左不能救右，右不能救左，前不能救后，后不能救前，而况远者数十里，近者数里乎！"

那么，孙武在军事地理方面又总结出哪些作战原则呢？其一，平原作战原则。平原地带缺乏天然屏障或起伏地形可以利用，这是它不利的一面，但是平坦开阔地形的畅通无阻，使它又具备了有利的方面，就是便于部队变更部署、实施机动。孙武认为，两军对阵要选择在平坦开阔的地带展开兵力，同时将主要侧翼依托于高地，居高临下，居利击害，还必须保障粮道的畅通，储备充足的粮草。其二，山地作战原则。山地地形起伏、道路难行、人烟稀少、气候多变，部队通行困难，不易变更部署和实施机动。有鉴于此，山地作战，必须实施强行军，选择具备水草之利、拥有高地之险的地区为依托，从而保持可以应变的有利态势，一旦与敌遭遇，应取俯冲之势而不宜仰攻。其三，江河作战原则。江河在古代是军队行动的天然障碍，孙武指出，部队通过江河后，必须迅速远离河流，目的则在避免背水作战，退无所归。远离江河，既可使自己的进退不致受阻，又可引诱敌人渡河，迫敌于背水之地。所谓"半济而击"，就是乘着敌军半数已渡、半数未渡之时，发起突击猛打。这一江河作战的制胜法宝，被古往今来的许多战争实践证明，是一条行之有效的原则。又两军对垒时，不要处于下游，如此可以防止敌军或顺流而下，或决堤放水，或投放毒药，所以占据上游，就拥有了地利的优势。除了以上平原、山地、江河三大方面的作战原则外，《孙子兵法》中还罗列了诸多不利于行军作战的恶劣地形，比如前后险峻、水横其中的"绝涧"，四面陡峭、溪水所归的"天井"，三面环绝、易进难出的"天牢"，草木深密、行动困难的"天罗"，地势低洼、道路泥泞的"天陷"，地多沟坑、既深且长的"天隙"，凡是遇到此等地形，我方"必亟去之，勿近也"，而引诱敌人靠近与进入。

诸如此类，孙武结合实战的经验与教训，对军事地理现象进行了分门别类的规律性总结，充分说明了善于研究与合理利用各种地形地貌，应是战场指挥员必备的军事地理智慧。这样的军事地理智慧，应用于中外古今。以言外国，如18世纪普鲁士的腓特烈大帝在《给将军们的训词》中即强调："地理知识，对于一位将军来说，犹如步枪之于步兵，数学公式之于几何学家一样重要。他如对地理一无所知，非铸成大错不可！"以言今天，刘伯承元帅在指导战争时，指出要很好地分析军事地理条件，并要求作战部门进行兵要地志的详细调查工作。联系到我个人，1995年，我在《兵家必争之地》的"后记"中叹息："十九世纪末期以来，日本对中国地理尤其是与军事有关的地理，进行了广泛的资料收集与'不厌其烦'的研究……事实上，清末以来，日本在历次侵华战争中，其兵力部署、战场选择、进军路线，确实往往深合兵要地理"；2007年，我在修订版的《兵家必争之地》的"后记"中又感慨："八年抗战，人民为铜墙，山河亦铁壁，然则理解中国古代、近代、现代的战争，也同样离不开理解中国的山河！"

十三篇、六千言的《孙子兵法》，其智慧当然不仅以上说到的战略运筹、战术指挥、军事地理三方面。如《孙子兵法》开篇即言：

兵者，国之大事，死生之地，存亡之道，不可不察也。故经之以五事，校之以计，而索其情，一曰道，二曰天，三曰地，四曰将，五曰法。道者，令民与上同意，可与之死，可与之生，而不畏危也。天者，阴阳、寒暑、时制也。地者，远近、险易、广狭、死生也。将者，智、信、仁、勇、严也。法者，曲制、官道、主用也。凡此五者，将莫不闻。知之者胜，不知者不胜。

在以上"五事"中，道、将、法三者是人的方面，天、地二者是地理条件即客观的方面，它们都是影响乃至决定战争胜负的重要因素，而在具体展开的论述中，《孙子兵法》的内容博大精深、思想精邃富赡、逻辑缜密严谨，并因此而彪炳世界军事思想史册乃至人类思想史册，后世各色兵书所阐发的军事原理，也莫不可以从《孙子兵法》中找到智慧的源头，难怪唐太宗李世民感叹："观诸兵书，无出孙武！"而时至今日，《孙子兵法》又超越了战争的实用性，既成为政治家手中的"葵花宝典"，也成为商业和管理领域的必备教材。

阴阳家：五德终始与大九州说

　　西汉司马迁在《太史公书》亦即《史记》中，奇怪有位人物的学说虽然"不轨"，就是不合常理，却能得到许多诸侯国的"尊礼"，即尊敬与礼遇。比如他在齐国，得到尊崇；到了魏国，魏惠王亲自出城迎接；在赵国，平原君为他整理坐席；在燕国，燕昭王为他扫尘，替他建造学宫，听他讲学，拜他为师。如此等等，以致司马迁感叹："其游诸侯见尊礼如此，岂与仲尼菜色陈、蔡，孟轲困于齐、梁同乎哉！"

　　这位让太史公司马迁奇怪与感叹的人物，就是战国晚期的齐国人邹衍。那么，邹衍凭什么获得诸侯们如此的"尊礼"呢？凭他"不轨"的"五德终始说"与"大九州说"，这样的学说，与孔子的"成仁"、孟子的"取义"大相径庭。"成仁取义"是好，但是儒家的德治仁政并不适合竞争激烈、追逐名利、金戈铁马、波诡云谲的战国时代，所以儒家失去了往日的魅力，虽然仍为诸侯们认同，却难为诸侯们实施；反之，邹衍的学说或者解释政治盛衰的自然奥秘，绕来绕去，令人眼花缭乱，或者推论地理空间的广阔无垠，大话连篇，使人信以为真，这当然对于统治者们就特别富有吸引力了。

　　邹衍是先秦时代百家争鸣中阴阳家的代表人物。他曾在齐国国都临淄（今山东淄博市）的稷下学宫讲学，这里学术氛围自由，是当时百家争鸣的中心园地之一。邹衍聪明睿智，能言善辩，特别擅长由小及大，得出一些怪异宏阔、不合常理的结论，因此得了个"谈天衍"的雅号。他著有《终始》《大圣》等书，可惜这些著作后来都散佚了，幸好《史记》中简要记载了他的学说，即"阴阳消息"与"天下九州"。及至现代，"古史辨"派的宗师顾颉刚先生在《汉代学术史略》书中，则称道邹衍一手组织了历史和地理的两个大系统，历史的系统即五德终始，地理的系统即大九州说。

要说清楚邹衍的阴阳消息和天下九州、五德终始与大九州说，还得从基础的"阴阳""五行""九州"概念说起。

"阴阳"是什么？是天地，是日月，是黑白，是男女，是上下高低，是表里内外，是你可以想到的一切相互联系又彼此对立的事物的两个方面；"五行"是什么？是金、木、水、火、土这五种构成世界的最基本的物质，它们充盈天地之间，可谓无处不在，它们之间，又存在着既彼此促进的相生关系，也彼此抑制的相克关系；"九州"是什么？在邹衍之前，是以《尚书·禹贡》的记载为代表的冀州、兖州、青州、徐州、扬州、荆州、豫州、梁州、雍州，这被认为是大禹治水后所划分的天下九州。而到了邹衍等人那里，更把"阴阳""五行"连在了一起，并以"阴阳五行"的自然属性，解释社会治乱、朝代演进等人文现象，这就是"阴阳五行说"，倡导这种学说者就被称为阴阳家，战国时代阴阳家的代表人物就是邹衍，邹衍的关键学说则是五德终始与大九州说。

人文的"五德终始"基础于自然的"五行生克"，自然的"五行生克"又是最能反映阴阳家智慧的核心内容。所谓"五行相生"，就是木生火，火生土，土生金，金生水，水生木。木性温，火蕴藏于其中，钻木能够取火，所以木生火；火性热，能将木头焚烧成灰，灰就是土，所以火生土；金属出于山中矿石，山为土聚集而成，所以土生金；金熔化后变成液体，所以金生水；树木得到水的滋润才能生长，所以水生木。又所谓"五行相克"，就是木克土，土克水，水克火，火克金，金克木。木专一，土形散，专一胜于形散，所以木克土；土为实，水为虚，实能胜虚，所以土克水；水多而火少，多能胜少，所以水克火；火为精，金为坚，精能胜坚，所以火克金；金性刚，木性柔，刚能胜柔，所以金克木。而以这样的五行属性为依据，阴阳家又将五行与自然、人文对应匹配了起来，于是天地万物、社会人生的几乎所有，都因此具备了五行属性。比如五行与五方、五色、四季对应匹配，木为东方、青色、春季，代表万物生长，有勃勃生机；火为南方、赤色、夏季，象征阳气极盛，如熊熊火焰；金为西方、白色、秋季，寓意万物肃杀，呈丧乱之象；水为北方、黑色、冬季，表示万物休眠，是阴暗之象；土为中央、黄色、长夏（夏秋之间），比喻孕育万物，为大地之色。又如五行与五味的配对，即木酸、火苦、土甘、金辛、水咸，而引申到中医学上，就把中药分成五味，并根据其所属的五行，来确定药理和药效，以为酸可以养骨，苦可以养气，甘可以养肉，辛可以养筋，咸可以养脉；五味再与五脏相联系，则是酸味入肝，苦味入心，甘味入脾，辛味入肺，咸味入胃，据此理论，就可以确定病患者应该忌食哪些食物了，即病在筋，不宜吃酸，病在血，不宜吃苦，病在肉，不宜吃甜，病在气，不宜吃辣，病在骨，不宜吃咸。如此这般，就构成了中医学的理论基础。

说回邹衍，他的主要贡献之一，是依据五行的自然属性，推论社会历史的变化，提出了五德终始说，即以五行为五德，每个朝代专属一德，按照五行相克的顺序依次更替。比如黄帝的时候，地里出现了大得超乎寻常的蚯蚓和蝼蛄，黄帝以为这是土气旺盛，而土色为黄，所以黄帝就把黄色作为最高贵的颜色；到了大禹的时候，秋冬季节草木仍然郁郁葱葱，大禹以为这是木气旺盛，而木色为青，所以夏朝就把青色作为最高贵的颜色；到了商汤的时候，刀刃上面无端地生出了水珠，商汤以为这是金气旺盛，而金色为白，所以商朝就把白色作为最高贵的颜色；到了周文王的时候，赤鸟口衔丹书聚集在祭祀场所，周文王以为这是火气旺盛，而火色为赤，所以周朝就把赤色作为最高贵的颜色。进而论之，既然朝代是按照五行相克的顺序更替的，那么取火德而代者，应该就是水德，水对应的颜色为黑色，所以周朝以后的新兴朝代应以黑色作为最高贵的颜色。

有趣的是，历史的事实还真是这样的。秦国灭周、扫平六国、建立秦朝后，秦始皇帝第一次有意识地利用了五德终始说。因为秦朝是代周而兴的，所以自居水德，并且制定了一整套的礼仪制度与水德配合，比如"以十月朔为岁首；衣服和旌旗都用黑色；数以六为纪，如符是六寸，舆是六尺，乘是六马；行政刚毅戾深，事皆决于法；更名黄河为德水"。又不仅秦朝是这样，五德终始说在后来的影响也非常广泛、异常深刻，比如在这种学说的指导下，从秦朝到宋朝的一千多年里，每个朝代立国伊始，就要依据与前朝的关系，确定自己的朝代属于五德中的哪一德，以此显示天命、民心的正统合法依据，具体来说，如果前后王朝之间是征服关系，就取金、木、土、水、火的相克次序，如果前后王朝之间是禅让关系，就取金、水、木、火、土的相生关系，待到德运确定后，再据此制礼作乐。换言之，在邹衍那里，自然的原理与人间的大道合在了一起，五行的自然势力能够支配人事、社会、朝代的盛衰起伏，而这对那些骄奢淫逸的诸侯们，无疑可以发挥出一定的震慑作用，提醒他们有所约束、推行德政，以顺自然万物，以安黎民社稷，所以从这个意义上说，邹衍的五德终始说，可谓体现了阴阳家不仅高明而且灵活的政治智慧；至于其社会意义，则为人们认识自然与人文的方方面面，提供了较为可行也易于接受的宏观方法、多维思路，这又反映出阴阳家在认识大千世界方面的聪明和睿智。

如果说五德终始说是阴阳家在时间范畴内提出的一种历史演进观，那么，大九州说就是阴阳家在空间范畴中主张的一种地理结构论。我在上面讲过，《尚书·禹贡》里有所谓的"九州"，这个"九州"就是儒家认为的大禹九州，它代表着当时的人或者说当时一般人眼中的天下。然而，在邹衍看来，大禹九州距离真正的天下，那是差之太远太远了。《史记·邹衍列传》有这么一段记载：

（邹衍）以为儒者所谓中国者，于天下乃八十一分居其一分耳。中国名曰赤县神州。赤县神州内自有九州，禹之序九州是也，不得为州数。中国外如赤县神州者九，乃所谓九州也。于是有裨海环之，人民禽兽莫能相通者，如一区中者，乃为一州。如此者九，乃有大瀛海环其外，天地之际焉。

这段话的意思是，把大禹九州合在一起，就是儒家所谓的"中国"，这个"中国"称为"赤县神州"，而与这样的"赤县神州"相连接、相类似，还有八个州，这八个州合上"赤县神州"，才算是个大州。这个大州为小海环绕，小海外面的陆地，又可以划分为八个大州，这八个大州再往外围，就是无边无际的大海了，那才是"天地之际"。换言之，包括"赤县神州"在内的中间的大州，加上小海隔绝的周边的八个大州，合计有九个大州，这就是邹衍的"大九州说"。如果换种表述，就是在邹衍看来，"天下"是由四圈海陆构成的，居中的大陆是第一圈，环绕这块大陆的小海是第二圈，小海与大海之间的八块大陆是第三圈，最外围的大海是第四圈。在这样的海陆结构中，大禹九州或称赤县神州或称儒家的"中国"，只是天下陆地的 1/81。

这是多么宏大无垠的天下啊！那么，为何邹衍会有这么宏大无垠的空间思维呢？我想着重提出两点。

第一点，这与邹衍的思维方法或说治学特点有关。司马迁说邹衍："其语闳大不经，必先验小物，推而大之，至于无垠。"以言五德终始，那是邹衍从身处的周朝，上推到黄帝时代，再远追到天地未分、窈窈冥冥的原始状态的结果；大九州说也是这样，它分明就是邹衍从现成的大禹九州中推出来的。按照邹衍的推法，大禹九州的每一州，我们可以称为"小九州"，仅占天下的 1/729，那么放大九倍，包括了整个大禹九州的赤县神州，我们可以称为"中九州"，就占天下的 1/81，"中九州"再放大九倍，就是占天下 1/9 的"大九州"，大九州又放大九倍，才是整个的天下陆地。

第二点，这与邹衍所受的齐国文化的浸润有关。我们知道，齐国滨海，齐国人因此特别会夸海口、说大话。比如《庄子·逍遥游》中所记的大鹏寓言，引的就是齐国人的"海话"，说是北冥有条大鱼，其名叫鲲，化而为鸟，其名叫鹏，大鹏展开的双翅，好像垂天之云，大鹏从北冥飞往南冥时，在水面上一拍就是三千里，在云中盘旋一下就是九万里，飞起来就六个月不歇。这真是没有边际、极尽夸张的海话！诸位想想，齐国人邹衍的大九州说，是不是也属于这类海话？当然，邹衍的大九州说也并非没有影子的胡吹。比如邹衍说到在小海与大海之间的那八个大州上，还有"人民禽兽"，这种说法的影子，恐怕就是今天山东沿海一带还能常常见到的海市蜃楼。海市蜃楼现象，我们今天有科学的解释，那是地球上的物体所反射的光，经过大气折射以后形成的虚像。但我们的先人不知道这个"科学"原理，于是在齐国人那里，就有了各种各样的相关说法，比如《史记·秦始皇本纪》中记载："齐人徐市等上书，言海中有三神山，名曰蓬莱、方丈、瀛洲，仙人居之。"《史记·封禅书》的记载就更加具体了："此三神山者……盖尝有至者，诸仙人及不死之药在焉，其物禽兽尽白，而黄金、白银为宫阙。"换言之，对于齐国人来说，海外有人、有国、有文明，那是"眼见为实"的，况且战国时代齐国的航海事业确实相当发达，齐国人应该真的接触过海外文明。

阴阳家邹衍的大九州说，就其对于后世的复杂影响而言，我在这里强调三点。

首先，它促进了中国古代帝王的开疆拓土与中国古人的交通海外。我在这里不妨举个反例。南宋学者王应麟批判"邹衍怪说，荧惑诸侯，秦欲达瀛海，而失其州县。愚谓秦皇穷兵胡越，流毒天下，邹衍迂怪之说实启之"。的确，大九州说对于海外世界的描述，为中国古代雄才大略的帝王们的疆域拓展，提供了思想源泉与精神动力，但不可一味否定其价值，比如1936年陈登原先生就驳斥王应麟说："王氏指斥（邹）衍、（嬴）政，语近罗织。然谓由邹衍时之小中国，而生秦时之大中国，则与历史进化之说，无相背也。"另外，大九州说在当时虽然无法进行"科学"的验证，但它毕竟开阔了人们的眼界，所谓"世界那么大，我想去看看"，这又持久激发了中国古人探索海外的热情，这也是富有实际意义的。

其次，我在上面没有说到的一个问题是，在邹衍的大九州说中，作为"中国"代称的"赤县神州"，不仅只占天下陆地的1/81，而且在方位上位于居中的那个大九州的东南，关于这样的占比与定位，诸位朋友看看文稿中的附图，应该就明白了，那个小黑块，就是赤县神州。那么这样的定位又意味着什么呢？意味着邹衍打破了一直以来"中国"居于天地之中的传统定位，而之所以如此，是因为实事求是的邹衍，看到了事实本来就是这样：中国的东、南两面有海，至于西海、北海，却不知道究竟在哪里！我们可以认为，赤县神州的客观定位，充分反映了滨海文化中人邹衍那博大开放的地理观，它与儒家狭隘封闭的内陆地理观——中国最居天地之中，乃至于中国几乎就是"天下"的全部，形成了鲜明的对照，但也因此产生了强烈的冲突。

邹衍大九州说示意图

比如西汉武帝"独尊儒术"以后，邹衍的大九州说不仅不为一般的普通学人所接受，而且诟病大九州说为迂怪虚妄、荧惑世人的异端邪说者，也是史不绝书。应该说，站在今天的立场来看，这是一件非常令人遗憾的事情，它甚至影响到了古代中国王朝对于世界先进文明的认可与接受，比如直到清朝，那些最高统治者还仍然陶醉在"天朝上国"居于世界中心的糊涂观念里，甚至直到近今，仍然有人在强调中国为天地之中。

再次，借用今天的名词，从"科学"特别是地理"科学"的角度来说，邹衍以前的学者，都把世界想象成一块大陆，四围是海，而当时的"中国"几乎就是这块大陆的全部；等到邹衍超迈前人所建构出来的新的世界，变成了海陆相间，也就是小海围绕着中间的大陆，"中国"是这块大陆的1/9，小海与大海之间还有八块大陆。比照一下今天的地球表面，71%是海洋，29%是陆地，陆地包括了欧亚、非洲、美洲、澳大利亚、南极五块大陆，这是不是与2000多年前邹衍想象的海陆世界，基本形势相当一致？诸位要知道，在邹衍那个时代，还没有环球航行，更没有航天技术，如此看来，邹衍类比推理出来的大九州说，可谓代表着中国古代难得的、先进的世界观念，这就诚如晚清著名学者俞樾的感叹："乌呼，先秦诸子若邹衍者，其圣矣乎。"也如1902年梁启超在《论中国学术思想变迁之大势》文中的赞美："其思想何等伟大，其推论何等渊微！"

说到这里，"思想智慧"系列中的先秦诸子百家就告一段落了。当然，先秦诸子不止我所说的儒、道、墨、法、名、兵、阴阳，还有杂家、农家、医家、纵横家等，考虑到此前说吕不韦时涉及杂家，说贾思勰时涉及农家，说扁鹊、华佗就是在说医家，说苏秦、张仪就是在说纵横家，所以我就不专题讨论这些"家"了。然则综而论之，我们可以认为，中国传统社会的主要思想体系，都在先秦时代百家争鸣期间形成了雏形或奠定了基础，这样的成就既令人瞠目结舌，也引人生发出无限的思考。

玄学："名教"与"自然"的关系

　　著名美学家宗白华先生说："汉末魏晋六朝是中国政治上最混乱、社会上最苦痛的时代，然而却是精神史上极自由、极解放，最富于智慧、最浓于热情的一个时代。"我在《"胡"说六朝》书中，则归纳了魏晋南北朝时代的六大特征，即深层的分裂局面、复杂的民族关系、频繁的人口迁徙、特殊的社会结构、变动的典章制度、多元的文化面貌。即以多元的文化面貌来说，这是人性觉醒的时代，是没有思想权威的时代，是多元文化生动活泼、兼容发展、自由争辩的时代，也是吸收与融合外来文化的时代，如此种种，又使魏晋南北朝堪称是继春秋战国之后，第二次百家争鸣的时代。这个时代，儒玄佛道四家并立，而且相互影响，文学地位不断上扬，史学也受到普遍重视。在中国传统文化的积累与演变过程中，这是文化面貌呈现多元性、开放性、兼容性、个性化、率真化的时期，是文化独具特色、思想充满智慧的时代。本讲单言所谓儒玄佛道中的玄学。

　　《老子》有言："玄之又玄，众妙之门。""玄"者，深奥、幽远、神妙、难以捉摸。至于"玄学"，则是解说、阐述、发挥《老子》《庄子》和《周易》的一种学说，在古人看来，老、庄、易的思想深奥奇妙，可以说是玄之又玄，所以称之为"三玄"，而研究"三玄"的学问，就被称为"玄学"。玄学是魏晋南北朝时代盛行于社会上层和知识界的流行思潮，与玄学有关的清谈也成为那个时代的特别时尚。

我们先来看个玄学清谈的典型场景。《世说新语·文学》有这么一条记载：

> 丞相（王导）自起，解帐带麈尾，语殷（浩）曰："身今日当与君共谈析理。"既共清言，遂达三更。丞相与殷共相往反，其余诸贤略无所关。既彼我相尽，丞相乃叹曰："向来语，乃竟未知理源所归，至于辞喻不相负，正始之音，正当尔耳！"

这里的"麈尾"，是清谈家手持的道具，原其本意，麈是一种大鹿，麈尾摇动，可以指挥鹿群的行进方向，所以手持"麈尾"，有领袖群伦之义。殷浩是东晋大臣，也是著名的清谈家，丞相王导就不用多说了，他也善于清谈。那么王导与殷浩你来我往、谈到三更，谈的都是些什么呢？是"析理"即辨析玄理。谈的结果如何？竟然"未知理源所归"，就是还不知道玄理的本源究竟何在。尽管如此，谈的感觉却很好，比如言辞玄妙，譬喻高明，以至王导丞相感叹："正始年间的清谈，也正是这样的吧！"

谈到半夜三更，却谈不出个所以然，这就是谈玄，借用今天的说法，就是讨论哲学问题。何谓哲学问题？我常开玩笑说，没有答案的问题就是哲学问题，比如"我是谁""我从哪里来""我往哪里去""造物主存在吗""死后有余生吗""世界是相对的还是绝对的"，谈了几千年，谈不出答案。那么，魏晋玄学都谈些什么幽深玄远的问题呢？罗列一下，比如本与末、有与无、动与静、言与意、才与性、有情与无情、崇有与无为、名教与自然，如此等等，诸位朋友，您感觉能谈出答案吗？

然则相对而言，密切联系着时代背景、社会状况、政治现实、个人言行的玄学问题，还是应该首推"名教"与"自然"的关系。从哲学层面说，名教为人为造作，即为调整人与人之间关系而设的等级、教化、制度，自然乃宇宙本体、世界本源、万物本来的样子；接些"地气"的说法，名教指等级名分、伦理仪则、制度法规等社会规范，自然指人的本初状态、自然本性，同时也指天地万物的自然状态。我们知道，儒家贵名教，道家明自然，因而如何处理儒与道、名教与自然之间的关系抑或矛盾，使二者达于会通，也就成为玄学清谈的热门话题。而在魏晋玄学家那里，围绕这个问题的讨论，又经历了三个阶段：第一阶段是曹魏正始年间，何晏、王弼根据"名教本于自然"的命题，援道而入儒，认为两者之间并无矛盾，即自然是"本"，名教是"末"，名教是自然的表现，自然是名教的根本；第二阶段是魏晋禅让之际，阮籍、嵇康提出了"越名教而任自然"的口号，崇道而反儒，即视名教与自然有着本质的冲突，两者之间不可能互相协调；第三阶段是西晋元康年间，先是裴頠为了纠正当时已经"过分"了的"越名教而任自然"，贬斥放诞，维护名教，崇儒而反道，而后郭象论证了"名教即自然""自然即名教"，即凡是存在皆属自然，名教既是存在，当然也是自然，最终调和了儒道关系。

诸位朋友，我不知道这些"玄之又玄"的玄哲学问题，有没有把诸位绕晕，也不知道堪称"众妙之门"的名教与自然关系的玄哲学命题，诸位是否已经明白。这里，我谨选择最接当时现实也最令人感怀的第二阶段，说说其代表人物阮籍和嵇康的所言所行、所思所想。作为"竹林七贤"的灵魂人物，阮籍和嵇康不仅将玄学探讨的领域拓展到文学、美学、语言、艺术等多个领域，更以自己的生命，体证与实践着玄学的智慧，使魏晋玄学真正成为一种极具影响力的社会思潮。

时当魏晋之际，儒家名教思想及其所宣扬的忠孝节义等规范，已逐渐被专擅朝政、阴谋篡国的司马氏所利用，反过来成了他们维护权势、钳制人心的工具。阮籍和嵇康对此可谓深恶痛绝，而他们"越名教而任自然"的理论与实践，正在于从思想根子上动摇司马氏冠冕堂皇的、装模作样的道德说教。

阮籍对名教与自然关系的看法，集中反映在他的《大人先生传》一文中。所谓"大人先生"，那是阮籍心目中的理想形象，也是自然精神的凝聚。与"大人先生"相对的则是所谓"域中君子"，就是那些拘束于礼乐名教的世俗之人。在阮籍看来，"大人先生"与造物同体、与天地并生，他行为高妙、不拘于俗，以天地为家，以造化为友，视自然为生命；"域中君子"则是"服有常色，貌有常则，言有常度，行有常式"，他循礼守则，"诵周孔之遗训，叹唐虞之道德"，以名教为圭臬。这两个形象的鲜明对照，体现了阮籍崇尚自然、反对名教的自由精神。而在现实生活中，阮籍也毫不掩饰对这两类人的喜恶，见到欣赏的人，他以表达尊重的青眼视之，遇到世俗之人，则以表达轻蔑的白眼对之。

阮籍的玄学智慧不仅蕴含在他的作品里，更体现于他的行为中。有关阮籍的行为，我在"处世智慧"中专题讲过，建议有兴趣的朋友不妨回看一遍，这里不再重复。简而言之，人生后半程的阮籍，厌倦为官俗务，纵酒昏酣之间，蔑视世俗礼教，而又谨言慎行、口不臧否人物，以求保全性命。他以真挚的自然为本，抛弃虚假的名教，以任性放诞的身形，疏离混浊不堪的政治，从而写照着玄学名士的风流与智慧。

比起阮籍，更进一步超越名教、彰显自然、表面上旷达洒脱、骨子里性格刚直者，还是阮籍的好友与同道嵇康。集中反映嵇康玄学思想的作品有《声无哀乐论》《养生论》《难自然好学论》《与山巨源绝交书》等。嵇康继承了老庄"绝仁弃义"的理念，将名教与自然完全对立起来，认为名教是对自然大道的凌迟，乃是自然破坏后的产物，自然才是天地间的最高法则，因此他提出"越名教而任自然"。对于当权的司马氏，嵇康采取了坚决的不合作态度，他或与竹林好友相聚纵酒、啸傲弹琴，或避居家中，以锻铁为生，而自得其趣。他不仅自己远离政治、不交世俗，也反对朋友出卖自我、干禄从政。比如嵇康的"竹林同志"山涛从吏部郎的职位上升迁了，推荐嵇康继任吏部郎，嵇康得知此事，写信公开表示与山涛绝交。在信中，嵇康自言"但愿守陋巷，教养子孙，时与亲旧叙离阔，陈说平生。浊酒一杯，弹琴一曲，志愿毕矣"，嵇康还提出了"轻贱唐虞而笑大禹""非汤武而薄周孔"的大胆主张，矛头所向，直指名教的核心与司马氏的统治。也因为此，龙性难驯的嵇康深为司马氏所忌恨，最终一曲《广陵散》绝，从容就义。

嵇康通晓音律，尤爱弹琴，而与此相关，"声无哀乐"的命题，也是嵇康玄学智慧的生动体现。我们知道，音乐在中国传统政治文化中拥有崇高的地位，"乐"与"礼"一样，历来就被视为移风易俗、治国兴邦的政治工具，而之所以将音乐与政治牵连在一起，又是因为儒家认为，人的喜怒哀乐，会不自觉地表现在音乐中，而让人产生喜怒哀乐感情的，恰恰是政治的清明或污浊。然而这样的习惯认知，遭到了嵇康的有力挑战。嵇康认为，音乐之声本无所谓"哀"，也无所谓"乐"，它不是什么感情和形象的载体，因为无论天地自然之声、人声还是器乐之声，自有它恒定不变的本体。比如由于风俗不同，有的地方把歌唱当哭嚎，有的地方把哭嚎当歌唱，因而有人听到歌唱反而会难过，有人听到哭嚎反而会喜悦，但实际上歌归歌，哭归哭，它们又何尝改变过自己？同样，当人吃辣子或开怀大笑时，当人被烟熏或伤心哭泣时，泪水都会从眼里流出来，难道可以说眼泪本身有喜怒哀乐吗？高兴时的眼泪不会是甜的，悲伤时的眼泪也不会是苦的，声音也如同这眼泪一样，无所谓哀，也无所谓乐，与政风、民俗更是沾不上边。嵇康让音乐从政治的枷锁中解放出来，变成一门独立自由的艺术，他所追求的，既是一种超越的音乐境界，也是一种高远的人生境界。

从以阮籍与嵇康为代表的竹林名士身上、竹林玄学那里，我们看到了毫无矫饰做作的率真，这是自我个性的极致张扬，是超俗离尘的风流高洁，这也是魏晋玄学的智慧与魅力所在。探求天地自然虚玄之体和人生安身立命之道的玄学名士们，就是这样实践着哲学化的智慧人生，他们以放达不羁的生活方式与超逸洒脱的精神境界，形成了恣情任性、不拘礼法的魏晋风度，留给后世一幅别样精彩的思想史画卷。

禅宗：「菩提本无树，明镜亦非台」

说起佛教，诸位朋友自然熟悉，不过我也有不明白的地方，比如"和尚念经"，现在不少寺庙改成录音机放音了，那句表达礼敬的"南（nā）无（mó）阿（ē）弥陀佛"，怎么越来越多地念成了"南（nán）无（wú）阿（ā）弥陀佛"了呢？本讲就说说佛教，尤其是禅宗的故事与智慧。

大约在公元前后亦即西汉末年，佛教自印度传入了中土，经过长久的流传、弘法与起信，到了隋唐时代，已经进入了创宗立派的时期，形成了我们习称的"中国佛教八大宗派"，即三论宗、天台宗、华严宗、唯识宗、律宗、禅宗、净土宗、密宗。其中，中国化最为典型，或者说最具中国特色的佛教宗派，一般认为是禅宗。禅宗的禅，是梵语 dhyana（禅那）的音译简称，意为静中思虑，这叫禅定；通过静中思虑，以期证悟心性，这叫参禅。禅的种类很多，有声闻禅、菩萨禅、次第禅、顿超禅等。至于禅学方面，则在中国有一支异军特起，那就是禅宗，禅宗所传习的，是直指心性的顿修顿悟的祖师禅。而相比于印度原始佛教那种繁琐逻辑、教理辩驳、戒律约束，难以使人获得真正的精神解放和心灵自由，中国佛教禅宗的出现，可谓颇大程度上迎合了中国人在这些方面的现世需求，禅宗标举"教外别传""众生皆有佛性""见性成佛""顿悟"等旗号，这样一种"平常心是道"的智慧与哲理，能让普罗大众在平凡事中体会到宇宙与人生的真谛。

禅宗的创始人是来自印度的高僧菩提达摩，今天我们习称达摩。公元6世纪初，他从印度乘船，登陆广州，开始传教。笃信佛教的梁武帝萧衍把达摩迎至建康，以礼相待。因为萧衍喜好形式主义、主张自我解脱，而达摩修行面壁静坐、主张普度众生，所以双方交流得并不融洽。比如《五灯会元》中记载：梁武帝萧衍问达摩道："自朕即位以来，营造佛寺，译写经书，度人出家不知多少，这有什么功德？"达摩回答："没有功德。"梁武帝奇怪道："为何没有功德？"达摩说："这些只是人天小果，有漏之因，如影随形，虽有非实。"梁武帝又请教道："那怎样才是真功德呢？"达摩回答："清净的智慧是圆融奇妙的，万物的体性是空寂的，觉悟解脱、回归本体的功德，才是出世之法。"梁武帝又问："何谓圣谛第一义？"即何谓得道圣人至高无上的真理。达摩道："廓然无圣。"即一旦大悟，就没有凡圣之别，既不舍凡，也不求圣。梁武帝又问："那坐我对面的人是谁？"达摩说："不知道。"梁武帝对此不能领悟。于是达摩知道两人之间无法契合，遂"一苇渡江"，来到北魏嵩洛一带传教，成为中土禅宗的始祖。

需要指出的是，起初禅宗的中土特色并不明显。536年达摩祖师圆寂以后，历经二祖慧可、三祖僧璨、四祖道信的传习，到了百余年后的五祖弘忍时代，诞生了后世尊为六祖的慧能。话说唐太宗贞观十二年（638），岭南新州（今广东新兴县）一户卢姓人家诞下一名男婴，恰好两位行路僧路过，便一人说一个字，给这个男婴取名慧能。慧能三岁就失去了父亲，从此和母亲相依为命，他没有机会读书识字，长大后也只能靠砍柴为生。有一天，慧能在一户富人家卖柴的时候，忽然听到有人念经，他感到心中似有所悟，便上前探问。那人说自己刚从蕲州黄梅县（今湖北黄梅县）东山寺的弘忍大师那里归来，念的是《金刚经》。慧能听了之后，动了前去拜师求法的念头，他回家安顿好老母，然后徒步走了一个月，终于到达东山寺。

其时的弘忍大师在东山寺聚徒授学，弟子遍及大江南北。看着其貌不扬、衣衫褴褛的慧能，弘忍大师问他："你是何方人？到此拜我做什么？"慧能回答："弟子是从岭南过来的百姓，远道而来，不求别的，只求成佛。"当时的岭南在中原人看来还是化外之地，所以弘忍听罢，颇有蔑视之意地笑道："来我这儿的人，大多是来求福的，你是岭南还没有开化的獦獠（獦獠有长得獦头獠牙的意思），也有佛性吗？"没有想到，慧能竟然恭敬又不示弱地答道："地有南北之分，佛性不分南北，人也不分獦獠与大师，佛性没有上下之别。"弘忍闻言大惊，暗想此人相貌不怎么样，却很有慧根，遂不露声色地说道："休得胡言！会干什么活儿？"慧能回答："我会劈柴舂米。"于是弘忍大师留下了青年慧能，而为了考验慧能的意志，弘忍让他在寺里做些力气活，有空就听课学经，就这样，慧能在寺里勤勤勉勉干活、默默无闻修行地过了八个月光景。

有一天，年事已高的弘忍大师觉得已到该立继承人的时候了，他召集众弟子说："我常与你们讲，世人陷于生死轮回之中，这是不得解脱的首要难题。你们每天持戒修善，只知追求短暂的福报，却不能永久脱离这轮回不绝的苦海。如果你们不能清醒认识到自己的本性，功德福报又怎能拯救你们出离苦海？你们还是各自好生反省。如果是有智慧的人，便能悟出认知一切的终极智慧——般若，然后将悟到的智慧写成偈语，拿给我看。如果我能看出哪位参透了般若智慧，我就将衣钵传给他，立他为禅宗的第六代传人。"在当时的众位弟子中，上座神秀资历最高，学问也最精，弘忍大师平日也很看重他，任他为常向僧俗授课的"教授师"，如此看来，似乎神秀就是那位顺理成章的继承人了。

遵从师命，神秀拟了一偈，又怕写得不好，被人笑话，于是他乘半夜三更无人之时，秉烛写在了寺庙大殿的廊壁上，也没留下名字。神秀的偈语是这样的："身是菩提树，心如明镜台。时时勤拂拭，莫使惹尘埃。"大意是："人的身体就像一棵有智慧觉悟的菩提树，心则像光明透亮的梳妆镜子。只要能像常常拂拭镜子一样地保持心灵的清净，不让灰尘积落在心灵上，坚持不懈下去，就能渐渐觉悟成佛。"次日，弘忍大师见到墙上所题的偈语，马上就明白是谁写的，还顺便说了一句："后代依此修行，亦得胜果。"意为照着这个偈语去修行，自然也能得到很好的果位。众位弟子见了，也都说写得好。但实际上，弘忍大师的心中并不十分满意，认为神秀的修行尚未进入门内。

消息不胫而走，传到了无名小僧慧能那里，慧能觉得神秀偈语的境界还不够高，于是一天晚上，不会写字的慧能请人代笔，将自己的偈语写在神秀偈语的旁边，慧能的偈语是这样的："菩提本无树，明镜亦非台。本来无一物，何处惹尘埃。"大意是："哪有什么菩提树啊？一切存在都是缘起空无，人的心性虽似明镜，又不是像放在台上的镜子那样的实物。既然本来就没有客观存在物，又怎么会染上灰尘呢？"我们看过神秀的偈语，再来看慧能的偈语，想必都会感受到一股超凡空灵、大彻通透的智慧吧！两者比较，慧能这首偈语显然是对佛家性空思想更为精湛的解释，它告诉人们，人要达到觉悟，就不可妄想执着，这样就不会再有尘世的一切挂碍，也并非一定要借助它物去长期修身，即便你是文盲，只要心里有佛，"顿悟"之时，你便成佛。慧能强调的是"修心"，哪怕你是暴徒，只要认佛、信佛，"放下屠刀"，也会"立地成佛"。见到慧能如此这般地彻悟了般若智慧，弘忍心中大喜，第二天晚上便暗中将世代相传的法宝、袈裟传授慧能，并嘱咐道："自古受法衣者，往往命如悬丝，恐有争夺此位者嫉妒加害于你，你赶紧离开此地，十年以后再出来弘扬佛法。"于是慧能连夜奔逃岭南，他辗转多地，隐姓埋名十余年，直到公元675年弘忍大师圆寂后，他才走出山林，继承与发扬禅宗大业。

唐上元三年（676）正月，尚未暴露身份的慧能以行者的身份，暂住在广州法性寺（今光孝寺）。一天夜里，一阵凉风掠过，吹动了寺中树立的柱幡，两位僧人见状，就开始争辩起来，一位说是幡动，另一位说是风动，争来辩去，谁都没能说服对方，而一旁的慧能觉得两位都不入佛家理趣，便插话道："可否容我这个俗流也说两句？依我看啊，这既不是幡动，也不是风动，而是你们的心在动。"这话的理趣是："没有风，幡便无法动；而没有幡，风也吹不到客体。只有我们自己的心灵感觉到外面的物体在动，才是最真实的。"换言之，慧能撇开"风动"还是"幡动"的争辩，一语点破了两者的本质都是"心动"，这就是外界的牵绊，佛法有云："世间万物，万象皆空。"所谓世间的善恶、好坏、优劣，本来就没有统一的标准，佛家则称之为"虚妄"，既然如此，又何必对这些虚妄的东西执着和感慨呢？更不应由此而起爱憎烦恼之心。慧能的这番见解，让法性寺印宗法师深感诧异，次日就将慧能引入内室，聆听高见。经过十余年的修炼，慧能对于佛法的理解已经深入骨髓，他的解读往往言简意赅，毫不拘泥于经文，结果一番交流下来，印宗法师大为敬佩地说："行者定非常人！我早就听说五祖大师的衣钵，已经传给了到南方来的人，莫非就是行者吗？"于是慧能便拿出衣钵，亮明身份，随后印宗法师在菩提树下为慧能剃度，完成出家仪式，慧能则正式亮相，成为禅宗第六代传人，这年，慧能 39 岁。不久，执弟子礼的印宗法师与千余僧俗，护送慧能回到了他曾经居住过的韶州宝林寺（今广东韶关市南华寺），在这里，慧能以禅宗六祖的身份弘法传教，他以"直指人心，见性成佛"的全新理念，不拘泥于名词概念、不重坐禅形式的灵活方法，内心直觉顿悟便可成佛的巨大魅力，造就了中土佛教尤其是禅宗发展的新局面，佛教史上则称之为"南宗"；与此对应，神秀恪守上代所传教法，主张坐禅息念，"拂尘看净"，这在佛教史上称为"北宗"，而两者合称，就是禅宗史上著名的"南能北秀"。及至宋代以后，中土禅宗又可谓一枝独秀，不仅进一步丰富为五家七派，而且对理学、文学、艺术、风俗等多方面都产生了极大的影响，于是本属外来的佛教，也更加广泛深入地成为中国传统文化的重要组成部分。

然则不识字的慧能之讲法，极少引经据典，他总是能用最浅显易懂的白话，阐述佛家广大深奥的智慧。慧能一生得法传法的事迹、启导弟子门徒的言教，被弟子法海等人集录下来，这就是被后人奉为处世宝典的《六祖坛经》，《六祖坛经》也是唯一一部被尊为"经"的、由中国僧人所编著的佛教著作。今天广东韶关南华寺中，还供奉着六祖慧能真身。而说到慧能及其《六祖坛经》的智慧，简而言之，是让佛家宣扬的众生平等更近了一步，世人求得解脱，无须再向外界苦苦追寻，甚至连打坐、念经都不用，人人都能通过自我反省，在一瞬之间实现精神的解放与心灵的自由。

理学：「道问学」与「尊德性」的鹅湖辩论

　　南宋淳熙二年（1175）六月的一天，在信州铅山县（今江西铅山县）的鹅湖寺中，几位儒生在湖光山色中互不相让，展开了一场激烈的学术辩论，这就是中国思想史上著名的"鹅湖之会"。

　　"鹅湖之会"的思想史背景是，隋唐时期，佛、道二教发展到执思想界之牛耳，一时才智之士，多以出家为安身立命的归宿；而魏晋以降已经式微的儒学，也是再度昌明，如孔颖达的《五经正义》，作为一次儒家经学注疏的大结集，就是举世传习，历久不衰。正是在这样的背景下，宋儒所创立的新儒学即所谓理学，应运而生、拔地而起，并成为宋元明清儒家思想学说的通称。

　　"理学"的得名，是因宋儒论学多言天地万物之理；至于理学的实质，则虽以继承孔孟的道统自居，其哲学体系却是建立在佛教禅宗与道教《周易参同契》基础之上的，换言之，理学以儒为表，以佛、道为里，冶三教于一炉。具体到宋代理学的代表人物，被称为"北宋五子"的周敦颐、邵雍、张载、程颢、程颐，批判性地吸收佛、道二家学说，阐发儒家经典义理，以复兴儒学精神为己任，以重建人文自觉为宗旨，关心社会现实，探讨宇宙与人生问题。发展至于南宋，理学则形成了"道问学"的朱子理学与"尊德性"的陆氏心学两大派别。先是《礼记·中庸》有言:"君子尊德性而道问学。"意谓君子既要尊重与生俱有的善性,又要经由学习,发展、提升善性,即尊德性与道问学本是一体两面、不可分离的关系。至于南宋,朱子理学与陆氏心学则据此提出了相异的治学途径与教学路线。朱熹认为,教人应以"格物穷理"的"道问学"为起点,然后才能达到"存心养性"的"尊德性";陆九渊则认为,教人以"尊德性"为先,必须"先立乎其大",然后才可"道问学",即读书穷理。这样的分歧,诚如朱熹所言:"今子静(陆九渊字)所说,专是尊德性事,而熹平日所论,却是道问学上多了。"及至明朝心学大师王守仁,又认为"道问学即所以尊德性也",他说"如今讲习讨论,下许多工夫,无非只是存此心,不失其德性而已。岂有尊德性只空空去尊,更不去问学?问学只是空空去问学,更与德性无关涉",即意图调和两者的分歧,着重强调两者的统一。

说回鹅湖之会。作为朱熹和陆九渊共同的好友,理学家吕祖谦想着调和朱子"道问学"在先与陆氏"尊德性"在先的分歧,于是出面相邀鹅湖寺中,组织了这场颇具开创性的辩论会。东南学人闻讯,也是纷纷赶来,一时之间,群贤毕至,他们在此唱和诗词、论辩义理,三日而返。

鹅湖之会的辩论主题是"教人之法"。时年46岁、已经声名显赫的大学者朱熹,首先摆出了自己的观点,他认为"格物致知最能解释教人之法,先要做到穷尽事物之理,然后归纳总结,概括出各种事物普遍存在的法则,这就是我们要让学生学到的能力。所以一定要多读书,多观察事物,多积累经验";而时年37岁、为学可谓独自体悟的陆九渊,则不以为然地反驳朱熹道:"我们的本心本来就能格物,没有本心,哪会产生对于事物的心得体会?所以无需太注重书本上的教条,而应修心养性,先让心灵通透了,如此方能通晓事理,这才是教人之法。否则,即使熟读圣贤书,也不见得就能成为圣贤。"

随着辩论双方的"剑拔弩张"，气氛越来越显紧张，于是陆九渊的哥哥陆九龄吟了首诗："孩提知爱长知钦，古圣相传只此心。大抵有基方筑室，未闻无址忽成岑。留情传注翻榛塞，着意精微转陆沉。珍重友朋相切琢，须知至乐在于今。"这首诗的大意是："从儿提时候起，我们就知道敬爱，古代圣贤脉脉相传者，其实就是这个敬爱之心。这就如同谁都知道，有了基础，才能筑室造屋，没有根基，怎能垒成高楼尖山？如果只是传经注典而不着本心，那只能为榛莽所阻塞；如果只是咬文嚼字而不得要领，恐怕也会陷入沉沦之中。朋友们应该珍重友情，相互切磋讨论，这才是人生最大的乐趣啊。"由此看来，陆九龄也认为人本来就有善恶道德之心，没有必要按照朱熹所说，去逐一探讨事物的本质。

还没等陆九龄把诗吟完，朱熹就对吕祖谦调侃道："这位哥哥早已上了弟弟的船了。"陆九渊听了，也吟诗一首道："墟墓兴哀宗庙钦，斯人千古不磨心。涓流积至沧溟水，拳石崇成泰华岑。易简功夫终久大，支离事业竟浮沉。欲知自下升高处，真伪先须辨古今。"这首诗的大意是："见到废墟墓地，便会生出悲哀之感，见了宗庙，则会兴起钦敬之心。这悲哀与钦敬之心，正是人人共有的千古不磨之心。这就如同涓涓细流，终成沧溟之水，拳拳之石，垒成泰山之巍。简易质朴、直达本心的为学之道，才是永恒的大业，旁求他索、不着根本的支离之学，只能浮沉不定。须知那从低处升向高处的真正通道，只在于辨别往古当今那个立志明心的一瞬之间。"

陆九渊的这首诗，倾向旨趣可谓更加鲜明，他指出为人治学的工夫，不在整日忙忙碌碌于琐屑的事业，而应发明本心，在灵魂深处朗照出那个先验的道德良心，至于朱熹着意读书、勤于格物的致知工夫，未免有些支离破碎了。譬如一个人，尽管他读书破万卷，对外面大大小小的事物都颇有见识，而若不知道自己一生的目的是什么，不知道为什么而生，不知道自己的内在良知，一切都按照书本知识去行为处事，这样的人难道不是有些不得要领、因小失大吗？在陆九渊看来，这样支离的腐儒、破碎的陋儒，在当时可谓比比皆是，他感到自己有责任振臂一呼，阐发儒学的真谛，使那些误入歧途的人痛而知返。可以认为，陆九龄、陆九渊兄弟的这两首诗，赋予了"发明本心"以超越天地万物的意义，乃是陆氏心学淋漓尽致的呈现。

如上所述鹅湖之会的第一天，朱熹就受到陆氏兄弟的严厉责难；而其后两天的争辩，朱熹也没能占到上风，结果双方不欢而散。至于后来，朱熹及其门人对于"鹅湖之会"很少提及，陆氏方面则是津津乐道，视为得意之事。从表面上看，鹅湖之会让陆九渊出尽了风头，但这并不意味着其心学主张的尽善尽美，朱熹的理学也自有其浩渺的气象。就在这次辩论后不久，理学家张栻写信给朱熹，询问二陆兄弟的水平如何，朱熹回书评价道："陆氏兄弟意气风发，状态很好，但他们把讲学全部废弃了，只专注于践履即实践、行动，让人在践履的过程中细心体察、悟得本心，这是他俩最主要的问题。要说在行事举止的严谨细致、表里如一方面，他们确有过人之处。可惜两人太过自信，规模气度狭小，不愿汲取别人的优点，恐怕会流于佛、道一类的异端邪说，却不自知！"朱熹在这里贬斥佛、道为"异端邪说"，固然属于门户之见，但若仔细观察，陆氏心学的确受到了佛教禅宗的极大影响。

三年之后，当陆氏兄弟再次造访铅山时，朱熹作诗一首，附和二陆当年的鹅湖赋诗，诗云："德义风流夙所钦，别离三载更关心。偶扶藜杖出寒谷，又枉篮舆度远岑。旧学商量加邃密，新知培养转深沉。只愁说到无言处，不信人间有古今。"这首诗的大意是："你们兄弟二人的德义风流，一直为我所钦佩，相别已经三年了，我更加关心你们的道德文章。潜居在此，我偶尔扶着藜杖出入寒谷，想着有劳你们乘坐竹轿，远度群山，来此给我赐教。你们过去的学问，经过切磋论究，应该变得更加细密了，你们新得的知识，经过培养提炼，也是越发深沉了吧。然而最令人担心的，是在默默的悟道明心中，沉沦了本性，不知道人间还有什么古今。"

朱熹的这首和诗，体现出朱子取长补短于心学的广阔胸襟，但他仍旧感到陆氏心学隐藏着很大的弊端。在他看来，若是一味地求诸本心，明心见性，而不着力于格物致知，体察天地之理，那就难免流于空疏简易。朱熹认为，心性固然重要，但是宇宙的根本大法乃是天理，要想获取天理，关键还在格物致知，即通过对天地万物、人情事态的认知体察，达到与道契、与理合的境界；在发明本心、唤醒良知的同时，更须在涵养上下功夫，在进学求知上多努力；人必须穷达天下所有之理、行过天下所有之事以后，才谈得上辨别真伪，成为圣贤。平心而论，朱熹的这首和诗，从别种意义上看，的确不失为警策良言。

传颂千年的这场鹅湖辩论，虽然没有达到吕祖谦"欲会归于一，而定所适从"即调和、会归朱、陆两家矛盾、分歧的目的，甚至后来两派之间的鸣鼓攻击还愈演愈烈了，但是概而言之，这两家、这两派毕竟同为理学分支，也可以说是大道归一，即他们的精神旨趣，其实都不出儒家的道德理想。正所谓大道虽同，得道方式却迥然有异：一位是理智型的学者，另一位是顿悟型的哲人；一位在致知持敬中与天理融合，另一位通过明心见性去光明天道；一位走的是循序渐进的道路，另一位却在易简的瞬间达到总体的完成。朱熹的智慧，显示出一种儒者虔敬为学、持之以恒的风范，陆九渊的智慧，则展现了另种儒者昂然前行、义无反顾的雄姿。然则朱熹与陆九渊所代表的这两种学问、这两种风仪，又可谓共同构成了中国传统社会后期理学智慧的两极。

"中国大智慧·思想智慧"的十讲，到这里就结束了。虽然这十讲基本贯穿了先秦诸子、两汉经学、魏晋玄学、隋唐佛学、宋明理学这条中国哲学思想史的重要脉络，我仍然颇有一种言尽而意无穷的遗憾。即以本讲的主题"理学"来说，如何理解曾经备受批判的朱熹的"存天理，灭人欲"？如何评价久遭指摘的王学末流的谈空说虚？推而论之，如何认识第三次"百家争鸣"时代即中国近代的"新文化运动"？如何看待"新文化运动"的"打倒孔家店""选学妖孽、桐城谬种"等等激烈的口号乃至过分的行为？站在今天复兴传统文化、提倡"文化自信"的立场上，我们又如何平心静气地借鉴历史的智慧、安身养心地面对现在与未来？这些都是值得与朋友们交流的话题吧！

结语：感悟经典智慧，完善智慧人生

本书的"导论"是"我是谁？我该怎么做"。既有"导论"，就得有"结语"，这样才算有始有终，而与"导论"的两个提问相对应，"结语"拟题为"感悟经典智慧，完善智慧人生"，意在通过本书的交流，我与读者朋友们都能向着"感悟经典智慧，完善智慧人生"的目标进了一步。

在"思想智慧"的最后，我说到了中国近代"新文化运动"的"打倒孔家店""选学妖孽、桐城谬种"等等激烈的口号乃至过分的行为。朋友们不难看出我的立场与倾向，那为什么我有这样的立场与倾向呢？因为事实如此。

"孔家店"打倒了吗？即便在今天，从立德、立言看，中国的第一历史伟人仍推孔子，孔子仍然堪称万世宗师、民族灵魂、文化象征；而从以"八荣八耻"为主要内容的"社会主义荣辱观"，到进一步发展的24字"社会主义核心价值观"，大概谁也无法否认其中的孔子思想、儒家智慧吧！至于中国国家汉语国际推广领导小组办公室，简称"国家汉办"，在世界各地设立的推广汉语和传播中国文化的机构，更是直接以"孔子学院"命名。我当然明白"新文化运动"致力于"打倒孔家店"的两方面原因，一是"孔家店"为旧时代的专制主义皇权巧妙利用了，二是"孔家店"的确在一定程度上阻碍了以"德先生"即民主、"赛先生"即科学为两面旗帜的"新文化"的传播，但是追根究底，这并不是孔子、孟子乃至儒家的"原罪"啊。

再说到"选学妖孽、桐城谬种"，所谓"选学"，联系着中国现存最早的一部诗文总集、梁朝昭明太子萧统主编的《昭明文选》，"桐城"则指清代文坛最大的散文流派"桐城派"，"桐城派"为文讲究清真雅洁，治学主张"义理""考据""辞章"乃至"经济"并重。这听起来都蛮好的，那怎么成了"选学妖孽、桐城谬种"呢？关键在于"选学"与"桐城"代表着中国传统文言文的最高典范，这就成了提倡白话文的先锋们"破旧立新"、必欲攻之而后快的"靶子"；至于比较隐晦的另一方面原因，则涉及所谓"话语权"以及"文化地位"的争夺。就以1898年创办的京师大学堂、1902年改名的北京大学为例，在"新文化运动"以前，这个国家最高学府的重要职位、著名教授，是以虽然新旧兼容、但仍带古典色彩的桐城派中人乃至桐城人为主的，比如桐城人吴汝纶、吴汝纶的弟子张鹤龄、桐城派中人严复曾任总教习或校长，桐城派中人林纾、桐城人姚永概曾经主持文科，桐城人马其昶、姚永朴等任文科讲席。然而，在维新派人士梁启超、章太炎门下一批浙江籍弟子的冲击乃至攻击下，北京大学"吐故纳新"，桐城派势力已经大为衰落。及至1916年浙江蔡元培出任北大校长，聘请陈独秀、周作人、胡适、周树人（鲁迅）等入校，加上此前就在北大的钱玄同等人，这些"新文化运动"的先驱与战将，遂以桐城派为靶子，向旧文学、旧文化发起猛烈的进攻，桐城派难以招架，1918年姚永朴辞职南归，这标志着桐城派在北大的消退，北京大学也由此成为"新文化运动"的主阵地。而值得深思的是，随后，南京的东南大学，即今南京大学与东南大学的前身，一批学人创办《学衡》杂志，倡导并践行

"论究学术，阐求真理，昌明国粹，融化新知。以中正之眼光，行批判之职事，无偏无党，不激不随"，又视以北京大学部分学人为中心的"新文化运动"为"模仿西人，仅得糟粕"，批判他们之于西学，往往不辨"是非真伪，只问其趋时与否"，略知一二，"便欲率尔下笔，信口雌黄"，如此等等。

撇开当年的争论不说，又是百年过去了，今天的我们再来回顾这段历史，诸多的事实，则在在证明了学衡派"昌明国粹，融化新知"的哲人智慧，这样的哲人智慧，也与今天复兴传统文化、提倡"文化自信"的主旋律非常合拍，这也就是"中国大智慧"的魅力所在吧！毕竟，无论是民族还是国家，也无论是群体还是个人，血脉是不可断流的，灵魂是不能散失的，这就诚如我发表在《湖南社会科学》2020 年第 1 期文章的题目《坚定"文化自信"：历史的昭示与地理的依据》，这也诚如复旦大学周振鹤先生在《中国文化的变与不变》文中的判断：

> 问题不在于中国要不要全盘西化，而在于中国根本不可能全盘西化——即使我们朝这个方向去努力也是枉然。现在常有人设计中国的将来文化应该如何如何，或应该是中西文化互补，或应该是融合中西文化的精华，立意虽然不错，无如中西文化并非两个泥人，可以打碎了和上水再重塑，变成你中有我，我中有你。中国文化有其自身的变化规律。

接着周先生的话往下说，我也非常疑惑于世人常说的对于传统文化"取其精华，去其糟粕"的陈词，试问"精华"与"糟粕"如何判断？若把人体比作一个小宇宙的话，试问身体上的哪些部分是"精华"，哪些部分是"糟粕"？所以强行区分"精华"与"糟粕"，势必就会陷入一种"主观臆断"的境地。随着时代的发展，有些传统文化的内容，比如女子缠足，会被"大浪淘沙"，但是回到历史的语境中，"三寸金莲"在中国自有其当时的适宜的文化土壤，这就如同据说是起源于 15 世纪的意大利且至今仍在流行的，虽然有损健康却能增加女子"诱惑力"的高跟鞋，自有其相应的文化土壤一样。所以，我们对待中华传统文化的态度，应该是客观的"理解的同情"，而非主观的好坏褒贬、"人云亦云"的随意是非。

回到"中国大智慧"主题，通过帝王、人居、处世、为官、教育、军事、商业、外交、科技、思想十个系列 110 多讲的所谓"经典智慧"的交流，作为主讲人的我，也是收获颇丰，在这里，我谨恭录钱穆钱宾四先生对于"国史"的信念，与诸位朋友共勉：

一、当信任何一国之国民，尤其是自称知识在水平线以上之国民，对其本国已往历史，应该略有所知。

二、所谓对其本国已往历史略有所知者，尤必附随一种对其本国已往历史之温情与敬意。

三、所谓对其本国已往历史有一种温情与敬意者，至少不会对其本国已往历史抱一种偏激的虚无主义，亦至少不会感到现在我们是站在已往历史最高之顶点，而将我们当身种种罪恶与弱点，一切诿卸于古人。

四、当信每一国家必待其国民备具上列诸条件者比数渐多，其国家乃再有向前发展之希望。

对待整体的中国历史是这样，对待中国史中的大智慧，当然也不例外。我的这本书，如同钱穆先生所言，也是希望或者适合与"自称知识在水平线以上之国民"对话与交流的。我不知道这是否促发或者强化了诸位朋友对于中国历史的"温情与敬意"？就我个人言，在写作的过程中，我时常想起不知从哪儿看来的一句话：不学历史的人，必定重蹈历史覆辙，然而学历史的人，只能眼睁睁地看着不学历史的人，重蹈历史覆辙。我想，这就是"立足真历史，畅谈大智慧"，读史以明智、温故而知新的"胡"说"资智通鉴"，所期望达到的目的吧！即避免重蹈历史覆辙，成为不仅聪明而且高明的人；即若不明白今天，那就看看昨天，若不知道明天，那就看看今天！

什么是中国人真正的智慧？迷茫的时候，它能给你参考……

为什么30岁后一定要懂历史？读历史，是每位中国人必备的修行……

什么样的历史是有用的？帝王术究竟是怎样的"术"？

谭其骧弟子、卞孝萱门生、南京大学教授带来一门这样的课！

他的历史课，被称为当代人的"资智通鉴"，不是政治的"治"，而是智慧的"智"。

为什么每位帝王都要读历史？不认字的帝王也要听历史？答案就在这里……

一

如果你穿越到古代当皇帝，要做的第一件事是什么？你可能有很多答案。但在现实中，帝王们的选择惊人地一致——读历史。

唐太宗李世民留下过"以史为鉴，可以知兴替"的名言；明清两代，《资治通鉴》是几乎每一任皇帝的必读书；

康熙帝更是在《资治通鉴》上留下了一百多处批注。

全套300多万字的史学巨著《资治通鉴》，被称为一部"手把手教你当皇帝"的教科书。

亲赐此名的宋神宗认为，这部书"鉴于往事，有资于治道"：它从历史出发，讲的是如何治理社会的道理。

历史，讲的是往事，落点却是现实。

如果你以为，历史不过是故纸堆中的故事，或是茶余饭后的消遣谈资，那就大错特错了！那么多伟人追问历史，为的是用它指导今天、预测未来。

"太阳之下无新事"，史书中记载的因果，往往能够成为今人的参考。读懂历史的人，就能够通过观察前人的局面、选择与结果，做出最明智的判断。

古时的帝王，将《资治通鉴》视为教科书；对于今天的人来说，历史学也是一门智慧学。

但历史并不好读。在卷帙浩繁的历史典籍中，如果你想要快速提炼出"历史的智慧"，并且希望有人能够像司马光那样，为历史给出注脚和启示，那这个人也许能帮你。

他叫胡阿祥，南京大学历史学院教授、博士生导师，南京六朝博物馆馆长。

二

胡阿祥师从历史地理学大家谭其骧先生、文史大家卞孝萱先生，在历史地理学和魏晋南北朝史领域，他是当世顶尖的研究者。

他曾三度登上《百家讲坛》，担任山东卫视《国学小名士》、江苏城市频道《我爱古诗词》、央视《中国地名大会》点评嘉宾，速成《胡阿祥解说〈琅琊榜〉》，三次名列"高校名人网络热度榜200强"。在为公众普知、传播历史这件事上，他赫赫有名。

许多人了解到胡阿祥，最初是通过《百家讲坛》。

人人都知道，"夏"是中国历史上第一个世袭制王朝，但很少有人知道"夏"的来源。在节目中，胡阿祥娓娓道来——

蝉是昆虫，却能蜕变、转生，周而复始，这样的神秘现象，象征着生命的延续不断。同时，蝉也象征着高洁，餐风饮露、居高鸣远。

我们可以推断，启以蝉形的夏字作为国号，大概正是看中了蝉所代表的这些神秘而美好的意义。

在早于夏朝的一些考古遗址中，我们也发现了很多玉蝉或蝉纹……

这档节目，令历史爱好者轰动、感动，有人评价："胡阿祥老师讲得太好了，能够把目不见睫的东西挖出来，还告诉你背后是为什么。"

他是南京大学"行走的地标"。有人为听一堂他的历史课，专程赶到南京，"混进"南京大学，觉得这样才叫不虚此行。

弟子们评价他"太有魏晋风度了"，网文说他"执教南大三十年，如今长发落着雪花，但归来仍是少年"。

在南大，他的历史课场场爆满，一座难求。有学生偷偷录了片段传到网上，累计播放量高达百万次。

胡阿祥如此受欢迎，因为他是一位非常特别的学者：在这样一个被认为"埋首于故纸堆"的领域中，他却比任何人都要关注现实。

三

胡阿祥自述，他自小喜欢历史、地理与文学，也真的很幸运地学习了历史、地理与文学三个学科。但是因为"背功不好"，他在中学时的历史成绩其实很一般。

回想起来，他对历史的浓厚兴趣，源于中学时发生的一件事。

胡阿祥出生在安徽桐城。这里诞生了名闻天下的"桐城派"，绵延清代文坛 200 余年。在桐城这样一座小城里，到处都是历史的痕迹。

有一回，胡阿祥和小伙伴们在山野里玩，不小心闯入龙眠山的一座荒坟中。当地人说，这座被破坏大半的荒坟里，安葬着桐城知名的清朝大学士张廷玉。张廷玉和他的父亲张英，被桐城人称为"父子宰相"。

张英、张廷玉父子，为官清廉、人品端方。清朝康熙年间，张英家人和邻居吴氏在宅基地问题上发生了争执，于是家人飞书京城，向张英求助。

张英看后，回了一纸家书——

一纸书来只为墙，让他三尺又何妨。长城万里今犹在，不见当年秦始皇。

这段美谈，被记录在《桐城县志》中，并被桐城人津津乐道了几百年，年少的胡阿祥，也从老人口中听过许多回。

那天，山下的村民告诉他：当年，宰相坟因为历史原因被破坏，但棺材板和骨殖并未遗失，而是被村民们冒险悄悄保留在家中。

又过了些年，当地政府修复宰相坟，村民们便把保存完好的骨殖和棺材板捐了出来，重建了这处历史景观。

这让胡阿祥无比震撼：原来历史对现实的影响力竟有那么大，一位去世几百年的古人竟然可以被普通村民如此缅怀。那究竟是什么道理呢？

少年时的这段往事，一直潜移默化地影响着他。于是胡阿祥半个多甲子的历史研究，都隐藏着一个母题——

历史对现实的作用究竟是什么？什么是有用的历史？

四

在历史的研究中走得越深，胡阿祥越是能感知历史对今天的影响力。

我们每个人所处的现实，其实都是受历史影响的结果。许多令我们感到困惑的问题，回望过去，就能轻易地看到答案。

胡阿祥举过一个例子：

有个成语叫做"无奸不商"，但追溯源头，会发现它的本意是"无尖不商"。意思是，你要成为一位好商人，就必须学会吃些小亏。古时候用斗量米，擅长行商的商人，会抓一把米放在上面，给个添头，这就叫"无尖不商"，这个"尖"指的是"添头"，是指经商时，吃得小亏，才能赚得大钱。

这就是中国商人的智慧。

这些年来，胡阿祥除了在"象牙塔"里做着高深的学问，也不断与民众交流：上电视、写专栏、开讲座、起地名，策划节目、规划文旅、顾问楼盘、把脉风水……他把这些交流、这类工作视作自己的使命：让更多人通过历史，了解到自己是谁，自己从哪里来，继而找到日常生活的智慧。

比如，几乎嵌在每个中国人"思维操作系统"里的"中庸之道"，来自对风调雨顺的渴望：骤雨或是酷暑都不行，只有天气居"中"，才能带来好年景。

这种对于天地四时的认知，让中国人将藏拙守中看作一种美德。在今天，它的合理因子存在于"可持续发展"的理念中，继续指导着人们前行。

许多听过胡阿祥历史课的人说，这是他们第一次感知到历史的魅力。"历史不再是大事年表和人名，而是绵延不绝的经验，实实在在的智慧。"

在为民众递上历史这件工具的同时，胡阿祥也从民众的生活中，归纳历史智慧的真伪与价值。

比如，他发现，中国的政治体系具有一种独特的智慧：民心政治。在传统观念中，百姓受治于君王，君王受命于天，而天的意志却又由民众决定。

胡阿祥说："从先秦开始，就有一种理念，'民之所欲，天必从之'。发展到后来，就是'君者舟也，人者水也。水可载舟，亦可覆舟'。"

而这种天-天子-子民相互制约的理念，"得民心者得天下"的认知，在今天依然潜移默化地影响着我们。

回望古往今来的历史，胡阿祥寻求的是"见事通透"——在古代，这种"通透"是"得其道"；而在今天，这种通透则是为人处世、安身立命的大智慧。

后记

2019 年 12 月，在肖海鸥编辑的热心张罗下，上海文艺出版社与我签订了《中国大智慧》的出版合同。那么，一直嚷嚷着忙乱异常的我，怎么会有心、得闲写这样一本书呢？简而言之，这本书来自缘起偶然、却也收获丰厚的一门音频课程。

先说缘起偶然。2018 年 7 月 10 日，我为复旦大学中国历史地理研究中心"地理演化的人文印迹"暑期学校开讲"地名：历史印记与文献资料"讲座。记得那天下午，天气炎热，教室爆满，气氛活跃，我一口气讲了近四小时，尚且意犹未尽。待到讲座结束，喜马拉雅的"课探"叶康先生向我表达了约请开讲音频课程的愿望。其实那时，我与朋友们合作的《中国通史大师课》已在喜马拉雅上线三个多月，不仅好评如潮、订阅量惊人，而且一批"跟风"的"大师课"也如"雨后春笋"，陆续冒出，于是我愉快地答应了叶康编导的约请。接下来，思维活跃、真情付出的叶康团队与我颇多沟通，商议讲题，到了 11 月初，双方终于达成共识：立足"真历史"，畅谈"大智慧"，兼顾"义理"与"经世"两方面，准备"中国大智慧"百集音频课程。

准备的过程也颇漫长：从 2018 年 11 月到 2019 年 4 月，是规划内容、设计提纲阶段；从 2019 年 4 月到 7 月，是撰写样稿、尝试录制阶段；从 2019 年 7 月到 2020 年 6 月，则是断断续续地改定讲稿、一周三集地录制上传的阶段。而如此算来，这真是一场地名讲座引出的两年"智慧"长跑了……

再说收获丰厚，这有三方面的意思。

一方面，我的弟子们得到了锻炼。在规划内容、设计提纲之初，我在"四喜斋"师生微信群里发出了"悬赏"广告，并与应招的诸位已毕业、正在读的弟子或多次聚会讨论，或往返斟酌纲目，或反复批评建议，或退回责令重写。在这样的交流过程中，弟子们"寓学于做"，最终形成了近 25 万字的初稿，并且在学业上取得了颇多进步。诸位弟子及各自承担的系列是：刘志刚（常熟理工学院）之"帝王"，白雁（《现代快报》社）之"人居"，张仲胤之"处世"，吴致均、刘志刚之"为官"，雷兴鹤之"教育"，王靖楠之"军事"，陆帅（南京师范大学）之"商业"，王玥之"外交"，刘萃峰（安徽师范大学）之"科技"，张兢兢（湖州学院）之"思想"。

另一方面，我本人获得了充实。在这两年的时间里，上下五千年的"真历史"、天地人神鬼的"大智慧"，成了我写作与讲课、思考与检讨的"关键词"。写作与讲课，即在弟子初稿的基础上，按照上线的节奏，通过增删、置换、调整与修改、润色、核实，而形成既相对独立又彼此勾连的 10 个系列、147 集的喜马拉雅音频课程讲义，以及 42 万字的上海文艺出版社书稿；思考与检讨，是在写作与讲课的过程中，我总在想着如何既重旨趣、也接地气地完成"胡"说版的《资"智"通鉴》，总在想着怎样落实史学大师吕思勉先生的箴言："史也者，所以求知过去者也，其求知过去，则正其所以求知现在也。能知过去，即能知现在，不知过去，即必不知现在，其故何也？"然则这样难得的两年经历，诚如本书"导论"与"结语"所言，使我更加明白了"我"是谁、"我"该怎么做的哲学之问，使我向着"感悟经典智慧，完善智慧人生"的目标更进了一步。

又一方面，我切身感受了听众与读者的特别陪伴。在"中国大智慧"课程上线的一年时间里，听音频的朋友们、读文稿的朋友们的赞赏、鼓励、建议，让我开心、提气、来神，听众朋友们与读者朋友们的改错、正音、批评，也让我感谢、感动、感念；而因为这门特别平台上的特别课程，我还结识了或者思想共振，或者心灵契合，或者志趣相投的不少朋友，如大牛牛、臧萍、阿克巴大帝、缤纷的时光、狐了个狸2、初心不改、池州学院学生黄先吉、1868909xbdw、Yilshirlev……这更是让我欣慰、让我依依不舍的特别收获！

也是因为这样三方面的丰厚收获吧，我在课程快结束时，已在考虑是否适时开讲"中国大智慧"的第二季了。悠悠五千年的中华文明史、茫茫一万里的九州大舞台，孕育了说不尽的"中国大智慧"。随便举例，以言人与天的关系，天文分野如何对应大地域分？历法、节气如何影响政治、农事？以言人与地的关系，在国家的层面，如何划分行政区域，是顺应自然的山川形便，还是方便控制的犬牙交错？在个人的层面，如何与大地和谐相处，是顺遂还是改造？是抗争还是迁离？以言人与人的关系，如何协调阴与阳？如何选择主动与被动？凡人如何变成神与鬼？神与鬼又如何作用于凡人？以言作为天、地、人综合体现的中华文化，其独特的象征符号，诸如太极、四象、五行、八卦、算命、看相、摸骨，龙凤狮麟、梅兰竹菊，又蕴含着怎样的理念？诸如此类，再梳理出天文智慧、地理智慧、信仰智慧、象征智慧、文字智慧、数字智慧、名称智慧、饮食智慧、制度智慧等系列，而成"中国大智慧"第二季，也的确是值得我再次努力的。所以"中国大智慧"这门课程，不仅可以，而且应该继续说下去……

作为"中国大智慧"这门课程的"期中"成果，能够持续上线147集、迄今已为近50万的听众朋友们分享，我要真心感谢喜马拉雅FM的叶康、顾文豪、张小叶、吴思瑜、江园沁团队的总体策划、辛勤付出；而从"桐普"的音频转型为雅驯的文字，从比较随意的讲义提升为规范像样的图书，我要由衷感谢上海文艺出版社肖海鸥、杨婷、李平、胡亦普、程方洁诸位编辑的精心打磨、认真校改！我期望着这即将问世的《中国大智慧》图书，在收获读者朋友们批评、建议的同时，也能带给读者朋友们更多的智慧借鉴与人生感悟！

胡阿祥记于宝华仙林翠谷三栖四喜斋

2020 年 7 月 4 日

图书在版编目（CIP）数据

中国大智慧 / 胡阿祥著. -- 上海：上海文艺出版社,2020(2021.6重印)
ISBN 978-7-5321-7694-6

Ⅰ.①中… Ⅱ.①胡… Ⅲ.①中华文化－通俗读物

Ⅳ.①K203-49

中国版本图书馆CIP数据核字 (2020)第092332号

发 行 人：毕　胜
策 划 人：杨　婷 肖海鸥
责任编辑：李　平 程方洁 胡亦普
封面设计：人马艺术设计·储平

书　　　名：中国大智慧
作　　　者：胡阿祥
出　　　版：上海世纪出版集团　　上海文艺出版社
地　　　址：上海市绍兴路7号　200020
发　　　行：上海文艺出版社发行中心
　　　　　　上海市绍兴路50号　200020　www.ewen.co
印　　　刷：苏州市越洋印刷有限公司
开　　　本：710×1000　1/16
印　　　张：41
字　　　数：541,000
印　　　次：2020年9月第1版 2021年6月第2次印刷
Ｉ Ｓ Ｂ Ｎ：978-7-5321-7694-6/K.0413
定　　　价：98.00元
告 读 者：如发现本书有质量问题请与印刷厂质量科联系　T:0512-68180628